DOUANES FRANÇAISES.

TARIF GÉNÉRAL

DES

DROITS D'ENTRÉE ET DE SORTIE

A L'USAGE DU COMMERCE,

SUIVI

Des Tarifs de la Corse et de l'Algérie,
Des Traités de Commerce avec les Puissances Étrangères,
D'un Tableau présentant la nomenclature des Marchandises sujettes au plombage,
De celui des Marchandises exemptes de la surtaxe à Marseille,
Du régime de nos Colonies et Établissements Français,
De la désignation des Marchandises jouissant d'une prime de sortie,
D'un Tableau Général des Tares,
De celui des Ports et Bureaux ouverts au transit, etc., etc.

Des lettres initiales, placées en marge et en regard de chaque Marchandise, indiquent le régime d'Entrepôt pour la Douane de Marseille seulement,

Dressé et Publié par un Employé des Douanes.

Prix : 15 francs, broché.

MARSEILLE,
Imprimerie Edouard BURET et Ce, rue Saint-Ferréol, 27.

1844.

SIGNES PARTICULIERS.

En marge se trouve des lettres initiales qui signifient, savoir :

FF. Que la marchandise est soumise au régime de l'entrepôt fictif par tous pavillons.

FR. Qu'elle va à l'entrepôt fictif par pavillon français, et au réel par pavillon étranger.

RR. Qu'elle va à l'entrepôt réel par tous pavillons.

P. Veut dire que la marchandise est prohibée à l'entrée, et qu'elle doit être déposée à l'entrepôt du prohibé.

PR. Qu'elle est soumissionnée à l'entrepôt réel et déposée dans les magasins du prohibé.

F. Indique entrepôt fictif colonial.

Au tableau des marchandises sujettes au plombage, des lettres indiquent le mode d'expédition par cabotage, ainsi que les marchandises qui plombent et celles qui ne plombent point, indication qui est commune à la réexportation.

P. Veut dire que l'expédition a lieu sous simple passavant.

PP. Passavant et plomb.

A. Acquit-à-caution seulement.

AP. Acquit-à-caution et plomb. Il est bien entendu que le mode d'expédition ne concerne que le cabotage et qu'il n'y a que le plombage qui est commun tant au cabotage qu'à la réexportation comme aux mutations d'entrepôt par mer.

Reste maintenant à expliquer l'emploi des colonnes du tarif : la 1re n'est utile qu'aux employés pour la formation des états de la balance du commerce; la 2me et la 3me indiquent le titre de perception en vertu duquel les droits sont perçus; la 4me indique les unités sur lesquelles porte la quotité : c'est-à-dire le poids, la mesure, le nombre ou la valeur; deux lettres initiales font connaître si le poids doit être pris au brut ou au net. La première est relative à l'entrée et la seconde à la sortie.

BB. Indiquent que la marchandise paie au brut tant à l'entrée qu'à la sortie.

NB. Qu'elle paie au net à l'entrée, et au brut à la sortie.

NN. Qu'elle paie au net à l'entrée et à la sortie. Le reste n'a pas besoin d'explications.

Comme nos lois en matière de douanes, sont souvent exposées, suivant les besoins du commerce et de l'industrie, à recevoir des modifications, dans cette prévision, des feuilles intercalaires en blanc, ont été disposées à chaque page pour opérer les divers changements qui peuvent survenir; enfin, on n'a rien négligé pour que ce travail fut aussi complet et aussi durable que possible, pour justifier les nombreux et honorables suffrages qu'il a reçus, tant des chefs supérieurs de cette douane, que de MM. les Négociants.

PRINCIPALES ABRÉVIATIONS.

V.	Signifie : voir ou voyez.
C. ou com. . . .	Comme ou commune.
Ouv.	Ouvrages ou ouvré.
A dénom ou dén.	A dénommer.
Med. com. . . .	Médicaments composés.
Obj. de coll. . .	Objets de collection.
Fr. méd. à dén.	Fruits médicinaux à dénommer.
Her. méd. . . .	Herbes médicinales.
Rac. méd. . . .	Racines médicinales.
Mach. et méc. .	Machines et mécaniques.
Merc. com. . .	Mercerie commune.
Vég. fil. non dén.	Végétaux filamenteux non dénommés.
Pot.	Poterie.
Pro. chim. . . .	Produits chimiques.
Ust	Ustensiles.
Coul.	Couleurs.
Vitrif.	Vitrifications.
Inst.	Instruments.
D'opt.	D'optique.
Gr. oléag. . . .	Graines oléagineuses.
Fr. oléag. . . .	Fruits oléagineux.
Tourt.	Tourteaux.
Pier. gem. . . .	Pierres gemmes.
Tablet.	Tablettes ou tabletterie.
Rés. exot. . . .	Résineux exotiques.
Out.	Outils.
Sel. l'esp. . . .	Selon l'espèce.
Pier. et ter. ser.	Pierres et terres servant aux arts.
Matér.	Matériaux.

Il existe d'autres abréviations que le sens indiquera.

NOTE DE L'ÉDITEUR.

Dans la prévision que la nouvelle loi sur les Douanes serait discutée et adoptée dans cette session, l'on avait laissé en blanc le droit d'entrée des marchandises sur lesquelles devaient porter les changements projettés ; mais la loi n'ayant pu être présentée avant la clôture des chambres, et la commission ayant fait connaître le résultat de son travail, les journaux ont annoncé que des ordonnances seraient rendues dans le sens des modifications adoptées par cette commission. En conséquence, l'on trouvera à la fin de l'ouvrage des feuilles supplémentaires au Tarif, lesquelles indiqueront les changements qui auront été faits, une fois que lesdites ordonnances auront été rendues et qu'on aura soin de reproduire dans tout leur contenu.

TARES LÉGALES ADMISES POUR LA PERCEPTION DES DROITS.

DÉSIGNATION DES MARCHANDISES.		ESPÈCE DE COLIS	TAUX DE LA PRIME.	TITRES.	OBSERVATIONS.
Sucre étranger	brut	caisses ou futailles	15 p. %	8 floréal 11	
		balles, sacs ou couffes en double emballage	5 p. %	17 déc. 1814 circ. n. 1480	
		en simple emballage	2 p. %	22 août 1791	
	terré	caisses ou futailles	12 p. %	8 flor. 11.	
		balles, sacs ou couffes	2 p. %	22 août 1791	
Sucre Colonial	1er et 2e type	caisses ou futailles	15 p. %	lettre du 4 octobre 1843	
		balles, sacs ou couffes en double emballage	5 p. %		
		en simple emballage	2 p. %		
	au-dessus du 2e type	caisses ou futailles	12 p. %		
		balles, sacs ou couffes	2 p. %		
Café		en cerise	10 p. %	note 136 du tarif 1844	Cette tare se déduit sur le poids net. Lettre de l'admin. du 30 août 1823.
		en parchemin	20 p. %		
		en caisses ou futailles	12 p. %	8 flor. an 11	
		en balles, ballots ou sacs	3 p. %	17 déc. 1814	
Cacao, Poivre et Piment		en caisses ou futailles	12 p. %	17 déc. 1814	
		en balles, ballots ou sacs	3 p. %		
Indigo	caisses ou futailles renfermant un sac de peau		21 p. %	17 juil. 1791 22 août 1791 27 mar 1817 4 août 1818	
	id. id. un sac de toile		14 p. %		
	id. id. la marchandise à nu		12 p. %		
	surons ou sacs de peau		9 p. %		
	sacs de toile		2 p. %		
Coton en laine	de Turquie	balles ou ballotins formés de 2 emballages en nattes de jonc ou d'un tissu grossier en poil de chèvre	10 p. %	30 mai et 23 juillet 1812	
		balles ou ballotins de toute autre espèce et notamment en tissu léger de crin	comm. cotons d'aut. origine	30 mai 1812 4 juill. 1826	
	de toute autre origi.	ballotins au-dessous de 50 kilogrammes	8 p. %	9 avril 1806	
		balles de 50 kilogrammes et au-dessus	6 p. %		
Soies et bourre de soie filée ou cardée	balles	revêtues de deux enveloppes	5 p. %	2 sept. 1816	
		revêtues de deux enveloppes avec doubles cordes ou cercles en fer	6 p. %	6 fév. 1828 28 sept 1839	
		renfermant la marchandise a nu	2 p. %	22 août 1791	
	caisses		12 p. %	27 mar 1817	
Anchois		petits barils pesant environ 3 kil. l'un	le 6e de leur poids.	C. 348	
Toutes autres marchandises tarifées au poid net		caisses ou futailles	12 p. %	22 août 1791 27 mar 1817	
		balles, ballots, sacs, paniers ou colis à claire voie	2 p. %		
		surons ou sacs de peau	9 p. %		
Rubans de velours		du numéro 20 et au-dessous	30 p. %	tarif de 1844, pag. 30 en note des observat. préliminaires	Avec planchettes, épingles et papier servant au pliage.
		du numéro 20 exclusivement au numéro 120 inclusiv.	20 p. %		
		au-dessus du numéro 120	10 p. %		
Dentelles, taxées au poids, plumes apprêtées, nankin des Indes, ouvrages et tissus de soie, d'or et d'argent. Liquides ou fluides taxés au net, présentés en bouteilles, cruchons ou estagnons		le poids net effectif doit être toujours énoncé dans les déclarations et reconnu de fait par les employés.		22 août 1791 4 août 1792	Les estagnons paient 10 p. % de la valeur.

L'allocation de la tare varie suivant la nature des colis et l'espèce des marchandises ; cette tare est réelle ou légale.

La tare, telle que la fixe la loi pour les objets tarifés au net, est légale ; elle est réelle quand on l'établit en séparant la marchandise des objets qui composent son emballage. Le net alors constaté est ce qu'on appelle net effectif.

Les marchandises qui doivent acquitter les droits au poids net effectif, sont celles qui, à l'entrée ou à la sortie, sont taxées à plus de 40 fr. pr. 100 K. (*Loi du 27 mars* 1817, *art.* 7.)

Le droit d'après lequel a lieu la perception au net effectif est celui qui est dû pour les importations faites par les navires français. Si, pour ces importations il y a plusieurs quotités en raison des provenances, on se règle sur la plus élevée et le reste suit le même régime.

La fixation des tares légales n'a eu pour objet que d'éviter des gênes et des dommages au commerce, qui conserve toujours la faculté d'en prévenir l'application en déclarant d'avance le poids net effectif et en consentant à ce qu'il soit vérifié par la soustraction matérielle, des emballages à ses risques et frais.

Cette soustraction peut toutefois ne porter que sur un certain nombre de colis ; quand tous ceux qu'on présente sont de même forme et de même poids, on peut, par exemple, ne dépoter que 1 colis sur 5, 2 sur 10, 3 sur 20, 4 sur 30 et ainsi de suite, le chef de la visite a même la latitude de réduire le nombre de colis qui doivent être soumis à l'épreuve, quand il s'agit d'une forte partie à vérifier.

Mais pour que ce mode de vérification puisse avoir lieu, il faut que la déclaration primitive énonce, conformément à la loi du 27 mars 1817, le net effectif et l'énonce d'une manière exacte, car autrement on doit refuser toute concession et s'en tenir aux termes de la loi.

Elle ne sera pas exacte si la déclaration excède de plus d'un dixième le poids net effectif.

La faculté qu'a la douane d'établir ainsi la tare réelle par induction, ne la dispense pas de reconnaître que chaque colis renferme effectivement l'espèce de marchandises déclarées. (*Circulaire du* 10 *octobre* 1822, *n°* 758).

Lorsque le commerce, usant du droit que lui a conféré la loi, de choisir lors de la déclaration primitive, entre la tare réelle et la tare légale, opte pour cette dernière et se borne en conséquence à énoncer dans sa déclaration le poids brut de la marchandise, il ne serait ni juste, ni équitable de ne lui accorder que la tare réelle, sous le prétexte qu'on aurait eu incidemment occasion de reconnaître le poids net de la marchandise, comme cela arrive lorsqu'il y a changement d'emballage ou division de colis en entrepôt. On doit, dans ce cas, laisser jouir le commerce du bénéfice résultant de la déclaration primitive. Seulement c'est sur le poids brut, tel qu'il a été reconnu par suite de cette déclaration, que la tare légale doit être prélevée.

(*Lettre de M. Rostan, sous-Directeur de l'administration, du* 3 *mars* 1838.)

Pour les marchandises sujettes à coulage importées en futailles, il suffit à leur égard que la déclaration contienne la réserve d'acquitter d'après le net effectif.

Cette disposition est commune aux sucres bruts en balles ou en sacs.

Lorsque les marchandises sont destinées pour l'entrepôt réel, on peut, si le poids net effectif a été énoncé dans la déclaration primitive, en différer la reconnaissance jusqu'au moment de la sortie des magasins, mais seulement quand il s'agit de marchandises placées dans un entrepôt constitué selon le vœu de l'art. 25 de la loi du 8 floréal au 11.

La même faculté est accordée aux marchandises expédiées en continuation d'entrepôt,

On peut donc suspendre la constatation du poids net effectif dans les deux cas ci-après : 1° quand il s'agit de marchandises qui, à la sortie d'entrepôt réel, sont expédiées en continuation d'entrepôt par mer. 2° quand les marchandises expédiées par terre, soit en continuation d'entrepôt, soit en transit à titre d'envoi direct sur les entrepôts, sont de la nature de celles qui, d'après les réglements généraux sur le transit, sont soumises au double emballage et au double plombage.

Dans l'un et dans l'autre cas les acquits-à-caution pour accompagner les marchandises rappelleront le poids net énoncé dans la déclaration primitive et indiqueront que la vérification n'en a pas été faite parce que le commerce s'est réservé de le faire ultérieurement constater. (*Circulaire du* 30 *octobre* 1838, *n°*. 1717.)

MARCHANDISES ASSUJETTIES A DES DROITS DIFFÉRENTS RENFERMÉS DANS LE MÊME COLIS. — Lorsqu'un colis contient des marchandises taxées au brut, mais assujetties à des droits différents, la tare est repartie sur chaque espèce de marchandises dans la proportion de son poids.

S'il renferme à la fois des marchandises tarifées au brut et au net, les droits sont liquidés au brut et la tare répartie comme-ci dessus. (*Loi du* 22 *août* 1791 *et 1er août* 1792.)

TARE dite PROPORTIONNELLE — Lorsqu'une marchandise payant au brut aura été transvasée dans d'autres colis le poids net effectif en sera constaté, auquel il sera ajouté une tare proportionnelle de tant pour %, afin de ramener le poids au premier brut d'entrée. Cette tare proportionnelle une fois fixée devient invariable et se calcule toujours sur le net effectif auquel elle est ajoutée lors des sorties d'entrepôt.

MARCHANDISES en VRAC. — Ces marchandises, lors même qu'elles sont taxées au brut, ne paient aucun droit sur les emballages ou récipients quelconques dont on ferait usage pour en faciliter la pesée en douane, si ces emballages sont tirés de l'intérieur. (*Circulaire du* 26 *octobre* 1836, *n°* 1575.)

EMBALLAGES.—Par soustraction matérielle de l'emballage pour établir le poids net effectif d'une marchandise on entend, la distraction de l'enveloppe extérieure et non les papiers, boites, ficelles, épingles, etc., qui sont une partie intégrante de l'objet importé. (*Circulaire du* 15 *juin* 1829, *n°* 1169.)

Par exception à ces dispositions on pourra déduire, pour les plumes, les ficelles qui les lient; pour l'opium et le suc de réglisse les feuilles qui les enveloppent. *Lettre du* 24 *juillet* 1829 *qui rappelle une décision du Directeur général du* 18 *même mois.*)

FERS FEUILLARDS SERVANT DE LIGAMENTS. — Ils sont en principe dans le cas d'être assujettis aux droits comme ayant une valeur indépendante de celle de la marchandise même. Ils ne sont considérés comme partie intégrante de l'emballage et comme tels admis, comme on admet les emballages ordinaires, que lorsque les cercles sont en petit nombre et que brisés ou oxydés ils sont reconnus impropres à tout autre emploi que la refonte. (*Lettre de l'administration du* 8 *octobre* 1838.)

CAISSE EN FER BLANC. — Aucune tare n'est allouée pour les caisses en fer blanc qui renferment des marchandises dans des doubles caisses dont la première est en bois. Le poids brut doit comprendre les deux caisses, et en cas de mise en consommation, celles en fer blanc acquittent les droits comme le fer blanc en feuilles dont elles sont formées. On aura donc soin lors de la vérification d'en constater le poids séparément. (*Lettre de l'administration du* 12 *octobre* 1832.)

DOUBLES EMBALLAGES. — Le poids des marchandises tarifées au brut doit toujours être établi après la déduction des premiers emballages, barils ou caisses si des sacs y sont renfermés. (*Lettre de l'administration du* 8 *septembre* 1834.)

Il en est de même pour tout autre marchandise revêtue d'un double emballage. Le commerce a le droit d'en demander la distraction avant pesée.

MARCHANDISES ACQUITTANT AU BRUT. — Tout produit qui est nommément taxé à 40 fr. et au dessous les 100 kilogr. doit acquitter au brut, sauf quelques exceptions. (*Lettre de l'administration du* 6 *janvier* 1834.)

MARCHANDISES ACQUITTANT AU NET ET QUI NE PEUVENT JOUIR DE LA TARE LÉGALE. — Les lois du 22 août 1791 et 1er août 1792 veulent expressément que, pour les ouvrages de soie, d'or ou d'argent, les soies et les plumes apprêtées, le poids net effectif, ne comprenant que la marchandise même, soit toujours et nécessairement déclaré par le redevable, et reconnu de fait par la douane. (*Lettre de Mr. le Directeur du* 10 *juin* 1826.)

L'allocation de la tare réelle est subordonnée à l'indication du poids net dans la déclaration primitive, aussi bien pour les marchandises mises en entrepôt que pour celles livrées immédiatement à la consommation. (*Lettre du Directeur de l'administration du* 28 *mai* 1831.)

TARIF DES DOUANES

PUBLIÉ PAR UN EMPLOYÉ.

	DÉSIGNATION DES MARCHANDISES.	CLASSE du TARIF.	TITRE DE PERCEPTION. Entrée.	TITRE DE PERCEPTION. Sortie.	UNITÉS sur lesquelles portent les droits.	DROITS D'ENTRÉE par Navires Français. F. C.	DROITS D'ENTRÉE par Navires Étrangers et par terre. F. C.	DROITS de SORTIE. F. C.
FF.	**abaca** ou chanvre de Manille. Voyez végétaux filamenteux.							
FF.	**abeilles**, ruches à miel avec essaims vivants. (1)	anim. viv.	28 avr. 1816	28 avr. 1816	la pièce.	1 »	1 »	» 25
FF.	**abelicée** (racine d'), comme légumes secs. (2)							
FF.	**abelmosch** (graines d'). V. fruits médicinaux à dénommer							
FF.	**ablette** (écailles d'). (3)	couleurs.	—	6 mai 1841	100 k. BB	5 »	5 50	» 25
FF.	**abricotier** (gomme d'). V. gommes pures d'Europe.							
FF.	**abricots**, fruits frais indigènes à dénommer.							
FF.	**abrus** (graines d') non percées. V. grains durs à tailler.							
RR.	**abrus** (graines d') percées. V. mercerie commune.							
FF.	**absinthe** tiges herbacées d', herbes	espèc. méd.	—	27 juil. 1822	—	5 »	5 50	» 25
FF.	**absinthe** feuilles d', feuilles médicinales à dénommer.							
FR.	**absinthe** fleurs d', V. fleurs médicinales à dénommer.							
RR.	**absinthe** extrait d' comme liqueurs. V. boissons.							
RR.	**acacia** gomme d'. V. gommes pures exotiques.							
RR.	**acacia** suc extrait du fruit d', vrai ou faux. V. sarcocolle, *(ordon. du 2 décembre 1843, circulaire n° 1996.)*							
	acacia gousses d'. V. gousses.							
—	**acacie** virginale (écorce d'). V. écorces médicinales à dénom.							
FF.	**acaja**, *prune desséchée du Spondias-Mombin*, fruits méd. à dén.							
RR.	**acajou** (bois d') en billes ou scié à plus de 3 décim. d'épaisseur, de la Guyane fr. et du Sénégal	bois exotiq.		6 mai 1841				
	— de l'Inde	—	26 juin 1842	—	—	5 »	21 50	» 25
	— d'ailleurs, hors d'Europe . .	—	—	—	—	7 50	21 50	» 25
	— des entrepôts	—	—	—	—	18 [illegible]0	21 50	» 25
	— scié à 3 décimètres d'épaisseur ou moins, de l'Inde, des lieux de produc.	—	—	—	100 k. NB	5 »	21 50	» 25
	— de l'Inde, d'ailleurs	—	—	—	—	15 »	64 50	» 25
	— des autres pays hors d'Europe, des lieux de pr.	—	—	—	—	7 50	21 50	» 25
	— des autres pays hors d'Europe, d'ailleurs . .	—	—	—	—	22 50	64 50	» 25
	— des entrepôts	—	—	—	—	55 50	64 50	» 25
RR.	**acajou** (gomme d'). V. gommes pures exotiques.							
P.	**acétates** de plomb liquide, *extrait de Saturne*. V. médicaments composés non dénommés.							
RR.	**acétates** de plomb cristalisé, *sel de Saturne*	prod. chim.	28 avr. 1816	2 juil. 1836	—	70 »	76 »	» 25
	acétates d'alumine. V. produits chimiques non dénommés							
	acétates de potasse, *terre foliée*, et de soude	—	—	6 mai 1841	—	70 »	76 »	» 25
FR.	**acétates** de fer (4) liquide	—	24 sep. 1840	28 avr. 1816	100 k. BB	5 »	5 50	» 25
FR.	**acétates** de fer (4) concentré à un degré quelconque . .	—	28 avr. 1816	—	—	40 »	44 »	» 25
RR.	**acétates** de cuivre (5) non cristalisé, verdet gris, humide	—	—	6 mai 1841	—	13 »	14 30	» 25
RR.	**acétates** de cuivre (5) non cristalisé, verdet gris, sec	—	—	—	—	31 »	34 10	» 25
RR.	**acétates** de cuivre (5) cristalisé, *verdet cristalisé*	—	—	—	100 k. NB	41 «	45 10	» 25
	accolades. V. caractères d'imprimerie.							
RR.	**accordéons.** V. sérinettes.							
FF.	**ache** racine d'. V. racines médicales à dénommer.							
	ache graine d'. V. fruits médicinaux à denommer.							

(1) Les ruches à miel qui renferment des rayons, dont les abeilles ont été étouffées, paient comme miel : dans ce cas, la ruche n'est plus qu'un colis, et son poids doit être déduit. *(Note 7 du Tarif Général de 1822.)*

(2) D'après l'ordonnance du 17 janvier 1830, les légumes secs et leurs farines sont soumis, pour leur importation et leur exportation, aux mêmes restrictions d'entrée et de sortie que les grains. *(Note 52 bis du Tableau publié en 1835.)*

(3) Elles servent à colorer les fausses perles. On importe aussi le poisson même, conservé avec ses écailles, dans l'alcali. *(Note 329 du Tarif de 1822.)*

(4) L'acétate de fer comprend ce qu'on appelait dans l'ancienne dénomination chimique, *pyrolignite de fer*, et vulgairement noir de teinturier et noir de corroyeur. Le noir de corroyeur est une teinture liquide de noix de galles, de fer et d'acide. Ce noir, quoique composé des mêmes ingrédiens que l'encre à la coupe-rose et à la gomme près en diffère, en ce qu'il n'a pas de corrosité, qu'il n'a pas la consistance de l'encre et qu'il n'adhère pas comme elle. Ainsi la douane n'admettra pas au droit de 40 fr. ce qui doit 60 fr.

(5) Les trois espèces de verdet gris distinguées pour l'application des droits, ne sont que des degrés plus ou moins parfaits de l'oxidation du cuivre. Le verdet humide ne peut se confondre avec les autres. Le verdet gris sec communément appelé *verdet*, est un oxide de cuivre ne contenant qu'un peu d'acide acétique et d'acide carbonique, tandis que le verdet cristallisé est un sel soluble composé d'oxide de cuivre entièrement saturé de vinaigre ou acide acétique ; on en retire par la distillation, le meilleur vinaigre radical. Les cristaux de ce sel sont d'un vert foncé et transparent, mais ils deviennent noirs et opaques par l'action de l'air ; sa saveur est désagréable ; il se dissout dans cinq parties d'eau bouillante. *(Notes 299 et 390 du Tarif de 1822.)*

	DÉSIGNATION DES MARCHANDISES.	CLASSE du TARIF.	TITRE DE PERCEPTION. Entrée.	TITRE DE PERCEPTION. Sortie.	UNITÉS sur lesquelles portent les droits.	DROITS D'ENTRÉE par Navires Français.	DROITS D'ENTRÉE par Navires Étrangers et par terre.	DROITS de SORTIE.
						F. C.	F. C.	F. C.
RR.	**acides** acétique. *vinaigre de vin* (1) . . . . . en futailles .	Boissons.	28 avr. 1816	16 juin 1832	hectolitr	10 »	10 »	» 01
RR.	— pyroligneux. *vinaigre de bois* en bouteilles	—	id. 2 juil 1836	—	—	10 »	10 »	» 05
RR.	sulfurique, *huile de vitriol*	prod. chim.	28 avr. 1816	28 avr. 1816	100 k. NB.	41 »	45 10	» 25
RR.	nitrique, *eau forte, esprit de nitre*	—	7 juin 1820	—	—	90 60	98 60	» 25
RR.	muriatique *acide marin, esprit de sel*	—	28 avr. 1816	—	—	62 »	67 60	» 25
FR.	nitro-muriatique, *eau régale*, et phosphorique . . .	—	—	—	—	62 »	67 60	» 25
FF.	arsénieux *arsenic blanc*	—	—	6 mai 1841	100 k. BB.			
FR.	tartrique et oxalique	—	—	—	100 k. NB.	70 »	76 »	» 25
FR.	citrique cristalisé ou concentré au-dessus de 35 degrés	—	2 juil. 1836	—	1 k. NB.	1 50	1 60	» 25
FF.	— — — de 30 à 35 degrés . .	—	—	—	1 k. BB.	» 08	» 08	» 25
EF.	— *jus de citron naturel et jus.* au-dessous de 30 d.	sucs végét.	—	—	—	» 01	» 01	» 25
FF.	citrate de chaux	prod. chim.	—	28 avr. 1816	—	» 03	» 08	» 25
FR.	benjoïque, *fleur de benjoin*	—	28 avr. 1816	6 mai 1841	100 k. NB.	120 »	128 50	» 25
FF.	borique	—	27 juil. 1822	28 avr. 1816	100 k. BB.	» 25	» 25	» 25
FF.	oléique	—	6 mai 1841	6 mai 1841	—	10 »	13 »	» 25
FR.	stéarique en masse	—	—	—	100 k. NB.	60 »	65 50	» 25
	stéarique ouvré, comme cire blanche ouvrée . . .							
	acier V. fer carburé.							
	en baguettes de 7 millimètres et plus de diamètre. V. fer carburé, acier en barres.							
	en baguettes au-dessous de 7 millim. V. acier filé.							
FR.	de pignon et pour vis, à l'usage de l'horl. V. acier filé.							
	en planch. pour la grav. non poli V. acier fondu en tôle,							
	en planch. pour la grav. poli. V. acier ouvré.							
	pour ressorts de montres ou de pendules. V. fournitures d'horlogerie.							
P.	sauvage, *fonte de Styrie dite*. V. fonte brute.							
FF.	**acorus-calamus**, racines médicinales à dénommer.							
	artée en épi. V. racines médicinales à dénommer.							
FF.	**adiante-capillaire**, herbes médicinales à dénommer.							
—	**adipocire**. Matière qui tient de la cire et de la graisse. Tels sont l'ambre gris et le blanc de baleine.							
RR.	**adragante**. V. gommes pures exotiques.							
FF.	**aétites** ou pierres d'aigle pierres ferugineuses, autres. (2)							
FF.	**æs ustum**. V. oxide de cuivre.							
FR.	**affiches** imprimées, comme les livres.							
FR.	**affûts** de canon en bois, comme les armes de guerre d'affûts.							
FF.	**agali** (racine d') V. racines médicales à dénommer.							
FF.	**agaric.** amadouvier brut	pr. et dé. d.	28 avr. 1316	28 avr. 1816	100 k. BB.	1 »	1 10	» 25
	amadouvier préparé amadou	—	—	—	—	13 »	14 30	» 25
	de mélèse blanc	—	—	—	—	17 »	18 70	» 25
FF.	**agaric minéral**. Comme craie. V. craie.							
FR.	**agates** (3) brutes	—	27 mar 1817	—	—	15 »	16 50	» 25
	ouvrées chiques	—	28 avr. 1816	—	—	20 »	22 »	» 25
	ouvrées autres	—	27 mar 1817	—	1 k. NB	2 »	2 20	» 25

(1) Les acides sont des corps d'une saveur aigre, plus ou moins piquante, ayant la propriété de rougir plusieurs couleurs bleues végétales ; les uns, comme les acides sulfurique nitrique, muriatique, nitro-muriatique, phosphorique et acétique, sont fluides : les autres, comme les acides arsénieux, citrique, tartrique, oxalique, benzoïque borique et succinique, sont concrets ou solides. L'acide acétique, que l'on nommait improprement acide pyroligneux, pire-tartareux, pyro-muqueux, et zoonique, doit payer comme vinaigre de vin.

L'acide acétique est de 20 à 22 degrés de l'aréomètre, souillé d'un peu d'huile empyreumatique qui le rend noirâtre, mais dont il suffit de le dépouiller pour avoir l'acidé acétique très-pur. Il se retire du bois de tous les mucilages sucrés et fades. et du tartre.

Pour rendre l'acide acétique propre à l'usage de la table, on le débarasse de son huile empyreumatique; alors il est limpide comme l'eau de roche, et plus actif que le vinaigre commun.

L'acide succinique est assimilé à l'acide benzoïque.

L'acide phosphorique est concret ou épais comme du sirop inodore, il est blanc et aigre.

L'acide citrique est un extrait solide et cristallisé obtenu du citron ; il se dissout dans l'eau froide, s'humecte ou s'éfflcurit à l'air ; sert en teinture, à la fabrication du rose végétal, et à faire de la limonade.

L'acide borique est à l'état solide ; il est blanc et en paillettes nacrées plus ou moins prononcées; dissous dans l'eau bouillante, il rongit le papier de tournesol. Cette dissolution encore chaude étant traitée par le carbonate de soude, il y a effervescence par suite du dégagement de l'acide carbonique et formation de borax. Ce dernier sel a une saveur douceâtre, tandis que l'acide borique en a une amère et légèrement acidulée. *(C. n° 1761 du 23 juil. 1839)*

L'acide oléique vulgairement appelé *oléine* est assimilé au suif brut dont il est extrait.

L'acide stéarique ou stéarine est assimilé à la cire blanche non ouvrée lorsqu'il est en masse, et à la cire blanche ouvrée lorsqu'il est fabriqué en bougies. *(Circulaire n. 1690.)*

L'acide benzoïque est un sel de saveur âcre, chaude, un peu amère, d'odeur faible et qui se présente sous forme d'aiguilles flexibles et soyeuses ou de poudre blanche, légère, et ayant une espèce de flexibilité.

Nota. — L'acide borique ne peut entrer que par les bureaux du Pont-de-Beauvoisin, du Mont-Genèvre, de St-Laurent-du-Var et de Marseille *(Loi du 27 juillet 1822.)*

(2) Ce sont des pierres rondes ou ovales renfermant un espèce de noyau qui n'adhère pas : c'est une mine de fer limoneuse à l'état d'oxide.

(3) On doit traiter comme agates l'argentine ou pierre du soleil, la crysoprase, la cornaline, le girasol autre que celui d'Orient le jade, l'œil de chat et du monde, l'onyx l'obsidienne l'opale, la péase et la sardonyx ou la sardoine qui sont de la nature des agates : la prime de grenat y est est assimilée. Celles montées en or ou argent rentrent dans la bijouterie.

	DÉSIGNATION DES MARCHANDISES.	CLASSE du TARIF.	TITRE DE PERCEPTION. Entrée.	TITRE DE PERCEPTION. Sortie.	UNITÉS sur lesquelles portent les droits	DROITS D'ENTRÉE par Navires Français.	DROITS D'ENTRÉE par Navires Étrangers et par terre	DROITS de SORTIE.
						F. C.	F. C.	F. C.
	agavé (filasses ou fibres d') V. végét. filamenteux à dénom.							
FF.	**agneaux** (1) pesant 8 kil. et plus	anim. viv.	17 mai 1826	17 mai 1826	par tête.	5 »	5 »	» 25
	agneaux (1) pesant moins de 8 kil.	—	24 sep. 1840	—	—	» 30	» 30	» 10
FF.	**agnus castus** (graines d'). Fruits médicin. à dénom.							
FR.	**agouti** (peaux d'). (Pelleteries, peaux de chien)	dép. d'an.	l. 18 mai 1842	6 mai 1841	100 nomb	2 »	2 »	1/4 p. °/o
RR.	**agrafes.** en fil de cuivre ou de fer, même étamées. V. merc. c.							
P.	**agrafes.** en cuivre doré	ouv. en mat diverses.	10 br. an 5.	—	100 k. B	prohib.	prohib.	» 25
P.	**agrafes.** en cuivre argenté		—	—	—	—	—	» 25
FR.	**agrès et apparaux de navire** non dénommés (2). . .	—	9 flor. an 7.	—	la valeur	10 p. °/o	10 p. °/o	1/4 p. °/o
FR.	**aigue-marine** (3). V. pierres gemmes à dénommer							
RR.	**aiguilles** à coudre (4) ayant 4 cent. de long. ou au dessous.	—	24 sept 1840	—	1 k. NB	8 »	8 80	» 25 100 k.
—	de plus de 4 centimètres à 5 inclus	—						
—	de plus de 5 centimètres	—						
—	sans tête et non polies ou à tête cassée. V. merc. com.	—						
—	à tricoter, broches. V. mercerie commune.							
—	à matelas, d'embal. et à voile dites carrellets. V. outils de pur acier.							
—	de montre et de pendule: en or et en argent. V. bijouterie. / autres, com. fournit. d'horlogerie. / en or faux. V. ouvr. en cuiv. non d.							
—	**aiguillettes.** V. tissus. Passementerie selon l'espèce.							
FF.	**ail**, comme bulbes et oignons.							
FF.	**aimant** (pierre d'). Pierres ferrugineuses à dénommer. (5)							
FR.	**airin**, cuivre allié. d'étain coulé en masses, barres ou plaques ou en objets détruits: les pays hors d'Eur.	métaux.	2 juil. 1836	6 mai 1841	100 k. BB	1 »	3 »	» 25
RR.	des entrepôts . . .	—	—	—	—	2 »	3 »	» 25
P.	(6) ouvré, verni, plaqué, doré ou argenté . . .	ouv. en m. d	10 br. an 5.	—	» B	prohibé.	prohibé.	» 25
FF.	**airelles** ou myrtilles (baies de): exotiques, confites au sucre. V. confiture. / au vinaig. V. câpres confit / fraîches. V. fruits frais exotiq. à dén. / indigènes. V. baies de myrtilles, au mot myrtil. / eau-de-vie de) V. eaux-de-vie de grains, etc. / vin ou jus de) Comme jus d'orange, à l'entrée.							
FF.	**ajonc** (graine d'). V. graines de prairie.							
P.	**alambic** Cuivre ouvré	—	—	—	» B	prohibé.	prohibé.	» 25
FF.	**alana ou tripoli** Argile jaune, colorée par le fer	p., t. aut. fos	28 av. 1816	28 avr. 1816	» BB	5 »	5 50	» 25
FF.	**albâtre.** (7) brut ou en poudre	—	2 juil. 1836	6 mai 1841	—	4 »	4 40	» 25
RR.	**albâtre.** (7) sculpté, moulé ou poli.	—	—	—	la valeur	15 p. °/o	15 p. °/o	1/4 p. °/o
P.	**albumine.** V. produits chimiques non dénommés.							
RR.	**alcalimètre.** V. instruments de calcul et d'observation.							

(1) Lorsque la laine des agneaux se trouve avoir plus de 4 mois de croissance, on perçoit indépendamment des droits afférents aux animaux, le droit de laine suivant sa valeur. *(Loi du 17 mai 1826.)*

(2) Ici la désignation d'agrès et apparaux de navire ne comprend que les choses de cette classe qui n'ont pas de régimes spéciaux. Ainsi, elle exclut les ancres de fer, les avirons et rames, les mâts, mâtereaux, esparres, pigouilles manches de gaffe, de fouine et de pinceau à goudron, les brais, les goudrons, les cordages neufs et les toiles à voiles, qui sont spécialement taxés, ainsi que les ouvrages en métaux, lesquels sont prohibés à l'entrée et imposés à de plus faibles droits de sortie que les agrès et apparaux de navire. V. ces objets à leur dénomination pour connaître le régime qui leur est applicable. Les débris des navires échoués pouvant tous être réappliqués à la construction ou à l'usage des navires, ont une valeur qui se détermine exactement par la vente qui s'en fait au rivage, et sur laquelle la douane ne saurait être trompée. Soit donc que l'on considère la nature et la destination de ces débris ou l'impossibilité de faire le triage des différents matériaux dont ils proviennent, on ne peut les traiter que comme agrès et apparaux de navire. Le droit de sortie n'affecte que les agrès et apparaux que l'on exporte séparément comme marchandise, à l'exclusion de ceux qui font partie nécessaire du mobilier des navires exportés. Les voiles de navire neuves ne peuvent payer un droit inférieur à celui de l'espèce de toile dont elles sont confectionnées; ainsi, s'il arrivait que la valeur déclarée dût offrir ce résultat et que les employés n'usassent pas du droit de retenue, il faudrait au moins appliquer celui de la toile, comme minimum. On admet comme agrès et apparaux à 10 p. °/o de valeur les embarcations de 2 tonneaux et au-dessous, provenant d'épaves ou de naufrages et qui sont vendues par des agens de la marine. *(Lettre du 14 mars 1839.)*

(3) Les aigues-marines font partie des pierres gemmes à dénommer. Même remarque que pour les agates, c'est-à-dire qu'il n'est ici question que d'aigues-marines non montées ou montées, provisoirement en métal commun. Celles montées sur or ou argent, sont traitées comme bijouterie.

(4) Sont considérées comme aiguilles à coudre, sans s'arrêter au nom sous lequel elles sont vulgairement connues, toutes les éguilles empointées, quelle que soit la forme du chas, ayant 4 centimètres de longueur et au-dessous. Ainsi deux conditions faciles à vérifier, la pointe et une longueur, au maximum de 4 centimètres, caractériseront les aiguilles auxquelles le droit de 8 fr. devra être appliqué. Les autres continueront à être traitées comme mercerie ou comme outils de pur acier selon l'espèce. *(Avis du Comité consultatif. Circulaire du 8 mai 1841, n° 1850.)*

(5) C'est un fer oxidulé de couleur noire, à propriétés magnétiques : il s'en trouve des variétés de couleurs rougeâtres, bleuâtres, grises et brunes.

(6) Airain, bronze métal de cloche, arco ou potin gris, fonte verte ou polzum, sont des dénominations différentes d'un même alliage de cuivre et d'étain à des proportions différentes.

(7) L'albâtre pulvérisé suit le régime de l'albâtre brut, attendu qu'il peut servir à mouler des statues et des vases.

	DÉSIGNATION DES MARCHANDISES.	CLASSE du TARIF.	TITRE DE PERCEPTION. Entrée.	TITRE DE PERCEPTION. Sortie.	UNITÉS sur lesquelles portent les droits.	DROITS D'ENTRÉE par Navires Français.	DROITS D'ENTRÉE par Navires Étrangers et par terre	DROITS de SORTIE.
						F. C.	F. C.	F. C.
F.	**alcalis** (1) potasses de la Guiane française	prod. chim.	2 juill. 1836	28 avr. 1816	100 k. NB	10 »		» 25
FR.	**alcalis** potasses des pays hors d'Europe	—	28 avr. 1816	—	—	15 »	21 »	» 25
FR.	**alcalis** potasses des entrepôts	—	—	—	—	18 »	21 »	» 25
FF.	**alcalis** soudes de toutes sortes (2)	—	7 juin 1820	6 mai 1841	100 k. BB	11 50	12 60	» 25
FF.	**alcalis** natrons. (Soude carbonatée.) (2)	—	—	—	—	6 50	7 10	» 25
FF.	**alcalis** cendres de bois vives	pierres, terres	28 avr. 1816	—	—	1 »	1 10	» 25
FF.	**alcalis** — lessivées (charrée) (3)	et autr. fossil	27 mar 1817	28 avr. 1816	—	» 10	» 10	» 25
P.	**alcalis** volatifs. Produits chimiques non dénommés.							
	alcarazas, vases en terre poreuse non vernissés. V. poterie de grès commun.							
RR.	**alcool**, eau-de-vie de vin au-dessus de 32 degrés (4)	boissons.	2 juil. 1836	2 juill. 1836	1 hectol. alc. pur.	50 »	50 »	» 10
RR.	**alcoomètre**. V. instrument de calcul et d'observation.							
RR.	**alènes**. V. outils de pur acier.							
	alépine. V. tissus de laine non dénommés.							
FF.	**algues marines**. V. plantes alcalines.							
—	**alisari**, tiges et racines sèches. V. garance. (5)							
FR.	**aliboufier** (écorce d'). com. storax en pain.							
FF.	**alkékange** (baies d') fruits médicinaux à dénommer. (6)							
FF.	**allegmotte**, comme extrait d'avelanèdes et noix de galle.							
RR.	**alkermès**, liqueurs (7). V. liqueurs.							
FF.	**alliaire** (graine d'), fruits médicinaux à dénommer.							
FF.	**allumettes**, comme soufre épuré en canons.							
RR.	— phosphoriques, comme mercerie commune.							
FR.	**aloès** (suc d'), (8)	sucs végét.	27 juil. 1822	27 juil. 1822	» NB	60 »	65 50	» 25
FF.	**aloès** (tiges, fibres ou filasses d') bruts ou simplement dépouillés de leur parenchyme, des colonies françaises	fruits, tiges et filam. à ouvr.	24 sep. 1840	—	» BB	» 10	—	» 25
	— d'ailleurs	—	—	—	—	» 40	» 40	» 25
	— blanchis ou préparés pour pâte à papier, des colonies franç.	—	—	—	—	1 »	» »	» 25
	— d'ailleurs	—	—	—	—	2 »	2 20	» 25
FR.	**aloès** (bois d'). Bois odorants à dénommer.							
FF.	**aloès** (feuilles vertes d'), comme végétaux filamenteux non dénommés							
RR.	**aloès** (bourses, sacs et chaussons d'), comme mercerie fine.							
	aloses. V. poissons de mer.							
	alpaca ou **alpaga** (laine dite poil d'). V. laines.							
RR.	**alpagates**, en quelque végétal que ce soit. V. vannerie.							
FF.	**alpiste**	farin. alim.	27 juil. 1822	—	100 k. BB	10 »	11 »	» 25
FF.	**alquifoux** (et résidu d'), minerai de plomb ou plomb sulfuré, quelle que soit sa dénomination galène ou sable plombifère	métaux.	2 juill. 1836	7 juin 1820	—	3 50	3 80	» 25
FF.	**althéa** racines d') V. racines médicinales à dénommer.							
FR.	**althéa** fleurs médicinales à dénommer.							

(1) Les alcalis sont des substances âcres d'une saveur urineuse, qui verdissent plusieurs couleurs rouges et bleues végétales. Ils ont la propriété de dissoudre la plupart des matières animales et de former des sels pour leur combinaison avec les acides. Pour l'ammoniaque ou alcali volatif, V. *Médicamens composés non dénommés.*

Les cendres de bois vives surchargée d'alcali, ce qu'on reconnait à la saveur, sont traitées comme potasses. Les cendres de tourbe et de houille, ainsi que la charrée ou cendres de bois lessivées dont le salin est extrait, n'étant propres qu'à amender les terres, suivent une autre régime; les cendres de tourbes sont assimilées aux engrais, celles de houille à la marne, et la charrée est spécialement tarifée.

Les potasses sont plus ou moins blanches, grises rougeâtres ou bleuâtres selon qu'il y reste plus ou moins de cendres ou autres impuretés. La dénomination de potasses, *quant au tarif* comprend tous les salins obtenus du lessivage des cendres, qu'ils soient liquides, simplement desséchés ou calcinés, tels que potasse perlasse ou cendres perlées, guedasse, vèdasse, casube cendres gravelées ou lie de vin et menu tartre brûlé et sel de tartre (carbonate de potasse). La lessive, résultant de la fabrication du savon, y est assimilée. La potase venant directement des ports de la mer Noire, par navires français, sera traitée comme venant des pays hors d'Europe.

(2) Ne peuvent être admis à la consommation sous le paiement des droits du tarif qu'autant qu'ils marqueront 30 degrès à l'alcalimètre. *(Circulaire du 15 novembre 1842, n° 1940, et les Soudes 20 degrés, même circulaire.)*

(3) Voir la note au mot charrée.

(4) On réduit l'eau-de-vie en alcool pur en multipliant le nombre de litres par le nombre de degrés et en divisant par 100 kil.

(5) Garance. Racine cylindrique, rameuse, peu épaisse, d'un rouge clair à sa surface jaunâtre en dedans, inodore, saveur amère et styptique. Les tiges d'alisari, lesquelles sont rondes, un peu plus grosses qu'un tuyau de pipe, sont assimilées à leurs racines, quoique moins riches en parties colorantes. L'alisari destiné à être moulu dans les ateliers des départements du Haut et du Bas-Rhin, est admis en payant 1 fr. par 100 k. brut, à charge de ne l'importer que par les bureaux de Frauenberg, Wolmunster, Wissembourg, Lanterbourg, ou Strasbourg, par la Vantzenau; de le réexporter, dans le délai de 6 mois, en passant par Le Hâvre, Drusenheim, par Haguenau, Strasbourg, St-Louis ou Pontarlier. *(Loi du 27 juillet 1822.)*

(6) Les baies d'alkekanges ressemblent assez aux cérises; le goût en est d'abord acide, ensuite très amer.

(7) Les liqueurs, comme les autres boissons importées en bouteilles, paient, indépendamment du droit qui leur est applicable, 15 c. à l'entrée par litre de contenance, *(Loi du 28 avril 1816)*, et 25 c. à la sortie par 100 k., *(Loi du 6 mai 1841)*.

(8) L'aloès est un suc épaissi d'une saveur amère que l'on obtient de plusieurs plantes des pays chands, nommés aloès; dans le commerce on distingue quatre sortes d'aloès : le sucrotin hépatique, lucide et le caballin. Le suc d'aloès est soluble dans l'eau et l'alcool. Le sucrotin est d'une couleur brune foncée, sa poudre est d'un beau jaune doré; il est sec et transparent dans les lames minces. L'hépatique est d'une couleur rougeâtre, terne; il est presque opaque, sa poudre est d'un jaune rougeâtre sale. Le lucide ou aloès du cap, d'une couleur rougeâtre, transparent et comme vitreux; et le caballin qui est presque noir, tout-à-fait opaque; il contient souvent des impuretés et du sable.

DÉSIGNATION DES MARCHANDISES.	CLASSE du TARIF.	TITRE DE PERCEPTION.		UNITES sur lesquelles portent les droits.	DROITS D'ENTRÉE		DROITS de SORTIE.
		Entrée.	Sortie.		par Navires Français.	par Navires Etrangers et par terre	
					F. C.	F. C.	F. C.

DÉSIGNATION DES MARCHANDISES.	CLASSE du TARIF.	TITRE DE PERCEPTION. Entrée.	Sortie.	UNITÉS sur lesquelles portent les droits.	DROITS D'ENTRÉE par Navires Français.	par Navires Étrangers et par terre	DROITS de SORTIE.
					F. C.	F. C.	F. C.

	DÉSIGNATION DES MARCHANDISES.	CLASSE du TARIF.	TITRE DE PERCEPTION. Entrée.	TITRE DE PERCEPTION. Sortie.	UNITÉS sur lesquelles portent les droits.	DROITS D'ENTRÉE par Navires Français.	DROITS D'ENTRÉE par Navires Etrangers et par terre	DROITS de SORTIE.
						F. C.	F. C.	F. C.
RB.	**alto**, instrument de musique	ouvré en matieres diver.	15 mar 1791	6 mai 1841	la pièce.	3 »	3 »	1/4 %
RR.	**alun**, sulfate d'alumine brûlé ou calciné (1)	prod. chim.	7 juin 1820	7 juin 1820	100 k. NB	89 40	97 20	» 25
	alun, sulfate d'alumine de toute autre espèce (2)	—	—	—	100 k. BB	25 »	28 »	» 25
RR.	**alun** de plume, sulfate de zinc, coupe-rose blanche	—	28 avr. 1816	—	—	31 »	34 10	» 25
RR.	**alun** (residu d'), sulfate de fer, coupe-rose verte. (3)	—	2 juill. 1836	—	—	6 »	6 60	» 25
FF.	**aluyne**, c'est l'absinthe.							
FF.	**amadou**, amadouvier préparé. (4)	pr. et déc. div	28 avr. 1816	28 avr. 1816	—	13 »	14 30	» 25
FF.	**amandes** en coques	fruits.	2 juill. 1836	14 oct. 1842	—	8 »	8 80	» 25
FF.	**amandes** cassées	—	—	—	—	20 »	22 »	» 25
FF.	**amandes** fraiches, couvertes de membranes velues . . .	—	30 avr. 1806	28 avr. 1816	—	4 »	4 40	» 25
RR.	**amandes** sucrées, comme bonbons.							
RR.	**amandes amères** (huile d'), huiles volatiles	sucs végét.	23 juil. 1838	6 mai 1841	1 k. NB	5 »	5 50	100 k. 25
RR.	**amandes douces** (huile d'). huiles fixes pures, autres . .	—	—	—	1 k. BB	» 25	» 25	» 25
	amarante (bois d'). V. bois d'ébénisterie à dénommer.							
FR.	**ambavelle** bois odorant à dénommer.							
FF.	**ambavelle** écorces médicinales à dénommer.							
FF.	**ambavelle** feuilles *id.* *id.*							
FR.	**ambavelle** fleurs *id.* *id.*							
	ambre noir. V. jais.							
FR.	**ambre** gris (5)	subst. pr. à la méd. et parfu.	—	28 avr. 1816	1 k. NB	62 »	67 60	100 k. 25
FR.	**ambre** jaune ou blanc brut succin. bitumes solides	pierres, terres et autr. fossil.	—	—	100 k. BB	37 »	40 70	» 25
RR.	**ambre** — — travaillé, comme mercerie fine.							
RR.	**ambre** faux taillé, comme merc. fine.							
P.	**ambre** huile d'). Médicaments composés non dénommés.							
FF.	**ambrette** (graines d') fruits médicinaux à dénommer. (6)							
FF.	**améos** (graines d') V. fruits méd. à dén.							
RR.	**amer** ou **bitter**, comme liqueurs. V. liqueurs. (7)							
	améthistes. (Quartz hialin violet) (8). V. cristal de roche.							
FF.	**amiante**, (9) pierres et terres etc. à dénommer.							
FR.	**amidon.** (10)	comp. div.	28 avr. 1816	17 mai 1826	—	21 »	23 10	» 25
FF.	**ammi** (graines d') fruit médicinaux à dénommer. (11)							
RR.	**ammoniac**, sel (12) br. en poudre de quel. nat. que ce soit	prod. chim.	2 juil. 1836	6 mai 1841	1 k. NB	» 50	» 50	100 k. 25
	ammoniac, sel (12) raffiné en pains	—	—	—	—	1 »	1 10	» 25
P.	**ammoniaque**, alcali volatil, produits chim. non dénom.							
RR.	— (muriate, sulfate et carbonate d) br. en poud.	—	—	—	—	» 50	» 50	100 k. 25
RR.	— — — raf. en pains.	—	—	—	—	1 »	1 10	» 25
RR.	— gomme (13) V. résineux exotiques à dénom.							
FR.	**amome** en grappe (graines d'), graines de paradis (14). . . .	denr. colon	28 avr. 1816	—	100 k. NB	123 »	131 60	» 25
FR.	— (baume d'). baumes à dénommer.							
	amorces. V. capsules.							
FF.	**amurea** ou marc d olives	pr. et dé. d.	—	—	100 k. BB	1 »	1 10	» 25

(1) C'est de l'alun qu'on a chauffé fortement dans un creuset. Il se fond d'abord dans une eau de cristallisation, se boursouffle, perd sa demi-transparence et acquiert de la causticité. On s'en sert en chirurgie.

(2) Ceux-ci sont des espèces de sels fossiles et minéraux, cristallisés par la fabrication. On s'en sert en médecine, et surtout pour la teinture pour clarifier les liqueurs, pour dessaler le poisson, etc.

(3) Il est obtenu de schistes alumineux et est assimilé à la couperose verte.

(4) L'amadou est l'agaric de chêne préparé, et dont on a séparé la substance calleuse et ligneuse; dans sa fabrication il entre toujours une certaine portion de nitre pour le rendre plus inflammable. Sa combustion produit une scintillation.

(5) C'est une substance qui se forme dans le canal intestinal du cachalot macrocéphale. Elle contient de la résine et d'acide benzoïque. Elle est opaque, grasse, de couleur cendrée, odoriférente, parsemée de tâches blanches et noires, on l'emploie dans les parfusm. C'est un anti-spamodique. L'ambre jaune ou blanc brut est une matière dure, transparente et cassante. On s'en sert pour faire des colliers, des bracelets, chapelets, etc. Il sert aussi en médecine. Les grains d'ambre jaune percés et enfilés, mais non encore taillés, sont considérés comme ambre brut et paient comme succin brut.

(6) Elles sont de couleur brune, d'une odeur de musc et d'un goût un peu amer. On s'en sert en parfumerie et dans la distillation.

(7) Infusion d'oranges amères, de gentiane et de rhubarbe dans l'eau-de-vie. C'est le bitter des allemands et des hollandais.

(8) Les améthystes sont rangées dans les pierres gemmes à dénommer. Il n'est ici question que de celles non montées ou montées provisoirement en métal commun. Celles montées sur or ou argent, sont traitées comme bijouterie.

(9) L'amiante est une matière fossile disposée en filets très-fins, souples et soyeux, ordinairement d'une couleur blanche et nacrée.

(10) L'amidon est fabriqué avec de la farine et découpé en petits morceaux.

(11) Semence menue, presque ronde, ressemblant à des grains de sable, grise-brune, de goût et d'odeur aromatiques.

(12) Il est importé en pains un peu concaves en-dessous de couleur cendrée en dehors, blanchâtres en dedans et demi-transparents. Sa cristallisation est en aiguilles, d'un goût salé, âcre et piquant. (Celui d'Egypte a une couche noirâtre.) Il sert en médecine, dissous dans six parties d'eau froide, il produit un froid considérable. — Ce sel jouit d'une prime à la sortie, ce qui pourtant ne le dispense pas du droit d'exportation.

(13) Son odeur est pénétrante et fétide, saveur d'abord douce, puis amère et nauséabonde ; on l'apporte en larmes et en pains.

(14) Gousses disposées en grappes comme le raisin, quelquefois en coques isolées de couleur blanchâtre, contenant des grains presque carrés. Le goût en est acre et piquant et son odeur forte et aromatique. On assimile à ces graines celles de cardamome et celles dites du Paradis, nommées aussi maniguette. Cette dernière d'un agréable et d'une odeur suave, ce qui a donné le nom qu'elle porte. Elle sert à aigrir le vinaigre.

	DÉSIGNATION DES MARCHANDISES.	CLASSE du TARIF.	TITRE DE PERCEPTION. Entrée.	TITRE DE PERCEPTION. Sortie.	UNITÉS sur lesquelles portent les droits.	DROITS D'ENTRÉE par Navires Français.	DROITS D'ENTRÉE par Navires Étrangers et par terre	DROITS de SORTIE.
						F. C.	F. C.	F. C.
FF.	**anacarde** { noix d'), fruits médicinaux à dénommer. (1)							
RR.	**anacarde** { huile d'), huiles fixes pures, autres.							
P.	**anacarde** { marmelade d') medic. comp. non dénom.							
FF.	**ananas** { fruits frais exotiques à dénommer. (2)							
RR.	**ananas** { jus d'), comme jus d'orange.							
RR.	**anchois** (3) { frais, secs, salés ou fumés de pêche étrangère	pêches.	28 avr. 1816	27 mar 1817	100 k. B	40 »	44 »	exempts
	anchois { marinés ou à l'huile de toute pêche	—	—	—	» N	100 »	107 50	—
FR.	**anches** en roseaux pour instrum. V. roseaux en brochettes.							
RR.	**ancres** { de 250 kil. et au-dessous	ouvr. en mat. diverses	17 déc. 1814	27 juil. 1822	100 k. BB	15 »	16 50	» 25
	ancres { au-dessus de 250 kil.	—	—	—	—	10 »	11 »	» 25
	ancres { draguées de tout poids (4)	—	2 juill. 1836	—	—	1 »	1 »	» 25
FF.	**anes** ou **anesses**	anim. viv.	15 mar 1791	27 mar 1817	par tête.	» 25	» 25	1 »
	anémomètres. V. instruments de calcul.							
FF.	**anet** (graines d'), fruits médicinaux à dénommer.							
FF.	**angélique** (5) { racines médicinales à dénommer.							
	angélique { herbes médicinales à dénommer.							
	angélique { fruits, graines. V. fruits médic. à dénomm.							
	angélique { confite au sucre. V. bonbons.							
FF.	— fausse { racines médicinales à dénommer.							
	— fausse { fruits médicinaux à dénommer.							
FF.	**anguilles**, poisson d'eau douce { de toute pêche, frais	pêches.	28 avr. 1816	—	100 k. B	» 50	» 50	exempt.
RR.	**anguilles**, poisson d'eau douce { — préparé ...	—	—	—	—	40 »	44 »	—
RR.	**anguilles** de mer (6) { fraîches, sèches, salées ou fumées de pêche étran.	—	—	—	—	40 »	44 »	—
RR.	**anguilles** de mer { marinées ou à l'huile, de toute pêche	—	—	—	100 k. N	100 »	107 50	—
—	**anguilles** de mer { fraîches, de pêche étrangère, depuis Blanc-Mis-							
—	seron jusqu'à Mont-Genèvre	—	2 juill. 1836	—	100 k. B	10 »	11 »	—
—	**anguilles** de l'étang de Chiurlino (Corse).					exempt.	exempt.	
FF.	**anguilles** { peaux d') de toute pêche, brutes, fraîches	—	28 avr. 1816	28 avr. 1816	100 k. BB	1 »	1 10	» 25
FR.	**anguilles** { — — — sèches	—	—	—	—	17 »	18 70	» 25
FF.	**angustura** (écorces d'). V. Ecorces médicinales à dénomm.							
	anil { feuilles et tiges d'), comme feuilles et tiges de pastel.							
FF.	**anil** { graine d') comme graine de coton.							
FF.	**anil** { pâtes de feuilles d'), comme l'indigo.							
	animaux vivants, suivant l'espèce (7).							
RR.	**animé** (résine d'). V. copal.							
FR.	**anis** (8) { étoilé de Chine ou Badiane	espèc. méd.	—	27 juil. 1822	100 k. NB	60 »	65 50	100 k. 25
FR.	**anis** { vert, fruits à distiller	fruits.	2 juill. 1836	28 avr. 1816	100 k. BB	20 »	22 »	» 25
RR.	**anis** { sucré comme bonbons	denr. col.	—	—	—	—	—	» 25
RR.	**anis** { huiles d'), volatiles ou essences	sucs végét.	23 juil. 1838	6 mai 1841	1 k. NB	5 »	5 50	» 25
RR.	**anisette**, (9) comme liqueurs. V. liqueurs.							
	anneaux { de clé, en fer ou en cuivre. V. fer ou acier ouvré							
	anneaux { d'or, ornés en pierres et perles fines	ouvr. en mat. diverses.	28 avr. 1816	—	1 h. NN	20 »	22 »	100 k. 25
	anneaux { tout autre	—	—	—	—	20 »	22 »	» 25
RR.	**anneaux** { d'argent, ornés en pierres et perles fines	—	—	—	—	10 »	11 »	» 25
	anneaux { tout autre	—	—	—	—	10 »	11 »	» 25
	anneaux { de cuivre. V. cuivre ouvré.							
	anneaux { de fer, mercerie commune.							
	anneaux { d'étain. V. poterie d'étain.							

(1) Espèce de fèves de la grosseur d'une chataigne, ayant la figure du cœur d'un oiseau. Elles sont de couleur noire et ont deux amandes blanches qui ont le goût de la pistache. Elles servent en médecine.

(2) Les ananas confits au sucre sont traités comme les confitures.

(3) Les poissons de mer, de pêche française, sont exempts de droits.

(4) Cette modération de droit n'est applicable qu'aux ancres retirées du fond des ports et rades du Royaume par des dragueurs français. Le dragage doit être constaté d'une manière authentique par des agents de la marine. — Celles dont la propriété est revendiqué dans les délais, sont traitées comme marchandises de sauvetage et soumises au droit du tarif, quand la nationalité n'est pas justifiée. *(Ordonnance du 29 juin 1833.)*

(5) La racine d'angélique est brune à l'extérieur et blanche a l'intérieur. Sa graine est oblongue, cannelée et ailée.

(6) Le poisson de mer quel que soit son état, de pêche française, est exempt de droit.

(7) Les animaux rares et curieux qui sont conduits par des Jongleurs passent en franchise de droits, tant à l'entrée qu'à la sortie. La circulaire n. 974 trace la marche à suivre pour assurer le renvoi à l'étranger ou le retour en France des chevaux et bêtes de somme qui servent aux voyageurs, aux rouliers et aux transports journaliers sur la frontière. — Les animaux rares, vivants ou empaillés importés comme échantillons d'histoire naturelle sont traités comme objets de collection hors de commerce.

(8) L'anis étoilé, ou badiane est un fruit d'un arbre de la Chine, de Tartarie et des Iles Philippines : il a la figure et la grosseur d'une coloquinte et dont les semences sont en forme d'étoile qui ont le goût et l'odeur de l'anis. — Les graines ou semences de l'anis vert sont cannelées et grisâtre, de goût et d'odeur très-suaves.

(9) Indépendamment du droit qui leur est applicable celles importées en bouteilles paient 15 cent. à l'entrée par litre de contenance (loi du 28 avril 1816) et 25 cent. à la sortie par 100 kil. (loi du 6 mai 1841)

DÉSIGNATION DES MARCHANDISES.	CLASSE du TARIF.	TITRE DE PERCEPTION.		UNITÉS sur lesquelles portent les droits.	DROITS D'ENTRÉE		DROITS de SORTIE.
		Entrée.	Sortie.		par Navires Français.	par Navires Étrangers et par terre	
					F. C.	F. C.	F. C.

DÉSIGNATION DES MARCHANDISES.	CLASSE du TARIF.	TITRE DE PERCEPTION.		UNITÉS sur lesquelles portent les droits.	DROITS D'ENTRÉE		DROITS de SORTIE.
		Entrée.	Sortie.		par Navires Français.	par Navires Étrangers et par terre	
					F. C.	F. C.	F. C.

DÉSIGNATION DES MARCHANDISES.	CLASSE du TARIF.	TITRE DE PERCEPTION.		UNITES sur lesquelles portent les droits.	DROITS D'ENTRÉE		DROITS de SORTIE.
		Entrée.	Sortie.		par Navires Français.	par Navires Etrangers et par terre	
					F. C.	F. C.	F. C.

DÉSIGNATION DES MARCHANDISES.	CLASSE du TARIF.	TITRE DE PERCEPTION.		UNITÉS sur lesquelles portent les droits.	DROITS D'ENTRÉE		DROITS de SORTIE.
		Entrée.	Sortie.		par Navires Français.	par Navires Étrangers et par terre	
					F. C.	F. C.	F. C.

	DÉSIGNATION DES MARCHANDISES.	CLASSE du TARIF.	TITRE DE PERCEPTION. Entrée.	TITRE DE PERCEPTION. Sortie.	UNITÉS sur lesquelles portent les droits.	DROITS D'ENTRÉE par Navires Français.	DROITS D'ENTRÉE par Navires Étrangers et par terre	DROITS de SORTIE.
						F. C.	F. C.	F. C.
FR.	**anspeck**, (barres de cabestan) ébauchées	ouvré en matières diver.	28 avr. 1816	6 mai 1841	la valeur	10 p. °/°	10 p. °/°	1/4 °/°
FR.	— — complètement façonnées	—	—	—	—	10 p. °/°	10 p. °/°	—
FF.	**antale**, coquilllage (1)	subst. pr. à la méd. et parfu.	—	28 avr. 1816	100 k. BB	7 »	7 70	» 25
	anthracite, comme la houille pour l'entrée.							
P.	**antigoutte** (2) de la Martinique, médic. comp. non dénom.							
FF.	**antimoine** (3) minérai, tel qu'il est extrait de la mine et avant toute préparation	métaux.	6 mai 1841	19 therm. 4	—	1 »	1 10	» 25
FF.	**antimoine** (3) sulfuré	—	17 mai 1826	6 mai 1841	—	11 »	12 10	» 25
FR.	**antimoine** (3) métallique	—	—	—	—	26 »	28 60	» 25
RR.	**antiquités** égyptiennes, grecq. ou rom. V. objets de collec.							
RR.	**antofles** de girofle, c'est le fruit qu'on a laissé mûrir. V. clous de girofle.							
FF.	**antore** (racines d') (4). V. racines médicinales à dénommer.							
FF.	**apios** ou **ache** (racines d') (5). V. racines médic. à dénom.							
FF.	— (fruits d'). V. fruits médicinaux à dénommer.							
FF.	**apocin** (graines d'), fruits (6) fruits médicinaux à dénommer.							
FF.	— (duvet d'), comme végétaux filamenteux à dénommer.							
FR.	**apparaux** de navire. V. la note au mot agrès.							
RR.	**arabique** (gomme). V. gommes pures exotiques.							
FF.	**arachis** ou **arachides** (7) de la côte occid. d'Afr. en droit.	fruits oléa.	6 mai 1841	17 mai 1826	—	1 »	3 »	» 25
FF.	**arachis** ou **arachides** (7) d'ailleurs	—	—	—	—	2 50	3 »	» 25
FF.	**arachis** ou **arachides** (7) par terre	—	—	—	—	» »	3 50	» 25
RR.	— (huile d'). V. fixe, pure, autre, liquide.							
FF.	**arapabaca** ou **brainvilliers**, herbes médicin. à dén.							
RR.	**arbalètes**, flèches compr. et arcs: antiques ou de curiosité. V. objets de collect.; pour jouets d'enfants. V. bimbeloterie.; autres. V. ouvrages en bois non dénommés.							
	arbot-a-brea (résine d'). V. résineux exotiques à dénom.							
FF.	**arbres** en plant. V. plants d'arbres.							
FF.	**arcanson**, (8) résine indigène, comme brai sec.							
RR.	**archets**: de violon et de tourneur, mercerie fine.; de scies à main, comme outils de pur fer.							
FF.	**arco-potin** (9) gris, cuivre allié d'étain coulé en masse, barres ou plaques, ou en objets détruits — des pays hors d'Eur.	métaux.	2 juill. 1836	6 mai 1841	—	1 »	3 »	» 25
	— des entrepôts	—	—	—	—	2 »	3 »	» 25
FF.	**arco-potin** jaune, cuivre allié de zinc de 1re fusion, en masses, barres ou plaques, ou en objets détruits — des pays hors d'Eur.	—	—	—	—	1 »	3 »	» 25
	— des entrepôts	—	—	—	—	2 »	3 »	» 25
FR.	**arçons** de bat ou de selle: non ferrés. V. ouvr. en bois non dén.; ferrés. V. sellerie.							
	arcs. V. arbalètes.							

(1) Coquillage de mer fait en tuyau courbé en croissant, de couleur blanche, quelquefois nuancée de vert, de rose ou d'aurore. Il contient un peu de sel volatil et fixe. On s'en sert en pharmacie.

(2) La loi du 27 mars 1817, autorise l'introduction de l'antigoutte de la Martinique lorsque ce médicament est jugé utile ou nécessaire par l'école de pharmacie et avec l'autorisation de M. le Directeur de l'administration, le droit alors est de 20 p. o/o de la valeur connue et de 2 f. 40 c. par kil. net par navires français, et 2 f. 60 c. par navires étrangers et par terre.

(3) L'antimoine est présenté, soit à l'état de sulfure (combiné avec le soufre), soit a l'état de métal. L'antimoine sulfuré (autrefois antimoine cru) est de deux espèces : la première, qui est le minérai d'antimoine, est mêlée de matières terreuses ou pierreuses; elle est en aiguilles de couleur noire, très-cassantes; la seconde, est celle qui a été séparée de sagangue en la faisant fondre dans des creusets; elle est formée, dans son intérieur, d'aiguilles très-longues: sa poudre salit fortement les doigts; elle entre en fusion quand on l'approche d'une bougie. — L'antimoine métallique (autrefois régule d'antimoine. C'est l'antimoine préparé, on l'obtient de l'antimoine sulfuré. Il est d'un blanc bleuâtre, brillant comme l'argent et l'étain, lamaneux, très-fragile et facile à pulvériser. Il est disposé en étoiles ou en feuilles de fougères. Les produits chimiques et pharmaceutiques qu'on obtient de l'antimoine, rentrent dans la classe des médicaments composés, non dénommés, qui sont prohibés, savoir : les oxides, les décompositions, les mixtures, dit antimoniaux. — Le minérai d'antimoine ayant reçu quelque préparation, doit acquitter le droit de l'antimoine sulfuré. — L'antimoine importé de Nice sous le nom de minérai, doit acquitter comme le sulfuré.

(4) Racine composée de deux navets ressemblant à l'olive.

(5) Racine en forme de poire, empreinte de lait, noire en dehors, blanche en dedans.

(6) Elles proviennent d'une plante grasse, dont les fleurs, en forme de cloches, forment un fruit gros comme le poing.

(7) L'arachide ou arachis est vulgairement connue aussi sous le nom de pistache de terre. C'est une semence de la grosseur d'un pois, d'un rouge vineux à l'extérieur, blanche à l'intérieur, et qui est renfermée dans une gousse blanchâtre, de forme cylindrique et terminée en pointe. cette gousse est étranglée dans le milieu quand elle contient deux semences. La plante qui produit l'arachide n'est pas exclusive à l'Afrique ; on la cultive dans le midi de l'Europe et notamment en Espagne. (*Note au bas de la Circulaire du 31 juillet 1840, n° 1834*).

(8) Arcanson, c'est le résidu de la distillation de la résine de pin et de sapin ; c'est-à-dire, la résine dont on a retiré l'huile essentielle.

(9) L'arco est un métal gris, formé du mélange de scories de laiton avec de l'étain. L'arco ou potin jaune n'est que du laiton.

	DÉSIGNATION DES MARCHANDISES.	CLASSE du TARIF.	TITRE DE PERCEPTION. Entrée.	TITRE DE PERCEPTION. Sortie.	UNITÉS sur lesquelles portent les droits.	DROITS D'ENTRÉE par Navires Français.	DROITS D'ENTRÉE par Navires Étrangers et par terre	DROITS de SORTIE.
						F. C.	F. C.	F. C.
FF.	**ardoises** pour toitures (1), par mer et de la mer à Baisieux exclusivement, ayant de larg. plus de 27 centimèt.	pierres, terres et autr. fossil.	17 mai 1826	17 mai 1826	1000 en n.	46 »	46 »	les gran.
	— 22 excl. à 27 inclus	—	—	—	—	30 »	30 »	» 15
	— 19 excl. à 22 inclus	—	—	—	—	14 »	14 »	les petit.
	— 19 in. ou m. et p. ter.	—	2 juill. 1836	—	—	2 »	2 »	» 10
	— par toutes les autres frontières, de toutes dim.	—	17 mai 1826	—	—	7 50	7 50	
FR.	**ardoises** en carreaux ou en tables	—	30 avr. 1806	28 avr. 1316	100 en n.	30 »	30 »	» 50
FF.	**ardoises** sciées pour crayons, comme crayons simples en pierres. V. crayons simples en pierres.							
FR.	**ardoises** en couteaux pour tanneurs, pierres ouvrées; le cadre des ardoises encadrées paie com. boissel.	—	15 mar 1791	—	la valeur	15 p. °/o.	15 p. °/o.	1/4 p. °/o.
FF.	**arec** (noix d'), grains durs à tailler (2).							
RR.	**aréomètres,** instruments de calcul.							
FF.	**argan** (graines d'), fruits oléagin. à dén.							
FF.	**argent** brut, en masses, lingots et ouvrages détruits	métaux.	28 avr. 1816	6 mai 1841	1 k. NN	» 05	» 05	100 k. 25
RR.	**argent** battu, tiré, laminé ou filé (3)	—	—	—	—	30 »	33 »	» 25
FR.	**agent** faux, soit cuivre argenté, en lingots ou en masses	—	27 mar 1817	—	100 k. NB	102 »	109 60	» 25
RR.	— battu, tiré ou laminé (3)	—	28 avr. 1816	—	—	204 »	246 70	» 25
	— filé sur fil	—	—	—	—	327 »	344 50	» 25
RR.	— filé sur soie	—	2 juill. 1836	—	—	600 »	617 50	» 25
P.	— ouvré	—	10 brum. 5	—	100 k. B	prohibé.	prohibé.	» 25
FF.	**argent** (minérai d') ou minérai argentifère. V. minérais.							
FF.	**argent** (monnaies d')	ouvr. en mat. diverses.	28 avr. 1816	28 avr. 1816	1 k. NN	» 01	» 01	» 01
FF.	**argent** doré en lingots, comme or brut.							
RR.	**argenterie** soit orfévrerie (4) d'or ou de vermeil	—	—	6 mai 1841	1 h. NN	10 »	11 »	100 k. 25
RR.	— d'argent	—	—	—	—	3 »	3 30	» 25
FF.	— brisée, propre à la refonte	métaux.	—	—	1 k. NN	» 05	» 05	» 25
FR.	**argent-vif,** mercure natif	—	27 juil. 1822	28 avr. 1816	100 k. BB	20 »	22 »	» 25
FR.	**argentan,** nikel allié de zinc, de plomb ou de cuiv. en masses	—	24 sep. 1840	—	100 k. NB	50 »	55 »	» 25
	— lam. ou ét.	—	—	—	—	100 »	107 50	» 25
P.	— ouvré	—	10 brum. 5	—	» B	prohibé.	prohibé.	» 25
FF.	**argentine** (racines). V. racines médicinales à dénommer. (herbes). V. herbes médicinales à dénommer. (feuilles). V. feuilles médicinales à dénommer.							
—	**argentine** ou pierre de lune (5), soit œil de poisson, comme les agates.							
FF.	**argiles** communes, y compris les argiles réfractaires, comme matériaux à dénommer.							
FF.	**argile** jaune colorée par le fer, alana, pier. et ter., etc. V. alana.							
FF.	**argiles** chargées d'oxide, soit roug. jaun. ou vertes (6). V. ocres. Autres. V. pierres et terres servant aux arts et mét. non dén.							
FF.	**argile** propre à raffiner le sucre. V. pierres et terres servant aux arts à dénommer. *(Lettre du 23 août 1824.)*							
FF.	**argile** rose, terres servant aux arts à dén. *(Let. du 16 oct. 1827.)*							
FF.	**argile** schisteuse graphique ou pierre noire pour crayons de charpentiers. V. pierres ferrugineuses autres.							
FF.	**aristoloche** ou serpentaire, racines d'. V. racines médicinales à dénommer.							
FF.	— graines d'. V. fr. méd. à dén *(Let. du 7 juin 1823.)*							

(1) On entend par petites ardoises pour toiture, taxées à la sortie au droit de 10 centimes, celles qui ont moins de 13 centimètres de longueur. *(Loi du 17 mai 1826.)*

(2) Fruit ovale d'une espèce de palmier des Indes, qui, oté d'une écorce qui l'enveloppe comme la noix, ressemble à une muscade cassée. Il entre dans la composition du cachou.

(3) Cette dénomination comprend les feuilles, traits, lames, paillettes, clinquants, argent filé sur soie, ainsi que les cannetilles.

(4) Les ouvrages d'or et d'argent, importés de l'étranger, sont envoyés sous plomb et par acquit-à-caution sur le bureau de garantie le plus voisin, pour y être poinçonné et acquitter le droit de marque. Sont affranchis de cette formalité comme de tous droits : 1° ceux appartenant aux ambassadeurs et envoyés des puissances étrangères, quand ils les accompagnent ou sont déclarés par eux; les bijoux et les ouvrages en argent à l'usage personnel des voyageurs, dont le poids n'excède pas 5 hectogrammes. *(Loi du 19 brumaire an 6.)* Les ouvrages en or et en argent légèrement montés, sont exempts des formalités de la garantie. *(Arrêté du 1er messidor an 6.)*

(5) Il ne s'agit ici que des pierres non montées ou de celles qui ont une monture provisoire en métal commun. Celles montées en or ou argent rentrent dans la bijouterie.

(6) Ces argiles sont classées parmi les pierres et terres servant aux arts et métiers à dénommer quant à l'entrée. Mais les droits de sortie n'étant pas les mêmes, elles sont tarifées séparément à Ocres depuis la loi du 2 juillet 1836.

DÉSIGNATION DES MARCHANDISES.	CLASSE du TARIF.	TITRE DE PERCEPTION.		UNITÉS sur lesquelles portent les droits.	DROITS D'ENTRÉE		DROITS de SORTIE.
		Entrée.	Sortie.		par Navires Français.	par Navires Étrangers et par terre	
					F. C.	F. C.	F. C.

DÉSIGNATION DES MARCHANDISES.	CLASSE du TARIF.	TITRE DE PERCEPTION.		UNITÉS sur lesquelles portent les droits.	DROITS D'ENTRÉE		DROITS de SORTIE.
		Entrée.	Sortie.		par Navires Français.	par Navires Étrangers et par terre	
					F. C.	F. C.	F. C.

	DÉSIGNATION DES MARCHANDISES.	CLASSE du TARIF.	TITRE DE PERCEPTION. Entrée.	TITRE DE PERCEPTION. Sortie.	UNITÉS sur lesquelles portent les droits.	DROITS D'ENTRÉE par Navires Français.	DROITS D'ENTRÉE par Navires Étrangers et par terre	DROITS de SORTIE.
						F. C.	F. C.	F. C.
P.	**armes** de guerre (1) blanches	ouv. en mat. diverses.	21 avr. 1818	19 ther. 4	—	prohib.	prohib.	prohib.
	armes de guerre (1) à feu portatives	—	—	—	—	—	—	—
	armes de guerre (1) à feu d'affut, en bronze ou en fonte	—	—	—	—	—	—	—
RR.	**armes** de chasse de luxe ou de traite, et pour le théâtre, blanches	—	28 avr. 1816	6 mai 1841	100 k. NB	400 »	417 50	» 25
	armes de chasse de luxe ou de traite, et pour le théâtre, à feu	—	17 déc. 1814	—	—	200 »	212 50	» 25
	armes ancien. ou en usage ailleurs qu'en Eur. V. obj. de coll.							
FF.	**armoise.** V. racines médicinales à dénommer.							
RR.	**armures** vieilles, objets de collection.							
FF.	**arnica** racines d'. V. racines médicinales à dénommer.							
FF.	**arnica** feuilles d'. V. feuilles médicinales à dénommer.							
FR.	**arnica** fleurs d'. V. fleurs médicinales à dénommer.							
—	**arquebusade** (eau d'). V. eaux de senteur.							
RR.	**arrach**, rack, eau-de-vie de riz	boissons.	2 juin 1834	2 juill. 1836	1 hectol. alc. pur.	200 »	200 »	» 10
FR.	**arrow-root**, comme fécule de flèche indienne. V. sagou.							
RR.	**arséniate** de potasse, sels (2)	prod. chim.	28 avr. 1816	6 mai 1841	—	70 »	76 »	» 25
	arséniate de cobalt. V. produits chimiques non dénom.							
	arsenic métallique (3)	métaux.	—	28 avr. 1816	100 k. BB	47 »	48 70	» 25
FF.	**arsenic** minerai d')	—	2 déc. 1843	6 mai 1841	—	» 40	1 10	» 40
	arsenic blanc, acide arsénieux	prod. chim.	6 mai 1841	28 avr. 1816	—	8 »	8 80	» 25
FF.	**arsenic** jaune en masses, orpiment ou rouge réalgar, sulfur.	—	28 avr. 1816	—	—	8 »	8 80	» 25
RR.	**arsenic** — pulvérisé. V. couleurs à dénommer (4).	—	6 mai 1841					
RR.	**artifices** (pièces d'). V. mercerie commune.							
FF.	**arum**, racines medicinales à dénommer.							
FF.	**asarum** (5) racine d'. V. racines médicinales à dénommer.							
	asarum (5) herbe d'. V. herbes médicinales à dénommer.							
FF.	**asclépias** (racines médicinales à dénom. — Dompte venin.							
FR.	**aspalatum**. Bois odorants à dénommer.							
FF.	**asperges.** (tiges d'). Légumes vert.							
	asperges. (plants, griffes et graines d') com. graine de jard.							
	aspérule odorante, V. racines médicinales à dénom.							
FF.	**asphalte**. (6) Bitumes solides. Autres, purs. Bitude de judée.							
FF.	**aspic.** fleur (d'). Lavande. V. Lavande.							
FF.	**aspic.** herbes (d') Herbes médicinales à dénommer.							
FF,	**aspic.** graines (d). Lavande. Fruits médicinaux à dénom.							
RR.	**aspic.** huile (d) de Lavande). Huiles volatilles autres.							
RR.	**assa-fœtida.** V. résineux exotiques à dénommer. (7)							
FR.	**astérie**, pierres gemmes à dénommer. (8)							
FF.	**astragale**, racines d'). V. rac. méd. à dén.							
FF.	**atchar**, fruits confits (cornichons) (9). V. cornichons.							

(1) On entend par armes de guerre, 1° les armes à feu montées ou en pièces, de tous les modèles en usage pour les troupes françaises, telles que fusils communs à un coup, mousquetons, carabines et pistolets, dont le calibre n'est pas au moins de 2 millimètres au-dessus ou au-dessous du calibre de guerre, qui est de 17 millim. 7/10mes; sont exceptés de cette mesure, les fusils de luxe à un coup et aux canons simples, du prix en fabrique de 60 f. et au-dessus pour les fusils, et de 20 fr. pour les canons; 2° les armes blanches d'un modèle en usage pour les troupes françaises, telles que sabres et bayonnettes. On entend par calibre des armes à feu, l'ouverture du canon, soit le diamètre de la balle que cette ouverture peut recevoir. On se sert pour cette reconnaissance de cylindres de calibrage dont les bureaux doivent être munis. Les armes à feu sont de calibre de guerre, lorsque la partie du petit diamètre du cylindre de calibrage entre dans le canon; elles sont de calibre de chasse lorsque la partie de ce petit diamètre ne peut y entrer, ou que celle du gros diamètre y entre. — Lorsque le gouvernement accorde des exceptions, les armes blanches et à feu portatives acquittent les droits des armes de chasse et de luxe; et pour celles d'affut en bronze ou en fonte, le droit de sortie de 1 franc ou 25 centimes par 100 kil. brut, selon les métaux dont elles sont formées, établi par la loi du 28 avril 1816. — On appelle armes de chasse, de luxe ou de traite, les armes à feu d'un calibre autre que celui adopté en France pour les troupes; 2° les armes blanches, comme sabres, épées, etc., dont les pièces sont damasquinées, gravées ou ciselées, ainsi que les autres armes de prix, enrichies d'or, d'argent ou d'autres matières incrustées et particulièrement celles de prix, renfermées dans des boites, gaînes ou fourreaux. Celles enrichies d'or ou d'argent sont soumises au droit de garantie.

Nota. — Les dispositions relatives aux armes de guerre sont applicables aux pièces d'armes de guerre. *(Ordonnance du 24 juillet 1816, art. 16.)*

(2) L'arséniate de potasse est un sel pulvérulent, sapide, blanc, quelquefois blanc verdâtre en raison d'un peu de cuivre qu'il contient. Il s'en dégage des vapeurs blanches arsénicales, lorsqu'on le projete sur des charbons incandescens. Il est presqu'entièrement soluble dans l'eau, à laquelle il donne le plus souvent la propriété de rougir le tournesol.

(3) Il n'est ici question que du métal gris d'acier formé artificiellement et comme produit secondaire dans l'exploitation des mines de cobalt arsenical. Quant à l'acide et aux sulfures d'arsénic, ils font partie des produits chimiques.

(4) Combinaison du soufre avec une base métallique, saline ou terreuse; ainsi sulfure d'arsénic ne veut dire autre chose qu'arsenic mêlé de soufre à différens degrés. Pour le sulfure d'arsenic jaune *pulvérisé*, qu'on nomme dans le commerce orpiment, orpin, jaune de Cassel, jaune de roi ou jaune royal, voyez Couleurs à dénommer.

(5) Asarum ou cabaret, nardsauvage ou oreillette. Sa racine sert en médecine et est de la grosseur d'une plume à écrire, de couleur grise; d'odeur forte et agréable.

(6) Opaque, noir, solide, brillant, sec, friable, inodore à froid, acquérant l'électricité résineuse, cassure luisante; on l'emploie pour la construction des trottoirs et des parvis.

(7) Gomme-résine, molle et obéissante comme la cire, en partie jaune et rousse, garnie de larmes, d'une odeur très-désagréable.

(8) Il ne s'agit ici que des pierres non montées ou de celles qui ont une monture provisoire en métal commun. Celles montées en or ou en argent rentrent dans la bijouterie.

(9) assaisonnement de table qui vient de l'Inde. Il se compose de fruits verts, tels que mangues, bilimbis, citrons, et autres; ou en légumes, tels que haricots, choux, bourgeons de palmiste et de bambou confits au vinaigre ou dans le suc aigri de différentes espèces de palmier, avec de l'ail, de la moutarde pilée, du gingembre, du piment; etc.

	DÉSIGNATION DES MARCHANDISES.	CLASSE du TARIF.	TITRE DE PERCEPTION. Entrée.	TITRE DE PERCEPTION. Sortie.	UNITÉS sur lesquelles portent les droits.	DROITS D'ENTRÉE par Navires Français.	DROITS D'ENTRÉE par Navires Étrangers et par terre	DROITS de SORTIE.
						F. C.	F. C.	F. C.
FF.	**athamante.** racines d'). V. rac. méd. à dén. / graines d'). V. fruits médicin. à dénommer.							
id.	**aulne**, écorces d') (1)........	teint. et tan.	28 avr. 1816	6 mai 1841	100 k. BB	1 »	1 10	» 25
id.	**aulnée**, racines d') (2). V. racines médicinales à dénom.							
id.	**aurone**, c'est un autre nom de l'absinthe. V. absinthe.							
RR.	**automates** et autres pièces de méc. cur. V. objets de collec.							
—	**autour.** Ecorces d') (3). V. curcuma.							
FF.	**avelanèdes** (cupules de gland). (4)........	—	2 juil. 1836	28 avr. 1816	—	3 »	3 30	» 25
id.	**avelines** (espèce de noisettes.) Fruits oléagineux........	fruits.	28 avr. 1816	6 mai 1841	—	8 »	8 80	» 25
id.	**avelines** enveloppées de leur pérycarpe membraneux. V. fruits frais indigènes à dénommer.							
id.	**avena perlé ou mondé.** V. grains perlés et mondés							
FR.	**aventurines**, pierres gemmes à dénommer. (5)							
FF.	**avirons et rames bruts** par nav. franç. et par terre	ouvr. en mat. diverses.	2 juill. 1836	6 mai 1841	par mètre de longu.	» 02	» »	1/4 p. 0/0
id.	— — par navires étrangers	—	—	—	—	» »	» 04	—
id.	— — façonnés	—	21 avr. 1818	—	—	» 05	» 06	—
id.	**avocats**, fruits. V. fruits frais exotiques.							
id.	**avoine.** Suit le régime particulier des céréales.							
	avis imprimés. Comme les livres.							
id.	**aya-pana**, feuilles d'). (6) V. feuil. médicin. à dénommer.							
id.	**azeroles**, fruits frais indigènes à dénommer.							
id.	**azur**, cobalt vitrifié en poudre (7)........	métaux.	28 avr. 1816	28 avr. 1816	100 k. BB	30 »	33 »	» 25
id.	**azur** de roche. Lazulite. (8). V. pierres gemmes à dénommer.							
id.	**azur** de cuivre ou cendre bleue (9)........	couleurs.	—	6 mai 1841	100 k. NB	164 »	174 70	» 25
	B.							
F.	**Bablah**, gousses d'accacia. du Sénégal et de la Guyane française.....	teint. et tan.	2 juill. 1836	28 avr. 1816	100 k. BB	» 25	» »	» 25
FR.	— de l'Inde........	—	—	—	—	2 »	7 »	» 25
RR.	— d'ailleurs hors d'Europe........	—	—	—	—	3 »	7 »	» 25
id.	— des Entrepôts........	—	—	—	—	5 »	7 »	» 25
P.	**babelaër**,, comme sucre candi prohibé.							
FF.	**bache** (bois de). Bois commun à construction. Autres. V. bois.							
id.	**baccante** visqueuse, feuilles de). V. feuil. médic. à dénom.							
FR.	**badiane** ou anis étoilé de Chine (10)........	espèc. méd.	28 avr. 1816	27 juil. 1822	100 k. NB	60 »	65 50	» 25
RR.	**bagues** d'or ou de vermeil. V. bijouterie d'or. / d'argent. V. bijouterie d'argent. / en cuivre. V. cuivre ouvré, simplement tourné. / d'étain ou de fer et de plomb. V. mercerie commune ou fine, selon l'espèce.							
FR.	**baguettes** de fusil. bois préparé pour) V. bois ouvré à dénom., soit ouvr. en bois.							
	— en bois ou { non garnies, mercerie commune.							
RR.	— en baleine { garnies, mercerie fine.							
id.	— en acier { armes à feu de luxe........	ouvr. en mat. diverses.	17 déc. 1814	6 mai 1841	—	200 »	212 50	» 25
P.	— en acier { de guerre (11)........	—	21 avr. 1818	19 therm. 4	—	prohib.	prohib.	prohib.
	baguettes en bois doré sont traitées comme meubles.							

(1) Cette écorce est raboteuse, fragile, noirâtre en dehors et jaunâtre en dedans, sert pour teindre les cuirs et les chapeaux en noir.

(2) Racine longue et charnue, brune en dehors, blanche en dedans, d'odeur aromatique étant sèche. Elle sert en médecine.

(3) Assez semblable à la canelle, mais plus pâle en dessus. Sans odeur, d'un goût insipide et entre dans la composition du carmin.

(4) Nom donné aux calices ou aux cupules qui contiennent les glands de chêne, et plus particulièrement aux cupules écailleuses d'une espèce de chêne qui croit dans le levant. Elles servent comme tannin et pour la teinture en noir.

(5) Même remaque que pour les asteries (*Voir la note* 8 page 15). L'aventurine placée sur un frond coloré et demi-transparent, offre une multitude de petits points qui semblent dorés ou argentés. Il y en a d'artificielles formées d'un mélange de paillettes de cuivre et de verre en fusion.

(6) Plantes des Indes des Iles Bourbon et Maurice et du Brésil. Elle se rapproche beaucoup du thé, et donne un infusion agréablement parfumé, peu différent de celui qui est fourni par la feuille des camellia.

(7) S'obtient par la pulvérisation du Smalt qui est un verre opaque de couleur bleu foncé, résultant de la fusion du safre.

(8) Même remarque que pour les astéries. (*Voir la note* 5 ci-dessus); on en retire le bleu dit d'outre-mer.

(9) Ne pas le confondre avec l'azur de cobalt. On le distingue facilement au moyen de l'ammoniaque ou alcali volatil : le cuivre est entièrement dissous dans ce liquide, tandis que le cobalt y est insoluble.

(10) *Voir la note* au mot Anis.

(11) *Voir la note* 1 page 15, pour les armes de guerre au mot armes.

DÉSIGNATION DES MARCHANDISES.	CLASSE du TARIF.	TITRE DE PERCEPTION.		UNITES sur lesquelles portent les droits.	DROITS D'ENTRÉE		DROITS de SORTIE.
		Entrée.	Sortie.		par Navires Français.	par Navires Etrangers et par terre	
					F. C.	F. C.	F. C.

DÉSIGNATION DES MARCHANDISES.	CLASSE du TARIF.	TITRE DE PERCEPTION.		UNITÉS sur lesquelles portent les droits.	DROITS D'ENTRÉE		DROITS de SORTIE.
		Entrée.	Sortie.		par Navires Français.	par Navires Étrangers et par terre	
					F. C.	F. C.	F. C.

	DÉSIGNATION DES MARCHANDISES.	CLASSE du TARIF.	TITRE DE PERCEPTION. Entrée.	TITRE DE PERCEPTION. Sortie.	UNITÉS sur lesquelles portent les droits.	DROITS D'ENTRÉE par Navires Français.	DROITS D'ENTRÉE par Navires Etrangers et par terre	DROITS de SORTIE.
						F. C.	F. C.	F. C.
FF.	**baies** (1) d'alkékenge, de carpobalsamum, de laurier, de morelle et de viorne. V. fruits médicinaux à dénommer.							
id.	**baies** de bourdaine, de nerprun et de rhamnus............	teint. et tan.	25 juil. 1837	6 mai 1841	100 k. BB	5 »	7 50	» 25
id.	**baies** de genièvre, fruits à distiller..................	fruits.	28 avr. 1816	28 avr. 1816	—	4 »	4 40	» 25
RR.	**baies** de bois de l'Inde. Comme poivre. V. poivre,							
FF.	**baillarge**, esp. d'orge, suit le régime part. des grains. V. orge.							
P.	**bayonnettes** (2) d'un modèle en usage pour les troup. franç.	ouvr. en mat. diverses.	21 avr. 1818	19 therm. 4	—	prohib.	prohib.	prohib.
RR.	— Autres. Comme armes de luxe à feu.							
FF.	**baisonge** ou **eygi**. Comme noix de galles légères. (3)							
id.	**balais** communs de bouleau, bruyère, genet, millet, etc ..	—	28 avr. 1816	6 mai 1841	100 en no	» 25	» 25	1/4 °/₀ valeur.
RR.	**balais** de crin, racines et plumasseaux. Mercerie commune.							
FF.	**balais** de savane. feuilles médicinales à dénommer.							
RR.	**balances** fléaux de, pour assortiment de fer..............	—	17 déc. 1814	—	100 k. NB	50 »	55 »	» 25
	balances fléaux de, pour assortiment de cuivre....... ..	—	28 avr. 1816	—	—	150 »	160 »	» 25
P.	**balances** montées fer ouvré........................	—	10 br. an 5.	27 juil. 1822	» B	prohib.	prohib.	» 25
	balances de précision. V. instruments de calcul, etc.							
RR.	**balances** à bascule. V. machines et mécaniques à dénommer.							
FR.	**balauste** (fleurs de grenadier). V. fleurs médicin. à dénom.							
	baleine. V. blanc ou fanons de baleine.							
FF.	**balisier**, graine de (4) non percée. V. grains durs à tailler.							
RR.	**balisier**, graine de (4) percée. V. mercerie commune.							
RR.	**balles** de paume. Mercerie commune.							
P.	**balles** de plomb de calibre. V. projectiles de guerre.							
FR.	**balles** autres. V. plomb ouvré.							
FF.	**balsamier** de la Mecque, com. carpobalsamum. V. fruits médicinaux à dénommer.							
FR.	**bambous** (5) V. jones exotiques.							
FF.	**bananes**, fruits frais exotiques à dénommer.							
id.	**bananier** (tiges et filasses de). V. végétaux filamenteux.							
id.	**bancoul** noix de). V. noix de Touloucouna.							
RR.	**bandanges herniaires.** Comme instrum. de chirurgie.							
FR.	**bandes** de roue pour voitures traitées au charbon de terre par navires franç. et par terre.	métaux.	2 juill. 1836 et 1er août 1792	27 juil. 1822	100 k. BB	37 50	—	» 25
	bandes de roue pour voitures traitées au charbon de terre par navires étrangers........	—	—	—	—	—	41 20	» 25
id.	idem traitées au charbon de bois et au marteau, par navires franç. et par terre	—	—	—	—	37 50	—	» 25
	idem traitées au charbon de bois et au marteau, par navires étrangers.......	—	—	—	—	—	41 20	» 25
	bandes pour locomotives. V. rails.							
	bandes de tissus, comme tissus avec lesquels elles ont été faites pour l'entrée seulement. (6)							
P.	**bandes** de mousseline, de percale et de tulle brod (obj. de mod.	tissus.	28 avr. 1816	28 avr. 1816	la valeur	prohib.	prohib.	1/4 p. °/₀.
	boaba, dit pain de singe. V. fruits médicinaux à dénommer.							
FF.	**bangues** (canabis indica) (7) herbes médicales à dénommer.							
	bangues (canabis indica) (7) graines, fruits médicinaux à dénommer.							
	baquets. V. cuveaux.							
id.	**barbary** (racine de). Comme bois de teinture à dénommer.							
	barbatimao. V. gousses tinctoriales.							
	barbe de chèvre. racines. V. racines médicin. à dénommer.							
	barbe de chèvre. herbes. V. herbes médicin. à dénommer.							
id.	**barbe** de chèvre. feuilles. V. feuilles médicin. à dénommer.							
FR.	**barbe** de chèvre. fleurs. V. fleurs médicin. à dénommer.							
	barbe de chèvre. (8) espag., caragate mucif. V. vég. fil. non dén.							

(1) Les baies sont des espèces de fruits qui renferment des semences éparses dans une pulpe plus ou moins succulente.

(2) (*Voir la note*) pour les armes de guerre au mot armes.

(3) Nom arabe d'excroissances creuses, oblongues, raboteuses, de la grosseur des noix de galles, peu épaisses et faciles à écraser sous les doigts lorsquelles sont sèches. Elles sont, comme les autres cynips, l'effet des piqures d'insectes aux végétaux sur lesquels elles se développent. Elles sont d'un vert tendre qui passe par gradations jusqu'au rouge pâle.

(4) Ces graines servent à faire des colliers et des bracelets.

(5) On appelle bambous, une espèce de tige jaunâtre et luisante, qui a des nœuds alternes avec cannelure de l'un à l'autre de ces nœuds, et qui sert exclusivement à la fabrication des cannes. — Ceux garnis en ivoire, en ébène, en succin, en noix de coco ou autres matières sont traités domme tabletterie qui est prohibée. Ceux à pommeaux d'or ou d'argent doivent le droit comme bambous plus le droit de la bijouterie pour les garnitures, et sont, en outre, soumis au poinçon de garantie. Ceux renfermant des épées ou poignards doivent être saisis comme toute arme défendue.

(6) Les bandes sont traitées à la sortie comme ouvrages de mode.

(7) Plante assez semblable au chanvre. Sa semence est moins blanche et plus menue que celle du chanvre; c'est un excitant.

(8) La barbe de chèvre espagnole ou caragate muciforme est une plante parasite filamenteuse. Elle croit sur les troncs et les branches des arbres, quelle couvre en grande partie, et d'où elle descend vers la terre. Elle sert en médecine; mais son principal emploi est pour rembourrer les matelats et les sièges. Elle se trouve en Virginie, à la Jamaïque, au Brésil et dans presque toute la partie méridionale de l'Amérique où on l'appelle barbe Espagnole.

	DÉSIGNATION DES MARCHANDISES.	CLASSE du TARIF.	TITRE DE PERCEPTION. Entrée.	TITRE DE PERCEPTION. Sortie.	UNITÉS sur lesquelles portent les droits.	DROITS D'ENTRÉE par Navires Français.	DROITS D'ENTRÉE par Navires Étrangers et par terre	DROITS de SORTIE.
						F. C.	F. C.	F. C.
FR.	**barbes** de baleine fanons (1) brutes de pêche française	pêche	27 juil. 1822	28 avr. 1816	100 k. BB.	» 20		» 25
	— brutes de pêche étrangère	—	28 avr. 1816	—	—	30 »	35 »	» 25
	— coupées et apprêtées	ouvr. en mat. diverses.	—	—	100 k. NB.	60 »	65 50	» 25
id.	**barbotines** ou semen contra, fleurs (2)	esp. médic.	—	27 juil. 1822	—	60 »	65 50	» 25
id.	**barbues** et barbançons (cruch. de grès). Pot. de grès commun.	ustensiles						
RR.	**barcelonnettes**, en quelq. végét. que ce soit. V. vann. à dén.							
	barcelonnettes en bois. V. meubles.							
FF.	**bardane**, racines médicinales à dénommer. (3)							
	barigond. V. ouates.							
id.	**barille**, soude, alcalis. V. alcalis, soudes.							
	bardille. V, marbre bleu turquin.							
id.	**barils** vides montés cerclés en bois	ouvr. en mat. diverses.	27 juil. 1822	—	l'hect. de c.	» 25	» 25	1¼ p. %
	— montés cerclés en fer	—	—	—	—	2 20	2 20	1¼ p. %
FR.	— démontés	—	27 mar 1817	—	la valeur	10 p. %	10 p. %	1¼ p. %
FF.	**barils** vides, audessous de 10 litres de conten. Boissellerie.	—	28 avr. 1816	28 avr. 1816	100 k. BB	4 »	4 40	» 25
FR.	— à vis servant à mettre du sel. Ouv. en bois non dén.		15 mar 1791	—	la valeur	15 p. %	15 p. %	1¼ p. %
RR.	**baromètres**, instruments d'optique de calcul et d observat.							
P.	**barques** (4) en état de servir bâtiment de mer	—	21 sep. 1793	21 avr. 1818	ton. dem.	prohib.	prohib.	2 »
	— en état de servir de rivière	—	28 avr. 1816	—	—	20 »	20 »	2 »
	— à dépecer doublées en métal	—	27 mar 1817	—	—	» 60	» 60	2 »
	— à dépecer non doublées	—	28 avr. 1816	—	—	» 25	» 25	2 »
FF.	**barras**, résines indigènes, galipot. V. galipot.							
FR.	**barres** de cabestan ou de guindeau complèt. fac. V. manivell. ébauchées. V. manivelles.							
	baryte. V. sulfate et carbonate de).							
	bas, tissus suivant l'espèce. Bonneterie.							
	bas en peau. V. peaux ouvrées ou pelleteries ouvrées.							
P.	**basanes**, peaux préparées non dénom.							
	basilic herbes médicinales à dénommer.							
FF.	— feuilles *id.* *id.*							
FR.	— fleurs *id.* *id.*							
RR.	**basin**, tissu croisé en lin pour tenture ou literie	tissus	26 juin 1842	17 mai 1826	100 k. NB	212 »	212 »	» 25
id.	— pour vêtements écrus	—	—	—	—	322 »	322 »	» 25
	— pour vêtements autres	—	—	—	—	364 »	364 »	» 25
P.	**basin**, tissu croisé en coton	—	28 avr. 1816	6 mai 1841	100 k. B	prohibés	prohibés	» 25
RR.	**bas-reliefs**. V. statues.							
id.	**basses**, instruments de musique	ouv. en mat. diverses.	15 mar 1791	—	la pièce.	7 50	7 50	1¼ p. %
P.	**bassines** en cuivre (5)	—	10 br. an 5	—	100 k. B	prohib.	prohib.	» 25
RR.	**bassons**, instruments de musique	—	15 mar 1791	—	la pièce	3 »	»	1¼ p. %
	bateaux. V. barques.							
	bâtiments. V. barques.							
id.	**batiste** et **linon**, tissus de lin (6)	tissus	28 avr. 1816	17 mai 1826	1 k. NB	25 »	27 50	100 k. 25
FR.	**bâtons** vernissés ou non. Ovrages en bois non dénommés. (7)							
FF.	**bats** non garnis de cuirs, sellerie grossière	ouvr. en matières diver.	15 mar 1791	6 mai 1841	la pièce.	» 50	» 50	1¼ p. %
P.	— en cuirs et autres	—	10 br. an 5	—	100 k. B	prohibés	prohibés	» 25
	battin ou **sparte**. V. sparte.							

(1) L'admission au droit d'entrée de 20 centimes est subordonnée à la preuve que ces fanons proviennent réellement de la pêche française. Le signataire d'une fausse déclaration est condamné à une amande égale au double des droits dont le trésor aurait été frustré, la fraude n'étant pas découverte; et il n'est plus admis à produire d'autres déclarations. *(Loi du 28 avril 1816)*.

(2) Sa semence est menue, oblongue, verdâtre ; d'une odeur désagréable, d'un goût amer et aromatique. C'est un vermifuge qui vient de Perse et qui nous arrive du Levant et de la Barbarie.

(3) Racine longue, grosse, noire en dehors, blanche en dedans et d'un goût douçâtre.

(4) Pour les débris des barques ou embarcations échouées; consultez la note à agrès et apparaux.

(5) Les fonds de bassine en cuivre sont traités comme cuivre battu ou laminé.

(6) Ces droits sont applicables aux batistes et linons unis, brochés, à dessins continus ou encadrés, pour mouchoirs, les linons se distinguent des autres tissus, en ce que chaque fil de la trame est lié par deux fils de chaîne qui tournent autour de lui et qui le retiennent, de manière à former un carreau régulier. Lorsque le linon est fin, ce travail ne se remarque qu'à la loupe. Les batistes et autres tissus de fils sont fabriqués comme la toile, c'est-à-dire qu'ils ne présentent pas de jours en carreaux réguliers. *(Lettre du Ministre de l'intérieur du 22 janvier 1817.)*

(7) Pour ceux garnis en ivoire, etc., etc., et ceux renfermant des armes cachées. *(Voir la note au mot bambous.)*

DÉSIGNATION DES MARCHANDISES.	CLASSE du TARIF.	TITRE DE PERCEPTION.		UNITÉS sur lesquelles portent les droits.	DROITS D'ENTRÉE		DROITS de SORTIE.
		Entrée.	Sortie.		par Navires Français.	par Navires Étrangers et par terre	
					F. C.	F. C.	F. C.

DÉSIGNATION DES MARCHANDISES.	CLASSE du TARIF.	TITRE DE PERCEPTION.		UNITÉS sur lesquelles portent les droits.	DROITS D'ENTRÉE		DROITS de SORTIE.
		Entrée.	Sortie.		par Navires Français.	par Navires Étrangers et par terre	
					F. C.	F. C.	F. C.

	DÉSIGNATION DES MARCHANDISES.	CLASSE du TARIF.	TITRE DE PERCEPTION. Entrée.	TITRE DE PERCEPTION. Sortie.	UNITÉS sur lesquelles portent les droits.	DROITS D'ENTRÉE par Navires Français.	DROITS D'ENTRÉE par Navires Étrangers et par terre	DROITS de SORTIE.
						F. C.	F. C.	F. C.
P.	**baudriers**, peaux ouvrées.							
FF.	**baudruches.** Mêmes droits que les vessies autres que de cerf.							
FR.	**baumes** benjoin	sucs végét.	28 avr. 1816	27 juil. 1822	100 k. NB	120 »	128 50	100 k. 25
	storax naturel, rouge ou calamite	—	—	—	—	41 »	45 10	» 25
	storax préparé liquide, styrax	—	—	—	100 k. BB	13 »	14 30	» 25
	storax préparé en pain	—	—	—	—	17 »	18 70	» 25
	de copahu ou du Brésil	—	27 juil 1822	—	1 k. NB	2 »	2 20	» 25
	de riga et baume sympathique	comp. div.	27 mar 1817	6 mai 1841	100 —	150 »	160 »	» 25
	à dénommer (1)	sucs végét.	23 juil. 1338	27 juil. 1822	1 —	2 »	2 20	» 25
RR.	**bavolets** pour chapeaux de paille ou d'écorce, comme chapeaux, s'ils sont présentés séparément.							
id.	**bdellium.** (2) V. résineux exotiques non dénommés.							
id.	**bèches**, instruments oratoires. Autres.							
id.	**becs** de plumes en métal autres que l'or ou l'argent	ouvré en mat. diverses.	26 juin 1842	—	—	4 »	4 40	100 k. 25
id.	**bélemnites** fossiles ou pétrifiées. Objets de collection.							
FF.	**béliers**, animaux vivants (3)	anim. viv.	17 mai 1826	17 mai 1826	par tête.	5 »	5 »	» 25
id.	**belladone**, racines médicinales ou feuilles à dénommer.							
id.	**ben** (4) (noix ou semence de), fruits médicinaux à dénommer.							
RR.	(huile de), huiles fixes pures autres.							
FR.	**benjoin** (baume de) (5). V. baumes.							
RR.	(fleurs de), acide benzoïque. V. acides.							
FF.	**berberis** soit barbary. V. barbary.							
id.	**béré** (graines de), fruits oléagineux à dénommer.							
id.	**béré** par terre du cru des pays limitrophes	fruits.	6 mai 1841 et l. du 29 jn 1841	—	100 k. BB	» »	3 »	100 k. 25
	d'ailleurs	—	—	—	—	» »	3 50	» 25
id.	**bergamotes** fruits frais, citrons, oranges etc							
id.	écorces, écorces de citrons, d'oranges etc.							
RR.	essence, huiles volatiles d'orange etc.							
id.	**besaiguë**, outils de fer rechargés d'acier.							
id.	**bésicles**, lunettes, mercerie commune.							
FR.	**bétel** noix de). V. grains durs à tailler.							
	feuilles de) (6)	espèc. méd.	28 avr. 1816	27 juil. 1822	100 k. NB	» 41	45 40	» 25
id.	**bétoine** racines médicinales à dénommer.							
	feuilles *id.* *id.*							
id.	fleurs *id.* *id.*							
FF.	**betteraves.** V. légumes verts.							
	betteraves sèches. V. chicorée ou racines sèches.							
	beurre de lait, frais ou fondu	prod. et dép. d'animaux.	27 mar 1817	6 mai 1841	100 k. BB	3 »	3 30	100 k. 25
id.	— salé	—	—	—	—	5 »	5 50	» 25
RR.	de cacao ou huile de cacao	sucs végét.	23 juil. 1838	—	1 k. BB	» 25	» 25	» 25
id.	d'illipé ou huile d'illipé. C. huil. de palme et de coco							
P. ?	d'antimoine, de nitre et de saturne (7)	comp. div.	27 mar 1817	—	100 k. B	prohibé.	prohibé.	» 25
FF.	ou cire de galé, galane, comme cire ouvrée ou non ouvrée, selon l'espèce.							
FB.	**bésoard** animal ou pierre de fiel (8)	subst. pr. à la méd. et parfu.	28 avr. 1816	28 avr. 1816	100 k. NB	245 »	259 70	» 25
P.	minéral, oxide blanc d'antim., méd. comp. non dén.							

(1) sont les baumes d'Amérique ou des Indes-Orientales, parmi lesquels on distingue : 1° le baume de Canada ; 2° du Pérou sec ou noir ; 3° le baume de Tolu, appelé aussi de Carthagène, d'Amérique ou baume dur. — Les baumes de Judée, qu'on nomme aussi de la Mecque, d'Égypte ou de Giléad ou baume vrai. Ceux de Calaba, Houmiri, de peupliers tacamahaca, d'amome et de vanille. — Cette classification ne comprend que les baumes naturels. Ceux factices ou de pharmacie sont traités comme médicaments composés non dénommés, tel est le baume de Lucatel ou baume de Chiron.

(2) C'est une gomme odorante et jaunâtre qui découle d'un arbre épineux des Indes. Elle s'amollit dans la bouche et s'attache aux dents.

(3) Lorsque la laine des béliers se trouve avoir plus de 4 mois de croissance, on perçoit indépendamment des droits afférents aux animaux, le droit de la laine selon sa valeur. (*Loi du* 17 *mai* 1826 *et* 2 *juillet* 1836.)

(4) Elle est de forme oblongue, arrondie ou triangulaire, couverte d'une coque grise contenant une amande assez grosse et blanchâtre, de laquelle on extrait une huile inodore.

(5) Se retire d'un bel arbre des Indes au moyen d'incision.

(6) Pour les fruits que l'on nomme improprement Noix-de-Bétel, V. Arec. La feuille de Bétel ressemble à celle du citronier et a un goût d'amertume.

(7) Le beurre d'antimoine est une matière de consistance butireuse obtenue par la distillation de l'antimoine metal avec le muriate de mercure.
Le beurre de nitre est un mélange d'huile et de nitre, ou nitre amené par la distillation à l'état d'huile.
Le beurre de Saturne est l'acétate de plomb liquide mêlé d'huile d'amandes douces.

(8) Concrétions formées dans le corps des animaux, le plus souvent dans les intestins, et quelquefois dans l'estomac ou la vessie, d'une odeur forte et aromatique quand on les chauffe, d'une saveur un peu âcre et chaude. Ce sont des concrétions résino-bilieuses, fusibles à une chaleur douce, solubles dans l'alcool et précipitées par l'eau. Elles s'enflamment lorsqu'on les chauffe fortement. On range parmi les bézoards la pierre de serpent, qui est l'os frontal de la vipère naja de l'Inde, dite cobra-de-capello : c'est un petit os orbiculaire plat. Les pierres de serpent et de fiel sont les plus estimées ; elles laissent une trace verte en les frottant sur un papier enduit de craie.

	DÉSIGNATION DES MARCHANDISES.	CLASSE du TARIF.	TITRE DE PERCEPTION. Entrée.	TITRE DE PERCEPTION. Sortie.	UNITÉS sur lesquelles portent les droits.	DROITS D'ENTRÉE par Navires Français.	DROITS D'ENTRÉE par Navires Étrangers et par terre	DROITS de SORTIE.
						F. C.	F. C.	F. C.
P.	**bi-carbonate** de soude. V. prod. chimiq. non dénommé. d'ammoniaque. V. sels ammoniacaux.							
FF.	**biches** vivantes. Comme gibier vivant							
	biches mortes. Comme viandes de gibier.							
	bichromate. V. chromates.							
RR.	**biere**. Boissons fermentées (1)	boissons.	28 avr. 1816	28 avr. 1816	l'hectolit	6 »	6 »	» 15
FF.	**bigarades** ou oranges amères. fruits frais, citrons, etc. V. citrons frais.							
	bigarades ou oranges amères. écorces. C. écorces de citrons, d'orang., etc.							
	bigornes et bigorneaux (pet. enclum.). V. out. de fer rech. d'ac.							
RR.	**bijouterie** (2) d'or	ouv. en mat. diverses.	—	6 mai 1841	1 h. NN	20 »	22 »	100 k. 25
	bijouterie (2) d'argent	—	—	—	—	10 »	11 »	— 25
	bijouterie (2) de vermeil et platine. Com. bijouterie d'or.							
P.	**bijouterie** dorée, argentée ou d'or faux	—	10 brum. 5	—	100 k. B.	prohibée	prohibée	100 k. 25
RR.	**bijouterie** de métaux communs avec pierres fausses	vitrificat.	2 juill. 1836	—	1 k. NB	6 »	6 60	— 25
	bijouterie. Autre. V. métaux ouvrés selon l'espèce.							
	bijoux cassés. V. or ou argent bruts, selon l'espèce.							
	bilboquets en bois peints. V. bimbeloterie.							
RR.	**bilboquets** en buis. Mercerie commune.							
P.	**bilboquets** en ivoire. Tableterie non dénommée.							
RR.	**billards.** Comme meubles. V. meubles.							
RR.	**billes** de billard en ivoire	ouv. en mat. diverses.	28 avr. 1816	6 mai 1841	1 k. NB	4 »	4 40	100 k. 25
	billes d'agate	pier. terres	—	28 avr. 1816	100 k. BB	20 »	22 »	— 25
FR.	**billes** de marbre ou de stuc	—	—	—	—	15 »	16 50	— 25
FF.	**billes** de pierre	—	—	—	—	10 »	11 »	— 25
FF.	**billon** monnaies (3) ayant cours légal en France	ouvr. en mat. diverses.	—	6 mai 1841	—	1 »	1 10	» 25
FR.	**billon** monnaies (3) hors du cours des pays hors d'Europe	métaux.	2 juill. 1836	—	—	1 »	3 »	» 25
RR.	**billon** monnaies (3) hors du cours des entrepôts	—	—	—	—	2 »	3 »	» 25
id.	**billon** monnaies (3) pour la numismatographie. V. objets de collection.							
FR.	**billon terreux** prov. de la rac. de gar. V. garance moulue.							
RR.	**bimbeloterie**. (4)	ouvr. en mat. diverses.	30 avr. 1806	—	100 k. NB	80 »	86 50	» 25
FR.	**biscaches** (peaux de). Comme peaux de chien							
FF.	**biscuits de mer**. (5) *(Même droit que les farines, selon l'espèce, entrée et sortie.)*	farine alim.	28 avr. 1816	2 déc. 1843				
	biscottes de Bruxelles. V. pain d'épice.							
RR.	**biscuits sucrés**, bonbons. Comme sucre terré.							
id.	**bisciglès**. Outils de cordonnier en buis. Mercerie commune.							
	bisciglès. Outils de cordonnier en fer. V. outils de pur er.							
FR.	**bismuth** ou étain de glace (6) brut de l'Inde	métaux.	—	6 mai 1841	100 k. BB	» 50	4 »	» 25
RR.	**bismuth** ou étain de glace (6) brut d'ailleurs	—	—	—	—	2 »	4 »	» 25
FR.	**bismuth** ou étain de glace (6) battu ou laminé	—	—	—	100 k. NB	60 »	65 50	» 25
P.	**bismuth** ou étain de glace (6) ouvré	—	10 brum. 5	—	100 k. B	prohibé	prohibé	» 25
FF.	**bistorte**. Racines médicinales à dénommer. (7)							
RR.	**bistouris**. V. instruments de chirurgie.							
id.	**bistre**. Couleur prép. avec de la suie. V. couleurs à dén. (8)							
id.	**bitter ou amer.** V. au mot amer.							

(1) Celle en bouteilles paie, indépendamment du droit qui lui est applicable, 25 centimes à l'entrée, par litre de contenance, et 25 centimes par 100 kil. à la sortie. Si les vases sont en grès, ces vases paient le droit de poterie de grès commun.

(2) Pour le poinçonnage et le droit de garantie, ainsi que pour la franchise des droits en certains cas, voir la note au mot argenterie. La bijouterie comprend surtout les objets servant à la parure, comme colliers, peignes, bagues, anneaux, chaînes etc., cachets, breloques, boucles, chaînes de montre, boîtes guillochées ou émaillées etc., et sans exception tous les joyaux ou bijoux enrichis de pierres ou d'autres matières précieuses, vraies ou de composition, qui sont traités comme bijouterie d'or. On traitera ainsi tous les ouvrages vieux, à moins qu'on ne consente à les faire marteler ou briser en douane. Les ouvrages portant le poinçon de France ne sont point affranchis des droits d'entrée.

(3) On ne doit entendre par cours légal que les monnaies qui ont conservé le type de France, attendu que celles au type étranger ne sont admissibles que comme monnaies hors de cours, lesquelles acquittent le même droit que le cuivre brut après avoir été martelées ou brisées en douane. Le billon est un composé de cuivre allié d'argent.

(4) Objets de matières diverses n'ayant d'autre destination que celle de servir de joujoux aux enfants, mais dans lesquels cependant l'or, l'argent, l'écaille, l'ivoire, le nacre de perle et le buis ne peuvent entrer. Ceux composés d'or ou d'argent font partie de la bijouterie, ceux d'écaille, d'ivoire et de nacre, de la tabletterie, et ceux de buis, de la mercerie commune. Les têtes de poupées continuent à faire partie de la bimbeloterie.

(5) Le biscuit de mer, pour provisions de navires français ou étrangers, est exempt de droits de sortie.

(6) métal plus lourd et moins blanc que le zinc; il est jaunâtre, fragille, lamelleux, très-fusible; exposé à l'air, sa surface devient rougeâtre irisée; il se dissout vite dans l'acide nitrique; il sert à étamer les glaces et à fabriquer le fard et les caractères d'imprimerie.

(7) Plante ainsi nommée parce que sa racine noirâtre, oblongue et noueuse est repliée sur elle-même comme un serpent.

(8) C'est une couleur brune et un peu jaunâtre qui sert à faire les lavis. On la met en petits pains d'un brun foncé.

DÉSIGNATION DES MARCHANDISES.	CLASSE du TARIF.	TITRE DE PERCEPTION.		UNITÉS sur lesquelles portent les droits.	DROITS D'ENTRÉE		DROITS de SORTIE.
		Entrée.	Sortie.		par Navires Français.	par Navires Étrangers et par terre	
					F. C.	F. C.	F. C.

DÉSIGNATION DES MARCHANDISES.	CLASSE du TARIF.	TITRE DE PERCEPTION.		UNITÉS sur lesquelles portent les droits.	DROITS D'ENTREE		DROITS de SORTIE.
		Entrée.	Sortie.		par Navires Français.	par Navires Etrangers et par terre	
					F. C.	F. C.	F. C.

	DÉSIGNATION DES MARCHANDISES.	CLASSE du TARIF.	TITRE DE PERCEPTION. Entrée.	TITRE DE PERCEPTION. Sortie.	UNITÉS sur lesquelles portent les droits.	DROITS D'ENTRÉE par Navires Français.	DROITS D'ENTRÉE par Navires Etrangers et par terre	DROITS de SORTIE.
						F. C.	F. C.	F. C.
FF.	**bitumes** non dénommés. Solides. Purs. Bitumes de Judée et tous autres analogues. (1)	pierres, terres et autr. fossil.	23 juil. 1338	6 mai 1841	100 k. BB.	2 »	2 20	» 01
id.	**bitumes** à l'état de minérai, terres et roches bitumineuses	—	6 mai 1841	—	—	» 40	» 20	» 01
id.	**bitumes**, fluides, goudron minéral prov. de la distillation de la houille, liquide, soit concret	—	23 juil. 1838	28 avr. 1816	—	» 10	» 10	» 25
id.	**bitumes** pulverisés. Comme bitumes solides purs.							
id.	**bitumes**, sans distinct. de coul., Naphte, Pétrole, Malte, etc.	—	2 juill. 1836	—	—	7 »	7 70	» 25
FR.	**blanc** de céruse pur ou mélangé. carbonate de plomb	prod. chim.	5 juill. 1836	—	—	20 »	22 »	» 25
id.	**blanc** — de fabrication néerlandaise des Pays-Bas (2)	—	25 juin 1841	—	—	13 33	22 »	» 25
id.	**blanc** de plomb, carbonate de plomb (3)	—	28 avr. 1816	—	—	30 »	33 »	» 25
id.	**blanc** d'argent très-pur. dit blanc de Crems (4)	—	—	6 mai 1841	—	35 »	38 50	» 25
RR.	**blanc** de toilette, fard, parfumeries	comp. div.	—	—	100 k. NB	98 »	105 40	» 25
FF.	**blanc** d'Espagne, ou blanc de Rouen, craie préparée	pierres, terres et autr. fossil.	—	28 avr. 1816	100 k. BB	5 »	5 50	» 25
F.	**blanc** de baleine ou de cachalot. (5) brut, de pêche française	pêches.	6 mai 1841	6 mai 1841	—	» 20	» »	» 25
FR.	**blanc** de baleine ou de cachalot. (5) de pêche étrangère brut	—	—	—	100 k. NB	20 »	22 »	» 25
	blanc de baleine ou de cachalot. (5) de pêche étrangère pressé	—	—	—	—	30 »	33 »	» 25
	blanc de baleine ou de cachalot. (5) de pêche étrangère raffiné	—	—	—	—	75 »	81 20	» 25
	blaudes ou blouses. V. effets à usage.							
FF.	**blé** et blé de Turquie, suivent le rég. partic. des cér. V. céréales.							
id.	**blende** (sulfure de zinc). Comme minérai de zinc.							
RR.	**bleu** de Prusse ou de Berlin. (6)	teint. prép.	2 juil. 1836	—	100 k. NB plus 10 o/o de la val.	150 » plus 10 o/o de la val.	160 » plus 10 o/o de la val.	» 25
FR.	**bleu** de Cobalt, azur (7)	métaux.	28 avr. 1816	28 avr. 1816	—	30 »	33 »	» 25
RR.	**bleu** minéral. Comme le bleu de Prusse. (8)							
	bleu de chaux (chaux col. avec le bleu de Prusse. V. bleu de Pru.							
id.	**bleu** de Montagne. Bleu de Prusse commun (9). V. bleu de Pru.							
id.	**bleu** de montagne, carbonate de cuivre pulvérisé formé en petites masses sèches ou liquides V. coul. à d.							
id.	**bleu** de montagne, carbonate de cuivre pulvérisé formé en petites masses en pâtes humides V. coul. à d.							
FR.	**bleu** de montagne en poud. impalpable, com. cendres bleues.							
ER.	**bleu**, outre mer, dont la lazulité fait la base (10)	teint. prép.	6 mai 1841	—	1 k. NB	5 »	5 50	100 k. 25
FF.	**blocaille.** V. débris d'ouvrages en fonte.							
RR.	**blondes.** V. tissus de lin ou de soie, suivant l'espèce. Dentel.							
	blouse. V. déchets de laine, bourre entière.							
FF.	**bœufs**	anim. viv.	17 mai 1826	27 juil. 1822	par tête.	50 »	50 »	1 »
RR.	**bobines** pour métiers à tulles. V. machines et mécaniques.							
	bocaux en verre et en cristal. V. verres de toute autre sorte.							
FF.	**bois** à brûler (11) en bûches et rondins	bois com.	24 sep. 1840	22 vent. 12	le stère.	» 05	» 05	prohibé.
	bois à brûler (11) en fagots	—	—	—	100 en nom	» 05	» 05	prohibé.

(1) Les bitumes sont, comme les huiles et les graisses, composés d'hydrogène, de carbone et d'azote, mais dans un état particulier et modifiés par l'oxigène; ils sont fluides, ou dans un état de mollesse, ou secs ou friables. On en trouve des couches dans l'intérieur de la terre; ils suintent quelquefois des fentes des rochers, ou nagent à la surface des eaux. Les bitumes diffèrent des résines en ce qu'ils ne peuvent se dissoudre dans l'esprit-de-vin.

(2) La céruse est un blanc de plomb de qualité inférieure, le plus souvent mélangé de craie. On la présente en poudre ou en petits pains coniques du poids de cinq hect. à un kil. Les navires néerlandais sont traités comme français, quant aux droits, lorsque l'importation a lieu en droiture. (*L. 25 juin* 1841)

(3) Ce sont des morceaux de plomb dissous par la vapeur du vinaigre et convertis en une matière blanche et cassante. Presque toutes les lames de plomb converties en carbonate blanc, sont feuilletées et très-friables. Elles se vendent sous le nom de blanc en écaille, plus cher que la plus belle céruse. Ce blanc est toujours plus beau et parfaitement pur, puisqu'il ne peut être falsifié comme les céruses. Il sert à la peinture à l'huile et à la préparation des couvertes de poterie.

(4) C'est le plus beau blanc des blancs de plomb. Il nous vient de l'Allemagne. C'est une préparation de plomb obtenue par des procédés particuliers. On le présente en petits pains, de forme d'un carré long et plat. Il n'est employé que pour les tableaux et les décorations de luxe.

(5) C'est la cervelle du cachalot épurée par plusieurs fontes, et qu'on réduit en écailles huileuses. Celui qui est pressé est le résidu de la matière brute, dont on a exprimé toute la graisse. Le raffiné est très-blanc en belles lames brillantes et comme nacrées. Le blanc de baleine s'emploie dans les maladies de poitrine; appliquée extérieurement, il est adoucissant, émollient et consolidant. On l'emploie aussi dans les pommades cosmetiques ou fards.

(6) Résultat d'une lessive de sel alcali avec une substance animale, une dissolution de vitriol vert et d'alun. Mis sur une pelle rouge, il brûle avec la couleur de la fumée que donnent toutes les matières animales et laisse un résidu ferrugineux. Soumis à l'action de l'ammoniaque (alcali volatil), il se décompose, tandis que l'indigo conserve sa couleur. Cette indication est suffisante pour distinguer ces deux produits.

(7) S'obtient par la pulvérisation du smalt qui est un verre opaque de couleur bleu foncé, résultant de la fusion du safre. Il est insoluble dans l'ammoniaque ou alcali volatil. Ce qui le fait distinguer de l'azur de cuivre ou cendre bleue, qui se dissout dans l'ammoniaque.

(8) S'obtient par le mélange de l'alun avec le sulfate de fer. Il est en morceaux d'un bleu céleste.

(9) Bleu de Prusse de mauvaise qualité, dont le cuivre fait la base.

(10) Prendre garde qu'on en introduise sous la fausse dénomination d'azur qui lui est assez semblable: Pour distinguer ces 2 produits, il suffit de prendre une pincée de celui présenté et de verser dessus de l'acide sulfurique ou nitrique, étendu de 3 à 4 fois son poids d'eau. S'il s'agit d'outre-mer, la couleur se décomposera aussitôt avec dégagement d'hydrogène sulfuré, et s'il s'agit d'azur, il résistera à leur action. La poudre d'outre-mer paraît aussi plus intense que celle d'azur. *(Loi du 6 mai 1841.)*

(11) Lorsqu'il est accordé des exceptions locales, permanentes, temporaires ou conditionnelles, les droits de sortie se perçoivent comme suit :

Bois à brûler. { en buches.... 10 centimes le stère: *(Loi du 28 avril 1816.)*
{ en fagots .... 40 id: le 100 au nombre. idem.

Il y a exception permanente à la prohibition de sortie des bois à brûler pour 4,000 stères par année pour l'Espagne, par le port de St Jean-de-Luz.

DÉSIGNATION DES MARCHANDISES.	CLASSE du TARIF.	TITRE DE PERCEPTION. Entrée.	TITRE DE PERCEPTION. Sortie.	UNITÉS sur lesquelles portent les droits.	DROITS D'ENTRÉE par Navires Français.	DROITS D'ENTRÉE par Navires Étrangers et par terre.	DROITS de SORTIE.
					F. C.	F. C.	F. C.
FF. **bois** à construire (1) — de pin et de sapin — bruts ou simplement équarris à la hâche	bois comm.	28 avr. 1816	2 juil. 1836	le stère	» 10	» 10	» 12
sciés ayant d'épaisseur — plus de 80 millimètres	—	—	—	—	» 15	» 15	» 12
34 à 80 millimètres	—	—	—	100 mèt.	1 »	1 »	» 50
moins de 34 mill. — planc. dites chom.	—	—	—	—	1 »	1 »	» 15
autres	—	—	—	—	1 »	1 »	» 25
autres, orme compris — bruts ou simplement équarris à la hâche	—	—	—	le stère	» 10	» 10	» 24
sciés ayant d'épaisseur — plus de 80 millimètres	—	—	—	—	» 15	» 15	» 24
34 à 80 millimètres	—	—	—	100 mèt.	1 »	1 »	1 »
moins de 34 mill. — planch. dites chom.	—	—	—	—	1 »	1 »	» 30
autres	—	—	—	—	1 »	1 »	» 50
bois de noyer — sciés en planches ou plateaux, ayant 27 millim. ou plus d'épaisseur sur 1 mètre 46 centim. ou plus de longueur y compris les bois de fusils terminés ou ébauchés	—	—	23 juil. 1838	100 k.	1 »	1 »	30 »
dans tout autre état. Com. bois à construire autre que de pin et de sapin	—	—	—	—	»	»	»
autres que de pin, de sapin et d'orme, exportés par mer, — bruts ou simplement équarris à la hâche ou sciés de toutes dim.	—	—	6 mai 1841	le stère	»	»	25
tous autres. C. le bois autre que le pin et sapin	—	—					
mâts de 40 centim. de diamètre et au-dessus (2)	—	27 mar 1817	27 mar 1817	la pièce	7 50	7 50	37 50
matereaux de 25 inclus à 40 exclus	—	—	—	—	3 »	3 »	15 »
esparres de 15 inclus à 25 exclus	—	—	—	—	» 75	» 75	3 75
pigouilles de 11 inclus à 15 exclus	—	27 juil. 1822	27 juil. 1822	—	» 20	» 20	1 »
manches de gaffe de 6 inclus à 11 exclus	—	—	—	—	» 10	» 10	» 50
manches de fouine et de pinceaux à goudron	—	—	—	—	» 02	» 02	» 10
id. **bois** en éclisses	—	28 avr. 1816	6 mai 1841	1000 feui	2 »	2 »	1/4 p. %
FF. **bois** feuillard. (3) — de 2 mètres de longueur et au-dessous	—	27 mar 1817	27 mar 1817	1000 cerc	» 50	» 50	» 50
de 2 à 4 mètres exclusivement	—	—	—	—	2 »	2 »	2 »
de 4 mètres et au-dessus	—	—	—	—	10 »	10 «	10 »
RR. **bois** d'ébénisterie. — en billes ou scié à plus de 3 décimètres d'épaisseur — Gayac et d'Angica (4) — de la Guyane f. et du Sénég.	bois exotiq.	—	6 mai 1841	100 k. BB			
des pays hors d'Europe	—	—	—	—			
des entrepôts	—	—	—	—	4 »	7 »	» 25
ébène (5) — de la Guyane f. et du Sénégal.	—	—	—	—			
des pays hors d'Europe	—	2 juil. 1836	—	—	4 »	10 50	» 25
des entrepôts	—	—	—	—	7 50	10 50	» 25
cèdre — de la Guyane f. et du Sénégal.	—	—	—	—			
des pays hors d'Europe	—	—	—	—			
des entrepôts	—	—	—	—	5 »	8 »	» 25
buis — de la Guyane fr. et du Sénégal.	—	—	—	—			
d'ailleurs	—	24 sep. 1840	—	—	5	5 50	» 25
autres (7) — de la Guyane fr. et du Sénégal.	—	—	—	—			
de l'Inde	—	2 juil. 1836	—	—	10 »	21 50	» 25
des autres pays hors d'Europe	—	—	—	—	15 »	21 50	» 25
des entrepôts	—	—	—	—	18 50	21 50	» 25
acajou. V. au mot acajou	—	—	—	—			
espenille. Comme l'acajou. V. acajou. (8) *Ordonnance du 2 décembre 1843.*	—	—	—	—			
scié à 3 décimètres d'épaisseur ou moins. (6) — Gayac et d'Angica — de la Guyane fr. et du Sénégal	—	—	—	—			
de pays hors d'Europe	—	24 sep 1840	—	—	6 »	21 »	» 25
des entrepôts	—	2 juil 1836	—	—	12 »	21 »	» 25
ébène — de la Guyane fr. et du Sénégal.	—	—	—	—			
des pays hors d'Europe	—	—	—	—	12 »	31 50	» 25
des entrepôts	—	—	—	—	22 50	31 50	» 25
cèdre — de la Guyane fr. et du Sénégal	—	—	—	—			
des pays hors d'Europe	—	—	—	—	7 50	24 »	» 25
des entrepôts	—	—	—	—	15	24 »	» 25
buis — de la Guyane fr. et du Sénégal.	—	—	—	—			
des pays de producton	—	—	—	—	5 »	5 50	» 25
d'ailleurs	—	—	—	—	15 »	16 50	» 25
autres — de la Guyane fr. et du Sénégal	—	—	—	—			
de l'Inde	—	—	—	— NB	30 »	64 50	» 25
des autres pays hors d'Europe	—	—	—	—	45 »	64 50	» 25
des entrepôts	—	—	—	—	55 50	64 50	» 25

(1) Par les bois à construire, on comprend tous les bois propres à la construction civile et navale, et particulièrement le chêne, le pin, le sapin, le teck et le bois de Natte. On y assimile, faute de taxe spéciale, le bois de cérisier, de noyer, d'orme et le bois blanc: Bois d'érable.

(2) Le diamètre des mâts, matereaux, esparres, pigouilles et manches de gaffe, se prend au sixième de la longueur, à partir du gros bout. *(Lois des 27 mars 1817 et 27 juillet 1822.)* Le diamètre étant à la circonférence, comme 7 à 22. C'est cette proportion et non celle de 1 à 3, le tiers, qui doit être prise pour base du calcul lorsqu'on veut constater le diamètre au moyen de la circonférence.

- Mais, lorsque les pièces présentent une forme plus ou moins ovale, il vaut mieux, dans ce cas, faire usage du compas d'épaisseur, en ayant soin de prendre le diamètre dans deux sens différents. La moyenne donne le diamètre cherché, celui qui doit servir pour l'application du tarif. *(Circulaire du 29 décembre 1841, n. 1893.*

(3) Ce qui comprend les bois pour cercles ou lattes, on y assimile les essandoles bois de fente planés ou des planchettes de sapin de 21 à 25 centimètres de longueur et qui servent à couvrir les maisons; 2° les planchettes de sapin dites chandelles de la Forêt-Noire, qui par leur dimension sont susceptibles d'être employées comme lattes.

(4) Le bois de Gayac se distingue des autres bois d'ébénisterie en ce qu'il brûle avec effervescence et se couvre de résine et que les autres bois brûlent comme le bois de chauffage ordinaire.

(5) Ébène noire, verte et rouge n'est autre chose que le bois d'ébène sous diverses variétés. *(Circulaire n. 1915.)*

(6) Lorsque l'importation de ces bois sciés à 3 décimètres d'épaisseur ou moins, s'effectuera directement des pays de production, ils ne seront passibles à l'entrée que des droits des mêmes bois en billes.

(7) Par autres, on entend les bois d'Amarante, de Cayenne satiné ou de ferole, de citronnier, de Courbaril, de Palyxandre ou bois violet, de Panacoco, de perdrix, de rose inodore, rouge, de tulipier, etc; et par assimilation, des planches d'érable teintes et tellement pénétrées de couleur qu'on croirait qu'elle leur est naturelle. — Il y a encore le bois de corail et de jacaranda (noyer des Indes), et le bois de fer du Sénégal, etc.

(8) Ce bois qui était désigné au tarif, sous le nom de bois de citron ou de chandelle, et comme tel, rangé parmi les bois d'ébénisterie à dénommer, se

DÉSIGNATION DES MARCHANDISES.	CLASSE du TARIF.	TITRE DE PERCEPTION.		UNITÉS sur lesquelles portent les droits.	DROITS D'ENTRÉE		DROITS de SORTIE.
		Entrée.	Sortie.		par Navires Français.	par Navires Étrangers et par terre	
					F. C.	F. C.	F. C.

DÉSIGNATION DES MARCHANDISES.	CLASSE du TARIF.	TITRE DE PERCEPTION.		UNITÉS sur lesquelles portent les droits.	DROITS D'ENTRÉE		DROITS de SORTIE.
		Entrée.	Sortie.		par Navires Français.	par Navires Étrangers et par terre	
					F. C.	F. C.	F. C.

	DÉSIGNATION DES MARCHANDISES.	CLASSE du TARIF.	TITRE DE PERCEPTION. Entrée.	TITRE DE PERCEPTION. Sortie.	UNITÉS sur lesquelles portent les droits.	DROITS D'ENTRÉE par Navires Français.	DROITS D'ENTRÉE par Navires Étrangers et par terre	DROITS de SORTIE.
						F. C.	F. C.	F. C.
	bois de teinture (1), en bûches, Fernambouc, des pays hors d'Europe	bois exotiq.	2 juil. 1836	6 mai 1841	100 k. BB	5 »	12 »	» 25
	— — Fernambouc, d'ailleurs	—	—	—	—	8 »	12 »	» 25
	— — Sapan et Nicarag., d. p. à l ouest du c. Horn en dr.	—	—	—	—	» 75	6 »	» 25
FF.	— — Sapan et Nicarag., d'ailleurs hors d'Europe	—	—	—	—	1 50	6 »	» 25
	— — Sapan et Nicarag., des entrepôts	—	—	—	—	3 »	6 »	» 25
FF.	— — autres (2), des Colonies françaises.	—	—	—	—	» 80	» »	» 25
	— — autres (2), des autres pays hors d'Europ.	—	—	—	—	1 50	6 »	» 25
	— — autres (2), des entrepôts	—	—	—	—	3 »	6 »	» 25
RR.	— moulus, sans distinction d espèce ni de provenance. .	—	—	—	—	20 »	22 »	» 25
FF.	— Santal rouge, en droiture de la côte accid. d Afrique.	—	23 juil. 1840	—	—	» 80	6 »	» 25
id.	**bois** odorants, de Sassafras, des pays hors d'Europe.......	—	24 sep. 1840	—	—	5 »	15 »	» 25
	— — de Sassafras, d'ailleurs	—	—	—	—	10 »	15 »	» 25
FR.	— — à dénom. (3), des pays hors d'Europe.......	—	—	—	—	25 »	35 »	» 25
	— — à dénom. (3), d ailleurs	—	—	—	—	30 »	35 »	» 25
id.	**bois** façonné pour baguettes de fusil. V. ouvr. en bois non dèn.							
id.	**bois** de fusils et de pistolets. V. ouvrages en bois non dénom.							
P.	— — pour armes de guerre, c. armes de gu.							
RR.	**bois** de grenadille. V. bois d'ébène. *(circulaire n. 1915.)*							
id.	**bois** d'ébène noir, ébène verte et rouge. V. bois d'ébène *(c. 1915)*							
id.	**bois** de citronnier. V. bois d ébénisterie à dénom. *(cir. n. 1915)*							
FF.	**boisseaux.** V. boissellerie.							
id.	**boissellerie** (4)......................................	ouvr. en mat. diverses.	28 avr. 1816	28 avr. 1816	—	4 »	4 40	» 25
id.	**bois de fer** à têtes de mort, écorces médicinales à dénommer.							
RR.	**bois de fer** du Sénégal. V. bois d'ébénisterie à dénommer.							
FF.	**bois immortel**, feuilles médicinales à dénommer.							
	bois de charronage, comme ouvrages en bois non dénom. (5)							
	boissons fermentées (6), Vins ordinaires, en futail. et en outres, par terre	boissons.	—	2 juill. 1836	l'hectolit	15 »	15 »	» 01
	— — — en futail. et en outres, par mer	—	—	—	—	35 »	35 »	» 01
	— — — en bouteilles ....., par terre	—	—	—	—	15 »	15 »	» 05
	— — — en bouteilles ....., par mer	—	—	—	—	35 »	35 »	» 05
	— — de liqueur (7), en futailles et en outres..	—	30 avr. 1806	16 juin 1832	—	100 »	100 »	» 01
	— — de liqueur (7), en bouteilles...	—	—	—	—	100 »	100 »	» 05
RR.	— Vinaigre de vin et de bois pyroligneux, en futailles et en outres...	—	28 avr. 1816	—	—	10 »	10 »	» 01
	— Vinaigre de vin et de bois pyroligneux, en bouteilles......... ...	—	id et 2 juil 1836	—	—	10 »	10 »	» 05
	— Vinaigres de bierre de cid., poiré et de pom. de ter.	—	28 avr. 1816	28 avr. 1816	—	2 »	2 »	» 15
	— Cidre, poiré et verjus....	—	—	—	—	2 »	2 »	» 10
	— Bierre	—	—	—	—	6 »	6 »	» 15
	— Hydromel, eau miellée, cuite et fermentée......	—	27 mar 1817	—	—	25 »	25 »	» 15
	— Jus d'orange (8)..............................	—	|	—	—	25 »	25 »	» 15

trouve aujourd'hui tarifé spécialement et acquitte les mêmes droits que l'acajou. Ce bois vient principalement d'Haïti. Il esi d'un jaune citron. On l'emploie pour garnir l'intérieur de certains meubles. Il ne faut pas le confondre avec le bois de citronnier, qui continue à suivre le régime dss bois d'ébénisterie à dénommer. *(Circulaire du 6 décembre 1843, n. 1996.)*

(1) On ne considère comme bois de teinture que ceux présentés en copeaux, en petites pièces, en éclats ou en buches irrégulières, dont il ne peut être tiré ni planches ni feuilles pour l'ébénisterie. Ceux présentés en blocs, poutrelles, planches et madriers, paient comme bois d'ébénisterie. Les bois, même ceux dits de teinture ou de médecine, qui sont tarifés a de plus faibles droits, sont traités de la même manière. En cas de difficulté, les employés des douanes sont autorisés à faire scier, fendre ou briser les pièces qu'on déclare comme bois de teinture. *(Loi du 28 avril 1816)*.

(2) Les bois de teinture à dénommer, sont : 1° les bois de Brésil autres que ceux de la coupe royale de **Fernambouc**, qu'on nomme suivant les lieux d'extraction, bois de Sainte-Marthe ou de Nicaragua, et qui ne sont que des variétés de l'œmatoxylum campechianum ; 2° le bois du Japon cœsalpinia Sapan), que l'on confond avec celui du Brésil, et qu'on appelle aussi par corruption de Sapan ; 3° les bois de l'Inde (hœmatoxylum campechianum), qu'on nomme ordinairement bois de Campêche, de la Jamaïque, de Saint-Domingue et par erreur de Sainte-Croix, de la Martinique, de la Grenade ; 4° le Brésilet (brasileta) qui est un bois de Campêche à petites branches ; 5° le bois jaune (fustick ou fustock) ; 6° le bois d e Santal rouge et Caliatour ; 7° le bois et la racine de fustet ; 8° le bois et la racine d'épine-vinette et le camwood. Bahia.

(3) Ce sont les bois d'aloès, d'ambavelle, de baume, cannellier, garou, girofle, quassie ou Surinan, de Rhodes, Santal blanc et citrin, néphrétique, tamaris, de rose odorant et autres.

(4) Ce qui comprend les ouvrages en bois, tels que les barils vides au-dessous de 10 litres, les boisseaux, pelles, fourches, râteaux, fléaux et autres instruments de pur bois ; les plats, les écuelles, sébiles, cuillers, sabots communs, fuseaux, chevilles ; les coffres, malles et caisses non garnies, les chaufferettes, marche-pieds, échelles, porte-manteaux ; encadrements d'ardoise, fonds de crible, etc.

(5) Ceux simplement écarris à la hâche ; bien que destinés au charronnage, mais qui n'ont pas la forme spéciale que reçoivent ordinairement ces objets, ne doivent point être passibles du droit de 15 o/o de la valeur, mais bien de celui de 10 centimes le stère.

(6) Les boissons en bouteilles paient, en outre du droit qui leur est applicable, 15 centimes à l'entrée par litre de contenance et 25 centimes à la sortie les 100 k. Les flacons de cristal ne peuvent être admis en raison de la prohibition qui les frappe à l'entrée. Quant aux droits à percevoir sur les cruches de grès, la douane en reconnait le poids au moyen de pesées comparatives avec d'autres vases semblables. *(Lois du 28 avril 1816 et du 6 mai 1841)*.

Le raisin écrasé simplement dans des cuves ne paie que la moitié, et le moû, soit le jus de raisin, sortant du pressoir, ne doit que les deux tiers du droit du vin ordinaire ou de liqueur suivant l'espèce. Les déclarations à l'entrée et à la sortie doivent relater les dates et numéros des contributions indirectes. *(Loi du 28 avril 1816)*.

(7) Sont vins de liqueurs, les vins de luxe, secs ou doux, destinés pour l'entremets ou le dessert et qui sont d'une longue conservation. Ce sont ceux qui naturellement ou par l'effet de certains soins donnés à la fermentation, sont concentrés, riches en sucre, et qui participant du sirop et de la liqueur, ne peuvent servir de boisson habituelle. Les vins d'Alicante et de Bénicarlo, provenant de la dernière récolte et qu'on importe en futailles par les seuls ports de Marseille, Cette, Agde et Bordeaux, à la charge d'en assurer la destination pour Marseille, Montpellier, Cette ou Bordeaux, où ils doivent être exclusivement employés à des mélanges avec des vins de France, ne paient que 10 fr. par hectolitre. Les vins de Bénicarlo et d'Alicante ne peuvent entrer que pour moitié au plus dans les mélanges avec les vins de France. *(Loi du 17 décembre 1814)*. Le vin imitation-Champagne doit être traité comme vin de liqueur.

(8) Le jus d'orange composé d'eau-de-vie et de sucre est considéré comme liqueur.

	DÉSIGNATION DES MARCHANDISES.	CLASSE du TARIF.	TITRE DE PERCEPTION. Entrée.	TITRE DE PERCEPTION. Sortie.	UNITÉS sur lesquelles portent les droits.	DROITS D'ENTRÉE par Navires Français.	DROITS D'ENTRÉE par Navires Étrangers et par terre	DROITS de SORTIE.
						F. C.	F. C.	F. C.
RR.	**boissons** distillées. Eaux-de-vie (1) de vin, même anisée, et esprit de vin..	boissons.	2 juil. 1836	2 juill. 1836	1 h. d'alc.	50 »	50 »	» 10
	— — de cerises kirschwasser	—	—	—	—	200 »	200 »	» 10
	— — de mélasse, rhum et tafia des colonies françaises..	—	—	—	—	20 »	20 »	» 10
	— — de mélasse, rhum et tafia de l'étranger..........	—	—	—	—	200 »	200 »	» 10
	— — de riz, rack	—	2 juin 1834	—	—	200 »	200 »	» 10
	— — de grains des pommes de terre de baies, d'arbousier, de gentiane, etc........	—	15 mar 1791	—	—	prohib.	prohib	» 10
	— Liqueurs de la Martinique..................	—	17 mai 1826	27 mar 1817	1 hectol.	100 »	100 »	1 »
	— Liqueurs d'ailleurs	—	8 floréal 11	—	—	150 »	150 »	1 »
FR.	**boites** de bois blanc. ouvrages en bois, unies et sans ferrure..	ouvr en mat. diverses.	28 avr. 1816	28 avr. 1816	100 k. BB	31 »	34 10	» 25
RR.	— de bois, peintes, ferrées ou colorées. V. mercerie comm.							
	— recouvertes en papier colorié. V. mercerie commune.							
id.	— de figuier, vernissées et de spa. V. mercerie fine.							
FF.	— en bois indigènes communs, d'un travail gross. V. boissel.							
RR.	— de carton et de papier. V. carton moulé.							
P.	— de cuir. V. peaux ouvrées, prohibées.							
FR.	— à vis, servant à mettre du sel. Ouvrages en bois non dén.							
FR.	— pour violons. V. mercerie commune.							
RR.	— de montre en or ou argent, brutes ou finies sans mouvement. V. orfèvrerie. Celles guillochées ou émaillées, V. bijouterie. de montre en argent avec médaillon, galons ou charnière en or, en vermeil et en argent plaqué d'or. V. orf. d'arg.							
id.	— de montre en or ou argent, avec mouvement. V horlog.							
P.	— pour moyeux de roue. V. fonte moulée, fer ou cuivre ouvré, selon l'espèce.							
RR.	— en bois blanc verni, avec peintures en or ou en or mêlé de diverses coul. V. merc. fine. *(L. du 26 déc. 1837.)*							
P.	— en bois blanc, incrustées en ivoire, en écaille ou nacre de perle, comme tabletterie, prohibées.							
	— en bois exotiques. V. tabletterie non dénommée.							
RR.	— garnies en laque de Chine. V. mercerie fine, sans en distraire le plomb intérieur dont elles sont habituellement garnies. *(Lettre du 20 décembre 1843.)*							
P.	— à compartiments pour armes à feu introduites isolément, comme tabletterie non dénommée, prohibées. Les mêmes boites importées avec les armes de luxe ou de chasse, même droit que les armes qu'elles renferment.							
RR.	— à jeu, à thé et à tabac en bois blanc verni avec peintures en or ou en or mêlé de diverses couleurs. V. merc. fine.							
FF.	**bol** d'Arménie (2)..	pier., ter. et aut. fossiles.	28 avr. 1816	28 avr. 1816	—	9 »	9 90	» 25
	boletus de tout genre. V. champignons.							
P.	**bombes.** V. fer. fonte moulée pour projectiles de guerre.							
FF.	**bombax** pyramidal (duvet de). V. végétaux filam. non dénom.							
RR.	**bonbons**, comme sucre terré.							
id.	**bondes** de liège. V. liège ouvré.							
	bonneterie. V. tissus, selon l'espèce (3).							
FR.	**bonnets** à poil. V. pelleteries ouvrées.							
	bonnets de tricot. V. tissus, suivant l'espèce.							
RR.	**borax** (4) soit borate de soude brut de l'Inde.......	prod. chim.	17 mai 1826	6 mai 1841	100 k. NB	50 »	125 »	» 25
	— brut d'ailleurs	—	—	—	—	100 »	125 »	» 25
	— mi-raffiné de l'Inde.......	—	—	—	—	65 »	162 50	» 25
	— mi-raffiné d'ailleurs	—	—	—	—	130 »	162 50	» 25
	— raffiné	—	28 avr. 1816	27 juil. 1822	—	180 »	191 50	» 25

(1) Les eaux-de-vie soit anisées, soit absinthées et toutes autres contenant une portion quelconque de sucre, doivent être traitées comme liqueur. L'eau-de-vie simplement absinthée, suit le même régime que celle anisée. L'esprit de vin c'est l'eau-de-vie audessus de 32 degrès. L'alcool des eaux-de-vie s'obtient en multipliant le nombre de litres par le degré et en divisant par 100.

(2) Fossile terreux qui se casse par écaille. Il est opaque, peu éclatant; l'ongle peut le rayer. Il happe à la langue ; il est gras au toucher. Sa couleur est rouge ; d'un côté il passe au jaune, de l'autre au brun.

(3) Cette dénomination comprend les bas, bonnets, gants, bourses et tous les vêtements tricotés à la main ou faits au métier ; quant aux tricots qui se coupent à la pièce ; ils sont rangés dans la classe des tissus et suivent leur régime.

(4) Le borax brut est en masses verdâtres, grasses au toucher ou en espèce de cristaux opaque d'un vert de poireau. Le borax demi-raffiné est disposé en petites plaques cristallisées de 4 à 5 centimètres d'épaisseur qui, sur une de leurs surfaces, présentent des prismes à peine formés. Ce borax, qui vient de la Chine, est mêlé d'une poussière blanche qui parait argileuse. Le borax raffiné, dont la cristallisation est complète, est blanc. Il est sous forme de cristaux irréguliers d'une transparence imparfaite. Il est soluble dans deux parties d'eau bouillante. Le borax brut destiné au raffinage peut être importé au droit de 50 c. ou de 2 fr, par 100 k. B., selon que le navire est français ou étranger, à charge de réexporter dans l'année, même poids de borax naturel raffiné. Lorsque des raffineurs demanderont à jouir du bénéfice de cette loi, la douane leur ouvrira un compte spécial, où l'on prendra en charge le poids du borax brut admis au droit de 50 c. ou de 2 fr., lequel devra être établi par les acquits de paiement et où l'on mettra en balance les exportations du borax naturel raffiné en ayant soin de poursuivre l'effet des soumissions qui devront être souscrites, s'il n'y a pas compensation parfaite à la fin du délai d'un an. *Loi du 17 mai 1826.*

DÉSIGNATION DES MARCHANDISES.	CLASSE du TARIF.	TITRE DE PERCEPTION.		UNITES sur lesquelles portent les droits.	DROITS D'ENTRÉE		DROITS de SORTIE.
		Entrée.	Sortie.		par Navires Français.	par Navires Etrangers et par terre	
					F. C.	F. C.	F. C.

DÉSIGNATION DES MARCHANDISES	CLASSE du TARIF.	TITRE DE PERCEPTION.		UNITÉS sur lesquelles portent les droits.	DROITS D'ENTRÉE		DROITS de SORTIE.
		Entrée.	Sortie.		par Navires Français.	par Navires Étrangers et par terre	
					F. C.	F. C.	F. C.

	DÉSIGNATION DES MARCHANDISES.	CLASSE du TARIF.	TITRE DE PERCEPTION. Entrée.	TITRE DE PERCEPTION. Sortie.	UNITÉS sur lesquelles portent les droits.	DROITS D'ENTRÉE par Navires Français.	DROITS D'ENTRÉE par Navires Étrangers et par terre	DROITS de SORTIE.
						F. C.	F. C.	F. C.
FF.	**borax** brut destiné au raffinage	prod. chim.	17 mai 1826	6 mai 1841	100 k. BB.	» 50	2 »	» 25
RR.	**borate** de soude. V. borax.							
id.	**bordures** de tableau. V. meubles.							
	bordures en papier gaufré pour cartonnage. V. merc. comm.							
	bordures pour chapeaux en bois. V. tresses de bois blanc ouvragées. Celles en paille, V. tresses de paille fines.							
FF.	**botrys**, herbes médicinales à dénommer.							
P.	**bottes** et **bottines**. V. peaux ouvrées.							
FF.	**boucelolles**. V. herbes médicinales à dénommer.							
P.	**bouches à feu**. V. armes de guerre d'affut.							
RR.	**bouchons** de liège. V. liège ouvré. Ceux recouverts en caoutchouc, V. ouvr. en caout-chouc comb. avec d'autres matières.							
id.	**boucles** de fer et de cuivre. Mercerie commune.							
P.	**boucles** d'acier. V. acier ouvré.							
	boucles dorées ou arg. V. métaux ouv. dont elles sont formées							
id.	**boucles** plaquées. V. plaqués.							
RR.	**boucles** d'or, d'argent ou de vermeil. V. bijouterie.							
id.	**boucles** d'oreille en or ou en argent. V. bijouterie.							
	boucles d'étain. V. étain ouvré, poterie.							
FF.	**boucs**	anim. viv.	27 juil. 1822	27 juil. 1822	par tête.	1 50	1 50	» 15
	boues. V. engrais.							
id.	**boues** d'orfèvre. V. regrets.							
FR.	**bouées**. V. agrès et apparaux.							
RR.	**bougettes**. Mercerie commune, de fer ou de cuivre.							
FR.	**bougies** de blanc de baleine ou de cachalot	comp. div.	17 mai 1826	28 avr. 1816	100 k. NB	220 »	233 50	» 25
id.	**bougies** de cire. V. cire blanche ouvrée.							
id.	**bougies** de cire jaune. V. cire jaune ouvrée.							
RR.	**bougies** phosphoriques. V. mercerie commune.							
FR.	**bougies** stéariques. V. cire blanche ouvrée.							
RR.	**bougran**. V. tissus de lin ou de chanvre: toile écrue. (1)							
P.	**bouilloires**. V. fonte moulée, fer ou cuiv. ouvré, selon l'espèce							
	bouillon concentré. V. épices préparées non dénommées.							
FR.	**bouillon** blanc. Fleurs médicinales à dénommer.							
FF.	**boules** (2) de terre pour les raffi. de sucre. V. matériaux à dén.							
id.	**boules** de houille ou briquettes. V. houille.							
	boules de gommes et autres semblables sucr. V. bonbons.							
RR.	**boules** de mail en bois. Mercerie commune.							
id.	**boules** de bleu, mêmes droits que l'indigo.							
P.	**boulets**. V. fonte moulée pour projectiles de guerre.							
	bourache. V. feuilles ou fleurs médicinales à dénommer.							
FF.	**bourdaine** (écorce de). (3)	teint. et tan.	28 avr. 1816	6 mai 1841	100 k. BB	1 »	1 10	» 25
id.	**bourdaine** (baies de). V. nerprun.							
id.	**bourgeons** de sapin. V. herbes médicinales à dénommer.							
P.	**bourracan**. V. tissus de laine non dénommés.							
	bourres de coton, comme le coton en laine, selon l'espèce.							
	bourres de laine. V. déchets de laine.							
FF.	**bourres** de poil. V. poil de vaches et autres plocs.							
	bourres de soie. V. soies.							
RR.	**bourres** de fusil en feutre, mercerie commune.							
	bourres de fusil en papier, mercerie commune.							
	bourses tricotées. V. tissus, suivant l'espèce. Bonneterie.							
RR.	**bourses** en grains de verre. V. mercerie fine.							
id.	**bourses** en peaux de mouton. V. mercerie commune.							
id.	**bourses** en fibres d'aloès. V. mercerie fine.							
id.	**bourses** Autres, comme mercerie commune.							
id.	**boussoles**. V. instruments d'observation. Celles en bois et en os au paquet, V. mercerie commune.							
FF.	**boutargue**, mêmes droits que les poissons de mer. (4)							

(1) Toile forte, enduite de gomme, qu'on met entre l'étoffe et la doublure de certains habillements, afin de les tenir plus fermes : les ornements d'église tels que chapes et chasubles, sont ordinairement doublés en bougran, pour soutenir l'étoffe et l'empêcher de faire des plis.

(2) Les boules de terre à l'usage des raffineries de sucre sont composées d'une terre argileuse blanche ; on la détrempe et réduit en bouillie pour en couvrir les formes ou cônes renversés dans lesquels on verse le sirop pour le convertir en sucre terré, et par suite en sucre raffiné.

(3) Cette écorce est amère, apéritive et purgative lorsqu'elle est desséchée, détersive, lorsqu'elle est fraîche. Elle est brune au dehors et jaune en dedans. L'arbuste est un bois qui donne un charbon très-léger qui sert à faire la poudre à canon.

(4) Préparation des œufs du muge. Mugil cephalus. On les sale, on les broie et on en fait une pâte qu'on fait sécher au soleil.

	DÉSIGNATION DES MARCHANDISES.	CLASSE du TARIF.	TITRE DE PERCEPTION. Entrée.	Sortie.	UNITÉS sur lesquelles portent les droits.	DROITS D'ENTRÉE par Navires Français.	par Navir Étrangers et par terre	DROITS de SORTIE.
						F. C.	F. C.	F. C.
RR.	**bouteilles** de grès. V. poterie de grès com., ust, ou de grès fin de chasse recouvertes en cuir. V. merc. commun.							
P.	**bouteilles** de verres vides ...	vitrificat.	10 br. an 5	6 mai 1841	100 k. B	prohib.	prohib.	» 25
	bouteilles en fonte contenant du mercure, 10 p. 0[0 de valeur. *(Lettre du 28 novembre 1822.)*							
RR.	**bouteilles** pleines, outre le droit des liquides	—	28 avr. 1816	—	le litre.	» 15	» 15	100 k. 25
id.	**boutoirs** de maréchal. V. outils de fer rechargé d'acier.							
id.	**boutons** de passementerie en coton ou mélangé de matières autres que la laine et la soie, unis ...	ouvr en mat. diverses.	6 mai 1841	—	100 k. NB	100 »	107 50	» 25
	boutons de passementerie en coton ou mélangé de matières autres que la laine et la soie, façonnés; Autres, com. passem. sel. l'esp.	—	—	—	—	200 »	212 50	» 25
	boutons autres que de passementerie (1) communs	—	—	—	—	100 »	107 50	» 25
	boutons autres que de passementerie (1) fins	—	—	—	—	200 »	212 50	» 25
id.	**boutons** de coton mélangés de soie, comme passementerie de soie mêlée d'autres matières. *(Circ. du 21 mars 1837 n. 1610)*							
id.	**boutons** de coton mélangés de laine, comme passementerie de laine mélangée de fil et de poil *(Circ. du 21 mars 1837 n. 1610.)*							
	bouts de queues de bœuf ou de vac. garnis de leur poil. V. crin br.							
FF.	**bouvillons**	anim. viv.	27 juil. 1822	27 juil. 1822	par tête.	15 »	15 »	3 »
	boyaux frais ou salés de mouton	prod. et dép. d'animaux.	27 mar 1817	6 mai 1841	100 k. BB	1 »	1 10	» 25
	boyaux frais ou salés Autres frais	—	—	—	—	1 »	1 10	» 25
id.	**boyaux** frais ou salés Autres salés	—	—	—	—	1 »	1 10	» 25
	boyaux secs préparés, mêmes droits que les vessies de cerf et autres.							
id.	**brainvilliers** arapabaca, herbes médicinales à dénommer.							
	brai sec. V. colophane.							
id.	**brai** gras, résines indigènes (2)	sucs végét.	2 déc. 1843	—	—	3 »	5 50	» 25
	brai ou **galipot** de Manille. V. résineux exotiques à dénom.							
	brancards de charriots. V. ouvrages en bois non dénommés.							
id.	**branches** de chêne et d'arbris. pour liens. V. osier en bottes. de lierre. V. feuilles de lierre à lierre.							
id.	**brayelle** ou **petit-antique.** V. marbre non dénommé.							
id.	**brebis** (3)	anim. viv.	17 mai 1826	17 mai 1826	par tête.	5 »	5 »	» 25
FF.	**brèche** de Vérone, comme marbre non dénommé.							
RR.	**breloques** de montre en or ou argent. V. bijouterie.							
P.	**breloques** de montre en métaux communs dorés. arg. ou d or faux. V. cuiv. doré ou arg. ouv.							
P.	**breloques** de montre en métaux communs Autre. V. fer, acier ou cuivre ouvré.							
FF.	**brésilet** (brasileta). bois de teinture à dénommer.							
RR.	**bretelles** en caoutchouc. V. ouvrages en caoutchout combiné avec d'autres matières.							
id.	**bretelles** élastiques. V. mercerie fine.							
	bretelles en passementerie. V. tissus suivant l'espèce.							
P.	**bretelles** en coton	ouvr en mat. diverses.	»	6 mai 1841	100 k. B	prohib.	prohib.	» 25
P.	**brides** et **bridons**, comme la sellerie en cuir.							
	brillant, verrine d'Allemagne. V. talc en masse.							
FF.	**brin** (bois en), comme bois à construire bruts.							
	brindille de sumac, comme sumac.							
	briques à carreler les appart. V carreaux de terre non vernis.							
id.	**briques** matériaux y compris les briques dites refractaires ..	pier., ter. et aut. fossiles.	17 mai 1826	28 avr. 1816	1000 enn.	4 »	4 »	» 25
	briques à polir les couteaux. V. pierr. servant aux arts à dén.							
RR.	**briquets** en fer acier et cuivre, même ceux façon de pistolet non polis, et briquets phosphoriques. V. mercerie commune.							
	briquets chimiques ou hidro-platiniques. V. instr. de chimie.							
id.	**briquets** polis ou damasquinés. V. mercerie fine.							
FF.	**briquettes**, boules de houilles. V. houille à laquelle elles sont assimilées.							
id.	**brocatelle** d'Espagne. V. marbre.							

(1) Sont considérés comme communs les boutons d'os, de corne, de verre, de coco, de baleine, et ceux en métaux communs, c'est-à-dire en fer, cuivre, plomb ou étain, *(Circulaire du 16 juillet 1836, n. 1550, page 15.)* Sont considérés comme fins, les boutons en acier, en ivoire, en nâcre, en écaille, en verre ou cristal taillé, ainsi que les boutons dorés, argentés, plaqués, estampés, vernis, brunis ou bronzés et généralement tous les boutons de luxe. *(Circulaire du 8 mai 1841, n. 1850, page 10).*

(2) Le brais gras est une substance noirâtre, qu'on retire par la combustion des pins dans les fourneaux construits exprès au moyen d'un feu plus lent que pour le goudron. Il est moins liquide que ce dernier. On l'emploie pour carêner et enduire les navires. Le brai sec est le résidu de la distillation de la résine de pin et de sapin dont on a retiré l'huile essentielle:

(3) Lorsque la laine des brebis se trouve avoir plus de quatre mois de croissance, on perçoit, indépendamment des droits afférents aux animaux, le droit de la laine selon sa valeur. *(Lois du 17 mai 1826 et 2 juillet 1836.)*

DÉSIGNATION DES MARCHANDISES.	CLASSE du TARIF.	TITRE DE PERCEPTION.		UNITES sur lesquelles portent les droits.	DROITS D'ENTRÉE		DROITS de SORTIE.
		Entrée.	Sortie.		par Navires Français.	par Navires Etrangers et par terre	
					F. C.	F. C.	F. C.

DÉSIGNATION DES MARCHANDISES.	CLASSE du TARIF.	TITRE DE PERCEPTION.		UNITÉS sur lesquelles portent les droits.	DROITS D'ENTRÉE		DROITS de SORTIE.
		Entrée.	Sortie.		par Navires Français.	par Navires Étrangers et par terre	
					F. C.	F. C.	F. C.

	DÉSIGNATION DES MARCHANDISES.	CLASSE du TARIF.	TITRE DE PERCEPTION. Entrée.	TITRE DE PERCEPTION. Sortie.	UNITÉS sur lesquelles portent les droits.	DROITS D'ENTRÉE par Navires Français.	DROITS D'ENTRÉE par Navires Étrangers et par terre	DROITS de SORTIE.
						F. C.	F. C.	F. C.
RR.	**broches** à tricoter. V. mercerie commune.							
	broches à rouet et à mécaniques. V. outils de pur acier ou de cuivre selon l espèce.							
	broches en acier ou laiton propres à faire les peignes à tisser. V. machines et mécaniques. (1)							
	broches d'or, ornées ou non en pierres ou perles fines. V. bij.							
	broches d'argent, *id.* *id.* *id.* *id.*							
	broches de métaux communs avec pierres fausses, comme vitrifications tailléées en pierres à bijoux. (2)							
P.	**brodequins.** V peaux ouvrées prohibées.							
RR.	**broderie**, ouvrages de mode. V. mode. (3)							
FR.	**brôme** (4)..	prod. chim.	2 juil. 1836	28 avr. 1816	100 k. BB	40 »	44 »	» 25
P.	**bronze** brut. V. cuivre allié d'étain. (5)							
RR.	**bronze** ouvré V. cuivre ouvré.							
id.	**bronze** antique. V. objets de collection.							
	bronze pulvérisé. V. couleurs à dénommer.							
	brosserie (6) pinceaux de poils ou de cheveux. V. merc. fine.							
id.	**brosserie** pinceaux uniquement composés de bois et de poils ou racines. V. mercerie commune.							
	brosserie à dents à manche d'os. V. mercerie fine. Celles à manche d'ivoire et d'écaille. V. tablet. non dén.							
FF.	**brou** de noix communes	teint. et tan.	28 avr. 1816	2 juil. 1836	—	1 »	1 10	» 25
	brou de noix ravensara, comme les muscades en coques.							
RR.	**brou** de noix (liqueur de). V. liqueurs.							
FF.	**brun** rouge ocre ou oxide de fer obtenu par la calcination. V. oxide de fer, colcotar.							
RR.	**brun** rouge de Wandic ou tête de nègre. V. couleurs à dénom.							
FF.	**bruyères** à vergettes brutes	bois comm.	27 juil. 1822	28 avr. 1816	—	1 »	1 10	» 25
	bruyères à vergettes dépouillées de leurs barbes........	—	—	—	—	10 »	11 »	» 25
id.	**bryone**, racines médicinales à dénommer.							
id.	**buffles**, mêmes droits que les bœufs.							
RR.	**buis** (racines et bois de). V. bois d'ébénisterie.							
FR.	**buis** (sciure de bois de). V. bois ouvré à dénommer.							
FF.	**bulbes** ou oignons de fleurs (7)	pr. et déc. div.	27 mar 1817	—	—	5 »	5 50	» 25
BR.	**burail** de Zurich, tissu de laine (8)..................	tissus.	17 mai 1826	—	100 k. NB	200 »	212 50	» 25
id.	**burins.** V. outils de pur acier.							
P.	**buse** pour corsets de femme en acier. V. acier ouvré.							
FR.	**buse** pour corsets de femme en baleine. V. fanons de bal. appr.							
	busserole. V. feuilles médicinales à dénommer.							
	bustes. V. statues							
RR.	**buvard**, espèce de porte-feuille dont l'emploi est de sécher l'écriture en appliquant les feuilles sur une lettre. V. merc. fine.							
FF.	**byssus** de pinnes marines, poil de nacre (9)...............	dép. d'an.	2 juill. 1836	—	1 k. BB	» 05	» 05	» 25
	byssus attach. au coquil., c. soie en cocons. *(L. du 1 mars 1827.)*							
	C.							
FF.	**cabaret.** V. racines ou herbes médicinales à dénommer.							
RR.	**cabas** en paille, comme vannerie coupée ou brute, selon l'esp.							
id.	**cabas** en paille doublés en toile de coton. V. mercerie fine.							
id.	**cabas** de palme, comme vannerie brute.							

(1) Il faut une autorisation spéciale de l'administration pour les admettre au droit de 15 p. 0/0 de la valeur.

(2) Assimilation expliquée dans le 4e paragraphe de la note 365 du tarif officiel de 1822.

(3) Cette assimilation n'est relative qu'à la sortie des bandes de mousseline, de percale et de tulle brodées; car toute espèce de tissus de coton est prohibée à l'entrée.

(4) Le brôme est employé en médecine; c'est un corps simple qui a de l'anologie avec l'iode: Comme celui-ci, il corrode et colore fortement la peau; son odeur est très-désagréable et rappelle celle du chlore quoiqu'à un degré plus intense. Sa saveur est des plus fortes, il avait été jusqu'à la promulgation de la loi du 2 juillet 1836, rangé dans la classe des produits chimiques non dénommés et se trouvait frappé comme tel de prohibition à l'entrée.

(5) Le bronze, l'airain, métal de cloche, arco ou potin gris, fonte verte ou polozum, sont des dénominations d'un même alliage de cuivre et de l'étain à des proportions différentes, mais difficiles à reconnaître; aussi leur a-t-on appliqué le même droit. L'arco est un métal gris formé du mélange des scories de laiton avec de l'étain; l'arco ou potin jaune n'est que du laiton et doit être traité comme tel. Cette taxe comprend les masses, lingots, mitrailles, limailles, vieux canons et les cloches cassées.

(6) Ce qui comprend les vergettes, balais, etc.

(7) Ce qui comprend les scilles marines, les colchiques, les renoncules, les caïeux de fleurs, les aulx et toutes autres bulbes, excepté les oignons communs (allium cepa), qui font partie des légumes verts.

(8) Son admission est restreinte au seul bureau de Saint-Louis. *(Loi du 27 mars 1817.)*

(9) Le byssus de pinne marine est soumis, à l'entrée, aux mêmes droits que les soies grèges. *(Ordonnance du 8 juillet 1834.)*

DÉSIGNATION DES MARCHANDISES.	CLASSE du TARIF.	TITRE DE PERCEPTION. Entrée.	TITRE DE PERCEPTION. Sortie.	UNITÉS sur lesquelles portent les droits.	DROITS D'ENTRÉE par Navires Français.	DROITS D'ENTRÉE par Navires Étrangers et par terre	DROITS de SORTIE.
					F. C.	F. C.	F. C.
FR. **cabestans** en bois, comme agrès et apparaux.							
P. **cabestans** en fer ou en fonte, comme mach. et mécan. à dén.							
FR. **cabinets** de pendule en bois, même ceux peints, vernis et dorés. V. ouvrages en bois non dénommés.							
cabinets avec incrustation. V. tabletterie non dénommée.							
P. **cabinets** en métal. V. les métaux ouvrés dont ils sont formés.							
cabinets en marbre et en albâtre. V. marbre ou albâtre sculp.							
FR. **cables** de chanvre	ouvr. en mat. diverses.	17 mai 1826	28 avr. 1816	100 k. BB	25 »	27 50	» 25
FF. **cables** de Sparte de tous cal., fabr. avec des fils ou tresses battus.	—	5 juill. 1836	—	—	5 »	5 50	» 25
id. **cables** d'autres végétaux, tilleul, jonc et herbes de Sparte avec des fils ou tresses non battus	—	21 avr. 1818	—	—	2 »	2 20	» 25
RR. **cables** en fer pour la marine (1)	—	2 juill. 1836	27 juil. 1822	—	37 50	41 20	» 25
id. **cables** en fer et en chanvre dragués (2)	—	—	—	—	1 »	» »	» 25
FF. **cabris.** V. chevreaux.							
RR. **cacao**, fèves et pellicules des colonies françaises	denr. col.	—	28 avr. 1816	100 k. NB	40 »	» »	» 25
des pays situés à l'ouest du cap Horn	—	—	—	—	50 »	105 »	» 25
d'ailleurs hors d'Europe	—	—	—	—	55 »	105 »	» 25
des entrepôts	—	—	—	—	95 »	105 »	» 25
id. **cacao** simplement broyé ou en pâte. V. chocolat.							
huile ou beurre de). V. beurre.							
P. **cachemire,** tissu autre que les châles	tissus.	7 juin 1820	6 mai 1841	100 k. B	prohibé.	prohibé.	» 25
RR. **cachets** d'or ou d'argent. V. bijouterie.							
P. **cachets** dorés, arg. ou d'or faux. V. cuivre doré ou arg. ouvré.							
RR. **cachets** de métaux communs avec pierres fausses, comme vitrifications taillées en pierres à bijoux.							
P. **cachets** de fer, d'acier ou de cuivr. V. fer, acier ou cuiv. ouvrés.							
RR. **cachets** d'agate, com. agates ouvr., même montés sur mét. com.							
id. **cachets** de cristal de roche, même montés sur métaux communs. V. cristal de roche ouvré.							
id. **cachets** de vitrification. V. vitrific. taillées en pierres à bijoux.							
id. **cachibou** (gomme de). V. résineux exotiques à dénommer.							
FR. **cachou** en masse, terre du Japon (3) de l'Inde	teint. prép.	26 juin 1842	27 juil. 1822	100 k. BB	10 »	50 »	» 25
RR. d'aill. hors d'Europe	—	6 mai 1841	—	—	22 »	50 »	» 25
id. des entrepôts	—	—	—	—	36 »	50 »	» 25
id. préparé, com. bonbons.							
P. artificiel, prohibé.							
RR. **cadenas** de toute sorte simplement limés. V. mercerie com.							
polis. V. mercerie fine.							
FF. **cadmie** ou **tuthie,** oxide de zinc gris cendré (4)	prod. chim.	7 juin 1820	28 avr. 1816	—	» 10	» 10	» 25
cadmium. V. produits chimiques non dénommés.							
RR. **cadrans** de montre ou de pendule, bruts ou achevés en faïence. V. poterie, faïence.							
en or ou en argent. V. bijouterie.							
Autres. V. fournitures d'horlogerie.							
solaires. V. instruments d'observation.							
cadrats. V. caractères d'imprimerie.							

(1) Ne seront considérées comme destinées au mouillage des bâtiments que les chaînes de 16 millimètres et au-dessus qui satisferont aux conditions suivantes : elles seront composées de maillons armés d'entre-toises dites contre-forts ou étais, à l'exception toutefois des chaînes d'un calibre inférieur à 20 millimètres; elles auront au moins 153 mètres de longueur; elles seront divisées en bouts égaux en longueur entre eux, cette longueur pouvant varier de 25 à 30 mètres; tous les bouts de chaînes de 25 à 30 mètres seront garnis, à l'une de leurs extrémités, d'une maille de jonction amovible ou non, l'autre étant disposée de manière à pouvoir se marier avec celle qui porte la maille de jonction; enfin, sur cinq bouts de 25 à 30 mètres de longueur, il s'en trouvera au moins un garni d'un émérillon ou maille tournante. Les chaînes qui satisferont aux conditions énoncées ci-dessus pourront seules être admises comme câbles en fer pour la marine. *(Circulaire du 17 mars 1837, n. 1607.)*

(2) Cette modération de droit n'est applicable qu'aux câbles retirés du fond des ports et rades du royaume par des dragueurs français; le dragage doit en être constaté d'une manière authentique par les agents de l'administration de la marine. Les câbles dragués, dont la propriété est revendiquée dans le délai indiqué par l'ordonnance de la marine de 1681 *(Livre 4, titre 9, article 28)*, sont traités comme marchandise de sauvetage, c'est-à-dire, qu'ils sont soumis aux dispositions générales du tarif, quand la nationalité n'en est pas justifiée. *(Ordonnance du 29 juin 1833 et loi du 2 juillet 1836.)*

(3) Substance sèche, brune ou rousse extérieurement, rouge brunâtre à l'intérieur; elle est dure, fragile et facile à pulvériser; sa saveur est amère et astringente et suivie d'un goût sucré assez agréable. On distingue dans le commerce trois espèces de cachou : 1° le cachou de Bengale; 2° celui de Bombay, et 3° le cachou en masses. Le cachou préparé, parfumé ou non, qui avait été classé parmi les médicaments composés à dénommer, a été assimilé aux bonbons d'après la circulaire n. 1756. Le cachou artificiel est présenté en pains cubiques uniformes, d'une couleur jaunâtre, ayant à peu près la même saveur que le cachou ordinaire; mais se distinguant de celui-ci par une extrême légèreté, et qui, mouillé ou frotté sur du bois ou du fer, y laisse une espèce de matière jaunâtre difficile à détacher; il ne faut pas le confondre avec une autre espèce de cachou qui s'emploie comme substance tinctoriale; il est plus riche en tannin; il est en pains cubiques d'un pouce environ d'équarrissage, d'une substance terreuse, jaunâtre et rougeâtre, surnageant sur l'eau et s'y dissolvant lentement, laissant, lorsqu'il est mouillé, des traces visqueuses et colorées, et enfin d'une saveur tout-à-fait semblable à celle du cachou ordinaire. *(L. du 17 mai 1834.)*

(4) La tuthie est en écailles de différentes grandeurs et épaisseurs; elle est dure et chagrinée en dessus; elle a la couleur de la cendre commune. Cet oxide se forme au grillage de la pierre calaminaire, à la fonte de la blende, à celle du minérai de fer qui contient une certaine portion de pierres calaminaires, ou dans les fabriques de laiton, lorsque le cuivre se combine avec l'oxide de zinc et va s'attacher aux parois de la cheminée. Il sert à la fabrication du laiton. Faire attention qu'on n'importe pas sous ce nom du pompholyx autre oxide de zinc, mais en poudre blanche très-légère.

DÉSIGNATION DES MARCHANDISES.	CLASSE du TARIF.	TITRE DE PERCEPTION.		UNITÉS sur lesquelles portent les droits.	DROITS D'ENTRÉE		DROITS de SORTIE.
		Entrée.	Sortie.		par Navires Français.	par Navires Étrangers et par terre	
					F. C.	F. C.	F. C.

DÉSIGNATION DES MARCHANDISES.	CLASSE du TARIF.	TITRE DE PERCEPTION.		UNITÉS sur lesquelles portent les droits.	DROITS D'ENTRÉE		DROITS de SORTIE.
		Entrée.	Sortie.		par Navires Français.	par Navires Etrangers et par terre	
					F. C.	F. C.	F. C.

	DÉSIGNATION DES MARCHANDISES.	CLASSE du TARIF.	TITRE DE PERCEPTION. Entrée.	TITRE DE PERCEPTION. Sortie.	UNITÉS sur lesquelles portent les droits.	DROITS D'ENTRÉE par Navires Français.	DROITS D'ENTRÉE par Navires Etrangers et par terre	DROITS de SORTIE.
						F. C.	F. C.	F. C.
RR.	**cadres** dorés ou non, même peints. V. meubles.							
	cadres comm. en bois blanc, sans ornem., ni moul. V. boissell.							
id.	**café** des colonies françaises au-delà du cap	denr. col.	28 avr. 1816	28 avr. 1816	100 k. NB	50 »	» »	» 25
	café des colonies françaises en-deçà du cap	—	—	—	—	60 »	» »	» 25
	café de l'Inde	—	21 avril 1818, 17 mai 1826.	—	—	78 »	105 »	» 25
	café d'ailleurs, hors d'Europe	—	28 avr. 1816	—	—	95 »	105 »	» 25
	café Etablissements français sur la côte occid. d'Afrique (1)	—	6 mai 1841	—	—	78 »	105 »	» 25
	café des entrepôts	—	28 avr. 1816	—	—	100 »	105 »	» 25
P.	**café** faux, chicorée moulue et glands moulus	comp. div.	7 juin 1820	—	100 k. B	prohib.	prohib.	» 25
id.	**cafétières** en fer blanc ou cuivre. V. fer blanc ou cuiv. ouvr.							
id.	**cafétières** vernissés, dorés ou argentés. V. les métaux dont elles sont formées.							
	cafétières plaquées ou doublées. V. plaqués.							
RR.	**cafétières** en argent ou vermeil. V. orfèvrerie.							
id.	**cafétières** en métal de composit. dit métal anglais, comme mercerie fine. (*Circulaire n. 1669.*)							
id.	**cages** d'oiseau. V. merc. comm. Cages de pendule. V. cartels.							
FF.	**caïeux** de fleur. V. bulbes ou oignons.							
RR.	**cail-cédra.** V. bois de cèdre auquel il est assim. pour les droits.							
FF.	**caille-lait** (gallium verum), herbes médicinales à dénommer, ou fleurs selon l'espèce.							
id.	**caillette** de veau. V. présure.							
id.	**cailloux** à faïence ou à porcelaine	pier., ter. et aut. fossiles.	28 avr. 1816	6 mai 1841	100 k. BB	» 10	» 10	» 25
	caïnca. V. racines médicinales à dénommer.							
RR.	**caisses** militaires ordinaires. V. tambours.							
	caisses militaires grosses, instruments de musique (2)	ouvr. en mat. diverses.	15 mar 1791	—	la pièce.	7 50	7 50	1/4 p. 0/0 de la val.
FF.	**caisses** de bois commun non fermées. V. boissellerie.							
RR.	**caisses** de bois commun ferrées. V. meubles.							
id.	**caisses** de bois fin, ouvrages d'ébénisterie. V. meubles.							
id.	**caisses** peintes ou vernies. V. meubles.							
id.	**caisses** recouv. de peaux et doubl., dites malles. V. merc. com.							
	calagéri ou **calagirah.** V. fruits médicinaux à dénommer.							
FF.	**calaguala,** racines médicinales à dénommer.							
id.	**calamine** ou pierres calaminaires, minérai (3)	métaux.	28 avr. 1816	—	100 k. BB	» 10	» 10	» 25
id.	**calamine** grillée, pulvérisée ou non (4)	—	2 déc. 1843	—	—	» 10		» 25
id.	**calamine** blanche, oxide de zinc blanc (pompholix), V. oxides de zinc blanc. (5)							
FR.	**calamite,** c'est le storax naturel rouge. V. storax.							
FF.	**calamus aromaticus** (acorus calamus), rac. méd. à dén. (6)							
id.	**calcanthum** ou **colcothar.** V. oxide de fer.							
RR.	**calapa** ou **kaloupa** (huile de), c'est le nom que l'on donne, aux Antilles, à l'huile de ricin.							
	calcédoines, pierres gemmes. Agates.							
FF.	**calebasses** pleines (et pepins de). V. fruits médicin. à dén.							
id.	**calebasses** vides	fruits, tiges et filam. à ouvr.	28 avr. 1816	28 avr. 1816	—	13 »	14 30	» 25
RR.	**calebasses** ouvrages en coques de). V. mercerie fine.							
	calebasses péricarpe charnu de), divisé et séché. V. fruits secs non dénommés.							
id.	**calebasses** sirops de). V. sirops.							
	calebasses suc ou jus de), comme jus d'orange.							
	calèches d'enfant. V. bimbeloterie. Autres. V. voitures susp.							
	caleçons en tricot. V. bonneterie.							
FF.	**caliatour** (bois de), bois de teinture à dénommer. (7)							

(1) Le café de la côte occidentale d'Afrique a un aspect particulier; le grain est en général très-petit, de forme arrondie et d'une faible saveur; il a de l'analogie avec le café Bourbon. Pour être admis aux droits de 78 francs, il faut qu'il soit importé directement de nos établissements sur la côte occidentale du pays et qu'il soit accompagné d'un certificat d'origine. Cette double condition est de rigueur. (*Circulaire du 8 mai 1841, n. 1850.*)

(2) Les instruments dont se servent les artistes ambulants et ceux portatifs, lorsqu'il n'y a pas de doute sur la qualité des voyageurs qui en importent ou en exportent pour leur usage personnel, sont exemps de droit à l'entrée et à la sortie.

(3) C'est le minérai de zinc qu'on nomme aussi pierre calaminaire; il est ordinairement composé d'oxide de zinc, d'oxide de fer et de parties terreuses, ce qui forme un mélange couleur de rouille.

(4) C'est l'oxide de zinc qu'on emploie soit à la fabrication du zinc, soit à celle du laiton.

(5) Il est formé, par sublimation, à la surface du zinc rougi, soit au creuzet ou aux parois des fourneaux où se fondent les mines de zinc; il est friable, blanc, très-léger et laineux, ce qui lui a valu le nom de laine philosophique et de fleur de zinc; il ressemble beaucoup à la magnésie, dont il ne diffère que par ses propriétés et sa légèreté, qui est bien plus grande que celle de la magnésie. Le pompholix ne s'emploie qu'en pharmacie.

(6) Racine de la grosseur du doigt, noueuse, rougeâtre en dehors et blanchâtre au-dedans, odorante et âcre au goût. Il y a le vrai et le faux calamus, le dernier est une espèce de glayeul à fleurs jaunes.

(7) Voyez la note au bois de teinture, pour connaître lorsqu'il est traité comme bois d'ébénisterie.

DÉSIGNATION DES MARCHANDISES.	CLASSE du TARIF.	TITRE DE PERCEPTION. Entrée.	TITRE DE PERCEPTION. Sortie.	UNITÉS sur lesquelles portent les droits.	DROITS D'ENTRÉE par Navires Français.	DROITS D'ENTRÉE par Navir. Étrangers et par terre	DROITS de SORTIE.
					F. C.	F. C.	F. C.
P. **calicot.** V. tissus de coton.							
calin, espèce partic. d'étain qui vient de la Chine. V. étain brut.							
id. **calmandes**, tissus de laine non dénommés.							
calomel ou **calomélas** (proto-chlorure de mercure). V. médicaments composés non dénommés.							
id. **calmoucks**, tissus de laine non dénommés.							
FF. **cam** (bois de) ou camwood. V. bois de teinture à dénommer.							
RR. **cambogium**, gomme résineuse. Résineux exotiques à dénommer. C'est la gomme gutte.							
cambouis, pâte graiss. comp. de div. ingr. V. graiss. de mout.							
FF. **caméléon**, carline. Racines médicinales à dénommer. (1)							
id. **caméline** (graine de). V. fruits oléagineux à dénommer.							
id. **caméline** (tourteaux de graine de). V. tourt. de graines oléag.							
RR. **caméline** (huile de). V. huiles de graines grasses.							
camées montés en or et en argent. V. bijouterie.							
camées non montés, antiques, comme objets de collection.							
id. **camées** non montés, en lave du Vésuve com. pierres gem. taillées à dén.							
camées non montés, sur coquilles comme corail taillé non monté.							
camées non montés, faux fabriqués avec de l'émail fondu et coloré pour imiter les pierres dures. V. vitrifications taillées en pierres à bijoux.							
P. **camelots**, tissus de laine non dénommés.							
FR. **camine** (huile de), comme baume de copahu.							
id. **camomille**, fleurs médicinales à dénommer. (2)							
FF. **campèche**, bois de teinture à dénommer. (3)							
FR. **camphre** (4) brut	sucs végét.	27 juil. 1822	27 juil. 1822	100 k. NB	75 »	81 20	» 25
camphre (4) raffiné	—	—	—	—	150 »	160 »	» 25
FF. **camwood** (bois de), bois de teinture à dénommer. (5)							
RR. **cancame.** V. résineux exotiques non dénommés.							
canéfice, casse confite, mêmes droits que le sucre terré. *(Loi du 27 mars 1817.)* (6)							
FF. **canneberge** (baies de). V. airelles.							
canevas en coton ou mélangé de coton. V. tissus de coton non dénommés.							
RR. **canevas** pour tapisserie ou pour toile cirée, comme toile écrue sans apprêt, d'après le nombre de fils.							
canevas en fil, mêm. droits que les treillis à toile gross. crois.							
canevas en soie ou soie et fil, unis, mêmes droits que la gaze.							
canevas en soie ou soie et fil, brodés en soie, mêmes droits que les tapis en soie.							
canabine (filaments de la). V. végétaux filam. non dénommés.							
FF. **canne**, racines médicinales à dénommer.							
cannelle autre que de Chine (7) de la Guyane française	denr. col.	2 juill. 1836	6 mai 1841	1 k. NB	» 65	» »	» 25
RR. **cannelle** autre que de Chine (7) de l'Inde	—	—	—	—	4 »	3 »	» 25
cannelle autre que de Chine (7) d'ailleurs	—	—	—	—	2 »	3 »	» 25
id. **cannelle** de Chine commune, le tiers des droits fixés pour celle ci-dessus.							
id. **cannelle** (huile de), volatile ou essence	sucs végét.	23 juil. 1838	—	—	5 »	5 50	100 k. 25

(1) Racine longue et droite, de la grosseur du pouce, d'un brun obscur en dehors, blanchâtre en dedans.

(2) Fleurs radiées ayant le disque jaune et la couronne blanche, d'odeur aromatique très-forte.

(3) Consulter la note relative aux bois de teinture. Voyez bois de teinture.

(4) Sorte d'huile concrète que fournissent plusieurs végétaux et surtout le camphora; elle est très-volatile, très-inflammable, légère, d'odeur particulière forte et impénétrante. *Brut*, tel qu'il est extrait de l'arbre, à froid ou par la distillation, il est graveleux, sans adhérence de parties, couleur gris sale chargé de toutes sortes d'impuretés. *Raffiné* ou *sublimé*, c'est-à-dire, dont on a élévé et fixé les parties les plus légères; il est blanc, cristallisé, transparent et sous forme de pains orbiculaires, percés d'un trou à la partie supérieure.

(5) Consulter la note aux bois de teinture.

(6) C'est une pulpe moëlleuse, noire et un peu sucrée qui se trouve renfermée dans un fruit pendant en gousses droites et longues. Cette pulpe se confit avec du sucre ou du sirop de violette, et qu'on aromatise avec de la fleur d'orange. On confit aussi les bâtons ou gousses de casse encore jeunes, tendres et vertes.

(7) On distingue la cannelle commune de la Chine, dont les morceaux sont plus courts que ceux de la cannelle fine de Ceylan, à l'épaisseur, qui est d'un millimètre à un millimètre et demi, tandis que l'écorce fine n'a jamais plus d'un tiers de millimètre; en outre, la cannelle commune se casse comme de la pâte sèche; c'est une écorce simple formant un tube, tandis que la cannelle fine fléchit un peu avant de rompre et présente quatre, cinq ou six feuillets minces roulés ensemble; la finesse de l'arome est d'ailleurs un indice qui ne trompe pas ceux qui ont pris le soin de comparer les diverses espèces de cette marchandise. Plus la cannelle est commune, plus elle est dure et cassante, plus aussi elle est piquante, épaisse, brune ou noirâtre. Elle vient ordinairement de chine et a une odeur de punaise.

DÉSIGNATION DES MARCHANDISES.	CLASSE du TARIF.	TITRE DE PERCEPTION.		UNITES sur lesquelles portent les droits.	DROITS D'ENTRÉE		DROITS de SORTIE.
		Entrée.	Sortie.		par Navires Français.	par Navires Etrangers et par terre	
					F. C.	F. C.	F. C.

DÉSIGNATION DES MARCHANDISES.	CLASSE du TARIF.	TITRE DE PERCEPTION.		UNITÉS sur lesquelles portent les droits.	DROITS D'ENTREE		DROITS de SORTIE.
		Entrée.	Sortie.		par Navires Français.	par Navires Etrangers et par terre	
					F. C.	F. C.	F. C.

	DÉSIGNATION DES MARCHANDISES.	CLASSE du TARIF.	TITRE DE PERCEPTION. Entrée.	TITRE DE PERCEPTION. Sortie.	UNITÉS sur lesquelles portent les droits.	DROITS D'ENTRÉE par Navires Français.	DROITS D'ENTRÉE par Navires Étrangers et par terre	DROITS de SORTIE.
						F. C.	F. C.	F. C.
FF.	**cannelle** blanche. V. écorces médicin. à dénom. (1) y compris la cannelle girollée.							
FR.	**cannellier.** Bois de). Bois odorants à dénommer. / Fleurs de) Fleurs médicinales à dénommer.							
	cannes non montées. V. joncs et roseaux exotiques.							
RR.	**cannes** montées. V. la note sur les bambous.							
id.	**cannes** à sucre par petites parties. V. objets de collect. (2).							
RR.	**cannetilles** d'or ou d'argent fin. V. or ou argent tirés. / faux. V. cuivre doré ou argenté tirés.							
P.	**canons** bouches à feu en état de serv. V. arm. de guerre d'affût.							
FF.	**canons** bouches à feu vieux (3) en bronze. V. cuivre allié d'étain							
id.	**canons** bouches à feu vieux (3) en fonte. Mêmes droits que la fonte en gueuses. V. fer							
	canons de fusil et de pistolet. V. armes à feu selon l'espèce.							
RR.	**canons** d'enfant. V. bimbeloterie.							
P.	**canons** de cheminée. V. fer ouvré.							
P. R.	**canons** de clef de montre. V. fournitures d'horlogerie.							
	canots. V. embarcations ou barques.							
FR.	**cantharides** (mouches desséchées) (4)	subst. pr. à la méd. et parfu.	28 avr. 1816	28 avr. 1816	100 k. NB	62 »	67 60	» 25
id.	**canules.** V. ouvrages en bois dénommés.							
RR.	**caouane** de tortue. V. écailles de tortue.							
FR.	**caoutchouc** ou gomme élastique (5) brut des pays hors d'Europe	sucs végét.	2 juil. 1836	27 juil. 1822	100 k. BB	10 »	25 »	» 25
RR.	**caoutchouc** brut des entrepôts	—	—	—	—	15 »	25 »	» 25
	caoutchouc carrés de) pour fournitures de bureau. V. ouvrages en caoutchouc pur.							
FR.	**caoutchouc** ouvrages en) pur autres qu'instrum. de chir.	ouvr. en mat. diverses.	25 juil. 1837	28 avr. 1816	—	20 »	22 »	» 25
	caoutchouc ouvrages en) combiné avec d'autres matières, sauf les tissus en pièces. (6)	—	—	—	100 k. NB	200 »	212 50	» 25
RR.	**caoutchouc** instruments de chirurgie en)	—	—	—	la valeur	10 p. %	10 p. %	1/4 p. %
	caoutchouc tissus en (C. l'étof. textile à laq. le caout. est allié.							
P.	**caparaçons** pour chevaux. C. seller. en cuir. *Loi du 1 août* 1792.							
	capelan, petit pois. qui sert d'ap. p. la pêche. V. pois. de mer.							
FF.	**capillaires** (tiges herbacées). Herbes médicales à dénom. (7)							
	Capitons, déchets de soie noués ensemble. V. bourre de soie.							
FR.	**câpres** confites au vinaigre	fruits.	28 avr. 1816	28 avr. 1816	100 k. NB	60 »	65 50	» 25
FF.	**câpriers.** Racines ou écorces médicinales à dénommer. (8)							
P.	**capsules** pour amorces. V. poudre à tirer à laquelle elles sont assimilées. *(Ordonnance du 2 décembre 1843.)*							
	carabé. V. succin. Bitumes solides.							
	carabines. V. armes à feu, selon l'espèce.							
	caractères d'imprimerie neufs en langue française	ouvr. en mat. diverses.	21 avr. 1818	6 mai 1841	—	200 »	212 50	» 25
	caractères d'imprimerie neufs en langue allemande	—	—	—	—	50 »	55 »	» 25
RR.	**caractères** d'imprimerie neufs en toute autre langue	—	—	—	—	100 »	107 50	» 25
	caractères d'imprimerie vieux ou hors d'usage (9)	—	26 juin 1842	—	» BB	10 »	11 »	» 25
P.	**caractères** d'imprimerie à jour. V. fer-blanc ou cuivre ouvrés, sel. l'esp.							
FF.	**caragate** musciforme ou barbe espagnole. V. végétaux filamenteux non dénommés. (10)							
id.	**carambolier.** V. fruits secs à dénommer.							
RR.	**caragne.** V. résineux exotiques à dénommer.							
FF.	**carapa.** Écorces médicinales à dénommer.							

(1) Cannella alba ou costus doux en rouleau long, mondée de celle extérieure, blanchâtre en dedans et en dehors, goût aromatique âcre, odeur agréable.

(2) Les cannes à sucre qui arrivent par petites parties doivent être traitées comme objets de collection hors de commerce; mais s'il en était importé pour en extraire le sucre, alors elles devraient être taxées dans la proportion de celui qu'elles contiennent.

(3) Avant d'admettre des bouches à feu comme métaux bruts, on doit exiger qu'elles soient enclouées et que l'on en brise en outre quelques parties essentielles, telles que les tourillons qui les tiennent à l'affût. *(Circulaire n. 571.)*

(4) Mouches oblongues, de couleur verdâtre, luisante, azurée, d'odeur désagréable. On les apporte desséchées; elles sont très-légères.

(5) Le caoutchouc est un suc laiteux desséché et élastique qui n'appartient proprement ni aux résines, ni aux gommes; il est seul de son genre; on le nomme gomme élastique. Celui en formes de bottes et souliers, sans aucune main d'œuvre, paie comme brut; dans le cas contraire, comme celui ouvré, soit pur, soit mélangé. *(Lettre du 26 avril 1838.)*

(6) Sont comprises sous cette dénomination les courroies en caoutchouc et coton.

(7) Plante de la classe des fougères, à tiges menues et rougeâtres, garnies de feuilles vertes, d'odeur et de saveur assez agréables. Il y en a de plusieurs espèces.

(8) Elles sont longues et grosses (les racines); on en sépare l'écorce qu'on fait sécher, elle est jaunâtre, grisâtre, difficile à rompre, de consistance tenace et solide comme le cuir.

(9) Cette dénomination comprend en outre les filets, accolades, espaces, interlignes, cadrats et généralement tout ce qui est connu sous le nom de vieille fonte d'imprimerie. Pour éviter des abus et lorsqu'il y aura doute, la douane est autorisée à faire briser ou marteler les caractères qu'on déclare hors d'usage. *(Ordonnance du 25 juin 1842.)*

(10) Plante parasite filamenteuse qui, en Virginie, à la Jamaïque, au Brésil et dans presque toute la partie méridionale de l'Amérique, où on l'appelle Barbe espagnole, croît sur les troncs et les branches des arbres, qu'elle couvre en grande partie, et d'où elle descend vers la terre. Elle sert en médecine, mais son principal emploi est pour rembourrer les matelas et les sièges.

	DÉSIGNATION DES MARCHANDISES.	CLASSE du TARIF.	TITRE DE PERCEPTION. Entrée.	TITRE DE PERCEPTION. Sortie.	UNITÉS sur lesquelles portent les droits.	DROITS D'ENTRÉE par Navires Français.	DROITS D'ENTRÉE par Navires Etrangers et par terre	DROITS de SORTIE.
						F. C.	F. C.	F. C.
RR.	**carapaces**. V. écailles de tortue.							
id.	**carbonate** d'ammoniaque (1) { brut, en poudre, de quelque nature que ce soit .	prod. chim.	2 juil. 1836	6 mai 1841	1 k. NB	» 50	» 50	100 k. 25
id.	raffiné en pains	—	—	—	—	1 »	1 10	— 25
id.	de magnésie. magnésie (2)	—	1 août 1792	—	100 k. NB	200 »	212 50	— 25
FF.	de baryte natif (3).......	—	2 juill. 1836	—	» BB	10 »	11 »	— 25
P.	de baryte artificiel, prohibé, comme produits chimiques non dénommés.							
FR.	de potasse (4) { des pays hors d'Europe	—	27 mar 1817	—	100 k. NB	15 »	21 »	» 25
id.	des entrepôts................	—	—	—	—	18 »	21 »	» 25
	de cuivre, en masses. V. malachites.							
RR.	de cuivre { pulvérisé, formé en petites masses. V. coul. à dén. (bleu de montag.)							
FR.	pulvérisé en poudre impalpable, comme cendres bleues.							
id.	pulvérisé, vert de montagne	couleurs.	28 avr. 1816	—	100 k. BB	31 »	34 10	» 25
id.	pulvérisé, vert de montagne en poudre impalpable. c. cendres bleues							
FF.	de soude. V. soudes ou natrons.							
id.	de zinc. V. zinc, pierres calaminaires.							
FR.	de plomb. V. blanc de céruse et de plomb.							
FF.	de chaux ou pierre calcaire, mêlé d'un peu de carbonate de strontiane et d'un peu de magnésie, environ 1 ou 2 p. °/₀ de chacune de ces substances et ne renfermant ni silice, ni aucun autre corps en quantité assez notable pour être reconnu par les réactions ordinaires. V. pierres et terres servant aux arts et métiers à dénommer. *(Let. de l'admin. du 23 février 1842.)*							
id.	**carbure** de fer. V. graphite.							
RR.	**carcasses** { pour ovrages de mode. V. mode. / en fer. V. fer ouvré. / de parapluie et de parasol, le cinquième des droits imposés sur les parapluies. V. parapluies.							
FR.	**cardamome**, graines d'amome ou de paradis (5).........	denr. col.	—	—	100 k. NB	123 »	131 60	» 25
RR.	**cardes** à carder et garnitures de carde propres aux arts et mét.	ouvr. en mat. diverses.	27 mar 1817	16 juin 1832	la valeur.	15 p. °/₀	15 p. °/₀	1/4 p. °/₀
id.	**caret.** V. écailles de tortue.							
id.	**carillons** à musiq. (6) quelqu'en soit le poids. *(C. 1507, p. 2.)*	—	6 mai 1841	6 mai 1841	1 k. NB	5 »	5 50	100 k. 25
FF.	**carline** ou caroline. Racines médin. à dénom. V. caméléon.							
RR.	**carmin** { fin (7)	couleurs.	28 avr. 1816	—	—	58 »	63 40	— 25
	commun (8)............	—	—	—	100 k. BB	33 »	36 30	— 25
	carnets de papier blanc rayé, recouverts en peau maroquinée. V. mercerie fine.							
FF.	**carotes** { fraîches. V. légumes verts. / sèches, non torréf. C. rac. de chic. sèch. non torefiées							
id.	**carrobe** ou carouge, fruit en forme de corne (9)............	fruits.	—	28 avr. 1816	—	5 »	[illegible]	25

(1) Sel volatil dont l'ammoniaque forme la base mêlé d'acide carbonique; voir aussi la note relative au sel ammonniac auquel ce produit est assimilé.

(2) La magnésie est employée en médecine; elle est tirée des eaux mères du nitre et du sel commun, sous la forme d'une poudre blanche; elle a un goût insipide.

(3) Ce carbonate avait été jusqu'ici prohibé à l'entrée comme produit chimique non dénommé; mais ce sel existe à l'état natif dans plusieurs pays et notamment en Angleterre où l'on en trouve dans le Lancashire, des filons assez abondans. C'est ce carbonate de baryte que la loi a voulu taxer; il est translucide à l'égard de la corne. On le distingue par sa pesanteur, sa texture fibreuse et sa couleur verdâtre. Il agit sur l'économie animale comme un vomitif violent; c'est un poison, on l'appelle vulgairement pierres à rats. Quant au carbonate de baryte artificiel, il demeure classé dans les produits chimiques non dénommés.

(4) Le carbonate de potasse a été taxé, à l'entrée, comme la potasse *(Loi du 27 mars 1817)*.
Comme on a souvent tenté d'introduire des cendres bleues ou vertes, comme bleu ou vert de montagne on a appliqué le droit des premières à toutes les couleurs bleues ou vertes qui sont présentées en poudre impalpable, sans égard aux noms sous lesquels elles sont introduites.

(5) Sous le nom de cardamome, on connait dans le commerce trois fruits peu différens entre eux, qui, en raison de leur grandeur, sont appelés grands, moyen et petit cardamome: Ils sont tous trois formés d'une capsule membraneuse, triangulaire, à trois loges, sillonnées sur toutes ses faces; chaque loge renferme de petites semences rougeâtres, d'une configuration irrégulière; leur saveur est âcre et piquante, et leur odeur forte et aromatique. Ces cardamomes sont quelquefois importées en graines dégagées de leurs capsules.
L'amome, graine de paradis, qu'on nomme aussi manignette, est une petite semence triangulaire, d'un gris brun, d'une saveur camphrée. L'odeur suave et la saveur agréable de cette graine lui ont fait donner le nom qu'elle porte. Elle est employée par les parfumeurs et sert à aigrir le vinaigre.

(6) Petites mécaniques d'acier produisant des airs de musique, et qu'on place dans les montres, les cachets, les tabatières ou les nécessaires. Les boites dans lesquelles les carillons sont ordinairement importés, pour les préserver de tout accident dans le trajet, ne font pas partie du poids de ces petites mécaniques. Lorsque les carillons sont fixés à leurs boites, et qu'on ne peut, sans redouter d'accident, les séparer de celles-ci pour les peser au net, la douane frontière les expédie, après s'être assurée du contenu des boites, sous double plomb et par acquit-à-caution sur celle de Paris, où cette séparation a lieu et où les droits sont ensuite perçus (Lettre du directeur général des 2 et 19 octobre 1818). Ils ne peuvent être importés que par les bureaux ouverts à l'importation de l'horlogerie et sous les mêmes formalités. (*Loi du 6 mai* 1851.)

(7) Pâte dure ou espèce de laque formée de cochenille, d'alun et d'autour, et quelquefois de graine de chouan.

(8) Couleur préparée avec le résidu des matières dont on a extrait le carmin fin, et du bois de teinture. Ce n'est autre autre chose que la laque commune carminée, qu'on appelait improprement colombine sèche.

(9) Ce fruit est d'un rouge obscur, contenant des semences plates assez semblables à la casse.

DÉSIGNATION DES MARCHANDISES.	CLASSE du TARIF.	TITRE DE PERCEPTION.		UNITÉS sur lesquelles portent les droits.	DROITS D'ENTRÉE		DROITS de SORTIE.
		Entrée.	Sortie.		par Navires Français.	par Navires Étrangers et par terre	
					F. C.	F. C.	F. C.

DÉSIGNATION DES MARCHANDISES.	CLASSE du TARIF.	TITRE DE PERCEPTION.		UNITÉS sur lesquelles portent les droits.	DROITS D'ENTREE		DROITS de SORTIE.
		Entrée.	Sortie.		par Navires Français.	par Navires Etrangers et par terre	
					F. C.	F. C.	F. C.

	DÉSIGNATION DES MARCHANDISES.	CLASSE du TARIF.	TITRE DE PERCEPTION. Entrée.	TITRE DE PERCEPTION. Sortie.	UNITÉS sur lesquelles portent les droits.	DROITS D'ENTRÉE par Navires Français.	DROITS D'ENTRÉE par Navires Étrangers et par terre	DROITS de SORTIE.
						F. C.	F. C.	F. C.
FF.	**carrobe** (graines de), comme graines forestales, fruits à ensemencer.							
id.	**carpobalsamum**, baies de). V. fruits médicin. à dénom.							
FR.	**carreaux** d'ardoise. V. ardoises en carreaux.							
FF.	**carreaux** de marbre. V. marbre ouvré ou scié, selon l'esp.							
	carreaux d'écossine. V. écossines.							
FR.	**carreaux** de pierres. V. pierres ouvrées autres que chiques.							
FF.	**carreaux** de terre cuites, non vernis	pierres, terres et autr. fossil.	17 mai 1826	28 avr. 1816	1000 enn.	10 »	10 »	» 25
RR.	**carreaux** de terre cuites, vernis. V. poterie, faïence.							
	carreaux pour verres à lunettes. V. verres à lunettes.							
RR.	**carrelets.** V. outils de pur acier.							
	carrosserie. V. voitures suspendues.							
FR.	**cartels** de pendule en bois, même ceux peints, vernis et dorés. V. ouvrages en bois non dénommés.							
	cartels de pendule en bois, avec incrustation. V. tabletterie à dénom.							
P.	**cartels** de pendule en métal. V. les métaux ouvrés dont ils sont formés.							
	cartels de pendule en marbre et en albâtre. V. marbre et alb. sculptés.							
P.	**cartes** à jouer (1)....	papier et ses applications.	15 mar 1791	27 mar 1817	100 k. B	prohib.	prohib.	1 »
RR.	**cartes** géographiques de porte-feuille et d'ornements. (2)..	—	27 mar 1817	6 mai 1841	100 k. NB.	300 »	317 50	» 25
	cartes de visite blanches en carton dit papier porcel.. com. carton en feuilles. autres que lustré.							
	cartes de visite blanches autres. V. carton coupé et assemblé.							
	cartes de visite gravés. impr. ou lithograp. en cart. dit pap. pocel. V. mercerie fine.							
	cartes de visite gravés. impr. ou lithograp. autres. V. mercerie commune.							
	carthame. fleurs de) ou safranum (3)....	teint. et tan.	2 juill. 1836	—	100 k. BB	15 »	16 50	» 25
FF.	**carthame.** semences ou graines de). Com. graines oléagin. à dénommer. *(Circulaire n. 1935.)* (4)							
	carton (5) en feuilles minces, fortement press.. de coul. fauves et lustrées, dites cartons à drapier ...	papier et ses applications.	21 avr. 1818	—	100 k. NB	80 »	86 50	1 »
	carton en feuilles de papier collé et passé au laminoir	—	27 mar 1847	—	—	150 »	160 »	1 »
	carton en feuilles, autre carton en feuilles	—	—	—	—	150 »	160 »	1 »
	carton de déchets de peaux, dit carton cuir. V. carton en feuil. autre que lustré.							
	carton de simple moulage ou pâte de papier, en feuilles.....	—	—	28 avr. 1816	100 k. N	150 »	160 »	prohibé.
	carton enduit de céruse, dit papier porc. V. carton en feuilles autre que lustré.							
RR.	**carton** moulé, dit papier mâché	—	—	—	100 k. NB	200 »	212 50	» 25
	carton frappé d'une empreinte (dominoterie). V. merc. fine ou commune.							
	carton imprimé imitant la paille d'Italie	—	—	—	—	200 »	212 50	» 25
	carton en herbes de marine, goudronné ou non, pour doubl. de navires. V. vannerie brute.							
	carton coupé et assemblé..	—	—	—	—	100 »	107 50	» 25
	carton imitant l'ardoise (tablet. à écri.) V. merc. fine ou com.							
	carton fabriqué avec du bois trituré, de paille et de collage V. carton en feuilles autre que lustré.							
RR.	**carton-pierre** (ouvrages en). V. carton moulé.							
	cartonnages recouverts en étoffes, comme les étoffes. Recouverts en papier blanc ou colorié, c. cart. coupé et assemblé.							
FF.	**carvi** (graine de). V. fruits médicinaux à dénommer. (6)							
RR.	**carvi** huile de), huiles volatiles ou essences....	sucs végét.	23 juil. 1838	6 mai 1841	1 k. NB	5 »	5 50	» 25
FF.	**cascarille**, quinquina aromatique. V. écorces médic. à dén.							
	casiers pour bibliothèques en bois blanc verni avec peintures en or ou or mêlé de diverses couleurs. V. meubles.							
	casimirs. V. tissus de laine non dénommés.							

(1) Le droit de sortie sur les cartes à jouer, n'est applicable qu'aux cartes revêtues du filigrane et du timbre de la régie, et aux cartes à portrait étranger, de fabrication française. Les autres cartes à jouer sont prohibées à la sortie. Arrêté du 3 pluviôse an VI, et décret du 13 fructidor an VIII. Les exportations de cartes à jouer s'effectuent toujours avec expédition des contributions indirectes.

(2) Les cartes géographiques placées dans des ouvrages de librairie et se rapportant au texte, acquittent, à l'entrée, les droits comme livres. *(Loi du 27 juillet 1822.)*

(3) Safran bâtard, fleurs découpées en lanières et de couleur approchant celle du safran. Elles servent en teinture.

(4) Ces graines sont oblongues, un peu plus grosses que des grains d'orge; elles sont lisses, blanches, luisantes, couvertes d'une écorce dure et pleine de moëlle blanche, douce et huileuse.

(5) Le carton lustré dit carton à drapier est gris ou roux, plus mince que l'autre carton en feuilles, ferme, dur, compacte, élastique, il donne un son assez plein quand on le frappe avec l'extrémité du doigt, il est luisant, et a un œil gras que lui donne l'emploi du savon. Ce carton est ordinairement rogné à vif sur les quatre bords. L'autre carton en feuilles, au contraire est brut et conserve ses barbes, il est léger à la main, boursouflé, et spongieux, l'ongle y laisse facilement une empreinte profonde, et l'épiderme en est facilement enlevé. Ce carton est assimilé au papier à l'entrée, pour obvier à un abus qui consisterait à réunir le papier mouillé sous forme de carton. Ce carton coupé et assemblé n'emporte pas le même risque, ce qui à permis de le taxer en raison de sa valeur.

On a tenté de faire passer à l'étranger de la pâte de chiffons sous la forme de pages. Le chiffon broyé aux deux tiers, à peu près comme pour le carton de pâte prohibé, formait des feuilles non collées, mais adhérentes par la force de la pression dans leur état d'humidité *(Circulaire n° 559)*. Les ouvrages en carton moulé, dit papier maché, sont principalement les boites de carton et de papier. Ceux recouverts d'étoffes de soie suivent le régime de ces tissus. Les masques pour bal sont repris à mercerie commune, et les têtes de poupées à bimbeloterie.

(6) Semences jointes ensemble deux à deux, plantes d'un côté, convexe de l'autre, et marquées de cinq nervures, d'odeur aromatique très-agréable.

	DÉSIGNATION DES MARCHANDISES.	CLASSE du TARIF.	TITRE DE PERCEPTION. Entrée.	TITRE DE PERCEPTION. Sortie.	UNITÉS sur lesquelles portent les droits.	DROITS D'ENTRÉE par Navires Français.	DROITS D'ENTRÉE par Navires Étrangers et par terre	DROITS de SORTIE.
						F. C.	F. C.	F. C.
	casques. V. la matière ouvrée dont ils sont princip. composés.							
RR.	**casquettes** de feutre, y compris celle de peluches de soie et de toile cirée. V. chapeaux en feutre.							
P.	**casquettes** de cuir. V. peaux ouvrées.							
	casquettes d'étoffe. V. effets à usage, habillements neufs.							
FR.	**casquettes** garnis de fourrure. V. pelleteries ouvrées.							
FF.	**cassave**, comme biscuits de mer, (galette de manioc).							
F.	**casse** (gousses de) (1) sans apprêt, des Antilles françaises …	espèc. méd.	26 juin 1842	27 juil. 1822	100 k. BB	20 »		» 25
FR.	**casse** (gousses de) (1) sans apprêt, d'ailleurs …	—	2 juill. 1836	—	—	25 »	27 50	» 25
	casse (gousses de) (1) confites, canéfice. comme sucre terré.							
	casse-croûtes. V. fer ouvré.							
RR.	**casse-noisettes** en buis. V. mercerie commune.							
P.	**casse-noisettes** en fer ou acier. V. fer ou ac. ouv., sel. l'esp.							
id.	**casseroles** en fonte, fer blanc ou cuivre. V. fonte moulée, fer ou cuivre ouvrés. (2)							
RR.	**cassia-lignea**, le tiers des droits fixés pour la cannelle autre que de Chine. (*Loi du 2 juillet 1836.*) (3)							
	cassie (gousses de). V. gousses tinctoriales.							
FF.	**cassier** (graine de). V. gousses tinctoriales.							
RR.	**cassolettes.** V. mercerie commune ou fine, selon l'espèce.							
	cassonade. V. sucre brut ou terré, selon l'espèce.							
FF.	**castine**, pierre calc. d'un blanc gris servant à la fusion du fer.							
FR.	**castoréum** (4) …	subst. pr. à la méd. et parfu.	28 avr. 1816	28 avr. 1816	100 k. NB	184 »	195 70	» 25
RR.	**castor** (huile de), nom que l'on donne, aux Antilles, à l'huile de ricin. V. Ricin.							
FR.	**casube.** V. alcalis, potasses.							
RR.	**catakouti** (huile de), comme huile de girofle.							
FF.	**catapuce** (herbe ou sémence de). V. herbes médicinales ou fruits médicinaux, selon l'espèce. (5)							
id.	**cauris**, coquillage, mêmes droits que l'antale. V. antale.							
id.	**caviar.** V. poissons de mer.							
id.	**cédrats** frais. V. citrons, oranges et leurs variétés.							
FR.	**cédrats** confits au sel, mêmes droits que les câpres confites.							
RR.	**cédrats** confits au sucre. V. confitures.							
id.	**cèdre** (bois de), bois d'ébénisterie. V. bois.							
id.	**cèdre**, cedria et cèdre rouge (résine de). V. résin. exot. à dén.							
P.	**ceintures** de laine. V. tissus de laine, bonneterie.							
	ceinturons. V. peaux ouvrées.							
FF.	**cendres** de bois vives, alcalis (6) …	prod. chim.	—	6 mai 1841	100 k. BB	1 »	1 10	» 25
id.	**cendres** de bois lessivées. V. charrée.							
id.	**cendres** du levant, de Sicile et de Roquette. V. alcalis, soudes							
FR.	de toute sorte.							
	cendres gravelées et perlées. V. alcalis, potasses.							
FF.	**cendres** de varechs. V. soudes.							
id.	**cendres** de tourbe. V. engrais.							
	cendres de houille. V. sable com. pour la bât. à pier. et ter. etc.							
FR.	**cendres** bleues ou vertes, notam. vert de Schwinfurt. (7) …	couleurs.	—	—	100 k. NB	164 »	174 70	» 25
FF.	**cendres** de plomb ou scories. mêm. droits que le plomb brut.							
id.	**cendres** d'orfèvre. V. regrets d'orfèvre. (8)							

(1) La casse est en siliques ou gousses dures, de la grosseur du pouce, longues, d'une couleur noirâtre, renfermant des graines séparées par une pulpe noire, d'odeur fade et de saveur sucrée.

La casse confite : c'est la pulpe dont on vient de parler, qu'on confit avec du sucre ou du sirop de violette, et qu'on aromatise avec de la fleur d'orange.

(2) Les fonds de casserole en cuivre sont traités comme cuivre battu ou laminé.

(3) Le cassia lignea est l'écorce du laurus-cassia et a beaucoup de rapport avec la canelle commune ou canelle de Chine. Pourtant il existe entre ces deux écorces de caractères tranchés et qui ne permettent pas de les confondre. Le cassia lignea a une écorce beaucoup plus épaisse, plus grande, plus brune et beaucoup moins roulée. Son odeur est presque nulle et sa saveur beaucoup moins aromatique. Avis des commissaires-experts du gouvernement. Note 2 de la circulaire n. 1550, page 4.

(4) Matière animale et gélatineuse, contenue dans deux grosses vésicules situées aux aines des castors des deux sexes. Elle est brune et d'une odeur forte et fétide.

(5) Catapuce, ou palma-christi. On donne ce nom à la graine du ricin officinal. Elle cache, sous une coquille mince, rayée et tachetée de gris et de noir, une amande blanche partagée en deux lobes, contenant deux huiles, l'une douce, l'autre âcre.

(6) Si les cendres de bois vives étaient frauduleusement surchargées d'alcalis, ce qu'on reconnaît à la saveur, elles devraient être traitées comme potasses. Les cendres de tourbe et de houille, ainsi que la charrée ou cendre de bois, lessivées dont le salin est extrait, n'étant propres qu'à amender les terres, suivent un autre régime; les cendres de tourbe sont assimilées aux engrais, celles de houille à la marne qui est aujourd'hui assimilée au sable commun pour la bâtisse, et la charrée est spécialement tarifiée.

(7) Carbonate ou sulfate calcaire; c'est la pierre arménienne, broyée et épurée. Cette couleur, qui venait d'Arménie ou d'Allemagne, se fabrique en France par des moyens artificiels. Elle est bleue ou verte, suivant qu'on l'a combinée avec l'ammoniaque ou la chaux vive. On tente souvent d'importer des cendres bleues ou vertes, comme bleu ou vert de montagne, etc.; mais on appliquera le droit des premières, à toutes les couleurs bleues ou vertes qui seront en poudre impalpable, sans égard, aux noms sous lesquels elles seraient présentées.

(8) Les regrets d'orfèvres comprennent aussi les cendres, les balayures, les débris de fourneau, les scories, le poussier, et en général toute espèce de déchet provenant des orfèvres et des hôtels des monnaies; lesquels contiennent des parcelles d'or et d'argent, qu'on parvient à réunir par le lavage, le mercure et autres moyens.

DÉSIGNATION DES MARCHANDISES.	CLASSE du TARIF.	TITRE DE PERCEPTION.		UNITES sur lesquelles portent les droits.	DROITS D'ENTRÉE		DROITS de SORTIE.
		Entrée.	Sortie.		par Navires Français.	par Navires Etrangers et par terre	
					F. C.	F. C.	F. C.

DÉSIGNATION DES MARCHANDISES.	CLASSE du TARIF.	TITRE DE PERCEPTION.		UNITÉS sur lesquelles portent les droits.	DROITS D'ENTRÉE		DROITS de SORTIE.
		Entrée.	Sortie.		par Navires Français.	par Navires Étrangers et par terre	
					F. C.	F. C.	F. C.

	DÉSIGNATION DES MARCHANDISES.	CLASSE du TARIF.	TITRE DE PERCEPTION. Entrée.	TITRE DE PERCEPTION. Sortie.	UNITÉS sur lesquelles portent les droits.	DROITS D'ENTRÉE par Navires Français.	DROITS D'ENTRÉE par Navires Etrangers et par terre	DROITS de SORTIE.
						F. C.	F. C.	F. C.
	centaurée. V. herbes ou fleurs médic. à dénom., selon l'esp.							
P.	**cérat.** V. médicaments composés non dénommés.							
FF.	**cercles** (1) de bois. V. bois feuillard.							
	cercles (1) de fer adaptés. V. cuveaux, seaux ou futail. vides.							
P.	**cercles** (1) de fer séparés des futailles. V. fer ouvré.							
FF.	**cereales.** V. le tableau des grains à la fin du tarif.							
	cerfs vivants. V. gibier.							
FF.	**cerises.** V. fruits frais indigènes ou fruits secs à dén., sel. l'esp.							
RR.	**cérises** à l'eau de-vie. V. fruits confits à l'eau-de-vie.							
	cerneaux. V. fruits frais indigènes à dénommer.							
FF.	**cerisier.** V. bois à construire. Autres.							
id.	**cerisier** (gomme de). V. gommes pures d'Europe.							
FR.	**céruse.** V. blanc de céruse.							
FF.	**cervelas.** V. viandes salées de porc.							
id.	**cétérac,** tiges herbacées d'une espèce de capillaire. V. herbes médicinales à dénommer. (2)							
id.	**cévadille** ou petit orge. V. fruits médicinaux à dénom. (3)							
id.	**chadecs.** V. fruits, citrons, oranges et leurs variétés.							
RR.	**chaînes** d'or ou d'argent V bijouterie, selon l espèce. (4)							
P.	**chaînes** dorées, arg. ou d'or faux. V. cuivre doré ou arg. ouv.							
P.	**chaînes** de fer, d'acier ou de cuivre. V. fer, acier ou cuiv. ouv.							
PR.	**chaînes** pour la marine. V. cables.							
	chaînes de fusées pour montres, pend. etc. V. fournit d'horl.							
FF.	**chairs** fraîches ou salées. V. viandes.							
RR.	**chaises** y compris dos et pieds. V. meubles. (5)							
PR.	**châles** de cachemire (6) fabriqués aux fuseaux dans les pays hors d'Europe, longs de toute dim. et carrés de 180 cent. et au-dessus.	tis. de poils.	6 mai 1841	6 mai 1841	la pièce.	100 »	100 »	1/4 p. %
	châles de cachemire (6) fabriqués aux fuseaux dans les pays hors d'Europe, carrés de moindre dimension.....	—	—	—	—	50 »	50 »	1/4 p. %
P.	**châles** de cachemire (6) Autres........................	—	7 juin 1820	—	—	prohib.	prohib.	100 k. 25
	châles de toute autre espèce. V. les tissus dont ils sont formés.							
RR.	**chalumeaux.** V. outils de laiton ou de cuivre.							
id.	**chambres** noires. V. instrum. d'optique ou bimbel. sel. l'esp.							
FF.	**champignons** frais..................................	pr. et déc. div.	28 avr. 1816	—	100 k. BB	15 »	16 50	» 25
FR.	**champignons** secs ou marinés........................	—	—	—	100 k. NB	50 »	55 »	» 25
RR.	**chandeliers** d'argent ou de vermeil V. orfévrerie.							
	chandeliers de sel gemme. V. mercerie commune.							
P.	**chandeliers** plaqués ou doublés. V. plaqués.							
	chandeliers de spath. V. pierres ouvrées.							
P.	**chandeliers** d'acier. V. acier ouvré.							
RR.	**chandeliers** de fer et d'étain. V. mercerie comm. ou fine.							
	chandeliers vernissés, dorés ou argentés. V. métaux ouvrés dont ils sont composés.							
FR.	**chandelles** de suif non épuré............................	comp. div.	27 juil. 1822	17 mai 1826	100 k. BB	25 »	27 50	» 25
	chandelles de résine indigène. V. brai gras.							
	chandelles de suif épuré. V. cire blanche ouvrée.							
	chandelles de la forêt noire, planchet. de sapin. V. bois feuill.							
FF.	**chanvre** en tiges brutes, vertes sèches ou rouies..........	fruits, tiges et filam. à ouvr.	—	27 juil. 1822	—	» 40	» 40	» 25
id.	**chanvre** teille et étoupe..............................	—	—	—	—	8 »	8 80	» 25
FR.	**chanvre** peigné.....................................	—	—	—	—	15 »	16 50	» 25
	Le chanvre et les étoupes de chanvre, goudronnés ou non, provenant de vieux cordages, sont traités comme drilles.							
FF.	**chanvre** (graine de). V. fruits oléagineux à dénommer.							
id.	**chanvre** (tourteaux de graine de). V. tourt. de graine oléagin.							
RR.	**chanvre** (huile de). V. huiles de graines grasses.							

(1) Les fers feuillards ou cercles servant de ligaments aux balles de laine, de coton et de tissus sont assujétis aux droits du fer; mais quand le nombre des cercles n'excède pas celui qui est nécessaire pour serrer les balles, ou quand se trouvant brisés ou oxydés ils sont reconnus impropres à tout autre emploi qu'à la refonte, on les considère alors comme partie intégrante de l'emballage et comme tels admis, comme on admet les emballages ordinaires.

(2) Ces feuilles sont petites, ondées, dorées, vertes en dessus, couvertes de petites écailles en dessous. Séchées, elles se recoquillent.

(3) Cette graine est noire, très-caustique et brûlante, elle ressemble à l'avoine. La plante porte un épi semblable à celui de l'orge.

(4) Elles doivent être dirigées sous plomb et par acquit-à-caution sur le bureau de garantie le plus voisin, pour y être poinçonné s'il y a lieu, et acquitter le droit de garantie. Consulter d'ailleurs la note au mot argenterie et la note à bijouterie.

(5) Les dos et pieds de chaise neufs, mais démontés, font partie des ouvrages en bois non dénommés.

(6) Les bordures, qu'elles fassent corps avec le châle ou bien qu'elles y soient seulement adaptées, doivent compter dans la longueur, mais il n'en est pas de même de l'effilé qui, n'ayant pas subi l'opération du tissage, doit rester en dehors de la perception, lorsque la moyenne des longueurs des quatres côtés d'un châle carré n'atteindra pas 180 centimètres, il y aura lieu de ne percevoir que le droit de 50 Fr., lors même que l'un des côtés serait reconnu excéder cette dimension. *(Lettre de l'administration du 6 juillet 1841.)*

	DÉSIGNATION DES MARCHANDISES.	CLASSE du TARIF.	TITRE DE PERCEPTION. Entrée.	TITRE DE PERCEPTION. Sortie.	UNITÉS sur lesquelles portent les droits.	DROITS D'ENTRÉE par Navires Français.	DROITS D'ENTRÉE par Étrangers et par terre	DROITS de SORTIE.
						F. C.	F. C.	F. C.
RR.	**chapeaux** de feutre et de soie, fins et communs	tissus.	5 juil. 1836	6 mai 1841	la pièce.	1 50	1 50	1/4 p. 0/0
id.	**chapeaux** de crin	—	28 avr. 1816	—	—	» 25	» 25	1/4 p. 0/0
P.	**chapeaux** de coton, comme tissus de coton, prohibés.							
RR.	**chapeaux** de fibres de palmier, y compris ceux dits brésiliens (1) — fins	ouvr. en mat. diverses.	23 juil. 1838	—	—	» 75	» 75	1/4 p. 0/0
	— grossiers	—	—	—	—	» 25	» 25	1/4 p. 0/0
id.	**chapeaux** de paille, d'écorce de sparterie, d'osier, de baleine et de rotin (1) — grossiers	—	5 juill. 1836	—	—	» 20	» 20	1/4 p. 0/0
	— fins — à tresses cousues.	—	—	—	—	1 »	1 »	1/4 p. 0/0
	— fins — à tresses engren.	—	—	—	—	1 25	1 25	1/4 p. 0/0
id.	**chapeaux** de toile cirée, comme les chapeaux de feutre.							
	chapeaux de jonc. V. chapeaux d'écorce.							
P.	**chapeaux** de cuir verni ou non, comme peaux ouvrées.							
	chapeaux vieux de toute sorte, c. drilles ou habillem. vieux.							
FF.	**chapeaux** de marc de rose. V. marc de roses.							
	chapeaux de bois blanc, dits de paille de riz. V. chapeaux de paille, d'écorce etc.							
RR.	**chapeaux** chinois, instruments de musique (2)	—	15 mar 1791	—	—	7 50	7 50	1/4 p. 0/0
	chapeaux de chanvre de Manille. V. chapeaux de Sparte.							
id.	**chapeaux** de plumes d'oie comme ouvrages de mode.							
id.	**chapeaux** de carton imit. la paille d'Italie, c. ouvrag. de mod.							
	chapelets en noyaux d'olive. V. mercerie commune.							
	chapelets de bois. V mercerie commune.							
	chapelets en grains de marbre et d'albâtre. V. mercer. com.							
RR.	**chapelets** de rocaille et de verre, V. grains de verre percés.							
	chapelets en pierres fausses. V. grains de verre percés.							
P.	**chapelets** de grains d'acier et de cuivre, même dorés. V. acier, cuivre ou cuivre doré ouvré.							
	chapelets de cornaline. V mercerie fine.							
id.	**chapes** de boucle en fer ou en acier. V. fer ou acier ouvré.							
FF.	**chapopotte** du Mexique. V. bitumes solides, autres.							
id.	**charbon** de bois et de chenevotte (3)	bois comm.	6 mai 1841	19 therm. 4	mèt. cub.	» 05	» 05	prohibé.
id.	**charbon** de bois et de chenevotte, par les bureaux compris entre Mont-St-Martin et Sierck inclusivement	—	26 juin 1842	—	—	» 01	» 01	prohibé.
	charbon de goudron de houille pulvérisé. V. noir de fumée.							
id.	**charbon** de terre. V. houille.							
	charbon d'os ou charb. anim. V. noir anim. d'os, de cerf etc.							
	chardonnette d'Espagne. V. fleurs médicinales non dénom.							
	chardons argentins et bénits. V. racines, herbes, fleurs ou fruits médicinaux à dénommer, selon l'espèce.							
	chardons roland. V. racines médicinales à dénommer.							
id.	**chardons** cardières (dyspsacus), têtes (4)	pr. et déc. div.	28 avr. 1816	2 juil. 1836	100 k. BB	1 »	1 10	3 »
id.	**chardons** (graine de), fruits à ensemencer	fruits.	—	6 mai 1841	—	1 »	1 10	» 25
	chariots. V. voitures.							
	chariots pour métiers à tulle. V. pièces d'intérieur de métiers à tulle à machines et mécaniques.							
P.	**chariots** en fonte. V. fer-fonte moulée.							
FF.	**charme** (écorce de). V. teintures et tannins, écorces à tan.							
P.	**charnières** en fer ou en cuivre. V. fer ou cuivre ouvré.							

(1) On entend par grossiers les chapeaux dont l'étoffe présente, dans l'espace d'un décimètre, savoir : ceux de paille de riz, d'ivraie ou de froment entière, moins de 14 tresses ; ceux d'écorce, moins de 10 tresses. Les chapeaux fins sont, 1° ceux de paille entière, soit de froment, d'ivraie ou de riz, assez serrée pour offrir 14 nattes ou plus dans l'espace d'un décimètre ; 2° ceux d'écorce qui offrent 10 tresses ou plus dans le même espace ; 3° ceux de paille coupée et ouvragée, qu'elle que soit la largeur des tresses. Le droit des chapeaux porte sur la réunion de la coque et du plateau ; ainsi une coque et un plateau ne forme qu'un chapeau ; mais si l'on présentait séparément des coques et des plateaux, chaque pièce serait considérée comme un chapeau. On importe aussi, en place de coq[illegible]s toutes formées, des bandes qui sont destinées à les faires suivant les derniers caprices de la mode. Elles ont environ 17 à 20 centimètres de hauteur. L'une de ces bandes, si elle n'excède pas 70 à 80 centimètres de longueur, peut ne représenter qu'une coque, mais si elle est plus longue ou si elle est circulaire, et que sa circonférence soit à peu près d'un mètre 25 centimètres on la considère comme chapeau entier. Il n'y a pas de distinction à faire entre les chapeaux teints et ceux de couleur naturelle. La difficulté de rétablir, dans les bureaux frontières, les caisses de chapeaux telles qu'elles sont arrivées de l'étranger, a déterminé l'administration des douanes à permettre, par application de l'art. 27 de la loi du 28 avril 1816, l'envoi sur Paris, après une simple reconnaissance du contenu. La visite en détail se fait à Paris en présence des destinataires, et les droits sont perçus d'après les résultats de cette vérification. La facture originale, ainsi que la déclaration primitive à laquelle, suivant l'article 30 de la même loi, il ne peut plus rien être changé, est envoyée directement par la douane frontière à l'administration.

(2) Les instruments dont se servent les artistes ambulans, et ceux portatifs, lorsqu'il n'y a pas de doute sur la qualité des voyageurs qui en importent ou en exportent pour leur usage personnel, sont exempts de droits à l'entrée et à la sortie.

(3) Le charbon de bois peut être exporté par les points pour lesquels le gouvernement suspend la prohibition ; et en payant le droit de 10 centimes par 100 kil. *(Ordonnance du 8 octobre 1838 et loi du 6 mai 1841.)*
On peut en exporter, moyennant ce droit, 1° des quantités illimitées par la rivière de la Meuse *(Ordonnance du 4 octobre 1820)*, par les départemens du Rhin *(Loi des 30 avril 1806 et 28 avril 1816)*, par les bureaux de Bellegarde, Mijoux et Forens. *) Loi du 2 juillet 1836.)*
2° Des quantités limitées par la frontière d'Espagne, savoir : 200 quintaux pour le compte de la commune de Bériatou ; 400 quintaux pour celle de Sarre et d'Urugne. *(Lois des 30 avril 1806 et 28 avril 1816.)*

(4) Sorte de plante qui produit, à l'extrémité de ses tiges, une espèce de globule un peu long et épineux dont on se sert pour tirer la laine du fond des étoffes, afin de les couvrir de poils sur leur superficie. D. S.

DÉSIGNATION DES MARCHANDISES.	CLASSE du TARIF.	TITRE DE PERCEPTION.		UNITÉS sur lesquelles portent les droits.	DROITS D'ENTRÉE		DROITS de SORTIE.
		Entrée.	Sortie.		par Navires Français.	par Navires Étrangers et par terre	
					F. C.	F. C.	F. C.

DÉSIGNATION DES MARCHANDISES.	CLASSE du TARIF.	TITRE DE PERCEPTION.		UNITÉS sur lesquelles portent les droits.	DROITS D'ENTRÉE		DROITS de SORTIE.
		Entrée.	Sortie.		par Navires Français.	par Navires Étrangers et par terre	
					F. C.	F. C.	F. C.

	DÉSIGNATION DES MARCHANDISES.	CLASSE du TARIF.	TITRE DE PERCEPTION. Entrée.	Sortie.	UNITÉS sur lesquelles portent les droits.	DROITS D'ENTRÉE par Navires Français.	par Navires Étrangers et par terre	DROITS de SORTIE.
						F. C.	F. C.	F. C.
	charpentes façonnées. V. ouvrages en bois non dénommés.							
FF.	**charpie** provenant de vieux linges effilés. V. drilles.							
RR.	**charpie** en feuilles préparées à la mécanique, en Angleterre, est assim. au fil de lin simp. blanchi de 6,000 mèt. ou moins. (1)							
FF.	**charrée**, cendres de bois lessivées (2)	pierres, terres et autr. fossil.	27 mar 1817	28 avr. 1816	100 k. BB	» 10	» 10	» 25
RR.	**charrues.** V. machines et mécaniques à dénommer.							
id.	**chasse mouches** en feuilles de palmier. V. mercerie comm.							
FR.	**chassis** en bois non garnis, pour fabriquer le papier. V. ouvrages en bois non dénommés.							
	chassis en métal. V. métaux ouvrés, selon l'espèce.							
RR.	**chassis** garnis d'une toile en fil de laiton, pour fabriquer le papier. V. machines et mécaniques à dénommer.							
FF.	**châtaignes** et leurs farines	farin. alim.	28 avr. 1816	—	—	8 »	8 80	» 25
	châtaignes dites du Brésil. V. noix, noisettes etc.							
P.	**chaudières** et **chaudrons** en fonte, fer battu, fer blanc ou en cuivre. V. métal ouvré dont ils sont formés. (3)							
FF.	**chaufferettes** de bois com. non garnies de tôle. V. boissell.							
RR.	**chaufferettes** de bois com. garnies de tôle. V. merc. com.							
id.	**chaussons** en fibres d'aloès. V. merc. fine. *(Let. du 8 jan. 1838)*							
FF.	**chaux** (4) pierres à chaux proprement dites, à l'état brut	pierres, terres et autr. fossil.	6 mai 1841	6 mai 1841	—	» 05	» 05	» 01
	chaux (4) pierres calcinées	—	—	2 juil. 1836	—	» 20	» 20	» 05
	chaux (4) pierres broyées	—	—	6 mai 1841	—	» 20	» 20	» 01
	chaux (4) éteintes	—	—	2 juill. 1836	—	» 20	» 20	» 05
id.	**chaux** carbonatée. V. craie.							
id.	**chaya-montera.** V. écorces médicinales à dénom.							
id.	**chayaver.** V. racines médicinales à dénom.							
	chêne-liège (sec. écorce du). V. écorc. à tan., aut. que de sapin.							
id.	**chélidoine.** V. racines médicinales à dénommer.							
P.	**chenets** de fonte, de fer ou de cuivre. V. fonte moulée, fer ou cuivre ouvré, selon l'espèce.							
FF.	**chenevis** ou graines de chanvre. V. fruits oléagin. à dénom.							
id.	**chenevottes.** V. osier en bottes brut.							
	chenille (châles en) de coton ou mélangée de coton. V. tissus de coton non dénom. — De pure soie. V. tissus de soie, étoffes unies							
id.	**chevaux** entiers et hongres (5)	anim. viv.	5 juil. 1836	6 mai 1841	par tête.	25 »	25 »	5 »
id.	**cheveux** bruts ou non ouvrés	prod. et dép. d'animaux.	28 avr. 1816	—	100 k. BB	1 »	1 10	» 25
RR.	**cheveux** ouvrés (ouvr. en poil, autres que les tissus. (6)	fils.	27 mar 1817	28 avr. 1816	1 k. NB	2 »	2 20	» 25
FF.	**chevilles** en bois. V. boissellerie.							
	chevilles en cuivre, ou barres à chevilles. V. cuivre battu.							
id.	**chèvres** et chevreaux pesant 8 kil. et plus	anim. viv.	27 juil. 1822	27 juil. 1822	par tête.	1 50	1 50	» 15
id.	**chevreaux** pesant moins de 8 kil	—	24 sep. 1840	—	—	» 25	» 25	» 10
id.	**chevrons.** V. bois scié à construire, selon l'espèce.							
FF.	**chicorée** racines de vertes	pr. et déc. div.	7 juin 1820	28 avr. 1816	100 k. BB	» 50	» 50	» 25
	chicorée racines de sèches non torréfiées	—	—	—	—	2 50	2 70	» 25
	chicorée (semence de). V. fruits médicinaux à dénommer.							
P.	**chicorée** moulue ou faux café. (7)	comp. div.	—	—	100 k. B	prohibée	prohibée	» 25
FF.	**chiendent.** V. racines médicinales à dénommer.							
id.	**chiens** de chasse (8) et autres	anim. viv.	15 mar 1791	—	par tête.	» 50	» 50	» 50
id.	**chiens** de chasse de forte race (9)	—	—	4 déc. 1836	—	» »	» »	5 »
id.	**chiffons**, même de laine, de soie et de toile de coton. V. drilles.							
id.	**chiffons** imprégnés, de couleur bleue. V. maurelle.							

(1) Charpie qui présente un duvet cotonneux fixé à une chaine sans trame; par le moyen d'un fer chaud, elle est assimilée au fil de lin simple blanchi dont elle est principalement composée. Avis des experts du gouvernement du 28 septembre 1818.

(2) La charrée peut, aux termes de la loi du 27 mars 1817, être prohibée par les départements où elle est nécessaire aux fabriques. C'est aux préfets à réclamer l'application de cette mesure par l'intermédiaire du ministre de l'intérieur.

(3) Les fonds de chaudières en cuivre sont traitées comme cuivre battu ou laminé.

(4) La chaux et les pierres à chaux, en quelque état qu'elles soient, seront traitées comme les engrais, lorsqu'on justifiera qu'elles sont destinées à l'amendement des terres situées dans le rayon des douanes *(Loi du 2 juillet 1836.)*

(5) Les chevaux entiers étaient prohibés à la sortie; c'est l'ordonnance du 8 octobre 1838 qui en a levé la prohibition. Consulter la circulaire n° 974 qui trace la marche à suivre pour assurer le renvoi à l'étranger ou le retour en France des chevaux qui servent aux voyageurs, aux rouliers et aux transports journaliers sur la frontière.

(6) Par ouvrages en poil, autres que les tissus on n'entend guère que les cheveux ouvragés par les perruquiers, tels que perruques, toupets, etc.

(7) Racine amère de la plante de ce nom, qu'on a desséchée et brûlée, et qu'on moud comme le café, dont elle a à peu près la couleur, ce qui lui a fait donner le nom de faux café. D. S.

(8) Sont compris dans cette classe les bassets, les limiers, les levriers, les chiens courants et couchants, etc.

(9) Cette disposition n'est appliquable que sur la frontière de terre, de Dunkerque aux Rousses inclusivement. — Sont considérés comme chiens de forte race ceux qui ont 325 millimètres (12 pouces et plus), de hauteur au milieu de l'échine *(Ordonnance du 4 décembre 1836.)*

	DÉSIGNATION DES MARCHANDISES.	CLASSE du TARIF.	TITRE DE PERCEPTION. Entrée.	TITRE DE PERCEPTION. Sortie.	UNITÉS sur lesquelles portent les droits.	DROITS D'ENTRÉE par Navires Français.	DROITS D'ENTRÉE par Navires Etrangers et par terre	DROITS de SORTIE.
						F. C.	F. C.	F. C.
	chiffres pour l'impression. V. caract. d'imp. en langue franç.							
FR.	**chinchilla** peaux de) pelleteries	prod. et dép. d'animaux.	27 mar 1817	6 mai 1841	la pièce.	» 10	» 10	1/4 p. 0/0
RR.	**chinois** confits au sucre. V. confitures.							
FR.	**chinois** confits au sel. V. câpres confites							
	chinois frais. Comme oranges et citrons, etc.							
FR.	**chiques** de marbre, sans distinction de marbre	pier. ter, et aut fossiles.	28 avr. 1816	28 avr. 1816	100 k. BB	15 »	16 50	» 25
id.	**chiques** d'agate	—	—	—	—	20 »	22 »	» 25
FF.	**chiques** de pierre	—	—	—	—	10 »	11 »	» 25
FR.	**chiques** de stuc, comme celles de marbre	—	—	—	—	» »	» »	» 25
FF.	**chirayta** (gentiana chirayta). Comme racine ou herbes médicinales à dénommer, selon l'espèce.							
id.	**chirimoya** ou courroussol du Pérou, graines de). Com. graine de jardin.							
	chlorates. V. produits chimiques à dénommer.							
P.	**chlorure** de chaux et de soude. Comme produits chimiq. non dénommés. (1) (*Loi du 17 mai 1826.*)							
	chlorure de mercure V. médicam. comp. non dén. Chlorure de sodium. V. sel marin. Autres. V. prod. chimiq. non dénom.							
	chlorure de potassium. V. hydrochlorate de potasse.							
RR.	**chocolat**. (2)	comp. div.	17 déc. 1814	6 mai 1841	100 k. NB	150 »	160 »	» 25
	choin. V. marbre autre.							
FF.	**chom**, planches dites chom. V. bois. (3)							
id.	**chouan** (feuilles et semences de) V. feuilles ou fruits médicin. à dénom., selon l'espèce (4)							
FR.	**chouan** (fleurs de). V. fleurs médicinales à dénommer.							
FF.	**choucroûte**. V. légumes salés ou confits. (5)							
id.	**choumarin** (soldanelle). V. racines ou herbes médicinales à dénom., selon l'espèce.							
	choumarin. V. crambé maritime.							
RR.	**chromates** et bi-chromates de plomb (jaune de chrôme)	prod. chim.	5 juill. 1836	—	—	75 »	81 20	» 25
id.	**chromates** et bi-chromates de potasse	—	—	—	—	150 »	160 »	» 25
FF.	**chromates** et bi-chromates de fer bruts ou lavés, minérai de fer chrôm. (6)	métaux.	2 juill. 1836 et 2 déc. 1843.	—	100 k. BB	» 01	» 01	» 10
P. R.	**chronomètres** de poche. V. horlogerie.							
	chronomètres de mer (montres marines). V. instr. de calcul.							
	chrysocal ou or de Manhein. V. cuivre doré) selon l'état.							
RR.	**chrysocolle**. V. borax.							
	chrysolites. V. pierres gemmes à dénommer.							
	chrysoprase. V. agates.							
FF.	**cidre**. V. boissons fermentées.							
	cierges. V. cire ouvrée.							
P.	**cigares** importées pour compte de la Régie des pays hors d'Europe	comp. div.	26 juin 1842	—	—	exempts	45 »	» 25
	cigares importées pour compte de la Régie des entrepôts	—	—	—	—	7 »	45 »	» 25
id.	**cigares** pour compte particulier. (7)	—	7 juin 1820	—	100 k. B	prohibés	prohibés	» 25
FF.	**ciguë**. V. herbes médicinales à dénommer.							
id.	**cimens** ou chaux préparées pour ciment. V. matér. non dénom.							
id.	**cimolée**. V. bol d'Arménie ou terre de Lemnos.							
FR.	**cinabre**. V. sulfure de mercure en pierre, naturel ou artific. (8)							

(1) La chlorure de chaux est un sel blanc en poudre, formée de chaux préparée et d'acide muriatique oxigéné. Ce sel, qui sert à blanchir les toiles et à laver le papier, est peu employé en France. Il est connu dans le commerce sous les noms de poudre du Lennant et d'oxi-muriate de chaux.

(2) Composition de cacao, de sucre, de cannelle et quelquefois de vanille, on y mêle aussi des fécules de pommes de terre.

(3) On entend par planches dites chom, les deux parties extérieures du tronc d'arbre qu'on a scié en planche.

(4) La semence de chouan arrive du Levant; elle est de couleur jaunâtre et d'un goût légèrement aigrelet et salé. D. S.

(5) Choux découpés en rubans qu'on a salés et mis fermenter dans un tonneau. Les Allemands en font une grande consommation.

(6) La sortie n'en est autorisée que par les bureaux de Briançon, St-Tropez, Cavalaire et Marseille. Il est prohibé par tout autre point (*Loi du 7 juin 1820*)

(7) Il y a exception pour les cigares de la Havane et des Indes en payant les droits de 90 Fr., sans décime, le mille en nombre, du poids de 2 kil. et demi au plus et seulement jusqu'à la concurrence de 2,000. Lorsque le poids des 1,000 cigarres dépassera cette limite, le droit sera perçu proportionnellement sur l'excédant. Il faut que ces cigarres soient apportés par les passagers eux-mêmes ou qu'ils soient adressés à des consommateurs directement, ils sont inscrits en leurs noms dans le manifeste de chargement. (*Loi du 2 juillet 1836.*)
L'exportation des tabacs fabriqués ne peut avoir lieu sans un permis spécial de l'administration des contributions indirectes. (*Loi du 28 avril 1816.*)
Les voyageurs arrivant des pays hors d'Europe peuvent importer 500 cigarres aux droits ci-dessus sans l'intervention de la régie.

(8) C'est une combinaison de soufre et de mercure. Le cinabre natif se présente tantôt sous la forme d'un prisme hexaèdre régulier translucide, d'autrefois il offre une texture fibreuse d'un éclat soyeux, et enfin on le trouve aussi en masse compacte, mais presque toujours mélangé de diverses substances et particulièrement d'argile bitumineuse. — Le cinabre artificiel se présente sous forme de masses plus ou moins épaisses, concaves d'un côté, convexe de l'autre, aiguillé dans sa cassure, d'un rouge brun dans son entier, et rouge vif lorsqu'on le réduit en poudre; projeté sur un corps très chaud, il se volatilise sans reste et sa vapeur n'est accompagnée d'aucune odeur désagréable. Ce dernier caractère appartient également au cinabre naturel, et il sert même à le distinguer de quelques minerais d'arsénic.

DÉSIGNATION DES MARCHANDISES.	CLASSE du TARIF.	TITRE DE PERCEPTION.		UNITÉS sur lesquelles portent les droits.	DROITS D'ENTRÉE		DROITS de SORTIE.
		Entrée.	Sortie.		par Navires Français.	par Navires Étrangers et par terre	
					F. C.	F. C.	F. C.

DÉSIGNATION DES MARCHANDISES.	CLASSE du TARIF.	TITRE DE PERCEPTION.		UNITÉS sur lesquelles portent les droits.	DROITS D'ENTREE		DROITS de SORTIE.
		Entrée.	Sortie.		par Navires Français.	par Navires Etrangers et par terre	
					F. C.	F. C.	F. C.

	DÉSIGNATION DES MARCHANDISES.	CLASSE du TARIF.	TITRE DE PERCEPTION. Entrée.	TITRE DE PERCEPTION. Sortie.	UNITÉS sur lesquelles portent les droits.	DROITS D'ENTRÉE par Navires Français.	DROITS D'ENTRÉE par Navires Etrangers et par terre	DROITS de SORTIE.
						F. C.	F. C.	F. C.
	cinabre (minérai brut de). V. minerai non dénommé.							
FR.	**cinabre** pulvérisé. Vermillon. V. sulfure de mercure pulv. (1)							
	cinchonine. V. médicaments comp. Quinquina (extrait de)							
RR.	**cirage** liquide pour bottes et souliers. V. noir à souliers.							
F.	**cire** non ouvrée brune ou jaune du Sénégal français	prod. et dép. d'animaux.	23 juil. 1840	6 mai 1841	100 k. BB	3 »	» »	» 25
FR.	**cire** non ouvrée brune ou jaune de la côte occidentale d'Afrique	—	26 juin 1842	—	—	5 »	15 »	» 25
id.	**cire** non ouvrée jaune ou brune des pays hors d'Europe	—	28 avr. 1816	—	—	8 »	15 »	» 25
RR.	**cire** non ouvrée jaune ou brune des entrepôts	—	—	—	—	10 »	15 »	» 25
FR.	**cire** ouvrée jaune (2)	comp. div.	—	28 avr. 1816	100 k. NB	50 »	55 »	» 25
id.	**cire** non ouvrée blanche (3)	pr. et dép. d'an	—	6 mai 1841	—	60 »	65 50	» 25
id.	**cire** ouvrée blanche (4)	comp. div.	—	28 avr. 1816	—	85 »	91 70	» 25
FF.	**cire** (résidu de) (5)	pr. et dép. d'an	2 juill. 1836	—	100 k. BB	5 »	5 50	» 25
	cire (crasse de). Comme cire jaune non ouvrée.							
id.	**cire** à gommer, à l'usage des tapissiers. C. cire jaune non ouv. (6)							
	cire de Myrica. Comme cire ouvrée ou non ouvrée.							
	cire de Myrica purifiée et blanchie. C. cire blanche non ouv.							
RR.	**cire** à souliers. V. noir à souliers.							
id.	**cire** à cacheter ou cire d'Espagne. V. mercerie commune.							
FF.	**cire** de galé et autre. V. cire ouvrée ou non ouvrée. (7)							
	cire à dorer (mélan. de cire et d'oxide de fer). V cire j. non ouv.							
RR.	**cisailles**, gros ciseaux pour couper les métaux. V. outils de fer rechargé d'acier.							
RR.	**ciseaux** froids, à tailler ou sculpter. Outils de fer rechargé d'acier ou de pur acier, selon l'espèce. (8)							
id.	**ciseaux** à doubles branches à tondre les draps. Out. de fer rech. d'ac.							
id.	**ciseaux** à doubles branches à tondre les haies et les moutons. V. instruments aratoires.							
P.	**ciseaux** à doubles branches autres. V. coutellerie.							
FF.	**citouard**. V. zédoaire, racines médicinales à dénommer.							
id.	**citrate** de chaux. V. ce mot aux acides.							
id.	**citronnelle** (tiges herbacées et feuilles de). V. absinthe pour les tiges et feuilles médicinales non dénommées, pour les feuil.							
FR.	**citronnelle** (fleurs de). V. fleurs médicinales à dénommer.							
FF.	**citronnier** (feuilles et fleurs de), comme celles d'oranger.							
RR.	**citronnier** (bois de). V. bois d'éb. à dén. (*C. du 6 d. 1843, n. 1996*)							
FF.	**citrons** frais	fruits.	27 mar 1817	—	—	10 »	11 »	100 k. 25
id.	**citrons** (écorces de)	espèc. méd.	28 avr. 1816	27 juil. 1822	—	17 »	18 70	— 25
	citrons (écorces de) mélangées avec du sucre. V. confitur.							
id.	**citrons** (jus de) naturel, et jus au-dessous de 30 dégrés (9)	prod. chim.	2 juill. 1836	—	1 k. BB	» 04	» 04	— 25
id.	**citrons** (jus de) concentré, 30 à 35 degrés	—	—	—	—	» 08	» 08	— 25
FR.	**citrons** (jus de) cristallisé ou concentré au-dessus de 35 deg.	—	—	6 mai 1841	—	1 50	1 60	— 25
id.	**citrons** salés ou confits. V. câpres confites. Ceux confits à l'eau-de-vie. V. fruits confits à l'eau-de-vie.							
RR.	**citrons** (huile de), essences ou huiles volatiles	sucs végét.	23 juil. 1838	—	1 k. NB	4 »	4 40	— 25
FF.	**citrouilles** fruits. V. légumes verts.							
	citrouilles (pépins de), semences froides. V. fr. méd. à dén.							
FR.	**civette** (10)	subst. pr. à la méd. et parfu.	28 avr. 1816	28 avr. 1816	—	123 »	131 60	— 25
RR.	**claies**. V. vannerie à dénommer.							
	claine ou **crassin** de forges. V. mâchefer.							

(1) C'est le cinabre broyé dans l'eau et réduit en poudre impalpable connu dans le commerce sous le nom de vermillon.

(2) S'entend des cierges en cire jaune.

(3) C'est la cire jaune qu'on a fondue, lavée plusieurs fois, etc., elle est dure, blanche, transparente et insipide au goût.

(4) Ce qui comprend tous les ouvrages en cire blanche, comme bougies, cierges, figures moulées, etc.

(5) Le résidu de cire ne doit pas être confondu avec la crasse de cire. Le résidu provient de l'épuration de la crasse de cire : c'est une matière terreuse qu'on emploie généralement comme engrais, mais dont on peut encore extraire de la cire.

(6) Mélange de cire et de poix dont on enduit les coutils employés par les tapissiers.

(7) Espèce de cire végétale d'un jaune tirant sur le vert, et qui a été longtemps connue sous le nom de cire de la Louisiane, On l'obtient de la semence de l'arbrisseau de ce nom, qui croit dans la Louisiane, dans la Caroline, et qu'on cultive un peu en France. Cette semence produit le huitième de son poids en cire.

(8) Les ciseaux de tourneur sont de deux espèces : les uns, en pur acier, ont le tranchant un peu en biais et sans biseau, l'échancrure commence vers le milieu, et va en diminuant jusqu'à la pointe ; leur longueur varie selon la largeur, qui se prend toujours au tranchant, et qui est ordinairement de 20 à 54 millimètres ; les autres, en fer rechargé d'acier, peuvent avoir la même largeur que ceux de pur acier ; mais ils sont d'une forme différente, le tranchant est droit ; ils sont beaucoup plus longs ; ils conservent la même largeur dans toute leur longueur, et se terminent par une queue comme les limes.
Les menuisiers se servent aussi de ciseaux de pur acier et de fer rechargé d'acier ; mais on les distinguera facilement en faisant rougir, jusqu'à couleur de cerise, l'extrémité d'un de ces outils, et en le trempant ensuite dans l'eau ; si la lime ne mord pas, c'est du pur acier. La casse est un autre indice de reconnaissance en ce qu'elle fait apercevoir le grain du métal. Les ciseaux de sculpteur et d'ébéniste sont tous en pur acier : ceux de sculpteur diffèrent des ciseaux de tourneur, en ce qu'ils ont le tranchant droit et à biseau ; l'échancrure de même, arrêtée par une embâse après laquelle est la soie ; ils ont 6 à 33 millimètres de largeur sur 108 à 135 millimètres de longueur jusqu'à l'embâse ; ceux d'ébéniste ont de 6 à 33 millimètres de largeur,

(9) Sert en teinture. Il ne doit pas être confondu avec le jus de citron cristallisé. Consulter la note à l'acide citrique.

(10) Matière congelée, onctueuse, blanchâtre, d'une odeur forte et désagréable ; elle jaunit et brunit en vieillissant. Elle se trouve dans une vessie placée sous la queue de l'animal de ce nom. D. S.

	DÉSIGNATION DES MARCHANDISES.	CLASSE du TARIF.	TITRE DE PERCEPTION. Entrée.	TITRE DE PERCEPTION. Sortie.	UNITÉS sur lesquelles portent les droits.	DROITS D'ENTRÉE par Navires Français. F. C.	DROITS D'ENTRÉE par Navires Etrangers et par terre F. C.	DROITS de SORTIE. F. C.
FF.	**clapons**. V. cornes de bétails brutes. (Ce sont les rognures).							
RR.	**clarinettes**, instruments de musique (1)	ouvr en mat. diverses.	15 mar 1791	6 mai 1841	la pièce.	4 »	4 »	1[4 p. 0[0
	clavaliers (écorces ou aiguillons de). V. quercitron.							
id.	**clavecins**, instruments de musique. V. forte-piano.							
id.	**claviers** d'orgues importés isolément. V. machines et mécaniques à dénommer.							
P.	**clefs** de voitures et de portes. V. fer ouvré.							
P. R.	**clefs** de montre en métaux communs. V. fournitures d'horlog.							
	clefs de montre en cuivre doré ou arg. et or faux. V. cuivre ouv.							
RR.	**clefs** de montre en or ou argent. V. bijouterie et la note au mot argenterie.							
id.	**clepsydres** (horloges d'eau). V. mercerie commune.							
	clinquans en argent et en or. V. arg. ou or laminé selon l'esp.							
id.	**clinquans** en plomb vernis, doré ou arg. (2) V. cuivre doré ou argenté laminé.							
	clinquans en cuivre pur. V. cuivre doré.							
	cloches et clochettes de bronze cassées. V. cuivre allié d'étain.							
P.	**cloches** et clochettes de bronze en état de servir. V. cuivre ouvré. (3)							
FR.	**cloportes** (insectes desséchés)	subst. pr. à la méd. et parfu.	28 avr. 1816	28 avr. 1816	100 k. NB	62 »	67 60	» 25
RR.	**clous** de girofle. V. girofle.							
	clous de cuivre rouge durcis au gros marteau. V. cuivre pur ou allié de zinc battu.							
FR.	**clous** de cuivre pour doublage et penture de gouvernail. V. cuivre pur battu.							
	clous de cuivre pour sellier. V. mercerie fine.							
P.	**clous** de cuivre autres. V. cuivre ouvré.							
	clous d'acier pour cordonn. V. merc. f. Aut. d'ac. V. acier ouvr.							
RR.	**clous** de fer de cordonnier et de sellier. V. mercerie com.							
P.	**clous** de fer autres. V. fer ouvré.							
	clous de zinc pour doublage de navires. V. zinc laminé.							
FF.	**coack** ou **coke**, houille carbonisée, double droit de la houil.							
id.	**coal-tar**. V. bitumes, fluides, goudron minéral etc.							
	cobalt (minérai de) (4)	métaux.	—	—	100 k. BB	5 »	5 50	» 25
	cobalt (métal de) (5)	—	—	—	—	17 »	18 70	» 25
	cobalt grillé, safre (6)	—	17 mai 1826	—	—	» 50	» 50	» 25
id.	**cobalt** vitrifié (7) en masse, smalt. V. émail, vitrifications en masses, ou azur, selon l'espèce.							
FR.	**cobalt** vitrifié (7) en masse, vitrifications. V. vitrif. en mas.							
	cobalt vitrifié (7) en poudre. V. azur. (8)							
	cocardes en baleine pour chevaux. V. mercerie fine.							
	cochenille en grains, en grabeau ou écrasée et en tablettes des pays hors d'Europe	teint. prép.	6 mai 1841 et 25 juillet 1837	6 mai 1841	1 k. NB	» 75	1 50	100 k. 25
RR.	**cochenille** en grains, en grabeau ou écrasée et en tablettes d'ailleurs (9)	—	—	—	—	1 »	1 50	— 25
FF.	**cochons** pesant 15 kil. et au-dessus	anim. viv.	17 mai 1826. 24 sept. 1840.	27 juil. 1822	par tête.	12 »	12 »	» 25
	cochons pesant moins de 15 kil., de lait	—	24 sep. 1840	—	—	» 40	» 40	» 10
id.	**coco** (10) (noix de) pleines	fruits.	26 juin 1842	28 avr. 1816	100 k. BB	8 »	8 80	» 25
	coco (10) (pulpes de) dessèc. et rances. V. graines oléag. à dén.							
id.	**coco** (10) (coques de) vides (11)	fruits, tiges et filam. à ouvr.	27 mar 1817	—	—	3 »	3 30	» 25
RR.	**coco** (10) (boutons de), comme mercerie commune.							
FF.	**cocons** de soie. V. soie en cocons. Les cocons de soie décrusés paient comme la bourre de soie non cardée en masse.							

(1) Voir la note à chapeaux chinois pour connaître en quel cas les instruments de musique sont affranchis des droits.

(2) Le clinquant en plomb verni est assimilé à celui de cuivre argenté.

(3) Les grelots de métal sont rangés dans la mercerie commune.

(4) Le cobalt se trouve toujours, dans la nature mêlé ou combiné avec l'arsénic, le soufre, etc., dont il est difficile de le séparer. On ne l'obtient que par petits culots et jamais en grosses masses. Ce que le commerce nomme cobalt cristallisé n'est autre chose que l'arsénic métallique.

(5) Le cobalt est un métal solide, d'un blanc grisâtre et sans éclat, d'une texture granuleuse serrée. Il est sans usage. On l'obtient en décomposant ses oxides.

(6) Le safre, qui est du minerai de cobalt grillé, est un oxide d'un gris cendré. Dans le commerce il est mélangé de sable ou silice; en sorte qu'il n'y a plus qu'à y ajouter de la potasse pour le fondre. Dans l'état de safre, il sert à fabriquer les émaux et colorer le verre et la poterie; c'est la matière première du smalt.

(7) Le smalt ou cobalt vitrifié, est un verre opaque de couleur bleu foncé, résultant de la fusion du safre; il sert avec plus d'avantage aux mêmes usages que le safre, et c'est par sa pulvérisation qu'on obtient l'azur en poudre.

(8) C'est du smalt broyé; on le distingue dans le commerce par ses degrés de finesse, qu'on indique par 1, 2, 3 et 4 feux; ce dernier est le plus fin. On l'importe en barils dont les marques indiquent ses degrés de finesse. Il sert à donner un ton bleuâtre au linge qui a été blanchi.

(9) Insectes desséchés, de couleur argentée. Le grabeau ainsi que le marc ou résidu qui aurait été tamisé sont soumis aux mêmes droits.

(10) Les noix de coco qui ne sont plus mangeables, dépourvues de leurs coques et dans un état de rancidité sont assimilées aux graines oléagineuses à dénommer. — Les petites noix de coco de 7 à 10 centimètres de longueur, et qui, presque, toutes en bois, ne renferment qu'une petite amande de la grosseur d'un gland, doivent être traitées comme les coques vides.

(11) Les coques de coco ne sont point comprises dans les marchandises qui jouissent de l'exemption de la surtaxe quoique par la quotité du droit elles sembleraient devoir en jouir. La chambre de commerce de Marseille en fit la demande expresse qui fut accueillie par lettre de l'administration sous la date du 22 janvier 1819 et rappelée par une seconde du 23 février 1824.

DÉSIGNATION DES MARCHANDISES.	CLASSE du TARIF.	TITRE DE PERCEPTION.		UNITÉS sur lesquelles portent les droits.	DROITS D'ENTRÉE		DROITS de SORTIE.
		Entrée.	Sortie.		par Navires Français.	par Navires Étrangers et par terre	
					F. C.	F. C.	F. C.

DÉSIGNATION DES MARCHANDISES.	CLASSE du TARIF.	TITRE DE PERCEPTION.		UNITÉS sur lesquelles portent les droits.	DROITS D'ENTRÉE		DROITS de SORTIE.
		Entrée.	Sortie.		par Navires Français.	par Navires Étrangers et par terre	
					F. C.	F. C.	F. C.

	DÉSIGNATION DES MARCHANDISES.	CLASSE du TARIF.	TITRE DE PERCEPTION. Entrée.	TITRE DE PERCEPTION. Sortie.	UNITÉS sur lesquelles portent les droits.	DROITS D'ENTRÉE par Navires Français.	DROITS D'ENTRÉE par Navires Étrangers et par terre	DROITS de SORTIE.
						F. C.	F. C.	F. C.
RR.	**coffins** d'osier, de jonc ou de palme. V. vann. à dén., selon l'esp.							
FF.	**coffres** de bois communs non ferrés. V. boissellerie.							
RR.	**coffres** de bois communs ferrés. V. meubles de toute sorte.							
id.	**coffres** de bois fins. ouvrages d'ébén. V. meubl. de t. sorte.							
id.	**coffres** peints ou vernis. V. meubles de toute sorte.							
	coffres de bois fins autres que d'ébénist. V. tablet. non dén.							
id.	**coffres** recouverts de peau et doublés, malles. V. merc. com.							
	coffres pour instruments de musique. V. mercerie.							
P.	**coffres** en fer. V. fer ouvré.							
RR.	**coffrets** en bois commun, avec damiers, miroirs et serrures grossières en cuivre. V. mercerie commune.							
	coffrets en coquillages, à ouvrages ou pour toilette, en bois blanc peint, etc., ouvrages de Spa. V mercerie fine. coffrets en sel gemme. V. mercerie commune.							
id.	**cognées**. V. outils de fer rechargé d'acier.							
	coiffes à chapeaux. V. effets à usage, habillements neufs. Celles en feutre. dites galettes. V. tissus de feutre. Autres.							
FF.	**coings** fruits frais indigènes à dénommer.							
	coings (pépins de), fruits médicinaux à dénommer.							
RR.	**coins** à fendre le bois. V. outils de fer rechargé d'acier.							
	coins gravés (1)							
	coke. V. houille carbonisée.							
FF.	**colchiques**. V. bulbes ou oignons (2)							
id.	**colcothar** ou vitriol rubifié. V. oxide de fer.							
F.	**colle** de poisson (3) de la Guyane française	prod. et dép. d'animaux.	2 juil. 1836	28 avr. 1816	100 k. NB	40 »	» »	» 25
FR.	**colle** de poisson (3) d'ailleurs	—	28 avr. 1816	—	—	160 »	170 50	» 25
FF.	**colle** forte (4)	—	5 juill. 1836	—	100 k. BB	25 »	27 50	» 25
	colle de peau d'âne ou de zèbre. V. tablette d'hockiac.							
RR	**colliers** de bois, de fretilles. de graines d'abrus, de balisier et de panacoco. V. mercerie commune ou fine.							
id.	**colliers** de grains de verr. et de pier. faus. V. grains de ver. perc.							
id.	**colliers** de grenat. V. pierres gemmes taillées à dénommer.							
id.	**colliers** de perles fines. V. perles fines.							
id.	**colliers** de perles fausses. V. mercerie fine.							
id.	**colliers** de corail montés en or ou argent. V. bijouterie.							
id.	**colliers** d'or et d'argent. V. bijouterie.							
id.	**colliers** de jais. V. mercerie commune.							
id.	**colliers** d'iris. V. mercerie fine.							
P.	**colliers** de cuivre et de fer. V. cuivre ou fer ouvré selon l'esp.							
FF.	**colombine**. V. engrais. (5)							
	colombine sèche, laque commune carminée. V. carmin. com.							
id.	**colombo.** V. racines médicinales à dénommer.							
id.	**colophane**, résine indigène (6) brai sec	sucs végét.	27 juil. 1822	6 mai 1841	—	5 »	5 50	» 25
id.	**coloquinte**. V. fruits médicinaux à dénommer. (7)							
	cols confectionnés. comme l'étoffe dont ils sont formés.							
id.	**coltar**. V. bitumes fluides. Goudron minéral provenant de la distillation de la houille.							
id.	**colza** (graine de). V. fruits oléagineux à dénommer.							
id.	**colza** (tourteaux de graine de). V. tourt. de graines oléagineuses.							
RR.	**colza** (huile de) V. huiles de graines grasses.							
id.	**compas** de bureau, en fer et cuivre, à la grosse. V. merc. com.							
	compas de bureau en fer et cuivre à vis, avec pièces de rechange. V. mercerie fine.							
	compas autres. V. instruments de calcul,							
	compas de charpent. et de menuis., V. outils de fer rech. d'ac.							
	compotes. V. confections et conserves.							

(1) La douane exige le dépôt d'une épreuve de chaque objet, et l'on suspend leur admission jusqu'à ce que ces épreuves soient fournies.

(2) Bulbes un peu coniques de la grosseur d'une petite pomme, couvertes d'une tunique coriace brune extérieurement. Si on les coupe avec le couteau, elles déposent de la fécule sur la lame. L'amidon s'y trouve en grande quantité.

(3) La colle de poisson est une gélatine pure, blanche ou jaunâtre, semi-transparente, extraite des membranes des poissons, mais surtout des vessies natatoires de l'esturgeon : celle blanche est ordinairement en forme de cœur, de lyre, ou roulée sur elle-même en morceaux contournés; celle jaune est en feuille.

(4) La colle-forte est une gélatine brune ou jaune, en tablettes opaques ou demi-transparentes, extraite d'oreillons et autres matières animales.
Il y a encore la colle de farine, de peaux de gants, la colle pour dorer, la colle à miel, colle à verre, colle à pierre, colle à bouche. Toutes ces colles sont soumises au même droit.

(5) Pour ce qu'on appelle improprement colombine sèche, voyez carmin commun, note 8.

(6) Préparation de térébenthine réduite en consistance solide, de couleur brunâtre : réduite en poudre, elle devient blanche. On la nomme aussi arcanson. D. S.

(7) Fruits à coque, de la grosseur d'une orange, de couleur blanche étant débarrassés de leur écorce mordorée; remplis de semences plates, dures, grises roussâtres, d'un goût âcre et amer. (D. S.)

	DÉSIGNATION DES MARCHANDISES.	CLASSE du TARIF.	TITRE DE PERCEPTION. Entrée.	TITRE DE PERCEPTION. Sortie.	UNITÉS sur lesquelles portent les droits.	DROITS D'ENTRÉE par Navires Français.	DROITS D'ENTRÉE par Navires Étrangers et par terre	DROITS de SORTIE.
						F. C.	F. C.	F. C.
FF.	**concombres** fruits. V. fruits frais indigènes à dénommer.							
FR.	**concombres** confits	fruits.	28 avr. 1816	28 avr. 1816	100 k. BB	17 »	18 70	» 25
FF.	**concombres** pépins de, comme fruits médicin. à dénommer.							
RR.	**confections** et conserves alimentaires. au sucre ou miel. C. sirops ou confit. selon l'esp.							
	confections sans sucre ni miel. M. droits que les myrob. conf.							
	confections à l'eau-de vie. V. fruits confits à l'eau-de-vie.							
FR.	**confections** fruits au vinaigre. V. fruits confits sel. l'esp. (1)							
FF.	**confections** légumes. V. légumes conf. M. droits que les corn. au sel, les légumes com. légumes salés ou confits et les fruits comme les câpres.							
RR.	**confections** en extraits liquides, jus ou sauces épices pour assaisonnement. V. épices préparées à dénom.							
P.	**confections** pharmaceutiques. C. médic. comp. non dén. (2)							
FR.	**confections** fruits conservés par la méthode Appert. Mêmes droits que les câpres conf. au vinaigre. poissons et viand. de même prép., comme poiss. et viandes salés.							
F.	**confitures** au sucre ou au miel, des Colonies françaises							
	confitures au sucre ou au miel, d'ailleurs. C. le sucre terré sel. la pro.							
RR.	**confitures** sans sucre ni miel							
FF.	**consoude.** V. racines médicinales à dénommer.							
id.	**contra-yerva.** V. racines médicinales à dénommer. (3)							
RR.	**contre-basses.** (Voir la note à chapeaux chinois.)	ouvr. en mat. diverses.	15 mar 1791	6 mai 1841	la pièce.	7 50	7 50	1|4 p. 0|0
P.	**contrefaçons**, librairie	papier et ses applications.	27 mar 1817	19 juil. 1793	—	prohib.	prohib.	prohib.
	copahu. V. baumes.							
RR.	**copal**, résine dite gomme. de l'Inde	sucs végét.	25 juil. 1837	27 juil. 1822	100 k. BB	2 80	11 40	» 25
	copal d'ailleurs (4)	—	—	—	—	8 »	11 40	» 25
	copal taillé. Mêmes droits que la mercerie fine.							
	copalchi. V. quercitron.							
FR.	**coquelicot**, pavot rouge. V. fleurs médicinales à dénommer.							
	coqueret officinal, baie d'Alkékenge. V. fruits médic. à dén.							
RR.	**coques.** de cacao, pellicules. V. cacao.							
	coques. d'amandes, vides. Comme le brou de noix.							
FF.	**coques.** de coco. V. coco.							
	coques. de chapeaux de paille, d'écorce, etc. C. les chapeaux							
id.	**coques.** du Levant. V. fruits médicinaux à dénommer. (5)							
	coques. de savonnier péricarpe desséché. V. racine de garou.							
id.	**coquillages** pleins, moules et autres non dénommés	pêches.	28 avr. 1816	28 avr. 1816	—	1 »	1 10	» 25
	coquillages de pêche française	—	—	—	—	exempt.	—	» 25
	coquillages vides, dits lambisques. V. nacre bâtarde.							
RR.	**coquillages** nacrés, haliotides dits oreilles de mer (6) de l'Inde	matièr. dures à tailler.	2 juil. 1836	—	—	2 »	5 »	» 25
	coquillages nacrés, haliotides dits oreilles de mer (6) d'ailleurs	—	—	—	—	3 50	5 »	» 25
	coquillages (ouvrages en) boites, coffrets fleurs, paniers et autres objets du même genre. V. mercerie fine.							
	coquillages (ouvrages en) tabatières mont. en arg. ou en or. V. bijout.							
	coquillages (ouvrages en) tabatières autres. V. tabletterie non dénom.							
RR.	**coquillages** vides non dénommés au tarif. V. objets de collection hors du commerce.							
id	**coquillages** dits casques roug. et noirs. M. droits q. la nacre bât.							
FR.	**coquilles** gravées. V. camées sur coquilles, même droit que le corail taillé non monté.							
FR.	**corail** brut de pêche française	pêches.	28 avr. 1816	6 mai 1841	—	1 »	» »	100 k. 25
RR.	**corail** brut de pêche étrangère	—	—	—	—	20 »	22 »	— 25
FR.	**corail** taillé, mais non monté	ouvr. en mat. diverses.	—	—	1 k. NB	10 »	11 »	— 25
RR.	**corail** taillé et monté sur or et sur arg. V. bijouter. sel. l'esp.							
	corail debris de). Comme corail brut.							
FR.	**corail** en poudre. parfumer. V. poudres de senteur à dénom.							
RR.	**corail** de jardin autre nom du piment. V. piment.							
id.	**corail** faux. V. vitrications taillées en pierres à bijoux.							

(1) Pour les fruits et légumes confits au vinaigre, importés de l'Inde. Voyez atchart.

(2) Particulièrement les confections d'alkermès, d'hyacinthe, d'anacardines, d'harlem, et la thériaque. *(Circulaire du 20 octobre 1791.)*

(3) Racine du Pérou, de la grosseur d'une fève, noueuse, entourée de fibres longues rougeâtres ou de couleur tannée en dehors, blanchâtre en dedans; d'une odeur de figuier, d'un goût aromatique un peu âcre. Il y a une autre espèce nommée Contre-Yerva blanc ou Asclépias; sa racine d'usage en médecine, est menue, composée de fibres blanches, d'une odeur forte et désagréable:

(4) Il y en a de deux espèces, l'une en morceaux plats d'un côté et convexe de l'autre ; l'autre est en morceaux ronds ternes à l'extérieur, présentant dans leurs cassures une surface unie, transparente et jaunâtre.

(5) Petit fruit ou baie sèche, de la grosseur d'un pois, d'un brun noirâtre: il contient une semence jaunâtre, plus ou moins friable, mais très sujette à être vermoulue. Ces baies ont ordinairement une petite queue.

(6) Ces coquillages ne peuvent être importés que par les ports de Marseille, Bordeaux, Nantes, Le Hâvre, Rouen, Calais et Dunkerque. Par tout autre point ils sont traités comme nacre franche. *(Ordonnance du 8 juillet 1834 et loi du 2 juillet 1836.)*

DÉSIGNATION DES MARCHANDISES.	CLASSE du TARIF.	TITRE DE PERCEPTION.		UNITES sur lesquelles portent les droits.	DROITS D'ENTRÉE		DROITS de SORTIE.
		Entrée.	Sortie.		par Navires Français.	par Navires Etrangers et par terre	
					F. C.	F. C.	F. C.

DÉSIGNATION DES MARCHANDISES.	CLASSE du TARIF.	TITRE DE PERCEPTION.		UNITÉS sur lesquelles portent les droits.	DROITS D'ENTRÉE		DROITS de SORTIE.
		Entrée.	Sortie.		par Navires Français.	par Navires Étrangers et par terre	
					F. C.	F. C.	F. C.

	DÉSIGNATION DES MARCHANDISES.	CLASSE du TARIF.	TITRE DE PERCEPTION. Entrée.	TITRE DE PERCEPTION. Sortie.	UNITÉS sur lesquelles portent les droits.	DROITS D'ENTRÉE par Navires Français. F. C.	DROITS D'ENTRÉE par Navires Étrangers et par terre. F. C.	DROITS de SORTIE. F. C.
FF.	**coraline** ou mousse marine. V. Lichens médicinaux.							
RR.	**corbeilles.** V. vannerie à dénommer selon l'espèce.							
id.	**corbeilles** en paille d'Italie de div. couleurs. V. mercerie fine.							
	corbeilles petites, en fibres d'aloës, paille, pour bijoux, parfums. V. mercerie fine.							
id.	**corbeilles** neuves servant au transport des fruits frais. Comme vannerie brute.							
FR.	**cordages** de chanvre	ouvr. en mat. diverses.	17 mai 1826	28 avr. 1816	100 k. BB	25 »	27 50	» 25
FF.	de sparts de tous calibres, fabriqués avec des fils ou tresses battues (veltes)	—	5 juill. 1836	—	—	5 »	5 50	» 25
id.	d'autres végétaux tilleul, joncs et herbes de sparts							
id.	avec des fils ou tresses non battues	—	21 avr. 1818	—	—	2 »	2 20	» 25
	de fil de fer. V. fer ouvré.							
id.	de crin. V. crins frisés.							
FR.	filets neufs ou en état de servir	—	17 mai 1826	—	—	25 »	27 50	» 25
FF.	vieux, hors d'état de servir. V. drilles et chiffons.							
FR.	**cordes** de filasse. V. cordages de chanvre.							
RR.	de boyau { pour instrum. de musique. V. mercerie fine / pour mécanique. V. mercerie commune.							
FR.	métalliques blanches en fil de fer. Comme fil de tréfilerie,							
RR.	roulées en couronnes (1)							
id.	métalliques jaunes polies ou non. V. cuivre allié de zinc filé pour corde d'instrument. (2)							
id.	de laine blanche, teinte ou mélangée d'autres matières V. passementerie de laine.							
	ou mèches de mineurs, comme les artific. V. merc. com.							
P.	en coton, prohibées.							
RR.	en soie pure ou mêlée d'autres mat. V. passem. de soie.							
	cordons et cordonnets. V. passementerie suivant l'espèce du tissu. Ceux en cheveux paient comme cheveux ouvrés.							
	cordonnets, fils de laine dits. V. fils de laine longue et peignée retors, etc.							
FF.	**coriandre**, graine de. V. fruits médicinaux à dénommer. (3)							
	coridon, spath adamantin. V. pierres gemmes à dénommer.							
id.	**coris** ou cauris. Coquillage. V. Antale. (4)							
	cornaline. V. agates. (5)							
FF.	**cornes** de bétail brutes et rapures ou clapons	matièr. dures à tailler.	2 juill. 1836	—	—	» 10	» 10	20 »
id.	préparées (6)	—	28 avr. 1816	—	—	25 »	27 50	20 »
	en feuilles longueur 19 à 24, largeur 19 à 22 cent	—	8 floréal 11	6 mai 1841	104 feuil.	8 »	8 »	1/4 p. 0/0
	en feuilles longueur 14 à 16, largeur 11 à 14 »	—	—	—	—	6 »	6 »	1/4 p. 0/0
id.	en feuilles longueur 11 à 14, largeur 11 »	—	—	—	—	4 »	4 »	1/4 p. 0/0
	en feuilles au-dessous de 11	—	—	—	—	3 »	3 »	1/4 p. 0/0
FF.	de cerf, de snack et de rennes, de daim, élan, axis et autres cornes rameuses non creusées	subst. pr. à la méd. et parfu.	28 avr. 1816	28 avr. 1816	100 k. BB	5 »	5 50	» 25
id.	de cerf rapées	—	—	—	—	9 »	9 90	» 25
RR.	de licorne et de rhinocér. M. droits que les dents d'éléph.							
FF.	brûlées, de cerf et autres. V. noir d'os.							
id.	calcinées ou spode (7). V. noir d'os.							
RR.	**cornets** à jouer, de corne ou de cuir. V. merc. com. (gainerie)							
FF.	**cornichons** frais. V. fruits frais indigènes à dénommer.							
id.	**cornichons** confits au vinaigre	fruits.	—	—	—	17 »	18 70	» 25
	cornières en fer. V. fer en barres pliées en équerre.							
	corons ou pennes. Suiv. le régime de la matière brute dont ils dérivent. (8)							
	corozo (noix de) sèches. V. grains durs à tailler.							
RR.	**cors**, instruments de musique (9)	ouvr. en mat. diverses.	15 mar 1791	6 mai 1841	la pièce	3 »	3 »	1/4 p. 0/0

(1) Les cordes métalliques blanches pour instruments, étant en fil de fer, elles doivent, quand elles sont roulées en couronne, le droit du fil de tréfilerie. Avis du comité consultatif du 4 janvier 1826. Celles en acier, paient comme acier filé.
Celles roulées en bobines sont soumises, à l'entrée, au droit de l'acier filé, 70 Fr. ou 76 Fr. par 100 kil. *(Décret du 26 novembre 1811.)*

(2) Ce droit n'est appliquable qu'aux cordes roulées sur bobines. Dans tout autre état elles paient comme cuivre pur ou allié de zinc, filé, poli, ou non poli, selon l'espèce.

(3) Semence ronde étant sèchée d'un jaune blanchâtre, légère, de goût et d'odeur aromatiques assez agréables.

(4) Petites coquilles toutes blanches que l'on pêche aux îles Maldives et qui servent de monnaies. On en fait des colliers et autres ornemens de femmes.

(5) La couleur dominante de la cornaline est le rouge. Elle est ordinairement demi-diaphane. C'est la pierre la plus employée pour graver les cachets.

(6) Cette dénomination embrasse les cornes ébauchées soit rondes et plates, ou celles sciées. Celles simplement séparées de leur base par un trait de scie doivent être traitées comme brutes.

(7) Charbon de matière animale devenu blanc par l'entière calcination et le dégagement de toute huile empyreumatique.

(8) Il résulte de l'assimilation prononcée par la loi du 28 avril 1816, que les pennes ou corons, c'est-à-dire les déchets ou bouts de fil de laine, de lin, de chanvre ou de coton, qu'entraîne le dévidage ou le tissage, et qui ont de 108 à 270 millimètres de longueur, suivent le régime de la matière brute dont ces déchets dérivent.

(9) Voir la note à chapeaux chinois.

	DÉSIGNATION DES MARCHANDISES.	CLASSE du TARIF.	TITRE DE PERCEPTION. Entrée.	TITRE DE PERCEPTION. Sortie.	UNITÉS sur lesquelles portent les droits.	DROITS D'ENTRÉE par Navires Français.	DROITS D'ENTRÉE par Navires Étrangers et par terre	DROITS de SORTIE.
						F. C.	F. C.	F. C.
FF.	**costus** { amer et doux. V. écorces médicinales à dénommer. (1)							
	d'Arabie. V. racines médicinales à dénommer. (2)							
RR.	**cotes** { de douppion V. bourre de soie filée, fleuret.							
P.	de feuilles de tabac. V. tabac en feuilles.							
F.	**coton** (3) { en laine sans distinction d'espèces imp. en droiture { des Colonies françaises	fruits, tiges et filam. à ouvr.	47 mai 1826	6 mai 1841	100 k. NB	5 »	» »	100 k. 25
FF.	estampil. de l'Inde	—	2 juill. 1836	—	—	10 »	35 »	— 25
id.	id. de Turquie	—	28 avr. 1816	—	—	15 »	25 »	— 25
id.	id. des autres pays hors d'Europe	—	2 juil. 1836	—	—	20 »	35 »	— 25
id.	id. des entrepôts	—	—	—	—	30 »	35 »	— 25
id.	non égrené. Le droit du coton pour le quart de son poids							
id.	et le droit des graines de coton pour les 3 aut. quarts.							
	en feuilles cardées et gommées. Ouate	—	—	28 avr. 1816	—	100 »	107 50	— 25
P. R.	filé écru du n° 143 et au dessus système-métrique (4). simple	fils.	—	—	1 k. NB	7 »	7 70	— 25
	retors	—	—	—	—	8 »	8 80	— 25
P.	tous autres, sans distinction d'espèces ni de numéros	—	22 déc. 1809	—	100 k. B	prohibés	prohibés	— 25
FF.	graines de)	fruits.	28 avr. 1816	—	100 k. BB	1 »	1 10	— 25
id.	**couan.** V. chouan.							
	couffins. V. cabas.							
	coulants en fer, en acier et en cuivr. V. métaux ouv., sel. l'esp.							
RR.	**couleurs** à dénom. (5) { sèches ou liquides	couleurs.	2 juil. 1836	6 mai 1841	—	35 »	38 50	» 25
	en pâtes humides	—	—	—	—	17 50	19 20	» 25
	comm., en tablet. et en boît. V. bimbel.							
FF.	**coulilawan** { écorce de). V. écorces médicinales à dénomm.							
RR.	huile de). com. huile vol. ou essence, t. autres.							
id.	**coupe-choux.** V. machines et mécaniques à dénommer.							
id.	**coupe-rose** { verte, sulfate de fer. V. sulfates.							
	bleue. sulfate de cuivre. V. sulfates.							
	blanche, sulfate de zinc. V. sulfates.							
id.	**courbaril** (bois de). V. bois d'ébénisterie à dénommer. (6)							
FF.	**courbes.** V. bois à construire bruts ou sciés, selon l'espèce.							
id.	**courges** { péricarpe charnu, découpé et dess. V. fr. secs à dén.							
	vides, calebasses vides. V. calebasses.							
	pepins de). V. fruits médicinaux à dénommer.							
FF.	**courroussol** du Pérou (graine de). V. chirimoya, mêmes droits que les graines de jardin.							
	courroies en coton, en laine fil ou soie, en cuir. V. passementerie, selon l'espèce, ou peaux ouvrées.							
FR.	**courroies** en coton et caoutchouc. V. ouvrages en caoutchouc combiné avec d'autres matières. à caoutchouc.							
	couscoussou, pâte granulée. V. pâtes d'Italie.							
	coussinets en fonte pour chem. de fer. V. fonte ouv. à fer fonte.							

(1) Le costus doux, ou cannelle blanche est une écorce en rouleau long, d'un goût aromatique âcre, odeur agréable. D. S.

(2) Costus d'arabie. Plante vivace qui croît aux deux Indes; sa racine, qui est de la grosseur du pouce, ligneuse, dure, inodore, peu agréable au goût et de couleur jaune rougeâtre, est renfermée dans une écorce grise, friable, odorante, âcre, amère. — On en connait trois espèces toutes sous le nom de costus, terme générique d'un genre de plantes unilobées que Lamarck a réunies avec les amomes. — Ainsi la dénomination de costus d'Arabie comprend toutes les variétés de cette plante, qu'on appelle costus indien, syriaque et romain.

(3) Les cotons d'Algérie paient comme ceux de Turquie lorsqu'ils sont accompagnés de certificats d'origine.

(4) Les cotons filés ci-dessus désignés ne peuvent être importés que par les seuls bureaux du Hâvre, de Calais et de Dunkerque.

Le minimum du poids que chaque paquet devra avoir, pour être admissible aux droits, est fixé à 2 livres anglaises. — Au moment de l'acquittement en douane, les cotons filés recevront une marque dont la forme et les conditions seront déterminées par des ordonnances du roi. A défaut de cette marque, les cotons filés, même du n° 143 et au-dessus, continueront à être saisissables dans l'intérieur, suivant la loi du 28 avril 1816. *(Loi du 2 juillet 1836,)* MARQUE. Au moment de l'acquittement, les paquets de coton filé seront dépouillés de leur première enveloppe. Sur les deux feuilles de carton léger ou de papier fort qui forment la seconde, il sera placé, en croix, une corde dont les deux bouts effilés seront ramenés sur un des larges côtés du paquet, et recouverts par une vignette de papier, collée à la colle-forte dans toute sa longueur. Cette vignette sera détachée d'un registre à souche, et frappée au centre d'un timbre sec portant ces mots: « Cotons filés étrangers, ordonnance du 22 août 1834. » Elle sera en outre revêtue de la signature du receveur du bureau ou les droits auront été acquittés.

Comme ce n'est qu'au moment de l'acquittement des droits, que les vignettes doivent être placées sur les paquets, les cotons filés, mis en entrepôt dans les ports d'importation, ou dirigés de ces ports sur les entrepôts de l'intérieur, ne recevront cette marque qu'au moment où ils sortiront de l'entrepôt pour la consommation.

Dans aucun cas, ni sous aucun prétexte, on ne consentira à ce que des cotons filés soient admis aux droits sans que la marque prescrite ait été apposée

Tout paquet de coton filé étranger des numéros admissibles, trouvé dans l'intérieur dépourvu de cette marque, sera saisissable tout comme s'il s'agissait des numéros dont la prohibition est maintenue.

Le prix de chaque vignette est de 10 centimes, à charge par la douane, de fournir la colle-forte et la corde nécessaires pour l'apposition des vignettes. *(Ordonnance du 22 août 1834, et circulaire du 23 août suivant, n. 1456.)*

(5) Les couleurs à dénommer sont entre autres le bistre, le bleu minéral, le bleu de montagne en tant que c'est une couleur et non du bleu de Prusse commun, le bronze pulvérisé, le brun de Wandie ou tête de nègre, les débris de momie, l'orpiment ou l'orpin pulvérisé (que l'on nomme aussi jaune de Cassel, jaune du roi ou jaune royal), la laque rosette, le mat, le muriate jaune de plomb (jaune minéral), le muriate de plomb fondu (jaune de Naples), la pourpre naturelle ou factice, qui est une couleur liquide, le talc pulvérisé, le vert minéral, de Brunswick, de perroquet, le vert de vessie, et toutes les couleurs non spécialement tarifées qui sont broyées de même ou à l'huile. On appelle vert de vessie une couleur verte extraite du nerprun et préparée à l'eau de chaux et à la gomme, qui est toute prête à servir pour peindre en détrempe, et qui est contenu en des vessies bien fermées.

(6) Il découle du courbaril une résine connue généralement sous le nom de résine animé.

DÉSIGNATION DES MARCHANDISES.	CLASSE du TARIF.	TITRE DE PERCEPTION. Entrée.	TITRE DE PERCEPTION. Sortie.	UNITÉS sur lesquelles portent les droits.	DROITS D'ENTRÉE par Navires Français.	DROITS D'ENTRÉE par Navires Étrangers et par terre	DROITS de SORTIE.
					F. C.	F. C.	F. C.

DÉSIGNATION DES MARCHANDISES.	CLASSE du TARIF.	TITRE DE PERCEPTION.		UNITÉS sur lesquelles portent les droits.	DROITS D'ENTREE		DROITS de SORTIE.
		Entrée.	Sortie.		par Navires Français.	par Navires Etrangers et par terre	
					F. C.	F. C.	F. C.

	DÉSIGNATION DES MARCHANDISES.	CLASSE du TARIF.	TITRE DE PERCEPTION. Entrée.	TITRE DE PERCEPTION. Sortie.	UNITÉS sur lesquelles portent les droits.	DROITS D'ENTRÉE par Navires Français.	DROITS D'ENTRÉE par Navires Étrangers et par terre	DROITS de SORTIE.
						F. C.	F. C.	F. C.
P.	**couteaux** de poche, de table et de cuisine. V. coutell. les mêmes à lames d'arg., d'or et de vermeil. V. orfèvr.							
	couteaux en écaille, en ivoire et en nacre. V. tablet. non dén.							
FR.	**couteaux** de tanneur en ardoise. V. pierres ouv. à dénom.							
	couteaux de plantage. V. coutellerie.							
RR.	**couteaux** de chasse et de cannes à sucre dits manchettes. V. armes blanches de luxe. (1)							
	couteaux spatules. V. outils selon l'espèce.							
id.	**couteaux** de tanneur, de corroyeur et à pieds pour sellier. V. outils de fer rechargé d'acier.							
id.	**couteaux** de tonnelier. V. outils de fer rechargé d'acier.							
id.	**couteaux** tranchets à l'usage des cordonn. V. outils pur acier à choux. V. machines et mécaniques à dénom. (2)							
P.	**coutellerie** (ouvrages de)	ouv. en mat. diverses.	10 brum. 5	6 mai 1841	100 k. B	prohibés	prohibés	» 25
RR.	**coutil** de pur fil pour tenture ou literie	fabricat. tissu.	26 juin 1842	17 mai 1826	100 k. NB	212 »	212 »	» 25
	coutil de pur fil pour vêtements écru	—	—	—	—	322 »	322 »	» 25
	coutil de pur fil pour vêtements autre	—	—	—	—	364 »	364 »	» 25
P.	**coutil** de coton ou mélangé de coton	—	28 avr. 1816	6 mai 1841	100 k. B	prohibé.	prohibé.	» 25
RR.	**couvercles** de pipe, en fer ou en cuivre. V. mercerie com.							
id.	**couvertures** de pur fil blanches. Mêmes droits que le coutil pour literie							
	couvertures de pur fil teintes. M. droits que la toile teinte							
	couvertures de laine, de poil, de soie, de fleuret ou de coton. V. tissus suivant l'espèce							
FR.	**crabes** de terre, graisse de. V. graisses. Autres.							
	craie (3) noire. V. manganèse.							
FF.	**craie** (3) chaux carbonatée	pierres, terres et autr. fossil.	—	28 avr. 1816	100 k. BB	5 »	5 50	» 25
	craie (3) de Briançon. V. talc brut en masse.							
id.	**crambé** maritime ou choux marin confit au vinaigre. V. cornichons — Autre. V. légumes verts ou salés.							
id.	**cran** ou raifort sauvage, cultivé en Angleterre. V. légum. verts.							
id.	**crambeis** ou cramberais à l'eau douce ou à l'eau de mer. V. fruits frais exotiques à dénommer. (4)							
FR.	**crambeis** ou cramberais confits. V. câpres confites. (4)							
P.	**crasse** de sel. Même régime que le sel de marais.							
	crasse de verre. Matière provenant de la projection du verre hors des creusets. V. groisil.							
	crasse de cire. V. cire jaune non ouvrée.							
FF.	**crasse** de soufre. V. soufre brut minérai de 1re extraction.							
id.	**crasse** de cuivre. V. pierres et terres servant aux arts et métiers à dénommer. V. la note à écaille de cuivre.							
	crassin de forges. V. machefer ou laitier.							
RR.	**cravaches**. V. mercerie commune.							
FF.	**crayons** (5) simples en pierre	couleurs.	—	—	—	10 »	11 »	» 25
RR.	**crayons** (5) composés à gaine de bois blanc	—	17 mai 1826	—	100 k. NB	100 »	107 50	» 25
id.	**crayons** (5) composés à gaine de bois de cèdre	—	—	—	—	200 »	212 50	» 25
FR.	**crème** de tartre. V. tartrate acide de potasse pur.							
	créosote. V. médicaments composés non dénommés.							
P. R.	**crêpe** de soie	fabric. tiss.	27 mar 1817	6 mai 1841	1 k. NN	34 »	37 40	» 25
RR.	**crépon** de Zurich tissu de laine (6)	—	17 mai 1826	28 avr. 1816	100 k. NB	200 »	212 50	» 25
P. R.	**crépon** de soie. V. tissus de soie, étoffes unies, autres.							
FF.	**cresson** (graines de), graines oléagineuses à dénommer.							
id.	**crétons**. Mêmes droits que les tourteaux de graines oléag. (7)							

(1) Les couteaux de cannes à sucre, appelés manchettes, ne peuvent être admis comme instruments aratoires. Ils sont en tout semblables aux lames de sabre-briquet et comme tels ils sont assimilés aux armes blanches de luxe.

(2) Planche de 81 centimètres de longueur sur 27 centimètres de largeur, au centre de laquelle se trouve une ouverture où sont placés diagonalement plusieurs lames d'acier et un glissoir.

(3) Ce qui distingue la craie du talc, qui est compris dans la classe générale des pierres propres aux arts à dénommer, c'est qu'elle est blanche, compacte, grenue et sèche au toucher, tandis que le talc et généralement les pierres magnésiennes sont verdâtres, nacrées, lamelleuses, un peu transparentes sur les bords, et sont douces et savonneuses sous le doigt, qu'elles blanchissent un peu. La craie, comme toutes les substances calcaires, donne de la chaux au feu. On la nomme aussi blanc d'Espagne, agaric minéral, lait de lune ou de montagne, moëlle de pierre, etc.

(4) C'est une baie de l'airelle canneberge. Ces fruits arrondis, turbinés, rouges, acides et succulents abondent dans les terrains marécageux et sont fort usités en compottes et confitures aux États-Unis. Ainsi le droit des câpres confites pour ceux confits au vinaigre leur est bien applicable; pour ceux à l'eau douce ou de mer, le poids de l'eau qui en empêche la détérioration devra être déduit.

(5) Par crayons simples on entend la pierre noire, l'ardoise, la sanguine sciée, etc. — Les crayons composés se divisent en communs, qui sont ceux garnis de bois de sapin, quelquefois teint en rouge, pour les métiers; et en fins, qui sont ceux garnis de bois de cèdre ou de bois rouge, ou les crayons de fabrique, tels que pastels, façon conté, etc., servant aux arts.

(6) L'admission du crépon de Zurich est restreinte au seul bureau de Saint-Louis. *(Loi du 27 mars 1817.)*

(7) Membranes de graisse dont on a extrait le suif : c'est le résidu de la quatrième fonte; il sert exclusivement à la nourriture des chiens et de la volaille.

	DÉSIGNATION DES MARCHANDISES.	CLASSE du TARIF.	TITRE DE PERCEPTION. Entrée.	TITRE DE PERCEPTION. Sortie.	UNITÉS sur lesquelles portent les droits.	DROITS D'ENTRÉE par Navires Français.	DROITS D'ENTRÉE par Navires Étrangers et par terre	DROITS de SORTIE.
						F. C.	F. C.	F. C.
FR.	**creusets.** V. poterie de grès commun, ustensiles. Ceux en métal. V. métaux ouvrés, selon l'espèce.							
FF.	**cribles** en bois. V. boissellerie.							
RR.	**cribles** Autres. V. mercerie commune.							
id.	**cries.** V. instruments aratoires.							
FF.	**crins** bruts, même teints (1)	prod. et dép. d'animaux.	2 juill. 1836	6 mai 1841	100 k. BB		2 70	» 25
	crins frisés, filés et en bottes de longueurs assorties	—	—	—	—	5 »	5 50	» 25
id.	**crin** végétal caragate muciforme. V. végétaux filamenteux non dénommés. Crin de Florence. V. poils de Messine.							
RR.	**cristal** minéral, espèce de nitre raffiné, fondu, mêlé de sulfate de potasse. V. nitrates de potasse.							
id.	**cristal** de tartre. V. tartrates, acide de potasse pur.							
FR.	**cristal** de roche (quartz) non ouvré (2)	pier., ter. et aut. fossiles.	28 avr. 1816	28 avr. 1816	100 k. NB	62 »	67 60	» 25
P.	**cristal** de roche (quartz) ouvré (3)	—	10 brum. 5	—	» B	prohibé	prohibé.	» 25
	cristal de roche (quartz) de choix pour bijoux. V. pierr. gem. à dén.							
id.	**cristal** factice. V. verres et cristaux.							
id.	**cristaux** de toute sorte (4)	vitrificat.	—	—	100 k. B	prohib.	prohib.	» 25
FF.	**croton** (suif de), suif de bois provenant du croton. V. suif brut animal.							
	croton tinctorium. V. feuilles tinctoriales à dénommer.							
RR.	**crochets** de métier à bas. V. machines et mécaniq. à dénom.							
P.	**crocus.** V. médicaments composés non dénommés. On l'appelle aussi safran des métaux et encore foie d'antimoine.							
	crosses de parapluie et de parasol, en corne, ivoire, nacre et bois fin. V. tabletterie non dénommée.							
FR.	**cruches** de Grès. V. poterie de Grès commun ou fin selon l'esp.							
FF.	**cruches** de terre. V. poter. de terre grossière ou faïence sel. l'esp.							
FR.	**crucifix** en bois. V. ouvrages en bois non dénommés.							
RR.	**crucifix** en bois commun avec des ornements en cuivre frappés. V. mercerie commune.							
P.	**crucifix** en ivoire, os et bois fins. V. tabletterie non dénom.							
id.	**crysochalque.** V. cuivre ouvré.							
	crysolite. Comme pierres gemmes à dénommer.							
RR.	**cubèbes** ou poivre à queue. V. poivre. (5)							
id.	**cudbéard.** V. orseille violette. (6)							
RR.	**cuillers** d'or ou d'argent ou de vermeil. V. orfévrerie.							
FF.	**cuillers** de bois commun. V. boissellerie.							
	cuillers de bois autres. V. mercerie commune.							
RR.	**cuillers** de corne, d'os de fer ou métaux communs mélangés. V. mercerie commune.							
id.	**cuillers** en métal de composit. dit métal Anglais. V. merc. fine							
P.	**cuillers** d'ivoire. V. tabletterie non dénommée.							
	cuillers d'étain. V. mercerie fine ou commune.							
P.	**cuirasses** d'un modèle en usage pour la cavalerie française. Comme les armes de guerre blanches.							
RR.	**cuirasses** vieil. armur. V. obj. de collect. hors de commerce.							
P.	**cuirs.** (7) V. peaux préparées ouvrées, selon l'espèce.							
RR.	**cuirs.** (7) à rasoir munis ou non de leurs gaines d'un travail grossier. V. mercerie commune.							
	cuirs. (7) à rasoir munis ou non de leurs gaines d'un travail soigné. V. mercerie fine.							
	cuisines en fer pour navires. V. fer ouvré.							

(1) Le crin teint est assimilé au crin brut.

(2) Le cristal de roche non ouvré est une pierre transparente avec ou sans couleur, qui fait feu contre le briquet. Elle a ordinairement la forme d'un prisme à 6 pans, terminé par une pyramide hexagone. (D. S.)

(3) Ouvré c'est celui gravé, taillé ou arrangé en lustres, girandoles, etc. D. S.

(4) Il n'y a d'autre exception à la défense d'importer des fabrications en verre ou en cristal, que : 1° pour les vases, tubes et bocaux qui sont dénommés à l'article des instruments de chimie; 2° pour les verres à peinture fine et les vieux vitraux, qui sont des objets de collection hors de commerce; et 3° pour les verres grossièrement peints, qui sont repris à mercerie commune.

(5) Poivre à queue. Petits fruits secs, sphériques, grisâtres, ridés, garnis d'une petite queue, et d'une odeur aromatique. Leurs grains sont fragiles et d'un goût fort âcre qui attire la salive. Ils ne sont autre chose que des capsules d'un poivrier et sont par conséquent traités comme poivre.

(6) Le cudbéard teint en rouge; il n'est formé que de lichens, il peut se présenter en pâte humide, en poudre, en gâteaux secs ou en liqueur.

(7) Les cuirs à rasoir de bas prix, tels que ceux qui se vendent dans les foires de campagne, doivent comme mercerie commune et les autres comme mercerie fine.

DÉSIGNATION DES MARCHANDISES.	CLASSE du TARIF.	TITRE DE PERCEPTION.		UNITÉS sur lesquelles portent les droits.	DROITS D'ENTRÉE		DROITS de SORTIE.
		Entrée.	Sortie.		par Navires Français.	par Navires Étrangers et par terre	
					F. C.	F. C.	F. C.

DÉSIGNATION DES MARCHANDISES.	CLASSE du TARIF.	TITRE DE PERCEPTION.		UNITÉS sur lesquelles portent les droits.	DROITS D'ENTRÉE		DROITS de SORTIE.
		Entrée.	Sortie.		par Navires Français.	par Navires Étrangers et par terre	
					F. C.	F. C.	F. C.

	DÉSIGNATION DES MARCHANDISES.	CLASSE du TARIF.	TITRE DE PERCEPTION. Entrée.	Sortie.	UNITÉS sur lesquelles portent les droits.	DROITS D'ENTRÉE par Navires Français.	par Navires Étrangers et par terre	DROITS de SORTIE.
						F. C.	F. C.	F. C.
FF.	(cuivre (2) minérai de) avant toute fusion	métaux.	2 juil. 1836	6 mai 1841	100 k. BB	» 10	» 10	» 25
FR.	cuivre pur, coulé 1re fusion en masses brutes, en plaques ou barres rétuées ou objets détruits (1) — des pays hors d'Eur.	—	2 déc. 1843	—	—	» 10	3 »	» 25
R.	— des entrepôts	—	—	—	—	2 »	3 »	» 25
FR.	pur — battu	—	28 avr 1816	28 avr 1816	100 k. NB	80 »	86 50	» 25
id.	pur — laminé en barres ou en planches	—	5 juill. 1836	6 mai 1841	—	50 »	55 »	» 25
id.	pur — filé, teint en jaune imitant la dorure	—	28 avr. 1816	—	—	286 »	302 80	» 25
id.	pur — filé, non teint	—	21 avr. 1818	—	—	100 »	107 50	» 25
FF.	pur — monnaies ayant cours légal (3) en France	—	—	—	100 k. BB	» 20	» 20	» 25
	pur — monnaies hors de cours Comme cuivre de 1re fusion après avoir été brisées.							
RR.	pur — ouvrages en) simplement tournés. V. mercerie fine ou commune suivant le fini du travail. (4)							
FR.	allié de zinc, laiton (5) de 1re fusion, en masses, barres ou plaques ou en objets détruits — des pays hors d'Eur.	—	2 juill. 1836	—	—	1 »	3 »	» 25
RR.	— des entrepôts	—	—	—	—	2 »	»	» 25
FR.	allié de zinc, laiton — battu	—	28 avr. 1816	—	100 k. NB	80 »	86 50	» 25
id.	allié de zinc, laiton — laminé en barres ou en planches	—	5 juil. 1836	—	—	50 »	55 »	» 25
P.	allié de zinc, laiton — filé, poli, sauf ceux ci-après	—	3 oct. 1811	—	100 k. B	prohib.	prohib.	» 25
RR.	allié de zinc, laiton — filé, non poli ou poli pour cordes d'instruments	—	21 avr. 1818	—	100 k. NB	100 »	107 50	» 25
FR.	allié de zinc, laiton — filé, propre à la broderie	—	28 avr. 1816	—	—	286 »	302 80	» 25
RR.	allié — en ouvrages simplement tournés. V. mercerie fine ou commune, suivant le fini du travail.							
FF.	allié — d'argent, monnaie de billon (6)	—	21 avr. 1818	—	100 k. BB	1 »	1 10	» 25
FR.	allié — d'étain coulé en masses, barres ou plaques ou en objets détruits (7) — des pays hors d'Europe	—	2 juil. 1836	—	—	1 »	3 »	» 25
RR.	— des entrepôts	—	—	—	—	2 »	3 »	» 25
FR.	doré (8) — en lingots	—	28 avr. 1816	—	100 k. NB	147 »	156 80	» 25
RR.	doré — battu, tiré ou laminé	—	—	—	—	286 »	302 80	» 25
id.	doré — filé sur fil	—	—	—	—	327 »	344 50	» 25
id.	doré — filé sur soie	—	2 juill. 1836	—	—	950 »	967 50	» 25
P.	doré — ouvré	—	10 br. an 5.	—	100 k. B	prohib.	prohib.	» 25
FR.	argenté (9) — en lingots ou en masses	—	27 mar 1817	—	100 k. NB	102 »	109 60	» 25
RR.	argenté — battu, tiré ou laminé	—	28 avr. 1816	—	—	204 »	216 70	» 25
id.	argenté — filé sur fil	—	—	—	—	327 »	344 50	» 25
id.	argenté — filé sur soie	—	2 juill. 1836	—	—	690 »	617 50	» 25
P.	argenté — ouvré	—	10 br. an 5	—	100 k. B	prohib.	prohib.	» 25
FF.	limailles	—	2 juil. 1836	—	100 k. BB	» 10	» 10	» 25
P.	ouvré ou autrement préparé qu'il n'est ci-dessus (10)	—	10 br. an 5	—	100 k. B	prohib.	prohib.	» 25

(1) On ne peut se rendre trop difficile lorsqu'il s'agit d'admettre comme cuivre brut du cuivre en mitraille et de vieux ouvrages dont la destination parait douteuse, il en est de même pour les débris de cuivre laminé; comme ils pourraient encore servir, soit au doublage des navires, soit à la fabrication du verdet, les employés doivent les faire couper en morceaux étroits de 27 millimètres ou au dessous, afin de les rendre propres seulement à la refonte.

(2) Le cuivre brut comprend celui fondu en gâteaux, c'est-à-dire en masse, la mitraille, les vieux ouvrages brisés ou que l'on consent à briser en douane, les monnaies de billon hors du cours, et les flans à monnaies lorsque la destination est justifiée, mais lorsqu'elle ne l'est pas, le droit du cuivre battu ou laminé est exigible. Le cuivre battu ou laminé comprend toutes les espèces de cuivre préparé soit au marteau ou au laminoir, et qu'on ne peut encore considérer comme meubles ou objets en usage entièrement achevés : ainsi cette dénomination comprend le cuivre laminé pour doublage de navires ou fond de chaudière, les barres forgées ou coulées, les barres à cheville, les clous de cuivre rouge et durcis au gros marteau, les clous de cuivre allié pour doublage et penture de gouvernail, les fonds de casserole, poêlon, bassine ou chaudière, c'est-à-dire bombés et relevés par le martelage, qu'ils soient grattés ou non grattés, pourvu que ces différens objets ne soient finis, ni même bordés ; enfin les planches en cuivre laminé. Les rouleaux de cuivre rouge préparés pour la tréfilerie ayant 65 à 70 centimètres de longueur et une circonférence de 92 millimètres, étant ce que la loi du 15 mars 1791 appelle barreaux ronds, on les assimilera au cuivre laminé, attendu que l'exception dont ils jouissent a cessé à dater du premier janvier 1821.

Les plaques à verdet qui sont rondes et qui sont du poids de 2 à 3 kil. chacune, de 2 à 3 millimètres d'épaisseur, et de 53 à 60 centimètres de diamètre paient le droit du cuivre battu ou laminé, quoique présentées en morceaux du 22e du poids et de la dimension des plaques entières. Veiller à ce qu'on ne les admette pas comme objets détruits, à moins qu'on consente à les briser d'avantage comme il est dit ci-dessus. *(Circulaire du 9 janvier 1817, n. 233.)*

(3) Quant aux fausses monnaies dont on tenterait l'introduction ou l'émission sur notre territoire, elles sont saisissables en toute hypothèse et l'on ne peut invoquer pour constater une infraction de l'espèce que les articles 132, 133 et 134 du code pénal qui prononcent des peines selon la gravité du crime. Ainsi ce n'est point un procès-verbal ordinaire que l'on doit dresser dans ce cas, mais une plainte au criminel qu'on doit remettre instantanément au procureur du Roi, avec toutes les pièces de conviction à l'appui ; et les porteurs de ces fausses monnaies doivent être arrêtés et remis aussitôt à la même autorité. Les employés ne sont entendus que comme témoins.

(4) Ces ouvrages sont les anneaux, bagues, dés à coudre : chandeliers et flambeaux, les robinets, les pas de vis, les viroles et autres objets de première main-d'œuvre analogues. *(Note 1 de la circulaire du 15 juillet 1835, n. 1550, page 15.)*

(5) Consulter les notes 1, 2 et 4 ci-dessus qui sont de tous points applicables au laiton.

(6) Voir la note pour fausses monnaies à monnaies de cuivre.

(7) Bronze, airain, métal de cloche, arco ou potin gris, fonte verte ou polozum, étant des dénominations d'un même alliage du cuivre et de l'étain, à des proportions différentes, mais difficile à reconnaître, il n'y a qu'un droit applicable. Pour l'arco voir la note 9 au mot arco. — Cette taxe comprend les masses, lingots, mitrailles, limailles, vieux canons et les cloches cassées. Quant aux vieux canons, voir la note 3 au mot canons vieux.

(8) La dénomination de cuivre doré comprend : 1° la composition imitant l'or, connue, suivant les espèces et les pays, sous les noms de tombac, similor, pinchebec, chrysochalque, métal de prince et or de Manheim. Par battu ou laminé, on entend les feuilles, traits, lames, paillettes, clinquans, ainsi que les cannetilles. Le fil de cuivre teint en jaune imitant la dorure, et celui propre à la broderie, sont assimilés au cuivre doré tiré.

Le cuivre doré comprend aussi les rouleaux ou cylindres en cuivre rouge, recouverts de feuilles d'or, qui servent à faire des feuilles, traits, lames, paillettes, clinquans, cannetilles, ou à être filés sur fil ou sur soie. Si ces mêmes rouleaux n'étaient pas encore dorés ou argentés, ils seraient traités comme cuivre laminé.

(9) Mêmes explications que pour le cuivre doré.

(10) Cette prohibition comprend : 1° le cuivre et le laiton en baguettes estampées pour ornemens de meubles; 2° le bronze ouvré excepté les bouches à feu reprises aux armes de guerre, les grelots, qui font partie de la mercerie commune; les bronzes antiques, qui font partie des objets de collection hors de commerce ; les ouvrages en bronze vernis, plaqués, dorés ou argentés, qui sont repris à plaqués, et le bronze pulvérisé, qui fait partie des couleurs à dénommer.

Les autres ouvrages en cuivre exceptés de la prohibition sont spécialement dénommés aux articles mercerie, outils, instrumens, horlogerie, estagnons, ou objets de collection hors de commerce, s'il s'agit de médailles historiques, vieilles monnaies, etc.

DÉSIGNATION DES MARCHANDISES.	CLASSE du TARIF.	TITRE DE PERCEPTION. Entrée.	TITRE DE PERCEPTION. Sortie.	UNITÉS sur lesquelles portent les droits.	DROITS D'ENTRÉE par Navires Français.	DROITS D'ENTRÉE par Navires Étrangers et par terre	DROITS de SORTIE.
					F. C.	F. C.	F. C.
FF. **cumin.** (graine de). V. fruits médicinaux à dénommer. (1)							
RR. **cumin.** (huile de). Comme l'huile volatile. Toutes autres.							
FR. **curcuma** en racine (2) de l'Inde	teintures et tannins.	26 juin 1842	6 mai 1841	100 k. BB	10 »	50 »	» 25
RR. **curcuma** en racine d'ailleurs hors d'Europe	—	2 juil. 1836	—	—	22 »	50 »	» 25
id. **curcuma** en racine des entrepôts	—	—	—	—	36 »	50 »	» 25
P. **curcuma** en poudre	—	17 mai 1826	—	100 k. B	prohib.	prohib.	» 25
RR. **cure-dents** et cure-oreilles en bois, os ou plumes. V. mercerie commune.							
P. **cure-dents** et cure-oreilles en écaille, nacre ou ivoire. V. tabletter. non dén.							
FF. **cuscutes** ou épithymes. V. herbes médicinales à dénom. (3)							
FR. **cuveaux, cuves** et **cuviers** en bois, avec ou sans cercle de fer. V. ouvrages en bois non dénommés.							
RR. **cylindres** gravés ou non pour l'impression des tissus. V. machines et mécaniques à dénommer.							
id. **cylindres** non gravés pour mécan. V. métaux ouvr., sel. l'esp.							
id. **cylindres** pour chauffer les bains. V. meubles.							
cylindres en cuivre ou lait. prépar. pour la tréfil. V. rouleaux.							
id. **cymbales**, instrument de musique (4)	ouvr. en mat. diverses.	15 mar 1791	—	la paire.	1 50	1 50	1/4 p. 0/0
FF. **cyperus**, souchet. V. racines médicinales à dénommer.							
FF. **cyprès** (noix de), V. fruits médicinaux à dénommer.							
RR. **cyprès** (résine de). V. résineux exotiques à dénommer.							
D.							
daguerréotypes. V. instruments d'optique.							
daguerréotypes. plaques métalliques de unies. V. plaq. ou mét. ouvrés selon l'espèce.							
daguerréotypes. plaques métalliques de revêtues d'images, dessins etc. V. obj. de col.							
PR. **damas.** V. tissus de soie, étoff. unies ou tissus de laine non dén.							
P. **dames** et damiers. V. tabletterie non dénommée. (5) Ceux en bois communs peints. V. bimbeloterie.							
RR. **dammar**, résine de). Mêmes droits que la résine dite gomme copal. (6)							
FF. **daphné** lauréole, racines de). V. garou.							
id. **dattes** soit en grappes, soit égrappées. V. fruits secs ou tapés à dénommer. *(Circulaire du 9 novembre 1840, n. 1838.)*							
id. **daucus** (graine ou semences de) ou semence dauci. V. fruits médicinaux à dénommer. (7)							
daucus (racines de). V. racines médicinales à dénommer.							
débris de cire ouv. V. cire jaune ou blanche non ouv. sel. l'esp.							
débris d'embarcations échouées. V. agrès et apparaux (8)							
RR. **débris** de momies. V. couleurs à dénommer.							
FF. **débris** d'ouvrages en fonte. V. fonte moulée brute. (9)							
id. **débris** de marbre. Comme marbre brut.							
FR. **débris** d'iris de Florence ou grabeau. Comme iris en racine.							
débris de corail. Comme corail brut.							
FF. **déchets** de corne de bétail. Comme cornes de bétail brutes.							
déchets d'atel. d'orfèvre et d'hôt. des monn. V. regrets d'orf.							
déchets de soie, c'est la bourre de soie. V. bourre de soie.							
déchets de cerf et de daim. V. rapures de cornes de cerf.							
id. **déchets** de poils de porc et de sanglier ou rognures de brossiers. V. poils de vache et autres ploes.							
RR. **déchets** d'écaille. V. rognures d'écaille.							

(1) Semences oblongues, cannelées, d'un gris jaunâtre ou verdâtre, pointues par les deux bouts, convexes d'un côté, aplaties de l'autre, de saveur âcre, amère et aromatique, d'odeur forte et désagréable.

(2) Terra merita. Racine tubéreuse, oblongue, noueuse, jaunâtre, de la grosseur du doigt, d'un goût un peu âcre et d'une odeur approchant celle du gingembre. Elle est d'usage en médecine, en teinture et en vinaigrerie.

(3) Plante parasite à fibres longues, déliées et sans feuilles, de couleur rougeâtre, grimpant et s'entortillant aux plantes voisines.

(4) Voir la note au mot chapeaux-chinois pour le cas d'admission en franchise de droits.

(5) Les damiers en bois communs peints sont repris à bimbeloterie.

(6) La résine connue sous le nom de Dammar est un produit des Moluques et d'autres contrées de l'Asie Orientale, qui a beaucoup de rapport avec le copal surtout avec le copal tendre; elle s'emploie, comme celui-ci, pour la fabrication de certains vernis. L'ordonnance du 2 décembre 1843, en la taxant au même droit que le copal, met fin aux difficultés que présentait la distinction à faire entre ces deux résines. *(Circulaire du 6 décembre 1843, n. 1996.)*

(7) Semences oblongues, cannelées, velues, convexes d'un côté et aplaties de l'autre, d'un brun rougeâtre et d'un goût âcre et aromatique.

(8) Voir la note aux mots agrès et apparaux.

(9) Ces débris aussi appelés têts et blocaille ne sont admis par la loi du 21 avril 1818, que lorsqu'ils ne sont évidemment plus propres qu'à la refonte et que les usines situées dans le rayon frontière en ont besoin, mais encore faut-il que le ministre de l'intérieur intervienne et reconnaisse la réalité des faits, et que le directeur de l'administration donne des ordres spéciaux.

DÉSIGNATION DES MARCHANDISES.	CLASSE du TARIF.	TITRE DE PERCEPTION.		UNITES sur lesquelles portent les droits.	DROITS D'ENTRÉE		DROITS de SORTIE.
		Entrée.	Sortie.		par Navires Français.	par Navires Etrangers et par terre	
					F. C.	F. C.	F. C.

DÉSIGNATION DES MARCHANDISES.	CLASSE du TARIF.	TITRE DE PERCEPTION.		UNITÉS sur lesquelles portent les droits.	DROITS D'ENTRÉE		DROITS de SORTIE.
		Entrée.	Sortie.		par Navires Français.	par Navires Étrangers et par terre	
					F. C.	F. C.	F. C.

	DÉSIGNATION DES MARCHANDISES.	CLASSE du TARIF.	TITRE DE PERCEPTION. Entrée.	Sortie.	UNITÉS sur lesquelles portent les droits.	DROITS D'ENTRÉE par Navires Français.	par Navires Étrangers et par terre	DROITS de SORTIE.
						F. C.	F. C.	F. C.
RR.	**déchets** de laine ou bourre entière. Co. la laine elle-même (1)							
	de fanons de baleine. Comme fanons bruts.							
FF.	de laine dite lanice et tontice (2)	prod. et dép. d'animaux.	28 avr. 1816	7 juin 1820	100 k. BB	1 »	1 40	» 25
	d'ivoire, improp. à la tabletterie. V. rapures d'ivoire.							
	bouts de fil de laine, de lin, de chanvre ou de coton. V. la note au mot corons ou pennes.							
	de pierres. V. moellons.							
	défenses. V. dents.							
RR.	**dégras** de **peaux** (graisses) des pays hors d'Europe	—	17 mai 1826	27 juil. 1822	100 k. NB	40 »	56 »	» 25
	des entrepôts	—	—	—	—	48 »	56 »	» 25
	denrées coloniales. Elles sont reprises chacune d'après sa dénomination. Sucre, etc.							
RR.	**dentelles** de lin (3)	tissus de lin	7 juin 1820	28 avr. 1816	la valeur	5 p. °/°	5 p. °/°	1/4 p. 0/0
P. R.	de soie dites blondes	—	17 déc. 1814	—	—	15 p. °/°	15 p. °/°	1/4 p. 0/0
id.	de coton fabriquées au fuseau et à la main	—	2 juill. 1836	—	—	5 p. °/°	5 p. °/°	1/4 p. 0/0
RR.	d'or fin	—	28 avr. 1816	6 mai 1841	1 k. NN	200 »	212 50	100 k. 25
id.	d'argent fin	—	—	—	—	100 »	107 50	— 25
id.	d'or ou d'argent faux	—	—	—	—	25 »	27 50	— 25
FF.	**dent de lion**. V. racines ou feuilles médicin. à dén. suiv. l'esp.							
id.	**dents** (4) humaines. Comme dents de loup.							
id.	de bœuf. Comme dents de loup.							
BR.	de morphile. C. dents d'éléph. ainsi q. l. corn. d. rhinoc.							
id.	d'hyppopotame, de narval ou licorne, de phoque et de cachalot. Comme dents d'éléphant.							
id.	de lamentin. Comme dents d'éléphant.							
FF.	de sanglier. Comme dents de loup.							
	de cardes, en fer. V. mercerie commune.							
id.	**dents de loup**	matièr. dures à tailler.	—	28 avr. 1816	100 k. BB	5 »	5 50	» 25
	dents artificielle en ivoire V. tabletterie non dénommée.							
	en porcelaine ou en comp., recouv. d'émail. C. émail,							
	dents d'éléphant, défenses entières et en morceaux de plus d'un kilog. du Sénégal français	—	2 juill. 1836	—	100 k. NB	25 »		» 25
	de l'Inde	—	—	—	—	35 »	70 »	» 25
	des autres compt. de la côte occidentale d'Afrique	—	23 juil. 1840	—	—	25 »	70 »	» 25
	d'ailleurs	—	2 juil. 1836	—	—	55 »	70 »	» 25
	défenses sciées en morceaux d'un kilog. et au-dessous du Sénégal français	—	—	—	—	50 »		» 25
	de l'Inde	—	—	—	—	70 »	140 »	» 25
RR.	des autres compt. de la côte occidentale d'Afrique	—	23 juil. 1840	—	—	50 »	140 »	» 25
	d'ailleurs	—	2 juil. 1836	—	—	110 »	140 »	» 25
	mâchelières (5) du Sénégal français	—	—	—	100 k. BB	3 12		» 25
	de l'Inde	—	—	—	—	4 37	8 75	» 25
	des autres compt. de la côte occidentale d'Afrique	—	23 juil. 1840	—	—	3 12	8 75	» 25
	d'ailleurs	—	2 juil. 1836	—	—	6 87	8 75	» 25
FR.	**dents d'éléphant** rapées. V. rapures d'ivoire.							
id.	brûlées. V. noir d'ivoire.							
id.	calcinées (spode) V. noir d'ivoire, ainsi que pour les carbonisées.							
P.	travaillées. V. tabletterie non dénom.							
FF.	**derle**, feldspath opaque et argiliforme, propre à la fabrication de la porcelaine, dit Kaolin et petunzé (6)	pier., ter. et aut. fossiles.	28 avr. 1816	2 juill. 1836	—	» 10	» 10	» 25
RR.	**dés** à coudre et à jouer de fer et d'os. V. mercerie commune.							
	en acier. V. mercerie fine.							
P.	de nacre ou d'ivoire. V tabletterie non dénom.							
	en cuivre. V. cuivre ouvrages simplem. tournés.							
RR.	d'or, d'argent ou de vermeil. V. bijouterie.							
	en or faux. V. cuivre ouvré non dénommé.							

(1) La bourre entière est celle qui provient de l'épilage des peaux passées; c'est une laine avariée et nécessairement courte, car, avant de passer les peaux, on a soin de les tondre.

(2) La bourre lanice est le déchet que produit le battage des laines sur la claie, ou le peignage des étoffes.
La bourre tontice est le déchet produit par la tonte des draps; elle est extrêmement menue et ne peut servir qu'à la fabrication des papiers de tenture, auxquels on donne avec cette matière l'apparence de draps ou de velours; ce qui les fait appeler tontices. On y assimile toutefois les déchets produits par la tonte des schalls de laine, lesquels ne sont pas assez longs pour être traités comme pennes ou corons. On entend par déchets de laine, les bourres, matière laineuse en masse très courte, peu susceptible d'être filée, et qui n'est propre qu'à rembourrer la sellerie grossière, ou à fabriquer les papiers tontices, comme on vient de l'indiquer.

(3) Ne pas confondre avec la dentelle le tulle étroit qui se termine à fil droit des deux côtés: tandis que la dentelle présente d'un côté une bordure plus ou moins riche, mais toujours un picot ou feston qui se détache du corps de l'ouvrage. La dentelle se fait au fuseau, sur des carreaux ou cilyndres de carton, et au moyen d'une épingle pour chaque nœud. Ce nœud qui donne à la dentelle la solidité qui en fait le prix, et qui l'empêche de s'étendre dans tous les sens comme le tulle, qui n'est qu'un tricot, forme aussi le vrai signe distinctif des deux espèces de tissus pour quiconque connait un peu ce genre de fabrication. Prendre garde que sous la dénomination de dentelles, on n'importe pas des voiles de tulle de coton anglais auxquels on a appliqué des fleurs, et qui, en cet état, imitent la dentelle de fil dite fond d'Angleterre.

(4) C'est la loi du 27 mars 1817 qui a assimilé aux dents d'éléphant, les cornes de licorne, qui sont droites et coniques, celles de rhinocéros et les dents d'hippopotame, de phoque et de cachalot.

(5) Les dents mâchelières d'éléphant ont été taxées, à l'entrée, au huitième des droits des défenses entières. *(Loi du 2 juillet 1836.)*

(6) Terre argileuse blanche. Elle est fine et grasse.

	DÉSIGNATION DES MARCHANDISES.	CLASSE du TARIF.	TITRE DE PERCEPTION. Entrée.	TITRE DE PERCEPTION. Sortie.	UNITÉS sur lesquelles portent les droits.	DROITS D'ENTRÉE par Navires Français.	DROITS D'ENTRÉE par Navires Etrangers et par terre	DROITS de SORTIE.
						F. C.	F. C.	F. C.
	dessins imprimés sur tissus, comme les tissus, sel. l'esp. Ceux de meubles, broderies etc. sur papier. V. merc. fine ou comm.							
RR.	**dessins** à la main, soit gouaches, aquarelles, lavis etc. V. objets de collection hors de commerce.							
	dessous de lampe en paille doublés en toile de coton. V. mercerie fine.							
P.	**dextrine**, sucre de pomme de terre. V. prod. chim. non dén.							l'hectog
RR.	**diamants** non montés { bruts	pierres, terres et autr. fossil.	27 mar 1817	27 mar 1817	l'hectog. NB	» 50	» 50	» 01
	diamants non montés { taillés	—	28 avr. 1816	—	—	1 »	1 10	» 01
	diamants montés. V. bijouterie.							
id.	**diamants** montés pour vitrier. V. outils de pur acier.							
FF.	**dibidivi** (1) { en gousses entières ou simplement concassées { des pays hors d'Europe	teint. et tan.	2 déc. 1843	6 mai 1841	100 k. BB	1 »	4 »	» 25
	dibidivi { en gousses entières ou simplement concassées { des entrepôts	—	—	—	—	3 »	4 »	» 25
FR.	**dibidivi** { moulu	—	—	—	—	15 »	16 50	» 25
FF.	**dictame** de crête et autres { feuilles de). V. feuilles médicin. à dén. (2)							
FR.	**dictame** de crête et autres { fécule de) et de flèche indienn. V. sagou (3)							
FF.	**dolics** de toute sorte (dolichos). V. fruits médicin. à dénom.							
	dollures de peaux blanches. V. rognures.							
RR.	**dominoterie** (gravures en bois ou grossièrement enluminées) V. mercerie commune.							
	domino, jeux de. V. tabletterie non dénommée.							
FF.	**dompte-venin** (asclepias vice-toxicum). V. racin. méd. à dén							
	doradille. V. herbes médicinales à dénommer.							
	douppions. V. soie. (4)							
	douvains. V. merrains.							
	drache de morue ou crasse d'huile de morue. C. huile de morue.							
RR.	**dragées**. V. bonbons.							
	draps. V. tissus de laine, de soie ou de coton, suivant l'espèce.							
FE.	**drèche** ou drage (résidu des brasser.) V. fourrages aut. que le son							
	drèche, orge germé et desséché. V. orge.							
id.	**drilles**. (5)	pr. et déc. div.	28 avr. 1816	19 therm. an 4 1er pluv. 13	100 k. B	» 10	» 10	prohib.
P.	**duroys**. V. tissus de laine non dénommés.							
FR.	**duvet** de cygne, d'oie, de canard et flamant	prod. et dép. d'animaux.	—	6 mai 1841	100 k. NB	200 »	212 50	100 k. 25
id.	**duvet** d'eyder (édredon) { épuré	—	2 juil. 1836	—	1 k. NB	5 »	5 50	— 25
id.	**duvet** d'eyder (édredon) { non épuré (6)	—	25 juil. 1837	—	—	1 25	1 30	— 25
FF.	**duvet** de cachemire { brut	—	2 juill. 1836	—	1 k. BN	» 10	» 10	le k. 50
FR.	**duvet** de cachemire { peigné	—	—	—	1 k. NN	1 »	1 10	— 50
FF.	**duvet** d'autruche. V. poils de chameau, etc.							
id.	**duvet** de bombax pyramidal. V. végétaux filamentaux à dén.							
id.	**duvet** cotoneux de l'apocin, du fromager et du massette et peuplier d'Italie. V. végétaux filament. non dén. (7)							
	E.							
RR.	**eaux** d'arquebusade, de Cologne, impériale, de luce, sans pareille etc. V. eaux de senteur.							
	eaux bourbeuses, dites enfers, résidu des réservoirs d'huile etc., comme amurca.							
	eaux de champignons salés. V. épices préparées.							
	eaux de pullna. V. eaux minérales autres que gazeuses.							
	eaux de sedlitz et de soude (soda water). V. eaux minér., autres.							
	eaux de seltz. V. eaux minérales gazeuses.							
	eaux de-vie (8) { d'Andaye et autres sucrées. V. liqueurs.							
	eaux de-vie (8) { sans sucre, même anisées et absinthées. V. eaux-de-vie à boissons distillées.							
	eaux de-vie (8) { aromatisées par l'infusion de fleurs. V. eaux de senteur alcooliques.							

(1) C'est le fruit d'un arbre de la famille des légumineuses. Il avait été classé parmi les gousses tinctoriales à dénommer; mais le dibidivi n'étant pas exclusivement employé en teinture et pouvant être substitué avec avantage à l'écorce de chêne pour le tannage des peaux, ainsi reconnu et constaté le 30 avril 1842 par le comité consultatif des arts et manufactures, il a été assimilé au sumac qui a, comme lui, la double propriété de servir à la teinture et au tannage. Décision ministérielle du 25 mai 1842, relatée dans la circulaire du 3 juin suivant, n. 1918. L'ordonnance du 2 décembre 1842 l'a tarifé spécialement.

(2) Les feuilles de dictame sont rondes, de la longueur d'un pouce, tirant sur le vert, couvertes de duvet et d'un poil épais, odorantes et d'un goût brûlant.

(3) La fécule de flèche indienne s'extrait de la racine de la plante de ce nom. Son assimilation au sagou résulte d'un avis du comité consultatif des arts et manufactures du 4 septembre 1817.

(4) On appelle ainsi les soies grèges ou moulinées provenant du travail de deux vers réunis pour ne former qu'un seul cocon; ce qui en rend la qualité très inférieure et très facile à distinguer.

(5) Ce qui embrasse toutes les matières propres à fabriquer le papier, comme vieux cordages, vieux filets, papier écrit pour épiciers ou pour être réduit en pâte, maculatures et rognures de papier, charpie effilée, linge à pansement, et même les chiffons de laine, de soie et de coton.

(6) Pour jouir des droits indiqués ci-dessus ce duvet doit être importé tel qu'il a été extrait du nid de l'oiseau, c'est-à-dire plus ou moins mélangé de bois, de paille et de parties terreuses. Note 8 du tableau annexé à l'ordonnance du 25 juillet 1837.

(7) On l'appelle aussi laine de bois.

(8) Voir les notes au mot boissons relatives au droit qui frappe le verre ou autre récipient indépendamment des boissons.

DÉSIGNATION DES MARCHANDISES.	CLASSE du TARIF.	TITRE DE PERCEPTION.		UNITÉS sur lesquelles portent les droits.	DROITS D'ENTRÉE		DROITS de SORTIE.
		Entrée.	Sortie.		par Navires Français.	par Navires Etrangers et par terre	
					F. C.	F. C.	F. C.

DÉSIGNATION DES MARCHANDISES.	CLASSE du TARIF.	TITRE DE PERCEPTION. Entrée.	Sortie.	UNITÉS sur lesquelles portent les droits.	DROITS D'ENTRÉE par Navires Français.	par Navires Étrangers et par terre	DROITS de SORTIE.
					F. C.	F. C.	F. C.

	DÉSIGNATION DES MARCHANDISES.	CLASSE du TARIF.	TITRE DE PERCEPTION. Entrée.	TITRE DE PERCEPTION. Sortie.	UNITÉS sur lesquelles portent les droits.	DROITS D'ENTRÉE par Navires Français.	DROITS D'ENTRÉE par Navires Étrangers et par terre	DROITS de SORTIE.
						F. C.	F. C.	F. C.
	eaux de cerise sans alcool. V. liqueur.							
RR.	**eaux** médicinales, caux distillées (1) alcooliques	comp. div.	27 mar 1817	6 mai 1841	100 k. NB	150 »	160 »	» 25
	eaux médicinales, caux distillées (1) sans alcool	—	—	—	—	100 »	107 50	» 25
	eaux de senteur (2) alcooliques	—	—	—	—	150 »	160 »	» 25
	eaux de senteur (2) sans alcool	—	—	—	—	100 »	107 50	» 25
FF.	**eaux** minérales gazeuses en cruchons de terre communs, (contenant et contenu)	boissons.	2 juill. 1836	28 avr. 1816	100 k. BB	1 »	1 10	» 25
	eaux minérales Autres (3)	—	28 avr. 1816	—	—	» 50	» 50	» 25
RR.	**eaux** forte. V. acide nitrique, esprit de nitre.							
id.	**eaux** régale. V. acide nitro-muriatique.							
FR.	**eaux** de poix ou de raze. V. huiles volatiles, toutes autres.							
RR.	**eaux** de fleurs d'oranger, de Gaïac, de Portugal, de mélisse, dites des carmes, et l'élexir stomachique de Stoughton. V. eaux médicinales, eaux distillées alcooliques ou sans alcool suivant l'espèce.							
id.	**eaux** de lav., de mille fleurs, de la reine de Hongrie, de rose.							
id.	**eaux** lait de rose, les pots-pour. etc. V. pour le tout eaux de sent.							
FF.	**écailles** d'ablette. V. ablette.							
id.	**écailles** de cuivre. V. pier. et ter. serv. aux arts et mét. à dén. (4)							
RR.	**écailles** de tortue (5) carapaces et onglons débités en feuilles de l'Inde	matièr. dures à tailler.	2 juill. 1836 et 17 mai 1826.	—	100 k. NB	100 »	300 »	» 25
	écailles de tortue carapaces et onglons débités en feuilles d'ailleurs, hors d'Europe	—	—	—	—	150 »	300 »	» 25
	écailles de tortue carapaces et onglons débités en feuilles des entrepôts	—	—	—	—	200 »	300 »	» 25
	écailles de tortue caouanes et onglons entiers de l'Inde	—	—	—	—	50 »	150 »	» 25
	écailles de tortue caouanes et onglons entiers d'ailleurs, hors d'Europe	—	—	—	—	75 »	150 »	» 25
	écailles de tortue caouanes et onglons entiers des entrepôts	—	—	—	—	100 »	150 »	» 25
	écailles de tortue rognures (6) de l'Inde	—	—	—	—	25 »	75 »	» 25
	écailles de tortue rognures (6) d'ailleurs, hors d'Europe	—	—	—	—	37 50	75 »	» 25
	écailles de tortue rognures (6) des entrepôts	—	—	—	—	50 »	75 »	» 25
FF.	**écarlate** (graine d'). V. kermès.							
RR.	**écarrissoirs.** V. outils de pur acier.							
FF.	**échalas**	bois comm.	28 avr. 1816	6 mai 1841	1000 enn.	» 25	» 25	1/4 p. 0/0
RR.	**échantillons** d'histoire naturelle. V. objets de collection hors de commerce.							
id.	**échantillons.** (7)							
P.	**échecs** (jeux d'). V. tabletterie à dénommer.							
P. R.	**écharpes** de cachemire de moins de 180 centimèt. V. châles de cachemire de même dimension. *(Circ. n. 1869.)*							
id.	**écharpes** qui, par leurs dimensions, excèdent la surface des châles carrés de 180 centimètres sont taxées à 100 francs.							

(1) Indépendamment des droits sur les eaux distillées, ceux des bouteilles ou cruchons sont exigibles. Sont comprises sous cette dénomination toutes les eaux non sucrées, et non destinées à la boisson comme liqueurs, provenant d'infusion ou de la distillation de vulnéraires. Les eaux distillées, non spiritueuses, se distinguent en ce qu'elles fondent le sucre et ne peuvent s'enflammer. Le mot générique d'eaux distillées ne dispense pas de déclarer le nom de chaque espèce présentée.

(2) Sont comprises sous cette dénomination toutes celles qui sont exclusivement employées comme eaux de senteur ou pour la toilette et provenant d'infusion ou de distillation d'aromates, avec lesquelles toutefois il ne faut pas confondre les esprits, essences et quintessences, tarifés à l'article huiles, ni les liqueurs, tarifées à l'article boissons. Les eaux de senteurs non spiritueuses se distinguent en ce qu'elles fondent le sucre et ne peuvent s'enflammer. On ne peut se dispenser de déclarer le nom de chaque espèce présentée.

(3) On doit liquider séparément les eaux et les vases qui les contiennent. Lorsque ces vases sont emballés, le brut des colis doit être reparti sur le poids des eaux et des vases, dans leurs proportions respectives. Par exemple 100 cruchons vides pèsent, d'après une expérience faite par l'administration, 104 kil. et remplis d'eau 237; ainsi, les droits seront à l'entrée, cruchons pleins, par 100 kil., 4 Fr. 67 cent. ou 5 Fr. 10 cent., selon qu'ils arrivent par navires français ou par navires étrangers. Pour ce qui s'importe en bouteilles, on suivra le mode indiqué aux boissons.

(4) C'est un oxide terreux et humide provenant du décapage des ustensiles de cuisine avant de les étamer de nouveau. Cet oxide que l'on nomme dans le commerce crasse ou écaille de cuivre, terre cuivreuse, qui ressemble un peu à la terre d'ombre, et qui vaut environ le quart du vieux cuivre, contient aussi de l'étain, une faible portion de zinc et de fer, et sert à la fabrication du sulfate de cuivre.

(5) Les onglons qu'on nomme aussi ergots, sont fort pesants et fort épais, on en extrait l'écaille blonde et le reste sert pour les ouvrages d'écaille fondue.

(6) Les rognures servent à faire de petits ouvrages de tabletterie ou de placage; les sciures et les railures, que cet article comprend aussi, servent pour des objets moulés.

(7) On ne reconnait pour échantillons que des articles uniques, dépareillés ou incomplets, et dont la destination se prouve à l'assemblage des choses toutes différentes les unes des autres.

Les échantillons d'objets étrangers suivent le régime des marchandises dont ils font partie; c'est-à-dire que ceux tarifés paient les droits d'entrée et de sortie, et que ceux d'espèces prohibées sont exclus, à moins d'une autorisation spéciale.

La sortie et la rentrée des échantillons dont les commis-voyageurs des fabriques françaises sont porteurs lorsqu'ils passent à l'étranger, et qu'ils rapportent pour faire exécuter les commandes reçues, sont soumises aux précautions et formalités ci-après:

1° Ces échantillons, assujettis à des cartes ou carnets, ou portant chacun une étiquette en parchemin assez grande, sont, avant la sortie, présentés à un bureau principal de l'intérieur ou de la frontière, avec une déclaration en double expédition, indiquant en détail leur nombre et espèce.

2° La douane, après vérification, inscrit la spécification des objets et son visa sur les cartes, carnet ou étiquettes, et les revêt d'un timbre, plomb ou cachet.

3° Elle délivre ensuite l'acquit de paiement de sortie, et joint à cet acquit l'une des deux expéditions de la déclaration descriptive, dûment visée par le receveur et les autres employés supérieurs; l'autre reste déposée à la douane.

4° La rentrée des échantillons dont on justifie de la sortie comme il est dit ci-dessus, peut avoir lieu en franchise par tous les bureaux principaux.

5° Si, avant que l'acquit de paiement ait un an de date, il y a lieu à ressortir de nouveau les mêmes échantillons, on se borne, après exacte reconnaissance de leur identité, à viser les cartes, carnets ou étiquettes, et l'acquit.

Quant aux échantillons fractionnaires des fabriques françaises, tels que les bouts de tissus qui n'ont aucune valeur et ne peuvent servir à rien, ils sont affranchis, à la sortie comme à la rentrée, de toutes formalités autres que la vérification. *(Circulaire n. 377.)*

	DÉSIGNATION DES MARCHANDISES.	CLASSE du TARIF.	TITRE DE PERCEPTION. Entrée.	TITRE DE PERCEPTION. Sortie.	UNITÉS sur lesquelles portent les droits.	DROITS D'ENTRÉE par Navires Français.	DROITS D'ENTRÉE par Navires Etrangers et par terre	DROITS de SORTIE.
						F. C.	F. C.	F. C.
FF.	**échelles** en bois. V. boissellerie.							
RR.	**échenilloirs.** V. instruments aratoires.							
	échiquiers en bois communs peints. V. bimbelot. Autres, V. tabletterie non dénommée.							
FF.	**écopes** à main en bois. V. boissellerie.							
RR.	**écorces** médicinales à dénommer	espèc. méd.	2 juil. 1836	27 juil. 1822	100 k. NB	48 »	52 80	» 25
FF.	**écorces** de bouleau blanc, de charme et de châtaigner. V. écorces à tan autres que de sapin.							
	écorces de chêne-liège (seconde) et de chêne commun. V. écorces à tan autres que de sapin.							
id.	**écorces** de pareira. V. écorces médicinales à dénommer.							
	écorces de sumac et fustet. V. sumac							
id.	**écorces** de paraguatan. V. racine de garance sèche.							
	écorces de manglier rouge. V. quercitron.							
id.	**écorces** de manglier noir. V. écorces médicinales à dénom.							
	écorces de saule. V. écorces à tan autres que de sapin							
	écorces d'autour pouv. serv. p. la teint en rouge. V. curcuma							
	écorces de clavalier et de copalchi. V. quercitron.							
id.	**écorces** de prunier de Virginie. V. écorces médic. à dénom.							
FR.	**écorces** d'aliboufier ou storax officiel. V. storax en pain.							
FF.	**écorces** de tilleul pour cordages	fruits, tiges et filam. à ouvr.	28 avr. 1816	6 mai 1841	100 k. BB	» 10	» 10	» 25
id.	**écorces** de citron, orange et leurs variétés	esp. médic.	—	27 juil. 1822	—	17 »	18 70	» 25
FR.	**écorces** de quinquina (1) des pays situés à l'ouest du cap Horn, en droiture	—	29 juin 1833	—	100 k. NB	25 »	100 »	» 25
RR.	**écorces** de quinquina (1) d'ailleurs	—	17 mai 1826	—	—	50 »	100 »	» 25
	écorces de pin (2) non moulues	teint. et tan.	28 avr. 1816	6 mai 1841	100 k. BB	» 10	» 10	» 25
	écorces de pin (2) moulues	—	21 avr. 1818	17 mai 1826	—	1 »	1 10	» 10
	écorces à tan. (3) de sapin non moulues	—	28 avr. 1816	28 avr. 1816	—	» 10	» 10	prohib.
FF.	**écorces** à tan. (3) de sapin moulues, tan	—	—	—	—	» 50	» 50	prohib.
	écorces à tan. (3) Autres non moulues	—	—	—	—	» 10	» 10	prohib.
	écorces à tan. (3) Autres moulues, tan	—	—	—	—	» 50	» 50	prohib.
	écorces de grenade, d'aulne et de bourdaine	—	—	6 mai 1841	—	1 »	1 10	» 25
FF.	**écossines,** soit pierres calcaires à cristallisat. confus. brutes ou simplement écarries autrement que par le sciage de la mer à blanc misseron exclusivement	pierres, terres et autr. fossil.	2 juil. 1836	—	—	» 10	» 10	» 25
	écossines brutes ou simplement écarries autrement que par le sciage par tous autres points	—	6 mai 1841	—	—	comme les marbres.	comme les marbres.	
FR.	**écossines** ouvrées en pièces préparées pour la bâtisse et non polies	—	23 mai 1838	—	la valeur.	15 p. %	15 p. %	1/4 p. 0/0
id.	**écossines** carreaux de pavage taillés dans des feuilles ou lames schisteuses d'extraction natur.	—	—	—	—	15 p. %	15 p. %	1/4 p. 0/0
	écossines carreaux de pavage sciés	—	—	28 avr. 1816	100 k. BB	le droit des marbres selon leur état.	le droit des marbres selon leur état.	» 05
	écossines sculptées, moulées, polies ou autrem. ouvrées	—	—	—	—			» 01
	écouanes ou **rapes** d'emboitement, outils de cordonnier. V. limes et râpes.							
RR.	**écrans** de main. V. mercerie commune.							
	écrans de main (plaques d') en bois blanc, ouvrages de spa. V. mercerie fine ou commune.							
FF.	**écrevisses** d'eau douce de toute pêche fraiches	pêches.	28 avr. 1816	27 mar 1847	100 k. B	» 50	» 50	exempt.
RR.	**écrevisses** d'eau douce de toute pêche préparées	—	—	—	—	40 »	44 »	exempt.
FF.	**écrevisses** de mer, homards. V. homards.							
RR.	**écritoires** de corne, de bois ou d'os. V. mercerie commune.							
id.	**écritoires** de carton verni. V. carton moulé.							
P.	**écritoires** de cuir. V. peaux ouvrées.							
id.	**écritoires** d'ivoire. V. tabletterie non dénommée.							
RR.	**écritoires** de voyage en verre, à bouchon élastique garnies en cuir ou en bois. V. mercerie fine.							
id.	**écritoires** d'or, de vermeil et d'argent. V. bijout, sel. l'esp.							
P.	**écritoires** de métaux communs plaqués ou doubl. V plaqués.							
id.	**écritoires** de métaux communs vernissés, dorés ou argentés. V. métaux ouvrés dont elles sont formées.							

(1) Écorce d'un arbre du Pérou, très-sèche, épaisse et rude à l'extérieur, un peu résineuse, de couleur rousse ou de rouille de fer, d'une saveur très amère, légèrement astringente, et d'une odeur aromatique qui n'est pas désagréable.

(2) L'écorce de pin, moulue ne doit pas être confondue avec la poussière de pin ce sont deux produits bien différents. L'écorce de pin moulue n'est tarifée à ce faible droit que parceque c'est une teinture de faible valeur, dont l'emploi est restreint à peu près aux filets de pêcheurs. La poussière de pin, au contraire, est une résine connue dans le commerce sous le nom de soufre végétal, son emploi étant le même que le lycopode, elle doit suivre le même régime.

(3) Les écorces à tan peuvent être exportées par les points pour lesquels le gouvernement suspend la prohibition (*Loi du 7 juin 1820*). Par application de cette disposition on peut exporter: 1° par la rivière de la Meuse, des quantités illimitées d'écorces à tan, moulues ou non moulues (*Ordonnance du 4 octobre 1820*); 2° par la douane de Mijoux 150,000 kil., annuellement d'écorces de sapin non moulues, provenant du territoire de la commune de Septmoncel (Ain) (*Ordonnance du 30 août 1820*). Dans ce cas, comme toutes les fois que la prohibition est suspendue, on perçoit les droits suivants :

ÉCORCES A TAN	de sapin.	non moulues	» 50	par 100 kil. brut. (*Loi du 2 juillet 1836.*)
		moulues	» 25	
	autres.	non moulues	2 »	
		moulues	1 »	

Toutefois le ci-devant district aujourd'hui arrondissement de Lure, Haute-Saône, peut exporter annuellement 12,500 quintaux métriques d'écorces à tan, non moulues, à charge de payer le droit de 1 fr. 2 cent. par 1000 kil. brut (*Lois des 27 juin 1792 et 24 nivôse an 5*). — Par écorces à tan on entend l'écorce de chêne commun et des autres arbres indigènes propre au tannage, comme celle de hêtre, de charme, de saule, de bouleau blanc et de sapin.

DÉSIGNATION DES MARCHANDISES.	CLASSE du TARIF.	TITRE DE PERCEPTION.		UNITÉS sur lesquelles portent les droits.	DROITS D'ENTRÉE		DROITS de SORTIE.
		Entrée.	Sortie.		par Navires Français.	par Navires Étrangers et par terre	
					F. C.	F. C.	F. C.

DÉSIGNATION DES MARCHANDISES.	CLASSE du TARIF.	TITRE DE PERCEPTION.		UNITÉS sur lesquelles portent les droits.	DROITS D'ENTRÉE		DROITS de SORTIE.
		Entrée.	Sortie.		par Navires Français.	par Navires Étrangers et par terre	
					F. C.	F. C.	F. C.

	DÉSIGNATION DES MARCHANDISES.	CLASSE du TARIF.	TITRE DE PERCEPTION.		UNITÉS sur lesquelles portent les droits.	DROITS D'ENTRÉE		DROITS de SORTIE.
			Entrée.	Sortie.		par Navires Français.	par Navires Étrangers et par terre	
						F. C.	F. C.	F. C.
BR.	**écritures** (modèl. ou exempl. gravés d'), mêm. droits que l. livr.							
P.	**écrous**. V. fer ou cuivre ouvré, selon l'espèce.							
FF.	**écuelles** en bois. V. boissellerie. écuelles en bois vernies. V. ouvrages en bois non dénommés.							
P.	**écume** de verre, même régime que les soud. V. ce mot à alcalis.							
FF.	**écume** de mer vraie ou fausse. brute. V. pierres et terres servant aux arts et métiers à dénommer.							
RR.	**écume** de mer vraie ou fausse. ouvrée en pipes. V. mercerie fine.							
	écume sèche de rafineries de sucre. V. engrais.							
FR.	**édredon.** V. duvet d'Eyder.							
P.	**effets** à usage (1) linge uni, ouvragé ou damassé	ouvr. en mat. diverses.	17 mai 1826	17 mai 1826	100 k. NB	Même droit que le tissu dont il est formé et le dixième en sus.		» 25
	effets à usage (1) habillements neufs	—	28 avr. 1816	28 avr. 1816		Comme l'étoffe principale dont ils sont formés		» »
	effets à usage (1) habillements supportés	—						
RR.	**élémi** (résine pure d'). V. résineux exotiques à dénommer.							
id.	**élixirs** stomachique de Stougton. V. eaux médicin., eaux distil.							
P.	**élixirs** Autres. V. médicaments composés non dénommés. (2)							
FF.	**ellébore** noir ou blanc. V. racines médicinales à dénomm. (3)							
BR.	**ellipé** (huile d'), comme les huiles de palme et de coco.							
id.	**eltach** (résine pure d'). V. résineux exotiques à dénommer.							
id.	**émail** (4) en gâteaux ou en baguettes et en poudre de couleur autre que bleue	vitrificat.	2 juill. 1836	—	1 k. NB	2 »	2 20	100 k. 25
	émail ouvré. V. bijouterie.							
	émail en poudre de couleur bleue. V. azur.							
id.	**émaux** (peintures en émail). V. objets de collection.							
P.	**embarcations.** V. barques.							
FR.	**embauchoirs** pour bottes. V. ouvrages en bois non dénomm.							
RR.	**émeraudes.** V. pierres gemmes à dénommer.							
FF.	**émeri**, pierre ferrugineuse (5) en pierre brutes	pierr., terr. et autres fossiles	17 mai 1826	—	100 k. BB	2 »	2 20	» 25
	émeri, pierre ferrugineuse (5) en grains ou en poudre	—	—	—	—	8 »	8 80	» 25
P.	**émétique**, tartrate de potasse et d'antimoine. V. médicaments composés non dénommés.							
id.	**emplâtres**. V. médicaments composés non dénommés.							
RR.	**emporte-pièces.** V. outils de fer rechargé d'acier.							
FF.	**encadrements** d'ardoise. V. boissellerie ; de miroirs et de glaces, comme meubles.							
id.	**encens** commun. V. galipot.							
RR.	**encens** fin (oliban). V. résineux exotiques à dénommer.							
id.	**enclumes.** V. outils de fer rechargé d'acier.							
	enclumes (plaques d'), comme les fers en barres plates de 213 à 458 millimètres.							
id.	**encre** à dessiner, en tablettes	couleurs.	21 avr. 1818	6 mai 1841	1 k. NB	1 »	1 10	100 k. 25
	encre poudre d') (6), ou encre sèche, C. encre à dessin. en tabl.							
	encre liquide à écrire ou à imprimer	—	—	2 juill. 1836	100 k. NB	60 »	65 50	— 25
	encre à marquer le linge. V. produits chimiques non dénom.							
	encre de Chine, comme encre à dessiner en tablettes.							
	encre de sèche. V. couleurs à dénommer.							

(1) Quand des voyageurs rapportent de l'étranger, pour leur usage des objets prohibés qui, par leur nombre et leur valeur, n'indiquent pas une spéculation et qu'ils sont d'ailleurs en rapport avec la position sociale de l'importateur, on peut dans les bureaux principaux, lorsqu'il y a eu déclaration avant la visite, et qu'il ne s'agit pas de tissus en pièce, les admettre d'office, avec l'autorisation des chefs locaux, au droit de 30 pour cent de la valeur. *(Lettre du 2 octobre 1841.)*

La loi du 2 juillet 1836 avait aussi accordé la même latitude et aux mêmes conditions, pour les vêtemens neufs et confectionnés et autres effets neufs à l'usage des voyageurs.

Les chefs supérieurs, le directeur, inspecteur sédentaire ou tout autre peuvent également admettre en franchise, ou au droit de 15 pour cent de la valeur comme meubles, les effets à usage supportés, le linge de table et de lit et autres objets portant des traces évidentes de service. La visite relate dans son certificat cette circonstance.

(2) Lorsqu'il y a lieu d'admettre quelque médicament frappé de prohibition, il faut un ordre formel de l'administration et que l'école de pharmacie ait jugé que ce médicament est utile ou nécessaire. Dans ce cas le droit est de 20 pour cent de la valeur connue plus par kilogramme net à déterminer, en se basant sur le droit que l'administration a fixé elle-même pour certains médicaments admis. Savoir :

ANTI-GOUTTE de la Martinique	2 40	par navires français et	2 60	par navires étrangers et par terre.	
ESPRITS de genièvre	3 60	id.	3 90	id.	Note 341 du tarif de 1822.
ESPRITS de succin	2 80	id.	3 »	id.	
TABLETTES D'HOCKIAC (celle de peau d'âne)	9 »	id.	9 90	id.	

(3) Les racines de l'ellébore noir ont la couleur noire en dehors et sont grises en dedans. Celles du blanc sont blanches et en têtes assez grosses. Toutes deux sont garnies de beaucoup de fibres, mais on les apporte ordinairement dégarnies de ces filaments.

(4) L'émail est une vitrification de couleur, opaque, qui, étant porphyrisée, sert à émailler, à peindre sur émail et sur porcelaine.

Les gâteaux d'émail sont plats d'un côté et convexes de l'autre, et ont environ un décimètre de diamètre. S'il en était présenté en poudre de couleur bleue, il serait traité comme l'azur.

(5) C'est un minéral ferrugineux, scintillant, rouge, quelquefois noir ou gris, très-dur, rayant le verre : réduit en poudre, il sert à polir les glaces, les pierres et les métaux.

(6) Poudre composée en égale quantité, de sulfate de fer, de noix de galles pulvérisée, et de gomme arabique.

	DÉSIGNATION DES MARCHANDISES.	CLASSE du TARIF.	TITRE DE PERCEPTION. Entrée.	TITRE DE PERCEPTION. Sortie.	UNITÉS sur lesquelles portent les droits.	DROITS D'ENTRÉE par Navires Français. F. C.	DROITS D'ENTRÉE par Navires Étrangers et par terre. F. C.	DROITS de SORTIE. F. C.
	eneriers. V. écritoires.							
FF.	**endive** plante. V. légumes verts. / semence d'). semences froides. V. fruits médic. à dén.							
id.	**enfers**, eaux bourbeuses provenant des réservoirs où s'écoule l'huile. V. amurca.							
id.	**engrais** (1)	prod. et dép. d'animaux.	28 avr. 1816	28 avr. 1816	100 k. BB	» 10	» 10	» 25
	engrêlure, mêmes droits que les dentelles.							
RR.	**enveloppes** en papier { ornées de dessins ou vignett. V. gravur. / unies. V. papier, selon l'espèce.							
FF.	**épeautre.** V. céréales, froment.							
RR.	**épées.** V. armes de luxe blanches.							
RR.	**éperons** { d'argent. V. orfévrerie.							
	en acier et en fer poli. V. mercerie fine.							
P.	bronzés ou argentés V. métaux ouvrés selon l'esp.							
RR.	grossiers, seulem. limés, noircis ou étam. V. merc. c.							
P.	plaqués ou doublés. V. plaqués.							
RR.	**épices** préparées à denommer (2)	comp. div.	27 mar 1817	—	1 k. NB	2 »	2 20	100 k. 25
id.	**épinettes**, instruments de musique (3)	ouv. en mat. diverses.	15 mar 1791	6 mai 1841	la pièce	18 »	18 »	1/4 p. 0/0
FF.	**épine-vinette** { racines et bois d'). V. bois de teinture à dénommer, au mot autres							
id.	baies d'). V. fruits frais indigènes à dénom. Celles en macération dans la bière aigrie, comme les poires écrasées.							
id.	feuilles d'). V. feuilles tinctoriales à dénom.							
RR.	**épingles** { d'or ou d'argent. V. bijouterie. / en acier. V. mercerie fine. / de cuivre ou de fer, même celles de rébut. V. merc. c. / à grosse tête, à filigranes et verroterie, dites de Venise. V. mercerie fine.							
RR.	**épis** de paille { naturels. V. tresses de paille grossières pour chapeaux. / artificiels, comme les tresses de paille fines.							
FF.	**épithymes.** V. cuscute. Herbes médicinales à dénommer.							
RR.	**épluchures** de cacao. V. cacao. Pour toute autre. V. grabeau.							
FR.	**éponges** (4) { communes	subst. pr. à la méd. et parfu.	30 avr. 1806	28 avr. 1816	100 k. NB	60 »	65 50	» 25
	fines	—	—	—	—	200 »	212 50	» 25
RR.	**épreuves** du daguerréotype. V. objets de collection.							
FF.	**éparge.** V. catapuce. Herbes ou fruits médicinaux à dénom.							
RR.	**équerres.** V. instruments de calcul.							
FF.	**érable.** V. bois communs, soit bois à construire. (5)							
id.	**escajolles.** V. alpiste.							
id.	**escargots**, mêmes droits que les moules. V. coquillages pleins.							
RR.	**escavisson** ou scavisson, écorce de vieux cannelliers. V. cannelle commune ou de la Chine.							
FR.	**escayolle**, mastic ouvré et peint, en dessus de table. Comme pierres ouvrées autres que chiques.							
FF.	**escurgeon.** V. céréales, espèce d'orge qu'on nomme aussi baillage ou sucrion. V. orge.							
RR.	**espaces**, petites pièces en métal servant à séparer les mots. V. caractères d'imprimerie.							
P.	**espagnolettes** V. tissus de laine non dénommés.							
FF.	**esparcette** (graines d'). V. graines de prairie.							
id.	**esparres** de 15 centimèt. inclus à 25 exclus de diamètre. (6)	bois comm.	27 mar 1817	27 mar 1817	la pièce.	» 75	» 75	3 75
	espèces monnayées. Cet article se trouve repris à chaque métal dont elles sont formées.							
	espèces médicinales. V. substances médicinales.							

(1) On n'entend par engrais que des matières animales ou végéto-animales. Cette définition ne comprend que les fientes d'animaux, la poudrette, la poudre végétative, la colombine, le terreau et le fumier, mais on y assimile les cendres de tourbe, qui n'ont également aucune autre destination que de servir, sinon à l'engrais, du moins à l'amendement des terres.

(2) Sont les extraits liquides, jus, sauces ou sucs épicés pour assaisonnement, qu'importent, pour leur usage les Anglais qui viennent en France, la poudre de Kary de l'Inde ordinairement en bouteilles, et qui parait composée de gingembre et d'autres épices. Les marmelades ou tablettes de pommes d'amour.

(3) Consulter la note à chapeaux-chinois pour leur admission en franchise.

(4) La différence consiste dans la finesse des pores et dans la forme: les communes sont plus ou moins rondes, et ne laissent pas apercevoir l'endroit par lequel elles adhéraient au rocher, tandis que les fines ou mi-fines coniques, ont à la base un renforcement comme une espèce de bonnet, et à la pointe un endroit dont la couleur est plus sombre et les pores autrement faits qu'au reste de la surface.

(5) Les planches d'érable teintes, ne servant qu'au placage ou en marqueterie, sont assimilés aux bois d'ébénisterie à dénommer.

(6) Leur diamètre se prend au 6me de la longueur, à partir du gros bout. *(Lois des 27 mars 1817 et 27 juillet 1822.)*

DÉSIGNATION DES MARCHANDISES.	CLASSE du TARIF.	TITRE DE PERCEPTION.		UNITÉS sur lesquelles portent les droits.	DROITS D'ENTRÉE		DROITS de SORTIE.
		Entrée.	Sortie.		par Navires Français.	par Navires Étrangers et par terre	
					F. C.	F. C.	F. C.

DÉSIGNATION DES MARCHANDISES.	CLASSE du TARIF.	TITRE DE PERCEPTION.		UNITÉS sur lesquelles portent les droits.	DROITS D'ENTRÉE		DROITS de SORTIE.
		Entrée.	Sortie.		par Navires Français.	par Navires Étrangers et par terre	
					F. C.	F. C.	F. C.

	DÉSIGNATION DES MARCHANDISES.	CLASSE du TARIF.	TITRE DE PERCEPTION. Entrée.	TITRE DE PERCEPTION. Sortie.	UNITÉS sur lesquelles portent les droits.	DROITS D'ENTRÉE par Navires Français.	DROITS D'ENTRÉE par Navires Étrangers et par terre	DROITS de SORTIE.
						F. C.	F. C.	F. C.
RR.	**espénille** (bois d'), m. droits que le bois d'acaj. (*O. du 2 déc. 1843*)							
P.	**espingoles** ou tromblons, armes prohibées.							
id.	**esprit** (1) de genièvre de succin et de corne de cerf. V. médicaments composés non dénommés.							
RR.	**esprit** de nitre. V. acide nitrique.							
	esprit de bois acide pyrolign. V. boissons, vinaig. de bois.							
FR.	**esprit** de poix ou de raze, huile essentielle. V. huiles volatiles, toutes autres.							
P.	**esprit** de savon. V. médicaments composés non dénommés.							
RR.	**esprit** de sel. V. acide muriatique.							
id.	**esprit** de soufre ou de vitriol. V. acide sulfurique.							
id.	**esprit** de vin. V. boissons, eaux-de-vie de vin.							
FF.	**esquine**. V. racines médicinales à dénommer. (2)							
id.	**essandoles**. V. bois feuillard, petites planches qui servent à couvrir les maisons.							
	essaye. Comme la garance V. garance. (3)							
P.	**essences** (4) médicinales. V. médicaments comp. non dénom.							
RR.	**essences** de savons. V. savons liquides, etc.							
FR.	**essences** de terébenthine. V. résines indigènes distillées.							
id.	**essences** dite naphte de houille. Comme essence de tereben.							
RR.	**essences** huiles volatilles. V. huiles.							
FR.	**essieux** en bois. V. ouvra. en bois non dén. En fer. V. fer ouvré.							
P.	**estagnons** vides. V. fer-blanc, cuivre ou étain ouv. sel. l'esp.							
RR.	**estagnons** contenant des liquides, paient 10 p. % de la val.							
id.	**estampes**. V. grav. Estamp. gross. (dominoterie). V. merc. com.							
	esturgeons. V. poissons de mer.							
FF.	**ésule**. V. racines médicinales à dénommer. (5)							
id.	**étain** (6) minérai	métaux.	23 juil. 1838	6 mai 1841	100 k. BB	» 10	» 10	» 10
FR.	**étain** brut de l'Inde	—	2 juill. 1836	—	—	» 50	4 »	» 25
RR.	**étain** brut d'ailleurs	—	—	—	—	2 »	4 »	» 25
FR.	**étain** battu ou laminé	—	28 avr. 1816	—	100 k. NB	60 »	65 50	» 25
P.	**étain** ouvré	ouvr. en mat. diverses.	10 brum. 5	—	100 k. B	prohibé.	prohibé.	» 25
FF.	**étain** (régule d'). V. étain brut.							
	étain oxide. V. oxide d'étain.							
	étain de glace. V. bismuth. (7)							
P.	**étamines**. V. tissus de laine non dénommés.							
RR.	**étaux**. V. outils de fer rechargé d'acier.							
P.	**éthers**. V. médicaments composés non dénommés. (8)							
FF.	**éthiops martial**. V. oxide de fer noir. Colcothar.							
RR.	**étiquettes** imprimées, gravées ou coloriées. (9)	papier et ses applications.	24 sept 1840	6 mai 1841	100 k. NB	300 »	317 50	» 25
	étoffes. V. tissus suivant l'espèce.							
RR.	**étoiles à dévider** de bois, de carton ou d'os. V. mercerie commune.							
P.	**étoiles à dévider** d'ivoire, d'écaille ou de nacre. V. tablet. non dénom.							
FF.	**étoupes** de chanvre	fruits, tiges et filam. à ouvr.	27 juil. 1822	27 juil. 1822	100 k. BB	8 »	8 80	» 25
	étoupes de lin	—	2 juill. 1836	—	—	5 »	5 50	» 25
	étoupes provenant de vieux cordages. V. drilles.							
P.	**étriers** bronzés ou argentés. V. métaux ouv. dont ils sont form.							
id.	**étriers** ploqués ou doublés. V. plaqués.							
RR.	**étriers** grossiers, seulem. limés noircis ou étam. V. merc. com.							
id.	**étriers** en acier et en fer poli. V. mercerie fine.							
id.	**étrilles**. V. outils de pur fer.							

(1) Pour l'esprit de genièvre et de succin consulter la note d'autre part au mot élixir médicament.

(2) Grosse racine noueuse, genouillée, pesante, ligneuse, à tubercules inégaux, un peu résineuse, d'un goût terreux et astringent.

(3) Racine dont on se sert dans les Indes Orientales pour teindre en écarlate. Sa couleur est d'un rouge obscur, son goût ressemble à celui du sel de nitre.

(4) En chimie c'est l'huile aromatique très subtile qu'on obtient par la distillation des plantes; cela s'appelle aussi huile essentielle.

(5) Petite racine rougeâtre d'une plante à plusieurs tiges rameuses et à feuilles étroites, qui contiennent un suc laiteux lorsqu'elles sont vertes.

(6) Métal blanc qui se distingue de l'argent, du plomb, du bismuth et du zinc, par différents caractères extérieurs très connus, par la propriété qu'il a de durcir et de rendre cassants les autres métaux avec lesquels on le combine et surtout par le bruit qu'il fait entendre quand on le plie, et qu'on appelle cri de l'étain. — L'étain brut comprend les lingots, masses ou saumons, et les ouvrages brisés qui ne sont absolument plus propres qu'à la refonte.

(7) Métal plus lourd et moins blanc que le zinc, il est jaunâtre, fragile, lamelleux, très-fusible. Lorsqu'il a été exposé à l'air, sa surface prend une couleur rougeâtre irisée. Il se dissout vite dans l'acide nitrique; sert à étamer les glaces, ainsi qu'à fabriquer le fard et les caractères d'imprimerie.

(8) Lorsqu'il y lieu d'en admettre, voir la note au mot élixir médicament.

(9) Sont comprises sous cette dénomination les cartes de visite.

	DÉSIGNATION DES MARCHANDISES.	CLASSE du TARIF.	TITRE DE PERCEPTION. Entrée.	TITRE DE PERCEPTION. Sortie.	UNITÉS sur lesquelles portent les droits.	DROITS D'ENTRÉE par Navires Français.	DROITS D'ENTRÉE par Navires Étrangers et par terre	DROITS de SORTIE.
						F. C.	F. C.	F. C.
RR.	**étuis** de bois, d'os et étuis de galnerie, étuis pour instrum. de musique. V. mercerie commune.							
P.	**étuis** d'ivoire ou de nacre. V. tabletterie non dénommée.							
RR.	**étuis** en bois blancs, peints ou recouverts en paille, (ouvrages de Spa). V. mercerie fine.							
id.	**étuis** de mathématique. V. instruments de calcul.							
id.	**étuis** en bois figurant un cigare allumé. V. bimbeloterie.							
id.	**étuis** d'or ou d'argent. V. bijouterie.							
P.	**étuis** en laque de Chine avec incrustations. V. tablett. non dén.							
id.	**étuis** de violon garnis, comme malles garnies. V. merc. comm.							
id.	**étuis** en laque de chine sans incrustation. V. mercerie fine.							
id.	**étuis** de chapeau en carton. V. carton coupé et assemblé.							
P.	**étuis** de chapeau en cuirs. V. peaux ouvrées.							
RR.	**étuis** de chapeau en papier. V. papier bl. ou pap. d'env. sel. l'esp							
id.	**étuis** à cigares en paille ou autres végétaux ou en peaux. Mercerie fine ou commune suivant le fini du travail.							
id.	**euphorbe**. V. résineux exotiques à dénommer. (1)							
FF.	**euphraise**, tiges herbacées. V. herbes médicinales à dén. (2)							
RR.	**éventails** montés ou en feuilles fins et ceux en plum. et en bois. V. merc. fine							
	éventails montés ou en feuilles communs. V. mercerie commune.							
id.	**exemples** d'écriture gravés, comme les livres.							
id.	**extirpateurs**. V. machines et mécaniques à dénommer. (3)							
P.	**extraits** résineux. V. médicaments non dénommés.							
id.	**extraits** de saturne, acétate de plomb liq. V. médic. non dén.							
FR.	**extraits** de lack-dye. V. laque en teinture.							
P.	**extraits** de quinquina écailles brillantes conserv. en flacons, V. médic. comp. non dén. V. aussi quinquina.							
id.	**extraits** de rhubarbe concret. V. médic. comp. non dénom.							
id.	**extraits** d'aconit, de genièvre, de ratanhia et de sureau. V. médicaments comp. non dénom. (4)							
id.	**extraits** de café concret ou liquide. V. méd. comp. non dén.							
RR.	**extraits** de café liqueur alcoolique. V. liqueur.							
RR.	**extraits** d'absinthe liquide. V. liqueur.							
P.	**extraits** d'absinthe sec. V. médicam. comp. non dénom. (4)							
RR.	**extraits** liquides, épicés pour assaison. V. épic. prépar. à dén.							
P.	**extraits** de bois de teinture…	teint. prép.	7 juin 1820	6 mai 1841	100 k. B	prohib.	prohib.	» 25
id.	**extraits** de garance. Comme extrait de bois de teint.							
FF.	**extraits** de viande en pains (5) …	prod. et dép. d'animaux.	21 avr. 1818	28 avr. 1816	1 k. NB	1 »	1 10	100 k. 25
RR.	**extraits** de punch ou scruib. V. liqueur.							
FF.	**extraits** d'avelanède et de noix de galle liquides …	teint. ettan.	25 juil. 1837	—	100 k. BB	5 »	5 50	» 25
	extraits d'avelanède et de noix de galle concrets …	—	—	—	—	7 »	7 70	» 25
id.	**extraits** d'autres végétaux (sucs tannins) liquides …	—	—	—	—	» 50	» 50	» 25
	extraits d'autres végétaux (sucs tannins) concrets…	—	—	—	—	1 25	1 30	» 25
id.	**cygi**. Mêmes droits que les noix de galles légères. V. noix de galles. (6)							
	F.							
FF.	**Fabago.** V. racines médicinales à dénommer.							
id.	**fahon**. V. feuilles médicinal. à dénom. Son odeur a beaucoup d'analogie avec celle de la fève de Tonka.							
id.	**fagots** de bois. V. bois à brûler.							
RR.	**faïence**. Poterie. (7) …	vitrificat.	23 avr. 1816	2 juil. 1836	100 k. NB	49 »	53 90	» 25
FF.	**faines** fruits oléagineux. (8) …	fruits.	—	6 mai 1841	100 k. BB	8 »	8 80	» 25
RR.	**faines** (huile de). V. huiles fixes, pures, autres.							
id.	**falsouch.** V. résineux exotiques non dénommés.							

(1) Gomme-résine en larmes ou morceaux sous arrondis ou oblongs, souvent rameux, perforés de un ou deux trous coniques dans lesquels on trouve quelquefois les aiguillons de la plante, ayant l'aspect de la cire jaune, mais plus pâle, matte, lisse, fragile, friable. L'euphorbe est un poison corrosif très-énergique; sa saveur est peu sensible d'abord, mais ensuite elle devient âcre et corrosive.

(2) Petite plante à tiges grêles, velues, noirâtres dont les feuilles sont ovales, obtuses, dentées et émarginées. On l'appelle aussi casse-lunette.

(3) Il n'est ici question que de ceux qui sont composés en grande partie de bois, car s'ils étaient en fer on leur appliquerait les droits des instrumens aratoires.

(4) Lorsqu'il y a lieu d'en admettre, nonobstant la prohibition qui les frappe voir la note au mot élixirs médicamenteux.

(5) Cet extrait, qui entre pour un tiers dans la fabrication des tablettes de bouillon, vient de Russie. Il est en pains de 40 à 45 millimètres de hauteur, du poids d'environ 10 kil., et de couleur marron plus ou moins clair, selon l'âge et le degré de cuisson de la chair qu'on y a employée.

(6) Nom Arabe d'excroissances creuses, oblongues, raboteuses, de la grosseur des noix de galle, peu épaisses et faciles à écraser sous les doigts lorsqu'elles sont sèches. Elles sont comme les autres cynips, l'effet des piqures d'insectes aux végétaux sur lesquels elles se développent. Elles sont d'un vert tendre qui passe par gradation jusqu'au rouge pâle.

(7) La faïence est une poterie de terre ordinairement rouge, jaune ou brune, qui se distingue de la poterie grossière en ce qu'elle est recouverte d'un émail opaque presque toujours blanc, qui masque tout à fait la couleur de la pâte.

(8) La faine est le fruit du hêtre, il est ovale à quatre côtés, contenant quatre semences triangulaires. Son huile est inodore, de couleur jaunâtre et d'une saveur un peu âcre lorsqu'elle est récente, mais qu'elle perd en vieillissant, elle est alors très-agréable et peut être employée comme aliment.

DÉSIGNATION DES MARCHANDISES.	CLASSE du TARIF.	TITRE DE PERCEPTION.		UNITES sur lesquelles portent les droits.	DROITS D'ENTRÉE		DROITS de SORTIE.
		Entrée.	Sortie.		par Navires Français.	par Navires Etrangers et par terre	
					F. C.	F. C.	F. C.

DÉSIGNATION DES MARCHANDISES.	CLASSE du TARIF.	TITRE DE PERCEPTION.		UNITÉS sur lesquelles portent les droits.	DROITS D'ENTRÉE		DROITS de SORTIE.
		Entrée.	Sortie.		par Navires Français.	par Navires Étrangers et par terre	
					F. C.	F. C.	F. C.

	DÉSIGNATION DES MARCHANDISES.	CLASSE du TARIF.	TITRE DE PERCEPTION. Entrée.	TITRE DE PERCEPTION. Sortie.	UNITÉS sur lesquelles portent les droits.	DROITS D'ENTRÉE par Navires Français.	DROITS D'ENTRÉE par Navires Etrangers et par terre	DROITS de SORTIE.
						F. C.	F. C.	F. C.
F.	**fanons** de baleine: bruts: de pêche française	pêches.	27 juil. 1822	28 avr. 1816	100 k. BB	» 20	» »	» 25
FR.	**fanons** de baleine: bruts: de pêche étrangère	—	28 avr. 1816	—	—	30 »	35 »	» 25
id.	**fanons** de baleine: coupés et apprêtés	ouvr. en mat. diverses.	—	—	100 k. NB	60 »	65 50	» 25
	fantaisie en rames. V. bourre de soie cardée.							
	fard: blanc, parfumerie	comp. div.	—	6 mai 1841	—	98 »	105 40	100 k. 25
RR.	**fard**: rouge, parfumerie	—	—	—	1 k. NB	17 »	18 70	— 25
FF.	**farines**: même celles torréfiées. V. céréales.							
	farines: de moutarde. V. moutarde.							
id.	**farines**: de manioc. fécules et gruaux.							
	farines: de riz, comme le riz. V. riz en grains.							
	farines: de fenugrec, de graines grasses non dénommées, et de graines de lin probibées.							
RR.	**faucilles**, instrument aratoire	ouvr. en mat. diverses.	17 déc. 1814	—	100 k. NB	80 »	86 50	» 25
id.	**faulx**, instrument aratoire	—	27 juil. 1822	—	—	150 »	160 »	» 25
	fauvie, espèce de sumac. V. sumac.							
id.	**fèces** ou lies d huile, mêmes droits que leurs huiles.							
	fécules: de manioc ou de pommes de terre	farin. alim.	28 avr. 1816	27 juil. 1822	100 k. BB	7 »	7 70	» 25
FF.	**fécules**: de dictame et de flèche indien., C. le sagou. V. dictame.							
	fécules: Autres, comme celles de manioc etc.							
	fécules: eau-de-vie de). V. eaux-de-vie non dénommées.							
id.	**fenasse** ou **sainfoin**. V. fourrages. (1)							
id.	**fenouil**: racine et graine de). V. racines ou fruits médicinaux à dénommer selon l'espèce.							
RR.	**fenouil**: huiles de), huiles volatiles ou essences	sucs végét.	23 juil. 1838	6 mai 1841	1 k. NB	5 »	5 50	100 k. 25
FF.	**fenu-grec** et leurs farin. C. fruits à ensemenc., graines de prair.							
FF.	**fer**: minérai de) brut ou lavé: chrômaté (2)	métaux.	2 déc. 1843	—	100 k. BB	» 01	» 01	» 10
	fer: minérai de) brut ou lavé: sulfuré ou non	—	—	19 therm. 4	—	» 01	» 01	prohib.
	fer: fonte (3): brut: en gueuses de 15 kil. au moins: par mer	—	6 mai 1841	27 juil. 1822	—	7 »	7 70	» 25
id.	**fer**: fonte (3): brut: en gueuses de 15 kil. au moins: par terre: de Blanc-misseron inclus à Mont-Genèvre excl.	—	—	—	—	» »	4 »	» 25
	fer: fonte (3): brut: en gueuses de 15 kil. au moins: par terre: par tout autre point	—	—	—	—	» »	7 »	» 25
	fer: fonte (3): brut: de toute autre espèce	—	21 déc. 1814	—	—	prohib.	prohib.	» 25
P.	**fer**: fonte (3): épurée, dite mazée, en masses de 25 kil. au moins	—	2 juil. 1836	6 mai 1841	—	12 »	13 20	» 25
id.	**fer**: fonte (3): moulée: pour projectiles de guerre	—	21 avr. 1818	19 therm. 4	—	prohib.	prohib.	prohib.
id.	**fer**: fonte (3): moulée: de quelqu'autre forme que ce soit	—	10 br. an 5	27 juil. 1822	100 k. B	prohib.	prohib.	» 25
id.	**fer**: forgé en massiaux ou prismes (4)	—	21 déc. 1814	—	—	prohib.	prohib.	» 25
	fer étiré en barres (5): plates: de 458 mill. et plus, traité: au charbon de bois	—	2 juill. 1836	—	100 k. BB	15 »	16 50	» 25
	fer étiré en barres (5): plates: de 458 mill. et plus, traité: à la houille	—	—	—	—	18 75	20 60	» 25
	fer étiré en barres (5): plates: de 213 mill. inclus. à 458, traité: au charbon de bois	—	—	—	—	25 »	27 50	» 25
	fer étiré en barres (5): plates: de 213 mill. inclus. à 458, traité: à la houille	—	—	—	—	27 »	29 70	» 25
	fer étiré en barres (5): plates: de moins de 213 mil. traité: au charbon de bois	—	—	—	—	37 50	41 20	» 25
	fer étiré en barres (5): plates: de moins de 213 mil. traité: à la houille	—	—	—	—	37 50	41 20	» 25
	fer étiré en barres (5): carrées: de 22 millim. et plus sur chaque surface, traité: au charbon de bois	—	—	—	—	15 »	16 50	» 25
	fer étiré en barres (5): carrées: de 22 millim. et plus sur chaque surface, traité: à la houille	—	—	—	—	18 75	20 60	» 25
FR.	**fer** étiré en barres (5): carrées: de 15 à 22 exclus., traité: au charbon de bois	—	—	—	—	25 »	27 50	» 25
	fer étiré en barres (5): carrées: de 15 à 22 exclus., traité: à la houille	—	—	—	—	27 »	29 70	» 25
	fer étiré en barres (5): carrées: de moins de 15 mil., traité: au charbon de bois	—	—	—	—	37 50	41 20	» 25
	fer étiré en barres (5): carrées: de moins de 15 mil., traité: à la houille	—	—	—	—	37 50	41 20	» 25
	fer étiré en barres (5): rondes: de 15 mil. et plus de diam.: au charbon de bois	—	—	—	—	25 »	27 50	» 25
	fer étiré en barres (5): rondes: de 15 mil. et plus de diam.: à la houille	—	—	—	—	27 »	29 70	» 25
	fer étiré en barres (5): rondes: de moins de 15 mil. id.: au charbon de bois	—	—	—	—	37 50	41 20	» 25
	fer étiré en barres (5): rondes: de moins de 15 mil. id.: à la houille	—	—	—	—	37 50	41 20	» 25
	fer étiré en barres (5): ovales ou applaties d'un côté et de forme arrondie ou demi circulaire de l'autre	—	—	—	—	37 50	41 20	» 25
	fer étiré en barres (5): convexes d'un côté et concaves de l'autre	—	—	—	—	37 50	41 20	» 25
	fer étiré en barres (5): octogones, pliées en équerre, taillées en biseau	—	—	—	—	37 50	41 20	» 25
	fer étiré en barres (5): à rainures, dites rails	—	—	—	comme les autres fers étirés à la houille, sel l. dim.			

(1) Fourrage composé d'avoine et de plantes graminées qui approchent de l'avoine.

(2) Le minerai de fer chromaté ne peut sortir que par les bureaux de Briançon, St.-Tropez, Cavalaire et Marseille. *(Loi du 7 juin 1820.)*

(3) La fonte brute ne peut entrer qu'en masses, gueuses ou pièces de 15 kil. et au-dessus *(Loi du 6 mai 1841)*. — Les débris d'ouvrages en fonte appelés têts et blocailles sont admis au droit de la fonte brute, en vertu de permis spéciaux, quand ils ne sont évidemment plus propres qu'à la refonte et sont destinés pour des usines situées dans le rayon frontière. *(Loi du 21 avril 1848.)*

Les projectiles de guerre, tels que bombes, boulets, obus, grenades, mitraille, etc., sont prohibés comme munitions de guerre; mais lorsque le gouvernement accorde des exceptions à cette défense, les droits ci-après sont exigibles, savoir: à l'entrée 4 Fr. ou 4 Fr. 50 c. par 100 kil. brut selon le mode d'importation *(Loi du 28 avril 1816)*; à la sortie, 25 cent. par 100 kil. brut. *(Loi du 27 juillet 1822.)*

La fonte épurée dite mazée est produite par une seconde fusion qui l'a dégagée de beaucoup de parties hétérogènes: elle approche par sa pureté de l'état de fer. Sa surface est plus lisse, sa couleur est plus égale et son grain plus serré que celui de la fonte ordinaire. qui est poreuse et couverte d'aspérités. Elle se reconnait surtout en ce qu'elle est compacte en dedans, et que sa cassure présente un grain fin, brillant, qui l'a fait appeler fonte blanche, tandis que celle des autres fontes est d'un gris noirâtre et très-poreuse. La fonte mazée est d'ailleurs à volume égal, considérablement plus lourde que la fonte brute.

La fonte moulée comprend la poterie, les plaques de cheminée, les chenêts, poêles, chaudières, chariots, rampes, balustrades, tuyaux, grillages et parquets.

(4) Ce sont des masses oblongues et prismatiques de fer affiné mais non étiré. Elles ont communément de 32 à 43 centimètres de longueur et pèsent 35 kilogrammes au moins.

Les fers traités au charbon de bois et au marteau pour jouir de la modération des droits établis par la loi du 21 décembre 1814, doivent être importés par mer, en droiture, et l'on doit justifier qu'ils proviennent de forges étrangères où ils se traitent exclusivement au charbon de bois et au marteau, tels que ceux de Russie, de Suède et de Norwège. Ils doivent avoir aussi les dimensions déterminées par le tarif en vigueur et être importés par les ports de *Marseille, Cette, Bayonne, Bordeaux, La Rochelle, Saint-Martin (île-de-Ré), Nantes, Redon, Lorient, Brest, Morlaix, Le Légué, Saint-Malo, Granville, Cherbourg, Caen, Honfleur, Rouen, Le Hâvre, Fécamp, Dieppe, Saint-Valery-sur-Somme, Boulogne, Calais, Dunkerque (Lois des 27 juillet 1822 et 17 mai 1826, et ordonnance du 29 juin 1833.)*

(5) Les fers importés par terre paient comme fers importés par navires français. *(Loi du 2 juillet 1836.)*

	DÉSIGNATION DES MARCHANDISES.	CLASSE du TARIF.	TITRE DE PERCEPTION. Entrée.	TITRE DE PERCEPTION. Sortie.	UNITÉS sur lesquelles portent les droits	DROITS D'ENTRÉE par Navires Français.	DROITS D'ENTRÉE par Navires Étrangers et par terre	DROITS de SORTIE.
						F. C.	F. C.	F. C.
FR.	fer, platiné ou laminé, noir, tôle	métaux.	21 déc. 1814	27 juil. 1822	100 k. BB	40 »	44 »	» 25
id.	fer, platiné ou laminé, étamé, fer blanc (1)	—	7 juin 1820	—	100 k. NB	70 »	76 »	» 25
id.	fer, de tréfilerie, fil de fer, même étamé (2)	—	21 déc. 1814	—	—	60 »	65 50	» 25
P.	fer, ouvré ou ouvrages en fer tôle ou fer blanc	—	10 brum. 5	—	100 k. B	prohib.	prohib.	» 25
FR.	fer, carburé, acier (3), naturel et fondu sans distinction, en barres	—						
id.	fer, carburé, acier (3), naturel et fondu sans distinction, en tôle	—						
id.	fer, carburé, acier (3), naturel et fondu sans distinction, filé	—						
FF.	fer, carburé, acier (3), sauvage fonte manganésée de Styrie, comme fonte brute.							
P.	fer, carburé, acier (3), ouvré	—	—	—	—	prohib	prohib.	» 25
FF.	fer, pailles et limailles	—	2 déc. 1843	6 mai 1841	100 k. BB	» 01	» 01	» 25
P.	fer, ferraille et mitraille, débris de vieux ouvrages en fer	—	17 déc. 1814	27 juil. 1822	100 k. B	prohib.	prohib	» 25
FF.	fer, ferraille à la demande du ministre du commerce	—	5 juil. 1836	—	100 k. BB	7 »	7 70	» 25
FR.	**fer-blanc**. V. fer laminé étamé.							
FF.	**Fernambouc**. V. bois de teint. V. la note à bois de teinture.							
P.	**ferraille**. V. fer. (4)							
FF.	**ferret** d'Espagne (hématite). V pierres ferrug., autres. (5)							
FR.	**fers** à canon de fusil et de pistolet. V. fer en bar. plates de 458 millim. et plus.							
P.	**fers** à cheval et fer à bottes. V. fer ouvré.							
RR.	**fers** à cheveux, à repasser et à gauffrer. V. outils de pur fer.							
id.	**fers** à rabot. V. outils de fer recharge d'acier.							
FR.	**fers** pour socs de charrue, bruts. Comme fer en barres plates de 458 millim. et plus.							
FF.	**fers** sulfure (marcassite). V. minérai de fer sulfuré. (6)							
FF.	**feuilles** de gui de chêne. V. gui de chêne.							
id.	**feuilles** de fustet, de sumac, de pudis et de redoul. V. sumac.							
id.	**feuilles** d'agavé et d'aloès. V. végétaux filamenteux non dénom.							
id.	**feuilles** de houx, de myrte et de noyer. V. feuilles tinctor. à dénom.							
id.	**feuilles** de henné. V. feuilles tinctor. pulv. V. garance moulue à dén.							
id.	**feuilles** de mûrier même régime que les herb. frais. V. fourrages foin							
id.	**feuilles** de maïs entières. V. fourrages. Découpées pour cigarettes, V. papier d'enveloppe.							
RR.	**feuilles** de thé. V. thé.							
	feuilles de metal. V. métaux laminés selon l'espèce.							
P.	**feuilles** de tabac et de piquerie (trébel). V. tabac en feuilles.							
FF.	**feuilles** d'indigo ou d'anil, broyées et dessechées en gâteaux. V. pastel (racines et feuilles de)							
id	**feuilles** sèches ou fraîches d'épine-vinette. V. feuilles tinct. à dénom.							
	feuilles de bois de sapin destinées à faire des boîtes. V. bois en éclisses.							
id.	**feuilles** d'oranger, tiges comprises	espèc. méd.	27 mar 1817	—	—	1 »	1 10	» 25
id.	**feuilles** de cédrats. V. feuilles d'oranger.							
id.	**feuilles** de bois d'immortelle. V. feuilles médicinales à dénommer.							
	feuilles de cannellier. V feuilles médicinales à denommer.							
id.	**feuilles** de palmier ou latanier en tiges entiè. V. bruyères à verget. br,							
id.	**feuilles** de palmier ou latanier importées autrement qu'en rameaux servant à fabriquer des chapeaux sont assimilées au sparte brut comme matières premières.							
RR.	**feuilles** de placage en noyer ou autres bois indigènes, sont assimilées au bois d'ébénist. sciés à 3 décim. ou moins d'épaiss. à dén.							
FF.	**feuilles** tinctoriales à dénommer. (7)	teint. et tan.	28 avr. 1816	6 mai 1841	—	1 »	1 10	» 25
id.	**feuilles** médicinales à dénommer (8)	esp. médic.	—	27 juil. 1822	—	30 »	33 »	» 25
RR.	**feutres** pour papier et manchons sans coutures. Com. toile blutoir sans couture. Autres feutres. V. tissus de feutre.							
FF.	**féveroles**. V. légumes secs.							

(1) L'entrée du fer blanc ne peut s'effectuer que par les bureaux principaux *(Loi du 7 juin 1820.)* La taxe légale de 12 pour cent ne doit être allouée que quand les feuilles sont dans des caisses de forme et d'épaisseur d'usage, et non quand on présente abusivement des claires-voies, ou même des caisses en métal qui, à la rigueur, devraient être frappées de prohibition, mais qui au moins doivent payer comme le métal dont elles sont formées. *Circulaires n. 514 et 577.)*

(2) Le fil de fer ou d'acier comprend les baguettes rondes au-dessous de 7 millimètres de diamètre, qui sont en bottes droites, et tout le fil de fer ou d'acier, quel que soit son diamètre, qui est roulé en couronne. *(Loi du 21 décembre 1814.)*

(3) On distingue le fer de l'acier par la trempe. Pour la reconnaître on fait rougir le barreau jusqu'à ce qu'il devienne couleur cerise, on le jette alors dans l'eau froide; s'il est d'acier, il résiste à la lime et se casse au choc du marteau. Le fer au contraire se lime et se plie sans se casser. On les distingue aussi par l'acide nitrique. Un peu de cet acide étendu sur l'acier le noircit, tandis qu'il produit sur le fer une tache d'un vert blanchâtre. — Veiller à ce qu'on n'importe pas comme fer, des barres de fer rechargé d'acier, destinées à la fabrication des outils composés de ces deux métaux. Circulaire n° 607.

(4) Les débris de vieux ouvrages en fer sont admis aux mêmes droits que la fonte brute, pour ce qui s'importe à la demande du ministre du commerce par les bureaux ouverts à l'importation des marchandises payant plus de 20 Fr. *(Loi du 5 juillet 1836.)*

(5) Cette pierre qui sert à brunir les métaux, vient de Suède. C'est un composé d'oxide rouge de fer. Elle est très-dure.

(6) Pierre minérale soit pyrite blanche, alliage natif du fer à l'état de sulfure avec l'arsénic. Ces pierres servent à composer le métal qui imite l'argent et à fabriquer du sulfate de fer.

(7) Ce qui comprend celles de houx, de myrte, de noyer et autres propres à la teinture ou aux tanneries *(Loi du 28 avril 1816)*. Et la mortina, qui est un mélange de feuilles sèches, dont celles de myrte forment la plus grande partie (Arrêté du 27 ventôse an II). Il y a aussi la feuille de henné.

(8) On se dispense de les énumérer ici, attendu que chacune d'elles se trouve dénommée suivant le nom qu'elle prend dans son ordre alphabétique.

DÉSIGNATION DES MARCHANDISES.	CLASSE du TARIF.	TITRE DE PERCEPTION.		UNITES sur lesquelles portent les droits.	DROITS D'ENTRÉE		DROITS de SORTIE.
		Entrée.	Sortie.		par Navires Français.	par Navires Etrangers et par terre	
					F. C.	F. C.	F. C.

DÉSIGNATION DES MARCHANDISES.	CLASSE du TARIF.	TITRE DE PERCEPTION.		UNITÉS sur lesquelles portent les droits.	DROITS D'ENTRÉE		DROITS de SORTIE.
		Entrée.	Sortie.		par Navires Français.	par Navires Étrangers et par terre	
					F. C.	F. C.	F. C.

DÉSIGNATION DES MARCHANDISES.	CLASSE du TARIF.	TITRE DE PERCEPTION. Entrée.	TITRE DE PERCEPTION. Sortie.	UNITÉS sur lesquelles portent les droits.	DROITS D'ENTRÉE par Navires Français.	DROITS D'ENTRÉE par Navires Étrangers et par terre	DROITS de SORTIE.
					F. C.	F. C.	F. C.
FF. **fèves** de Saint-Ignace. V. fruits médicinaux à dénommer. (1)							
RR. **fèves** pechurim, mêmes droits que les muscades. V. muscades (2) sans coques.							
fèves odorantes de Tonka. m. droits que la vanille. V. vanil. (3)							
FF. **fèves** de malac. V. anacarde fruits médicinaux à dénommer.							
id. **fèves** d'Algarovilla ou du Pérou. V. galles pesantes.							
id. **fèves** communes. V. légumes secs.							
P. **fiasques**, bouteilles de verre mince empaillées. V. bout. de ver,							
FF. **fibres** d'aloès, d'agavé et de bananier. V. végét. filam. non dén							
RR. **fibres** de bois blanc. Comme les tresses de bois blanc, de plus de 7 millimètres de largeur.							
FR. **ficelles**. V. cordages de chanvre.							
P. **fiches** de fer. V. fer ouvré.							
RR. **fiches** d'os à jouer. V. mercerie commune.							
P. **fiches** de nacre ou d'ivoire. V. tabletterie non dénom.							
FF. **fiel** de verre. Même droit que les soudes. V. alcalis.							
id. **fiel** de bœuf clarifié. Comme sang de bétail.							
id. **fientes** d'animaux. V. engrais.							
RR. **fifres**, instruments de musique (4)	ouvr. en mat. diverses.	15 mar 1791	6 mai 1841	la pièce.	» 63	63 »	1/4 p. 0/0
FF. **figues**. V. fruits frais exotiques ou fruits secs à dén. selon l'esp.							
RR. **figuier** (petits meubles en) vernissés. V. mercerie fine.							
FR. **figures** en pâte d'amidon ou en plâtre. V. pierres ouv. autres.							
figures en cire. V. cire ouv. En albâtre, en marbre. V. albâtre ou marbre sculptés.							
figures de saints d'hommes et d'animaux, en bois. V. ouvr. en bois non denommés.							
figures en ivoire V. tabletterie. En porcelaine. V. porcelaine fine. En terre cuite. V. poterie, selon l'espèce.							
FF. **filaments** ou filasses. V. chanvre, lin et végétaux filament.							
FR. **fil de fer.** V. fer de trefilerie.							
RR. **fils** de lin et de chanvre sans distinction de ceux d'étoupes fournissant au kilog. — simples (5) — écrus — 6000 mètres ou moins	fils.	26 juin 1842	—	100 k. BB	38 »	41 80	» 25
plus de 6000 mètres, pas plus de 12000 ..	—	—	—	100 k. NB	48 »	52 80	» 25
plus de 12000 mètres et pas plus de 24000	—	—	—	—	80 »	86 50	» 25
plus de 24000 mètres	—	—	—	—	125 »	133 70	» 25
blanchis à quelque degré que ce soit. — 6000 mètres ou moins	—	—	—	—	54 »	59 20	» 25
plus de 6000 mètres et pas plus de 12000	—	—	—	—	66 »	71 80	» 25
plus de 12000 mètres et pas plus de 24000	—	—	—	—	106 »	113 80	» 25
plus de 24000 mètres	—	—	—	—	163 »	173 60	» 25
teints — 6000 mètres ou moins	—	—	—	—	58 »	63 40	» 25
plus de 6000 mètres et pas plus de 12000 .	—	—	—	—	70 »	76 »	» 25
plus de 12000 mètres et pas plus de 24000	—	—	—	—	106 »	113 80	» 25
plus de 24000 mètres	—	—	—	—	160 »	170 50	» 25
retors (6) — écrus — 6000 mètres ou moins	—	—	—	—	44 »	48 40	» 25
plus de 6000 mètres et pas plus de 12000	—	—	—	—	60 »	65 50	» 25
plus de 12000 mètres et pas plus de 24000	—	—	—	—	104 »	111 70	» 25
plus de 24000 mètres	—	—	—	—	167 »	177 80	» 25
blanchis à quelque degré que ce soit. — 6000 mètres ou moins	—	—	—	—	61 »	66 50	» 25
plus de 6000 mètres et pas plus de 12000 .	—	—	—	—	81 »	87 50	» 25
plus de 12000 mètres et pas plus de 24000	—	—	—	—	136 »	145 30	» 25
plus de 24000 mètres	—	—	—	—	215 »	228 20	» 25
teints — 6000 mètres ou moins	—	—	—	—	70 »	76 »	» 25
plus de 6000 mètres et pas plus de 12000 ..	—	—	—	—	86 »	92 80	» 25
plus de 12000 mètres et pas plus de 24000	—	—	—	—	134 »	143 20	» 25
plus de 24000 mètres	—	—	—	—	205 »	217 70	» 25

(1) Semences d'un fruit assez semblable à la poire de bon chrétien. Elles sont irrégulières et anguleuses. D. S.

(2) Ce sont des muscades sauvages qui proviennent du laurus pechurim.

(3) Fèves odorantes qui servent dans l'Inde à parfumer les vêtements et à faire des colliers ; en Europe à parfumer le tabac en poudre. Elles sont oblongues, comprimées, longues de 3 centimètres environ ; elles ont la couleur de la rouille en dedans ; leur surface est noirâtre et luisante, quoiqu'un peu ridée. Souvent elles sont recouvertes de petits cristaux qui ressemblent au givre de la vanille. Leur odeur forte tient de la rose et de la vanille : elle est agréable aux uns, elle incommode les autres.

(4) Voyez la note à chapeaux-chinois pour leur admission en franchise.

(5) Les fils de toute qualité ne peuvent être importés que par les ports d'entrepôt réel ou par les bureaux de la frontière ci-après : Armentières, Halluin, Lille, Baisieux, Condé, Blanc-Misseron, Sierck, Forbach, Strasbourg, Pont-de-Beauvoisin, Entre-deux-Guiers, Saint-Laurent-du-Var. Ils doivent être présentés en paquets ou balles séparés ne contenant chacun que du fil passible du même droit. A défaut de cette séparation la douane perçoit le droit du fil le plus élevé contenu dans le paquet (*Loi du 6 mai 1841 et ordonnance du 26 juin 1842.*)

Les fils de lin et de chanvre dits fils de cordonniers seront traités comme les fils retors suivant l'espèce. (Circulaire du 7 mai 1842, n° 1911.)

Les fils de lin ou de chanvre ourdis en chaîne sont assimilés, quant aux droits, aux fils retors de la même espèce, avec lesquels ils ont le plus d'analogie. — Les fils simples en paquets sont en tortin de un ou de plusieurs écheveaux ensemble, qui se défont facilement les uns des autres, et ont ordinairement 100 à 180 centimètres de tour. — Les chaînes ourdies, au contraire, forment un tortin d'un seul bout, qui peut avoir jusqu'à 100 mètres de longueur. (Circulaire du 9 octobre 1841, n° 1880.)

(6) Pour l'application du droit d'entrée sur les fils de lin ou de chanvre retors on multipliera le nombre de mètres que mesurera un kilogramme de fil dé-

	DÉSIGNATION DES MARCHANDISES.	CLASSE du TARIF.	TITRE DE PERCEPTION. Entrée.	TITRE DE PERCEPTION. Sortie.	UNITÉS sur lesquelles portent les droits.	DROITS D'ENTRÉE par Navires Français.	DROITS D'ENTRÉE par Navires Etrangers et par terre	DROITS de SORTIE.
						F. C.	F. C.	F. C.
RR.	**fil** jaunâtre, dit crèmé, comme fil blanchi lorsque sa couleur est celle du lin même lessivé ou blanchi. (1)							
id.	**fil** de mulquinerie (2)	fils.	26juin1842	6 mai 1841	100 k. B	—	—	40 »
FF.	**fil** d'étoupe mèches dites lunement. V. fils de lin ou de chanv. bl.							
P.	**fil** de laine { blanche	—	10 brum. 5	27juil.1822	—	prohib.	prohib.	— 25
	fil de laine { teinte	—	—	—	—	—	—	— 25
id.	**fils** de laine longue et peignée retors à un ou plusieurs bouts, dégraissés et grillés (3)	—						
FF.	**fil** { de poil de chien	—	28avr. 1816	2juill. 1836	100 k. BB	1 »	1 10	» 25
id.	**fil** { de poil de chèvre	—	—	28avr. 1816	—	20 »	22 »	» 25
id.	**fil** { de ploc de vache et autres	—	—	—	—	9 »	9 90	» 25
P.	**fil** { de tous autres poils à dénommer	—	10 br. an 5.	—	100 k. B	prohibé.	prohibé.	» 25
id.	**fil** { de lama, de vigogne et d'alpaga. Comme fils de laine.							
	fil de coton. V. coton filé.							
	fil de sparte. V. tresses.							
FR.	**fil** de cuivre pur { teint en jaune imitant la dorure. V. cuivre pur filé. / non teint. V. cuivre pur filé.							
RR.	**fil** de cuivre alié de zinc. V. cuivre allié de zinc filé.							
RR.	**fil** doré ou argenté. V. cuivre doré ou argenté filé.							
P.	**filets** { pour chevaux. V. sellerie en cuir et autres.							
RR.	**filets** { d'imprimerie. V. caractères d'imprimerie.							
FR.	**filets** { pour la pêche ou la chasse { neufs ou en état de servir	ouv. en mat. diverses.	17 mai 1826	—	100 k. BB	25 »	27 50	» 25
FF.	**filets** { pour la pêche ou la chasse { usés. V. drilles.							
RR.	**filières** à jauger et à tirer les métaux. V. outils de pur acier.							
id.	A coussinet et avis de bois, avec leurs taraux. V. outils de fer rechargé d'acier							
id.	**filoselle**. V. bourre de soie. filée fleuret.							
	filtres en grès. V. poterie de grès commun ou de grès fin selon l'espèce.							
	fine-métal. V. fonte épurée dite mazée au mot fer.							
P.	**fioles**. V. bouteilles de verre.							
id.	**flacons** { de verre. V. bouteilles de verre.							
id.	**flacons** { de cristal. V. cristaux de toute sorte. (4)							
RR.	**flageolets** (5) { autres que du Jura. instrum. de musique	—	15 mar 1791	6 mai 1841	la pièce.	» 63	» 63	1/4 p. 0/0
	flageolets (5) { du Jura. V. bimbeloterie. *(Lettre du 30 avril 1830)*							
id.	**flambaux** { d'argent ou vermeil. V. orfévrerie selon l'esp.							
P.	**flambaux** { vernissés, dorés ou argentés. V. mét ouv. sel. l'esp.							
id.	**flambaux** { d'acier. V. acier ouvré. De cuivre. V. cuivre ouvré							
id.	**flambaux** { plaqués ouvrés. V. plaqués.							
RR.	**flambaux** { de fer ou de sel gemme. V. mercerie commune.							
P.	**flambaux** { de cristal. V. cristaux.							
RR.	**flammes** (instruments vétérinaires.) V. instrum. de chirurgie.							
FR.	**flamant** (duvet de). V. duvet de cygne. *(Lettre du 14 déc. 1830)*.							
	flans à monnaies et à médailles, comme cuivre pur ou allié de première fusion, tout autant qu'on justifie de la destination; dans le cas contraire, on applique les droits du cuivre laminé.							
P.	**flanelle**. V. tissus de laine non dénommés.							
FF.	**fléaux** à battre le blé. V. boissellerie.							
FF.	**fléaux** de balance { en bois. V. boissellerie.							
RR.	**fléaux** de balance { en fer ou en cuivre. V. outils de pur fer ou de cuivre selon l'espèce.							
RR.	**flèches**. V. objets de collection. Voir d'ailleurs à arbalettes.							
FF.	**flèche** indienne (fécule de). V. fécule. Mêmes droits que le sagou.							

claré par le nombre de bouts de fil simple dont il sera composé. Le produit déterminera la classe à laquelle ce fil appartiendra et par suite le droit à lui appliquer. *(Ordonnance du 1er juin 1841.)*
Exemple; un fil à 3 bouts qui fournirait au kil. 3,500 mètres devrait être traité comme mesurant 10,500 mètres.

(1) Mais lorsque la couleur jaunâtre qui le caractérise lui est donnée artificiellement, par exemple, à l'aide d'un oxide de fer, il y a lieu de le traiter comme fil teint. (Note 533 du tarif de 1844.)

(2) Fil écru simple et très-fin, qui s'emploie au tissage du linon et de la batiste, et qui ne serait plus propre à cette fabrication s'il était blanchi, doublé ou retors. Il est en gros écheveaux, et ressemble assez à la soie grège.

(3) Il y a exception à la prohibition de ces sortes de fils lorsque leur importation s'effectue par les seuls ports de Calais, du Hâvre et de Boulogne, le droit applicable est de 7 Fr. ou 7 Fr. 70 cent. le kil.; de là ils sont dirigés sur la douane de Paris qui perçoit les droits. Circulaire du 1er août 1837. *(Loi du 6 mai et ordonnance du 21 mai 1841.)*

(4) Les flacons de cristal qui pourraient contenir de liquides, ne peuvent être admis en raison de la prohibition qui les frappe à l'entrée, et en outre de ce qu'ils formeraient le principal et non l'accessoire.
Cependant lorsqu'il s'agit du petits flacons indispensables pour le transport de certaines substances telles, par exemple, que des essences, et que ces flacons ne sont évidemment qu'un accessoire; on peut, dans ce cas, les admettre au droit imposé sur les bouteilles. (Note 525 du tarif de 1844.)

(5) Voir la note à chapeaux-chinois, pour leur admission en franchise.

DÉSIGNATION DES MARCHANDISES.	CLASSE du TARIF.	TITRE DE PERCEPTION.		UNITÉS sur lesquelles portent les droits.	DROITS D'ENTRÉE		DROITS de SORTIE.
		Entrée.	Sortie.		par Navires Français.	par Navires Étrangers et par terre	
					F. C.	F. C.	F. C.

DÉSIGNATION DES MARCHANDISES.	CLASSE du TARIF.	TITRE DE PERCEPTION.		UNITÉS sur lesquelles portent les droits.	DROITS D'ENTRÉE		DROITS de SORTIE.
		Entrée.	Sortie.		par Navires Français.	par Navires Étrangers et par terre	
					F. C.	F. C.	F. C.

	DÉSIGNATION DES MARCHANDISES.	CLASSE du TARIF.	TITRE DE PERCEPTION. Entrée.	TITRE DE PERCEPTION. Sortie.	UNITÉS sur lesquelles portent les droits.	DROITS D'ENTRÉE par Navires Français.	DROITS D'ENTRÉE par Navires Etrangers et par terre	DROITS de SORTIE.
						F. C.	F. C.	F. C.
FF.	**fleurs** naturelles autres que les médicinales. V. graines de jardin et de fleurs.							
.	**fleurs** de paille, même droit que les tresses de paille fines.							
id.	**fleurs** artificielles. V. ouvrages de mode.							
FF.	**fleurs** de carthame ou safranum. V. carthame, c'est le safran bâtard.							
id.	**fleurs** de soufre. V. soufre sublimé en poudre.							
FR.	**fleurs** de benjoin. V. acide benzoïque.							
RR.	**fleurs** de jardin sèches pour échantill. d'hist. natur. V. obj. de collect.							
FR.	**fleurs** de jardin sèches pour l'usage de la pharm. V. fleurs méd. à dén.							
RR.	**fleurs** de jardin sèches de jasmin à l'eau-de-vie. V. eau de senteur alcoolique. (*Lettre du 22 décembre 1822.*)							
FR.	**fleurs** médicinales à dénommer (1)	espèc. méd.	28 avr. 1816	27 juil. 1822	100 k. BB	40 »	44 »	» 25
FF.	**fleurs** de lavande et d'oranger, même salées	—	27 mar 1817	22 juil. 1822	—	5 »	5 50	» 25
id.	**fleurs** de rose salées, comme celles d'oranger. (2)							
RR.	**fleuret** bourre de soie filée. V. soies. Pour les tissus, V. tissus de fleuret.							
.	**fleuret** (lames de). V. mercerie fine, fleurets montés ou non.							
FF.	**flin.** V. pierres ferrugineuses. Autres. Elles servent à fourbir les lames d'épées.							
FR.	**flint-glass** (3) en tables brutes. V. vitrifications en masses.							
id.	**flint-glass** taillé et poli. V. verres à lunettes ou à cadran.							
P.	**flint-glass** autrement ouvré. V. cristaux de toute sorte.							
	florence. V. tissus de soie, étoffes unies pures, autres.							
RR.	**flûtes**, instruments de musique (4)	ouvr. en mat. diverses.	15 mar 1791	6 mai 1841	la pièce.	» 75	» 75	1/4 p. 0/0
FF.	**foin**, fourrage. V. fourrages.							
id.	**foin** (graines de). graines de prairie.							
P.	**foie** d'antimoine, oxide sulfuré demi-vitreux. V. médicaments composés non dénommés. (5)							
FF.	**folium** caryophyllatum. V. feuilles de girofle au mot girofle.							
id.	**folium** indicum ou indum. V. malabatrum, feuil. médic. à dén.							
	follicules de séné, fruits médicinaux, mêmes droits que le séné en feuilles.							
id.	**fonds** de cribles en bois. V. boissellerie.							
	fonte de fer. V. fer-fonte etc.							
	fonte verte dite polozum. V. cuivre allié d'étain.							
RR.	**fontaines** à filtrer l'eau, comme meubles.							
RR.	**forces** à tondre les draps. V. outils de fer rechargé d'acier (6)							
	forces à tondre les moutons. V. instruments aratoires.							
id.	**formes** de boutons en fer, vernies ou non, en os. V. mercerie commune. En bois. V. moules de boutons.							
id.	**formes** de boutons en iris. V. mercerie fine.							
FR.	**formes** en bois pour fabriquer le papier. V. ouvr. en bois non dén.							
RR.	**formes** en bois pour fabriquer le papier garnie de toiles métalliques V. machines et mécaniques à dénommer.							
FR.	**formes** en bois pour souliers et chap. V. ouvrag. en bois non dénom.							
RR.	**formes** de chapeaux en carton imitant la paille d'Italie. V. papier maché.							
id.	**formes** de chapeaux en carton garnies de leur coiffe. V. ouvrages de mode.							
RR.	**forté-piano**, instruments de musique carrés (7)	—	17 déc. 1814	—	—	300 »	300 »	1/4 p. 0/0
	forté-piano, instruments de musique à queue ou à buffet	—	—	—	—	400 »	400 »	1/4 p. 0/0
RR.	**fouets** V. mercerie commune.							
FR.	**fouets** manches de) en bois communs. V. ouvr. en bois non dén.							
	fouets (manches de) en bois fins, en ivoire et en corne. V. tablet. non dén.							
PR.	**foulards.** V. tissus de soie.							

(1) On se dispense de les énumérer ici, attendu qu'elles sont dénommées dans leur ordre alphabétique suivant le nom qu'elles prennent. Les sommités, séparées des tiges pendant la floraison, doivent être traitées comme fleurs. (Avis des experts du gouvernement, du 21 février 1818.)

(2) Ces feuilles ont été admises aux plus faibles droits, parce qu'elles sont nécessaires à l'industrie des parfumeurs de la Provence, et que le poids, non la valeur, en a été augmentée par la salaison. Il n'en est pas de même des roses sèches qui sont reprises à fleurs médicinales à dénommer.

(3) Sorte de verre qu'on nomme plus particulièrement cristal, qui est composé de verre et d'oxide de plomb. Les opticiens ont conservé ce mot anglais pour les verres de lunettes dont ils se servent pour achromatiser leurs objectifs, c'est-à-dire en faire disparaître la coloration des images.

(4) Voir la note à chapeaux-chinois pour leur admission en franchise.

(5) On l'appelle aussi crocus ou safran des métaux. Il est opaque et d'un rouge tirant sur le jaune.

(6) Les lames de fer rechargé d'acier, brutes, destinées à la fabrication des forces à tondre les draps, sont assimilés au fer étiré en barres plates de 213 millimètres inclusivement à 458 exclusivement (Avis du comité consultatif, du 15 février 1816.); mais il n'en est pas de même à l'égard des lames entièrement confectionnées, quoique non montées sur leurs anneaux : celles-ci doivent les droits des forces mêmes.

(7) Les forte-piano qui n'appartiennent ni à l'une ni à l'autre des espèces tarifées, sont assimilés à ceux carrés, si leur valeur n'excède pas 1,200 Fr.

	DÉSIGNATION DES MARCHANDISES.		CLASSE du TARIF.	TITRE DE PERCEPTION. Entrée.	TITRE DE PERCEPTION. Sortie.	UNITÉS sur lesquelles portent les droits.	DROITS D'ENTRÉE par Navires Français.	DROITS D'ENTRÉE par Navires Étrangers et par terre	DROITS de SORTIE.
							F. C.	F. C.	F. C.
FF.		en bois. V. boissell. en bois avec l'extrémité des							
	fourches	pointes en fer. V. ouvrages en bois non denom.							
		en bois n'ay. reçu auc. main-d'œuv. V. bois à brûl.							
RR.		en fer. V. instruments aratoires.							
P.		en acier, montées ou non et en fer autres que d'un travail grossier. V. coutellerie.							
RR.	**fourchettes**	en étain. V. poterie d'étain.							
id.		d'argent ou de vermeil. V. orfévrerie.							
id.		de metaux com, de bois ou de corne. V. merc c.							
id.		en métal de comp. dit métal angl. V. merc fine.							
id.	**fourniments** à poudre, gainerie. V. mercerie commune.								
id.	**fournitures** d'horlogerie (1)		ouvr. en mat. diverses.	2 juill. 1836	6 mai 1841	1 k. NB	5 »	5 50	100 k. 25
FF.	**fourrages**	foin, paille, herbes de pâtur. et jarosse (vesces)	pr. et déc. div.	28 avril 1816, 24 sept. 1840.	24 sep. 1840	100 k. BB	» 10	» 10	» 10
		son de toute sorte de grain	—	28 avr. 1816	6 mai 1841	—	» 50	» 50	» 25
P.		de baïonnette et de sabre en cuir. V. peaux ouv.							
id.	**fourreaux**	de pistolet, même régime que la sell. V. sellerie							
id.		de sabre en métal. V. fer ou cuiv. ouvr. sel. l'esp.							
RR.		d'épée (gainerie). V. mercerie commune.							
FR.	**fourrures.** V. pelleteries.								
FF.	**fraises.** V. fruits frais indigènes à dénommer.								
id.	**fraisier.** V. racines médicinales à dénommer.								
id.	**framboises.** V. fruits frais indigènes à dénommer.								
	franges. V. tissus suivant l'espèce. Passementerie.								
id.	**fraxinelle.** V. dictames. Feuilles médicin. à dén. ou racines.								
id.	**frétilles**	à tailler. V grains durs à tailler.							
RR.		taillées. V. mercerie commune.							
	frisons peignés. V. soie								
FF.	**fromages**	blanc de pâte molle	prod. et dép. d'animaux.	5 juill. 1836	—	—	6 »	6 60	» 25
		autres de pâte dure (2)	—	7 juin 1820	—	—	15 »	16 50	» 25
id.	**fromager,** duvet cotoneux du), V. végét. filament. non dénom.								
id.	**froment.** V. céreales.								
id.	**froment** perlé. V. grains perlés et mondés								
id.		frais à dénommer. exotiques	fruits.	28 avr. 1816	28 avr. 1816	—	8 »	8 80	» 25
id.		frais à dénommer. indigènes	—	30 avr. 1806	—	—	4 »	4 40	» 25
id.		secs ou tapés à dénommer (4)	—	28 avr. 1816	—	—	16 »	17 60	» 25
RR.		confits au sucre ou au miel. V. confitures.							
RR.	**fruits** (3)	confits à l'eau-de-vie (5)	—	—	—	100 k. NB	98 »	105 40	» 25
id.		confits au sel, comme câpres confites.							
FF.		médicinaux à dénommer	espèc. méd.	—	27 juil. 1822	100 k. BB	35 »	38 50	» 25
FR.		au vinaigre et à l'huile, comme les câpres.							
FF.		oléagineux à denommer. V graines oleagineuses.							
id.		écrasés. sauf les raisins. V. poires écrasees.							
FF.	**fumiers.** V. engrais.								
id.	**furets.** V. chiens de chasse.								
RR.	**fusain**	carbonisé. V. couleurs à dénommer.							
FF.		baguettes de l pour poinçons d'horloger, comme l'osier en bottes.							
id.	**fuseaux**	en bois. V. boissellerie.							
RR.		d'acier pour mécaniques. V. outils de pur acier.							
		de calibre de guerre, de chasse, de luxe ou de traite. V. armes à feu, selon l'espèce.							
RR.	**fusils**	d'enfant V. bimbelotterie.							
P.		à vent. armes défendues.							
RR.		de boucher. V. outils de pur acier.							

(1) Elles s'entendent des pièces qui se vendeat séparément à la grosse, spécialement les ressorts, chaines de fusées, roues de rencontre, aiguilles, spiraux, pignons, cadrans bruts ou achevés, clefs et canons de clef, et autres pièces nécessaires à la composition des montres et des pendules. Les outils dont se servent les horlogers, quelque fins qu'ils puissent être, ne peuvent s'appeler fournitures d'horlogerie dans le sens indiqué ci-dessus. Avant la loi du 6 mai 1841 on comprenait aussi dans les fournitures d'horlogerie les petites mécaniques à musique, dites carillons.

(2) Les fromages de pâte molle ou de pâte dure, provenant des troupeaux français qui pacagent à l'étranger pourront être affranchis des droits d'entrée. *(Loi du 5 juillet 1836.)*

On ne traite comme pâte molle que les fromages de fabrication récente et qui ne pourraient supporter sans se corrompre un transport lointain.

Les fromages de pâte dure de fabrication néerlandaise arrivant en droiture des ports des Pays-Bas sous pavillon hollandais ou français sont admis aux droits d'entrée de 10 *Fr. par 100 kil. B.*, en vertu du traité de commerce conclu entre les Pays-Bas et la France, le 25 juillet 1840, de la loi du 25 juin 1841 et des ordonnances des 26 et 30 juin 1841

(3) Les fruits artificiels sont traités comme ouvrages, selon les matières dont ils sont formés; c'est-à-dire que ceux en porcelaine paient comme porcelaine fine; ceux en marbre ou albâtre, comme marbre ou albâtre ouvré, etc., les fruits rouges percés pour breloque, qui sont composés d'un mastic légèrement compressible et très inflammable, font partie de la mercerie fine.

(4) Les pommes et les poires sèches qui ont encore leur pellicule et leurs pépins suivent à l'entrée le régime des légumes secs quant aux droits seulement.

(5) Il faut distinguer les fruits confits au vinaigre, à l'huile, au sel ou à l'eau-de-vie, des fruits confits au sucre ou au miel; s'il en était présenté de la première espèce qui ne fussent pas dénommés au tarif, on devait, par assimilation, leur appliquer le droit des câpres. — Ceux confits au sucre ou au miel doivent le droit des confitures, sanf les exceptions spéciales, comme pour la casse, les tamarins et les myrobolans.

DÉSIGNATION DES MARCHANDISES.	CLASSE du TARIF.	TITRE DE PERCEPTION.		UNITÉS sur lesquelles portent les droits.	DROITS D'ENTRÉE		DROITS de SORTIE.
		Entrée.	Sortie.		par Navires Français.	par Navires Étrangers et par terre	
					F. C.	F. C.	F. C.

DÉSIGNATION DES MARCHANDISES	CLASSE du TARIF.	TITRE DE PERCEPTION.		UNITÉS sur lesquelles portent les droits.	DROITS D'ENTRÉE		DROITS de SORTIE.
		Entrée.	Sortie.		par Navires Français.	par Navires Étrangers et par terre	
					F. C.	F. C.	F. C.

	DÉSIGNATION DES MARCHANDISES.	CLASSE du TARIF.	TITRE DE PERCEPTION. Entrée.	TITRE DE PERCEPTION. Sortie.	UNITÉS sur lesquelles portent les droits.	DROITS D'ENTRÉE par Navires Français.	DROITS D'ENTRÉE par Navires Etrangers et par terre	DROITS de SORTIE.
						F. C.	F. C.	F. C.
	fussore. V. tussore.							
FF.	**fustet** (feuilles de). V. sumac.							
id.	**fustet** (bois et racines de). V. bois de teinture à dénommer.							
FR.	**fustet** moulu. V. sumac.							
FF.	**fustick** ou fustock. V. bois de teinture à dénommer.							
id.	**futailles** (1) montées, cerclées en bois	ouvr. en mat. diverses.	27 juil. 1822	6 mai 1841	l'hectol. de contenance	» 25	» 25	1/4 p. 0/0
	futailles (1) montées, cerclées en fer	—	—	—	—	2 20	2 20	1/4 p. 0/0
FR.	**futailles** (1) démontées	—	27 mar 1817	—	la valeur.	10 p. °/°	10 p. °/°	1/4 p. 0/0
P.	**futaines.** V. tissus de coton non dénommés.							
	G.							
RR.	**Gaïac.** (bois. V. bois d'ébénisterie.							
FF	**Gaïac.** (écorces de). V. écorces médicinales à dénommer.							
	Gaïac. (eau de). Comme eaux distillées médicinales							
RR.	**Gaïac.** (gomme résineuse de). V résineux exotiques à dénom.							
P.	**Gaïac.** (rapures de). Comme médicaments composés non dén							
RR.	**Gaïac.** (huile de). V. huiles volatiles toutes autres.							
id.	**Gainerie.** V. mercerie commune. (Cornets à jouer, fourreaux d'épées, gibecières, poires à poudre. etc.							
FF.	**Galanga**, mineur et majeur. V. racines médicin. à dénom. (2).							
RR.	**Galbanum.** V. résineux exotiques à dénommer. (3)							
FF.	**Galène**, plomb sulfuré dit alquifoux. V. alquifoux.							
	Galettes en feutre. V. tissus de feutre, autres.							
id.	**Galipot**, résine indigène	sucs végét.	27 juil. 1822	—	100 k. BB	5 »	5 50	» 25
	Galipot de Manille. V. résineux exotiques à dénommer.							
FF.	**Galles** noix de (4) pesantes des pays hors d'Europe	teint. et tan.	2 juill. 1836	28 avr. 1816	—	5 »	12 »	» 25
	Galles noix de (4) pesantes des entrepôts	—	—	—	—	7 »	12 »	» 25
	Galles noix de (4) légères	—	—	—	—	» 50	» 50	» 25
id.	**Gallium**, c'est le mot latin de caille-lait. V. caille-lait.							
id.	**Galloches** en bois. V. boissellerie.							
RR.	**Galloches** en bois ferrées. V. mercerie commune.							
P.	**Galloches** en cuir. V. peaux ouvrées.							
	Galons neufs ou en état de servir. V. tissus suiv. l'esp. Passem.							
FF.	**Galons** vieux pour brûler, en or ou en arg. V. or ou arg. brut.							
id.	**Galons** de Hongrie. V. avelanèdes.							
RR.	**Galoubets**, instruments de musique (5)	ouv. en mat. diverses.	15 mar 1791	6 mai 1841	la pièce.	» 63	» 63	1/4 p. 0/0
	Gambie, gomme de. V. kino et sarcocole.							
FF.	**Gambo** (fruits secs de). V. Gombo.							
	Ganses V. tissus suivant l'espèce. Passementerie.							
FR.	**Gants** de peau avec poils. V. pelleteries ouvrées.							
P.	**Gants** de peau sans poils. V. peaux ouvrées.							
	Gants de peau de crin grossiers pour frictions. V. tiss. de crin. Passem.							
	Gants de tricot. V. tissus suivant l'espèce. Bonneterie.							
FR.	**Gara** est assimilé au salep. V. salep.							
FF.	**Garance** (6) en racine verte	teint. et tan.	28 avr. 1816	17 mai 1826	100 k. BB	5 »	5 50	1 »
id.	**Garance** (6) en racine sèche, alizari	—	—	—	—	12 »	13 20	1 »
FR.	**Garance** (6) moulue ou en paille et résidu de)	—	—	—	—	30 »	33 »	» 50

(1) Les futailles vides, ayant servi à transporter des genièvres de Hollande dans certains entrepôts désignés, peuvent être renvoyés à l'étranger. Celles ayant un cercle à chaque tête en fer, doivent comme futailles être cerclées en fer.

Les futailles vides ou en bottes peuvent être envoyées: 1° dans les Colonies Françaises ou étrangères lorsque les quantités déclarées sont en proportion avec la force des navires, et la nature des denrées que les armateurs se proposent de rapporter (Circulaire n° 287); 2° dans le Levant, en Italie et en Espagne, en garantissant qu'elles serviront à rapporter des huiles (Décision du 7 fructidor an v.) Il en est de même de celles destinées à la pêche de la baleine (Décision du 1er thermidor an x.)

Toutes ces futailles peuvent sortir en franchise; mais à charge d'en assurer le retour, par acquit-à-caution et dans un délai déterminé.

On permet aussi la libre rentrée des futailles vides employées au transport des vins et eaux-de-vie, toutes les fois que la réserve de cette faculté aura été consignée dans les acquits de sortie. — Quant aux futailles vides provenant de l'étranger, elles pourront, lorsqu'elles seront déclarées comme devant servir à l'exportation des vins et eaux-de-vie de France, être admises, à titre d'exception, au bénéfice de l'importation temporaire sous les conditions de remettre un inventaire détaillé des futailles à introduire en indiquant l'espèce et la contenance, de les réexporter dans un délai qui ne devra pas excéder six mois, sous peine du double droit. Il sera apposé sur chaque futaille une empreinte au feu pour en reconnaitre l'identité à la sortie. (Circulaire du 29 septembre 1841, n° 1879)

(2) Racine des Indes. Celle dite mineure est coupée par tranches ou en morceaux gros comme des avelines; celle majeure est assez grosse et pesante

(3) Gomme résine en masses aglutinées, mêlées de semences et débris de feuilles, ayant un aspect gras, adhérant fortement aux doigts qui la ramolissent promptement Dans ces masses se trouvent des larmes blanches, claires, rougeâtres ou jaunâtres pouvant être facilement écrasées.

(4) Les noix de galles pesantes sont noires, vertes ou blanches et garnies de petites aspérités; celles légères qui sont d'une moindre valeur sont lisses, blanchâtres et très-légères. — On les appelle aussi cynips de chêne. Elles ont généralement la forme et la grosseur d'une petite noix, et sont un produit excrétoire de chêne, opéré par la piqûre de l'insecte appelé cynips

Les fleurs de cette plante sont en cloches jaunes dans une espèce et blanches dans l'autre.

(5) Voyez la note à chapeaux-chinois pour l'admission en franchise.

(6) La garance destinée à être moulue dans les ateliers des départements du Haut et du Bas-Rhin est admise, en payant seulement: savoir:

La verte........... 0 50 } par 100 kil. brut.
La sèche........... 1 » }

à charge; 1° de ne l'importer que par les bureaux de Frauenberg, Wolmunster, Wissembourg, Lauterbourg ou Strasbourg, par la Vantzenau; 2° de la réexporter, dans le délai de six mois, en passant par le Hâvre, Drusenheim par Haguenau, Strasbourg, St.-Louis ou Pontarlier. *(Loi du 27 mars 1817.)*

	DÉSIGNATION DES MARCHANDISES.	CLASSE du TARIF.	TITRE DE PERCEPTION. Entrée.	TITRE DE PERCEPTION. Sortie.	UNITÉS sur lesquelles portent les droits.	DROITS D'ENTRÉE par Navires Français.	DROITS D'ENTRÉE par Navires Etrangers et par terre	DROITS de SORTIE.
						F. C.	F. C.	F. C.
P.	**Garancine**. V. extrait de garance.							
RR.	**garde-vues**. V. mercerie commune.							
P.	**gargousses**. V. poudre à tirer.							
RR.	**garnitures** de carde pour mécaniques	ouvr. en mat. diverses	17 mar 1817	16 juin 1832	la valeur	15 p. %	15 p. %	1/4 p. %
FF.	**garou** racine de (1)	teint. et tan.	28 avr. 1816	6 mai 1841	100 k. BB	1 »	1 10	» 25
FR.	**garou** bois de. V. bois odorants à dénommer.							
FF.	**garou** graines de. V. fruits médicinaux à dénommer.							
id.	**garou** écorces de. V. écorces médicinales à dénommer.							
id.	**gassoul**. V. terres servant aux arts et métiers à dénommer.							
BR.	**gateaux.** au sucre. V. bonbons.							
id.	**gateaux.** d'amandes et de figues. Comme bonbons.							
FF.	**gateaux.** sans sucre, même régime que le pain. V. pain d'ép.							
id.	**gaude**, herbes à jaunir (2)	—	—	—	—	1 »	1 10	» 25
id.	**gaulettes** de coudrier. V. bois feuillard.							
	gaze. V. tissus de soie ou de coton selon l'espèce.							
id.	**gazelle**, peaux de V. peaux petites, autres selon leur état.							
RR.	**gazettes** et journaux, mêmes droits que les livres. V. livres.							
id.	**gazomètres**, petits appareils dits compteurs de gaz	ouvr. en mat. diverses.	circ. n. 1740	—	la valeur	30 p. %	30 p. %	1/4 p. %
id.	**gazomètres**, grands compteurs dans la construction desquels il entre jusqu'à 12,000 kil. de fonte	—	—	—	—	15 p. %	15 p. %	1/4 p. %
id.	**gedda**, gomme de. V. gommes pures exotiques.							
RR.	**gehuph**, gomme de. V. gommes pures exotiques.							
FF.	**gelatine** d'os V. extrait de viande en pain.							
	génépi, autre nom de l'absinthe. V. absinthe.							
RR.	**générateurs** à vapeur. V. machines et mécaniques à dénom. (*Lettre du 28 juin 1836.*)							
FF.	**genestrolle** ou genêt des teinturiers	teint. et tan.	28 avr. 1816	—	100 k. BB	1 »	1 10	» 25
id.	**genet** vulgaire pour litière, com. la paille à l'entrée. V. fourrag.							
id.	**genet** vulgaire fagots de) pour chauffage, comme bois à brûler à l'entrée.							
id.	**gengeoles**, jugubes. V. fruits secs à dénommer.							
id.	**genièvre** baies de), fruits à distiller (3)	fruits.	—	28 avr. 1816	—	1 »	1 10	» 25
RR.	**genièvre** conserves de). V. confitures.							
id.	**genièvre** baies de) confites au sucre. V. confitures.							
P.	**genièvre** eau de-vie aromatisée avec des baies de). V. eau-de-vie de grains etc.							
id.	**genièvre** esprit de). comme médicam. comp. non dénomm.							
RR.	**génevrier** (résine de). V. résineux exotiques à dénommer.							
FF.	**génisses**	anim. viv.	27 juil. 1822	27 juil. 1822	par tête.	12 50	12 50	1 50
id.	**georgilina**, graine de. V. graines de sésame.							
id.	**gentiane.** V. racines médicinales à dénommer. Eau-de-vie de)							
P.	V. boissons eaux-de-vie de grains, etc.							
FF.	**germandrée**. V. herbes médicinales à dénommer.							
RR.	**gésiers** d'autruche. V. objets de collection.							
RR.	**gibecières**, gainerie. V. mercerie commune.							
P.	**gibernes.** V. peaux ouvrées.							
FF.	**gibier** vivant	—	27 mar 1817	28 avr. 1816	valeur.	2 p. %	2 p. %	1/4 p. %
	gibier tué	prod. et dép. d'animaux.	28 avr. 1816	6 mai 1841	100 k. BB	» 50	» 50	» 25
FR.	**gingembre** (4)	denr. colon	—	28 avr. 1816	—	20 »	22 »	» 25
RR.	— confit au sucre. V. confitures.							
FR.	**ginseng** racines de) (5)	esp. médic.	—	27 juil. 1822	100 k. NB	184 »	195 70	» 25
FF.	**ginseng** faux, mandragore. V. racines médicin. à dénomm.							
	girasols d'orient, saphirs. V. pierres gemmes à dénommer.							
	girasols Autres. V. agates.							

(1) Racine d'un petit arbrisseau. Elle est longue, grosse, dure, ligneuse, grise ou rougeâtre en-dehors, blanche en dedans; d'un goût d'abord doux, ensuite âcre et caustique. Sert en teinture et pour cautères.

(2) Tiges ou pailles jaunes, d'environ un mètre de haut, garnies de feuilles lisses, oblongues et étroites, assez semblables à celles du saule; le nom botanique est reseda-luteola. Dans le commerce, on l'appelle aussi herbe jaune et vaude.

(3) Les baies de genièvre confites au sucre suivent le régime des confitures.

(4) Racine des Indes Orientales, noueuse, branchue, un peu aplatie, couleur brune, saveur âcre, brûlante et aromatique, odeur forte et agréable. Le gingembre en poudre est prohibé comme toutes les substances médicinales. Pour le gingembre confit voyez confiture.

(5) Racine qui vient de la Chine ou du Japon. Elle est de la grosseur du petit doigt, un peu raboteuse, brillante, roussâtre en-dehors et jaunâtre en dedans. Saveur légèrement âcre et amère. Odeur un peu aromatique.

DÉSIGNATION DES MARCHANDISES.	CLASSE du TARIF.	TITRE DE PERCEPTION.		UNITÉS sur lesquelles portent les droits.	DROITS D'ENTRÉE		DROITS de SORTIE.
		Entrée.	Sortie.		par Navires Français.	par Navires Étrangers et par terre	
					F. C.	F. C.	F. C.

DÉSIGNATION DES MARCHANDISES.	CLASSE du TARIF.	TITRE DE PERCEPTION.		UNITÉS sur lesquelles portent les droits.	DROITS D'ENTRÉE		DROITS de SORTIE.
		Entrée.	Sortie.		par Navires Français.	par Navires Étrangers et par terre	
					F. C.	F. C.	F. C.

	DÉSIGNATION DES MARCHANDISES.	CLASSE du TARIF.	TITRE DE PERCEPTION. Entrée.	TITRE DE PERCEPTION. Sortie.	UNITÉS sur lesquelles portent les droits.	DROITS D'ENTRÉE par Navires Français.	DROITS D'ENTRÉE par Navires Étrangers et par terre	DROITS de SORTIE.
						F. C.	F. C.	F. C.
RR.	**girofle** (clous de), fleurs, de Bourbon	denr. col.	2 juil. 1836	28 avr. 1816	1 k. NB	» 50	—	100 k. 25
	— de la Guiane française	—	—	—	—	» 60	—	— 25
	— des autres Colonies françaises	—	—	—	—	» 75	—	— 25
	— de l'Inde	—	—	—	—	1 »	3 »	— 25
	— d'ailleurs hors d'Europe	—	—	—	—	1 80	3 »	— 25
	— des entrepôts	—	—	—	—	2 »	3 »	— 25
id.	**girofle** griffes de), pédicules, de Bourbon	—	—	—	—	» 12	—	— 25
	— de la Guiane française	—	—	—	—	» 15	—	— 25
	— des autres colonies françaises	—	—	—	—	» 18	—	— 25
	— de l'Inde	—	—	—	—	» 25	» 75	— 25
	— d'ailleurs hors d'Europe	—	—	—	—	» 45	» 75	— 25
	— des entrepôts	—	—	—	—	» 50	» 75	— 25
FR.	**girofle** giroflier, bois de). V. bois odorants à dén., les racines comprises.							
P.	— pulvérisé, comme médicaments composés non dénom.							
FF.	— écorce de). V. écorces médicinales à dénommer.							
id.	— feuilles de)	espèc. méd.	28 avr. 1816	6 mai 1841	100 k. NB	41 »	45 10	» 25
RR.	— huile de), huiles volatiles, essences	sucs végét.	23 juil. 1838	—	1 k. NB	5 »	5 50	100 k. 25
	glace, eau gelée, exempte.							
P.	**glaces** (1) sans tain. V. verrerie de toute autre sorte que celle dén.							
RR.	— étamées, miroirs, grands de plus de 3 millimèt. dépaisseur.	vitrificat.	27 mar 1817	28 avr. 1816	Val. fixée par le tarif de la manufact. royale.	15 p. °/°	15 p. °/°	1/4 p. 0/0
	— étamées, miroirs, grands de 3 millim. ou moins d'épaisseur.	—	—	—	Les 2/3 de ladite val.	15 p. °/°	15 p. °/°	1/4 p. 0/0
	— étamées, miroirs, petits, sans distinction d'épaisseur	—	—	—	—	100 »	107 50	» 25
	— d'optique. V. instruments d'optique.							
FF.	**glaïeul** ou iris du pays. V. racines médicinales à dénommer.							
id.	**glaise** commune. V. matériaux à dénommer.							
	— fine. V. pierres et terres servant aux arts et mét. à dén.							
	— épurée, du pays de Baden. V. bitumes, fluides, pétrole.							
	glama (laine dite poil de). V. laines.							
id.	**glands** de chêne, torrifiés ou non. V. graines forestales.							
id.	**glands** de chêne coupés et séchés. V. racine de chicorée sèche.							
P.	Glands pulvérisés. V. chicorée moulue.							
RR.	**globes** célestes ou terrestres. V. instruments d'optique, de calcul et d'observation.							
FR.	— pour verres à cadran. V. verres à cadran.							
FF.	**glouteron**, bardane. V. racines médicinales à dénommer.							
id.	**glu**	sucs végét.	28 avr. 1816	27 juil. 1822	100 k. BB	15 »	16 50	» 25
P.	**glu-marine**. V. produits chimiques non dénommés.							
RR.	**glucoses.** V. sucre.							
FF.	**gobilles.** V. chiques.							
FR.	**goëland** (peau de). V. peau d'oie.							
FF.	**goëmons.** V. plantes alcalines.							
id.	**gombo** feuilles de). V. feuilles médicinales à dénommer.							
P.	— feuilles de) pulvérisées, prohibées; mais avec autorisation, comme légumes secs.							
FF.	— fruits de) confits au sel. V. légumes confits.							
id.	— fruits de) séparés de leurs capsules. V fruits méd. à dén.							
id.	— capsules de) coupées et desséchées. V. légumes secs.							
	gomme-élastique. V. caoutchouc.							
id.	**gommes** pures d'Europe (2)	—	—	6 mai 1841	—	1 »	1 10	» 25
RR.	— exotiques (3) du Sénégal français	—	—	27 juil. 1822	—	10 »	—	» 25
	— exotiques (3) des autres pays, hors d'Europe.	—	—	—	—	20 »	30 »	» 25
	— exotiques (3) des entrepôts	—	—	—	—	25 »	30 »	» 25
	— d'olivier sauvage, com. gommes pures exotiq.							
	— résineuses, comme résineux exotiques.							

(1) Glace signifie une table de verre d'une forte dimension soit coulée, soit soufflée. — Une glace étamée devient miroir; cependant on lui conserve encore son nom dans l'usage pour indiquer que c'est un miroir de prix. — Le droit des miroirs atteint non-seulement la glace ou le miroir, mais son encadrement, ainsi à la valeur de la table qui est fixée par le tarif de la manufacture royale, il faut ajouter celle du cadre et percevoir 15 pour cent sur l'addition de ces deux valeurs. — Sont appelés grands les miroirs ayant 40 centimètres ou plus en quelque sens que ce soit, petits, ceux d'une moindre dimension. — La dénomination de petits miroirs comprend les miroirs non encadrés et ceux de toilette de poche et monté en bois ou en cartons; mais il faut que le miroir fasse l'objet principal; car s'il est seulement ajouté à des coffrets, nécessaires, ou autres meubles, il doit suivre le régime des meubles ou de la tabletterie, suivant l'espèce. Il est cependant fait une exception à l'égard des coffrets en bois commun avec damier, miroirs et serrures grossières en cuivre qui sont rangés dans la mercerie commune.

(2) Ce sont les gommes d'abricotier, de cerisier, d'olivier cultivé, de pêcher, de prunier, etc.

(3) Ce sont les gommes adragante, d'acacia, d'acajou, de monbain, de gehuph et d'oliviers sauvages., et qu'on appelle gomme arabique, gomme de Barbarie, de Bassora, de Gedda et d'Yambo, qu'elles soient en sorte ou thuriques. En sorte, c'est-à-dire, salies, opaques et mêlées de parties hétérogènes, pour avoir été recueillies dans la mauvaise saison; thuriques, c'est-à-dire, gomme triée ou de choix, qu'elles soient en masses ou vermiculées. La gomme thurique vermiculée se déclarait aussi sous le nom de graines thuriques, parce qu'étant friable, on peut, avec le doigt, la réduire en grains brillants; mais cela ne change pas sa nature. La gomme dite de Gedda se distingue de celle du Sénégal par une odeur un peu résineuse, par la forme toute singulière de ses morceaux, qui sont tortillés. ridés, quelque fois couverts de grumeaux à la surface, et dont la couleur est très variée. Cette gomme est moins mucilagineuse que les gommes arabiques, et les compositions où elle entre sont sujettes à se ramollir, ce qui en réduit la valeur aux trois quarts et même au tiers des gommes dont elle approche le plus. — Les gommes pures sont entièrement solubles dans l'eau, non dans l'alcool, très-peu dans les huiles, inodores, insipides, incolores et même transparentes dans leur état de pureté, brûlent en se boursouflant et presque sans s'enflammer au feu. Elles sont toutes d'exsudation.

	DÉSIGNATION DES MARCHANDISES.	CLASSE du TARIF.	TITRE DE PERCEPTION. Entrée.	TITRE DE PERCEPTION. Sortie.	UNITÉS sur lesquelles portent les droits.	DROITS D'ENTRÉE par Navires Français.	DROITS D'ENTRÉE par Navires Etrangers et par terre	DROITS de SORTIE.
						F. C.	F. C.	F. C.
RR.	**gomme** copal. V. copal. (1)							
id.	**gomme** gutte. V. résineux exotiques à dénommer.							
	gomme laque. V. laque.							
id.	**goniomètres.** V. instruments de calcul.							
FR.	**gorges** de canard, fouine, marte, pingouin et renard	prod. et dép. d'animaux.	27 mar 1817	6 mai 1841	100 en n.	2 »	2 »	1/4 p. 0/0
id.	**gorges** de toukan. Comme celles de canard							
FF.	**gorque**, fruit de carambolier. V. fruits secs à dénommer.							
id.	**goudron**, résines indigènes. (2)	sucs végét.	2 déc. 1843	—	100 k. BB	3 »	5 50	» 25
FF.	**goudron** minéral. V. bitumes fluides.							
RR.	**gouges**. espèces de ciseaux. V. outils de fer rechargé d'acier ou de pur acier, selon l'espèce. (3)							
FF.	**goureaux.** V. fruits frais exotiques à dénommer.							
P.	**gourmettes**. V. le métal ouvré dont elles sont formées, ou les plaquées.							
	gournables. V. merrains.							
RR.	**gourdes** en cuir, gainerie. V. mercerie commune.							
FF.	**gourres.** V. tamarins.							
F.	**gousses** d'acacia (bablah), de cassie et autres gousses tinctoriales (4) du Sénégal et Guiane française.	teint. et tan.	2 juil. 1836	28 avr. 1816	—	» 25	—	» 25
FR.	— de l Inde	—	—	—	—	2 »	7 »	» 25
RR.	— d'ailleurs, hors d'Europe......	—	—	—	—	3 »	7 »	» 25
id.	— des entrepôts	—	—	—	—	5 »	7 »	» 25
	grabeau, résidu de diverses matières pressurées, triées ou vannées; s'il est simple et qu'on en reconnaisse la nature, il peut payer le même droit que la matière pure, si non il doit être traité comme médicaments composés à dénommer.							
FF.	**graines** pour semences, de jardin et de fleurs	fruits.	28 avr. 1816	6 mai 1841	—	1 »	1 10	» 25
	graines de pastel et de chardons cardières	—	—	—	—	1 »	1 10	» 25
	graines forestales et de prairie (5)...................	—	—	28 avr. 1816	—	1 »	1 10	» 25
	graines de coton et de garance	—	—	—	—	1 »	1 10	» 25
id.	**graines** oléagineuses à dén. (6)							
id.	**graines** de sésame....							
FR.	**graines** de ricin (7)	—	2 juill. 1836	17 mai 1826	—	15 »	16 50	» 25
FF.	**graines** de lin.......							

(1) Résine sans similaire, produite par le ganitre de Ceylan, ou le sumac copalin.

(2) Le goudron pouvant servir à masquer la contrebande, l'employé doit faire chauffer suffisamment une sonde pour la faire en suite pénétrer en plusieurs sens dans cette matière, et s'assurer par là qu'elle ne récèle aucun autre objet.

(3) Il existe des gouges de tourneur de deux espèces : 1° celles en pur acier ont de 4 à 27 millimètres de largeur pour les plus communes, et jusqu'à 40 millimètres pour les autres. Leur cuiller se prolonge jusqu'à plus de moitié de la longueur de l'outil et est ordinairement brunie; l'échancrure va en diminuant jusqu'à la pointe, leur longueur est toujours en raison de leur largeur; 2° celles en fer rechargé d'acier, sont plus longues, à largeur égale, leur cuiller est presque toujours noire et se prolonge moins; la même largeur se conserve à peu près dans toute la longueur de l'outil, et se termine par une queue. — Les gouges de sculpteur, toutes en pur acier, sont polies des deux côtés, leur longueur, sans la soie, est de 108 à 128 millimètres. On les expédie ordinairement en paquets assortis de 6 à 33 millimètres de largeur, creuses, demi-creuses, plates et mi-plates. Ces détails peuvent aider l'employé dans la distinction à faire entre les outils de pur acier et ceux rechargés d'acier seulement.

(4) On range parmi ces gousses: le barbatimao ou mimosa cochliocarpos des auteurs portugais. Ses gousses ont la même forme que celles du libidivi, mais elles sont ordinairement plus étroites. Elles servent soit pour teindre en noir ou en gris, avec les sels de fer, soit pour l'engallage et les pieds de couleur des étoffes. On les emploie aussi pour le tannage des cuirs. Les gousses du libidivi, ou dibidivi : fruit d'un arbre de la famille des légumineuses, étaient aussi rangées parmi les gousses tinctoriales, mais une décision ministérielle du 25 mai 1842, transmise par la circulaire du 3 juin suivant n° 1918, les a assimilées au sumac. (Circulaire du 16 juillet 1836, n° 1550. Note de la page 3.

(5) On ne comprend pas dans les graines forestales celles de pin (pinus pinea) ou pignons doux qui sont classées dans les fruits médicinaux à dénommer. Cet article comprend les graines des autres pins, de sapin, de bouleau, de joncs de marais, etc. On nomme graines de prairie celles de trèfle, d'esparcette, de foin, de spergule, de luzerne, ray-grass, sainfoin, fenu-grec etc.

(6) Sont principalement les graines de cameline, chanvre ou chenevis, colza, navette, oliette ou pavots blanc et noir, rabette, etc. Quant aux farines de ces graines elles suivent le régime des substances médicinales pulvérisées; elles sont prohibées à l'entrée et paient à la sortie le droit des substances dont elles proviennent.

(7) Ces graines sont ovales ou oblongues assez grosses, brunes et luisantes, tachées en dehors et remplies d'une moëlle blanche et tendre.

DÉSIGNATION DES MARCHANDISES.	CLASSE du TARIF.	TITRE DE PERCEPTION.		UNITÉS sur lesquelles portent les droits.	DROITS D'ENTRÉE		DROITS de SORTIE.
		Entrée.	Sortie.		par Navires Français.	par Navires Étrangers et par terre	
					F. C.	F. C.	F. C.

DÉSIGNATION DES MARCHANDISES.	CLASSE du TARIF.	TITRE DE PERCEPTION.		UNITÉS sur lesquelles portent les droits.	DROITS D'ENTRÉE		DROITS de SORTIE.
		Entrée.	Sortie.		par Navires Français.	par Navires Étrangers et par terre	
					F. C.	F. C.	F. C.

	DÉSIGNATION DES MARCHANDISES.	CLASSE du TARIF.	TITRE DE PERCEPTION. Entrée.	Sortie.	UNITÉS sur lesquelles portent les droits.	DROITS D'ENTRÉE par Navires Français.	par Navires Etrangers et par terre	DROITS de SORTIE.
						F. C.	F. C.	F. C.
	Graines							
FF	d'abelmosch où d'ambrette. V. fruits médicinaux à dénom.							
id.	d'ablazizi. V. graines oléagineuses à dénom. (1)							
id.	d'abrus. de balisier { non percées. V. grains durs à tailler.							
id.	et de panacoco. { percées. V. mercerie commune.							
id.	d'ache et d'agnus castus. V. fruits médicinaux à dénom.							
id.	d'ajonc. V. graines de prairie.							
id.	d'alliaire ou d'ammi. V. fruits médicinaux a dénom.							
id.	d'alpiste. V. alpiste.							
id.	d'amome. V. cardamomes. (graines de paradis).							
id.	d'aneth, d'angél., d'apocyn et d'aristol. V. fruits méd. à dén.							
id.	d'argan (gaaine d'olivetier). V. graines oléagineuses à dén.							
id.	d'arobe (petits pois de couleur brune). V. légumes secs.							
id.	de bangue. V. fruits médicinaux à dénom.							
id.	de béré. V. graines oléagineuses non dénom.							
id.	de bouleau. V. graines forestales.							
id.	de calagéri ou calagirah, de carvi et de cévadille. V. fruits							
id.	médicinaux à dénom.							
id.	de cameline, de carthame, de chanvre (chènevis) V. graines							
id.	oléagineuses à dénom.							
id.	de colza. V. hraines oléagineuses à dénom.							
id.	de carrobe. V. graines forestales.							
id.	de cresson. V. graines oléagineuses à dénom.							
id.	de cassier. V. noix de galles pesantes.							
id.	de chardon argentin ou marie et de chardon bénit. V. fruits							
id.	médic. à dénom.							
id.	de chardon cardières. V. graines à ensemencer, de pastel etc.							
id.	de chicorée de chouan, de coriandre et de cumin. V. fruits							
id.	médicinaux à dénom.							
id.	de chirimoya-ou couroussol du Pérou. V. graines de jardin							
id.	de coton. { entières. V. graines de coton et de garance.							
id.	{ pilées ou concassées. V. graines oléagineuses à dén.							
id.	de dolics. V. fruits médicinaux non dénom.							
id.	d'écarlate. V. kermès en grains.							
id.	d'endive et d'épurge. V. fruits médicinaux non dénom.							
id.	d'esparcette. V. graines de prairie.							
id.	de fenouil. V. fruits médicinaux à dénom.							
id.	de fenugrec et de foin. V. graines de prairie.							
id.	de garou. V. fruits médicinaux à dénom.							
id.	de genièvre. V. baies de genièvre.							
id.	de géorgéolina, ingéolina ou jugéolina. V. graine de sésame.							
id.	de gremil. { mondées. V. millet.							
id.	{ non mondées. V. fruits médécinaux à dénom.							
id.	d'helianthe annuel. V. graines oléagineuses à dénom.							
id.	d'indigo, (graine danil) V. graine de coton.							
id.	graines jaunes, dites d'Avignon, de Perse, d'Andrinople,							
id.	d'Espagne de Morée et de Valachie. V. baies de Nerprun.							
id.	de joncs de marais. V. graines forestales.							
id.	de jusquiame, de laitue, de lavand. et de livèch. V. fr. méd. à dén.							
id.	légumineuses. V. légumes secs ou verts, selon l'espèce.							
id.	de lupin. V. légumes secs.							
id.	de luzerne. V. graines de prairie.							
id.	médicinales. V. fruits médicinaux.							
id.	de main. V. graines de sésame.							
id.	de madia-sativa. V. graines oléagineuses à dénom.							
id.	de millet. V. millet.							
id.	de moutarde. V. moutarde.							
FR	de myroxilon. V. graines de jardin.							
FF	de navette. V. graines oléagineuses non dénom.							
id.	de nhandirobe et de nigelle ou nielle. V. fruits médic. à dén.							
id.	d'œillette, d'oliette ou de pavot. V. graines oléag. non dén.							
id.	d'orobe ou arobe. V. légumes secs.							
id.	de palma-christi. V. grain. de ricin. de palm. V. gr. oléag. à dén.							
id.	de paradis. V. cardamomes.							
id.	de persil de Macédoine, pivoine, pourpier et spyllium. V.							
id.	fruits médicinaux à dénom.							
id.	de pin du pinus pinea (pignons doux). V. fruits médic. à dén.							
id.	de pin autres que les précédentes. V. graines forestales.							
id.	de rabette et de ram-till. V. graines oléagineuses non dén.							
id.	de ray-grass et de trèfle. V. graines de prairie.							
id.	de rocou. V. rocou.							
id.	de sainfoin et de spergule. V. graines de prairie.							
id.	de sapan et de sapin. V. graines forestales.							
id.	de saxifrage, séséli, staphisaigre, stramoine et sureau. V.							
id.	fruits médicieaux à dénom.							
id.	de sicoude ou seifesum. V. graines oléagineuses à dénom.							
id.	de soude (salsola) et autres de plantes alcal. V. grain. de prair.							
id.	de tabac. V. graines de jardin.							
id.	de tanaisie. V. fruits médicinaux non dénommés.							
id.	de tell. till ou ram-till. V. graines oléagineuses non dénom.							
id.	de tournesol ou grand soleil. V. graines oléagineuses non dén.							
id.	de vers à soie. V. œufs de vers à soie.							
id.	de vesce comme jarosse. V. fourrages.							

(1) Espèce de pistache de terre sans coque, de la grosseur d'un petit haricot, sa couleur foncée à l'extérieur et blanche au dedans; son emploi n'est pas bien connue. Le goût en est assez agréable et a quelque rapport avec la noix de coco.

	DÉSIGNATION DES MARCHANDISES.	CLASSE du TARIF.	TITRE DE PERCEPTION. Entrée.	TITRE DE PERCEPTION. Sortie.	UNITÉS sur lesquelles portent les droits.	DROITS D'ENTRÉE par Navires Français.	DROITS D'ENTRÉE par Navires Étrangers et par terre	DROITS de SORTIE.
						F. C.	F. C.	F. C.
FF.	**Grains** de céréales. V. céréales.							
P.	**Grains** d'acier et de cuivre à broder pour bijouter. fausse. V. acier, cuivre ou cuivre doré ouvré, selon l'espèce.							
FF.	**Grains** durs à tailler (1)	fruits, tiges et filam. à ouvr.	27 mar 1817	28 avr. 1816	100 k. BB	12 »	13 20	» 25
RR.	**Grains** durs taillés. V. mercerie commune.							
id.	**Grains** de verre percés, sans distinction							
P.	**Grains** de cristal pour lustres. V. verres de toute autre sorte.							
RR.	**Grains** (eau-de-vie de). V. boissons.							
FF.	**Grains** perlés et mondés	farin. alim.	30 avr. 1806	27 juil. 1822	—	12 »	13 20	» 25
id.	**Grains** de tilly, petits pignons de l'Inde. V. fruits médic. à dén.							
FF.	**Graisses** (2) de porc. V. saindoux.							
id.	**Graisses** de mouton et de bœuf, suif brut	prod. et dép. d'animaux.	2 juill. 1836	6 mai 1841	—	10 »	13 »	» 25
FR.	**Graisses** de cheval et d'ours	—	28 avr. 1816	—	—	19 »	20 90	» 25
FF.	**Graisses** toutes autres	—	2 juill. 1836	—	—	10 »	13 »	» 25
RR.	**Graisses** dégras de peaux des pays hors d'Europe	—	17 mai 1826	27 juil. 1822	100 k. NB	40 »	56 »	» 25
	Graisses dégras de peaux des entrepôts	—	—	—	—	48 »	56 »	» 25
id.	**Graisses** de poisson, sans distinction des dégras de pêche française (3)	pêches.	27 juil. 1822	—	100 k. BB	» 45	—	» 25
id.	**Graisses** de poisson, sans distinction des dégras de pêche étrang. des pays hors d'Eur.	—	17 mai 1826	—	100 k. NB	40 »	56 »	» 25
id.	**Graisses** de poisson, sans distinction des dégras de pêche étrang. des entrepôts	—	—	—	—	48 »	56 »	» 25
FF.	**Graisses** ou huile de pieds de mouton et de pieds de bœuf. V. toutes autres.							
id.	**Graisses** de crabe de terre, dite de toulouroux, et de frégate. V. toutes autres.							
id.	**Granit.** V. marbre, tous autres.							
FF.	**Graphite**, carbure de fer, dite mine de plomb noire ou plombagine (4)	métaux.	28 avr. 1816	6 mai 1841	100 k. BB	5 »	5 50	» 25
RR.	**Grappins** en fer. V. ancres.							
RR.	**Gratte-bosses** ou gratte-bois. V. laiton, cuivre allié de zinc, filé non poli, espèces de petites brosses en fil de laiton.							
id.	**Gratte-navires**. V. outils de fer rechargé d'acier.							
FF.	**Gravelle**, lie de lin vessée. V. tratrate acide de potas. très impur.							
RR.	**Gravures** et lithographies de porte-feuille et d'ornement (5)	papier et ses applications.	2 juill. 1836	—	100 k. NB	300 »	317 50	» 25
id.	**Grelots**, même ceux de métal de cloche. V. mercerie comm.							
FF.	**Grémil** (graine de) mondée, M. droit que le millet. V. millet. non mondée. V. fruits médicinaux à déno.							
P.	**Grenades**. V. fonte moulée pour project. de guerre, fer-fonte							
FR.	**Grenade**, grenadier (fleurs de). V. fleurs médicinales à dén.							
FF.	**Grenade**, grenadier (fruits de). V. fruits frais exotiq. à dén.							
id.	**Grenade**, grenadier (écorces de)	teint. et tan.	28 avr. 1816	—	100 k. BB	1 »	1 10	» 25
RR.	**Grenade**, grenadier (sirops de). V. sirops.							
id.	**Grenade**, grenadier (jus de). V. jus d'orange.							
FF.	**Grenadilles** (pommes de) fraîches. V. fruits frais exotiques à dénommer.							
RR.	**Grenadilles** (pommes de) sèches. V. objets de collection.							
id.	**Grenadine**. V. soies écrues moulinées.							
P.	**Grenailles** à giboyer en fonte, fonte moulée. V. fer-fonte.							
FR.	**Grenailles** à giboyer en plomb. V. plomb ouvré.							
id.	**Grenats** prime brute de. V. agates brutes. (6) Autres. V. pierres gemmes à dénommer.							
FF.	**Grès** commun (7) ustensiles	vitrificat.	7 juin 1820	2 juil. 1836	—	10 »	11 »	» 25
FR.	**Grès** commun (7) vaisselle de table ou de cuisine	—	—	—	—	15 »	16 50	» 25
P.	**Grès** fin ou terre de pipe (8)	—	10 br. an 5	—	—	prohib.	prohib.	» 25
FF.	**Grès** (pierre de). V. matériaux à dénommer.							

(1) Cet article comprend les fretilles, graines d'abrus, de balisier et de panacoco non percées, et autres grains durs à tailler dont on fait ordinairement des colliers, chapelets ou breloques, ainsi que les pepins d'orange dont on tire des pois à cautère, et les noix d'arec.

(2) On n'entend par graisses que des matières tirées du règne animal : les subtances onctueuses fournies par les végétaux sont des huiles ; celles extraites de la terre, comme le naphte, le pétrole etc. sont des bitumes fluides. — Veiller à ce que sous le nom de graisses, on importe ni pommades ni onguens, des cérates ou autres médicaments composés dont l'entrée est défendue. — Quant aux crétons, voyez ce mot.

(3) On assimile la graisse extraite des baleine et autres cétacés échoués sur nos côtes, à celle provenant de la pêche française.

(4) Combinaison de charbon et de fer connue anciennement sous le nom de mine de plomb noire ou plombagine, et aujourd'hui sous celui de carbure de fer. Le graphite est luisant, d'un bleu noirâtre et gras au toucher : il argente les mains et laisse sur le papier un trait noirâtre qui lui a fait donner aussi le nom de crayon noir.

(5) Le droit supplémentaire de 5 °/₀ de la valeur est supprimé à leur égard. *(Loi du 2 juillet 1836, Circulaire n. 1449).* On leur appliquera le même régime que la librairie, on devra donc consulter la note au mot livre. *(Ordonnance du 13 décembre 1842.)*

(6) La prime brute de grenat est un grenat sans couleur ou légérement coloré, et par conséquent d'une valeur bien inférieure à celle des grenats proprement dits.

(7) Il s'agit ici des ouvrages couverts d'un simple vernis produit par le sel marin qu'on a projeté sur les pièces pendant la cuite au four, Les ustensiles comprennent les cruches, bouteilles, creusets, et autres objets qui servent d'ustensiles aux arts et métiers, ou de moyen de transport au commerce, c'est-à-dire, le grès de l'espèce la plus lourde; la vaisselle comprend certaines espèces de poterie assez légères, mais communes, qui sont façonnées pour la table et la cuisine, notamment une poterie de grès rouge, qui est couverte, à l'intérieur seulement, d'un vernis transparent, et qui s'importe d'Italie, par la méditerranée.

(8) Le grès fin se distingue de la faïence commune par son émail, dit couverte, qui est transparent et qui reçoit sa couleur de la pâte primitive. On l'appelle communément faïence anglaise, terre de pipe, ou grès d'Angleterre

Il y a aussi une espèce de grès fin sans émail, appelé terre d'Egypte, de Hongrie, de Turquie, de Naples. Il est prohibé comme le sont généralement toutes les varietés de poterie de grés destiné au service de table et de déjeuners, ou qui forme ornement. *(Note 358)*

Le grès fin destiné au service de table et de déjeuners, importé pour le compte de particuliers, et lorsqu'il ne peut être considéré comme objet de commerce, est admis au droit de la porcelaine fine en vertu d'une décision ministérielle du 4 août 1837.

DÉSIGNATION DES MARCHANDISES.	CLASSE du TARIF.	TITRE DE PERCEPTION.		UNITÉS sur lesquelles portent les droits.	DROITS D'ENTRÉE		DROITS de SORTIE.
		Entrée.	Sortie.		par Navires Français.	par Navires Étrangers et par terre	
					F. C.	F. C.	F. C.

DÉSIGNATION DES MARCHANDISES.	CLASSE du TARIF.	TITRE DE PERCEPTION.		UNITÉS sur lesquelles portent les droits.	DROITS D'ENTRÉE		DROITS de SORTIE.
		Entrée.	Sortie.		par Navires Français.	par Navires Étrangers et par terre	
					F. C.	F. C.	F. C.

	DÉSIGNATION DES MARCHANDISES.	CLASSE du TARIF.	TITRE DE PERCEPTION. Entrée.	Sortie.	UNITÉS sur lesquelles portent les droits.	DROITS D'ENTRÉE par Navires Français.	par Navires Étrangers et par terre	DROITS de SORTIE.
						F. C.	F. C.	F. C.
RR.	**griffes** de girofle. V. girofle.							
FF.	**griffes** de renoncules. V. bulbes et oignons de fleurs.							
id.	**grignon** (marc d'olive entièrement sec)	pr. et déc. div.	28 avr. 1816	6 mai 1841	100 k. BB	1 »	1 10	» 25
id.	**griotte**. V. marbre, tous autres.							
id.	**groisil** (verre cassé.)	vitrificat.	2 juil. 1836	—	—	» 40	» 10	» 25
id.	**groison** (pierre crayeuse blanche servant aux mégissiers...	pierres, terres et autr. fossil.	28 avr. 1816	28 avr. 1816	—	5 »	5 50	» 25
	gros de Naples et gros de Tours. V. tissus de soie.							
id.	**groseilles** V. fruits frais indigènes à dénommer.							
RR.	**groseilles** jus de). Comme jus d'orange.							
FF.	**gruaux** de manioc et de toute sorte de grains	farin. alim.	—	27 juil. 1822	—	7 »	7 70	» 25
id.	**grume**. V. bois communs à construire.							
	guaco ou huaco. V. feuilles ou fleurs médicinales à dénommer.							
id.	**guano** ou huano (excrétions d'oiseaux aquatiques. V. engrais.							
FR.	**guédasse**. V. alcalis-potasses.							
FF.	**guède** (isatis tinctoria). V. pastel (racines et feuilles de)							
id.	**gui** de chêne (herbes médicinales)	esp. médic.	27 mar 1817	—	—	1 »	1 10	» 25
RR.	**guialamban** (bois de). Comme bois de fer. V. bois d'ébénisterie à dénommer.							
	guimauve racines et fleurs de). V. racines ou fleurs médicinales à dénommer.							
id.	**guimauve** suc, pâte et sirop de). Sirops ou bonbons s. l'esp.							
id.	**guimbardes**. V. mercerie commune.							
FR.	**guindeaux**. V. cabestans.							
RR.	**guitares**, instruments de musique (1)	ouvr. en mat. diverses.	15 mar 1791	6 mai 1841	la pièce.	3 »	3 »	1/4 p. 0/0
FF.	**gypse** sulfate de chaux commun en masses. V plâtre brut.							
id.	**gypse** sulfate de chaux commun (2) moulu ou calciné. V. plâtre.							
	gypse sulfate de chaux cristalisé. V. albâtre.							
id.	**gypsophila**, racines de). V. garou, racines de). (3)							
	H.							
P.	**Habillements**. V. effets à usage.							
RR.	**hache-navets** et hache-pailles. lames tranchantes, mêmes droits que les faulx.							
id.	**hache-navets** et hache-pailles. complets. V. machin. et mécan. à dénom. (4)							
id.	**haches**. V. outils de fer rechargé d'acier. Haches d'abordage.							
P.	V. armes blanches de guerre.							
id.	**hachettes** à sucre. V. fer ou acier ouvré.							
RR.	**hachoirs** de boucher. V. outils de fer rechargé d'acier ou de pur acier selon l'espèce.							
id.	**haliotides**. V. coquillages nacrés (oreilles de mer).							
FR.	**hamacs** en cordages, quelle que soit la matière végétale employée. V. filets neufs.							
P.	**hamacs** formés en tout ou en partie de cordages de coton proh.		•					
RR.	**hameçons** de toute espèce	—	24 sept 1840	—	100 k. NB	200 »	212 50	» 25
FF.	**hardeau**. V. viorne.							
RR.	**harengs**. V. poissons de mer.							
FF.	**haricots** verts en cosses. V. légumes verts. secs écossés ou non. V. légumes secs. (5) confits autrement qu'au vinaigre. V. légumes confits confits au vinaigre. Comme les cornichons.							
RR.	**harmonica**, instruments de musique (6)	—	15 mar 1791	—	la pièce.	18 »	18 »	1/4 p. %
P.	**harnais** (objets de harnachement de sellerie. V. seller. en cuir							
RR.	**harpes**, instruments de musique (7)	—	—	—	—	36 »	36 »	1/4 p. %
id.	**harpes** à bouche. V. bimbeloterie.							
id.	**hautbois**, instruments de musique (8)	—	—	—	—	4 »	4 »	1/4 p. %

(1) Voir la note, du mot chapeaux-chinois pour leur admission en franchise.

(2) Le gypse commun sert, dans plusieurs contrées, étant moulu, à amender les prairies.

(3) Racine plus grosse que le pouce, blanchâtre à l'intérieur, grisâtre et ridée à l'extérieur, elle provient d'un arbuste de la famille des Caryophyllées, elle n'est point employée en médecine; ses propriétés paraissent être savonneuses. On la tire de l'Orient, et elle se nomme en turc, Coën ou Kalwagi.

(4) Ceux en fer doivent le droit des instruments aratoires.

(5) D'après l'ordonnance du 17 janvier 1830, les légumes secs et leurs farines sont soumis, pour leur importation et leur exportation aux mêmes restrictions d'entrée et de sortie que les grains.

(6) Voir la note à chapeaux-chinois pour leur admission en franchise.

(7) Même observation,

(8) Même observation.

	DÉSIGNATION DES MARCHANDISES.	CLASSE du TARIF.	TITRE DE PERCEPTION. Entrée.	TITRE DE PERCEPTION. Sortie.	UNITÉS sur lesquelles portent les droits.	DROITS D'ENTRÉE par Navires Français.	DROITS D'ENTRÉE par Navires Étrangers et par terre	DROITS de SORTIE.
						F. C.	F. C.	F. C.
P.	**havre-sacs**. V. peaux ouvrées.							
RR.	**hèdre** (résine de). V. résineux exotiques à dénommer.							
FF.	**héliotrope** { ou herbes aux verrues. V. herbes médic. à déno. / silex. V. agates.							
id.	**hématite**. V. pierres ferrugineuses, autres. Elle sert à brunir les métaux.							
id.	**helminthocorton** (mousse de Corse). V. lichens médicin.							
FR.	**henné**, poudre de. Comme garance moulue.							
FF.	**herbages** frais. V. légumes verts ou fourrages, selon l'espèce.							
FF.	**herbes** { jaunes ou à jaunir. V. gaude.							
	herbes médicinales à dénommer. (1)	espèc. méd.	28 avr. 1816	27 juil. 1822	100 k. BB	30 »	33 »	» 25
	herbes potagères. V. légumes verts.							
	herbes de prairie. V. fourrages.							
	herbes propres à faire de la soude. V. plantes alcalines.							
	herbes aux puces (psyllium). V. herbes médicin. à dénom.							
	herbes aux vers. V. tanaisie.							
	herbes aux verrues. V. héliotrope, herbes médicin. à dénom.							
	herbes de saxifrage. V. herbes médicinales à dénommer.							
	herbes aux perles. V. gremil.							
	herbes de piquerie à feuilles trinervées. V. tabac en feuilles.							
	herbes à la reine, dite tabac rustique, même régime que le tabac ordinaire.							
RR.	**herbiers** (plantes desséchées). V. objets de collection.							
FF.	**herbue** (argile marneuse). V. castine.							
FF.	**hermodacte** ou hermodate. V. racines médicin. à dénom. (2)							
FR.	**héron** (plumes de). V. plumes de parure, autres.							
RR.	**herses**. V. machines et mécaniques à dénommer.							
FF.	**hêtre** { bois de). V. bois à construire. / écorce de). V. écorces à tan, autres que de sapin. / fruits du). V. faînes.							
RR.	**histoire** naturelle (échantillons d'). V. objets de collection.							
RR.	**hochets** { d'os ou de cuivre blanchi garnis de verre. V. bimb.							
P.	**hochets** d'ivoire. V. tabletterie non dénommée.							
RR.	**hochets** d'or ou d'argent. V. bijouterie.							
FF.	**homards**, écrevisses de mer { de pêche française	pêches.		28 avr. 1816	100 k. B	exempt.		» 25
	homards, écrevisses de mer de pêche étrangère	—	27 juil. 1822	—	100 k. BB	1 »	1 10	» 25
P. R.	**horlogerie** montée. { Montres { sans boîtiers	ouvr. en mat. diverses.	2 juill. 1836	6 mai 1841	la valeur	10 p. %	10 p. %	1/4 p. 0/0
id.	Mouvements de toute sorte (3)	—	—	—	—	10 p. %	10 p. %	1/4 p. 0/0
id.	Carillons à musique (4)	—	6 mai 1841	—	1 k. NB	5 »	5 50	100 k. 25
P.	Pendules montées avec cartels en cuivre ou en bronze (5).	—	10 brum. 5	—	la valeur	prohib.	prohib.	1/4 p. 0/0
FF.	**horloges** en bois avec mouv., en bois en tout ou en partie (6)	—	28 avr. 1816	—	la pièce	1 »	1 »	1/4 p. 0/0
id.	**horloges** ou bois avec mouvements en métal	—	26 juin 1842	—	—	2 »	2 »	1/4 p. 0/0
RR.	**horlogerie** (fournitures d'). V. fournitures.							
id.	**horloges** de sable et d'eau. V. mercerie commune.							
id.	**hostie** pour nougat, comme pain à cacheter. V. mercerie com.							

(1) On se dispense de les énumérer ici, attendu qu'elles sont désignées dans leur ordre alphabétique d'après le nom qu'elles prennent.

(2) Racine apportée d'Orient, toute dépouillée de ses tuniques : elle est dure, tubéreuse, triangulaire ou représentant la figure d'un cœur coupé par le milieu ; de la longueur du pouce, jaunâtre en dehors, blanche en dedans, et d'un goût visqueux et douceâtre.

(3) Les boîtes de montre, quand elles renferment des mouvements, ne sont plus considérées comme ouvrages d'orfèvrerie, mais seulement comme accessoires d'ouvrages d'horlogerie, et suivent, selon le droit, le régime du principal. Les boîtes, présentées séparément, doivent être traitées comme ouvrages d'orfèvrerie. Celles présentées à l'exportation sans être empreintes du poinçon de garantie, sont saisissables.
Les montres introduites sont dirigées par acquit-à-caution et sous plomb des douanes sur l'un des bureaux de garantie (le plus voisin), pour y être essayées, marquées et y acquitter le droit de garantie. (*Loi du 2 juillet* 1836.)
Les ouvrages montés d'horlogerie ne peuvent entrer que par les bureaux ouverts au transit des marchandises prohibées. (*Loi du 2 juillet* 1836).

(4) Les carillons à musique sont de petites mécaniques, qui se placent dans les socles de pendule, dans les montres, cachets, tabatières ou dans les nécessaires. Ils ne peuvent être importés que par les bureaux ouverts à l'horlogerie et sous les mêmes formalités. (*Loi du 6 mai* 1841.)

(5) L'importateur reste libre de séparer le mouvement de la cage, s'il désire l'importer, dans ce cas le droit est de 10 p. % de valeur. — Si le cartel est admissible aux droits, on le soumet à la taxe particulière qui le frappe, et l'on perçoit en même temps sur le mouvement qu'il contient le droit de 10 p. de la valeur.

(6) On entend par horloges en bois celles dont le mouvement est de bois en tout ou en partie.
Les horloges en bois auxquelles des serinettes sont adaptées, doivent, et le droit imposé sur ces horloges, et celui des serinettes instrument de musique.

DÉSIGNATION DES MARCHANDISES.	CLASSE du TARIF.	TITRE DE PERCEPTION.		UNITÉS sur lesquelles portent les droits.	DROITS D'ENTRÉE		DROITS de SORTIE.
		Entrée.	Sortie.		par Navires Français.	par Navires Étrangers et par terre	
					F. C.	F. C.	F. C.

DÉSIGNATION DES MARCHANDISES.	CLASSE du TARIF:	TITRE DE PERCEPTION.		UNITÉS sur lesquelles portent les droits.	DROITS D'ENTRÉE		DROITS de SORTIE.
		Entrée.	Sortie.		par Navires Français.	par Navires Étrangers et par terre	
					F. C.	F. C.	F. C.

DÉSIGNATION DES MARCHANDISES.	CLASSE du TARIF.	TITRE DE PERCEPTION. Entrée.	TITRE DE PERCEPTION. Sortie.	UNITÉS sur lesquelles portent les droits.	DROITS D'ENTRÉE par Navires Français.	DROITS D'ENTRÉE par Navires Etrangers et par terre	DROITS de SORTIE.
					F. C.	F. C.	F. C.
FF. **houblon**, fleurs de)	pr. et déc. div.	17 mai 1826	6 mai 1841	100 k. NB	60 »	65 50	» 25
id. **houblon**, racines de) { fraîches pour plantations. Comme plants d'arbre, sèches. V. racines médicin. à dénom.							
RR. **houes.** V. instruments aratoires.							
FF. **houille** (1), par mer, de la frontière d'Espagne aux Sables-d'Olonne inclus. et par les ports de la Médit.	pier., ter. et aut fossiles.	2 juill. 1836	28 avr. 1816	100 k. BB	» 30	» 80	» 01
— par mer, des Sables-d'Olon excl. à Dunkerque incl.	—	25 nov. 1837	—	—	» 50	1 »	» 01
— par terre, de la mer à Halluin exclusivement	—	—	—	—	—	» 50	» 01
— par terre, par la rivière de la Meuse	—	21 avr. 1818	—	—	—	» 10	» 01
— par terre, par la frontière du départem. de la Moselle	—	7 juin 1820	—	—	—	» 10	» 01
— par terre, par tous les autres points	—	25 nov. 1837	—	—	—	» 15	» 01
— carbonisée, coke	—	23 juil. 1838	23 juil. 1838	—	double de la houille.	double de la houille.	» 01
id. **houille** distillée. V. bitumes fluides, goudron minéral.							
RR. **houppes** à cheveux. V. mercerie commune.							
P. **housses** de chevaux, même régime que la sellerie en cuir.							
FF. **houx** (feuilles de). V. feuilles tinctoriales à dénommer.							
RR. **hoyaux**. V. instruments aratoires.							
FF. **huaco**. V. guaco. Huano. V. engrais.							
FF. en renonçant à la réexport. d'olive { du crû du pays d'où l'huile est importée.	sucs végét.	2 juil. 1836	27 juil. 1822	—	25 »	30 »	100 k. 25
— d'olive, d'ailleurs	—	—	—	—	28 »	30 »	— 25
RR. **huiles** fixes, de palme et de coco (2) { du crû du pays d'où l'huile est importée	—	2 juill 1836 et 23 juillet 1838	—	—	12 50	15 »	— 25
— de palme et de coco, d'ailleurs	—	—	—	—	14 »	15 »	— 25
— de palme, de coco et de touloucouna { de la côte occidentale d'Afrique, en droitur.	—	23 juil. 1840	6 mai 1841	—	4 »	15 »	— 25
— de la Guyane et établis. français dans l'inde.	—	2 déc. 1843	—	—	4 »	—	— 25
— de graines grasses (3)	—	27 juil. 18 2	17 mai 18°6	—	25 »	30 »	— 25
— Autres { pures (4)	—	23 juil. 1838	6 mai 1841	1 k. BB	» 25	» 25	— 25
— Autres, aromatisées (5)	—	—	—	1 k. NB	1 »	1 10	— 25
id. **huiles** volatiles ou essences (6) { de rose et de bois de Rhodes	—	—	—	—	40 »	44 »	— 25
— de girofle, muscade, macis, cannelle, sassafras, fenouil, anis, carvi, cajeput, camomille, valériane, amande amère	—	—	—	—	5 »	5 50	— 25
— d'orange, de citron et de leurs variétés (7)	—	—	—	—	4 »	4 40	— 25
— toutes autres	—	—	—	—	» 75	» 80	— 25
RR. **huiles** { d'amande douce. V. huiles fixes pures. autres.							
ambrée. V. huiles fixes, autres aromatisées.							
dites antiques. V. huiles fixes, autres aromatisées.							
d'arachis. V. huiles fixes pures, autres.							
aromatisées. V. huiles fixes, autres.							
de ben. V. huiles fixes pures, autres.							
de cacao V, huiles fixes pures, autres.							
de calapata ou de castor (huile de ricin). V. huiles fixes pures, autres.							
de coco V. huiles fixes.							
de crotonétiglium (huile de pignon de l'Inde). V. huiles fixes pures, autres.							
de faine. V. huiles fixes pures, autres.							
de fougère. V. huiles fixes pures, autres.							
de gland (huile d'olivetier) V. huiles fixes pures, autr.							

(1) Les bâtiments à vapeur de la marine française, militaire ou marchande, qui naviguent en mer ou sur les affluents, jusqu'au dernier bureau des douanes, peuvent se servir de houilles étrangères prises dans les entrepôts en payant le simple droit de 15 centimes par 100 francs de valeur. *(Loi du 2 juillet 1836 art. 23)*

Pareille concession est accordée pour la houille destinée aux bâteaux à vapeur exclusivement affectés au remorquage des navires à voile, et pour celle embarquée à bord des navires à voiles pour faire fonctionner les appareils servant à la distillation de l'eau de mer destinée à être consommée par les équipages durant les voyages de long cours; mais cette concession doit être refusée pour la houille employée sur les bateaux dragueurs affectés au curage et au dévasement des ports et des fleuves.

(2) On assimile à l'huile de palme une matière butiracée végétale, mélangée de substances ligneuses et de petits grumaux noirs et brûlés; cette matière paraît être extraite par torréfération des fruits d'un palmier de Guinée ou d'Amérique.

(3) Les principales huiles comprises sous la dénomination générique de graines grasses sont celles de Cameline, de chenevis ou de chanvre, de colza, de lin, de navette, d'œillette, ou de pavot, de rabette, de sésame, de till ou ram-till, de laitue, de carthame, etc. (*Circulaire n.* 1700 *note* 6 *du tableau.*)

(4) Elles sont les unes liquides les autres concrètes. On range parmi les premières les huiles d'arachis, d'olivetier, d'argan, de laurier, de pignon, de ricin ou palma-christi, de castor, de kerva, de calapata ou karapat, d'amende douce, de faine, de noix, de noisette et de ben; parmi les secondes, les huiles de cacao, d'anacarde et de laurinée. (Note 7 du tableau joint à la Circulaire de 31 juillet 1838, n 1700.)

(5) Il s'agit ici des huiles de jasmin, de tubéreuse, d'iris, de lis, de narcisse, de violette, et de toute autre qui se compose d'un parfum fugace, fixé sur une huile limpide et inodore comme celle d'olive ou celle de ben. On traite de même l'huile dite ambrée. (N. 8 du tableau joint à la Circulaire, n. 1700.)

(6) Ces huiles dites essentielles, sont âcres, caustiques, très-odorantes et sans viscosité; elles se volatilisent très-aisément et sont susceptibles de s'enflammer par l'approche d'un corps en combustion: elles sont sensiblement soluble dans l'eau et incapables de former des combinaisons intimes avec les alcalis. Les huiles fixes au contraire, sont douces, presque inodores, visqueuses, difficilement volatiles, insolubles dans l'eau; elles ne s'enflamment pas par l'approche d'un corps en combustion, et ont beaucoup d'affinité pour les bases salifiables. (*Note 1 au bas de la première page de la Circulaire du 31 juillet 1838, n.* 1700.)

(7) Les principales de ces variétés sont les bergamotes, bigarrades, cédrats, chadecs, limons, poncires, limettes, petits grains, portugal, et l'huile de néroli, qui est un produit de la distillation des fleurs de l'oranger. (note 9 du tableau joint à la Circulaire n. 1700)

	DÉSIGNATION DES MARCHANDISES.	CLASSE du TARIF.	TITRE DE PERCEPTION. Entrée.	TITRE DE PERCEPTION. Sortie.	UNITÉS sur lesquelles portent les droits.	DROITS D'ENTRÉE par Navires Français.	DROITS D'ENTRÉE par Navires Étrangers et par terre	DROITS de SORTIE.
						F. C.	F. C.	F. C.
	Huiles							
RR	d'illipé ou élipsey. V. huiles fixes pures, autres.							
id.	d'iris. V, huiles fixes aromatisées.							
id.	de jasmin. V. huiles fixes aromatisées.							
id.	de Kalaga, Karapat ou Kerva (huile de ricin). V. huiles fixes							
id.	pures, autres.							
id.	de laurinées. V. huiles fixes pures, autres.							
id.	de lis. V. huiles fixes pures, autres.							
id.	de médicinier (huile de pignon d'inde). V. huiles fixes pures,							
id.	autres.							
id.	de narcisse. V. huiles fixes aromatisées.							
id.	de noisette et de noix. V. huiles fixes pures, autres.							
id.	de noix d'acajou. V. huiles fixes pures, autres.							
id.	d'olive. V. huiles fixes.							
id.	d'olivetier-argan, dite de gland. V. huiles fixes pures, autres.							
id.	de palma-christi (huile de ricin). V. huiles fixes pures, autres.							
id.	de palme. V. huiles fixes.							
id.	parfumées, dites antiques. V. huiles fixes aromatisées.							
id.	de pignons. V, huiles fixes pures, autres.							
id.	de ricin. V. huiles fixes pures, autres.							
id.	de touloucouna. V. huiles fixes.							
id.	de tubéreuse. V. huiles fixes aromatisées.							
id.	de violette. V. huiles fixes aromatisées.							
id.	de cameline							
id.	de carthame.							
id.	de chénevis ou de graine de chanv.							
id.	de colza,							
id.	de graine de coton,							
id.	de graines grasses,							
id.	de lin et de laitue,							
id.	de navette,							
id.	d'œillette ou de pavot, } huiles de graines grasses.							
id.	de pavot (huile d'œillette),							
id.	de rabette,							
id.	de sésame. dite aussi de giorgio-							
id.	lina, ingiolina,							
id.	de sicoude,							
id.	de till ou ram-till,							
id.	de tournesol,							
id.	d'absinthe. V. huiles volatiles ou essences, toutes autres.							
id.	d'amande amère et d'anis. V. huiles volatiles de girofle, etc.							
id.	d'aneth et d'angélique. V. huiles volatiles, toutes autres.							
id.	d'aspic et de badiane. V. huiles volatiles, toutes autres.							
id.	de barbotine ou semencine. V. huiles volatiles, toutes autres.							
id.	de bergamotte et de bigarade. V. huiles volatiles d'orange, etc.							
id.	de bois de Rhodes. V. huiles volatiles de rose.							
id.	de bouleau. V. huiles volatiles, toutes autres.							
id.	de cade de caoutchouc et de catakouti. V. huiles volat. t. autr.							
id.	de cajeput ou caya-pouti. V. huiles volatiles de girofle, etc.							
id.	de camomille. V. huiles volatiles de girofle, etc.							
id.	de cannelle et de carvi. V. huiles volatiles de girofle, etc.							
id.	de cédrat et de chadec V. huiles volatiles d'orange.							
id.	de cèdre (cédria) et de cerfeuil. V. huiles volatiles, toutes autr.							
id.	de citrons ou de leurs variétés. V. huiles volat. d'orange etc.							
id.	de clynopode et de coriandre. V. huiles volatiles. toutes autr.							
id.	de culilawan et de cumin. V. huiles volatiles, toutes autres.							
id.	de dictame de crète V. huiles volatiles, toutes autres.							
id.	d'estragon. V. huiles volatiles, toutes autres.							
id.	de fenouil. V. huiles volatiles de girofle, etc.							
id.	de feuilles de laurier. V. huiles volatiles, toutes autres.							
id.	de gaïac, de genevrier ou de genièvre et de gingembre. V.							
id.	huiles volatiles, toutes autres.							
id.	de géranium. V. huiles volatiles, toutes autres.							
id.	de girofle V. huiles volatiles.							
id.	d'ysope, d'impératoire de lavande. V. huiles volat., tout. autr.							
id.	de lavande. V. huiles volatiles, toutes autres.							
id.	de limette et de limon. V. huiles volatiles d'orange, etc.							
id.	de macis. V. huiles volatiles de girofle, etc.							
id.	de marjolaine. de mélisse et de menthe. V. huil. volat., t. autr.							
id.	de muscade. V. huiles volatiles de girofle, etc.							
id.	de néroli. V. huiles volatiles d'orange, etc.							
id.	d'oranges ou de leurs variétés. V. huiles volatiles d'orange.							
id.	d'origan et d'oxycèdre. V. huiles volatiles, toutes autres							
id.	de petit grain, de poncire et de Portugal. V. huiles volatiles							
id.	d'orange, etc.							
id.	de poix, de pouliot et de raze. V. huiles volatiles, toutes autr.							
id.	de rose. V. huiles volatiles.							
id.	de romarin et autres labiées, de rue et de sabine. V. huiles							
id.	volatiles, toutes autres.							
id.	de santal et de sandaraque. V. huiles volatiles, toutes autres.							
id.	de sassafras. V. huiles volatiles de girofle, etc							
id.	de sauge, de semen-contra et de serpolet. V. huiles vol. t. autr.							
id.	de stécas ou stœchas, de tanaisie. V. huiles volatiles, tout. aut.							

DÉSIGNATION DES MARCHANDISES.	CLASSE du TARIF.	TITRE DE PERCEPTION.		UNITES sur lesquelles portent les droits.	DROITS D'ENTRÉE		DROITS de SORTIE.
		Entrée.	Sortie.		par Navires Français.	par Navires Etrangers et par terre	
					F. C.	F. C.	F. C.

DÉSIGNATION DES MARCHANDISES.	CLASSE du TARIF.	TITRE DE PERCEPTION.		UNITÉS sur lesquelles portent les droits.	DROITS D'ENTRÉE		DROITS de SORTIE.
		Entrée.	Sortie.		par Navires Français.	par Navires Étrangers et par terre	
					F. C.	F. C.	F. C.

	DÉSIGNATION DES MARCHANDISES.	CLASSE du TARIF.	TITRE DE PERCEPTION. Entrée.	TITRE DE PERCEPTION. Sortie.	UNITÉS sur lesquelles portent les droits.	DROITS D'ENTRÉE par Navires Français.	DROITS D'ENTRÉE par Navires Etrangers et par terre	DROITS de SORTIE.
						F. C.	F. C.	F. C.
RR	**Huiles** de thuya (huile de genièvre) et de thym. V. huiles volatiles toutes autres.							
id.	de valériane. V. huiles volatiles de girofle. etc.							
id.	de Winter et de Wintergreen. V. huiles volatiles, toutes autr.							
id.	de baleine et de morue. V. graisses de poisson.							
id.	de bergen (huile de foie). V. graisses de poisson.							
id.	de foie. V. graisses de poisson.							
id.	de poisson autres que degras de peaux. V. graisses de poisson.							
id.	de cheval. V. graisses.							
id.	de frégate, graisses non dénommées. V. graisses.							
id.	d'ours. V. graisses.							
id.	de pieds de bœuf et de pieds de mouton. V. graisses, autres.							
id.	de toulouroucou. graisse de crabe de terre. V. graisses, autr.							
id.	animales, dites de Dippel. } V. médicam. composés non dén.							
id.	de bucoro. } V. médicam. composés non dén.							
id.	de cire et de corne de cerf. } V. médicam. composés non dén.							
id.	dite de harlem. } V. médicam. composés non dén.							
id.	de vipère. } V. médicam. composés non dén.							
id.	d'ambre (huile de succin) } V. produits chimiq. à dénom.							
id.	d'asphalte. } V. produits chimiq. à dénom.							
id.	de jais. } V. produits chimiq. à dénom.							
id.	de karabé (huile de succin) } V. produits chimiq. à dénom.							
id.	de succin. } V. produits chimiq. à dénom.							
id.	de soufre ou de vitriol. V. acide sulfurique.							
id.	de suif. V. acide oléique.							
id.	de tartre ou potasse liquide. V. potasses aux alcalis.							
id.	de gabian (pétrole rouge). V. bitumes fluides.							
id.	minérale d'Ecosse (pétrole noir). V. bitumes fluides.							
id.	de pétrole. V. bitumes fluides.							
id.	de pierre (pétrole). V. bitumes fluides.							
id.	de canine ou canime. V. baume de Copahu.							
id.	de liquidambar. V. baumes non dénommés.							
id.	de sapin, resine indigène distillée. V. essence de térébenth.							
id.	de térébenthine. V. essence de)							
FF.	**huitres** fraiches de pêche française	pêches.		2 juill. 1836	1000enn.	exempt.		» 01
	huitres fraiches de pêche étrangère	—	2 juil. 1836	—	—	1 50	5 »	» 01
FR.	**huitres** marinées, de toute pêche	—	28 avr. 1816	6 mai 1841	100 k. BB	25 »	27 50	» 25
	hyacinthes, pierres fines orangées. V. pierres gemmes à dén.							
P.	**hydriodate** de potasse. V. produits chimiques non dénomm.							
RR.	**hydrochlorate** d'ammoniaque. V. sels ammoniacaux.							
P.	**hydrochlorate** de baryte, de cuivre et d'étain. V. produits chimiques non dénommés.							
RR.	**hydrochlorate** de potasse ou muriate	prod. chim.	27 juil. 1822	—	—	30 »	33 »	» 25
P.	**hydrochlorate** de soude. V. sel de marais et sel gemme.							
id.	**hydro-sulfate** d'antimoine. V. médicam. comp. non dén.							
RR.	**hydromel**, eau miellée, cuite et fermentée	boissons.	27 mar 1817	28 avr. 1816	l'hectol.	25 »	25 »	» 15
FR.	**hydrophane**, pierres. V. agates.							
RR.	**hygromètres**. V. instruments d'observation.							
id.	**hypociste** ou suc d'hypocistis. V. sarcocol. (*O. du 2 déc.* 1843) (1)							
	hysope. V. herbes, feuilles ou fleurs médicinales à dénommer.							
	I.							
FF.	**Ichtyocolle**, colle de poisson. V. colle de poisson.							
FF.	**igname** (racines de), mêmes droits que les légumes secs. (2)							
RR.	**images** imprimées sur papier, gravures. V. gravures.							
	images imprimées sur papier, dominoterie. V. merc. com.							
	images en colle de poisson. V. mercerie fine.							
FF.	**imbratta**, pâte huileuse infecte formée de suint, d'eau et de sable. V. amurca.							
FR.	**immortelle**, anaphales ou perlières. V. fleurs médic. à dén.							
FF.	**impératoire**. V. racines médicinales à dénommer. (3)							
RR.	**imprimés** tels qu'affiches, avis, prospectus etc. V. livres.							
RR.	**inde-platte**, mêmes droits que l'indigo. (4)							
P.	**indiennes**. V. tissus de coton.							

(1) Suc astringent tiré de la plante parasite qui croît sur le ciste, de consistance dure et noire comme le jus de réglisse et de goût austère.

(2) Les prohibitions qui pourraient intervenir à l'égard des légumes secs, ne devront pas atteindre la racine d'igname, attendu qu'elle ne leur est assimilée que pour l'application des droits.

(3) Racine de la grosseur du pouce et très garnie de fibres, genouillée, brune en dehors et blanche en dedans, d'un goût aromatique très-âcre qui pique la langue et échauffe toute la bouche.

(4) Préparations d'indigo mélangé avec l'azur et d'autres matières, et qui servent à teindre ou à azurer le linge.

	DÉSIGNATION DES MARCHANDISES.	CLASSE du TARIF.	TITRE DE PERCEPTION. Entrée.	TITRE DE PERCEPTION. Sortie.	UNITÉS sur lesquelles portent les droits.	DROITS D'ENTRÉE par Navires Français.	DROITS D'ENTRÉE par Navires Étrangers et par terre	DROITS de SORTIE.
						F. C.	F. C.	F. C.
RR.	**indigo** (1) des pays hors d'Europe de l'Inde et autres pays où il est récolté (2) ..	teint. prép.	2 juil. 1836	6 mai 1841	1 k. NB	» 50	4 »	100 k. 25
	— — Autres.	—	—	—	—	2 »	4 »	— 25
	des entrepôts	—	—	—	—	3 »	4 »	— 25
id.	**indique**, mêmes droits que l'indigo. (3)							
id.	**instruments** aratoires autres que les faulx. V. faucilles. (4)							
	— de musique non dénommés, mêmes droits que leurs analogues.							
	— d'optiq., de calcul, d'observ. et de précision (5)	ouvr. en mat. diverses.	7 juin 1820	28 avr. 1816	la valeur	30 p. °/°	30 p. °/°	1/4 p. 0/0
	— de chirurgie et de chimie	—	15 mar 1791	—	—	10 p. °/°	10 p. °/°	1/4 p. 0/0
FF.	**instruments** de pur bois tels que fourches, rateaux etc. V. boissellerie.							
RR.	**interlignes**. V. caractères d'imprimerie.							
FF.	**inula-campana**, aunée. V. racines médicin. à dénommer.							
FR.	**iode**, mêm. droits que le brôme. V. brôme (6). (*O du 2 déc.* 1843)							
P.	**iode** épuré ou sublimé. V. produits chimiques non dénommés.							
id.	**ipécacuanha** (racines de) (7) des pays hors d'Europe....	esp. médic.	2 juill. 1836	27 juil. 1822	1 k. NB	1 »	3 »	100 k. 25
RR.	— d'ailleurs	—	—	—	—	2 »	3 »	— 25
FR.	**iris** de Florence (racines, débris et grabeau d') (8)	—	6 mai 1841	—	100 k. BB	40 »	44 »	» 25
FF.	**iris** du pays. V. glaïeul, racines médicinales à dénommer.							
id.	— plants d'), comme caïeux de fleurs.							
RR.	— boule d') percées pour chapelets. V. mercerie fine.							
id.	— travaillé en pois ou boules pour la pharmacie et la passementerie. V. mercerie fine.							
P.	— en poudre. V. médic. comp. non dén. (*Let.* 18 *avril* 1834).							
RR.	**ivoire** bruts. V. dents d'éléphant.							
P.	— ouvré. V. tabletterie.							
FR.	— rapé. V. rapures d'ivoire.							
id.	— noir d'). V. animal d'ivoire.							
id.	— calciné (spode d'). V. noir animal d'ivoire.							
RR.	— fossile. Comme dents d'éléphant.							
	J.							
RR.	**Jabloires**. V. outils de fer rechargé d'acier.							
id.	**jacaranda**, bois de). V. bois d'ébénisterie à dénommer.							
FR.	**jades**, mêmes droits que les agates. V. agates. (9)							
RR.	**jagre**, jus de palmier. V. sucre brut autre que blanc.							
FF.	**jaïet** ou jais (10) bitumes solides..........................	pierres, terres et autr. fossil.	28 avr. 1816	28 avr. 1816	—	1 »	1 10	» 25
RR.	— travaillé ou taillé. V. mercerie commune.							
FR.	**jalap** racine de) (11)............................	espèc. méd.	—	27 juil. 1822	100 k. NB	100 »	107 50	» 25
RR.	— résine de) (12)............................	sucs végét.	—	—	—	123 »	131 60	» 25

(1) Ne pas le confondre avec le bleu de prusse. L'indigo réduit en poudre fine et mis sur une pelle rouge, se sublime en une fumée purpurine magnifique. Le bleu de prusse au contraire, se brûle avec la couleur de la fumée que donnent toutes les matières animales, et laisse un résidu ferrugineux. Voir au surplus la note au bleu de prusse.

(2) Les certificats d'origine relatifs à l'indigo au droit de 50 centimes, ne sont exigibles que pour les pays de production autres que de l'Inde, il suffit pour ceux-ci que l'importation se soit effectuée directement.

(3) Même observation que pour l'inde-plate.

(4) On n'entend par instruments aratoires que les outils en fer nécessaires à l'industrie rurale, tels que bêches, ciseaux à tondre les haies, échenilloirs, forces à tondre les moutons, fourches, hache-navets et hache-pailles, (lames de), houes, hoyaux, pelles à remuer la terre, pioches, rateaux, ratissoires, sarcloirs, serpes, serpettes, excepté celles qui se ferment comme les couteaux de poche et qui font partie de la coutellerie, socs de charrue, et par assimilation, les crics, pièges à ressort, serans, et sonnailles en tôle. Les instruments de l'espèce qui sont entièrement en bois, sont traités comme boissellerie.

Quant à ceux à combinaison, composés en grande partie de bois, tels que charrues, extirpateurs, hache-navets, hache-pailles, herses, semoirs, ventilateurs et autres, ils sont assimilés aux machines et mécaniques à dénommer; mais ceux en fer doivent les droits des instruments aratoires.

(5) Cette dénomination comprend les instruments d'astronomie, mathématiques, navigation, optique et physique, et, en général, tous ceux nécessaires à des travaux scientifiques; ils doivent, comme les machines et mécaniques, être accompagnés du plan colorié, et sur échelle de leur forme, dimension, etc; mais lorsqu'ils sont destinés pour Paris, on abrège toutes ces formalités, en les expédiant sur la douane de cette ville, sous double plomb et par acquit-à-caution. On ne doit point traiter comme ceux-ci, les petites boussoles en bois ou en os, les lunettes ou bésicles à usage et les kaléidoscopes ou transfigurateurs, qui sont repris à mercerie, ni les lanternes magiques, chambres noires, petits microscopes, etc., servant de joujoux aux enfants, qui rentrent dans la bimbeloterie, ainsi que les petites bouteilles dans lesquelles on renferme divers objets, et dont l'ouverture est fermée avec une petite lentille en verre.

(6) Il ne s'agit ici que de l'iode brut, l'iode épuré ou sublimé, et, à plus forte raison, les préparations chimiques dont l'iode est la base, doivent être considérés et traités comme produits chimiques non dénommés, lesquels sont prohibés à l'entrée, (*Circulaire du* 6 *décembre* 1843 *n.* 1996.)

(7) Petite racine, grosse comme le chalumeau d'une plume, noueuse, inodore, d'une saveur âcre, nauséabonde et dont l'écorce est épaisse : sa couleur est brune, grise ou blanche.

(8) Racine blanche, grosse comme le pouce, oblongue, compacte et pesante. Odeur douce et agréable de la violette.

(9) Pierre d'une couleur verdâtre ou blanchâtre, fort dure. Les Turcs et les Polonais en font des manches de sabre.

(10) C'est une variété du lignite qui provient évidemment de la décomposition du bois ; il varie par son aspect et ses propriétés, suivant que cette décomposition est plus avancée, de là les différentes propriétés Les bijoux que l'on vend à bon marché sous le nom de jais, ne sont autre chose que du verre noirci et soufflé. Le jais ou jayet sert à faire des colliers, bracelets, et autres ornements de femmes. On le nomme aussi ambre noir.

(11) Racine grise, résineuse, séchée et coupée en tranches, qu'on apporte des Indes Orientales.

(12) Cette résine est extraite de la racine de jalap par le moyen de l'esprit-de-vin.

DÉSIGNATION DES MARCHANDISES.	CLASSE du TARIF.	TITRE DE PERCEPTION.		UNITÉS sur lesquelles portent les droits.	DROITS D'ENTRÉE		DROITS de SORTIE.
		Entrée.	Sortie.		par Navires Français.	par Navires Étrangers et par terre	
					F. C.	F. C.	F. C.

DÉSIGNATION DES MARCHANDISES.	CLASSE du TARIF.	TITRE DE PERCEPTION.		UNITÉS sur lesquelles portent les droits.	DROITS D'ENTRÉE		DROITS de SORTIE.
		Entrée.	Sortie.		par Navires Français.	par Navires Étrangers et par terre	
					F. C.	F. C.	F. C.

	DÉSIGNATION DES MARCHANDISES.	CLASSE du TARIF.	TITRE DE PERCEPTION. Entrée.	TITRE DE PERCEPTION. Sortie.	UNITÉS sur lesquelles portent les droits.	DROITS D'ENTRÉE par Navires Français.	DROITS D'ENTRÉE par Navires Étrangers et par terre	DROITS de SORTIE.
						F. C.	F. C.	F. C.
RR.	**jambonneaux.** V. coquillages nacrés. Haliotides.							
FF.	**jambons.** V. viandes de porc salées.							
FR.	**jantes** de roues. V. ouvrages en bois non dénommés.							
FF.	**jardinage.** V. légumes verts.							
	jargon. V. pierres gemmes à dénommer.							
id.	**jarosse**, graine de) vesces. V. fourrages.							
id.	**jarres.** V. poterie de terre grossière ou de grès com. selon l'esp.							
RR.	**jarretières** { en passementerie. V. tissus selon l'esp. Passem. élastique. V. mercerie fine.							
RR.	**jasmin** { huile de). V. huiles fixes, autres. Aromatisées. fleurs de) à l'eau-de-vie. V. eaux de senteur alcooliq.							
	jaspe. V. marbre. Pour jaspe dit agate fleuri. V. agate.							
RR.	**jaune** { de Cassel, minéral de Naples, du roi et jaune royal. V. couleurs à dénommer.							
id.	**jaune** { de Chrôme. V. chrômate de plomb.							
	jaune { de Sienne. V. marbre.							
FF.	**jaune** { de montagne. V. ocre jaune.							
P.	**jetons** { d'ivoire et de nacre. V. tabletterie non dénommée.							
RR.	**jetons** { d'os. V. mercerie commune.							
id.	**jetons** { de métal. V. objets de collection. (1)							
P.	**jeux** de domino et d'échec. V. tabletterie non dénommée.							
RR.	**jeux** de loto, de l'oie et autres semblables (dominoterie). V. mercerie fine ou commune selon l espèce.							
id.	**joaillerie.** V. bijouterie.							
FR.	**jones et roseaux** (2) exotiques { bambous et jones forts { de l'Inde	fruits, tiges et filam. à ouvr.	17 mai 1826	28 avr. 1816	100 k. NB	80 »	200 »	» 25
RR.	— d'ailleurs	—	—	—	—	160 »	200 »	» 25
F.	— de la Guyane franç. (ways)	—	24 sept 1840	—	100 k. BB	8 »	—	» 25
FF.	— rotins de petit calibre { entiers et en éclisses { de l'Inde	—	25 juil. 1837	—	—	15 »	30 »	» 25
id.	— — d'ailleurs	—	—	—	—	25 »	30 »	» 25
id.	— d'Europe { des jardins { en tiges entières	—	27 juil. 1822	—	—	8 »	8 80	» 25
id.	— — en tubes sans nœud	—	—	—	—	11 »	12 10	» 25
FR.	— — en brochettes p. peignes à tis-	—	—	—	—	18 »	19 80	» 25
FF.	— presle (feuilles et tiges de)	—	28 avr. 1816	—	—	5 »	5 50	» 25
id.	— à dénommer (3)	—	27 mar 1817	—	—	4 »	1 10	» 25
FF.	**jock-stick** ou mèches de la Chine. V. agaric-amadou v. prépar.							
RR. id.	**joujoux** d'enfant. V. bimbeloterie. — En argent ou en or. V. orfévrerie ou bijouterie. — En buis. V. mercerie.							
	joujoux d'enfant en écaille, en ivoire et en nacre. V. tabletterie non dénom. — En grès fin et en porcel. V. grès ou porcel.							
id.	**journaux** et gazettes, mêmes droits que les livres. V. livres.							
FF.	**jubis**, grappes de raisins séchées au soleil. V. fruits secs à dén.							
id.	**jujubes** { fruits. V. fruits secs à dénommer.							
RR.	**jujubes** { pâte de) comme bonbons. V. sucre terré.							
FF.	**jugéolina** ou giorgilina. V. graines de sésame.							
id.	**juments**	anim. viv.	5 juil. 1836	6 mai 1841	par tête.	25 »	25 »	5 »
	jupes ou jupons en tricot. V. tissus, bonneterie.							
RR.	**jus** { de cerise non distillé, mêmes droits que l'eau-de-vie de cerises kirsch-wasser.							
id.	**jus** { de citron et de limon V. acides citriques.							
	jus { de cocotier et de palmier. V. sucre brut autre que blanc.							
id.	**jus** { d'ananas. Comme le jus d'orange, ainsi que le jus de calebasse et de groseille.							
	jus { d'orange pur (4)	Boissons.	27 mar 1817	28 avr. 1816	l'hectol.	25 »	25 »	» 15

(1) L'arrêté du 5 germinal an 12 défendant aux particuliers de faire frapper des jetons et pièces de plaisir ailleurs qu'à l'hôtel des monnaies, ce qui proviendrait de l'étranger pour le commerce est dès lors défendu. Il y a cependant exception pour les objets de science qui se distinguent en ce qu'ils sont de formes différentes et en petit nombre de chaque espèce.

(2) Voir la note 5 au mot bambous pour les jones et rotins qui sont montés pour servir de cannes. Par jones forts on entend tous les jones à tiges nues naturellement couverts d'un vernis dont la production est étrangère à l'Europe. On traite aussi comme jones forts les rotins ou rostangs, qui sont droits dans toute leur longueur, et tous ceux qui ne sont pas repris aux rotins de petit calibre qui sont toujours repliés par un bout, et viennent en paquets le plus communément du poids de 2 1/2 à 3 kilogr. Ceux apportés d'Angleterre ne sont pas embalés. Ils s'emploient surtout à fabriquer les chaises dites de canne, les fouets et les cravaches. Ils débitent aussi pour servir d'époussetoirs et de badines.

(3) Les jones et roseaux d'Europe à dénommer sont les jones et roseaux de marais qui servent à faire des balais de cheminée, de petits ouvrages de vannerie, à garnir des sièges, etc.

(4) Le jus d'orange composé d'eau-de-vie et de sucre, est considéré comme liqueur. Celui en bouteilles doit, outre le droit qui lui est applicable, celui des bouteilles comme verre 15 centimes à l'entrée par litre de contenance et 25 centimes par 100 kil., à la sortie, comme toutes les autres boissons qui sont dans le même cas.

	DÉSIGNATION DES MARCHANDISES.	CLASSE du TARIF.	TITRE DE PERCEPTION. Entrée.	TITRE DE PERCEPTION. Sortie.	UNITÉS sur lesquelles portent les droits.	DROITS D'ENTRÉE par Navires Français.	DROITS D'ENTRÉE par Navires Étrangers et par terre	DROITS de SORTIE.
						F. C.	F. C.	F. C.
	jus d'épine-vinette, comme le jus de citron. V. acide citrique.							
FR.	**jus** de réglisse (ou suc)	sucs végét.	28 avr. 1816	27 juil. 1822	100 k. NB	48 »	52 80	» 25
RR.	**jus** de Nerprun. V. orseille violette (cudbéard).							
id.	**jus** de mélastome. V. orseille violette.							
id.	**jus** de grenade. Comme jus d'orange.							
id.	**jus** de framboise et de myrtille. V. jus d'orange.							
id.	**jus** d'orange mélangé de sucre sans alcool. V. sirops ou vin de liqueur, selon l'espèce.							
id.	**jus** d'orange comp. d'eau de-vie et de sucre. V. liq. à boiss. dist.							
id.	**jus** épices pour assaisonnement V. épices préparées à dénom.							
FF.	**jusquiame.** V. racines, fruits ou herbes médicin. à dénom.							
	K.							
FR.	**Kagne** (vermicelle en rubans). V. pâtes d'Italie.							
RR.	**kaléidoscopes**. V. mercerie fine ou commune selon l'espèce.							
FF.	**kali**. V. plantes alcalines.							
P.	**kalium** (potassium). V. produits chimiques non dénommés.							
RR.	**kalva**, pâte de). V. bonbons.							
FF.	**kamine** mâle. V. bitumes fluides, autres sans distinction de couleur, etc. (1)							
id.	**kaolin**. V. derle.							
	karabé, autre nom du succin. V. succin.							
RR.	**kary**, poudre de). V. épices préparées à dénommer. (2)							
FF.	**katran** rouge, racine de). V. garou en racine.							
id.	**kermès** animal (3) en grains ou graines d'écarlate	teint. prép.	27 juil. 1822	6 mai 1841	100 k. BB	1 »	1 10	100 k. 25
FR.	**kermès** animal (3) en poudre ou en pastel des pays hors d'Europe	—	28 avr. 1816	—	1 k. NB	4 »	6 »	— 25
RR.	**kermès** animal (3) en poudre ou en pastel des entrepôts	—	—	—	—	5 »	6 »	— 25
FR.	**kermès** en pains. Comme kermès en poudre.							
P.	**kermès** minéral. Comme médicam. comp. non dénom. (4)							
RR.	**kikekunemalo**, gomme de). V. résineux exotiq. à dénom.							
id.	**kino**, gomme de). V. sarcocole. (*Ordon. du 2 décembre 1843*).							
FR.	**kina** et kina-mora. V. écorces de quinquina.							
P.	**kinate** de chaux. V. produits chimiques non dénommés.							
RR.	**kirschwasser**. V. boissons distillées. Eau-de-vie de cerises.							
	L.							
RR.	**Labdanum**. Concret ou liquide	sucs végét.	—	27 juil. 1822	100 k. NB	92 »	99 10	» 25
id.	**lacets**. V. tissus, selon l'espèce. Passementerie. en caoutchouc. V. caoutchouc, ouvrages en)							
id.	**lack**-lack. V. laque, teinture de laque et en trochisques. (5)							
id.	**laine** (6) en masse, par navires français et par terre	prod. et dép. d'animaux.	2 juill. 1836	7 juin 1820	la valeur	20 p. %	20 p. %	» 25
	laine (6) en masse, par navires étrangers	—	—	—	—	22 p. %	22 p. %	» 25
	laine (6) dite pelade. Comme laine brute.							
	laine (6) peignée	—	—	—	—	30 p. %	30 p. %	» 25
	laine (6) cardée. V. laine peignée.							
	laine (6) teinte de toute sorte	—	17 mai 1826	27 juil. 1822	100 k. NB	300 »	317 50	» 25
	laine (6) déchets de (7) bourre entière	—	27 juil. 1822	7 juin 1820	Même droit que les laines à la valeur.			» 25
	laine (6) déchets de (7) bourre lanice et tontice	—	28 avr. 1816	—	100 k. BB	1 »	1 10	» 25

(1) Fluide et transparent, répandant une odeur forte et très-pénétrante, d'une légèreté comparable à celle de l'alcool absolu, très-volatil, très-inflammable, ne laissant aucun résidu en brûlant; c'est un vermifuge,

(2) La poudre de kary s'importe de l'Inde le plus ordinairement en bouteilles et paraît composée de gingembre et d'autres épices.

(3) Insecte qui naît sur le chêne-vert; il a la forme d'un bouclier; sa couleur est brune; on l'étouffe dans le vinaigre; il fournit une couleur rouge très-vive et très-solide. On appelle kermès en grains les insectes entiers, desséchés et roulés sur eux-mêmes.

Le kermès a aussi des propriétés médicinales. On en fait des sirops et des liqueurs dites alkermès.

(4) Le kermès minéral est une combinaison de soufre et d'oxide d'antimoine,

On assimile au kermès en poudre le rose végétal dont la nuance extérieure approche du vert doré.

(5) Petits pains carrés très-durs qu'on apporte des Indes, couleur violette en dehors, efflorescence rose, cassure résineuse et d'une couleur très-foncée. C'est une teinture dont la préparation n'est pas bien connue en Europe. Il y a aussi de la lack-lack en grains et en poudre.

(6) L'importation des laines ne peut s'effectuer, aux termes de la loi du 17 mai 1826, que par certains bureaux. Voir leur nomenclature dans les ordonnances des 25 juillet 1826 et 3 mars 1833.

Les fabriques voisines de la frontière, auxquelles leur éloignement de l'un des bureaux désignés pour l'importation des laines, ne permettrait de tirer leur approvisionnement qu'au moyen d'un circuit onéreux, peuvent être temporairement autorisées à recevoir cet approvisionnement par le bureau de la route directe, conformément à l'art. 21 de la loi du 28 avril 1816. (*Ordonnance du 26 juillet 1826*) C'est sur la valeur que les laines ont à la frontière et avant l'acquittement de toutes taxes que le droit de 20 ou 30 p. % doit porter. La loi ne fixe plus de minimum pour l'évaluation.

En cas de mésestimation les employés peuvent exercer le droit de préemption soit pour leur propre compte, soit pour celui de l'administration, conformément à la loi du 4 floréal an 4. Le délai accordé par la loi du 17 mai 1826, n'est plus que de trois jours. (72 heures). Dans ce cas on paie au propriétaire la valeur déclarée et le dixième en sus dans les quinze jours qui suivent la notification du procès-verbal de retenue. Lorsque la vérification n'aura pu être faite dans les 3 jours de la déclaration, le déclarant a le droit de modifier sa déclaration quant à la valeur seulement. On devra donc constater l'heure à laquelle les déclarations de valeur auront été déposées en douane. On doit exiger autant de déclarations qu'il y a d'espèces de laine et de valeur différente, et ne point permettre le mélange de ces laines. (*Loi du 2 juillet 1836 et Circulaire n. 1550, pages 7 à 9*)

(7) Par déchets de laine, on entend les bourres, matière laineuse en masse très-courte, peu susceptible d'être filée, et qui n'est propre qu'à rembourrer la sellerie grossière, ou à fabriquer les papiers tontices; il y en a de trois sortes. (*Suite de la note 7 à la page suivante.*)

DÉSIGNATION DES MARCHANDISES.	CLASSE du TARIF.	TITRE DE PERCEPTION.		UNITÉS sur lesquelles portent les droits.	DROITS D'ENTRÉE		DROITS de SORTIE.
		Entrée.	Sortie.		par Navires Français.	par Navires Étrangers et par terre	
					F. C.	F. C.	F. C.

DÉSIGNATION DES MARCHANDISES.	CLASSE du TARIF.	TITRE DE PERCEPTION.		UNITÉS sur lesquelles portent les droits.	DROITS D'ENTRÉE		DROITS de SORTIE.
		Entrée.	Sortie.		par Navires Français.	par Navires Étrangers et par terre	
					F. C.	F. C.	F. C.

	DÉSIGNATION DES MARCHANDISES.	CLASSE du TARIF.	TITRE DE PERCEPTION. Entrée.	TITRE DE PERCEPTION. Sortie.	UNITÉS sur lesquelles portent les droits.	DROITS D'ENTRÉE par Navires Français.	DROITS D'ENTRÉE par Navires Etrangers et par terre	DROITS de SORTIE.
						F. C.	F. C.	F. C.
FF.	**laine** de bois. V. bombax pyramydal.							
id.	**laine** philosophique. V. oxide de zinc blanc, pompholix.							
P.	**lait** de soufre, soufre précipité par un acide de la dissolution dans un alcali. V. médicaments composés non dénomm.							
FF.	**lait** animal (1)	prod. et dép. d'animaux.	2 déc. 1843	lettre du 23 décemb. 1822	100 k. B	1 50	1 60	» 25
id.	**lait** de lune ou de montagne. V. craie.							
RR.	**lait** de rose. V. eau de senteur.							
	laiton. V. cuivre allié de zinc.							
FF.	**laitue** plante. V. légumes verts.							
	laitue graines d'), semences froides. V. fruits médicin. à dén.							
RR.	**lama** (laine de), à la valeur, comme les autres laines.							
id.	**lambisque**, coquillage. V. nacre de perle bâtarde.							
id.	**lamentins** (dents de). V. dents d'éléphants.							
RR.	**lames** de sabre pour enfant. V. bimbelotterie.							
	lames de sabre Autres. V. armes blanches.							
id.	**lames** tronçons de lames de sabre, com. outils de pur acier.							
id.	**lames** d'épée de couteau de chasse. V. armes blanches.							
id.	**lames** de couteau pour cannes à sucre. Voir armes blanches. V. la note à couteaux de cannes à sucre.							
id.	**lames** à scie. V. scies.							
id.	**lames** d acier fondu ou de cuivre allié, dites râcles. V. outils de pur acier.							
id.	**laminoirs** à l'usage des orfèvres et bijoutiers. V. machines et mécaniques à dénommer.							
	lampes. V. les matières ouvrées dont elles sont principalement composées. — En argent. V. orfèvrerie.							
	lamproies, anguilles de mer. V. poissons de mer.							
id.	**lancettes**. V. instruments de chirurgie.							
FF.	**langouste** ou écrevisse de mer. V. homards.							
id.	**langues** de bœuf et autres fumées. V. viandes salées.							
RR.	**langues** de morue. V. poissons de mer.							
P.	**languettes** de bouvet. V. fer ouvré.							
RR.	**lanières** de feutre. V. tissus de feutre. Autres,							
id.	**lanternes** magiq. V. instrum. d'optiq. — Pour enfant. V. bimb.							
	lanternes à la douzaine. V. mercerie commune.							
FF.	**lapis** antalis. V. antale.							
	lapis lazuli. V. lazulite, pierres gemmes à dénommer.							
FR.	**laque** naturelle ou résine de laque à ses différents états et résidu de) de l'Inde (2)	teint. prép.	2 juill. 1836	27 juil. 1822	100 k. BB	1 40	5 70	» 25
RR.	**laque** naturelle ou résine de laque à ses différents états et résidu de) d'ailleurs	—	—	—	—	4 »	5 70	» 25
id.	**laque** carminée. V. carmin commun.							
id.	**laque** teintures de laque et en trochisques de l'Inde (3)	—	—	6 mai 1841	100 k. NB	50 »	100 »	» 25
	laque teintures de laque et en trochisques d'ailleurs	—	—	—	—	75 »	100 »	» 25
id.	**laque** rosette. V. couleurs à dénommer.							
FF.	**lard**. V. viandes fraîches ou salées, selon l'espèce.							
RR.	**lardoires**. V. outils de pur acier ou de cuivre, selon l'espèce.							
FF.	**latanier** (feuilles de). V. feuilles de palmier.							
id.	**lattes**. V. bois feuillard.							
P.	**laudanum**. V. médicaments composés non dénommés.							
FF.	**lauréole**. V. racine de garou.							
FF.	**laurier** (4) feuilles et baies de). V. feuilles méd. ou fruits à dén.							
RR.	**laurier** (4) huile de). V. huiles volatiles toutes autres.							
id.	**laurier** (4) aromatique de l'Inde (écorce de). V. cassia-lignea.							

La bourre entière est celle qui provient de l'épilage des peaux passées : c'est une laine avarieé et nécessairement courte ; car avant de passer les peaux, on a soin de les tondre.

La bourre lanice est le déchet que produit le battage des laines sur la claie ou le peignage des étoffes.

La bourre tontice est le déchet produit par la tonte des draps : elle est extrêmement menue et ne peut servir qu'à la fabrication des papiers de tenture auxquels on donne avec cette matière l'apparence de drap ou de velours; ce qui les fait appeler papiers tontices. On y assimile toutefois les déchets produits par la tonte des schalls de laine, lesquels ne sont pas assez longs pour être traités comme penues.

(1) Le lait est taxé, d'après l'ordonnance du 2 décembre 1843, à la moitié des droits du beurre frais, en tant, toutefois, qu'il sagira du lait importé comme objet de commerce. On laissera, comme par le passé, circuler librement les petites parties de lait qui, destinées à la consommation journalière des habitants du rayon, sont transportées d'un côté de la frontière à l'autre (*Circulaire du* 6 *décembre* 1843 *n.* 1996.)

(2) La laque naturelle est une substance résineuse, d'un rouge obscur : dont une espèce de galinsecte des Indes, analogue au kermès et aux cochenilles, forme ses alvéoles à la manière des abeilles, et où elle dépose ses œufs, qui ont la propriété de colorer en beau rouge. La laque en bâton est l'ouvrage même que l'insecte a construit autour des petites branches du figuier qu'il affectionne; c'est la plus riche en couleur. Celle en grains est obtenue par la fusion de la gomme et de l'insecte. Celle en table n'a été fondue qu'après que l'insecte s'en est retiré : elle est presque sans couleur et ne sert pas en teinture. — Les résidus de laque, quoique moins riches en parties colorantes, sont soumis aux mêmes droits que les autres espèces de laque.

(3) C'est ce qu'on appelle laque préparée ou lack-lack. Voyez ce mot pour la note descriptive.

(4) Les baies de laurier sont les fruits de laurier, de couleur bleuâtre ou noirâtre et de forme ovale. Leur odeur est forte et agréable, et leur saveur âcre, amère et aromatique.

DÉSIGNATION DES MARCHANDISES.	CLASSE du TARIF.	TITRE DE PERCEPTION. Entrée.	TITRE DE PERCEPTION. Sortie.	UNITÉS sur lesquelles portent les droits.	DROITS D'ENTRÉE par Navires Français. F. C.	DROITS D'ENTRÉE par Navires Étrangers et par terre. F. C.	DROITS de SORTIE. F. C.
FF. **lavande** — herbe de). V. herbes médicinales à dénommer.							
id. **lavande** — fleurs de)	espèc. méd.	27 mar 1817	27juil.1822	100 k. BB	5 »	5 50	» 25
id. **lavande** — graine de). V. fruits médicinaux à dénommer.							
RR. **lavande** — huile de). V. huiles volatiles ou essences, toutes autr.							
FR. **laves** de volcan ouvrées. V. pierres ouvrées, autres. — FF. Laves brutes. V. matériaux à dénommer.							
RR. **laves** du Vésuve (camées en). V. pierres gemmes taillées à dén.							
FR. **lazagnes**. V. pâtes d'Italie.							
lazulite. V. pierres gemmes à dénommer. (1).— Lazulite pulvérisée. V. outre-mer.							
FF. **légumes** — verts	pr. et déc. div.	28 avr. 1816	6 mai 1841	—	» 50	» 50	» 25
légumes — salés ou confits autres qu'au vinaigre	—	—	28 avr. 1816	—	9 »	9 90	» 25
légumes — confits au vinaigre. V. cornichons.							
légumes — secs et leurs farines (2)	farin. alim.	17 mai 1826	—	—	10 »	11 »	» 25
légumes — conservés par la méth. appert. V. légum. salés ou conf.							
id. **lentilles**. V. légumes secs.							
lessive résultant de la fabricat. du savon. V. alcalis, potasse. (3)							
id. **levain** ou levure de bière. V. présure.							
P. R. **levantine**. V. tissus de soie.							
RR. **leviers**. V. outils de pur fer.							
liane. V. feuilles ou fleurs médicinales à dénommer. — Lianes dites bois de persil pour cannes. V. rotins de petit calibre.							
id. **librairie**. V. livres.							
libidivi. V. dibidivi.							
FF. **lichens** — médicinaux	espèc. méd.	28 avr. 1816	27juil.1822	—	15 »	16 50	» 25
lichens — tinctoriaux (4), orseille naturelle	teint. et tan.	—	6 mai 1841	—	4 »	1 10	» 25
lichens — ombilicaria-postulata, comme lichens tinctoriaux.							
id. **lie** de vin — tartrates, acide de potasse, très-impur, liquide	prod. chim.	—	—	—	1 »	1 10	» 25
lie de vin — tartrates, acide de potasse, très-impur, desséché	—	—	—	—	1 »	1 10	» 25
FR. **lie** de vin — brûlée. V. potasses au mot alcalis.							
RR. **lie** d'huile. Mêmes droits que leurs huiles, selon l'espèce.							
FF. **liège** — brut et revêtu de sa croûte gercée, en planches ou fragments de toutes dimensions	bois comm.	24 sep. 1840	—	—	6 »	6 60	» 25
id. **liège** — rapé (5), en planches ou fragments de toutes dimensions	—	—	—	—	9 »	9 90	» 25
RR. **liège** — rapé (5), ouvré	—	2 juill. 1836	28 avr. 1816	100 k. NB	54 »	59 20	» 25
FF. **liège** — brûlé. V. noir d'Espagne.							
id. **lierre** — feuilles de), branches comprises	espèc. méd.	28 avr. 1816	27 juil. 1822	100 k. BB	1 »	1 10	» 25
RR. **lierre** — résine de). V. résineux exotiques à dénommer.							
id. **lignes** de pêcheur. V. mercerie commune.							
FF. **lignite**, comme la houille.							
FF. **limaçons**, mêmes droits que les sangsues. V. sangsues.							
limailles. V. aux métaux dont elles proviennent.							
id. **lima** (bois de). V. bois de teinture à dénommer.							
RR. **limes** (6) — à grosses tailles, dites communes	ouvr. en mat. diverses.	7 juin 1820	6 mai 1841	100 k. NB	80 »	86 50	» 25
limes — à ongles, comme fines de moins de 17 centimètres.							
limes — à polir, dites fines, de 17 centimèt. de long et au-dessus	—	—	—	—	200 »	242 50	» 25
limes — à polir, dites fines, ayant moins de 17 centim. de long	—	—	—	—	250 »	265 »	» 25
limes — vieilles et cassées. V. acier naturel ou fondu en barres, selon l'espèce.							
RR. **limes** — chimiques, pour les cors. V. mercerie commune.							

(1) Pierre fine d'espèce particulière, d'un beau bleu clair, dure, rayant le verre, et faisant feu avec l'acier, elle vient d'Asie. On en fait des bijoux, des mosaïques, et elle est la base de l'outre mer, ce qui rend cette couleur si chère.

(2) D'après l'ordonnance du 17 janvier 1830, les légumes secs et leurs farines, sont soumis, pour leur importation et leur exportation aux mêmes restrictions d'entrée et de sortie que les grains.

(3) Cette assimilation a été confirmée par avis du Conseil des manufactures, transmis par le ministre de l'intérieur le 26 novembre 1819.

(4) Les lichens propres à la fabrication de l'orseille sont: 1° le saxatilis polypodioïdes des îles Canaris du Cap-Vert, dit aussi lichen rocella; 2° le tartareus ou lichen tartareux, qui vient le plus ordinairement de Suède et de Norwège; 3° le parellus qui croît particulièrement sur les montagnes d'Auvergne, et que les gens du pays appellent pérelle. Tous les autres lichens, ainsi que les mousses, ne servant qu'en pharmacie, sont repris aux lichens médicinaux. Ce qu'on appelait lichen ou pérelle apprêtée, est l'orseille, spécialement tarifée.

(5) L'ordonnance du 8 juillet 1834 avait fait 3 distinctions en imposant le liège en petits cubes, mais sur de justes réclamations fondées sur l'intérêt de notre industrie, une ordonnance du 24 septembre 1840 vient de faire disparaître cette distinction, en sorte que le liège présenté en petits cubes, se trouve compris sous la dénomination de fragments de toutes dimensions et paie ou 6 ou 9 fr. suivant l'espèce. (*Circulaire du 28 septembre 1840, n°. 1834 page 4.*)

(6) Sont considérées comme limes communes toutes celles qui ont huit tailles ou moins au centimètre, et comme limes fines toutes celles qui ont plus de huit tailles dans le même espace; la mesure sera prise perpendiculairement au trait du burin. Ces nouvelles dispositions, qui abrogent les prescriptions antérieures, seront également applicables aux râpes que la loi soumet au même régime que les limes. (*Ordonnance du 26 juin 1842, et circulaire n° 1921.*)

DÉSIGNATION DES MARCHANDISES.	CLASSE du TARIF.	TITRE DE PERCEPTION.		UNITÉS sur lesquelles portent les droits.	DROITS D'ENTRÉE		DROITS de SORTIE.
		Entrée.	Sortie.		par Navires Français.	par Navires Étrangers et par terre	
					F. C.	F. C.	F. C.

DÉSIGNATION DES MARCHANDISES.	CLASSE du TARIF.	TITRE DE PERCEPTION.		UNITÉS sur lesquelles portent les droits.	DROITS D'ENTRÉE		DROITS de SORTIE.
		Entrée.	Sortie.		par Navires Français.	par Navires Étrangers et par terre	
					F. C.	F. C.	F. C.

	DÉSIGNATION DES MARCHANDISES.	CLASSE du TARIF.	TITRE DE PERCEPTION. Entrée.	TITRE DE PERCEPTION. Sortie.	UNITÉS sur lesquelles portent les droits.	DROITS D'ENTRÉE par Navires Français.	DROITS D'ENTRÉE par Navires Étrangers et par terre	DROITS de SORTIE.
						F. C.	F. C.	F. C.
RR.	**limonade** gazeuse, comme liqueurs. — Limonade ordinaire. V. jus d'orange.							
FF.	**limons** ou limettes { fruits. V. citrons. / jus de). V. citrons (jus de) ou acide citrique.							
	lin { en tiges brutes { vertes	fruits, tiges et filam. à ouvr.	2 juill. 1836	27 juil. 1822	100 k. BB	» 50	» 50	» 25
FF.	sèches	—	—	—	—	» 60	» 60	» 25
	rouies	—	—	—	—	» 75	» 80	» 25
id.	teillé et étoupes	—	—	—	—	5 »	5 50	» 25
FR.	peigné	—	—	—	—	15 »	16 50	» 25
RR.	filé. V. fil de lin.							
FF.	**lin** { graine de). V. graines de lin.							
id.	tourteaux de graine de). V. tourteaux de graines oléagin.							
RR.	huiles de). V. huiles de graines grasses.							
	linge { en pièces. V. tissus de lin, de chanvr. ou de coton, sel. l'esp.							
	ourlé, neuf ou supporté. V. effets à usage.							
FF.	usé, déchiré ou à pansement. V. Drilles.							
	lingots. V. aux métaux dont ils sont formés.							
P.	**lingotières** en fonte de fer. V. fonte moulée au mot fer.							
RR.	**linon**. V. tissus de lin.							
id.	**liqueurs** V. boissons distillées.							
FR.	**liquidambar**. V. baumes non dénommés.							
P.	**lisières** de drap, comme drap. V. tissus de laine.							
	listonnerie. V. tissus, suivant l'espèce, passementerie.							
FF.	**litharge**. V. oxide de plomb demi-vitreux, rouge ou jaune.							
RR.	**lithographies** de portefeuille et d'ornement (1)	papier et ses applications.	27 mar 1817	6 mai 1841	100 k. NB	300 »	317 50	» 25
	livres (2) { en langues mortes ou étrangères, almanachs non compris	—	27 mars 1817 / 24 sept. 1840.	—	100 k. BB	10 »	11 »	» 25
	en langue française { mémoires scientifiques	—	27 mar 1817	—	100 k. NB	50 »	55 »	» 25
id.	autres ouvrages publiés à l'étranger et almanachs en langues étrangères	—	27 mars 1817 / 24 sept. 1840	—	—	100 »	107 50	» 25
	réimprimes sur éditions françaises	—	27 mar 1817	—	—	150 »	160 »	» 25
	imprimés en France et réimportés dans les 5 ans	—	—	—	100 k. BB	1 »	1 10	» 25
P.	contrefaçons	—	—	19 juil. 1793	—	prohib.	prohib.	prohib.
RR.	**locomotives** pour chem. de fer. V. machin. et mécan. à dén.							

(1) Même régime que la librairie. Consulter la note suivante.

(2) Les livres venant de l'étranger, en quelque langue qu'ils soient, ne pourront être présentés à l'importation ou au transit que dans les bureaux ci-après: le Havre, Lille par Hallain et Baisieux, Valenciennes par blancmisseron, Strasbourg, les Rousses, Pont de Beauvoisin, Marseille, Bayonne et Bastia ; ces neufs bureaux sont exclusivement réservés à l'importation et au transit ; 1° de la librairie en langue française; 2° des dessins, gravures, lithographies et estampes, avec ou sans texte.

Ces mêmes bureaux et les suivants: Dunkerque, Forbach, Sierck, Wissembourg, Saint-Louis, Verrières de joux, Bellegarde, Chaparcillan, Perpignan, par le Perthus, Béhobie, Bordeaux, Nantes, Caen, Rouen, Boulogne, Calais et Ajaccio, seront ouverts au transit et à l'importation des livres en langues mortes ou étrangères. (*Les trois maisons St.-Malo et Lille par le chemin de fer: Ordonnance du 13 mars 1844 Circulaire n°. 2012.*)

Il résulte de la combinaison de ces dispositions, que la librairie en langues mortes ou étrangères ne pourra entrer par les 17 derniers bureaux, que lorsque le texte des livres ne sera pas accompagné de gravures, lithographies ou estampes, à moins que les livres de l'espèce ne soient destinés pour le transit; c'est donc seulement alors qu'il s'agira de l'acquittement des droits que l'on étendra le régime de la librairie en langue française à la librairie en langues mortes ou étrangères, accompagnée de gravures ou lithographies.

Les livres destinés pour Paris, et les dessins, gravures, lithographies et estampes ayant la même destination, quelle que soit la langue dans laquelle ils auront été imprimés, pourront être importés par tous les bureaux ci-dessus indiqués. L'expédition en aura lieu comme précédemment, après reconnaissance sommaire sous double plomb et par acquit-à-caution; mais ce n'est plus sur la douane de Paris qu'ils devront être dirigés, ce sera sur les bureaux du ministère de l'intérieur, où l'ouverture n'en sera faite qu'en présence des employés des douanes délégués à cet effet; lesquels concourrent aux vérifications avec les agens de la librairie, et signeront avec eux les actes relatifs à l'opération, y compris les certificats de décharges des acquits-à-caution On suivra la même marche pour les livres réimportés à destination de Paris. Quant à ceux qui ne seraient pas destinés pour Paris, ils ne pourront être importés que par les 9 premiers bureaux indiqués plus haut, et ne seront admis qu'après autorisation préalable de l'administration, mais cette autorisation n'est pas nécessaire pour les expéditions sur Paris. Les livres qu'on réimportera devront être brochés ou reliés, toute librairie en langue française présentée en feuilles n'est pas admise au transit ni à l'importation. Tel est le vœu de l'article 8 de la loi du 6 mai 1841. — Les livres servant d'échantillon pourront être réimportés sans autorisation préalable, lorsqu'ils auront été estampillés à la douane de sortie, et qu'il n'en sera présenté qu'un seul exemplaire de chaque espèce.

Les livres qui sont taxés à moins de 150 fr. par 100 kil, pourront être réunis dans le même colis quoique d'espèces différentes, pourvu que chacune d'elles fasse l'objet d'une division bien tranchée; en cas de mélange, le droit le plus élevé sera exigé sur le tout. Les livres présentés au transit devront, s'ils se composent de plusieurs espèces, être également emballés conformément à cette disposition; à défaut dequoi, ils seront refusés.

Les contrefaçons en librairie, exclues du transit par la loi du 6 mai 1841, ne pourront être reçues dans les entrepôts.

Il sera établi dans chaque bureau ouvert à l'entrée de la librairie, un agent spécial chargé de procéder, conjointement avec un vérificateur des douanes, à la vérification des livres venant de l'étranger, cet agent délivre un certificat de ses opérations qui est annexé aux permis.

Les droits tels qu'ils sont établis par la loi du 27 mars 1817, s'appliquent à toutes sortes de livres, qu'ils soient reliés, brochés ou en feuilles, même à ceux ornés de gravures, lithographies et cartes géographiques se rapportant au texte; mais les employés doivent s'assurer que ces gravures, lithographies et cartes géographiques appartiennent réellement au texte et qu'elles n'ont pas été placées frauduleusement entre des feuilles d'impression, pour échapper au droit spécial qui les frappe,

S'il s'agit d'une traduction avec le texte en regard, c'est la langue de la traduction qui détermine le droit à percevoir. (*Loi du 6 mai 1841, article 8. Ordonnance du 13 décembre 1842, circulaire du 31 décembre 1842, n. 1951.*)

Toute demande en réimportation contiendra le nom et la résidence de l'expéditeur, ainsi que le bureau de douanes par lequel l'introduction aura lieu; elle sera accompagnée d'une liste certifiée par le pétitionnaire, et indiquant 1° le titre des ouvrages; 2° le nom de l'auteur, s'il est connu; 3° le nom et la demeure de l'éditeur; 4° le nom et la demeure de l'imprimeur; 5° la date de l'impression; 6° le format; 7° le nombre d'exemplaires. (*Ordonnance du 13 décembre 1842, article 6.*)

Tous les livres en langue française dont la propriété est établie à l'étranger, ou qui sont une édition étrangère d'ouvrages français tombés dans le domaine public, continueront de jouir du transit, et seront reçus à l'importation en acquittant les droits établis, et sous la condition de produire un certificat d'origine relatant le titre de l'ouvrage, le lieu et la date de l'impression, le nombre des volumes, lesquels devront être brochés ou reliés et ne pourront être prêtés en feuilles. (*Loi du 6 mai 1841 2me. paragraphe de l'article 8.*)

DÉSIGNATION DES MARCHANDISES.	CLASSE du TARIF.	TITRE DE PERCEPTION. Entrée.	Sortie.	UNITÉS sur lesquelles portent les droits.	DROITS D'ENTRÉE par Navires Français.	par Navires Étrangers et par terre	DROITS de SORTIE.
					F. C.	F. C.	F. C.
RR. **longues-vues**. V. instruments d'optique.							
FF. **loques**. V. drilles.							
RR. **lorgnettes** et lorgnons { montées en corne avec tubes de cart. V. merc com. / en argent ou en or. V. bijouterie. / montées en métal. V. mercerie fine.							
id. **loupes**. V. instruments de calcul et d'observation.							
id. **loupes** de bois de noyer propres à la tabletterie, comme le bois de buis.							
lumachelle. V. marbre.							
id. **lunettes** { ou bésicles en boîtes à la douzaine. V. merc. comm. / lorgnettes. V. lorgnons. / d'approche et d'astronomie etc. V. instruments de calcul et d'observation.							
FF. **lupins**, même régime que les fèves. V. légumes secs.							
P. **lustres**. V. verrerie de toute sorte.							
RR. **luths**, instruments de musique (1)	ouvr. en mat. diverses.	15 mar 1791	6 mai 1841	la pièce	1 50	1 50	1/4 p. 0/0
FF. **luzerne**, graines de). V. graines de prairie.							
id. **luzerne**, herbes. V. fourrages.							
FR. **lycopode** ou soufre végétal (2)	sucs végét.	2 juil. 1836	27 juil. 1822	100 k. BB	20 »	22 »	» 25
RR. **lyres**, instruments de musique (3)	ouvr. en mat. diverses.	15 mar 1791	6 mai 1841	la pièce.	3 »	3 »	1/4 p. 0/0
FR. **lys** de vallée, comme muguet. V. fleurs médicin. à dénommer.							
M.							
FR. **Macaroni**. V. pâtes d'Italie.							
RR. **Macarons**. V. bonbons.							
FF. **Machefer** (4) { par mer	métaux.	6 mai 1841 et 17 mai 1826.	28 avr. 1816	100 k. BB	1 40	1 50	» 10
par terre { de blanc misseron incl. à mont genèvre exclusivement	—	—	—	—	—	» 80	» 10
par terre { par les autres frontières	—	6 mai 1841	—	—	—	1 40	» 10

(1) Voir la note à chapeaux-chinois pour leur admission en franchise.

(2) Poudre subtile, jaune-soufre, difficilement miscible à l'eau, mais s'attachant facilement aux doigts et suceptible de s'enflammer brusquement quand on la projette sur la flamme.

(3) Voir la note à chapeaux-chinois pour leur admission en franchise.

(4) Subtance demi-vitrifiée ou espèce de scorie qui se forme lors de la fusion du minerai de fer et sur la forge des ouvriers qui travaillent le fer. Elle est d'une forme irrégulière, dure, légère et spongieuse. Le machefer est taxé, à l'entrée, au 5me du droit de la fonte brute en vertu de la loi du 17 mai 1826.

DÉSIGNATION DES MARCHANDISES.	CLASSE du TARIF.	TITRE DE PERCEPTION.		UNITES sur lesquelles portent les droits.	DROITS D'ENTRÉE		DROITS de SORTIE.
		Entrée.	Sortie.		par Navires Français.	par Navires Étrangers et par terre	
					F. C.	F. C.	F. C.

DÉSIGNATION DES MARCHANDISES.	CLASSE du TARIF.	TITRE DE PERCEPTION.		UNITÉS sur lesquelles portent les droits.	DROITS D'ENTRÉE		DROITS de SORTIE.
		Entrée.	Sortie.		par Navires Français.	par Navires Étrangers et par terre	
					F. C.	F. C.	F. C.

DÉSIGNATION DES MARCHANDISES.	CLASSE du TARIF.	TITRE DE PERCEPTION.		UNITES sur lesquelles portent les droits.	DROITS D'ENTRÉE		DROITS de SORTIE.
		Entrée.	Sortie.		par Navires Français.	par Navires Etrangers et par terre	
					F. C.	F. C.	F. C.

DÉSIGNATION DES MARCHANDISES.	CLASSE du TARIF.	TITRE DE PERCEPTION.		UNITÉS sur lesquelles portent les droits.	DROITS D'ENTRÉE		DROITS de SORTIE.
		Entrée.	Sortie.		par Navires Français.	par Navires Etrangers et par terre	
					F. C.	F. C.	F. C.

	DÉSIGNATION DES MARCHANDISES.	CLASSE du TARIF.	TITRE DE PERCEPTION. Entrée.	TITRE DE PERCEPTION. Sortie.	UNITÉS sur lesquelles portent les droits.	DROITS D'ENTRÉE par Navires Français.	DROITS D'ENTRÉE par Navires Etrangers et par terre	DROITS de SORTIE.
						F. C.	F. C.	F. C.
RR.	**Macis**. mêmes droits que les muscades sans coques.							
id.	**Macis**. huile de). V. huiles volatiles, de girofle, muscade, etc.							
FF.	**Maculatures** de papier. V. drilles.							
id.	**Madia** saliva ou sativa. V. graines oléagineuses à dénommer.							
P.	**Madras** de l'Inde. V. tissus d écorce non dénommés.							
FF.	**Madriers**. V. bois à construire sciés.							
RR.	**Magnésie** V. carbonate de magnésie.							
id.	**Magnésie** sulfate de) sel d'epsom	prod. chim.	28 avr. 1816	7 juin 1820	100 k. NB	70 »	76 »	» 25
FF.	**Magnésie** noire. V. manganèse.							
FF.	**Magnolier** glauque. V. écorces médicinales à dénommer.							
FR.	**Maillechort**, argentan. V. nikel métallique.							
RR.	**Maillons** en fer et en cuivre destinés aux métiers à tisser. V. mercerie fine.							
id.	**Maillons** importés avec les métiers dont ils font partie. Com. machines et mecaniques.							
FF.	**Maïs**. V. céréales.							
FF.	**Malabathrum**. V. feuilles médicinales à dénommer.							
FR.	**Malachites** (1) pulvérisées	couleurs.	—	6 mai 1841	100 k. BB	31 »	34 10	» 25
	Malachites en masse. Comme marbre blanc statuaire.							
RR.	**Malachites** taillées pr. bijoux. V. pier. gem. taill. à dén. (2)							
	Malachites polies pour ornements. V. marbre poli.							
	Malaguette. V. piment.							
FF.	**Malicorium**, mêmes droits que les écorces de grenade. (3)							
id.	**Malles** non garnies. V. boissellerie.							
P.	**Malles** en cuir. V. peaux ouvrées.							
RR.	**Malles** garnies. V. mercerie.							
FF.	**Malt** (orge germé et desséché pour faire la bière. V. orge ordin.							
id.	**Malthe**, bitume fluide. V. bitumes fluides sans distinction.							
ER.	**Manches** de brosse et de fouet. V. ouvrages en bois non dénommés, y compris les manches de couteau.							
P.	**Manches** de brosse et de fouet en bois fins en ivoire et en corne. V. tabletterie non dénommée.							
FR.	**Manches** d'outils en bois de toute sorte, avec ou sans virole. V. ouvrages en bois non dén.							
RR.	**Manches** d'outils en os V. mercerie commune.							
FF.	**Manches** de pinceau. V. boissellerie.							
id.	**Manches** de gaffe de 6 cent. inclus à 14 exclus. (4)	bois com.	27 juil. 1822	27 juil. 1822	la pièce.	» 10	» 10	» 50
id.	**Manches** de fouine et de pinceaux à goudron	—	—	—	—	» 02	» 02	» 10
FR.	**Manches** de balais. V. ouvrages en bois non dénommés et manches d'écouvillon compris.							
RR.	**Manchettes**. V. couteaux de chasse et de cannes à sucre.							
FR.	**Manchons**. V. pelleterie ouvrée.							
RR.	**Manchons** sans couture, pour machines à fabriquer le papier. Comme toile à blutoir.							
id.	**Mandoline**, instruments de musique. (5)	ouvr. en mat. diverses.	15 mar 1791	6 mai 1844	—	1 50	1 50	1/4 p. %
FF.	**Mandragores** ou faux ginseng. V. racines médic. à dénom.							
id.	**Manganèse** (6)	métaux.	28 avr. 1816	28 avr. 1816	100 k. BB	1 »	1 10	» 25
RR.	**Mangle**, résine de). V. résineux exotiques à dénommer.							
FF.	**Manglier** noir. V. écorces médicinales à dénommer.							
	Manglier d'Amérique (racine de). Comme le quercitron.							
	Manglier rouge. écorce de). V. quercitron.							
	Mango. V. mangiier d'Amérique.							
FR.	**Manguier** (noyaux pulvérisés de). V. sumac moulu.							
RR.	**Manicordium**. V. cordes métalliques jaunes. Cuivre allié de zinc filé pour cordes d instrument.							

(1) Espèces de pierres d'un beau vert tendre.

(2) Cuivre carbonaté, sa couleur varie du vert pomme au vert émeraude. On en fait usage dans la bijouterie.

(3) Ces écorces se présentent dans le commerce sous la forme de morceaux durs, secs racornis, un peu translucides et fragiles. On en obtient une couleur jaune fort solide.

(4) Leur diamètre se prend au 6me de la longueur à partir du gros bout. (*Lois des* 27 *mars* 1817 *et* 27 *juillet* 1822)

(5) Voyez la note à chapeau-chinois pour leur admission en franchise.

(6) Métal à l'état d'oxide, qui se présente dans le commerce en poudre ou en pierres. Il est cristallisé ou en masses compactes. Cristallisé il a une structure presque toujours radiée ou fibreuse; il est d'un gris d'acier ou de fer ; ils se couvre d'une poussière noire qui tache fortement les doigts. Il est infusible à la flamme d'une bougie. Ce caractère est propre à le distinguer de l'antimoine sulfuré, avec lequel il a, dans certaines circonstances, quelque ressemblance. Il se brise difficilement. D'une texture granulaire, très-dur, raie fortement le verre et étincelle vivement sous le choc de l'acier. Il sert pour les verreries, les couleurs, pour obtenir l'acide muriatique oxigéné, etc. Il est vulgairement connu sous les noms de magnésie noire, pierre de Périgueux, Périgord, craie noire, pierre de mangaier, savon des verriers, etc.

	DÉSIGNATION DES MARCHANDISES.	CLASSE du TARIF.	TITRE DE PERCEPTION. Entrée.	TITRE DE PERCEPTION. Sortie.	UNITÉS sur lesquelles portent les droits.	DROITS D'ENTRÉE par Navires Français.	DROITS D'ENTRÉE par Navires Étrangers et par terre	DROITS de SORTIE.
						F. C.	F. C.	F. C.
FR.	**maniguette** ou graine de paradis. V. amome, graine de)							
id.	**manivelles** ou barres en bois servant à tourner les cabestants ou à lever les ancres de navires	ouv. en mat. diverses.	—	6 mai 1841	la valeur	10 p. °/₀	10 p. °/₀	1/4 p. 0/0
FF.	**manioc** (1) fécule de). V. gruaux.							
FR.	**manioc** espèce de semoul. grill. dite tapioca. V. pâte d'Italie.							
id.	**manne** (2)	sucs végét.	28 avr. 1816	27 juil. 1822	100 k. NB	80 »	86 50	» 25
RR.	**mannes**. V. vannerie à dénommer.							
id.	**mannequins**. V. objets de collection.							
id.	**manuscrits** de toute sorte. V. objets de collection.							
id.	**mappemondes**. V. gravures ou instruments d'observation, selon l espèce (3).							
	maquereaux. V. poissons de mer.							
	marbre (4) blanc statuaire, jaune de Sienne, vert de mer dit serpentine, portor, en blocs simplement écarris ou ébauchés, avec ou sans sciage, ayant au moins 16 centimètres d'épaisseur	pierres, terres et autr. fossil	2 juill. 1836	28 avr. 1816	100 k. BB	10 »	11 »	» 05
	— en tranches de moins de 16 et de plus de 3 centimètres d'épaisseur	—	—	—	—	15 »	16 50	» 05
	— en tranches de 3 centimètres ou moins	—	—	—	—	22 »	24 20	» 05
	— sculpté, moulé, poli ou autrement ouvré	—	7 juin 1820	—	—	40 »	44 »	» 01
FF.	**marbre** (4) blanc autre que statuaire, bleu turquin, brocatelle, bleu fleuri, en blocs simplement écarris ou ébauchés, avec ou sans sciage, ayant au moins 16 centimètres d'épaisseur	—	2 juill. 1836	—	—	5 »	5 50	» 05
	— en tranches de moins de 16 et de plus de 3 centimètres d'épaisseur	—	—	—	—	9 »	9 90	» 05
	— en tranches de 3 centimètres ou moins	—	—	—	—	13 50	14 80	» 05
	— sculpté, moulé, poli ou autrement ouvré	—	7 juin 1820	—	—	40 »	44 »	» 01
	marbre (4) tous autres, en blocs simplement écarris ou ébauchés, avec ou sans sciage, ayant au moins 16 centimètres d'épaisseur	—	2 juil. 1836	—	—	2 50	2 70	» 05
	— en tranches de moins de 16 et de plus de 3 centimètres d'épaisseur	—	—	—	—	3 40	3 70	» 05
	— en tranches de 3 centimètres ou moins	—	—	—	—	5 »	5 50	» 05
	— sculptés, moulés, polis ou autrement ouvrés	—	7 juin 1820	—	—	40 »	44 »	» 01
FR.	**marbre** chiques, sans distinction de marbre	—	28 avr. 1816	—	—	15 »	16 50	» 25
FF.	**marbre** scié et simplement plané à la meule ou au sable, comme marbre scié sans autre main d'œuvre.							
FF.	**marbres** (poussière de). Com. marbre brut en bloc non dén.							
	marbres (débris de) hors d'état d être travaillé. Com. marbre brut non denommé.							
id.	**marbres** vert de Gênes. Comme marbre, tous autres,							
RR.	**marbres** antiques. V. objet de collection.							
id.	**marbres** sculptés par des français attachés à l'école de Rome. Comme objets de collection.							
FR.	**marbres** factice, mastic ouvré et peint en dessus de table. V. pierres ouvrées autres.							
FF.	**marcassites** (5) en masse. V. fer t minérai de fer sulfuré.							
	marcassites (5) de choix pour bijoux. V. pierres gemmes à dén.							
	marchandises non dénommées. (5)							
id.	**marchepieds**. V. boissellerie.							
id.	**marcottes** d'œillet. V. graines de jardin et de fleurs.							

(1) On traitera comme fécule, le sédiment farineux que la racine de manioc dépose dans les vases où on exprime le suc, et qui, après avoir été lavé et séché, sert aux mêmes usages que la fécule de pomme de terre à laquelle il ressemble, et comme Tapioca la rapure de la racine qu'on a fait dessécher au feu, en la remuant et qui est grains réguliers très-blancs.

(2) Suc mielleux, concret, de plusieurs sortes Il y en a de couleur blanche ou brunâtre, d'autre visqueuse, solide et sèche. Elle est en larmes, en grains ou en marrons, selon le lieu où on la récolte et les arbres d'où elle sort.

(3) Les cartes géographiques placées dans des ouvrages de librairie et se rapportant au texte, acquittent, à l'entrée, les mêmes droits que les livres.

(4) La dénomination de marbre comprend non seulement les marbres de 1er ordre et d'une seule couleur comme ceux de Carrare, de Paros, le vert ou le rouge antique, mais aussi toutes les pierres calcaires, compactes, confusément cristallisées et propres à être polies, quelle qu'en soit la couleur, comme la brèche de Véronne, la brocatelle d'Espagne, l'écossine de Belgique, le choin de Savoie, le turquin, les lumachelles, les griottes, etc.
On assimile aux marbres, eu égard à la destination, des pierres dures, comme la serpentine, le granit, le jaspe, le porphire, etc.
Les carreaux de marbre qui ont été non polis, mais limés ou planés avec la pierre de grès, ou par le frottement de l'un sur l'autre et les colonnes de toute espèce, doivent le droit du marbre ouvré. Les carreaux simplement sciés sans autre main d'œuvre paient comme le marbre en tranches suivant leur épaisseur.
Les socles, les consoles, chapiteaux, et toutes les pièces de marbre qui ont des saillies, des rainures ou autres entailles, c'est-à-dire, tous les morceaux qui ont reçu une autre main-d'œuvre que le sciage, doivent le droit du marbre ouvré.
Un décimètre cube représente 2 kilogr et 7|10me
Le marbre bardille n'étant qu'une variété du bleu turquin il en suit le même régime. (*Circulaire du* 16 *juillet* 1836, *n.*1550 *note de la page* 10)

(5) Pyrites blanches, on alliage natif du fer à l'état du sulfure avec l'arsenic Elles servent à composer le métal qui imite l'argent et à fabriquer du sulfate de fer. La marcassite est d'un jaune de laiton, assez dure pour étinceler par le choc du briquet, susceptible d'un beau poli et d'être taillée à facettes.

(6) Les marchandises non dénommées ne peuvent être importées que par les bureaux principaux où le droit le plus analogue leur est appliqué. Si le consignataire le veut, on suspend la perception jusqu'à ce que l'administration ait décidé. On joint au rapport un échantillon des produits qu'il s'agit d'assimiler.

DÉSIGNATION DES MARCHANDISES.	CLASSE du TARIF.	TITRE DE PERCEPTION.		UNITÉS sur lesquelles portent les droits.	DROITS D'ENTRÉE		DROITS de SORTIE.
		Entrée.	Sortie.		par Navires Français.	par Navires Étrangers et par terre	
					F. C.	F. C.	F. C.
FF. **marcs** d'olives non entièrement secs. V. amurca.							
FF. **marcs** d'olive entièrement secs. V. grignons.							
FF. **marcs** de raisins	pr. et déc. div.	28 avr. 1816	28 avr. 1816	100 k. BB	» 10	» 10	» 10
FF. **marcs** d'amandes et de pignons. Mêm. droits que leurs pâtes							
FF. **marcs** de roses	—	—	—	—	5 »	5 50	» 25
id. **marjolaine** (herbe de). V. herbes médicinales à dénommer.							
RR. **marjolaine** (huile de). V. huiles volatiles ou essences, t. aut.							
id. **marly** de pur fil. V. treillis toile grossière.							
P. R. **marly** de soie. V. tissus de soie, gaze.							
RR. **marmelades** de pommes d'amour. V. épices prépar. à dén.							
P. **marmelades** d'anacarde V. médicam. composés non dénom.							
R. R. **marmelades** autres. V. confitures ou confections et conserv.							
P. **marmites.** V. fonte moulée, fer ou cuivre ouvré, selon l'esp.							
FF. **marne** (1)	pierres, terres et autr. fossil.	—	—	—	» 10	» 10	» 02
P. **maroquin.** V. peaux préparées.							
RR. **marqueterie.** V. meubles. (2)							
marrons. V. châtaignes. Marrons confits au sucre. V. bonbons.							
RR. **marteaux** de bijoutier, de ciseleur et d'horloger. V. outils de pur acier. (3)							
RR. **marteaux** autres. V. outils de fer rechargé d'acier.							
FF. **marum.** Herbes médicinales à dénommer. (4)							
RR. **masques.** V. mercerie commune.							
id. **massepains.** V. bonbons.							
FF. **massette** duvet cotonneux du). V. végétaux filamenteux.							
P. **massiaux** de fer. V. fer forgé en massiaux.							
FR. **massicot**, oxide de plomb jaunâtre (5)	prod. chim.	—	—	—	37 »	40 70	» 25
FF. **mastic** propre à la bâtisse. V. matériaux à dénommer.							
RR. **mastic**, résine. V. résineux exotiques à dénommer.							
FF. **mastic**, résineux. V. résines indigènes, résidu de distillation.							
id. **mastic** bitumineux (6)	pier., ter. et aut. fossiles.	2 déc. 1843	6 mai 1841	—	» 60	» 60	» 01
RR. **mat**, préparation qui sert à dorer le bronze au mat. V. couleurs à dénommer.							
FF. **maté** dit thé du Paraguay. V. feuilles médicinales à dénomm.							
RR. **matelas.** V. meubles. (7)							
FF. **matereaux.** V. ce mot à bois à construire.							
id. **matériaux** à dénommer. (8)	—	28 avr. 1816	29 juin 1833	—	» 10	» 10	» 05
matières d'or et d'argent. V. or ou argent, selon l'espèce.							
id. **matières** animales propr. à la fabric. de la colle. V. oreillons.							
id. **matières** propres à la fabrication du papier. V. drilles.							
RR. **matrices** en métal quelconque servant à fondre les caractères. V. machines et mécaniques à dénommer.							
FF. **mats.** V. ce mot à bois à construire.							
id. **maurelle** (feuilles de). V. tournesol, soit feuilles tinctor. à dén.							
id. **maurelle**, chiffons imprégnés de couleur bleue	teint. prép.	—	6 mai 1841	—	25 »	27 50	» 25
FR. **mauve.** V. fleurs médicinales à dénommer.							
FF. **mazée.** V. fer fonte épurée.							
RR. **mécaniques** propres aux arts et métiers. V. machin. et méc.							
RR. **mécaniques** à oiseau, comme les carillons à musique.							
RR. **mécaniques** produisant des airs de musique. V. carillons ou instruments de musique.							
RR. **mécaniques** automates et objets sembl. V. objets de collect.							

(1) On lui assimile toutes les matières minérales qui servent à l'amendement des terres, notamment la terre végétale.

(2) On donne ce nom aux ouvrages de menuiserie composés de feuilles de différents bois précieux qu'on plaque sur un assemblage.

(3) Ce sont tous ceux qui ont 81 millimètres et au dessous et dont les têtes rondes et polies n'ont pas plus de 3 centimètres de diamètre.

(4) Ces feuilles, assez semblables à celles du serpolet, sont pointues en fer de pique, vertes en dessus et blanchâtres en dessous. Cette plante a une odeur assez agréable et un goût âcre et piquant.

(5) C'est une céruse ou un blanc de plomb qu'on a calciné par un feu modéré. Il y en a de blanc, de jaune et de doré : cette différence de couleur provient des différents degrés de feu de sa fabrication. Sert en peinture. On lui a substitué avec avantage le chromate de plomb, dont la couleur est plus vive, plus intense et dont les nuances sont plus variées

(6) C'est le calcaire bitumineux, dit asphalte, converti en mastic au moyen d'un mélange de goudron minéral. A défaut de tarification spéciale, et bien que d'une valeur très-inférieure, ce mastic avait été jusqu'à ce jour, assimilé aux bitumes purs (*Circulaire du* 6 *décembre* 1843 *n.* 1996.)

(7) Les matelas font partie des meubles à l'entrée. (*Loi du* 27 *mars* 1817.) quand ils renferment des poils non filés. Prohibés à la sortie, l'exportation en est interdite.

(8) Ce qui s'entend de toutes les pierres, argiles glaises, terres propres à la bâtisse, telles que les pierres de taille brutes, la pouzzolane, les pierres meulières brutes, etc. Celles taillées et prêtes à être assemblées, rentrent dans la classe des pierres ouvrées.

	DÉSIGNATION DES MARCHANDISES.	CLASSE du TARIF.	TITRE DE PERCEPTION. Entrée.	TITRE DE PERCEPTION. Sortie.	UNITÉS sur lesquelles portent les droits.	DROITS D'ENTRÉE par Navires Français.	DROITS D'ENTRÉE par Navires Étrangers et par terre	DROITS de SORTIE.
						F. C.	F. C.	F. C.
RR.	**mèches** à tarière ou à vilebrequin { de 24 centimèt. de long et au-dessous. V. outils de pur acier.							
id.	Autres. V. outils de fer rech. d'acier.							
P.	de coton { en fil V. coton filé sans distinction prohib.							
id.	tissées. V. tissus de coton, prohibées.							
FF.	d'étoup. dit. lumement. V. fil de lin ou de chanv. blanch.							
FR.	d'étoup. pour fabr. des toil. d'emball. C. ficel. V. cordag.							
id.	soufrées mêm. droits que le soufre sublimé en poudre.							
RR.	de mineurs, comme artifices. V. mercerie commune.							
id.	de la Chine, comme pastilles odorantes à brûler. V. résineux exotiques à denommer. (1)							
id.	de tire-bouchons. V. mercerie commune.							
id.	de lampe de nuit. V. mercerie cummune.							
	méchoacan (racines de). V. rhubarbe.							
id.	**médailles** ou métaux, en petit nombre de chaque espèce. V. objets de collection.							
id.	**médailles** { de soufre en petit nombre et d'empreintes différentes. V. objets de collection.							
FR.	en plâtre, soufre etc. V. pierres ouvrées, autres.							
id.	en soufre, en grand nombre de chaque forme et espèce. V. pierres ouvrées, autres.							
P.	**médicaments** composés non dénommés (2)	comp. div.	27 mar 1817	6 mai 1841	100 k. B	prohib.	prohib.	» 25
F.	**mélasse** (3) { des Colonies françaises	denr. colon	17 mai 1826	28 avr. 1816	100 k. BB	12 »	—	» 25
P.	étrangère	—	8 floréal 11	—	100 k. B	prohib.	prohib.	» 25
	melchior (argentan). V. nikel métalliq. allié ou métaux ouvrés							
FF.	**mélèse**, résine de). V. résines indigènes.							
	mélisse. V. herbes, feuilles ou fleurs médicinales à dénommer							
RR.	**mélisse**, eau de). V. eaux médicin., eaux distillées alcooliques.							
FF.	**melons** { fruits. V. fruits frais indigènes à dénommer. pepins de) semences froides. V. fruits médic. à dén.							
RR.	**mémoires** scientifiques. V. livres.							
RR.	**menthe** { herbes, feuilles et fleurs de). V. herbes, feuilles ou fleurs médicinales à dénommer. essence et huile de), comme celle de romarin. V. huiles volatiles, toutes autres.							
id.	**mercerie** { commune (4)	ouvr. en mat. diverses.	28 avr. 1816	6 mai 1841	100 k. NB	100 »	107 50	» 25
	fine (5)	—	—	—	—	200 »	212 50	» 25
FR.	**mercure** natif ou vif-argent (6)	métaux.	27 juil. 1822	28 avr. 1816	100 k. BB	20 »	22 »	» 25
P.	**mercure** précipité. V. médicaments composés non dénomm.							
FR.	**mercure** (sulfures de). V. sulfures.							
P.	**mérinos** { draps. V. tissus de laine non dénommés.							
FF.	animaux viv. V. breb., béliers, moutons ou agneaux.							
RR.	**merluches**. V. poissons de mer.							
	merrains { de chêne { de 1299 millimèt. de long et au-dessus	bois comm.	27 mar 1817	2 juill. 1836	1000 enn.	2 »	2 »	2 »
	de 1299 exclus à 974 inclus	—	—	—	—	1 50	1 50	1 50
FF.	au-dessous de 974 millimètres	—	—	—	—	1 »	1 »	1 »
id.	autr. que de chêne, mêm. droits q. ceux de chên. (7)	—	—	—	—	—	—	1/4 p. 0/0
P.	**mesures** anciennes et nouvelles sont prohibées à l'entrée non seulem. comme mesures, mais encore comme ouvrag de fonte, de cuivre ou d'étain. (*Lois du 18 germ. an 3 et 10 brum. an 5.*)							
	métal { de cloche. V. cuivre allié d étain. anglais. V. poterie d'étain. de prince (or faux). V. cuivre doré.							

(1) Mèches odorantes dites mèches chinoises qui servent à parfumer les appartements, comme les pastilles odorantes à brûler et les substances assorties appelées pots-pourris.

(2) Consulter la note au mot élixir lorsqu'il y a lieu d'en permettre l'admission.

(3) C'est le nom de la liqueur qui reste après que l'on a fait subir au suc de la canne à sucre, toutes les opérations propres à en retirer la plus grande quantité de sucre possible. Elle prend la consistance du sirop. Il ne faut pas confondre la mélasse avec le sirop de kermès

(4) Sont traités comme mercerie fine tous les objets rangés dans la classe de la mercerie commune, auxquels un travail plus parfait a ajouté une valeur indépendante de leur utilité première; ce qui s'entend des choses dites de luxe, qui ne sont pas de nature à être communément vendues dans les foires de campagne. On traite de même tous les ouvrages en fer ou acier que le vif et l'éclat de leur poli distinguent de ceux de la mercerie commune, lesquels ne sont ordinairement polis qu'au brunissoir, procédé qui n'est généralement employé que pour les objets communs.

(5) Les articles qui composent la mercerie ayant été repris d'après le nom sous lequel ils sont désignés On se dispense d'en donner ici le détail.

(6) Il ne s'agit ici que du mercure dans son état naturel qui est un métal fluide et qui n'a pas besoin d'être décrit. Quant aux oxides et aux préparations de mercure, comme mercure précipité, sublimés doux et corrosif, muriates de mercure ou turbith minéral, ils sont repris à médicaments composés non dénommés. Les bouteilles en fonte qui le renferment doivent 10 p. 0/0 de valeur.

(7) On entend par merrains autres que de chêne, des douves de bois blanc destinées à faire, non des tonneaux à vin, mais des barriques pour l'emballage des marchandises sèches et de quelques autres sujettes à coulage, telles que poissons salés, savons noirs, sucres bruts, etc.

DÉSIGNATION DES MARCHANDISES.	CLASSE du TARIF.	TITRE DE PERCEPTION.		UNITÉS sur lesquelles portent les droits.	DROITS D'ENTRÉE		DROITS de SORTIE.
		Entrée.	Sortie.		par Navires Français.	par Navires Étrangers et par terre	
					F. C.	F. C.	F. C.

DÉSIGNATION DES MARCHANDISES.	CLASSE du TARIF.	TITRE DE PERCEPTION.		UNITÉS sur lesquelles portent les droits.	DROITS D'ENTRÉE		DROITS de SORTIE.
		Entrée.	Sortie.		par Navires Français.	par Navires Étrangers et par terre	
					F. C.	F. C.	F. C.

DÉSIGNATION DES MARCHANDISES.	CLASSE du TARIF.	TITRE DE PERCEPTION. Entrée.	TITRE DE PERCEPTION. Sortie.	UNITÉS sur lesquelles portent les droits.	DROITS D'ENTRÉE par Navires Français.	DROITS D'ENTRÉE par Navires Étrangers et par terre	DROITS de SORTIE.
					F. C.	F. C.	F. C.
RR. **métal** d'Alger — brut. V. étain brut.							
— ouvré, cuillers, fourchettes et poterie. V. mercerie fine ou commune, selon l'espèce.							
métaux autres que ceux ci-dessus. V. la matière dont ils sont formés.							
FF. **méteil**, mélange de froment et de seigle. V. céréales, froment.							
RR. **métiers** pour les fabriques. V. machines et mécaniques à dén.							
id. **métiers** à tulle (pièces d intérieur de). V. mach. et mécan. à dén.							
FF. **métis**, animaux vivants. V. brebis, béliers, moutons ou agneaux, selon l'espèce.							
RR. **métronome**. V. horlogerie montée, mouvem. de toute sorte.							
RR. **meubles** — de toute sorte (1)	ouvr. en mat. diverses.	15 mar 1791	28 avr. 1816	la valeur	15 p. °/₀	15 p. °/₀	1/4 p. 0/0
— en fer, en cuiv. ou autre mét. V. métaux ouvr., sel. l'esp.							
— petits) tournés ou taillés en sel gemm. V. merc. com.							
— petits) en écaille, ivoire, nacre, corne, os et bois fins. V. tabletterie non dénommée.							
— petits) ornés d'incrustations V. tabletterie non dén.							
— en ouvrages de spa. V. mercerie fine.							
id. **meubles** de boule antiques, chargés d'ornements en cuivre incrusté. V. objets de collection.							
FF. **meules** (2) — à moudre — de plus de 1949 millimèt. en diamètre	pierr., terr. et autres fossiles	—	2 juill. 1836	la pièce.	7 50	7 50	10 »
— à moudre — de 1949 à 1299 inclus. id.	—	—	—	—	5 »	5 »	6 »
— à moudre — de moins de 1299 id.	—	—	—	—	2 50	2 50	3 »
— à aiguiser — de plus de 1218 millim. id.	—	17 mai 1826	27 mar 1817	—	5 »	5 »	2 50
— à aiguiser — de 1218 à 1083 inclus id.	—	1 août 1792	—	—	2 50	2 50	2 50
— à aiguiser — de moins de 1083 à 920 inclus id.	—	—	—	—	1 75	1 75	1 75
— à aiguiser — de moins de 920 à 677 id. id.	—	—	—	—	1 »	1 »	1 »
— à aiguiser — de moins de 677 à 541 id. id.	—	—	—	—	» 40	» 40	» 40
— à aiguiser — de moins de 541 à 406 id. id.	—	—	—	—	» 20	» 20	» 20
— à aiguiser — de moins de 406 id.	—	—	—	—	» 10	» 10	» 10
id. **méum**. V. racines médicinales à dénommer. (3)							
id. **mézéréon**. V. racines de garou.							
id. **mica**. V. talc. (4)							
RR. **micromètres**. V. instruments d'observation.							
id. **microscopes**. V. intruments d'optique.							
id. **miel**. Moitié des droits du sucre brut autre que blanc. (*Loi du 27 mars 1817.*) (5)							
FF. **mil** et **millet** — de la côte Occidentale d'Afrique	farin. alim.	6 mai 1841	27 juil. 1822	100 k. BB	2 50	11 »	» 25
— d'ailleurs	—	27 juil. 1842	—	—	10 »	11 »	» 25
id. **mille-pertuis**. V. racines médicinales à dénommer.							
id. **millet-tiges** de) à faire des balais	bois comm.	24 sept 1840	6 mai 1841	—	» 10	» 10	» 25
id. **mimosa** cochliocarpos ou barbatimao. V. gousses tinctoriales. Bablah.							
id. **mine** de plomb — noire, carbure de). V. graphite.							
— rouge (minium). V. oxide de plomb rouge.							
FR. **mine-orange**. V. oxide de plomb rouge divisé.							
FF. **mineral** brut de cinabre ou de mercure. C. minerais non dén.							
id. **minerais** — non dénommés	métaux.	28 avr. 1816 et lettre du 14 février 1842	— et lettre du 14 février 1842	—	1 »	1 10	» 10
— d'arsénic. V. arsénic.							
— de fer, de cuivre, de zinc, etc. V. les métaux dont ils font partie.							
— de plomb. V. plomb.							
— de soufre avec mélange de parties terreuses	pierr., terr. et autr. fossiles.	2 juil. 1836	6 mai 1841	—	» 25	» 25	» 25
— d'antimoine	—	6 mai 1841	—	—	1 »	1 10	» 10
— aurifère et argentifère (6)	métaux.	26 juin 1842	—	—	» 10	» 10	» 10

(1) L'on ne comprend sous cette dénomination que les ouvrages en menuiserie, tels que les tables, secrétaires, bureaux, bibliothèques, armoires, chiffonnières, commodes, bois de lit, d'ottomanes, canapés, bergères, fauteuils, sièges, etc.

(2) Cette dénomination dit assez qu'il ne s'agit ici ni des pierres brutes, de l'espèce dites meulières, lesquelles se confondent avec les autres matériaux à dénommer, ni de celles taillées et prêtes à être assemblées, qui rentrent dans la classe des pierres ouvrées.

(3) Racine à tête entourée de longs filaments, longue comme le petit doigt, se divisant en branches de couleur noirâtre en dehors, et blanchâtre en dedans, de substance rare et légère, d'odeur aromatique, de saveur âcre et piquante.

(4) Mica tiré du mot latin micare, briller. Transparent, d'un éclat vitreux tirant sur le métallique; il se divise aisément en feuillets ou lames flexibles, extrêmement minces; il offre la couleur verte ou la couleur rouge, selon qu'on le regarde parallèlement ou perpendiculairement à l'axe des lames. Le mica remplace le verre dans le vitrage des vaisseaux ou des lanternes. On l'emploie en poudre pour l'appliquer sur certains ouvrages d'agrément auxquels on donne par ce moyen, du brillant, en poudre plus fine, on s'en sert pour dessécher l'écriture.

(5) Le miel venant de la Martinique, de la Guadeloupe et de Bourbon, quand la cargaison est admise au privilège colonial, paie moitié du droit du sucre brut 1er. type de ces colonies. Celui venant de Turquie et d'Egypte, par navires français, doit moitié du droit du sucre brut autre que blanc, venant des pays hors d'Europe. Il acquitte au poids brut comme payant au dessous de 40 fr. les 100 kilo.

(6) Ces minerais pour n'acquitter que le droit à 10 centimes, doivent être présentés dans leur état naturel, c'est-à-dire sans que les métaux qu'ils contiennent aient été séparés, soit de leur gangue, soit des sables dans lesquels ils se trouvent mêlés. Ceux qui auraient été lavés, ou qui auraient subi une autre préparation quelconque, devraient être traités comme or ou argent brut, selon l'espèce. L'or et l'argent natifs suivent aussi le régime de la matière brute.

	DÉSIGNATION DES MARCHANDISES.	CLASSE du TARIF.	TITRE DE PERCEPTION. Entrée.	TITRE DE PERCEPTION. Sortie.	UNITÉS sur lesquelles portent les droits.	DROITS D'ENTRÉE par Navires Français.	DROITS D'ENTRÉE par Navires Étrangers et par terre	DROITS de SORTIE.
						F. C.	F. C.	F. C.
RR.	**minéraux** choisis (excepté les pierres gem.) V objets de coll.							
id	**miniatures.** V. objets de collection.							
FF.	**minium**, qu'il ne faut pas confondre avec la mine orange. V. oxide de plomb rouge.							
RR.	**miroirs**. V. glaces etamées.							
id.	**miroirs** d'optique. V. instruments d'optique.							
	mitraille. V. fer ou autre métal, selon l'espèce.							
id.	**mode** ouvrages de) (1)	ouvr en mat diverses.	15 mar 1791	28 avr. 1816	la valeur.	12 p. %	12 p. %	1/4 p. %
FR.	**modèles** en bois. C. ouvrages en bois à dénommer.							
RR.	**modèles** d'écritures, gravés. V. livres.							
FF.	**moëlle** de cerf	subst. pr. à la méd. et parfu.	28 avr. 1816	—	100 k. BB	13 »	14 30	» 25
	moëlle de bœuf. V. graisses non dénommées.							
	moëlle de pierres. V. craie.							
FF.	**moëllons** et déchets de pierres	pierres, terres et autr. fossil	23 juil. 1838	2 juill. 1836	—	» 05	» 05	» 01
RR.	**molle**, résine de). V. résineux exotiques à dénommer.							
P.	**molletons**. V. tissus de laine non dénommés.							
FF.	**molydène** dur ou tendre. V. graphite.							
RR.	**momies** entières (corps embaumés. V. objets de collection. d. bris de). V. couleurs à dénommer.							
id.	**monbin** ou monbain (gomme de). V. gommes pures exotiques.							
FF.	**monnaies** d'or, d'argent de cuivre ou de billon. V. ces mots or argent, etc.							
RR.	**monte-ressort** (étau à main). V. outils de fer rechargé d'ac.							
P. R.	**montres**. V. horlogerie montée.							
RR.	**montres** solaires pour les bergers. V. mercerie commune.							
id.	**montures** d'éventails communs. V. mercerie commune. fins. V. mercerie fine.							
	montures de parapluie. V. carcasses de parapluie, montures de parasols comprises.							
id.	**moquettes** veloutées et autres. V. tissus de laine ou tapis de pied, simples.							
P.	**mordant** de fer. V produits chimiques non dénommés.							
FF.	**morelle**. V. feuilles médicin. à dénom. ou fruits médicinaux.							
RR.	**morfil.** V. dents d'éléphant.							
FF.	**morilles**. V. champignons.							
P.	**mors** de bride. V. fer ouvré. orfévrerie ou plaqués selon l'esp.							
FF.	**mortiers** en marbre. V. marbre ouvré.							
FR.	**mortiers** en agate. V. agates ouvrées.							
FR.	**mortiers** en pierres. V. pierres ouvrées, autres.							
P.	**mortiers** en fonte, cuiv. bronz V. fonte cuiv. ou bronz. ouvr.							
id.	**mortiers** en verre. V. verrerie.							
FR.	**mortiers** en bois. V bois ouvrés non dénommés.							
RR.	**mortiers** en bois de buis. V. mercerie commune.							
P.	**mortiers** d'artillerie. V. armes de guerre, d'affût.							
FF.	**mortina**. V feuilles tinctoriales à dénommer.							
RR.	**morue**. V. poissons de mer.							
id.	**mosaïques** (2) non montées. V. pierres gemmes taillées à dénommer, ou tableaux, selon l'espèce.							
	mosaïques pour tableaux. V. tableaux.							
	mosaïques montées sur or ou argent. V. bijouterie.							
id.	**moscouades**, sucre terré brun. V, sucre terré ou sucre au-dessus du deuxième type.							
FF.	**mottes** à brûler	pr. et déc. div.	28 avr. 1816	6 mai 1841	1000 enn.	» 15	» 15	1/4 p. %
FR.	**mouches** cantharides. V. cantharides.							
FF.	**mouches** à miel. V. ruches à miel.							
RR.	**mouchettes** en fer ou cuivre. V mercerie commune, celles en fonte comprises.							
P.	**mouchettes** plaquees ou doublees. V. plaqués.							
id.	**mouchettes** en acier. V. acier ouvré.							
id.	**mouchettes** pieds et ressorts de). V. fer ou acier ouvré.							

(1) Cet article comprend, outre les ouvrages de mode proprement dits : 1° les fleurs artificielles ; 2° les bandes de mousseline, de percale et de tulle brodées, mais pour la sortie seulement, attendu que toute espèce de tissus de coton est prohibée à l'entrée ; 3° les carcasses servant à monter les bonnets.

(2) Réunion de diverses substances colorées, consolidées par un ciment, de manière qu'il résulte de leur union une sorte de tableau. On fait ainsi des tables, des pavés, etc. On en compose de petites qui représentent les fleurs, des animaux; on les dispose sur le couvercle des tabatières, ou dans des chatons bagues ou d'épingles. — C'est à Rome et à Florence que ce genre d'industrie est exercé avec le plus d'habileté. On distingue deux espèces de mosaïque très différentes : l'une, dite Romaine, est composée de cailloux coloriés qu'on emploie pour former des tableaux : c'est la belle mosaïque ancienne. Dans la seconde, dite de Florence, ce sont des pierres dures et polies qu'on assemble auprès les unes des autres ; et l'on cherche quelquefois à profiter des nuances de couleurs et des taches accidentelles qu'elles présentent, pour produire des images.

DÉSIGNATION DES MARCHANDISES.	CLASSE du TARIF.	TITRE DE PERCEPTION.		UNITES sur lesquelles portent les droits.	DROITS D'ENTRÉE		DROITS de SORTIE.
		Entrée.	Sortie.		par Navires Français.	par Navires Etrangers et par terre	
					F. C.	F. C.	F. C.

DÉSIGNATION DES MARCHANDISES.	CLASSE du TARIF.	TITRE DE PERCEPTION.		UNITÉS sur lesquelles portent les droits.	DROITS D'ENTRÉE		DROITS de SORTIE.
		Entrée.	Sortie.		par Navires Français.	par Navires Étrangers et par terre	
					F. C.	F. C.	F. C.

	DÉSIGNATION DES MARCHANDISES.	CLASSE du TARIF.	TITRE DE PERCEPTION. Entrée.	Sortie.	UNITÉS sur lesquelles portent les droits.	DROITS D'ENTRÉE par Navires Français.	par Navires Étrangers et par terre	DROITS de SORTIE.
						F. C.	F. C.	F. C.
	mouchoirs. V. tissus suivant l'espèce (1)							
FR.	**mouëtte**, peaux de). V. peaux d'oie, pelleterie.							
RR.	**moules** à balle. V. mercerie commune. Ceux de calibre de guerre. V. armes de guerre à feu portatives.							
P.	**moules** de batteur d'or (baudruches). V. vessies, autres.							
FF.	**moules** à plâtre et autres en métal, pierres, soufre, etc. V. machines et mécaniques à dénommer.							
RR.	**moules** en iris. V. iris de Florence ouvré.							
RR.	**moules** de boutons en bois	ouvr. en mat. diverses	28 avr. 1816	28 avr. 1816	100 k. BB	13 »	14 30	» 25
FF.	**moules** 'de boutons en fer, vernis ou non, en os. V. merc. com.							
RR.								
FF.	**moules** et autres coquillages pleins, de pêche française	pêches.	—	—	100 k. B	exempts	exempts	» 25
	moules et autres coquillages pleins, de pêche étrangère	—	—	—	100 k. BB	1 »	1 10	» 25
RR.	**moulins** à café et à poivre montés. V. mercerie commune.							
	moulins mobiles à farine et à sucre, etc. V. machines et mécaniques à dénommer.							
FR.	**moulures** en plâtre et en mastic. V. pierres ouvrées, autres.							
	mousquetons. V armes à feu, selon l'espèce.							
P.	**mousselines** et mousselinettes. V. tissus de coton ou de laine à dénommer.							
FF.	**mousserons**. V. champignons.							
id.	**mousses** marines. V. lichens médicinaux.							
RR.	**mout** de raisin de vin ordinaire ou de liqueur, les deux tiers de leur vin, droit du verre en sus.							
FF.	**moutarde** (graine de), sénevé	espèc. méd.	—	27 juil. 1822	—	5 »	5 50	» 25
	moutarde (graine de) pulvérisée, comme la farine.							
RR.	**moutarde** (farine ou confection de moutarde). V. épices prép.							
FF.	**moutons** (2)	anim. viv.	17 mai 1826	17 mai 1826	par tête.	5 »	5 »	» 25
P.R.	**mouvements** de montre. V. horlogerie.							
FR.	**moyeux** en bois de roue. V. ouvrages en bois non dénommés.							
id.	**muguet.** V fleurs médicinales à dénommer, soit lis de vallée.							
FF.	**mules** et mulets	—	28 avr. 1816	—	—	15 »	15 »	2 »
P.	**munitions** de guerre : bombes, boulets, obus, grenades, mitrailles etc. V. fer-fonte moulée pour projectiles.							
	munitions de guerre : balles de calibre	métaux.	24 avr. 1818	19 therm. 4	—	prohib.	prohib.	prohib.
	munitions de guerre : poudre à tirer et gargousses. V. poudre à tirer.							
FF.	**mûres.** V. fruits indigènes à dénommer.							
RR.	**muriates** d'ammoniaque. V. sels ammoniacaux. (3)							
P.	**muriates** d'ammoniaq. antimonié. V. médic. comp. non dén.							
RR.	**muriates** de baryte, de chaux, de cuivre et d'étain. V. sel de saturne, acétates de plomb.							
id.	**muriates** jaune de plomb et de plomb fondu. V. coul. à dén.							
id.	**muriates** de potasse (4)	prod. chim.	27 juil. 1822	28 avr. 1816	100 k. BB	30 »	33 »	» 25
P.	**muriates** de soude. V. sel marin.							
id.	**muriates** de mercure doux ou corrosif. V. médicaments composés non denommés. (5)							
FF.	**mûriers** (feuilles de). V. fourrages.							
FR.	**musc** (6) pur	subst. pr. à la méd. et parfu.	2 juill. 1836	—	100 k. NB	100 »	107 50	100 k. 25
id.	**musc** (6) vésicules pleines	—	—	—	—	65 »	70 70	— 25
id.	**musc** (6) vésicules vides	—	—	—	—	10 »	11 »	— 25
id.	**musc** (6) de queues de rats musqués	—	—	—	—	25 »	27 50	— 25

(1) Les mouchoirs brodés dont la broderie serait en coton sont prohibés, d'après la loi du 30 avril 1806.

Les mouchoirs de fil avec encadrement en coton sont admissibles aux droits quand le liséré n'excède pas un centimètre. (*Circulaire n.* 1746.)

(2) Lorsque la laine des moutons se trouve avoir plus de 4 mois de croissance on perçoit, indépendamment des droits afférent aux animaux, le droit de la laine selon son espèce. (*Loi du* 17 *mai* 1826.) Ces quatre mois peuvent se compter à partir de l'époque où la tonte se fait sur les frontières de France, parcequ'à peu d'exceptions près elle est la même à l'étranger.

(3) Le sel ammoniac (muriate d'ammoniaque) a une saveur fraîche, piquante, urineuse, et jouit d'une sorte de demi ductilité qui rend sa pulvérisation assez difficile. Il est en pains sémi-sphériques, un peu concaves en dessous, selon la forme des vases dans lesquels on le sublime : ses cristaux sont des pyramides très-alongées. Celui d'Egypte est recouvert d'une couche noirâtre que n'a pas celui fabriqué en Europe, il est d'ailleurs moins blanc et moins pur que celui-ci. Il s'emploie en teinture, à d couper les métaux, et en médecine. Dissous dans 6 parties d'eau froide, il produit un froid considérable, ce qui sert à le distinguer de l'alun qu'on peut tenter de lui substituer.

(4) L'acide muriatique, combiné avec de la potasse, forme un sel incolore, piquant, amer, salé, solubre dans trois parties d'eau froide et dans moins de deux parties d'eau bouillante. Il se cristallise en prismes à 4 pans. C'est le muriate de potasse.

(5) C'est une préparation de mercure, ce qui comprend le mercure précipité, sublimé doux et corrosif, et les muriates de mercure ou turbith minéral.

(6) Sécrétion particulière de l'animal de ce nom : elle est brune et d'une odeur extrêmement forte; elle tient de la résine, de la cire et de la graisse, vient du Tibet et de la Sibérie: sert en médecine et en parfumerie. On l'importe avec la partie de la peau de l'animal à laquelle la vésicule qui le contient est adhérente. On importe aussi des vésicules vides et des queues de rats musqués : mais comme on n'en extrait qu'une faible portion de parfum, elles ne paient, les unes et les autres, qu'un quart du droit de musc. Il y a deux qualités distinctes de musc : l'un vient du Tonquin, c'est le plus estimé, il est renfermé dans des poches recouvertes d'un poil brun roussâtre; l'autre, qu'on nomme plus ordinairement musc kabardin, vient du Thibet, et est recouvert d'un poil blanchâtre et comme argenté; il est moins odorant.

	DÉSIGNATION DES MARCHANDISES.	CLASSE du TARIF.	TITRE DE PERCEPTION. Entrée.	TITRE DE PERCEPTION. Sortie.	UNITÉS sur lesquelles portent les droits.	DROITS D'ENTRÉE par Navires Français.	DROITS D'ENTRÉE par Navires Etrangers et par terre	DROITS de SORTIE.
						F. C.	F. C.	F. C.
RR.	**muscades** sans coques de la Guiane franç. et de Bourbon	denr. colon	2 juill. 1836	28 avr. 1816	1 k. NB	1 »	—	100 k. 25
	muscades sans coques de l'Inde	—	—	—	—	1 50	4 »	— 25
	muscades sans coques d'ailleurs	—	—	—	—	2 50	4 »	— 25
	muscades en coques de la Guiane franç. et de Bourbon	—	—	—	—	» 66	—	— 25
	muscades en coques de l'Inde	—	—	—	—	1 »	2 66	— 25
	muscades en coques d'ailleurs	—	—	—	—	1 66	2 66	— 25
id.	**muscades** (pellicules ou arille de). V. macis.							
	muscades (huile de). V. huiles volatiles de girofle, muscade.							
id.	**musette**, instruments de musique. V. clarinettes ou hautbois.							
id.	**musique** manuscrite. V. objet de collection.							
	musique impr. pour chants d'égl., dites plain-chant. C. livres.							
	musique gravée et lithographiée (1)	papier et ses applications.	—	6 mai 1841	100 k. NB	300 »	317 50	» 25
FR.	**myrobolants** secs (2) des pays hors d'Europe	teint. et tan.	—	28 avr. 1816	100 k. BB	4 »	7 »	» 25
RR.	**myrobolants** secs (2) des entrepôts	—	—	—	—	5 »	7 »	» 25
id.	**myrobolants** confits	espèc. méd.	28 avr. 1816	—	100 k. NB	62 »	67 60	» 25
id.	**myrrhe**. V. résineux exotiques à dénommer.							
FF.	**myrte** (feuilles de). V. feuilles tinctoriales à dénommer.							
	myrte (baies de). V. bais de genièvre etc.							
id.	**myrtille**, baies d'airelle. V. airelles.							
id.	**myrtille** (baies de) indigènes	fruits à dist.	—	6 mai 1841	100 k. BB	1 »	1 10	» 25
	N.							
P.	**Nacelles**. V. embarcations ou barques.							
RR.	**nacre de perle** en coquilles brutes argentée dite franche. de l'Inde	matièr. dures à tailler.	2 juill. 1836	28 avr. 1816	—	20 »	50 »	» 25
	nacre de perle en coquilles brutes argentée dite franche. d'ailleurs	—	—	—	—	35 »	50 »	» 25
	nacre de perle en coquilles brutes à bords noirs dite bâtarde (3) de l'Inde	—	—	—	—	10 »	25 »	» 25
	nacre de perle en coquilles brutes à bords noirs dite bâtarde (3) d'ailleurs	—	—	—	—	17 50	25 »	» 25
	nacre de perle sciée ou dépouillée de sa croûte de l'Inde	—	25 juil. 1837	—	100 k. NB	40 »	100 »	» 25
	nacre de perle sciée ou dépouillée de sa croûte d'ailleurs	—	—	—	—	70 »	100 »	» 25
P.	**nacre** ouvrée. V. tabletterie non dénommée.							
id.	**nankin** et nankinet. V. tissus de coton. (4)							
FF.	**naphte**. V. bitumes fluides, sans distinction de coul., etc. (5)							
FR.	**nappes** de peaux de lionceaux composés d'une ou plus. peaux. Comme les peaux elles-mêmes; dans le cas contraire, c'est-à-dire en fractions de peaux. V. morceaux de peaux cousus.							
id.	**nard** Indien (jonc des Indes Orientales) (6)	espèc. méd.	28 avr. 1816	6 mai 1841	—	41 »	45 10	» 25
FF.	**nard** celtique des Alpes. V. racines médicinales à dénommer.							
id.	**natrons**, soude carbonatée. V. alcalis.							
RR.	**nattes ou tresses** (7) de bois blanc de plus de 7 millimètres de largeur.	ouvr. en mat. diverses.	2 juil. 1836	28 avr. 1816	—	70 »	76 »	100 k. 25
	nattes ou tresses (7) de bois blanc de 7 millim. ou moins et celles ouvragées	—	6 mai 1841 et 2 juillet 1836	—	—	190 »	202 »	— 25
	nattes ou tresses (7) de paille, d'écorce et de sparte de plus de 3 bouts, fines.	—	5 juil. 1836	—	1 k. NB	5 »	5 50	— 25
	nattes ou tresses (7) grossières (8) pour chapeaux	—	—	—	100 k. BB	5 »	5 50	— 25
	nattes ou tresses (7) grossières (8) pour paillassons et fardage des navires	—	—	—	—	2 »	2 20	— 25
	nattes ou tresses (7) d'écorce de tilleul, comme nattes grossières.							
	nattes ou tresses (7) de cheveux. V. cheveux ouvrés.							
	nattes ou tresses (7) de sparte à 2 ou 3 bouts exclusivement destinées à la fabrication des cordages.	—	—	—	—	2 »	2 20	— 25
	nattes ou tresses (7) de paille tissées ou assemblées grossières, dites d'Archangel. Comme tresses de paille pour paillassons.							
RR.	**nattes** en joncs fendus. V. vannerie coupée.							
id.	**nattes** de paille tissees ou assemblées. V. vannerie non dénom.							
FF.	**navets**. V. légumes verts.							
RR.	**navettes** à filocher. V. mercerie commune.							

(1) Est soumise aux restrictions prononcées par l'art. 2 de l'ordonnance du 13 décembre 1842 et par conséquent aux mêmes règles qui sont imposées à la librairie et aux gravures. (*Circulaire du* 10 *octobre* 1843, *n.* 1989.) Voir la note au mot livres.

(2) Les myrobolants secs servent en teinture. C'est pour cette raison qu'on les a sortis des fruits secs non dénommés, leur nouvelle classification est en rapport avec celle des noix de galles, d'après la quantité relative de teinture qu'ils contiennent et leur valeur dans le commerce.

(3) Les droits ci-dessus indiqués ne doivent être appliqués à la nacre dite bâtarde, qu'autant que l'importation s'en effectue par les ports de Marseille, Bordeaux, Nantes, le Havre, Rouen, Calais (*Ordonnance du* 8 *juillet* 1834) et Dunkerque. (*Loi du* 2 *juillet* 1836.) Par tous les autres ports cette nacre acquitte les droits de la nacre franche; mêmes loi et ordonnance.

(4) On appelle nankinet des étoffes imitant le nankin des Indes, et aussi des tissus de coton de fantaisie qui ne lui ressemblent, ni par la couleur, ni par la forme des pièces.

(5) Liquide diaphane, légèrement coloré en jaune fauve, d'une odeur très-prononcée.

(6) Il y a le vrai et le faux nard-indien ou spicanard. Ce sont des racines surmontées d'un faisceau de fibres rougeâtres ou brunes; elles proviennent de l'Inde. L'ancien tarif les comprenait sous la dénomination de joncs odorants.

(7) On doit traiter comme fines, qu'elle que soit la longueur des tresses, et sans s'arrêter à examiner si elles sont en paille entière ou coupée, toutes les tresses ouvragées, d'une manière quelconque, ce qui comprend celles dont le tissage offre une contexture particulière et qui diffèrent ainsi des tresses employées pour les chapeaux communs. Il en sera de même pour les tresses de paille fendue ou coupée quelle que soit leur largeur.

(8) On n'entend par tresses grossières pour paillassons, que celles qui sont véritablement en tresses et non les paillassons confectionnés qui sont classés dans la vannerie.

DÉSIGNATION DES MARCHANDISES.	CLASSE du TARIF.	TITRE DE PERCEPTION.		UNITES sur lesquelles portent les droits.	DROITS D'ENTRÉE		DROITS de SORTIE.
		Entrée.	Sortie.		par Navires Français.	par Navires Étrangers et par terre	
					F. C.	F. C.	F. C.

DÉSIGNATION DES MARCHANDISES.	CLASSE du TARIF.	TITRE DE PERCEPTION.		UNITÉS sur lesquelles portent les droits.	DROITS D'ENTRÉE		DROITS de SORTIE.
		Entrée.	Sortie.		par Navires Français.	par Navires Étrangers et par terre	
					F. C.	F. C.	F. C.

	DÉSIGNATION DES MARCHANDISES.	CLASSE du TARIF.	TITRE DE PERCEPTION. Entrée.	TITRE DE PERCEPTION. Sortie.	UNITÉS sur lesquelles portent les droits.	DROITS D'ENTRÉE par Navires Français.	DROITS D'ENTRÉE par Navires Etrangers et par terre	DROITS de SORTIE.
						F. C.	F. C.	F. C.
RR.	**navettes** de tisserand, garnies en fer ou en laiton. V. machines et mécaniq. à dénommer.							
id.	**navettes** de tisserand, non garnies, en buis. V. mercer. comm.							
FR.	En tout autre bois. V. ouvrages en bois non dénommés.							
FF.	**navette** (graine de). V. fruits oléagineux à dénommer.							
id.	**navette** (tourteaux de graine de). V. tourteaux de graines oléa.							
RR.	**navette** (huiles de). V. huiles de graines grasses.							
P.	**navires**. V. barques.							
	nay. paul-kapour (1). V. Quercitron auquel cette pâte a été assimilée quant aux droits.							
FF.	**neb-neb**. Mêmes droits que les avelanèdes.							
RR.	**nécessaires** en tissus de grains de verre. V. mercerie fine.							
id.	**nécessaires** de toilette et de voyage sans incrustation d'ivoire d'écaille, etc. V. mercerie fine.							
P.	**nécessaires** incrustés d ivoire, d'écaille ou nacre de perle. V. tabletterie non denommée.							
FF.	**nèfles**. V. fruits indigènes à dénommer.							
id.	**nénufar**. V. racines médicinales à dénommer. (2)							
id.	**nerfs** de bœuf et d'autres animaux	dép. d'an.	28 avr. 1816	6 mai 1841	100 k. BB	1 »	1 10	» 25
RR.	**néroli**, huile de fleur d'oranger. V. huiles volatiles d'orange.							
FF.	**nerprun** (baies de) (3)	teint. et tan.	23 juil. 1837	—	—	5 »	7 50	» 25
RR.	**nerprun** (jus de). V. cudbeard liquide, orseille violette.							
FF.	**nhandirobe** ou noix de serpent. V. fruits médicin. à dénom.							
id.	**nielle**, graine de). V. fruits médicinaux à dénommer.							
FR.	**nikel** métallique brut de 1re fusion (4)	métaux.	25 juil. 1837	28 avr. 1816	—	5 »	5 50	» 25
RR.	**nitrates** de potasse quelque soit le degré de pur et de soude — des pays hors d'Europe.	prod. chim.	5 juil. 1836	17 mai 1826	—	15 »	25 »	» 25
id.	**nitrates** de potasse quelque soit le degré de pur et de soude — d'ailleurs	—	—	—	—	20 »	25 »	» 25
P.	**nitrates** de plomb. V. produits chimiques non dénommés.							
id.	**nitrates** d'argent fondu ou pierre infernale. V. médicaments composés non dénommés. (5)							
RR.	**nitrates** d'ammoniaque. V. sels ammoniacaux.							
id.	**nitre** nitratate de potasse brut (nitre ou salpêtre), raffiné (sel de nitre). V. nitrate de potasse.							
id.	**nitre** esprit de). V. acide nitrique.							
P.	**nitre** beurre de). V. médicaments composés non dénommés.							
RR.	**nitro-muriate** d'étain. V. sel de Saturne, acétate de plomb, auquel il est assimilé quant aux droits.							
id.	**nœuds** d'arbre ou loupes pour tabletterie, comme bois de buis.							
FF.	**noir** animal provenant des raffineries de sucre, (soit résidu de). V. engrais.							
FR.	**noir** de corroyeur et noir de teinture (pyrolignite de fer). V. acétate de fer.							
RR.	**noir** à repasser les rasoirs. Comme noir à souliers.							
FF.	**noir** de charbon à l'usage de l'imprim. V. noir d'os et de cerfs.							
RR.	**noir** de sèche, encre de sèche. V. couleurs non dénommées.							
FF.	**noir** de tan. V. noir de fumée.							
RR.	**noir** à souliers	couleurs.	28 avr. 1816	6 mai 1841	100 k. NB	123 »	131 60	» 25
id.	**noir** de caoutchouc, comme noir à souliers.							
FR.	**noir** animal d'ivoire (6)	—	—	—	—	62 »	67 60	» 25
FF.	**noir** animal d'os, de cerf et autres (7)	—	—	27 juil. 1822	100 k. BB	7 »	7 70	» 25
id.	**noir** d'imprimeur en taille douce, dit d'Allemagne	—	—	6 mai 1841	—	7 »	7 70	» 25
RR.	**noir** d'imprimeur, autre. V. encre liquide à imprimer.							
FF.	**noir** d'Espagne, liège brûlé	—	—	—	—	15 »	16 50	» 25
id.	**noir** de fumée, suie de résine et noir provenant de la combustion des goudrons de gaz	—	27 juil. 1822	—	—	12 »	13 20	» 25

(1) Pâte grasse, jaune, propre à la teinture et même à la peinture. Elle a été assimilée au quercitron, quant aux droits.

(2) Plante aquatique. Il y en a deux espèces; l'une à fleurs blanches, l'autre à fleurs jaunes. Ses feuilles sont larges, grandes, épaisses, rondes ou un peu oblongues et nagent à la surface des eaux.

(3) Ce qui comprend toutes les baies de rhamnus sans exception, lesquelles ont des propriétés médicinales très connues, mais qu'on a taxées séparément en raison de la couleur jaune qu'elles fournissent pour la teinture et la préparation du vert de vessie. Ces baies sont obrondes, nues, divisées dans l'intérieur en plusieurs cases, renfermant des semences qui sont convexes d'un côté.

(4) Métal solide, un peu moins blanc que l'argent, très-ductile; on peut le réduire en lames et en fils qui ont beaucoup de ténacité. Quant au nikel allié de zinc, de plomb ou de cuivre. Voyez argentan.

(5) Sel sous forme de cylindres noirâtres. On les importe dans des bocaux longs et étroits, et l'on remplit les interstices qu'ils laissent entre eux avec des semences de lin, afin qu'ils puissent être transportés sans se briser.

(6) Le noir d'ivoire est un charbon d'ivoire pulvérisé.

(7) Le noir d'os et de cerf, est un charbon d'os et de corne aussi pulvérisé
Le charbon d'ivoire, d'os ou de corne, entièrement brûlé et calciné à l'air libre, et qui est devenu blanc, s'appelle spode.

	DÉSIGNATION DES MARCHANDISES.	CLASSE du TARIF.	TITRE DE PERCEPTION. Entrée.	TITRE DE PERCEPTION. Sortie.	UNITÉS sur lesquelles portent les droits.	DROITS D'ENTRÉE par Navires Français.	DROITS D'ENTRÉE par Navires Étrangers et par terre	DROITS de SORTIE.
						F. C.	F. C.	F. C.
FF.	**noir** minéral naturel (1) dit de grant ou d'Angleterre........	couleurs.	21 avr. 1818	6 mai 1841	100 k. BB	10 »	11 »	» 25
id.	**noir** minéral naturel (1) de terre de Cologne..........	—	28 avr. 1816	28 avr. 1816	—	5 »	5 50	» 25
RR.	**noir** minéral liquide et pétri en pain, tablettes ou trochisques. V. couleurs non dénommées.							
FF.	**noisettes** et noix communes (2)........................	fruits.	—	6 mai 1841	—	8 »	8 80	» 25
RR.	**noisettes** et noix comm. (huiles de) V. huiles fixes pures, aut.							
FF.	**noix** des barbades. com. pignons d Inde. V. fruits medic. à dén.							
id.	**noix** d'acaj.. d'anacardium de ben et de cypr. V. fr. méd. à dén.							
id.	**noix** vomiques, même en poudre. V. fruits médicin. à dénom.							
id.	**noix** d'arec. V. grains durs à tailler.							
id.	**noix** de terre, arachis. V. arachis.							
id.	**noix** de bétel. V. grains durs à tailler.							
FR.	**noix** de coco (3)	—	26 juin 1842	28 avr. 1816	—	8 »	8 80	» 25
RR.	**noix** muscades. V. muscades.							
P.	**noix** muscades pulvérisées, comme les subst. médicin. pulvér.							
RR.	**noix** de ravensara, dites noix de girofle. V. muscad en coques.							
id.	**noix** de ravensara, brout compris. V. muscades en coques,							
id.	**noix** de gaïac, dites coumarou, fèves de tonka, com. la vanille.							
id.	**noix** de sassafras. V. muscades sans coques.							
FF.	**noix** de serpent, nhandirobe. V. fruits médicinaux non dén.							
id.	**noix** de belloha. V. fruits médicin. à dén.							
id.	**noix** de palmier, dit. de corozo et d'avoira. V. grains durs à taill.							
id.	**noix** de Touloucouna. V. arachis. (4)							
id.	**noix** de bancoul, dites de camiri, comme noix de Touloucouna.							
FF.	**noix** de galle (5) pesantes des pays hors d'Europe	teint. et tan.	2 juill. 1836	—	—	5 »	12 »	» 25
	noix de galle (5) pesantes des entrepôts..................	—	—	—	—	7 »	12 »	» 25
	noix de galle (5) légères	—	—	—	—	» 50	» 50	» 25
RR.	**moos** ou noves de morue. V. poissons de mer.							
id.	**notes** de musique en types mobiles. V. caractères d'imprimerie en langue française.							
id.	**nougat**. V. bonbons.							
FF.	**noyaux** de toute sorte, mêmes droits que les noix communes.							
FR.	**noyaux** du fruit du manglier ou manguier pulvérisé. V. sumac moulu.							
FF.	**noyaux** d'olive. V. olives fraîches.							
id.	**noyer** (bois de). V. bois communs, autres.							
id.	**noyer** (feuilles de). V. feuilles tinctoriales à dénommer.							
	numéraire. Cet article est repris aux monnaies.							
	O.							
RR.	**objets** de collection hors de commerce (6)................	ouvr. en mat. diverses.	28 avr. 1816	—	la valeur	1 p. °/₀	1 p. °/₀	1/4 p. 0/0
FR.	**objets** en terre cuite. V. pierres ouvrées, autres.							
	objets de l'industrie parisienne, assortis et réunis en une même caisse, paient en bloc, à la sortie, deux centimes par kil. (7)							

(1) Noir minéral naturel. Ce nom indique qu'il s'agit de fossiles ayant la propriété de colorer en noir, les plus connus sont :

1° Un noir natif incombustible, découvert en Angleterre par M. Grant, et dont on vante beaucoup les propriétés. Il s'importe en poudre ou en morceaux réguliers, tels qu'ils ont été tranchés dans le sol. C'est une sorte de bol ou argile très-fine et très noire.

2° Le bois bitumineux qui s'exploite dans les environs de Cologne, et qui, apporté en poudre, sert à la fabrication des couleurs fauves. Si ces noirs étaient préparés, c'est-à-dire, liquides, pétris en pains ou tablettes avec de la gomme ou autres ingrédiens, ils seraient traités comme couleurs à dénommer.

(2) Lorsque les noix sont renfermées dans leur brou ou écale, et les noisettes enveloppées de leur perycarpe membraneux ces fruits sont traités comme fruits frais indigènes à dénommer. (*Circulaire n. 1335.*)

(3) Les noix de coco dépourvues de leur coque et dans un état de rancidité tel qu'il sera notoire qu'elles ne sauraient servir pour la table, sont assimilées aux graines oléagineuses non dénommées.

Les petites noix de coco, c'est-à-dire, celles qui n'ont à-peu-près que 7 à 10 centimètres de longueur, et qui, presque toutes en bois, ne renferment qu'une petite amende de la grosseur d'un gland, ne servant qu'à la tabletterie, doivent être traitées comme les coques vides de coco.

(4) La noix de couloucouna, est le fruit d'un arbre décrit dans la Flore de la Sénégambie sous le nom de carapatouloucouna. Cet arbre produit de grosses capsules quadrivalves dans lesquelles les noix sont renfermées, celles-ci sont irrégulières et anguleuses ; leur grosseur est celle d'un fort marron d'Inde. La chair en est rougeâtre, la saveur très-amère. (*Note au bas de la Circulaire du 31 juillet 1840, n. 1824.*)

(5) Les noix de galle (cynips de chêne) ont généralement la forme et la grosseur d'une petite noix, et sont un produit excrétoire de chêne, opéré par la piqure de l'insecte appelé cynips. — On les divise en noix de galle pesantes et légères. Les pesantes sont noires, vertes, ou blanches, et garnies de petites éminences que n'ont pas les autres. Les légères sont blanchâtres, lisses, très-légères, et d'une valeur bien inférieure à celles des noix de galle pesantes.

(6) La loi même indique qu'il faut comprendre dans cette classe : 1° les échantillons d'histoire naturelle, comme plantes et animaux rares, vivant ou empaillés, œufs vides, coquillages, minéraux choisis, etc., sauf les pierres gemmes, qui ont un droit spécial; 2° les objets de curiosité, comme momies entières, vieilles armures, meubles de boule, peintures en vieux laque chinois, bas-reliefs, etc.; 3° les objets d'art, comme bronze et marbres antiques, vases étrusques, mannequins, miniatures, tableaux sans cadres, dessins à la main, soit gouaches, aquarelles, lavis, etc. Les verres à peintures fines et les vieux vitraux sont traités comme peintures sur toile, bois, cuivre ou marbre; mais les verres ou les glaces qui recouvrent les uns ou les autres, doivent entrer dans l'estimation des cadres ou bordures passibles du droit de 1 p. °/₀. Pour les verres grossièrement peints, voyez *Verrerie commune*; 4° tout ce qui se recueille pour la science numismatique, comme médailles, vieilles monnaies, pierres gravées, antiques de formes différentes et en petit nombre de chaque espèce, les autres étant traitées comme les pierres taillées dont elles sont formées, etc. Quant aux médailles, jetons et pièces de plaisir, il résulte de l'arrêté du 5 germinal an 12, qui défend aux particuliers de France d'en frapper ailleurs qu'à l'hôtel des monnaies, que ce qui proviendrait de l'étranger pour le commerce est défendu, et qu'il n'y a d'exception que pour les objets de science qui se distinguent en ce qu'ils sont de formes différentes et en petit nombre de chaque espèce. Ceux de ces objets qu'on importe pour les Musées royaux, sont entièrement affranchis de droits ; mais il faut que la destination soit justifiée. Le droit d'un p. °/₀ n'atteint pas non plus les animaux vivants, rares, curieux ou savants, qui sont conduits par des jongleurs. Ces animaux, destinés à ressortir, qui ne sont pas objets d'échange, et dont la valeur est hors d'approximation, passent en franchise, tant à l'entrée qu'à la sortie.

(7) Cette disposition, qui déroge aux règles générales du tarif, n'est applicable qu'à la douane de Paris.

DÉSIGNATION DES MARCHANDISES.	CLASSE du TARIF.	TITRE DE PERCEPTION.		UNITÉS sur lesquelles portent les droits.	DROITS D'ENTRÉE		DROITS de SORTIE.
		Entrée.	Sortie.		par Navires Français.	par Navires Étrangers et par terre	
					F. C.	F. C.	F. C.

DÉSIGNATION DES MARCHANDISES.	CLASSE du TARIF.	TITRE DE PERCEPTION.		UNITÉS sur lesquelles portent les droits.	DROITS D'ENTRÉE		DROITS de SORTIE.
		Entrée.	Sortie.		par Navires Français.	par Navires Étrangers et par terre	
					F. C.	F. C.	F. C.

	DÉSIGNATION DES MARCHANDISES.	CLASSE du TARIF.	TITRE DE PERCEPTION. Entrée.	TITRE DE PERCEPTION. Sortie.	UNITÉS sur lesquelles portent les droits.	DROITS D'ENTRÉE par Navires Français.	DROITS D'ENTRÉE par Navires Étrangers et par terre	DROITS de SORTIE.
						F. C.	F. C.	F. C.
FR.	**obsidienne**, pierre transparente noire. V. agates.							
P.	**obus**. V. fer-fonte moulée pour projectiles de guerre.							
FF.	**ocres** ou argiles chargées d'oxide, soit roug., jaunes ou vertes (1)	pierres, terres et autr. fossil.	28 avr. 1816	2 juill. 1836	100 k. BB	2 »	2 20	» 04
RR.	**octants**. V. instruments de calcul, etc.							
id.	**octavines**, instruments de musique. V. épinettes.							
FR.	**œil** de chat et du monde. V. agates.							
	œillette. V. oliette.							
RR.	**œufs** de poisson préparés. V. poisson de mer salés ou marin. (2)							
FF.	**œufs** de volaille et de gibier	prod. et dép. d'animaux.	—	28 avr. 1816	—	» 50	» 50	2 »
id.	**œufs** de vers à soie	—	—	—	—	1 »	1 10	» 25
FR.	**œufs** de fourmi. Mêmes droits que les cloportes.							
RR.	**œufs** vides. V. objets de collection.							
	oignons communs (allium cepa). V. légumes verts.							
FF.	**oignons** communs confits au vinaigre. V. cornichons.							
	oignons de scille, de fleurs et tous autr. V. bulbes et oign. (3)							
RR.	**oiseaux** vivants ou empaillés. V. objets de collection. Pour le gibier et volaille, voyez ces mots.							
FF.	**oiseaux** confits au vinaigre ou à la graisse. V. viande salée aut.							
FR.	**oiseaux** de paradis. V. plumes de parure brutes ou apprêtées selon l'espèce.							
RR.	**olampi**, résine d'). V. resineux exotiques à dénommer.							
FF.	**oléine**, huile de saindoux). V. acide oléique.							
RR.	**oliban** (4). V. résineux exotiques à dénommer.							
FF.	**oliette** graine d'). V. fruits oléagineux à dénommer.							
id.	**oliette** tourteaux de graine d'). V. tourteaux de graine oléag.							
RR.	**oliette** huile d'). V. huile de graines grasses.							
FF.	**olives** fraîches (5) du crû du pays d'où elles sont importées	fruits.	2 juill. 1836	6 mai 1841	—	5 »	6 »	» 25
id.	**olives** fraîches d'ailleurs	—	—	—	—	5 60	6 »	» 25
FR.	**olives** macérées et confites	—	28 avr. 1816	28 avr. 1816	—	36 »	39 60	» 25
RR.	**olives** confites à l'huile à l'anchois. V. poissons de mer marinés à l'huile (6).							
id.	**ombrelles**. V. parapluies et parasols.							
id.	**onglons** de tortue. V. écailles de tortue.							
FF.	**onglons** de bœuf. Mêmes droits que les cornes de bétail brut.							
id.	**onglons** de bétail id. id. id.							
P.	**onguens**. V. médicaments composés non dénommés.							
FR.	**onyx**. V. agates (7).							
id.	**opales**. V. agates (8)							
FR.	**opiats** dentifrices. V. poudres de senteur non dénommées.							
id.	**opium** (9)	sucs végét.	—	27 juil. 1822	100 k. NB	200 »	212 50	» 25
P.	**opodeldoc**. V. médicaments composés non dénommés. (10)							
RR.	**opopanax**, gomme résineuse. V. résineux exotiques à dénom.							
FF.	**or** (11) fin brut en lingots, barres, poudres, bijoux cassés	métaux.	—	28 avr. 1816	1 hect. NN	» 25	» 25	100 k. 25
RR.	**or** fin battu, en feuilles (12)	—	—	27 mar 1817	—	30 »	33 »	l'hectg 04
id.	**or** fin tiré ou laminé (13)	—	—	—	—	10 »	11 »	— 04
id.	**or** fin filé sur soie	—	—	—	—	10 »	11 »	— 04
FF.	**or** fin monnaies	ouvr. en mat. diverses.	—	28 avr. 1816	—	» 01	» 01	— 01
RR.	**or** faux ou de Manhein. V. cuivre doré.							

(1) Les ocres sont des argiles fines colorées par l'oxide de fer ou de cuivre, et qu'on emploie dans les arts; elles sont rouges, jaunes, ou vertes: les rouges, sont la terre adamique, la terre de Perse ou rouge d'Inde, le brun rouge ou le rouge de montagne; les jaunes, sont la terre jaune et le jaune de montagne, les vertes, sont la terre verte et la terre de Vérone. Il y en a encore une autre espèce appelée ocre rose.

La loi du 28 avril 1816, avait rangé les ocres parmi les pierres et terres servant aux arts à dénommer; mais la loi du 2 juillet 1836 en ayant changé les droits de sortie, elles ont été tarifées spécialement à cause de la différence de ces droits. On y comprend la terre de Sienne.

(2) Les œufs de poisson préparés, rogues de morue et de maquereau, qu'on prépare dans le nord pour servir d'appâts aux maquereaux et aux sardines, sont exempts de droits d'entrée et de sortie, lorsqu'il proviennent de pêche française. Ceux de pêche étrangère, paient 50 centimes par 100 kil. B. à l'entrée et sont aussi exempts à la sortie. D'ailleurs V. rogues. Ne pas confondre les rogues avec la boutargue et le caviar, qui sont d'autres préparations d'œufs de poissons pour aliment et assaisonnement, et qui doivent comme poissons de mer de pêche étrangère, selon qu'ils sont salés ou marinés.

(3) Sont réunies ici les scilles marines, les colchiques, les renoncules, les cayeux de fleurs, les aulx, et toutes autres bulbes, excepté les oignons communs (allium cepa), qui font partie des légumes verts.

(4) C'est l'encens qu'on appelle encens mâle. Gomme résine en larmes rubicondes ou d'un jaune pâle, ovales, oblongues, obtuses des deux bouts, de la grosseur d'une fève au moins et d'un œuf de colombe au plus, lisses, demi-opaques, fragiles; odeur balsamique légèrement amères.

(5) Les olives fraîches sont taxées au cinquième du droit de leurs huiles. (*Ordonnance du 8 juillet 1834, et Loi du 2 juillet 1836.*)

(6) Ce sont des olives auxquelles on a substitué un morceau d'anchois au noyau.

(7) Espèce d'agate très-fine, dont la couleur est blanche et brune, sa partie laiteuse est d'un blanc d'ongle.

(8) Pierre précieuse, du nombre de celles qu'on appelle tendre.

(9) Suc concret retiré par incision ou par décoction des feuilles, des tiges et des têtes de pavot blanc (papaver somni ferum) qui croit en Abyssini, à Thèbes, au Bengale, en Egypte et en Turquie. Ce suc est pesant, compacte, pliant et inflammable, d'un brun roussâtre ou noirâtre. Il arrive en masses orbiculaires du poids 5 à 10 hectog. recouvertes de feuilles du pavot même, de tabac ou de rumex et d'autres plantes narcotiques, D'odeur vireuse et nauséabonde, et d'une saveur âcre et amère. On l'emploie en médecine, mais après qu'il a été purifié.

(10) Baume pharmaceutique pour les douleurs rhumatismales: il est composé de savon blanc, de camphre, d'alcool, de racine de guimauve, de gentiane, etc.

(11) L'or natif est traité comme l'or brut.

(12) C'est de l'or réduit en feuilles très-minces et très-déliées.

(13) Cette dénomination comprend les traits, lames, paillettes et clinquants.

	DÉSIGNATION DES MARCHANDISES.	CLASSE du TARIF.	TITRE DE PERCEPTION. Entrée.	TITRE DE PERCEPTION. Sortie.	UNITÉS sur lesquelles portent les droits.	DROITS D'ENTRÉE par Navires Français.	DROITS D'ENTRÉE par Navires Étrangers et par terre	DROITS de SORTIE.
						F. C.	F. C.	F. C.
FF.	**oranger** { feuilles et tiges d'). V. feuilles d'oranger.							
FR.	**oranger** { fleurs d'. V. fleurs de lavande et d'oranger.							
RR.	**oranger** { eau de feuil., tiges ou fleurs d'). V. eaux dist. sans alco.							
id.	**oranger** { huile de feuilles tiges, fleurs ou fruits d'). V. huiles, essences d'orange.							
FF.	**oranges** { fraîches, mêmes sèches et amères	fruits.	27 mar 1817	28 avr. 1816	100 k. BB	10 »	11 »	» 25
id.	**oranges** { importées dans l'eau de mer. Comme les fraîches en en déduisant l'eau.							
FR.	**oranges** { confites au vinaigre et au sel. V. câpres confites.							
RR.	**oranges** { confites au sucre. V. confitures.							
id.	**oranges** { confites à l'eau-de-vie. V. fruits confits à l'eau-de-vie							
FF.	**oranges** { écorces d')	espèc. méd.	28 avr. 1816	27 juil. 1822	—	17 »	18 70	» 25
RR.	**oranges** { écorces mélangées avec du sucre. V. confitures.							
FF.	**oranges** { pépins d'). V. grains durs à tailler.							
RR.	**oranges** { huile d'). V. huiles, essences d'orange.							
FF.	**orangettes** brutes, petit. orang. avortées. V. grains durs à tail. (1)							
id.	**orcanette**, racine rouge (2)	teint. ettan.	25 juil. 1837	6 mai 1841	—	5 »	7 50	» 25
RR.	**oreilles** de mer, haliotides. V. coquillages nacrés.							
FF.	**oreillons** à fabriquer la colle-forte (3) { de peaux blanches ..	prod et dép. d'animaux.	28 avr. 1816	2 juil. 1836	—	1 »	1 10	» 25
id.	**oreillons** à fabriquer la colle-forte (3) { d'autres peaux......	—	—	19 therm. 4	—	1 »	1 10	prohib
RR.	**orfèvrerie** (4) { d'or ou de vermeil..............................	ouvr en mat. diverses.	—	6 mai 1841	1 hect. NN	10 »	11 »	100 k. 25
	orfèvrerie (4) { d'argent	—	—	—	—	3 »	3 30	— 25
id.	**organsin**. V. soies écrues moulinées. L'organsin réunit communément 2 ou 3 bouts par 2 tors.							
	orge { grains et farines. V. céréales.							
	orge { gruau d'). V. gruaux.							
	orge { perlé ou mondé. V. grains perlés ou mondés. (5)							
FF.	**orge** { grillé. Même régime que l'orge ordinaire.							
	orge { germé et desséché, préparé pour faire la bière. Même régime que l'orge ordinaire.							
	orge { petit, comme cévadille. V. fruits médicin. à dénommer.							
	orgues { portatives..	—	15 mar 1791	—	la pièce.	18 »	18 »	1/4 p. 0/0
	orgues { d'église	—	28 avr. 1816	—	—	400 »	400 »	1/4 p. 0/0
RR.	**orgues** { mécaniques à cylindre en forme de bureau. Comme forte-piano en buffet.							
	orgues { mécaniques à cylindre de rechange. V. orgues d'église. (*Lettre du 17 juillet* 1824).							
FF.	**origan**. V. herbes médicinales à dénommer.							
RR.	**oripeau**. V. cuivre doré ou argenté battu.							
FF.	**orme** ou ormeau (écorce d'). V. écorces à tan, aut. que de sapin.							
id.	**orme** pyramidal. V. écorces médicinales à dénommer.							
FR.	**ornements** { d'architecture en mastic. V. pierres ouvr., autr.							
P.	**ornements** { d'église V. effets à usage Habillements neufs.							
RR.	**ornements** { pour chapeaux en bois. V. tresses de bois blanc ouvrag.; ceux en pail. V. tresses de paille fine							
id.	**ornements** { en carton-pierre. V. carton moulé.							
P.	**ornements** { en bronze ou cuivre, etc. V. ces métaux ouvrés ou aux plaqués.							
PR.	**ornements** en paille et soie, ou en bois et soie, soit agréments V. passem. de soie mêlée de matières autres que l'or et l'argent.							
FF.	**orobe**, petits pois de couleur brune. V. légumes secs. (6)							
RR.	**orphica**. Comme orgues portatives.							
FF.	**orpiment** ou orpin { en masse, naturel ou artific. V. arsénic jaune, sulfu.							
RR.	**orpiment** ou orpin { pulvérisé (7). V. couleurs à dénommer.							
FF.	**orseille** { naturelle. V. Lichens tinctoriaux							
	orseille { préparée (8) { violette ou cudbéard	teint. prép.	—	—	100 k. NB	200 »	212 50	» 25
RR.	**orseille** { préparée (8) { bleu cendré ou tournesol en pâtre	—	—	—	—	100 »	107 50	» 25

(1) Les orangettes ouvrées, en pois à cautère sont assimilées à l'iris de Florence en boule, etc.

(2) Racines cylindriques, un peu tortueuses, de différentes grosseurs, plus souvent de celle d'une plume, revêtues d'une écorce extérieure ridée, d'un rouge violet foncé, au dessous de laquelle se trouve un corps ligneux, rouge à l'extérieur et blanchâtre à l'intérieur, formée de fibres menues, cylindriques, distinctes les unes des autres et comme soudées entre elles. L'orcanette sert peu en teinture. Les confiseurs l'emploient pour colorer leurs sucreries et quelques liqueurs. C'est le fard des anciens.

(3) Les Mégissiers, appellent oreillons, les rognures et dollures de cuir, qui servent à faire la colle-forte.

(4) L'orfèvrerie comprend les grands ouvrages, comme aiguières, plats, assiettes, cuillers, fourchettes, chandeliers ou flambeaux, et toute espèce de vases, soit pour les églises ou l'usage des particuliers, que dans le métier on appelle grosserie, et, dans l'usage, vaisselle d'or ou d'argent.

Les droits d'entrée établis sur l'orfèvrerie sont dus, sauf exceptions espéciales, même pour les ouvrages qui portent le poinçon de France. Consulter d'ailleurs la note au mot argentie pour ces exceptions.

(5) Orge mondé c'est l'orge dépouillé de sa peau, perlé c'est l'orge dépouillé de sa peau que l'on passe sous une meule de bois pour en arrondir le grain.

(6) Semences assez semblables à de petit pois. Elles sont d'un rouge brun, et d'un goût de légumes qui n'est ni amer ni désagréable.

(7) Couleur que l'on nomme indistinctement, dans le commerce, orpiment, orpin, jaune de cassel, jaune de roi ou jaune royal : elle est en poudre ou en trochisques.

(8) L'orseille préparée est de deux espèces : le cudbéard teint en rouge; il n'est formé que de lichens : le tournesol ou bleu cendré teint en bleu; sa composition est de deux parties de lichens, deux de potasse et de deux à quatre de craie ; ce qui le rend moins cher.

Le cudbéard peut se présenter en pâte humide, en poudre, en gâteaux secs ou en liqueur.

Le tournesol est toujours en pâte humide ou séchée en petits carreaux, que le commerce appelle pierre.

DÉSIGNATION DES MARCHANDISES.	CLASSE du TARIF.	TITRE DE PERCEPTION. Entrée.	Sortie.	UNITÉS sur lesquelles portent les droits.	DROITS D'ENTRÉE par Navires Français.	par Navires Etrangers et par terre	DROITS de SORTIE.
					F. C.	F. C.	F. C.

DÉSIGNATION DES MARCHANDISES.	CLASSE du TARIF.	TITRE DE PERCEPTION.		UNITÉS sur lesquelles portent les droits.	DROITS D'ENTRÉE		DROITS de SORTIE.
		Entrée.	Sortie.		par Navires Français.	par Navires Étrangers et par terre	
					F. C.	F. C.	F. C.

	DÉSIGNATION DES MARCHANDISES.	CLASSE du TARIF.	TITRE DE PERCEPTION. Entrée.	TITRE DE PERCEPTION. Sortie.	UNITÉS sur lesquelles portent les droits.	DROITS D'ENTRÉE par Navires Français.	DROITS D'ENTRÉE par Navires Étrangers et par terre	DROITS de SORTIE.
						F. C.	F. C.	F. C.
FF.	**ortie** tiges d'). V. végétaux filamenteux non dénommés.							
id.	**ortie** filasse d'). V. végétaux filamenteux non dénommés.							
FR.	**ortie** fleurs d'). V. fleurs médicinales à dénommer.							
RR.	**ortie** toile d'). Mêmes droits que celles de chanvre.							
FF.	**os** de bétail bruts	matièr. dures à tailler.	27 juil. 1822	28 avr. 1816	100 k. BB	» 10	» 10	20 »
FR.	**os** de cœur de cerf	subst. pr. à la méd. et parfu.	28 avr. 1816	—	100 k. NB	41 »	45 10	» 25
FF.	**os** de sèche (sepia officinalis) (1)	—	—	—	100 k. BB	5 »	5 50	» 25
RR.	**os** de baleine. V. objets de collection.							
FF.	**os** brûlés. V. noir animal d'os, etc.							
id.	**os** calcinés. V. noir animal d'os, etc. (2)							
	os ouvrés. V. tabletterie non dénom. ou merc. comm., sel. l'esp.							
id.	**osier** en bottes brut	bois comm.	—	6 mai 1841	—	» 50	» 50	» 25
id.	**osier** en bottes pelé ou fendu	—	—	—	—	» 50	» 50	» 25
RR.	**osier** ouvrages en). V. vannerie à dénom. ou chapeaux.							
FR.	**ouates** de coton. V. coton en feuilles cardées et gommées.							
id.	**ouates** de chanvre, comme cordages de chanvre.							
id.	**ouates** de soie. V. soie (bourre de), cardées en feuill. gommées							
FF.	**ouates** Autres, mêmes droits que les végét. filam. non dén. (3)							
id.	**oublies**, pâtisseries. V. pain d'épice.							
RR.	**outils** (4) de pur fer	ouvr. en mat. diverses.	17 déc. 1814	—	100 k. NB	50 »	55 »	» 25
	outils toiles métalliques de fer	—	24 sept 1840	—	—	100 »	107 50	» 25
	outils de fer rechargé d'acier	—	7 juin 1820	—	—	140 »	149 50	» 25
	outils de pur acier, toiles métalliques comprises	—	7 juin 1820 27 mars 1817	—	—	200 »	212 50	» 25
	outils de cuivre ou laiton, toiles métalliques comprises	—	28 avril 1816 27 mars 817	—	—	150 »	160 »	» 25
RR.	**outremer**, couleur bleue dont la lazulite fait la base (5)	couleurs.	6 mai 1841	6 mai 1841	1 k. NB	5 »	5 50	100 k. 25
id.	**outres** en cuir vides.	ouv. en mat. diverses.	—	—	la valeur	10 p. %	10 p. %	1/4 p. %
	outres en cuir pleines cont. des liquides tarifés au poids net ou à la mesure. Comme les vides.							
FR.	**ouvrages** en bois non dénommés. (6)	—	15 mar 1791	28 avr. 1816	—	15 p. %	15 p. %	1/4 p. %
RR.	**ouvrages** en carton dit papier mâché. V. carton moulé.							
id.	**ouvrages** en buis. V. mercerie commune.							
FR.	**ouvrages** en caoutchouc pur ou combiné. V. caoutchouc.							
RR.	**ouvrages** en coques de calebasse. V. mercerie fine.							
id.	**ouvrages** en grains de verre. V. mercerie fine							
id.	**ouvrages** de figuier vernissés. V. mercerie fine.							
id.	**ouvrages** de Spa (7). V. mercerie fine.							
id.	**ouvrages** en cheveux. V. cheveux ouvrés.							
id.	**ouvrages** de mode. V. mode.							
	ouvrages en coquillages. V. tablet. non dén. ou mercer. fine.							
id.	**ouvrages** en poil autres que les tissus (8)	fils.	27 mar 1817	—	1 k. NB	2 »	2 20	100 k. 25
	ouvrages en corne et en os. V. tabletterie, bimbeloterie ou mercerie selon l'espèce.							
id.	**ouvrages** en filasse d'aloès. V. mercerie fine.							
P.	**ouvrages** en écaille, ivoire, nacre, noix de coco et autres matières dures. V. tabletterie,							
RR.	**ouvrages** en paille tressée. V. vannerie selon que la paille est entière ou coupée.							
id.	**ouvrages** en sel gemme (petits meubles). V. mercer. comm.							

(1) Espèce d'écaille grande comme la main dont ce poisson est couvert sur le dos, légère, dure en dessus, spongieuse en dessous, friable, très-blanche, et d'un goût un peu salé.

(2) Charbon de matière animale, devenu blanc par l'entière calcination et le dégagement de toute huile empyreumatique. Il est connu sous le nom de spode.

(3) Tels que le duvet qui environne les graines de l'ouatier bombax, et celui que donne le peuplier d'Italie. *(Avis du Comité consultatif des arts et manufactures, du 16 février 1818.)* On l'appelle aussi laine de bois.

(4) Outils. — *Outils en pur fer.* — Comme archets de scies à main, fer à cheveux à repasser et à gauffrer, leviers, sergens et valets de menuisier, tire-bondes, truelle, et autres servant aux arts et métiers; et par assimilation, les étrilles et les fléaux de balance. — *Outils de fer rechargé d'acier.* Comme besaiguë, boutoir de maréchal, ciseaux, ciseaux froids, à tailler ou à sculpter, autres que ceux de pur acier, cognée, coins à fendre le bois, compas de charpentier et de menuisier, couteaux de tonneliers, emporte-pièces, enclumes, étaux à pied, à main et à agrafle, fers à rabot, forces à tondre les draps, gouges, autres que celles de pur acier, hâches, hâchoirs de boucher, jabloires, marteaux, autres que ceux repris aux outils de pur acier, mèches à tarière ou à vilebrequin de plus de 24 cent. de longueur, pinces, planes, tenailles, vrilles de 24 cent. de longueur et au-dessous, etc. — *Outils de pur acier.* Comme alênes, broches, cylindres non gravés et fuseaux pour mécaniques, présentés en masse d'assortiment, mais non ceux avec l'attirail complet d'une machine qui a déjà été montée, burins, carrelets, couteaux de tanneur, de corroyeur, et à pied pour sellier, filières, fusils de boucher, lardoires, marteaux de bijoutier, de ciseleur et d'horloger, mèches à tarière et à vilebrequins, de 24 cent. de longueur et au-dessous, toiles métalliques, tours d'horlogers trouchets, vrilles de 24 cent. de longueur et au-dessous, etc. —*Outils de cuivre ou laiton.* Comme broches et cylindres non gravés pour mécaniques, présentés en masse d'assortiment, mais non ceux avec l'attirail complet d'une machine qui a déjà été montée, chalumeaux, lardoires, toiles métalliques, etc.; et par assimilation, les fléaux de balance.

Consulter, la note au mot ciseaux pour reconnaître les outils de pur acier d'avec ceux de fer rechargé d'acier afin d'éviter que l'on introduise des outils de pur acier sous la dénomination de ceux en fer rechargé d'acier.

(5) Consulter la note au mot bleu d'outre-mer pour se tenir en garde que sous la fausse dénomination d'azur, qui lui est assez semblable, on introduise de l'outre-mer dont les droits sont bien inférieurs depuis la loi du 6 mai 1841.

(6) Cette dénomination ne comprend guère que les objets ci-après.

Les cabinets ou cartels de pendule, même ceux peint, vernis et dorés; les cuveaux, les seaux, les pompes; les pièces de charronage ou de charpente achevées ou ébauchées, telles que jante, moyeux, rais de roue: etc., ou celles qui doivent servir à établir des moulins; les bois de fusil, de pistolet, d'arçons de selle et de bât; ceux préparés pour faire des baguettes de fusil; les bâtons vernissés ou non, les boîtes ou barils à vis servant à mettre du sel, les formes de souliers et de chapeaux, les manches de fouet, les bois sculptés; tels que figures d'hommes, de saints, d'animaux, porte-montres et crucifix; les planchettes de sapin préparées pour former des boîtes; les dos et pieds de chaise.

(7) Il ne s'agit guère que des cheveux ouvragés par les perruquiers, car tous les autres ouvrages sont compris en l'article tissus, ou comme étoffe, ou comme passementerie.

(8) Sont les ouvrages en paille; tels que boîtes, étuis, etc.

	DÉSIGNATION DES MARCHANDISES.	CLASSE du TARIF.	TITRE DE PERCEPTION. Entrée.	TITRE DE PERCEPTION. Sortie.	UNITÉS sur lesquelles portent les droits.	DROITS D'ENTRÉE par Navires Français. F. C.	DROITS D'ENTRÉE par Navires Étrangers et par terre. F. C.	DROITS de SORTIE. F. C.
P. R.	**ouvrages** en paille et soie ou en bois et soie pr. garniture de chapeaux, soit agréments. C. pass de soie mêlée de matières autres que l or et l argent.							
FR.	**ouvrages** en spath fluor ou autres. V pierres ouvrées.							
RR.	**oxalate**, acide de potasse (sel d'oseille)	prod. chim.	28 avr. 1816	6 mai 1841	100 k. NB	70 »	76 »	» 25
P.	**oxides** (1) d'antimoine. V. médicaments composés non dénom.							
FF.	**oxides** d ars nic. V. acide arsénieux.							
RR.	**oxides** de bismuth blanc. V. fard blanc.							
FF.	**oxides** de cobalt gris avec silice. V. cobalt grillé.							
FR.	**oxides** de cobalt vitreux. V. cobalt en masse ou en poud. (azur)							
FF.	**oxides** de zinc blanc, pompholix (2)	—	—	28 avr. 1816	100 k. BB	13 »	14 30	» 25
id.	**oxides** de zinc gris cendré, tuthie ou cadmie. V. cadmie.							
id.	**oxides** de cuivre ustustum	—	—	—	—	7 »	7 70	» 25
id.	**oxides** d'étain, pot e d'étain (3)	—	—	—	—	10 »	11 »	» 25
id.	**oxides** de fer artificiel. colcothar (4)	—	—	—	—	10 »	11 »	» 25
	oxides de fer naturels minerai. V. minerai de fer.							
	oxides de fer naturels ocres. V. ocres.							
P.	**oxides** autres artificiels. V. produits chimiques non dénom.							
FR.	**oxides** de plomb jaunâtre (massicot). V. massicot.							
FF.	**oxides** de plomb rouge. minium. (5)	—	21 avr. 1818	—	—	24 »	26 40	» 25
id.	**oxides** de plomb demi-vitreux rouge ou jaune (litharge)...	—	23 oct. 1814	—	—	10 »	11 »	» 25
FR.	**oxides** de plomb rouge divisé (mine-orange) (5) ...	—	28 avr. 1816	6 mai 1841	—	35 »	38 50	» 25
P.	**oxides** de mercure. V. médicaments composés non dénomm.							
FF.	**oxides** terreux. V. pierres et terres servant aux arts à dénom.							
id.	**oxides** préparés. V. couleurs ou médicaments composés à dénommer, selon l espèce.							
RR.	**oxi-muriate** de chaux. V. chlorure de chaux.							
id.	**oxicèdre**, résine d'). V. résineux exotiques à dénommer.							
	P.							
FF.	**Pacanes**. V. fruits frais exotiques à dénommer.							
RR.	**padoux** ou rubans de fil. de soie ou de fleuret. V. tissus, suivant l'espèce Passementerie.							
id.	**pagnes** ou rabanes, tissus d écorce ayant plus de 8 fils dans la mesure de 5 millimètres. Comme toiles de lin selon l espèce.							
id.	**pagnes** ou rabanes de 8 fils ou moins	tissus.	5 juil. 1836	—	mèt. car.		» 45	1/4 p. %
id.	**paillassons**. V. vannerie à dénommer.							
id.	**paillassons** en cordes de crin tressées. V. couvertures ou tapis en poil à tissus de poil.							
FF.	**paille** de céréales. V. fourrages.							
id.	**paille** nettoyée et coupée pour faire des tresses. Mêmes droits que les tresses grossières pour chapeaux.							
RR.	**paille** tressée. V. nattes fines ou grossières, selon l espèce.							
id.	**paille** tissée. V. tissus en feuilles d'écorce, etc.							
id.	**paille** ouvrée en boîtes, étuis, etc. (ouvrages de spa). V, mercerie fine ou commune.							
FF.	**paille** de fer et d acier. V. fer-limaille.							
FR.	**paille** de schénante. V. schénante.							
FF.	**paille** de chat, brindilles de sumac. V. sumac.							
RR.	**paille** (plumes et fleurs de). V. nattes ou tresses de paille fines.							
FF.	**paillettes** d'or ou d'argent fin. V. or ou argent laminé.							
RR.	**paillettes** d'or ou d'argent faux, cuivre doré ou arg. laminé.							
	paines ou pennes ou corons, mêmes droits que les matières brutes dont elles dérivent. (6)							
FF.	**pains** et biscuits de mer. V. biscuits (7).							

(1) Les oxides sont des substances métalliques combinées avec l'oxigène; elles sont dépouillées de leur apparence métallique et de la plupart des propriétés qui caractérisent les métaux auxquels elles ressemblent moins qu'à des matières purement terreuses, aussi leur donnait-on autrefois le nom de terres, de cendres ou de chaux métalliques.

(2) Voir la note au mot calamine blanche pour la description et la composition de ce produit.

(3) Cet oxide contient un peu d'oxide de plomb.

(4) On l'appelle aussi vitriol rubifié qui est l'oxide rouge de fer au maximum, et auquel on doit assimiler les oxides inférieures du même métal, comme l'ethiops martial, le safran de mars, etc.

(5) Ne pas le confondre, à cause de sa couleur, avec la mine-orange qui est une surpréparation de plomb, moins rouge et moins pesante que le minium, mais qui a plus d'éclat; pour éviter toute surprise, on doit, dans les cas douteux, exiger le droit de la mine-orange, sauf à faire juger les échantillons.

(6) Il résulte de l'assimilation prononcée par la loi du 28 avril 1816, que les peines, pennes ou corons, c'est-à-dire les déchets ou bouts de fil de laine, de lin, de chanvre ou de coton, qu'entraine le dévidage ou le tissage, et qui ont de 108 à 270 millim. de longueur, suivent le régime de la matière brute dont ces déchets dérivent

(7) La perception des droits, ou les prohibitions d'entrée ou de sortie, ne s'appliquent pas aux quantités de biscuit qu'un navire français charge à son départ comme provision de bord, ou rapporte comme un reste d'approvisionnement. Le pain nécessaire à la nourriture des voyageurs est également dispensé de droits et de prohibitions, pourvu que la quantité n'excède pas celle dont ils peuvent avoir besoin pendant quatre jours, soit quatre kilogrm. de pain par individu. (*Circulaires n. 620, 1185 et 1996.*)

DÉSIGNATION DES MARCHANDISES.	CLASSE du TARIF.	TITRE DE PERCEPTION.		UNITES sur lesquelles portent les droits.	DROITS D'ENTRÉE		DROITS de SORTIE.
		Entrée.	Sortie.		par Navires Français.	par Navires Etrangers et par terre	
					F. C.	F. C.	F. C.

DÉSIGNATION DES MARCHANDISES.	CLASSE du TARIF.	TITRE DE PERCEPTION.		UNITÉS sur lesquelles portent les droits.	DROITS D'ENTREE		DROITS de SORTIE.
		Entrée.	Sortie.		par Navires Français.	par Navires Etrangers et par terre	
					F. C.	F. C.	F. C.

	DÉSIGNATION DES MARCHANDISES.	CLASSE du TARIF.	TITRE DE PERCEPTION. Entrée.	TITRE DE PERCEPTION. Sortie.	UNITÉS sur lesquelles portent les droits.	DROITS D'ENTRÉE par Navires Français.	DROITS D'ENTRÉE par Navires Étrangers et par terre	DROITS de SORTIE.
						F. C.	F. C.	F. C.
FF.	**pains** d'épice	farin. alim.	28 avr. 1816	28 avr. 1816	100 k. BB	13 »	14 30	» 25
id.	**pains** d'amande et de pignon Mêmes droits que leurs pâtes.							
id.	de singe (baobab) V. fruits médicinaux à denom.							
id.	de graines oléagineuses. V. tourteaux.							
id.	de froment, de seigle, d'avoine, etc. V. biscuit de mer.							
RR.	à cacheter et à chanter. V. mercerie commune.							
	palma-christi. V. ricin.							
FF.	**palmes** non ouvrées rameaux de palmier. V. bruyères à vergettes brutes.							
RR.	nattées. V. chapeaux, nattes ou vannerie selon l'esp.							
id.	huiles de). V. huiles de palme.							
FF.	palmettes, palmier royal, comme sparte brut.							
id.	**palmier** graines de). V. graines oléagineuses à dénommer.							
RR.	chapeaux de fibres de). V. chapeaux.							
id.	**panacoco** bois de). V. bois d'ébénisterie à dénommer.							
	graines de). V. graines d'abrus etc.							
id.	**paniers** en coquillages. V. mercerie fine. — Ceux en métal. V.							
P.	métaux ouvrés, selon l'espèce.							
RR.	**paniers**. V. vannerie à dénommer. — Ceux en rotins fendus paient comme vannerie coupée.							
P.	**pannes**. V. tissus de laine à dénommer.							
RR.	**papayer** (suc de). V. sarcocolle. *(Ordonnance du 2 décemb. 1843)*							
id.	**papier** écrit pour épiciers et maculé. V. drilles.							
id.	mâché. V. carton moulé							
id.	à cigarettes ou cahiers suivent le régime des papiers dont ils sont formés.							
	d'affaires ou de famille, exempts tant à l'entrée qu'à la sortie.							
P.	à cautère. V. médicaments composés à dénommer. (1)							
FF.	rognures de). V. drilles.							
RR.	à polir soit pap verré V. papier d'envel. à pâte de coul.							
id.	découpé à jour par l emporte-pièce, et papier rendu transparent par un corps gras. V. papier blanc.							
id.	à doublage pour les navires. V. carton en feuill., autre.							
id.	doré ou arg. non gaufré. V. papier color. pour reliures.							
id.	imprimé pour registres et états. V. papier blanc ou rayé pour musique.							
id.	à écrire orné de dessins ou encadrements coloriés. V. étiquettes imprimées.							
id.	d'enveloppe à pâte de couleur	papier et ses applications.	28 avr. 1816	6 mai 1841	100 k. NB	80 »	86 50	» 25
id.	gaufré, même doré ou argenté. V. mercerie commune.							
id.	blanc ou rayé pour musique	—	—	—	—	150 »	160 »	» 25
id.	porcelaine, carton enduit de céruse. V. carton en feuilles autre que lustré.							
id.	colorié, en rames ou mains pour reliure..........	—	21 avr. 1818	—	—	90 »	97 »	» 25
id.	qua trillé. V. mercerie commune.							
id.	peint en rouleaux pour tentures	—	—	—	—	125 »	133 70	» 25
id.	velouté pour fleurs artificielles. V. papier de soie.							
id.	de soie, de Chine, papier Joseph et autres de mêm. esp.	—	2 juill. 1836	—	—	100 »	107 50	» 25
id.	**parapluies** et parasols en soie..............................	ouvr en mat. diverses.	15 mar 1791	—	la pièce.	2 »	2 »	1[4] p. 0[0] de la val.
id.	en toile, cirée ou autre de lin et de chanvre .	—	—	—	—	» 75	» 75	1[4] p. 0[0]
	montures en carcasses de), le cinquième des droits des parapluies en soie.							
	en coton (2)	—	—	—	—	—	—	100 k. 25
P.	crosses de) en corne, ivoire, nacre, bois fins etc.							
id.	V. tabletterie non denommée.							
FF.	**paraguatan** (écorce de) C racine de garance sèche. V. garance.							
id.	**parchemin** et velin (3) bruts (4)	—	28 avr. 1816	27 juil. 1822	100 k. BB	1 »	1 10	» 25
FR.	achevés	—	—	—	—	25 »	27 50	» 25
id.	enduits de craie, dits peaux d'ane, comme parchemin achevé.							
FF.	**pareira-brava**. V. racines médicinales à dénommer. (5).							

(1) Ce papier n'est autre chose qu'une sorte d'emplâtre. On traite de même le papier anti-rhumatismal, et le papier préparé à l'arsenic, dit papier mort aux mouches.

(2) La prohibition qui affecte tous les tissus de coton ou mélangés de coton, s'étend à plus forte raison à ceux qui sont déjà appliqués à des ouvrages ou meubles, tels que parapluies, etc.

(3) On assujettit au même droit le parchemin ou le velin neufs ou écrits, soit entiers ou coupés en bandes. Les rognures qui ne peuvent servir qu'à la fabrication de la colle, doivent être traitées comme oreillons.

(4) Parchemin brut ne signifie pas des peaux simplement passées qui peuvent servir à la fabrication du parchemin; car cet article démentirait celui qui prohibe les peaux mégies; et d'ailleurs la loi dit expressément, passées et préparées pour parchemin. Or, une peau a été préparée pour parchemin et peut s'appeler parchemin brut, quand elle a été déjà travaillée par le parcheminier, qu'elle a subi toutes les opérations antérieures à celles de la rature et du ponçage, c'est-à-dire, qu'elle est écharnée et amoindrie également, qu'on en a coupé toutes les extrémités irrégulières, et qu'elle a moins l'apparence d'une peau que d'une feuille. Le parchemin brut, détaché de la herse sur laquelle il a été étendu, est sec; il a quelque pouces de plus que la peau passée qu'on y a employée; il est plus mince, plus blanc, plus flexible, moins gras et moins transparent. Pour achever le parchemin et le rendre propre à l'usage, il faut encore le dégraisser, le raturer, le fouler à l'eau, le passer à la chaux, et le polir avec la pierre ponce.

(5) Racine apportée du Brésil. Elle est ligneuse, dure, tortueuse, brune en dehors, d'un jaune grisâtre intérieurement, de différentes grosseurs, sans odeur et d'un goût un peu amer.

	DÉSIGNATION DES MARCHANDISES.	CLASSE du TARIF.	TITRE DE PERCEPTION. Entrée.	Sortie.	UNITÉS sur lesquelles portent les droits	DROITS D'ENTRÉE par Navires Français.	par Navires Étrangers et par terre	DROITS de SORTIE.
						F. C.	F. C.	F. C.
	parelle naturelle ou apprêtée. V. lichens tinctoriaux ou orseille, selon l'espèce.							
	parfumerie. Les objets qui composent cet article sont repris sous leur dénomination respective.							
FF.	**pariétaire.** V. herbes médicinales à dénommer.							
FR.	**pas-d'âne**, tussilage. V. fleurs médicinales à dénommer.							
RR.	**passe-lacets** en corne, os, fer, même étamé, ou en cuivre. V. mercerie commune.							
id.	**passe-lacets** en acier. V. mercerie fine.							
P.	**passe-lacets** en ecaille ou ivoire. V. tabletterie non dén.							
RR.	**passe-lacets** en or ou argent. V. bijouterie.							
FF.	**passe-pierre** ou perce-pierre. V. légumes verts ou salés et confits, selon l'espèce. (1)							
RR.	**passementerie.** V. tissus, suivant l'espèce.							
FF.	**pastel** racines, herbes et feuilles de) (2)	teint. et tan.	28 avr. 1816	6 mai 1841	100 k. BB	1 »	1 10	» 25
id.	**pastel** graines de), fruits à ensemencer	fruits.	—	—	—	1 »	1 10	» 25
RR.	**pastel** pâte de), mêm. droits que l'indigo. *(L. du 2 juil. 1836)* (3)							
	pastel d'écarlate. V. kermès en poudre ou en pastel. (4)							
RR.	**pastel** à dessiner. V. crayons à gaînes de bois de cèdre.							
id.	**pastilles** odorantes à brûler. V. résineux exotiques à den. *Loi du 17 mai 1826.* (5)							
FR	**pastilles** odorantes à bijoux dites du serail. V. musc pur.							
RR.	**pastilles** sucrées. V. bonbons.							
P.	**pastilles** medicinales. V. médicaments composés non dénom.							
RR.	**pastilles** non odorantes à brûler. Comme les odorantes.							
FF.	**patates.** Mêmes droits que les pommes de terre.							
RR.	**patawa** (bois de). V. bois d'ébénisterie à dénommer.							
FF.	**patchouly** (feuilles de). V. feuilles médicinales à dénommer.							
id.	**patent-coal.** V. coke, houille carbonisée.							
P.	**patères** pour rideaux. V. cuivre ouvré ou plaqué, selon l'esp.							
FF.	**pâtes** d'amande et de pignon	comp. div.	—	—	—	25 »	27 50	» 25
id.	**pâtes** d'anil. V. feuill. de pastel broyées et desséch. en masse (6)							
RR.	**pâtes** de cacao. V. chocolat.							
FR.	**pâtes** d'Italie et autres granulées	farin. alim.	—	27 juil. 1822	—	20 »	22 »	» 25
RR.	**pâtes** de guimauve et autres sucrées. V. bonbons.							
id.	**pâtes** de quercitron. V. couleurs à dénommer.							
id.	**pâtes** de papier. V. carton en feuilles de simple moulage.							
	pâtes de bois de peuplier propre à la fabrication du papier	—	—	—	100 k. B	—	—	» 25
id.	**pâtes** de pastel comme l'indigo. V. indigo.							
FR.	**pâtes** jaune d'argile et de nerprun. V. stil de grain.							
RR.	**pâtes** de savon. V. savons parfumés.							
P.	**pâtes** dite de satin destinée à glacer le papier. V. produits chimiques non dénommés.							
FF.	**pâtes** de terebenthine. V. resines indigènes épurées compact.							
id.	**pâtes** terreuse, destinée à polir la poterie d'etain. V. pierres et terres servant aux arts à denommer.							
RR.	**pâtes** de tournesol. V. orseille préparee, bleu cendré.							
FF.	**pâtés** à la viande. V. viandes de porc salees. (7)							
id.	**patience** V. racines médicinales à dénommer.							
RR.	**patins.** V. mercerie fine.							
RR.	**pâtisseries** biscuits, macarons, nougat et autres de même espèce. V. bonbons.							
id.	**pâtisseries** gâteaux d'amandes ou de figues et gâteaux au sucre. V. bonbons.							
FF.	**pâtisseries** pâtés à la viande. V. viande de porc salées. (7)							
id.	**pâtisseries** autres pâtisseries. V. pain d'épice.							
RR.	**pattes** d'ancre de fer de 16 à 20 kil. l'une. V. ancre de 250 kil. et au-dessous. (8)							

(1) Plante aquatique qui pousse des tiges longues et rampantes à-peu-près comme le pourpier, ses feuilles sont découpées, étroites, fermes, charnues, d'un vert brun et d'un goût salé

(2) Le pastel se trouve dans le commerce, sous forme pulvérulente bleuâtre, ou en masse de forme allongée. On le prépare avec la plante de l'isatis tinctoria.

(3) Du temps de la guerre maritime on avait essayé de remplacer l'indigo par la pâte obtenue du pastel des teinturiers.

(4) Ce sont les pulpes fraiches de kermès, dont on a formé des pastilles pour l'usage de la peinture.

(5) Elles sont en petits trochisques, en bâtons ou en grains, et on leur assimile les substances assorties dites pots-pourris, ainsi que les mèches chinoises, qu'on brûle aussi pour parfumer les appartements.

(6) Cette assimilation résulte d'un avis du comité consultatif des arts et manufactures transmis par le ministre de l'intérieur, le 17 avril 1820, et lettre du 22 avril 1820

(7) Les pâtés à la viande sont bien assimilés aux viandes salées de porc pour l'application des droits, mais non des prohibitions de sortie qui interviendraient à l'égard des viandes de boucherie.

(8) Les pattes dont il s'agit ne peuvent évidemment qu'appartenir à des ancres au dessous de 250 kil. car en admettant que le poids des verges fut triple de celui des deux pattes réunies, et cette proportion est plutôt au-dessous qu'au-dessus de la réalité, le poids de la totalité ne serait encore que de 128 à 160 kil. on ne peut donc faire d'autre application. Quant aux pattes draguées, voir la note au mot ancre pour les conditions de leur admission aux droits modérés.

DÉSIGNATION DES MARCHANDISES.	CLASSE du TARIF.	TITRE DE PERCEPTION.		UNITES sur lesquelles portent les droits.	DROITS D'ENTRÉE.		DROITS de SORTIE.
		Entrée.	Sortie.		par Navires Français.	par Navires Étrangers et par terre	
					F. C.	F. C.	F. C.

DÉSIGNATION DES MARCHANDISES.	CLASSE du TARIF.	TITRE DE PERCEPTION.		UNITÉS sur lesquelles portent les droits.	DROITS D'ENTRÉE		DROITS de SORTIE.
		Entrée.	Sortie.		par Navires Français.	par Navires Étrangers et par terre	
					F. C.	F. C.	F. C.

	DÉSIGNATION DES MARCHANDISES.	CLASSE du TARIF.	TITRE DE PERCEPTION. Entrée.	Sortie.	UNITÉS sur lesquelles portent les droits.	DROITS D'ENTRÉE par Navires Français.	par Navires Étrangers et par terre	DROITS de SORTIE.
						F. C.	F. C.	F. C.
FR.	**pattes** de lion. V. fleurs médicinales à dénommer.							
	pavés en bois. V. bois à constr. sciés ou ouvr. en bois non dén.							
FF.	**pavés**, même piqués. V. matériaux à dénommer.							
FF.	**pavot** blanc et noir (oliette) têtes et graines de). V. fruits oléa. à dén							
RR.	**pavot** blanc et noir (oliette) huile de). V. huiles de graines grasses.							
FF.	**pavot** blanc et noir (oliette) tourteaux de graine de). V. tourteaux de graines oléagineuses.							
FR.	**pavot** rouge. V. fleurs médicinales à dénommer.							
RR.	**peaux brutes (1)** fraîches petites (2) de mouton revêtues de leur laine, par navires français et par terre	prod. et dép. d'animaux.	2 juil. 1836	23 avr. 1816	la valeur.	10 p. 0/0	10 p. 0/0	46f 100kN
id.	par navires étrangers	—	—	—	—	11 p. 0/0	11 p. 0/0	46 —
id.	d'agneau avec laine pesant plus d'un kil. par navires franç. et par terre	—	—	27 juil. 1822	—	10 p. 0/0	10 p. 0/0	20f 100kB
id.	d'agneau avec laine pesant plus d'un kil. par navires étrangers	—	—	—	—	11 p. 0/0	11 p. 0/0	20 —
FF.	d'agneau avec laine pesant un kil. ou moins	—	27 mar 1817	—	100 k. BB	1 »	1 10	20 —
id.	d'agneau dépouillées de leur laine	—	28 avr. 1816	—	—	1 »	1 10	20 —
id.	de chevreau	—	27 mar 1817	—	—	1 »	1 10	20 —
id.	autres	—	28 avr. 1816	28 avr. 1816	100 k. BN	1 »	1 10	46 »
F.	grandes du Sénégal	—	7 juin 1820	—	100 k. BB	1 »	—	25 »
FR.	grandes des autres pays hors d'Europe	—	28 avr. 1816	—	—	5 »	15 »	25 »
id.	grandes des entrepôts	—	—	—	—	10 »	15 »	25 »
id.	grandes de provenance américaine importées par terre	—	5 juil. 1836	—	—	—	15 »	25 »
id.	grandes de provenance européenne importées par terre	—	—	—	—	—	5 »	25 »
RR.	sèches (3) petites de mouton revêtues de leur laine par navires français et par terre	—	2 juill. 1836	—	la valeur	13 1/3 0/0	13 1/3 0/0	70f 100kN
id.	par navires étrangers	—	—	—	—	14 2/3 0/0	14 2/3 0/0	70 —
id.	d'agneau avec laine pesant plus d'un kil. par navires franç. et par terre	—	—	27 juil. 1822	—	13 1/3 0/0	13 1/3 0/0	20f 100kB
id.	d'agneau avec laine pesant plus d'un kil. par navires étrangers	—	—	—	—	14 2/3 0/0	14 2/3 0/0	20 —
FF.	d'agneau avec laine pesant un kil. ou moins	—	27 mar 1817	—	100 k. BB	1 »	1 10	20 —
id.	d'agneau dépouillées de leur laine	—	28 avr. 1816	—	—	1 »	1 10	20 —
id.	de chevreau	—	27 mar 1817	—	—	1 »	1 10	20 —
id.	autres	—	28 avr. 1816	28 avr. 1816	100 k. BN	1 »	1 10	70 »
FR.	**peaux** d'agouti, comme peaux de chien, belette, etc. V. pellet.							
FF.	d'anguille et de requin, com. peaux de chien de mer.							
FR.	d'autruche garnies de leurs plumes, comme plumes de parure brutes.							
id.	de biscache, com. peaux de chien, de belette. V. pellet.							
FF.	de cabiai et de cochon, comme peaux petites, autres.							
	de caïman et de crocodile, comme peaux grandes, brutes ou préparées.							
id.	de castorin sans poil. V. oreillons.							
id.	de chagrin. V. peaux de chien de mer.							
FR.	de chauve-souris. V. peaux de belette à pelleteries.							
FF.	de gazelle, comme peaux petites, autres.							
FR.	de girafe, comme peaux de chameau, etc.							
id.	de goëland, comme peaux d'oie. V. peaux de grèbe, marmotte, etc.							

(1) Les peaux brutes, venant directement de la mer noire, par navire français, sont traitées comme celles venant des pays hors d'Europe.

Cet article ne comprend que les peaux sans fourrures qui ne peuvent être destinées qu'aux tanneries ou mégisseries. Les peaux à fourrure sont reprises à l'article pelleterie.

Il n'y a pas de distinction à faire entre les peaux qui sont salées et celles qui ne le sont pas, attendu que le sel qui n'est employé ici que comme moyen de conservation dans le transport, n'ajoute rien à sa valeur, mais bien au poids ; ainsi elles doivent être traitées comme fraîches ou sèches, selon l'espèce.

Par grandes, on entend : celles de bœuf, vache, bouvillon, taurillon, génisse, cheval, âne, buffle, bison et mulet.

Par petites, celles de veau, mouton, agneau, chèvre, chevreau, cerf, biche, chevreuil, chamois, daim, élan, renne, cochon, sanglier, cabiai et autres.

(2) Les peaux grandes et celles revêtues de leur laine, de mouton et d'agneau, pesant plus d'un kil., ne seront assujetties qu'à la moitié des droits ci-dessus des pays hors d'Europe quand elles arriveront des pays situés à l'ouest du cap Horn. *(Ordonnances des 16 juin 1832 et 2 juin 1834, et loi du 2 juillet 1836.)*

(3) Les peaux de brebis, béliers et moutons, quoique revêtues de leur laine, mais dont le poids n'excède pas un kilog., ne sont passibles que du droit d'un franc ou 1 10 comme les petites peaux d'agneau pesant un kilo. ou moins.

Les grandes peaux brutes et sèches, ne peuvent être importées par terre que par les bureaux ouverts aux marchandises payant plus de 20 fr. les 100 kilo.

Les peaux revêtues de leur laine suivant le même régime que les laines, sont soumises aux mêmes restrictions d'entrée.

Sont admises comme peaux brutes, les peaux de bœuf, vache, veau, chèvre, mouton, etc., qui auront été passées dans un bain de chaux pour en faire tomber le poil et les conserver, toutes les fois que ces mêmes peaux seront entières, qu'elles conserveront encore la peau de la tête, de la queue et des pattes, et surtout qu'elles n'auront reçu aucun commencement de travail, ni du côté de la fleur, ni du côté de la chair. On les distinguera d'ailleurs par la présence de la chaux. Il n'en sera pas de même pour les peaux dédoublées, c'est-à-dire celles qui sont sciées en deux dans le sens de leur épaisseur, au moyen de procédés mécaniques, opération qui constitue une véritable préparation. *(Circulaire du 29 septembre, n. 1934.)* Les peaux préparées comme il est dit en premier lieu, c'est-à-dire passées au bain de chaux, sont appelées dans le commerce peaux en tripes ou en vert.

	DÉSIGNATION DES MARCHANDISES.	CLASSE du TARIF.	TITRE DE PERCEPTION. Entrée.	TITRE DE PERCEPTION. Sortie.	UNITÉS sur lesquelles portent les droits.	DROITS D'ENTRÉE par Navires Français.	DROITS D'ENTRÉE par Navires Étrangers et par terre	DROITS de SORTIE.
						F. C.	F. C.	F. C.
	peaux de lama et de vigogne, comme les peaux de mouton, selon leur état.							
FF.	**peaux** de lézard. V. peaux de chien de mer.							
	peaux morceaux ou fraction de), comme peaux entières.							
P.	**peaux** de mouton revêtues de leur laine préparées en confit ou mégies pour chabraques, colliers de chevaux, etc., prohibées.							
FR.	**peaux** d'oiseaux du genre larrus, mouette ou goëland, comme peaux d'oie. V. peaux de grèbe, marmotte, etc.							
id.	**peaux** d'oiseaux de paradis, com. plumes de parure, autres.							
id.	**peaux** de pélican, comme peaux de cygne. V. pelleteries, peaux de butor.							
P.	**peaux** préparées pour la ganterie, prohibées.							
FR.	**peaux** de ragondin et racool. V. pelleter., peaux de castorin.							
id.	**peaux** de singe, com. peaux de chien. V. peaux de belette, etc.							
FF.	**peaux** de stockfisch sèches. V. oreillons.							
P.	**peaux** préparées ou ouvrées — sauf les exceptions ci-après (1)	ouvr. en mat. diverses.	10 brum. 5	27 juil. 1822	100 k. B	prohib.	prohib.	» 25
FR.	**peaux** préparées ou ouvrées — d'agneau et de chevreau en poil — en confit (2)	—	27 mar 1817	6 mai 1841	100 en n.	2 50	2 50	1/4 p. 0/0
	peaux préparées ou ouvrées — d'agneau et de chevreau en poil — mégies	—	—	—	—	3 »	3 »	1/4 p. 0/0
P.R.	**peaux** préparées ou ouvrées — cuir de veau odorant de Russie, propre à la reliure, traité à l'écorce de saule ou de bouleau	—	2 juill. 1836	27 juil. 1822	la pièce.	5 »	5 »	1/4 p. 0/0
FF.	**peaux** préparées ou ouvrées — parchemin et velin. Pour la note les concernant, voyez parchemin — bruts	—	28 avr. 1816	—	100 k. BB	1 »	1 10	100 k. B 25
FR.	**peaux** préparées ou ouvrées — parchemin et velin — achevés	—	—	—	—	25 »	27 50	— 25
id.	**peaux** préparées ou ouvrées — de cygne, d'oie ou d'agneaux pour éventails (3)	—	—	—	100 k. NB	612 »	629 50	— 25
id.	**peaux** préparées ou ouvrées — grandes peaux tannées pour semelles (4)	—	5 juil. 1836	—	—	75 »	81 20	— 25
FF.	**peaux** de chien de mer de toute pêche — brutes et fraîches	pêches.	28 avr. 1816	28 avr. 1816	100 k. BB	1 »	1 10	» 25
	peaux de chien de mer de toute pêche — brutes et sèches	—	—	—	—	17 »	18 70	» 25
FR.	**pêcher** (fleurs de). V. fleurs médicinales à dénommer.							
FF.	**pêcher** (feuilles de). V. feuilles médicinales à dénommer.							
id.	**pêches** fruits frais indigènes à dénommer.							
RR.	**pêches** à l'eau-de-vie. V. fruits confits à l'eau-de-vie.							
id.	**pêches** au sucre. V. confiture.							
id.	**peignes** — tabletterie — d'ivoire	ouvr. en mat. diverses.	—	6 mai 1841	1 k. NB	4 »	4 40	100 k. 25
id.	**peignes** — tabletterie — d'écaille	—	—	—	—	5 »	5 50	— 25
id.	**peignes** en vermeil et en or. V. bijouterie d'or. — En argent. V. bijouterie d'argent.							
P.	**peignes** en laiton. V. cuivre ouvr. — En fonte. V. fer fonte ouv.							
RR.	**peignes** grossiers à peigner le chanvre, le lin, etc. V. sérans.							
id.	**peignes** de corne, de bois ou de plomb. V. mercerie comm.							
id.	**peignes** à tisser, en acier, laiton ou roseau. V. machines et mécaniques à dénommer.							
id.	**peintures**. V. objets de collection.							
id.	**pelles** de fer à remuer la terre. V. instruments aratoires.							
P.	**pelles** de fer à feu. V. fer ouvré.							
FF.	**pelles** de bois. V. boissellerie.							
FF.	**pelleteries** (peaux) (5) — de lapin — brutes	prod. et dép. d'animaux.	27 mar 1817	2 juill. 1836	100 k. BN	1 »	1 »	le k. 75
FR.	**pelleteries** — de lapin — apprêtées	—	—	6 mai 1841	100 en n.	1 »	1 »	1/4 p. 0/0
FF.	**pelleteries** — de lièvre — brutes	—	—	2 juill. 1836	100 k. BN	1 »	1 »	le k. 75
FR.	**pelleteries** — de lièvre — apprêtées	—	—	6 mai 1841	100 en n.	4 »	4 »	1/4 p. 0/0
id.	**pelleteries** — de blaireau — brutes	—	—	—	la pièce.	» 15	» 15	1/4 p. 0/0
	pelleteries — de blaireau — apprêtées	—	—	—	—	» 15	» 15	1/4 p. 0/0
id.	**pelleteries** — de castor — brutes	—	—	—	—	» 35	» 35	1/4 p. 0/0
	pelleteries — de castor — apprêtées	—	—	—	—	» 35	» 35	1/4 p. 0/0
id.	**pelleteries** — de castorin — brutes et mégies	—	2 juill. 1836	—	100 en n.	3 »	3 »	1/4 p. 0/0
	pelleteries — de castorin — éjarrées	—	—	—	—	15 »	15 »	1/4 p. 0/0
	pelleteries — de castorin — teintes	—	—	—	—	25 »	25 »	1/4 p. 0/0

(1) Cette prohibition comprend, non seulement les peaux tannées, corroyées, y compris les cuirs rudes et secs, préparés à l'eau d'alun, pour la réliure, les peaux vernissées, mégies, chamoisées ou maroquinées, mais encore toute la cordonnerie, même les souliers de femme dont les empeignes sont en étoffe. Elle ne comprend pas les porte-feuilles et autres petits objets qui par exception, sont rangés dans la mercerie, ni la sellérie, ni les pelleteries ouvrées.

(2) En confit veut dire qu'elles n'ont reçu qu'une première préparation ou apprêt de conserve, au moyen d'un bain d'eau sûre, on les reconnait par le son qui y est attaché, mais principalement en les humectant et en les frottant dans la main; opération qui les rend souples et élastiques comme les peaux apprêtées.

(3) Ces peaux très-fines et très-souples, sont préparées comme le velin, elles sont taillées en demi-cercles, pour être employées par les éventaillistes.

(4) Les cuirs pour semelles, se distinguent des autres cuirs tannés par leur force et leur aspect tout particulier. Ils sont tannés à la jusée (jus de tan), ce qui leur donne le type spécial de leur emploi, en ce qu'ils ne peuvent servir à autre chose, ou tannés à œuvre, c'est-à-dire préparés d'abord à la chaux, mais lissés ensuite, ce qui les rend de même très-reconnaissables. Dans ce dernier cas, ils doivent peser au moins 12 kilogrammes et demi. (*Circulaire du 16 juillet 3836 n. 1550 page 16.*)

(5) Brutes veut dire que les peaux sont telles qu'elles ont été arrachées de dessus l'animal. Elles ont été simplement séchées, ou saturées de cendres, pour éviter la corruption pendant le transport.

Ejarrées. Ce sont celles dont le revers a été écharné jusqu'à la plante du jarre, c'est-à-dire, des poils longs, durs et luisants, qui dépareraient les pelleteries, et qui laissent à découvert un duvet brun et soyeux, qui fait tout le prix de la fourrure. Cette opération est particulière aux peaux de lion ou de loup marin, dont elle quintuple la valeur.

Apprêtées. — Veut dire que les peaux ont été passées en mégie; qu'elles sont purifiées, assouplies, et telles qu'on les emploie en fourrures.

Le commerce des pelletiers embrasse généralement toutes les peaux ou fractions de peau susceptibles d'être employées en meubles ou en vêtements avec leur poil, laine, plume ou duvet, sauf les peaux d'autruche, qui doivent payer en raison des plumes dont elles sont encore garnies. Les pelleteries non dénommées doivent être traitées comme celles qui leur sont le plus analogues, et ce, aux termes de la loi du 15 mars 1791 et de l'article 16 de la loi du 28 avril 1816.

DÉSIGNATION DES MARCHANDISES.	CLASSE du TARIF.	TITRE DE PERCEPTION.		UNITES sur lesquelles portent les droits.	DROITS D'ENTRÉE		DROITS de SORTIE.
		Entrée.	Sortie.		par Navires Français.	par Navires Etrangers et par terre	
					F. C.	F. C.	F. C.

DÉSIGNATION DES MARCHANDISES.	CLASSE du TARIF.	TITRE DE PERCEPTION.		UNITÉS sur lesquelles portent les droits.	DROITS D'ENTRÉE		DROITS de SORTIE.
		Entrée.	Sortie.		par Navires Français.	par Navires Étrangers et par terre	
					F. C.	F. C.	F. C.

	DÉSIGNATION DES MARCHANDISES.	CLASSE du TARIF.	TITRE DE PERCEPTION. Entrée.	Sortie.	UNITÉS sur lesquelles portent les droits.	DROITS D'ENTRÉE par Navires Français.	par Navires Etrangers et par terre	DROITS de SORTIE.
						F. C.	F. C.	F. C.
FF.	pelleteries, peaux de phoque (1) brutes de pêche française …	pêches.	2 juil. 1836	6 mai 1841	la pièce	» 01	—	
FR.	pelleteries, peaux de phoque, brutes de pêche étrangère …	—	—	—	—	» 20	» 20	
id.	pelleteries, peaux de phoque, mégies …	dép. d'an.	—	—	—	» 20	» 29	
id.	pelleteries, peaux de phoque, éjarrées, avec ou sans lustre …	—	—	—	—	3 »	3 »	
id.	pelleteries, peaux de phoque, teintes et lustrées …	—	—	—	—	1 »	1 »	
FR.	**pelleteries** (peaux brutes ou apprêtées) de chameau, jaguard, léop., once, panthèr., tigr.	prod. et dép. d'animaux.	27 mar 1817	—	—	1 20		
	d'ours et d'ourson …	—	—	—	—	1 05		
	de lion, lionne et zèbre …	—	—	—	—	» 60		
	de renards noirs ou argentés …	—	—	—	—	2 40		
	de renards croisés ou bleus …	—	—	—	—	» 90		
	de renards blancs, jaunes et gris argenté de Virginie …	—	—	—	—	» 20		
	de renards teintes …	—	2 juil. 1836	—	—	2 40		
	de renards autres …	—	27 mar 1817	—	—	» 10		
	de chacal, chinchilla et de fouine …	—	—	—	—	» 10		
	d'agneaux dits d'Astragan et de Carcajou (2) …	—	—	—	—	» 20		
	de loutre …	—	—	—	—	» 45		
	d'hyène, de loups cerviers et de bois …	—	—	—	—	» 40		
	de chèvre d'Angora …	—	—	—	—	» 35		
	de butor, cygne, eyder, glouton, lama, marte, pekan, vautour et raton …	—	—	—	—	» 15		
	de chats tigres et cerviers …	—	—	—	—	» 15		
	de chats sauvages et domestiques …	—	—	—	100 en n.	3 »		
	de civette, genette et putois même tigrés …	—	—	—	—	3 »		
	de grèbe, marmotte, oie, vison et goëland …	—	—	—	—	6 »		
	de belette, berveski, chien, écureuil, mulot ou hamster, palmistes des Indes, petits-gris, rats musqués et autres, taupe et de singe …	—	—	—	—	2 »		1/4 p. %
	de chikakois …	—	—	—	—	3 75		
	d'hermine, kolynsky ou kulonok et lasquettes …	—	—	—	—	3 75		
FR.	**pelleteries** dos et ventre de fouine, lièvres blancs, marte, renard, petit-gris, etc …	—	—	—	—	moitié du droit des peaux		
	gorge de canrard, fouine, marte, pigouin, renard	—	—	—	—	2 »		
	queues de carcajou, fouine, loup, marte, pekan et renard …	—	—	—	—	2 »		
	queues d'écureuil, d'hermine, de kolynski ou kulonok, de petit-gris, de putois même tigrés et vison …	—	—	—	—	» 25		
	queues de rats musqués. V. queues.							
	morceaux cousus (3) en peaux d'agneaux dits d'Astragan, d'hermine, de kolynsky, de lasquette, marte, putois même tigrés, dos et ventres de petit-gris.	—	—	—	la pièce.	5 »		
	morceaux cousus en peaux de fouine, dos et ventres de chats-tigre et cerviers, d'écureuil, dos, ventres et gorges de bervesky, renard et vigogne …	—	—	—	—	4 50		
	morceaux cousus en peaux d'agneaux ordinaires, de castor, mulot ou hamster, rats musqués, taupes, dos et ventres de lapin, lièvres blancs, pattes ou autres fractions de peaux quelconques non dénommées au présent …	—	—	—	—	1 »		
FR.	**pelleteries** ouvrées (4) …	ouvr. en mat. diverses.	15 mar 1791	28 avr. 1816	la valeur	15 p. %		
RR.	**pellicules** de cacao. V. cacao.							
	peluche de coton ou mélangée de coton et de pure soie. V. tissus de coton ou de soie, selon l'espèce.							
P.	**pendules**. V. horlogerie montée.							
	pennes ou paines ou corons. Mêmes droits que les matières brutes dont elles dérivent. V. paines pour la note.							
FF.	**pensées**. V. herbes médicinales à dénommer.							
id.	**pepins** d'orange et de citron. V. grains durs à tailler.							
id.	**pepins** de raisins. V. graines oléagineuses à dénommer.							
P.	**percale**. V. tissus de coton.							

(1) Les phoques sont des animaux amphibies de la mer glaciale et du grand océan, (particulièrement du détroit de Baas entre la Nouvelle-Hollande et la terre de Diémen) connus sous le nom de chevaux, lions, ours, loups, vaches et veaux marins.

(2) Dans cette classe rentrent toutes les peaux d'agneaux frisées, propres à être employées en fourrures. Qu'elles proviennent d'Astracan même, de Crimée, Perse, Pologne, Russie ou autres lieux. Toutefois les petites peaux d'Italie ou des Alpes, quoiqu'un peu frisées, ne servant pas comme parure, restent dans la classe des autres peaux communes.

(3) Dans le commerce, on appelle sacs, nappes ou touloupes de pelleterie, des peaux ou parties de peau cousues ensemble pour former un tout plus facile à voir et à transporter. Les sacs ont le plus souvent 1 mètre 21 cent., à 1 mètre 30 cent. de hauteur; 1 mètre 35 cent. de largeur à leur base, et 75 à 81 cent. à leur tête. — Les nappes ont les mêmes dimensions que les sacs, avec cette différence qu'il faut en faufiler deux ensemble pour former un sac; ainsi, on comptera deux nappes pour un sac lors de la perception.

Les noms de sacs ou nappes indiquent la forme sous laquelle on les présente.

Enfin, les touloupes ont la forme de grands wildschouras à manches, et il entre dans leur confection environ un sac et demi ou trois nappes; mais il n'y a aucune distinction à en faire pour la perception, attendu qu'ils doivent payer comme les sacs entiers.

(4) Ce qui s'entend des vêtements et des parties de vêtement, comme pelisses, manchons, garnitures, rochets, palatines, aumusses, bonnets, bottes, et en général de toutes les fourrures taillées, doublées ou assemblées par des coutures, autrement que pour former les ballotins appelés sacs, nappes ou touloupes ainsi qu'il est expliqué à la note pour les morceaux cousus

	DÉSIGNATION DES MARCHANDISES.	CLASSE du TARIF.	TITRE DE PERCEPTION. Entrée.	TITRE DE PERCEPTION. Sortie.	UNITÉS sur lesquelles portent les droits.	DROITS D'ENTRÉE par Navires Français.	DROITS D'ENTRÉE par Navires Étrangers et par terre	DROITS de SORTIE.
						F. C.	F. C.	F. C.
FF.	**perce** pierre ou passe pierre. V. légumes verts. Voir la note à passe-pierre.							
id.	**perches** (1)	bois comm.	28 avr. 1816	22 vent. 12	1000 enn.	» 25	» 25	prohib.
id.	**pérelle** (parellus. V. lichens tinctoriaux.							
	péridots. pierres fines tirant sur le vert. V. pierres gem. à dén.							
id.	**périgord** ou périgueux. V. manganèse.							
FR.	**perlasses**. V. potasses.							
RR.	**perles** fines, de toute pêche	pêches.	—	6 mai 1841	1 hect. NB	» 50	» 50	100 k. 25
id.	**perles** fausses. V. mercerie fine, celles de cire comprises.							
id.	**perles** fausses en nacre, recouvertes d'écailles d ablette. Com. les perles fines.							
id.	**perles** en verre. V. grains de verre.							
P.	**perles** en cuivre. V. cuivre ouvré, prohibé.							
RR.	**perroquets** et perruches. V. objets de collection.							
id.	**perruques**. V. cheveux ouvrés.							
P.	**perses**. V. tissus de coton non dénommés.							
RR.	**persiennes** chinois. en jonc peint en joncs et en paill. V. meub.							
FF.	**persil** de Macédoine, graine de). V. fruits médicin. à dénom.							
RR.	**perspectives** ou vues d'optique. V. instruments d'optique.							
id.	**pèse-liqueurs**. V. instruments de calcul.							
FE.	**petit** orge (cévadille). V. fruits médicinaux à dénommer.							
RR.	**pétrifications**. V. objets de collection.							
FF.	**pétrole**. V. bitumes fluides sans distinction de couleur, etc.							
id.	**pétunsé**. V. derle.							
FR.	**pézize** dit oreille de Judas. V. agaric de mélèze.							
FF.	**phlomis** de Ceylan. V. herbes médicinales à dénommer.							
id.	**phormium-tenax**. V. bablah. Végétaux filament. non dén.							
	phosphates de chaux. natif. V. derle. Artificiels. V. produits chimiques non dénommés.							
FR.	**phosphore**. V. acide phosphorique. (2)							
RR.	**piano**. V. forte-piano.							
FF.	**piassaba**. V. bablah, comme filament végétal non dénommé.							
id.	**piastres**. V. monnaies d'argent.							
id.	**picardats**. V. fruits secs à dénommer.							
FR.	**picholines**. V. olives macérées et confites.							
RR.	**pichurim**, fèves. V. muscades sans coques.							
FR.	**pièces** de charronage ou de charpente achevées ou ébauchées. V. ouvrages en bois non dénommés.							
RR.	**pièces** détachées de machines. V. machines et mécaniques.							
FR.	**pieds** de chat. V. fleurs médicinales à dénommer.							
	pieds de lion ou alchimille. V. herbes médicin. à dénomm.							
FF.	**pieds** d'élan	subst. pr. à la méd. et parfu.	15 mar 1701	6 mai 1841	100 en n.	1 50	1 50	(1) p. 0/0 de la val.
P.	**pieds** de mouchettes. V. métaux ouvrés.							
FF.	**pieds** de bétail. V. viande ou oreillons, selon l'espèce.							
id.	**pieds** d'iris pour plantations. V. bulbes ou oignons.							
RR.	**pièges** à loup, renard, taupe, etc. V. instrum. aratoires, autres.							
FF.	**pierres** à aiguiser (3) brutes	pierres, terres et autr. fossil.	23 juil. 1837	28 avr. 1816	100 k. BB	2 »	2 20	» 25
id.	**pierres** à aiguiser (3) taillées	—	28 avr. 1816	—	—	5 »	5 50	» 25
id.	**pierres** d'aigle. V. pierres ferrugineuses, autres.							
	pierres d'antoing. V. écossines.							
FR.	**pierres** arméniennes, carbonate de cuivre en masse. V. malachites.							
FF.	**pierres** bitumineuses. V. bitumes solides mêlés de terre.							
FR.	**pierres** à broyer le chocolat. V. pierres ouvrées, autres.							
FF.	**pierres** calaminaires. V. calamine, minerai.							
	pierres calcaires. V. écossines.							
P.	**pierres** à cautère, caustiques ou autr. V. méd. comp. non dén.							
FF.	**pierres** à chaux et à plâtre. V. chaux ou plâtre, selon l esp.							
id.	**pierres** d'éponge. V. antale.							
id.	**pierres** à feu brutes, silex. V. cailloux à faïence.							
id.	**pierres** à feu taillées	—	—	6 mai 1841	—	9 »	9 90	» 25
FR.	**pierres** de fiel et de serpent. V. bézoards.							

(1) Les perches peuvent être exportées par les points pour lesquels le gouvernement suspend la prohibition et en payant les droits ci-après : Les perches à houblon 59 fr., le mille en nombre. — Les perches dites waires 33 fr. — et les perches dites wairettes 16 fr. le mille (*Loi du 7 juin 1820.*)

(2) Cette substance très-combustible est d'un blanc jaunâtre de la consistance de la cire, demi-transparente, brûle à l'air avec une fumée blanche et une odeur d'ail, et luit dans l'obscurité.

(3) Ce sont des pierres longues simplement taillées ou plates et recouvertes de lames jaunes, qu'on nomme aussi pierres de queux, pierres à faulx, à rasoirs, etc.

DÉSIGNATION DES MARCHANDISES.	CLASSE du TARIF.	TITRE DE PERCEPTION.		UNITÉS sur lesquelles portent les droits.	DROITS D'ENTRÉE		DROITS de SORTIE.
		Entrée.	Sortie.		par Navires Français.	par Navires Étrangers et par terre	
					F. C.	F. C.	F. C.

DÉSIGNATION DES MARCHANDISES.	CLASSE du TARIF.	TITRE DE PERCEPTION.		UNITÉS sur lesquelles portent les droits.	DROITS D'ENTRÉE		DROITS de SORTIE.
		Entrée.	Sortie.		par Navires Français.	par Navires Étrangers et par terre	
					F. C.	F. C.	F. C.

	DÉSIGNATION DES MARCHANDISES.	CLASSE du TARIF.	TITRE DE PERCEPTION. Entrée.	TITRE DE PERCEPTION. Sortie.	UNITÉS sur lesquelles portent les droits.	DROITS D'ENTRÉE par Navires Français.	DROITS D'ENTRÉE par Navires Étrangers et par terre	DROITS de SORTIE.
						F. C.	F. C.	F. C.
FF.	**pierres** à filtrer brutes. V. pierres et terres servant aux arts et métiers à dénommer.							
RR.	**pierres** à filtrer ouvrées montées (fontaines). V. meubl.							
FR.	**pierres** à filtrer ouvrées non mont. V. pierres ouv. autr.							
RR.	**pierres** fausses taillées, montées ou non. V. vitrifications taillées en pierres à bijoux.							
id.	**pierres** gravées pour l'impression sur toile ou sur papier. V. machines et mécaniq. à dénom.							
id.	**pierres** gravées autres montées en or en arg. V. bijout.							
id.	**pierres** gravées autres non mont. antiq. V. obj de coll. moder. V. pier. gem. tail. ou pierres ouv.							
	pierres de labrador (spath chatoyant). V. marbre.							
FF.	**pierres** de lard ou pierres savonneuses. V. pierres et terres servant aux arts et métiers à dénommer.							
id.	**pierres** lithographiques brutes ou unies. V. pier. et ter. serv. aux arts et métiers à dénommer.							
FR.	**pierres** lithographiques couvertes de dess., grav. ou écrit. V. pierres ouvrées, autres.							
id.	**pierres** de lune (argentine). V. agates.							
FF.	**pierres** magnesiennes ou talqueuses. V. pierres et terres servant aux arts et metiers à dénommer.							
id.	**pierres** de mangaïer ou de périgueux. V. manganèse.							
id.	**pierres** meulières brutes. V. matériaux à denommer.							
FR	**pierres** meulières taillées. V. pierres ouvrees, autres.							
FF.	**pierres** à moulage. V. pierres et terres servant aux arts et métiers à dénommer.							
id.	**pierres** noire. V. pierres ferrugineuses, autres.							
id.	**pierres** ponces	pierr., terr. et autres fossiles	28 avr. 1816	28 avr. 1816	100 k. BB	5 »	5 50	» 25
id.	**pierres** à rats. V. carbonate de baryte.							
id.	**pierres** réfractaires. V. matériaux à dénommer.							
	pierres du soleil-girasol d'Orient. V. pierres gem. à dénom.							
RR.	**pierres** de tournesol. V. orseille, bleu-cendré.							
FR.	**pierres** à vernir, matières analogues à celles vitreuses qui forment la couverture de nos poteries, et dans laquelle il entre une grande quantité d'oxide de plomb. V. vitrifications en masse.							
FF.	**pierres** ferrugineuses éméri en pierres brutes. V. éméri; préparé en grains ou en poudr. V. éméri.							
	pierres ferrugineuses autres (1)........................	—	—	—	—	5 »	5 50	» 25
id.	**pierres** de touche........................	—	—	—	—	5 »	5 50	» 25
FR.	**pierres** gemmes à dénommer (2) brutes........................	—	27 mar 1817	27 mar 1817	1 hect. NB	» 25	» 25	l'hect. 01
RR.	**pierres** gemmes à dénommer (2) taillées........................	—	28 avr. 1816	—	—	» 50	» 50	— 01
id.	**pierres** gemmes à dénommer (2) montées en or ou en argent. V. bijouterie d'or ou d'argent.							
FF.	**pierres** servant aux arts et métiers à dénommer (3)......	—	—	28 avr. 1816	100 k. BB	2 »	2 20	» 25
id.	**pierres** de taille brutes. V. matériaux à dénommer.							
P.	**pierre** infernale, nitrate d'argent. V. médic. compos. non dén.							
FF.	**pierres** ouvrées chiques........................	—	—	—	100 k. BB	10 »	11 »	» 25
FR.	**pierres** ouvrées autres (4)........................	—	15 mar 1791	—	la valeur	15 p. %	15 p. %	1/4 p. %
FF.	**pignons** (de pommes de pin). V. fruits médicinaux à dénom.							
id.	**pignons** d'Inde (croton-tiglium, gr. de). V. fruits méd. à dén.							
RR.	**pignons**, huile de). V. huiles fixes pures, autres.							
FF.	**pigouilles** de 11 cent. inclus à 15 exclus de diamètre (5)....	bois comm.	27 juil. 1822	27 juil. 1822	la pièce.	» 20	» 20	1 »
P.	**pilules** de toute sorte. V. médicaments composés non dénom.							
F.	**piment** de la Guiane française........................	denr. colon	2 juil. 1836	28 avr. 1816	100 k. NB	40 »	—	» 25
RR.	**piment** de l'Inde et des pays à l'ouest du cap Horn........	—	—	—	—	45 »	115 »	» 25
id.	**piment** d'ailleurs........................	—	—	—	—	90 »	145 »	» 25
id.	**piment** en poussière ou grabeau et en poudre, mêmes droits que le piment. *(note 117 du nouveau tarif.)*							
FF.	**piment** doux cultivé en Europe. V. légumes verts.							
P.	**piment** en poussière et dont sa nature est fortement altérée par des mélanges. Comme substances pulvérisées qui sont traitées comme médicam. comp. non dénom.							

(1) Les diverses espèces de pierres qui composent cet article sont tarifiées d'après le nom sous lequel elles sont désignées.

(2) On entend par gemmes, quant à l'application des droits de douane, toutes les pierres à reflet, dites pierres précieuses que l'on monte en joyaux ou bijoux, ou dont on fait des objets de curiosité; tels que rubis, saphirs, émeraudes, hyacintes, topazes, grenats, lazulites, aventurines, spats adamantins, zircons, péridots, améthystes, tourmalines, jargons, aigue-marine; astérie, chrysolite, etc. Les malachites taillées, et les turquoises, ainsi que les marcassites de choix pour bijoux y sont assimilées. — Il ne s'agit ici que des pierres non montées ou de celles qui ont une monture provisoire en métal commun. Celles montées en or ou en argent rentrent dans la bijouterie Cette remarque s'applique aux agates et aux autres pierres montées.

(3) Ce sont principalement les pierres magnésiennes ou talqueuses, telles que l'écume de mer, la craie du Briançon, les pierres de lard ou savonneuses, et l'amiante; ainsi que les pierres à moulage, les terres à foulon, la terre moulard, la terre de Patna, etc.; mais avant de recourir à cette dénomination générique, on doit s'assurer, en consultant le tarif, que l'espèce présentée, n'a pas une tarification spéciale. — Il est aussi à remarquer qu'il ne peut être ici question que de minéraux bruts; car tous ceux qui ont reçu quelque préparation, sont repris à l'article des couleurs, ou des produits chimiques (oxides.)

(4) Il s'agit principalement des pierres taillées, polies ou sculptées, pour la bâtisse, l'ornement, etc., comme cubes, carreaux, chambranles, auges, bassins, vases et figures de jardin, tombes, pierres cinéraires et mortiers à piler.

(5) Le diamètre se prend au sixième de la longueur, à partir du gros bout.

	DÉSIGNATION DES MARCHANDISES.	CLASSE du TARIF.	TITRE DE PERCEPTION. Entrée.	TITRE DE PERCEPTION. Sortie.	UNITÉS sur lesquelles portent les droits.	DROITS D'ENTRÉE par Navires Français.	DROITS D'ENTRÉE par Navires Étrangers et par terre	DROITS de SORTIE.
						F. C.	F. C.	F. C.
FR.	**piment** confit au vinaigre. V. câpres confites.							
RR.	confit au sucre. V. confitures.							
FR.	au sel, com. les câpres confit. *(note 116 du tarif de 1844)*							
FF.	**pin** bois de). V. bois.							
id.	écorce de). V. écorces.							
id.	résine de). V. résines indigènes.							
id.	pommes de). V. fruits médicinaux à dénommer.							
id.	graine de). V. graines forestales.							
RR.	poussière de). V. lycopode.							
RR.	**pinceaux** de poils fins ou de cheveux. V. mercerie fine. communs, brosserie. V. mercerie commune.							
id.	**pinces** à casser le sucre et pinces à ongles. V. mercerie com.							
id.	dites tire-fausset. V. outils de pur fer.							
id.	en fer, leviers. V. outils de pur fer.							
id.	Autres. V. outils de fer rechargé d'acier.							
id.	de bijoutier, d'horloger et autres servant aux arts et métiers. V. outils de fer rechargé d'acier.							
P.	**pincettes** en fer ou en cuivr. V. fer ou cuivre ouvré, sel. l'esp.							
RR.	**pinchebec**, métal formé de zinc et de cuivre. V. cuivre doré.							
id.	**pinnes-marines** coquillages vides V. objets de collection.							
FF.	byssus ou fil de). V. byssus.							
P. R.	drap de). V. tissus de soie pure unie.							
id.	bonneterie. V. bonneter. à tissus de soie.							
FF.	attachées aux coquilles. V. soie en cocons.							
RR.	**pioches**. V. instruments aratoires.							
RR.	**pipes** à fumer de fayence. V. fayence.							
P.	en verre. V. verrerie de toute autre sorte.							
RR.	de terre, sans émail ou de grès commun. V. fayence. — De grès fin. V. mercerie fine.							
P.	en ivoire. V. tabletterie non dénommée.							
RR.	de porcelaine ou d'écume de mer. V. merc. fine.							
id.	Autres. V. mercerie commune.							
FR.	**piquants** de porc-épic. V. plumes à écrire brutes.							
P.	**piquerie** à feuill. trinervées (trébel). V. tabac en feuil. ou autr.							
RR.	**piqués** de pur fil pour couverture: blancs, mêmes droits que le coutil pour tenture ou literie. teints, mêmes droits que la toile impr.							
P.	de coton. V. tissus de coton, prohibés.							
RR.	**piques**. V. armes blanches de commerce. —							
P.	Piques d'abordage. V. armes blanches de guerre, prohibées.							
FF.	**pissasphalte**, comme naphte. V. bitumes fluides sans distinction de couleur, etc. (1)							
id.	**pissenlit**. V. racines ou feuill. médicin. à dénom., sel. l'espèce.							
FR.	**pistaches** en coques, même celles vertes...............	fruits.	2 juil. 1836	28 avr. 1816	100 k. NB	48 »	52 80	» 25
id.	cassées.................................	—	28 avr. 1816	—	—	144 »	153 70	» 25
FF.	de terre. V. arachis.							
	pistolets. V. armes à feu, selon l'espèce, de poche ou à vent, armes défendues.							
FF.	**pitre**. V. poil de Messine.							
id.	**pitte** ou pite (agavé). V. végétaux filamenteux non dénommés.							
FF.	**pivoine** (2) racine. V. racines médicin. à dénommer.							
FR.	fleurs. V. fleurs médicinales à dénommer.							
FF.	graine de). V. fruits médicinaux à dénommer.							
RR.	**planches** (3) pour l'impression sur toile ou sur papier.							
id.	stéréotypées avec dessins ou vignett. V. machin. à dén. Autres. V. caractères d'imprimerie.							
FF.	de bois communs. V. bois à construire scié ou en éclisse, selon l'espèce.							
RR.	de bois d'acajou. V. acajou scié. D'autres bois exotiques. V. bois d'ébénisterie scié.							
FR.	de bois façonnés pour instruments de musique. V. ouvrages en bois non dénommés.							
RR.	de bois d'érable teintes. V. bois d'ébénist. à dén. y compris celles d'autres bois. (4)							
FR.	**planchettes** de sapin préparées pour former des boîtes, pour le pliage et l'embal. des draps. V. ouvrages en bois non dénom.							

(1) Mélange de poix et de bitume.

(2) Les racines sont formées en navets ; elles sont grosses comme le pouce, rougeâtres en dehors, blanches en dedans. Les fleurs sont amples, disposées en rose, de couleur purpurine, incarnate ou panachée, et soutenues par un calice à cinq feuilles.

(3) Les planches gravées, qu'elles soient en cuivre, bois ou autres matières, font partie des machines et mécaniques ; et les planches en cuivre non gravées sont traitées comme cuivre laminé. Celles en acier, comme acier en tôle.

(4) Cette assimilation vient de ce que ces planches ne sont employées qu'en placage ou en marqueterie.

DÉSIGNATION DES MARCHANDISES.	CLASSE du TARIF.	TITRE DE PERCEPTION.		UNITÉS sur lesquelles portent les droits.	DROITS D'ENTRÉE		DROITS de SORTIE.
		Entrée.	Sortie.		par Navires Français.	par Navires Étrangers et par terre	
					F. C.	F. C.	F. C.

DÉSIGNATION DES MARCHANDISES.	CLASSE du TARIF.	TITRE DE PERCEPTION.		UNITÉS sur lesquelles portent les droits.	DROITS D'ENTREE		DROITS de SORTIE.
		Entrée.	Sortie.		par Navires Français.	par Navires Etrangers et par terre	
					F. C.	F. C.	F. C.

	DÉSIGNATION DES MARCHANDISES.	CLASSE du TARIF.	TITRE DE PERCEPTION. Entrée.	TITRE DE PERCEPTION. Sortie.	UNITÉS sur lesquelles portent les droits.	DROITS D'ENTRÉE par Navires Français.	DROITS D'ENTRÉE par Navires Étrangers et par terre	DROITS de SORTIE.
						F. C.	F. C.	F. C.
FF.	**planchettes** pour faire des seaux ou des ouvrages de boissellerie. V. bois en éclisses.							
RR.	**planes**. V. outils de fer rechargé d'acier.							
FF.	**plantes** alcalines (fucus) (1)	pr. et déc. div.	28 avr. 1816	6 mai 1841	100 k. BB	» 10	» 10	» 25
id.	**plantes** confites au vinaigre. V. cornichons.							
id.	**plantes** de fleur. V. graines de jardin.							
id.	**plantes** de sumac. V. plants d'arbre.							
RR.	**plantes** exotiques. V. objets de collection, y compris les plantes desséchées (herbiers.)							
FF.	**plants** d'arbre et de vigne	—	—	25 juil. 1837	—	» 50	» 50	» 05
id.	**plants** d'houblon, comme plants d'arbre.							
id.	**plants** d'asperge. V. graines de jardin.							
P.	**plants** de tabac. V. tabac en feuilles.							
FF.	**plants** d'iris ou caïeux assimilés aux caïeux de fleurs. V. bulbes et oignons.							
id.	**plants** ou boutures de garance. V. graine de coton et de garan.							
P.	**plaques** de cheminée. V. fer fonte moulée.							
id.	**plaques** funéraires, en métal. V. métaux ouvrés selon l'esp.							
FR.	**plaques** de cuivre coulées. V. cuivre coulé de 1re fusion.							
id.	**plaques** de cuivre laminées à verdet. V. cuivre laminé.							
RR.	**plaques** de cuivre à cadran. V. fournitures d'horlogerie. (2)							
FR.	**plaques** de cuivre à cadran, brutes pour horloges et pendules. V. cuivre laminé.							
id.	**plaques** d'enclume. Mêmes droits que le fer étiré en barres plates de 213 à 458 millimètres. (3)							
RR.	**plaques** de daguerréotype, unies. V. métaux ouvr. sel. l'esp.							
id.	**plaques** Revêtues de dessins. d'im., etc. V. objets de collec.							
FF.	**plaques** de terre cuite pour les émailleurs. V. grès commun, ustensiles.							
RR.	**plaques** d'écran de main, en bois blanc (ouvrages de Spa). V. mercerie commune.							
P.	**plaqués** (ouvrages en métaux communs vernis, plaqués. dorés ou argentés)	métaux.	10 br. an 5	6 mai 1841	100 k. B	prohib.	prohib.	» 25
FR.	**plateaux** de balance en bois. V. ouvrages en bois non dénom.							
P.	En métal. V. métaux ouvrés selon l'espèce.							
RR.	**plateaux** en figuier, vernissés. V. mercerie fine.							
RR.	**plateaux** en laque de Chine. V. meubles.							
	platine (couleur blanc d'argent et de la nature de l'or. V. or ou orfèvrerie selon l'espèce. (4)							
FF.	**platine** (minerai de). V. minerai non dénommé.							
	platines de fusil ou de pistolet. V. armes à feu selon l'espèce.							
FF.	**plâtre** brut ou pierres à plâtre	pierres, terres et autr. fossil.	28 avr. 1816	2 juil. 1836	100 k. BB	» 10	» 10	» 15
FF.	**plâtre** préparé, soit moulu ou calciné	—	—	28 avr. 1816	—	» 50	» 50	» 15
FF.	**plâtre** préparé, soit moulu ou calciné par les bureaux d'Abbevillers, Villars-sous-blamont, Vauffrey, Delle, Croix, Rechési et St-Laurent-du-Var	—	25 juil. 1837 26 juin 1842	—	—	» 10	» 10	» 15
FR.	**plâtre** moulé ou coulé. V. pierres ouvrées, autres.							
FF.	**plats** en bois. V. ouvrages en bois. Boissellerie.							
id.	**ploes**. V. poils.							
id.	**plomb** (minerai de) ou plomb sulfuré quelle que soit sa dénomination galène, alquifoux, etc. (5)	métaux.	2 juil. 1836	7 juin 1820	—	3 50	3 80	» 25
FR.	**plomb** allié d'antimoine (6)	—	17 mai 1826	6 mai 1841	—	26 »	28 60	» 25
FF.	**plomb** métal brut (7)	—	28 avr. 1816	—	—	5 »	7 »	» 25
P.	**plomb** en balles de calibre	—	21 avr. 1818	19 therm. 4	—	prohib.	prohib.	prohib.
FF.	**plomb** limailles	—	2 juil. 1836	6 mai 1841	—	3 50	3 80	» 25
FR.	**plomb** battu, laminé	—	23 oct. 1841	—	—	24 »	26 40	» 25
id.	**plomb** ouvré de toute sorte (8)	—	—	—	—	24 »	26 40	» 25

(1) Ces plantes se nomment, suivant les points d'arrivée ou les lieux d'extraction, varechs, algues, goémons, salsola, soda, kali, salicornia.

(2) Ce sont de petites plaques rondes en cuivre, destinées à être émaillées pour cadrans de montre.

(3) Ce sont des plaques grossières du poids environ de 5 kilogr., composées d'un quart d'acier forgé et 3/4 de fer, et destinées à être étendues sur les enclumes brutes.

(4) Métal d'un blanc gris, peu brillant, le plus pesant, le moins combustible, le plus inaltérable de tous les métaux.

(5) L'alquifoux est une mine de plomb minéralisée par le soufre; il est sous la forme pulvérulente qui est la plus estimée, ou en petits morceaux. On l'emploie pour vernisser la poterie de terre. — Le sable plombifère est une variété de l'alquifoux; elle est en morceaux et en poussière, grisâtre et très-pesante, tandis que celle de l'alquifoux proprement dit est noirâtre.

(6) Pour être traité comme tel il faut que le plomb contienne plus de 3 p. °/₀ d'antimoine, lorsqu'il ne contient que 3 p. °/₀ ou au dessous il est traité comme plomb brut. Le plomb pur, ou qui ne contient qu'une faible partie d'antimoine, a bien moins de dureté et plus de flexibilité que celui dans lequel l'antimoine existe dans une plus forte proportion. L'ongle le raye facilement et s'y enfonce, tandis que le métal résiste sous l'ongle, lors même que la proportion d'antimoine n'est que de 4 à 5 p. °/₀. Etant pur le plomb n'est pas sonore, il le devient à un faible degré lorsqu'il est mélangé d'une petite partie d'antimoine, il acquiert une sonorité assez notable lorsque la proportion d'antimoine dépasse 3 p. °/₀. (*Circulaire du 7 août 1843, n 1985.*)

(7) Le plomb brut comprend les saumons, mitraille, scories, ouvrages détruits, et tout plomb pur ou faiblement oxidé, qu'on peut ramener à l'état de métal par la fusion avec la graisse ou la résine.

(8) Cette dénomination comprend la grenaille et tous les ouvrages autres que ceux repris à mercerie, bimbeloterie, ou qui font partie des machines et mécaniques.

DÉSIGNATION DES MARCHANDISES.	CLASSE du TARIF.	TITRE DE PERCEPTION.		UNITÉS sur lesquelles portent les droits.	DROITS D'ENTRÉE		DROITS de SORTIE.
		Entrée.	Sortie.		par Navires Français.	par Navires Etrangers et par terre	
					F. C.	F. C.	F. C.
FF. **plombagine**. V. graphite, carbure de fer, etc.							
RR. **plumasseaux**, petits balais. V. mercerie commune.							
FR. **plumes** de parure (1) blanches brutes	prod. et dép. d'animaux.	27 juil. 1822	6 mai 1841	100 k. NB	400 »	417 50	100 k. 25
plumes de parure (1) blanches apprêtées	—	—	28 avr. 1816	—	600 »	617 50	— 25
plumes de parure (1) noires brutes	—	—	6 mai 1841	—	200 »	212 50	— 25
plumes de parure (1) noires apprêtées	—	—	28 avr. 1816	—	400 »	417 50	— 25
plumes de parure (1) Autres (2) brutes	—	—	6 mai 1841	—	100 »	107 50	— 25
plumes de parure (1) Autres (2) apprêtées	—	—	28 avr. 1816	—	300 »	317 50	— 25
plumes à écrire brutes, même celles de corbeau	—	28 avr. 1816	6 mai 1841	100 k. BB	40 »	44 »	— 25
plumes à écrire apprêtées, même celles de corbeau	—	17 mai 1826	28 avr. 1816	100 k. NB	240 »	254 50	— 25
plumes à lit, duvet de cygne, d'oie, de canard et de flamant	—	28 avr. 1816	—	—	200 »	212 50	— 25
plumes à lit, duvet d'eyder édredon épuré	—	2 juill. 1836	—	1 k. NB	5 »	5 50	— 25
plumes à lit, duvet d'eyder édredon non épuré	—	25 juil. 1837	—	—	1 25	1 30	— 25
FF. plumes à lit, duvet de cachemire brut	—	2 juill. 1836	—	1 k. BN	» 10	» 10	le k. 50
FR. plumes à lit, duvet de cachemire peigné	—	—	—	1 k. NN	1 »	1 10	— 50
id. plumes à lit, Autres plumes	—	28 avr. 1816	—	100 k. NB	60 »	65 50	100 k. 25
RR. **plumes** en métal autre que l'or ou l'argent	ouvr. en mat. diverses.	26 juin 1842	—	1 k. NB	4 »	4 40	— 25
id. plumes de paille, m. droits que les nattes ou tress. de paill. fine.							
FR. plumes de héron (gaza réal), de coq et de vautour, sans distinction de couleur. V. plumes de parure, autres.							
RR. plumes de roseau et de bois. V. mercerie commune.							
P. **plumes** dorées ou argentées. V. plaqués.							
RR. plumes en or, argent ou vermeil. V. bijouterie.							
id. **plumets**. V. ouvrages de mode.							
id. **poches**. instruments de musique	—	15 mar 1791	6 mai 1841	la pièce	» 75	» 75	1/4 p. 0/0
P. **poêles** à frire. V. fer ouvré. Poêles à chauffer les appartements. V. fayence ou tôle ouvrée ou fer-fonte ouvré.							
id. **poêlons**. V. fonte moulée, fer ou cuivre ouvré, selon l'esp. (3)							
id. **poids** en état de servir. V. mesures.							
FF. poids en fonte brisés. Mêmes droits que la fonte en gueuses. V. fer-fonte.							
P. **poignées** de parapluie. V. crosses.							
id. **poignards**. Prohibés comme toute arme cachée dont le port est défendu. (4)							
FF. **poils** de chameau, d'autruche et de phoque	prod. et dép. d'animaux.	28 avr. 1816	6 mai 1841	100 k. BD	1 »	1 10	» 25
id. poils de porcs et de sangliers (5) en masse	—	2 juill. 1836	—	—	5 »	5 50	» 25
FR. poils de porcs et de sangliers (5) en bottes de longueurs assorties	—	28 avr. 1816	—	—	20 »	22 »	» 25
FF. poils de blaireau en masse	—	25 juil. 1837	2 juill. 1836	100 k. BN	7 »	7 70	le k. 50
FR. poils de blaireau en bottes de longueurs assorties	—	—	—	—	28 »	30 80	— 50
FF. poils de vache et autres ploes (6)	—	28 avr. 1816	6 mai 1841	100 k. BD	1 »	1 10	100 k. 25
id. poils propres à la filature ou à la chapellerie (7) de lapin et de lièvre	—	—	2 juill. 1836 et 2 déc. 1843	100 k. BN	1 »	1 10	1 le k.
id. poils propres à la filature ou à la chapellerie (7) de castor	—	—	2 juill. 1836	—	1 »	1 10	le k. 50
id. poils propres à la filature ou à la chapellerie (7) de chien, de loutre, de chèvre et chevreau dits chevrons et autres non dénommés (8)	—	—	6 mai 1841	—	1 »	1 10	— 50
id. poils impropres à la filature ou à la chapellerie ordinaires de chèvre et de chevreau (7)	—	—	2 déc. 1843	100 k. BD	1 »	1 10	» 25
id. poils de Messine. Mêmes droits que les soies grèges écrues. V. soie. (*Loi du 2 juillet* 1836.)							
id. poils de nacre. Mêmes droits que les soies grèges écrues. V. soie. (*Loi du 2 juillet* 1836.)							
RR. **poinçons** gravés. V. machines et mécaniques.							
RR. **pointes** de corne. V. dents d'éléph. ou cornes brutes s. l'esp.							
id. pointes de fer à fabriquer des cardes à carder. V. merc. com.							
id. pointes en fer ou en acier pour peignes à peigner le chanv., le lin, etc. V. outils selon l'espèce.							
id. **poiré**	boissons.	28 avr. 1816	28 avr. 1816	l'hectol.	2 »	2 »	» 10

(1) Les plumes de parure qui n'ont reçu qu'un premier lavage doivent être traitées comme brutes.

(2) Ce sont les plumes grises, l'ordonnance du 26 juin 1842, y a ajouté les plumes de coq et de vautour, sans distinction de couleur.

(3) Les fonds de poêlon en cuivre sont traités comme cuivre battu ou laminé.

(4) Ceux de fabrication antique peuvent être traités comme objets de collection, et ceux de fabrication moderne, connus sous le nom de yatagans, poignards en usage en Orient ou en Afrique française, peuvent être admis comme armes de luxe.

(5) Les déchets de poils de porc et de sanglier, c'est-à-dire, les rognures de brossiers, sont traités, à l'entrée comme les poils de vache et autres ploes.

(6) Ce sont des poils communs et avariés qui proviennent de l'épilage des peaux passées ou tannées, et qui servent à faire des tapis grossiers, à rembourrer la sellerie grossière, ou à former des mélanges avec le plâtre ou la chaux pour les plafonniers.

(7) Les poils de chèvre et de chevreau dits chevrons, dont quelques sortes sont improprement appelées poil de chameau, sont faciles à distinguer des poils ordinaires de chèvre et chevreau: ceux-ci présentent généralement des mèches longues, lisses et d'une certaine roideur, tandis que le poil de chevron a au contraire quelque analogie avec le duvet de cachemire pour la douceur au toucher. La matière toutefois en est plus courte, elle est soyeuse, mais pleine de jarre et de poussière. (*Circulaire du 6 août* 1841, *n.* 1865.)

(8) Les autres poils non dénommés sont ceux de castorin, de rat musqué, etc.

DÉSIGNATION DES MARCHANDISES.	CLASSE du TARIF.	TITRE DE PERCEPTION.		UNITES sur lesquelles portent les droits.	DROITS D'ENTRÉE		DROITS de SORTIE.
		Entrée.	Sortie.		par Navires Français.	par Navires Étrangers et par terre	
					F. C.	F. C.	F. C.

DÉSIGNATION DES MARCHANDISES.	CLASSE du TARIF.	TITRE DE PERCEPTION. Entrée.	Sortie.	UNITÉS sur lesquelles portent les droits.	DROITS D'ENTRÉE par Navires Français.	par Navires Étrangers et par terre	DROITS de SORTIE.
					F. C.	F. C.	F. C.

	DÉSIGNATION DES MARCHANDISES.	CLASSE du TARIF.	TITRE DE PERCEPTION. Entrée.	Sortie.	UNITÉS sur lesquelles portent les droits.	DROITS D'ENTRÉE par Navires Français.	par Navires Étrangers et par terre	DROITS de SORTIE.
						F. C.	F. C.	F. C.
FF.	**poires** fruits. V. fruits frais indigènes à dénommer, ou secs, selon l'espèce.							
id.	**poires** écrasées	Boissons.	2 juil. 1836	6 mai 1841	100 k. BB	1 »	1 10	» 25
id.	**poires** sèches ayant leurs pellicules et pepins. V. légum. secs.							
RR.	**poires** à poudre, gainerie. V. mercerie commune.							
id.	**poires** à poudre, en cuivre bronzé. V. mercerie fine.							
FF.	**pois** d'angole ou de congo. V. légumes secs.							
id.	**pois** verts en cosses. V. légumes verts.							
id.	**pois** secs, écossés ou non. V. légumes secs.							
id.	**pois** d'Amérique. V. grains durs à tailler.							
RR.	**pois** de bedeau, graines d abrus, percés. V. mercerie commune.							
FF.	**pois** de bedeau, graines d abrus, non percés. V. grains durs à tailler.							
id.	**pois** à gratter. V. fruits médicinaux à dénommer.							
RR.	**pois** à cautère en iris et en orangettes. V. iris ouvré.							
FF.	**poissons** d'eau douce de toute pêche, frais	pêches.	28 avr. 1816	27 mar 1817	100 k. B	» 50	» 50	exempts
RR.	**poissons** d'eau douce de toute pêche, préparés	—	—	—	—	40 »	44 »	exempts
	poissons de mer (1), frais, secs, salés ou fumés, de pêche française	—	—	—	—	exempts	exempts	exempts
id.	**poissons** de mer (1), frais, secs, salés ou fumés, de pêche étrangère (2)	—	17 déc. 1814	—	—	40 »	44 »	exempts
id.	**poissons** de mer (1), marinés ou à l'huile de toute pêche	—	28 avr. 1816	—	100 k. N	100 »	107 50	exempts
	poissons de mer (1), conservés par la méthode appert. V. poissons secs, salés ou marinés, sel. l'esp.							
FF.	**poissons** de mer frais, importés depuis Blanc-Misseron jusqu'à Mont-Genèvre, le quart du droit fixé pour le poisson de mer importé d'ailleurs.							
F.	**poivre** de la Guyane française	denr. col.	2 juil. 1836	28 avr. 1816	100 k. NB	10 »	—	» 25
RR.	**poivre** de l'Inde et des pays à l'ouest du cap Horn	—	—	—	—	40 »	105 »	» 25
	poivre d'ailleurs	—	—	—	—	80 »	105 »	» 25
	poivre (poussière de), comme le poivre.							
FF.	**poix** végétale, résine indigène	sucs végét.	27 juil. 1822	6 mai 1841	100 k. BB	5 »	5 50	» 25
id.	**poix** minérale, pétrole. V. bitumes fluides sans distinction de couleur, etc.							
id.	**poix** de montagne. V. bitumes solides, autres pures, bitume de Judée.							
id.	**polium** des montagnes. V. herbes médicinales à dénommer.							
id.	**polozum**. V. cuivre allié d'étain.							
id.	**polygala** de Virginie. V. racines médicinales à dénommer.							
id.	**polypode** de chêne. V. racines médicinales à dénommer.							
RR.	**pommades** de toute sorte, parfumerie. (3)	comp. div.	28 avr. 1816	—	100 k. NB	123 »	131 60	» 25
FF.	**pommes** fruits. V. fruits frais indigènes à dénom., ou fruits secs, selon l'espèce.							
id.	**pommes** écrasées. V. poires écrasées.							
RR.	**pommes** (sirop de). V. sirops. Sucre de pommes. V. bonbons.							
FF.	**pommes** sèches ayant leurs pellic. et pepins. V. légum. secs							
id.	**pommes** d'acajou et de pin. V. fruits médicin. à dénommer.							
id.	**pommes** d'amour, fraîches. V. légumes verts.							
id.	**pommes** d'amour, sèches. V. légumes secs.							
id.	**pommes** d'amour, confites au vinaigre. V. cornichons							
RR.	**pommes** d'amour, marmelades ou tablettes de (conserves) V. épices préparées non dénom.							
FF.	**pommes** de grenadille, fraîches. V. fruits frais exotiq. à dén.							
RR.	**pommes** de grenadille, sèches. V. objets de collection.							
FF.	**pommes** de pin autres que celles du pinus pinea (pin à pignons). V. graines forestales.							
id.	**pommes** de terre	farin. alim.	—	28 avr. 1816	100 k. BB	» 50	» 50	» 25
P.	**pommes** eau-de-vie de pommes de terre. V. boissons distillées.							
FF.	**pommettes** ou azéroles. V. fruits frais indigènes à dénom.							
FR.	**pompes** en bois. V. ouvrages en bois non dénommés.							
RR.	**pompes** à vapeur (4)	ouvr. en mat. diverses.	21 avr. 1818	16 juin 1832	la valeur	30 p. 0/0	30 p. 0/0	1/4 p. %
id.	**pompes** à incendie et autres. V. mach. et mécaniq. à dénom.							
id.	**pompes** de pipe en plomb, même celles vernies et dorées. V. mercerie commune.							
FF.	**pompholix**. V. oxide de zinc blanc.							

(1) Les cétacés et autres poissons qui échouent sur nos côtes, sont assimilés aux produits de la pêche française.

(2) Sont affranchis de tous droits d'entrée les poissons pêchés sur les côtes de la méditerranée : 1° par les pêcheurs Catalans ; 2° par les autres étrangers qui sont domiciliés ou stationnaires sur les côtes de provence : mais il faut, pour jouir de cette immunité, d'une part, que ces pêcheurs soient soumis à la même juridiction que les français ; et, de l'autre, qu'ils soient inscrits au bureau des classes, qui leur délivre un rôle où la composition obligée de l'équipage se trouve déterminée. — Celui d'un bateau sous pavillon français, peut être composé par moitié de français et d'étrangers de toutes nations ; celui des bateaux sous pavillon espagnol, peut l'être par moitié de français et d'espagnols exclusivement.
D'après ces dispositions on appliquera le droit de 40 ou 44 fr. les 100 kilo brut à tout poisson de pêche étrangère qui ne serait pas importé dans les circonstances et sous les conditions qui entraînent légalement la franchise. *(Loi du 12 décembre 1790, loi du 17 décembre 1814, et Circulaire n. 452.)*

(3) N'admettre sous la dénomination de pommades que des graisses simplement blanchies ou parfumées pour la toilette ; et faire attention à ce qu'on importe comme pommades aucun médicament prohibé, tel que cérat, onguent, beurre ou autres.

(4) Cette valeur est à déterminer par le comité consultatif des arts et manufactures. Voir la note à machines et mécaniques où sont détaillées toutes les formalités à remplir pour leur admission.

	DÉSIGNATION DES MARCHANDISES.	CLASSE du TARIF.	TITRE DE PERCEPTION. Entrée.	TITRE DE PERCEPTION. Sortie.	UNITÉS sur lesquelles portent les droits.	DROITS D'ENTRÉE par Navires Français.	DROITS D'ENTRÉE par Navires Étrangers et par terre	DROITS de SORTIE.
						F. C.	F. C.	F. C.
FF.	**poncires**. V. citrons.							
RR.	**porcelaine** (1) commune	vitrificat.	28 avr. 1816	2 juil. 1836	100 k. NB	164 »	174 70	» 25
id.	**porcelaine** (1) fine	—	—	—	—	327 »	344 50	» 25
P.	**porcelaine** (1) opaque (poterie dite). V. grès fin.							
RR.	**porcelaine** (1) en camaïeu, quelle que soit l'espèce de dessins qui la décorent, comme la commune.							
FF.	**porcs**	anim. viv.	17 mai 1826	27 juil. 1822	par tête.	12 »	12 »	» 25
FR.	**porc-épic** (piquants de). V. plumes à écrire brutes.							
RR.	**porc-épics** vivants. V. objets de collection.							
FF.	**porphire**, mêmes droits que le marbre non dénommé.							
RR.	**porte-crayons** à la grosse. V. mercerie commune.							
P.	**porte-crayons** en acier. V. acier ouvré.							
id.	**porte-crayons** dorés, argenté ou d'or faux. V. cuivre doré ou argenté ouvré.							
RR.	**porte-crayons** en or, argent ou en vermeil. V. bijouterie.							
RR.	**porte-feuilles** de maroquins, de peaux maroquinées ou de cuir de Russie. V. mercerie fine. Autres. V. mercerie commune.							
FF.	**porte-manteaux** en bois. V. boissellerie. Ceux en cuir sont prohibés.							
P.	**porte-mouchettes** en acier, en tôle vernie et en cuir bouilli. V. acier tôle ouvrée et peaux ouvrées, selon l'espèce.							
RR.	**porte-plats** et porte-bouteilles en bois. V. mercerie commune							
id.	**porte-plats** et porte-bouteilles en jones. V. vannerie coupée.							
id.	**porte-mouchettes** en carton. V. carton moulé. — En plaqué ou doublé. V. plaqués.							
id.	**porte-cigares** en paille ou autres végétaux et en peaux. V. mercerie fine ou commune, suivant leur valeur.							
P.	**porte-mousquetons**. V. métaux ouvrés, selon l'espèce.							
FR.	**porte-montres**. V. ouvrages en bois non dénommés.							
RR. P.	**porte-plumes** en argent et en or. V. bijouterie — En cuivre, fer, argentan, etc. V. métaux ouvrés, selon l'espèce.							
id.	**porte-plumes** en ivoire, en écaille et en nacre. V. tabletterie non dénommée.							
RR.	**porto**. V. boissons, vins ordinaires.							
FR.	**potasses**. V. ce mot à alcalis.							
P.	**potassium**. V. produits chimiques non dénommés.							
FF.	**poteaux**. V. bois à construire scié.							
FF.	**potée** d'étain. V. oxide d'étain.							
id.	**poterie** de terre grossière (2)	vitrificat.	17 déc. 1814	2 juil. 1836	100 k. BB	6 »	6 60	» 25
P.	**poterie** de fonte. V. fer-fonte ouvrée.							
RR.	**poterie** d'étain. V. mercerie fine ou commune, selon l'espèce. *(Loi du 5 juillet 1836.)*							
FF.	**potin** gris. V. cuivre allié d'étain. jaune. V. cuivre allié de zinc.							
RR.	**pots-pourris** eaux de senteur alcooliques. V. eaux de sent.							
id.	**pots-pourris** odorants à brûler, comme pastilles odorantes à brûler. V. résineux exotiques à dénomm.							
P.	**poudres** de café. Prohibée.							
FF.	**poudres** savonneuse du Levant, dite saponaire du Levant, comme racine de gysophila. V. garou. (3)							
P.	**poudres** à poudrer, de terre-argileuse, prohibée.							
RR.	**poudres** à faire de l'encre. Comme encre à dessiner en tablettes.							

(1) Est réputée porcelaine commune, celle non dorée qui n'a que la couleur de la pâte, grise ou jaune, ou qui ne porte que des dessins en camaïeu, c'est-à-dire, d'une seule couleur et quelle que soit d'ailleurs l'espèce de dessins qui la décore.

Est réputée porcelaine fine celle qui présente l'un des caractères ci-après : dorée quelque soit la couleur de la pâte, peinte ou imprimée avec figures ou paysages, quelle qu'en soit la manière ; décorée en fleurs ou ornement coloriés ; à fond uni de couleur bleue, dorée ou non ; sculptée en figures mattes ou vernissées. — La porcelaine brisée doit être traitée comme derle. — La porcelaine dite de réaumur, n'étant qu'un verre rendu opaque, suit le régime des verres et cristaux.

(2) On appelle ainsi la poterie de terre qui est sans émail, ou qui n'est recouverte que d'un simple enduit métallique, ordinairement de couleur jaune, verte, brune ou rouge.

Lorsqu'on présente de la poterie en vrac, dans des voitures ou embarcations, on doit exiger, ainsi que le prescrit le titre 4 de la loi du 28 avril 1816, et la Circulaire n. 149, qu'elle soit déchargée pour passer à la balance. C'est aux propriétaires à se garantir du dommage qu'ils pourraient éprouver par cette opération, en encaissant leurs marchandises. Les chefs doivent s'assurer que les pesées ont lieu.

La poterie de fonte est reprise à l'article fer, comme fonte moulée.

(3) Cette poudre est un produit végétal, provenant d'une racine employée dans l'Orient, et même en Perse, pour le nettoiement, en place de savon, des étoffes de laine et des tissus en poils, comme schals, etc. En racine entière elle est d'un blanc jaunâtre, mucilagineuse et a été nommée saponaire du Levant, à cause de ses qualités savonceuses, quoi qu'elle n'appartienne pas cependant au genre de nos saponaires, mais bien à la famille des Berbéridées. Cette racine a été assimilée à celle de gysophila, comme y ayant le plus d'analogie, et paie les mêmes droits que la racine de garou, soit qu'elle se trouve entière ou pulvérisée.

DÉSIGNATION DES MARCHANDISES.	CLASSE du TARIF.	TITRE DE PERCEPTION.		UNITÉS sur lesquelles portent les droits.	DROITS D'ENTRÉE		DROITS de SORTIE.
		Entrée.	Sortie.		par Navires Français.	par Navires Etrangers et par terre	
					F. C.	F. C.	F. C.

DÉSIGNATION DES MARCHANDISES.	CLASSE du TARIF.	TITRE DE PERCEPTION.		UNITÉS sur lesquelles portent les droits.	DROITS D'ENTRÉE		DROITS de SORTIE.
		Entrée.	Sortie.		par Navires Français.	par Navires Étrangers et par terre	
					F. C.	F. C.	F. C.

	DÉSIGNATION DES MARCHANDISES.	CLASSE du TARIF.	TITRE DE PERCEPTION. Entrée.	TITRE DE PERCEPTION. Sortie.	UNITÉS sur lesquelles portent les droits.	DROITS D'ENTRÉE par Navires Français.	DROITS D'ENTRÉE par Navires Étrangers et par terre	DROITS de SORTIE.
						F. C.	F. C.	F. C.
FR.	**poudres** de henné. V. garance moulue.							
FF.	d'albâtre. V. albâtre brut.							
id.	de marbre. V. marbre brut.							
id.	de feuill. et plantes d indigo. V. pastel, racines, herb. et feuil.							
P.	de sola, sternutatoire et de vipères. V. médicam. composés non dénommés.							
FR.	dentifrices. V. poudres de senteur non dénommées.							
id.	à teindre les cheveux. V. poudres de senteur non dénommées.							
P.	de Séville. V. tabac fabriqué.							
id.	poudres médicinales, prohibées à l'entrée, à la sortie comme les substances dont elles proviennent.							
RR.	de kary. V. épices préparées non dénommées.							
FF.	anti-charboneuse, végétative et préservatrice de la carie des grains. V. engrais. (1)							
P.	fulminante. V. poudre à tirer.							
RR.	de tennant ou à laver le papier. V. chlorure de chaux.							
FF.	d'or. V. or brut ou mica, selon l'espèce.							
P.	de quinquina. V. médicaments composés non dénommés.							
RR.	de piment pilé et de poivre. Comme piment ou poivre.							
P.	à tirer (2)	comp. div.	21 avr. 1818	19 therm. 4	—	prohib.	prohib.	prohib.
RR.	pour assaisonnement. V. épices préparées non dénommées.							
FB.	à poudrer (3)	—	28 avr. 1816	17 mai 1826	100 k. BB	25 »	27 50	100 k. 25
id.	de senteur (4) de Chypre	—	—	6 mai 1841	1 k. NB	9 »	9 90	— 25
	de senteur (4) à dénommer	—	—	—	100 k. NB	184 »	195 70	— 25
RR.	de savon	—	—	—	—	164 »	174 70	— 25
FF.	de charbon, de goudron, de houille. V. noir de fumée.							
id.	**poudrette**. V. engrais.							
id.	**poulains** de toute espèce	anim. viv.	5 juill. 1836	17 mai 1826	par tête.	15 »	15 »	5 »
FR.	**poulies** en bois. V. ouvrages en bois non dénommés.							
P.	**poulies** en métal. V. les métaux ouvrés dont elles sont form.							
FF.	**pouliot** (5) V. herbes médicinales à dénommer.							
RR.	**pouliot** (huile de) com. huile de romarin. V. huiles ou essences, toutes autres.							
FR.	**pouliot** (fleurs de). V. fleurs médicinales à dénommer.							
P.R.	**poult** de soie. V. tissus de soie, étoffes unies.							
RR.	**poupées** et têtes de poupées. V. bimbeloterie.							
FF.	**pourpier**, graine de). V. fruits médicinaux à dénommer.							
RR.	**pourpre**. V. couleurs à dénommer.							
	pousse ou grabeau. V. grabeau.							
FF.	**poussier** de charbon de bois. V. charbon de bois. De houille, comme la houille.							
id.	**poussière** de foin. V. graine de prairie.							
RR.	**poussière** de pin. Mêmes droits que le lycopode. (6)							
id.	**poussière** de poivre, comme le poivre.							
FF.	**poutres** et poutrelles. V. bois à construire, sciés.							
id.	**pouzzolane** (sable volcanique d'un rouge brun). V. matériaux à dénommer,							
PR.	**praiss** (sauce de tabac)	comp. div.	2 juill. 1836	28 avr. 1816	100 k. BB	1 »	1 10	» 25
FR.	**prase**. Mêmes droits que les agates. (7)							
P.	**précipité** blanc, jaune ou rouge. V. médicam. comp. non dén.							
FF.	**presle**, tiges et feuilles de)	fruits, tiges et filam. à ouvr.	28 avr. 1816	—	—	5 »	5 50	» 25
RR.	**presses**. V. machines et mécaniques à dénommer. (8)							
FF.	**présure** (9)	prod. et dép. d'animaux.	—	—	—	» 50	» 50	» 25

(1) Cette poudre, dans laquelle il entre de l'arsénic, sans que pour cela il y ait du danger à en permettre l'usage, est un mélange de substances qui a pour objet l'amélioration du sol et des semences, et qui par conséquent doit être soumis aux mêmes droits que les engrais (*Lettre du ministre de l'intérieur du 7 février 1817.*)

(2) Les armateurs français et étrangers peuvent obtenir de l'administration des poudres et salpêtres des permis d'exportation pour la poudre de guerre et de traite qu'elle leur fournit, tant pour la défense de leurs bâtiments que pour leurs échanges à l'extérieur. Ces poudres acquittent, à leur sortie, le droit de 25 cent. par 100 kil. brut.

(3) La poudre à poudrer est affranchie des mesures relatives aux grains, mais quand les farines sont défendues à l'exportation, on doit empêcher qu'elles ne passent sous l'apparence de poudre à poudrer. En cas d'incertitude, on exigerait l'expertise.

(4) Toutes les poudres de toilette parfumées sont comprises sous cette dénomination, notamment les poudres dentifrices sèches ou en opiats.

(5) Plantes à racine fibreuse, menue, légère, d'un brun grisâtre en dehors, jaunâtre en dedans, et à tiges carrées et velues. Ses feuilles sont noirâtres, et ses fleurs bleuâtres ou purpurines découpées en deux lèvres, et de même structure que celles de la menthe, d'une odeur pénétrante, et de saveur très-âcre et très amère.

(6) Poussière fécondante de la fleur du pin, d'un jaune de soufre, et connue dans le commerce sous le nom de soufre végétal. Elle est résineuse, très-inflammable et s'emploie aux mêmes usages que le lycopode et paie les mêmes droits.

(7) Espèce d'émeraude variété de quatz vert obscur.

(8) Ce sont principalement les presses à emballer, d'imprimerie, de lingère, lithographiques, de pharmacie, de relieur et à tabac.

(9) On appelle présure l'estomac de veau desséché. Il est en poudre ou en morceaux, assez semblable au fromage : on l'emploie pour faire cailler le lait.

	DÉSIGNATION DES MARCHANDISES.	CLASSE du TARIF.	TITRE DE PERCEPTION. Entrée.	Sortie.	UNITÉS sur lesquelles portent les droits.	DROITS D'ENTRÉE par Navires Français.	par Navires Étrangers et par terre	DROITS de SORTIE.
						F. C.	F. C.	F. C.
FR.	**prime** brute de grenat. V. agates.							
P.	**produits** chimiques non dénommés	prod. chim.	17 mai 1826	28 avr. 1816	100 k. B	prohib.	prohib.	» 25
id.	**projectiles**. V. fer-fonte moulée.							
RR.	**prospectus** imprimés, comme les livres.							
P.	**proto-chlorure** de mercure. V. médicam. comp. non dén.							
FF.	**pruneaux**. V. fruits secs à dénommer.							
FR.	**prune** (racine de). V. bois odorants non dénommés.							
id.	**prunelle**. V. fleurs médicinales à dénommer.							
P.	**prunelles**. V. tissus de laine non dénommés.							
RR.	**prunes** confites au sucre. V. confitures. — A l'eau-de-vie. V. fruits confits à l'eau-de-vie.							
FF.	**prunes**. V. fruits frais indigènes ou fruits secs à dén., sel. l'esp.							
id.	**prunes** de mombin (acaja), fruits médicinaux à dénommer.							
id.	**prunier** de Virginie (écorce de). V. écorces médicin. à dén.							
FR	**prussiates** { de fer. V. bleu de Prusse.							
	{ de potasse cristallisé	teint. prép.	27 juil. 1822	6 mai 1841	100 k. NB	210 »	223 »	» 25
RR.	**psalmodions**, comme les clarinettes.							
id.	**psaltérions**, instruments de musique.................	ouvr. en mat. diverses.	15 mar 1791	—	la pièce	1 50	1 50	1/4 p. 0/0
FF.	**psyllium**, herbes aux puces et graines. V. herbes médicinales ou fruits médicinaux à dénommer.							
	pudis. V. sumac.							
FF.	**pulmonaire** de chêne. V. lichens médicinaux.							
id.	**pulpes** de betterave (résidu de). V. tourteaux de graines oléag.							
id.	**pulpes** de coco désséchées et rances. V. graines oléagin. à dén.							
RR.	**punch** (extrait ou sirop de). V. liqueurs.							
FF.	**pyrèthre**. V. racines médicinales à dénommer. (1)							
FR.	**pyrolignite** de fer. V. acétate de fer.							
	Q.							
RR.	**Quart** de cercle. V. instruments de calcul.							
FR.	**quassie**, bois de) ou bois de Surinan. V. bois odorants à dén.							
FR.	**quercitron** (2) { des pays hors d'Europe	teint. et tan.	2 juil. 1836	28 avr. 1816	100 k. BB	4 »	9 »	» 25
RR.	{ des entrepôts	—	—	—	—	7 »	9 »	» 25
id.	{ pâte de). V. couleurs à dénommer.							
P.	**queues** { de billard. V. tabletterie non dénommée.							
RR.	{ de girofle (pédicules). V. girofle pédicules.							
FR.	{ de pelleteries. V. pelleterie.							
id.	{ de rats musq. Le 1/4 des droits du musc pur. V. musc.							
	{ de bœuf. comme les peaux dont elles font partie.							
FF.	{ bouts de queues de bœuf, garn. de l. poil. V. crin brut							
FR.	{ de marmotte, comme queues de vison. V. pelleterie.							
FF.	**quillai** ou quillaja, écorce). V. racine de garou.							
P.	**quinate**. V. produits chimiq. non dén. C'est le kinate de chaux.							
	quincaillerie. Ce mot ne doit pas être employé. Il n'est pas admis en douane.							
P.	**quinine**, sulfate de). V. produits chimiques non dénom.							
id.	**quinquets**. V. métaux ouvrés selon l'espèce.							
FR.	**quinquina** écorces { des pays situés à l'ouest du cap Horn en droit ..	espèc. méd.	29 juin 1833	27 juil. 1822	100 k. NB	25 »	100 »	» 25
RR.	{ d'ailleurs	—	17 mai 1826	—	—	50 »	100 »	» 25
FF.	**quinquina** { racine de). V. racines médicinales à dénommer.							
P.	{ en poudre. V. médicaments comp. non dénom.							
id.	{ extrait, elixir, sirop et vin de). V. médicaments composés non dénommés.							
id.	{ sel de) sulfate de quinine. V. produits chimiques non dénommés.							
FF.	{ aromatique (cascarille). V. écorces méd. non dén.							
PR.	{ extrait concret ou pulvérulant importé en droiture du Pérou (3)	comp. div.	2 juil. 1836	6 mai 1841	1 k. NB	1 »	prohib.	100 k. 25

(1) Ce sont des racines de deux espèces de camomilles qui machées excitent la salivation. L'une est en morceaux longs et gros comme le petit doigt, ridée, grisâtre en dehors et blanchâtre au dedans; l'autre est longue d'un demi pied, fibreuse en son sommet, grise brunâtre en dehors, et blanchâtre en dedans.

(2) C'est l'écorce entière, moulue ou seulement hachée, d'un chêne d'Amérique, qui a la propriété de fournir une couleur jaune très-abondante, même à l'eau tiède. Comme bois de teinture, il ne peut être importé que par les ports d'entrepôt. (*Note* 187 *du tarif.*) Veiller à ce qu'on en introduise point sous le nom de tan. Le quercitron moulu est plus fin que le tan de chêne d'Europe. Il est importé en tonneaux, et non en sacs. En cas de doute, sa propriété colorante le ferait reconnaître.

(3) Production d'une décoction faite avec de l'eau chargée d'acide sulfurique et traitée à froid par un excès d'hydrate de chaux. Ce n'est pas de la quinine mais un précipité qui contient tout ce que l'écorce de quinquina pourrait en fournir.

DÉSIGNATION DES MARCHANDISES.	CLASSE du TARIF.	TITRE DE PERCEPTION.		UNITÉS sur lesquelles portent les droits.	DROITS D'ENTRÉE		DROITS de SORTIE.
		Entrée.	Sortie.		par Navires Français.	par Navires Etrangers et par terre	
					F. C.	F. C.	F. C.

DÉSIGNATION DES MARCHANDISES.	CLASSE du TARIF.	TITRE DE PERCEPTION.		UNITÉS sur lesquelles portent les droits.	DROITS D'ENTRÉE		DROITS de SORTIE.
		Entrée.	Sortie.		par Navires Français.	par Navires Étrangers et par terre	
					F. C.	F. C.	F. C.

	DÉSIGNATION DES MARCHANDISES.	CLASSE du TARIF.	TITRE DE PERCEPTION. Entrée.	Sortie.	UNITÉS sur lesquelles portent les droits.	DROITS D'ENTRÉE par Navires Français.	par Navires Étrangers et par terre	DROITS de SORTIE.
						F. C.	F. C.	F. C.
	R.							
RR.	**Rabanes** V. pagnes.							
FF.	**rabette** (graine de). V. fruits oléagineux à dénommer.							
id.	**rabette** (tourteaux de graine de). V. tourteaux de grain. oléag.							
RR.	**rabette** (huile de). V. huiles de graines grasses.							
RR.	**rabots** (fers à). V. outils de fer rechargé d'acier.							
FR.	**rabots** (bois de). V. ouvrages en bois non dénommés.							
RR.	**rabots** (bois de) garnis de fer d'acier ou de cuivre. V. outils de fer, d'acier ou de cuivre, selon l'espèce.							
FF.	**racines** médicinales à dénommer	espèc. méd.	28 avr. 1816	27 juil. 1822	100 k. BB	20 »	22 »	» 25
	racines de manguot et de manglier. V. quercitron. (*Let. 13 juil. 1836*)							
id.	**racines** d'épine-vinette. V. bois de teinture à dénom. Même régime pour la racine de fustet.							
	racines de curcuma. V. curcuma.							
id.	**racines** de garance. V. garance.							
id.	**racines** de garou. V. garou.							
id.	**racines** d'orcanette. V. orcanette.							
id.	**racines** de gypsophila, mêmes droits que celles de garou.							
RR.	**racines** de gingembre. V. gingembre.							
FF.	**racines** d'igname. V. igname pr. la note. M. droits que les légum. secs.							
id.	**racines** légumineuses. V. légumes verts, oignons compris.							
id.	**racines** de chicorée vertes et sèches. V. chicorée.							
id.	**racines** de bois communs. V. bois à brûler en bûches.							
id.	**racines** de buis. V. bois d'ébénisterie, buis.							
FF.	**racines** de sassafras. V. bois odorants, de sassafras.							
id.	**racines** à vergette	bois comm.	—	28 avr. 1816	—	5 »	5 50	» 25
id.	**racines** de vetivert (schénante). V. racines médicinales à dénomm.							
id.	**racines** confites au vinaigre comme cornichons confits.							
FR.	**racines** de scammonée. V. scammonée. (1)							
FF.	**racines** de quinquina. V. racines médicinales à dénommer.							
id	**racines** d'agali. V. racines médicinales à dénommer.							
id.	**racines** d'astragale. V. racines médicinales à dénommer.							
RR.	**racines** de kary. V. gingembre.							
FF.	**racines** savonneuse dite saponaire, comme celle de garou.							
id.	**racines** de katran rouge, comme celle de garou.							
FR.	**racines** de girofier, de prune et de quassie amère. V. bois odorants à dénommer.							
FF.	**racines** de chayaver. V. racines de garance sèches.							
id.	**racines** de houblon fraîches, pour plantations. V. plants d'arbre.							
	racines de houblon sèches V. racines médicinales à dénommer.							
RR.	**rack**, eau-de-vie de riz. V. boissons distillées.							
id.	**râcles**, lames d'acier fondu ou de cuivre allié, et râcloirs de menuisier. V. outils de pur acier.							
RR.	**râclures** d'écaille. V. écailles de tortue, rognures.							
FF.	**râclures** de peau. V. oreillons.							
id.	**râclures** de corne, comme cornes brutes.							
FR.	**ragondins** (peaux de), ce sont celles de castorin appelées aussi racool ou rat de mer. V. pelleteries, peaux de castorin.							
FF.	**raifort** sauvage. V. légumes verts ou secs, selon l'espèce.							
FR.	**rails** ou barres à rainure, mêmes droits que les autres fers étirés selon leur dimension.							
id.	**rais** de roue. V. ouvrages en bois non dénommés.							
RR.	**raisiné**. V. confiture.							
FF.	**raisins** frais, pour table. V. fruits indigènes à dénommer.							
id.	**raisins** secs de Corinthe, de Damas, etc. V. fruits secs à dén.							
RR.	**raisins** écrasés en cuve, moitié des droits du liquide qu'ils représentent, vin ordinaire ou de liqueur.							
FF.	**raisins** d'ours. V. feuilles médicinales à dénommer.							
id.	**raisins** (marc de). V. marcs.							
id.	**rameaux** d'olivier. V. fourrages.							
	rameaux de palmier et de latanier en tiges entières. V. bruyères à vergettes brutes.							
FF.	**rames** de bateau brutes, par navires français et par terre	ouvr. en mat. diverses.	2 juil. 1836	6 mai 1841	par mètre de longu.	» 02	—	1/4 p. 0/0
	rames de bateau par navires étrangers	—	—	—	—	—	» 04	1/4 p. 0/0
	rames de bateau façonnées	—	21 avr. 1818	—	—	» 05	» 06	1/4 p. 0/0
id.	**ram-till**. V. graines oléagineuses à dénommer.							
RR.	**rapatelle** ou toile de crin pour tamis	tissus.	28 avr. 1816	—	100 k. NB	41 »	45 10	» 25
id.	**râpes**. V. limes. Les râpes à pain paient comme les râpes communes.							

(1) Il a été reconnu que ce qui porte ce nom n'est qu'un suc durci et que dès lors il n'y avait point de distinction à établir avec la scammonée proprement dite.

	DÉSIGNATION DES MARCHANDISES.	CLASSE du TARIF.	TITRE DE PERCEPTION. Entrée.	Sortie.	UNITÉS sur lesquelles portent les droits.	DROITS D'ENTRÉE par Navires Français.	par Navires Étrangers et par terre	DROITS de SORTIE.
						F. C.	F. C.	F. C.
FF.	**râpures** de corne de bétail, V. cornes de bétail brutes.							
	râpures de corne de cerf	subst. pr. à la méd. et parfu.	28 avr. 1816	28 avr. 1816	100 k. BB	9 »	9 90	» 25
FR.	**râpures** d'ivoire	—	—	—	—	21 »	23 10	» 25
RR.	**râpures** d'écaille V. écailles de tortue, rognures.							
FR.	**râpures** de la racine de manioc. V. pâte d'Italie.							
FF.	**râpures** d'os de bétail. V. os de bétail.							
P.	**râpures** de bois de Gaïac. Comme substances médicinales pulvérisées. Prohibées.							
FF.	**râpures** de corne de rennes et de daim. V. rapures de corne de cerf.							
RR.	**raquettes**. V. mercerie commune.							
FF.	**ras**. V. garance.							
RR.	**rassades**. V. grains de verre percés.							
id	**ratafias**. V. boissons distillées, liqueurs.							
FF.	**ratanhia** (racine de). V. racines médicinales à dénommer.							
P.	**ratanhia** (extraits de). V. médic. composés non dénom. (1)							
FF.	**râteaux** en bois. V. boissellerie.							
RR.	**râteaux** (en fer). V. instruments aratoires.							
P.	**râteliers** de fausses dents. V. tabletterie non dénommée.							
RR.	**ratières**. V. mercerie commune.							
P.	**ratine**. V. tissus de laine non dénommés.							
RR.	**râtissoires**. V. instruments aratoires.							
FF.	**ratombia**. V. ratanhia, racines médicinales à dénommer.							
FF.	**ravensara** (feuilles de). V. feuilles médicinales à dénom.							
RR.	**ravensara** (noix et brou de noix de). V. muscades en coques.							
FF.	**ray-grass**, graine de). V. graine de prairie.							
RR.	**rayons** de miel. V. miel.							
FF.	**razons**, peaux de mouton fraich. tond.) V. peaux petites, autres.							
id.	**realgar**. V. arsénic jaune, etc. (sulfure d'arsénic rouge.							
	rédoul, coriaria). V. sumac. (2)							
P.	**règles** en fer et en cuivre. V. fer ou cuivre ouvré.							
RR.	**règles** en fer et en cuivre pour calcul. V. instrum. de calcul.							
P.	**règles** en bois fins. V. tabletterie non dénommée.							
FR.	**règles** en bois communs. V. ouvrages en bois non dénom.							
P.	**règles** en verre. V. verre de toute autre sorte.							
FF.	**réglisse** (racines de (3)	espèc. méd.	21 avr. 1818	27 juil. 1822	—	15 »	16 50	» 25
P.	**réglisse** en poudre, com. médicam. comp. non dén. Prohibés.							
FR.	**réglisse** (suc de). V. jus de réglisse.							
FF.	**regrets** d'orfèvre (4)	métaux.	2 juil. 1836	6 mai 1841	—	» 05	» 05	» 25
	régule, n'est autre chose que métal. Régule d'antimoine. V. antimoine métallique, etc.							
	reliures en étoffe, comme les étoffes en papier colorié. V. carton coupé et assemblé, en cuir. V. peaux ouvrées.							
id.	**renoncule**, bulbes de). V. bulbes ou oignons.							
P. R.	**reps**. V. tissus de soie, étoffes pures unies.							
RR.	**résidu** d'acide sulfurique non lessivé. V. sulfate de potasse. (5)							
id.	**résidu** d'acide sulfurique lessivé. V. sulfate de potasse. (6)							
id.	**résidu** d'acide nitrique. V. sulfate de potasse.							
id.	**résidu** de raffineries de sucre, vergeoise. Mêmes droits que le sucre brut autre que blanc ou 1er type.							
F.	**résidu** de raffineries de sucre, mélasse des Colonies françaises	denr. col.	17 mai 1826	28 avr. 1816	—	12 »	—	» 25
P.	**résidu** de raffineries de sucre, mélasse étrangère	—	8 floréal 11	—	100 k. B	prohib.	prohib.	» 25
FF.	**résidu** de raffineries de sucre servant d'engrais. V. engrais, c'est l'écume sèche.							
FR.	**résidu** de fabriques de garance, mêmes droits à l'entrée que la garance moulue.							

(1) L'extrait de ratanhia est coloré comme les grenats foncés, ou de couleur brune rougeâtre analogue à celle de la racine qui le produit ; sa cassure est vitreuse et luisante. Il a l'aspect du sang-dragon, et donne une poudre rouge de sang.

(2) C'est une espèce de sumac qui sert en tannerie ; on l'emploie aussi en teinture, il donne une belle couleur noire.

(3) Les racines de réglisse importées par Marseille, qui sont déclarées pour la fabrication du jus de réglisse destiné à être exporté à l'étranger, ne paient, suivant qu'elles arrivent par navires français ou par navires étrangers, que 25 cent., ou 2 fr. par 100 k. brut ; mais les quantités de racines pour lesquelles, deux ans après la déclaration, on n'aura pas justifié d'une exportation en jus, dans la proportion d'un septième, devront payer la différence entre les droits ci-dessus et ceux du tarif (*Ordonnance du 15 avril 1820.*)

(4) Les regrets d'orfèvre comprennent aussi les cendres, les balayures, les débris de fourneau, les scories, le poussier, et en général toute espèce de déchet provenant des orfèvres et des hôtels des monnaies ; lesquels contiennent des parcelles d'or et d'argent, qu'on parvient à réunir par le lavage, le mercure et autres moyens.

(5) Espèce de cendre de soufre non entièrement soluble dans l'eau bouillante, où elle dépose des matières hétérogènes. On lui applique le droit du sulfate de potasse, proportionnellement à ce qu'elle en contient, et qu'on fait déterminer par un chimiste du lieu ; mais sous soumission de payer le supplément de droit que pourrait exiger l'examen fait sur des échantillons qu'on adresse à l'administration.

(6) Sel blanc très-poreux, qui est proprement le sulfate de potasse pur, obtenu de la lixiviation de la cendre dont il vient d'être parlé, celui-ci est entièrement soluble dans l'eau bouillante.

DÉSIGNATION DES MARCHANDISES.	CLASSE du TARIF.	TITRE DE PERCEPTION.		UNITES sur lesquelles portent les droits.	DROITS D'ENTRÉE		DROITS de SORTIE.
		Entrée.	Sortie.		par Navires Français.	par Navires Etrangers et par terre	
					F. C.	F. C.	F. C.

DÉSIGNATION DES MARCHANDISES.	CLASSE du TARIF.	TITRE DE PERCEPTION.		UNITÉS sur lesquelles portent les droits.	DROITS D'ENTREE		DROITS de SORTIE.
		Entrée.	Sortie.		par Navires Français.	par Navires Étrangers et par terre	
					F. C.	F. C.	F. C.

	DÉSIGNATION DES MARCHANDISES.	CLASSE du TARIF.	TITRE DE PERCEPTION. Entrée.	TITRE DE PERCEPTION. Sortie.	UNITÉS sur lesquelles portent les droits.	DROITS D'ENTRÉE par Navires Français.	DROITS D'ENTRÉE par Navires Étrangers et par terre	DROITS de SORTIE.
						F. C.	F. C.	F. C.
RR.	**résidu** d'alun, coupe-rose verte, sulfate de fer obtenu des schistes alumineux. V. sulfate de fer.							
FF.	— d'ammoniaque. V. noir d'os.							
id.	— de bière et de la distillation des grains. V fourrages.							
	— de drogue. V. grabeau.—De laque naturelle. V. laque.							
id.	— de la distillation de la houille, (coak). V. bitumes fluides, goudron minéral.							
id.	— de houille consumée en partie et qui ne peut encore être consid. com. cendre, double droit de la houille.							
id.	— de membranes de graisses provenant de l'extraction du suif (crétons). V. tourteaux.							
id.	— de pastel. V. pastel, racines, etc.							
id.	— d'alquifoux. V. alquifoux.							
id.	— de cire (crasse)	prod. et dép. d'animaux.	2 juil. 1836	28 avr. 1816	100 k. BB	5 »	5 50	» 25
id.	— de betteraves, comme tourteaux de graines oléagin.							
	— d'amande et de pignon, comme leurs pâtes.							
	— de kermès, animal. V. kermès en poudre.							
FF.	**résines** indigènes (1) brutes d'exsudation, molles ou concrètes poix ou galipot	sucs végét.	27 juil. 1822	6 mai 1841	—	5 »	5 50	» 25
id.	— brutes de combustion concrètes ou liquides brai gras et goudron	—	2 déc. 1843	—	—	3 »	5 50	» 25
FR.	— épurées. liquide dite du soleil	—	28 avr. 1816	—	—	31 »	34 10	» 25
FF.	— térébenthine compacte (pâte de)	—	—	—	—	8 »	8 80	» 25
FR.	— distillée essence de térébenthine	—	—	—	—	25 »	27 50	» 25
FF.	— résidu de distillation, brai sec, colophane, résine d'huile	—	27 juil. 1822	—	—	5 »	5 50	» 25
F.	**résineux** exotiq. à dénommer (2) du Sénégal	—	26 juin 1842	27 juil. 1822	100 k. NB	25 »	—	» 25
	— des autres points de la côte occ. d'Afrique	—	—	—	—	50 »	125 »	» 25
	— de l'Inde	—	17 mai 1826	—	—	50 »	125 »	» 25
RR.	— d'ailleurs hors d'Europe	—	—	—	—	90 »	125 »	» 25
	— des entrepôts	—	—	—	—	100 »	125 »	» 25
P.	**ressorts** de voiture. V. fer ou acier ouvré, compris les ressorts de fusils, de mouchettes et de tourne-broches.							
RR.	**ressorts** de bandages herniaires. V. instruments de chirurgie. De montres et de pendules. V. fournitures d'horlogerie.							
FF.	**résures** de morue. V. rogues.							
P.	**reverbères**. V. les métaux ouvrés dont ils sont princip. comp.							
FF.	**rhamnus**, baie de). V. nerprun.							
	rhapontic, rhubarbe des moines). V. rhubarbe.							
FR.	**rhubarbe** (3) de l'Inde	esp. médic.	2 juil. 1836	—	—	75 »	175 »	» 25
RR.	— des autres pays hors d'Europe	—	—	—	—	100 »	175 »	» 25
id.	— des entrepôts	—	—	—	—	150 »	175 »	» 25
P.	**rhubarbe** elixir et extrait de). V. médicam. comp. non dén.							
	— blanche (méchoacan). V. rhubarbe.							
id.	— poudre de). Comme médicam. comp. non dénom.							
FF.	**rhue**. V. feuilles médicinales à dénommer.							
RR.	**rhum** ou rum. V. boissons distillées, eau-de-vie de mélasse.							
	rhus, autre nom du sumac V. sumac.							
FR.	**ricin** graine ovale, brune et luisante	fruits.	—	17 mai 1826	100 k. BB	15 »	16 50	» 25
RR.	— huile de). V. huiles fixes pures, autres.							
id.	**ridicules** en paille. V. mercerie fine.							
FF.	**rivina** ou plante à fard. V. orcanette (baie de).							
FR.	**riz** (4) des ports de premier embarquement de la côte occidentale d'Afrique	farin. alim.	6 mai 1841	6 mai 1841	—	» 50	9 »	» 25
RR.	— des ports de premier embarquement des pays hors d'Europe	—	15 avr. 1832	15 avr. 1832	—	2 50	9 »	» 25
id.	— des ports de premier embarquement d'Europe	—	—	—	—	4 »	9 »	» 25
id.	— des entrepôts	—	—	—	—	6 »	9 »	» 25
	— du Piémont en droiture par terre	—	—	—	—	—	6 »	» 25
	— en paille, moitié des droits fixés pour le riz en grains. *(Lois du 2 juillet 1836 et 6 mai 1841.)*							
P.	**rob-antisiphylitique**. V. médicaments composés non dénommés, prohibés.							

(1) Ce sont celles de pin, de sapin et de mélèse ; on en excepte la poussière de pin, qui est une résine dont l'emploi est le même que le lycopode, et qui est, comme lui, connue dans le commerce sous le nom de soufre végétal: elle suit le même régime que le lycopode. —Les résines, telles que le brai sec, le goudron et la poix, ont si souvent servi à masquer la contrebande à l'entrée, que l'administration impose aux employés le devoir de faire chauffer suffisamment une sonde pour la faire ensuite pénétrer en plusieurs sens dans ces matières, et s'assurer par là qu'elles ne recèlent aucun autre objet. (*Voir la Circ. n.*368.)

(2) La dénomination générique de résineux à dénommer ne peut être employée dans les déclarations des redevables, ni dans les expéditions des douanes. On doit toujours exprimer le nom particulier de la résine ou gomme résineuse que l'on acquitte. Cela est d'autant plus nécessaire, que chacune de ces substances a une valeur, une destination et des propriétés toutes spéciales.

(3) Cette dénomination comprend toutes les espèces de rhubarbes qui viennent de la Moscovie, de la Chine, par la Russie ou du Mexique ; la loi leur assimile le méchoacan, racine du liseron appelé convolvulus méchoacan et vulgairement rhubarbe blanche. Elle est communément coupée en morceaux ou tranches sèches, blanchâtres, d'une substance un peu molasse, d'une saveur douceâtre qui excite le vomissement.

(4) (La farine de riz est assimilée au riz. (*Circulaire n.* 1315.)

	DÉSIGNATION DES MARCHANDISES.	CLASSE du TARIF.	TITRE DE PERCEPTION. Entrée.	Sortie.	UNITÉS sur lesquelles portent les droits.	DROITS D'ENTRÉE par Navires Français.	par Navires Étrangers et par terre	DROITS de SORTIE.
						F. C.	F. C.	F. C.
RR.	**robinets** en cuivre, en étain. V. cuivre ouvré simplement tourné ou poterie d'étain.							
id.	**rocailles**. V grains de verre percés, etc.							
F.	**rocou** (1) de la Guiane française, de la Martinique et Guadel.	teint. prép.	2 juill. 1836 et 25 juin 1842	6 mai 1841	100 k. BB	7 50	—	» 25
RR.	**rocou** des autres pays hors d'Europe	—	2 juil. 1836	—	—	15 »	25 »	» 25
id.	**rocou** des entrepôts	—	—	—	—	20 »	25 »	» 25
FF.	**rocou** (graines de)	—	—	28 avr. 1816	—	1 35	1 40	» 25
	rodoul ou rodon. V. sumac.							
FF.	**rognures** de parchemin. V. oreillons.							
id.	**rognures** de cuir et de peaux de toute sorte. V. oreillons.							
RR.	**rognures** d'écaille de tortue. V. écailles de tortue, rognures.							
FF.	**rognures** de papier. V. drilles. — D'iris, comme la racine. — De corne. V. clapons.							
FF.	**rogues** de morue et de maquereau (2) de pêche française	pêches.	—	27 mar 1817	—	exemptes	exemptes	exemptes
	rogues de morue et de maquereau de pêche étrangère	—	28 avr. 1816	—	100 k. B	» 50	» 50	exemptes
FF.	**romarin** (tiges et feuilles de). V. herbes ou feuilles médicinales à denommer, selon l'espèce.							
RR.	**romarin** (essence ou huile de). V. huiles volatiles ou essences, toutes autres.							
FF.	**rouas**. V. garance.							
	rose végétal. V. kermès en poudre. (3)							
FR.	**roses** sèches. V. fleurs médicinales à dénommer.							
FF.	**roses** salées. V. fleurs d'oranger.							
RR.	**roses** (essence ou huile de). V. huiles volatiles ou essences.							
FF.	**roses** (marc de). V. marcs.							
	roseaux V. joncs. (4)							
RR.	**roseaux** pour tuyaux de pipe. V. mercerie commune.							
id.	**roseaux** (plumes de). V. mercerie commune.							
id.	**rosette**. V. couleurs à dénommer. (5)							
FF.	**rotins**. V. joncs et roseaux.							
RR.	**rouannes**. V. outils de fer rechargé d'acier.							
	roues hydrauliques. V. machines et mécaniques non dénom.							
	roues de rencontre et d'échappement, pour montres, etc. V. fournitures d'horlogerie.							
	roues autres, en bois, ferrées, pour chariots et tombereaux. V. voitures à échelles.							
	roues autres, en bois, ferrées, pour voitur. susp. V. voit. susp.							
	roues autres, en bois, non ferrées V. ouvrag. en bois non dén.							
	roues autres, en fonte et en fer. V. fer-fonte moulée ou fer ouvré.							
RR.	**rouets** à filer. V. machines et mécaniques à dénommer.							
FF.	**rouges** d'Angleterre ou à polir (ocre grillée et broyée. V. émeri en poudre.							
RR.	**rouges** de toilette. V. fard rouge.							
	rouges du Portugal ou rouge en tasse. V. kermès en poudre.							
FF.	**rouges** de montagne. V. ocre.							
id.	**rouges** brun. V. ocre.							
id.	**rouges** d'inde. V ocre.							
	rouleaux en cuivre ou laiton préparés pour la tréfilerie, argentés. V. cuivre argenté.							
	rouleaux en cuivre ou laiton préparés pour la tréfilerie, dorés. V. cuivre doré.							
	rouleaux en cuivre ou laiton préparés pour la tréfilerie, autres. V cuivre laminé.							
	rouleaux en fonte et en fer, pour le jardinage. V. machines et mécaniques non dénommés.							
RR.	**roulettes** à déchiqueter la pâte. V. mercerie commune.							
	roulettes, autres, en cuivre et en fer. V. cuivre ouvré simplement tourné ou fer ouvré.							
id.	**rubans** de fils à jour imitant la dentelle	tissus de lin et de chanvre.	28 avr. 1816	17 mai 1826	100 k. NB	500 »	517 50	» 25
	rubans de fils autres. V. passementerie de fil.							
id.	**rubans** de laine ou mélangés de fil, de laine et de poil. V. passementerie de laine.							
PR.	**rubans** de soie ou de fleuret	tissus.	—	6 mai 1841	100 k. NN	800 »	817 50	» 25
P.	**rubans** de coton, prohibés.							

(1) Petites boules ou tablettes de nature résineuse, formées avec la matière rouge et gluante dont se couvrent les graines du bixa orellana à leur maturité. — Elles sont brunes en dehors, rouges en dedans, très-douces au toucher, fondent dans l'alcool, et dans l'eau si l'on y ajoute de la potasse ; servent pour la peinture, la teinture et la fabrication du vernis. Le commerce préfère le rocou qui nous vient de Cayenne.

(2) Préparation d'œufs de poisson, qu'on fait dans le nord pour servir d'appâts aux maquereaux et aux sardines. Il ne faut pas confondre les rogues avec la boutargue et le caviar, qui sont d'autres préparations d'œufs de poisson pour aliment et assaisonnement, et qui doivent comme poissons de mer de pêche étrangère, selon qui sont salés ou marinés.

(3) Le rose végétal est en tasse ou en petits morceaux, dont la nuance extérieure approche du vert doré; on ne l'emploie qu'à la teinture des couleurs tendres; on en importe aussi appliqué sur carton en forme de petit livret.

(4) Les roseaux exotiques de 6 à 8 mètres de longueur sur 9 à 10 centim. de diamètre, n'étant propres qu'à servir de tuyaux pour la conduite des eaux et autres usages analogues, sont assimilés aux roseaux de jardin d'Europe.

(5) Couleur en pâte, formée de craie ou d'alumine saturée de rouge, extrait du bois d'Inde. Elle sert à la peinture commune.

DÉSIGNATION DES MARCHANDISES.	CLASSE du TARIF.	TITRE DE PERCEPTION.		UNITES sur lesquelles portent les droits.	DROITS D'ENTRÉE		DROITS de SORTIE.
		Entrée.	Sortie.		par Navires Français.	par Navires Etrangers et par terre	
					F. C.	F. C.	F. C.

DÉSIGNATION DES MARCHANDISES.	CLASSE du TARIF.	TITRE DE PERCEPTION.		UNITÉS sur lesquelles portent les droits.	DROITS D'ENTRÉE		DROITS de SORTIE.
		Entrée.	Sortie.		par Navires Français.	par Navires Étrangers et par terre	
					F. C.	F. C.	F. C.

	DÉSIGNATION DES MARCHANDISES.	CLASSE du TARIF.	TITRE DE PERCEPTION. Entrée.	TITRE DE PERCEPTION. Sortie.	UNITÉS sur lesquelles portent les droits.	DROITS D'ENTRÉE par Navires Français.	DROITS D'ENTRÉE par Navires Étrangers et par terre	DROITS de SORTIE.
						F. C.	F. C.	F. C.
RR.	**rubis**. V. pierres gemmes à dénommer. (1)							
FF.	**ruches à miel** avec essains vivants	anim. viv.	28avr.1816	28avr.1816	la pièce	1 »	1 »	» 25
RR.	**ruches à miel** renfermant des rayons dont les abeilles ont été étouffées, mêmes droits que le miel. (2)							
id.	**ruches à miel** vides, neuves, en tiges tressées. V. vannerie à dén.							
id.	**ruches à miel** vides, neuves, en planches de liège. V. liège ouvré.							
FR.	**ruches à miel** vides, neuves, en pl. de bois. V. ouv. en bois non dén.							
RR.	**ruches à miel** vides, vieilles de toute sorte. M. droits que les meubl.							
FF.	**rue**. V. rhue.							
RR.	**rum** ou rhum. V. boissons distillées. Eau-de-vie de mélasse.							
	S.							
FF.	**Sabine** (herbes et feuilles de). V. herbes ou feuil. médici. à dén.							
RR.	**Sabine** (huile de). Comme celle de lavande. V. huiles volatiles ou essences, toutes autres.							
P.	**sable** à sel ou sablon, même régime que le sel de marais.							
	sable de mer pour engrais (tangues) exempt. (*Décision du 24 janvier* 1809).							
FF.	**sable** plombifère. V. alquifoux. Aurifère et argentifère. V. minerai d'or ou d'argent.							
id.	**sable** destiné à la fabricat. du verre ou de la faïence. V. caillou à faïence.							
id.	**sable** commun pour la bâtisse ou gravier..............	pierres,terres et autr. fossil.	25juil.1837	24sept1840	100 k. BB	» 01	» 01	» 01
id.	**sable** colore destiné à sécher l'encre sur le papier. V. pierres et terres servant aux arts à dénommer.							
	sable de Ste-Anne d'Evenos (Var) propre à la fabric. du verre V. cailloux à faïence, pour la sortie.							
	sable de Fontenay, propre à la fabrication du verre. V. cailloux à faïence.							
FF.	**sablier** (hura crepitans) capsul. ligneuses. V. fruits médic. à dén.							
RR.	**sablier** ou sable (horloge de sable). V. mercerie commune.							
P.	**sablon** ou sable blanc des bords de la Manche, propre à faire du sel, comme le sel de marais (3)							
FF.	**sabots** de bétail, mêmes droits que les cornes brutes.							
RR.	**sabots** de bois garnis de fourrures. V. mercerie commune.							
FF.	**sabots** de bois non garnis communs	ouv. en mat. diverses.	2 juil. 1836	28avr. 1816	—	12 »	13 20	» 25
FR.	**sabots** de bois non garnis peints ou vernis	—	—	—	—	25 »	27 50	» 25
RR.	**sabres** d'enfant. V. bimbeloterie.							
RR.	**sabres** autres. V. armes blanches de guer. ou de luxe sel. l'esp.							
FF.	**sacamité** (espèce partic. de maïs d'Amériq. V. maïs aux céréal.							
RR.	**sacoches**, sacs de cuir. V. mercerie commune.							
P.	**sacs** à tabac en peau. V. peaux ouvrées.							
RR.	**sacs** vides de toile. Mêmes droits que les toiles. (4)							
P.	**sacs** de peau autre que les sacoches. V. peaux ouvrées.							
FR.	**sacs** de pelleterie, formés de peaux ou parties cousues ensemble. V. pelleterie, morceaux cousus.							
RR.	**sacs** en tissu de grains de verre, même doublés en peaux, pour tabac. V. mercerie fine.							
id.	**sacs** en vessie pour tabac. V. mercerie commune.							
id.	**sacs** à ouvrage en baleine et soie. V. mercerie fine.							
id.	**sacs** en fibres d'aloès. V. mercerie fine.							
FR.	**safran** stigmate de la fleur du crocus....................	teint. et tan.	—	6 mai 1841	1 k. NB	5 »	5 50	100 k. 25
FF.	**safran** bâtard. V. carthame.							
	safran des Indes. V. curcuma.							
id.	**safran** de mars. V. oxide de fer.							
P.	**safran** des métaux ou crocus. V. médicam. comp. non dénom.							
FF.	**safranum**, fleurs de carthame. V. carthame. (5)							
id.	**safre** oxide de cobalt. V. cobalt.							
RR.	**sagapenum**, gomme résineuse. V. résineux exotiq. à dén. (6)							
FR.	**sagou** sorte de semoule brune, de moelle de plusieurs palm.	farin. alim.	28avr.1816	28 avr.1816	100 k. NB	41 »	45 40	» 25
	sagou factice. V. pâte d'Italie.							

(1) Pierre précieuse qui tient le premier rang après le diamant : elle est d'un rouge cramoisi. Les variétés moins estimées sont le rubis spinelle ; le rubis du Brésil etc.

(2) Dans ce cas, le poids des ruches doit être déduit.

(3) L'assimilation du sablon au sel de marais a été établie par décision du 11 novembre 1806.

(4) Les sacs ayant servi d'emballage à des marchandises mises en futailles et retenus par suite de réglements sanitaires, doivent suivre le régime de la marchandise importée, et acquitter par conséquent les mêmes droits lorsque cette marchandise passe à la consommation et qu'elle acquitte au poids brut, à moins que le propriétaire ne préfère les réexporter.

(5) Cette substance, propre à la teinture, s'appelle aussi safran bâtard ; elle a reçu une certaine préparation quand elle entre dans le commerce, c'est-à-dire que la fleur de carthame a été séparée de sa tête écailleuse, qu'on l'a fait macérer dans l'eau, et qu'elle a été foulée et séchée. C'est avec cette matière sèche que se fait le rose végétal, qui est une des bases du fard. Prendre garde à ce que parmi les fleurons de carthame on introduise de stigmates de safran.

(6) Masses inégales, composées de fragments mous et adhérents de la grosseur du pouce, plus ou moins transparents, rouges-jaunes à l'extérieur, de couleur pâle intérieurement, de consistance cireuse ou cassante, mêlés souvent d'impuretés et de semences plus ou moins intactes. Odeur d'ail. S'amollit sous les doigts ; fond à une basse température et laisse en brûlant pour résidu un charbon léger et spongieux.

	DÉSIGNATION DES MARCHANDISES.	CLASSE du TARIF.	TITRE DE PERCEPTION. Entrée.	TITRE DE PERCEPTION. Sortie.	UNITÉS sur lesquelles portent les droits.	DROITS D'ENTRÉE par Navires Français.	DROITS D'ENTRÉE par Navires Étrangers et par terre	DROITS de SORTIE.
						F. C.	F. C.	F. C.
FF.	**saindoux**, graisse de porc.							
id.	**sainfoin** { herbe fraiche ou sèche. V. fourrages.							
	graine de). V. graines de prairie.							
FR.	**salep** (1)	farin. alim.	7 juin 1820	28 avr. 1816	100 k. NB	80 »	86 50	» 25
P.	**salicine**, produits chimiques non dénommés.							
FF.	**salicornia**. V. plantes alcalines, pour la tige herbacée, — pour la graine, V. graines de prairie.							
RR.	**salières** en sel gemme. V. mercerie commune.							
FF.	**saliète**. V. herbes médicinales à dénommer.							
FR.	**salins**, mêmes droits que la potasse. V. alcalis. (2)							
RR.	**salpêtre** nitrate { de potasse quelque soit le degré de pur { des pays hors d'Europe ..	prod. chim.	5 juill. 1836	17 mai 1826	100 k. BB	15 »	25 »	» 25
id.	d'ailleurs	—	—	—	—	20 »	25 »	» 25
id.	de soude, mêmes droits que le nitrate de potasse.							
F.	**salsepareille** (3) { du Sénégal	espèc. méd.	17 mai 1826	27 juil. 1822	100 k. NB	40 »	—	» 25
FR.	d'ailleurs, hors d'Europe	—	2 juil. 1836	—	—	75 »	125 »	» 25
RR.	des entrepôts	—	—	—	—	100 »	125 »	» 25
P.	sirop dit essence de). médicaments composés non dénommés.							
FF.	**salsola** { V. plantes alcalines.							
	graine de la). V. graines forestales, etc.							
RR.	**sandaraque**. V. résineux exotiques à dénommer. (4)							
FF.	**sang** de bétail autre que celui de bouc desséché........	prod. et dép. d'animaux.	28 avr. 1816	6 mai 1841	100 k. BB	1 »	1 10	» 25
FR.	**sang** de bouc desséché	subst. pr. à la méd. et parfu.	—	28 avr. 1816	—	31 »	34 10	» 25
RR.	**sang-dragon**. V. résineux exotiques à dénommer. (5)							
FR.	**sangles** en caoutchouc. V. caoutchouc (ouvrages en).							
	sangles de toute sorte en pièces, mêmes droits que la passementerie, selon l'espèce du tissu. (6)							
P.	**sangles** garnies de cuir ou de boucles de métal. V. sellerie en cuir, prohibée. (*Loi du* 12 *août* 1792.)							
FF.	**sanglier** { vivant. V. gibier vivant. (*Décision du* 9 *février* 1821.)							
	mort. V. viandes fraîches de gibier ou viandes salées, autres, selon l'espèce.							
id.	**sangsues** (7)	—	27 mar 1817	27 mar 1817	1000 enn.	1 »	1 »	» 50
id.	**sanguine** { brute. V. pierres ferrugineuses, autres. (8)							
id.	sciée. V. crayons simples en pierre.							
FR.	**santal** (9) { blanc et citrin, blanc et jaune. V. bois odorants à dén.							
F.	rouge en bûches { des Colonies françaises	bois exotiq.	2 juil. 1836	6 mai 1841	100 k. BB	» 80	—	» 25
FR.	de la côte occidentale d'Afrique	—	23 juil. 1840	—	—	» 80	6 »	» 25
FR.	des autres pays hors d'Europe	—	2 juil. 1836	—	—	1 50	6 »	» 25
RR.	des entrepôts	—	—	—	—	3 »	6 »	» 25
id.	moulu de toute provenance	—	—	—	—	20 »	22 »	» 25
FF.	**santoline**. V. barbotine.							
id.	**sapan** { bois de). V. bois de teinture.							
	gousse et graine de). V. graines forestales.							
	saphirs. V. pierres gemmes à dénommer.							
id.	**sapin** { bois de). V. bois à construire.							
	écorces de). V. écorces à tan.							
	bourgeons de). V. herbes médicinales à dénommer.							
	graine de). V. graines forestales.							
	résine de). V. résines indigènes.							
FF.	**saponaire**. { V. racines ou herbes médicinales à dénommer.							
	d'Ori. et d'Egypte gypsophila). V. rac. de garou.							

(1) Petites racines nutritives, rondes ou oblongues, qui ont été bouillies et séchées, et qui ont acquis la transparence et l'aspect de la gomme; elles sont quelquefois enfilées en chapelet, dissoutes dans l'eau, elles fournissent une bouillie opaque.

(2) Sels roux provenant du lessivage des cendres.

(3) La salsepareille est une souche ligneuse, munie d'un grand nombre de radicales, très-longues, grosses comme une plume à écrire, cannelées, blanches intérieurement, d'une saveur amère. Il en vient de Honduras, du Brésil, du Pérou et du Sénégal.

(4) Larmes rondes et alongées, blanchâtres, jaune pâle citrin, brillantes, rudes, transparentes et limpides, se brisant sous la dent, brûlant avec une flamme claire, solubre presque en totalité dans l'alcool.

(5) Le sang-dragon en roseau Morceaux solides, ovales, de la grosseur d'une prune, quelquefois de celle d'une aveline, entourés de feuilles de roseau, d'un rouge brun ou briqueté, dur, à cassure peu brillante et disposés en colliers, est réputé le meilleur. Il y en a encore deux espèces. — Celui de brascena dont les fragments sont entourés de feuilles de palmier, et l'autre est le sang-dragon des pterocarpus. Ses morceaux sont cylindriques, longs d'un pied environ; ils ne sont entourés ni de feuilles de palmier, ni de feuilles de roseau, C'est le moins estimé des trois.

(6) Il n'est ici question que des sangles en pièces, telles qu'elles sortent du métier, c'est-à-dire, de celles qui se présentent comme ouvrages de passementerie et non comme ouvrages de sellerie.

(7) Indépendamment des droits du contenu on perçoit ceux des caisses ou baquets ou du verre renfermant les sang-sues.

(8) La sanguine brute est une pierre composée d'oxide rouge de fer, et qui a beaucoup de rapport avec l'hématite brute et qu'on ne distingue que par le plus ou le moins de dureté, la dernière plus dure, sert à brunir les métaux.

(9) Ce bois qui figurait parmi les bois de teinture à dénommer, se trouve aujourd'hui, d'après l'ordonnance du 23 juillet 1840, tarifé spécialement et il n'y a plus de distinction à faire pour les droits de celui qui vient du Sénégal et celui importé des autres parties de la côte d'Afrique.

DÉSIGNATION DES MARCHANDISES.	CLASSE du TARIF.	TITRE DE PERCEPTION.		UNITÉS sur lesquelles portent les droits.	DROITS D'ENTRÉE		DROITS de SORTIE.
		Entrée.	Sortie.		par Navires Français.	par Navires Etrangers et par terre	
					F. C.	F. C.	F. C.

DÉSIGNATION DES MARCHANDISES.	CLASSE du TARIF.	TITRE DE PERCEPTION. Entrée.	Sortie.	UNITÉS sur lesquelles portent les droits.	DROITS D'ENTRÉE par Navires Français.	par Navires Étrangers et par terre	DROITS de SORTIE.
					F. C.	F. C.	F. C.

	DÉSIGNATION DES MARCHANDISES.	CLASSE du TARIF.	TITRE DE PERCEPTION. Entrée.	TITRE DE PERCEPTION. Sortie.	UNITÉS sur lesquelles portent les droits.	DROITS D'ENTRÉE par Navires Français.	DROITS D'ENTRÉE par Navires Étrangers et par terre	DROITS de SORTIE.
						F. C.	F. C.	F. C.
RR.	**sarcloirs**. V. instruments aratoires.							
id.	**sarcocolle** (1) de l'Inde	sucs végét.	2 déc. 1843	6 mai 1841	100 k. NB	40 »	125 »	» 25
	sarcocolle (1) d'ailleurs hors d'Europe	—	—	—	—	60 »	125 »	» 25
	sarcocolle (1) des entrepôts	—	—	—	—	80 »	125 »	» 25
id.	**sardines** ou sarraches. V. poissons de mer.							
FR.	**sardonyx** ou sardoine. V. agates.							
FF.	**sarmens** de vigne, comme bois à brûler (2)							
id.	**sarrasin**. V. céréales.							
	sarraux. V. effets à usage, habillements.							
id.	**sarrette** (3)	teint. ettan.	28 avr. 1816	—	100 k. BB	5 »	5 50	» 25
id.	**sassafras** (racines et bois de). V. bois odorants.							
id.	**sassafras** (écorces et feuil. de). V. écorce ou feuil. médi à dén.							
RR.	**sassafras** (huile de). V. huiles volatiles ou essences de girofle							
P.R.	**satin**. V. tissus de soie, étoffes pures unies.							
id.	**sauce** de tabac. V. praiss.							
RR.	**sauces** épicées pour assaisonnement. V. épices préparées.							
FF.	**saucissons**. V. viandes de porc salées.							
id.	**sauge** (herbe de). V. herbes médicinales à dénommer.							
RR.	**sauge** (huile de). V. huiles volatiles ou essences, toutes autr.							
FF.	**saule** (bois de). V. bois à construire.							
	saule (écorce de). V. écorces à tan, autres que de sapin.							
RR.	**saumons**. V. poissons de mer.							
FF.	**saumons**, plomb. V. plomb brut.							
	saumure accompagnant les poissons est traitée comme poissons; en cas contraire, comme sel de marais.							
RR.	**savonettes**. V. savons parfumés.							
FF.	**savonnier** (péricarpe desséché du fruit du). V. racine de garou							
P.	**savons** ordinaires blancs, rouges, marbrés ou noirs	comp. div.	11 juil. 1810	28 avr. 1816	100 k. B	prohib.	prohib.	» 25
RR.	**savons** parfumés liquides, en poudre, pains ou boules	—	28 avr. 1816	6 mai 1841	100 k. NB	164 »	174 70	» 25
FF.	**savons** des verriers, métaux. V. manganèse.							
id.	**saxifrage** (graine de). V. fruits médicinaux à dénommer.							
	saxifrage (herbes de). V. herbes medicinales à dénommer.							
id.	**scabieuse**. V. racines ou herbes médicinales à dénommer.							
FR.	**scagliola**. V. pierres ouvrées, autres.							
RR.	**scammonée** (4)	sucs végét.	2 juil. 1836	27 juil. 1822	—	150 »	160 »	» 25
id.	**scavisson**, écorce de vieux canneliers. V. cannelle de Chine.							
id.	**schakos** sans garniture, comme chapeaux de feutre.							
P.	**schakos** garnis avec cuir, etc. V. peaux ouvrées.							
	schals. V. tissus suivant l'espèce.							
FR.	**schénante**, herbes ou paille de) (5)	espèc. méd.	28 avr. 1816	6 mai 1841	—	41 »	45 10	» 25
RR.	**schrubb** ou extrait de punch. V. boissons distillées, liqueurs.							
RR.	**scies** (6) ayant 146 centimètres de longueur ou plus, mais d'épaisseur ordinaire	ouvr. en mat. diverses.	7 juin 1820	—	—	140 »	149 50	» 25
	scies (6) ayant moins de 146 centimètres de longueur	—	—	—	—	200 »	212 50	» 25
	scies (6) circulaires comme scies ayant moins de 146 centimètres de longueur.							
FF.	**scilles-marines**, gros oignons rougeâtres de saveur âcre et nauséabonde. V. bulbes ou oignons.							
FR.	**scinques** ou stincs desséchés ou pulv., mêm. droit des vipères.							

(1) Cette gomme résineuse avait été classée dans les résineux exotiques à dénommer. Une ordonnance du 2 décembre 1843, en a fait un article particulier, en lui réunissant la gomme kino et autres sucs végétaux desséchés, savoir : le suc d'hypocistis et le suc de papayer. — Le sarcocolle est jaune ou rougeâtre, assez semblable à la gomme arabique, en globules oblongs, quelquefois isolés, quelquefois agglomérés, friables et opaques; cette gomme se ramollit au feu sans se fondre ; elle pétille avant de s'enflammer, noircit et répand une fumée blanche d'une odeur désagréable

(2) Les sarments servant au fardage des grains et farines chargés en réexportation paient à la sortie exceptionnellement le droit de bois à brûler.

(3) Plante vivace, qui croît en Europe dans les prés; sa tige, qui sert pour la teinture jaune, a environ 1 mètre de hauteur; elle est dure, rougeâtre, et terminée par plusieurs fleurs: les feuilles sont dentées comme une scie, ferme et d'un vert très-foncé. Sa saveur est amère,

(4) Il y a la scammonée d'Alep, celle de Smyrne et la scammonée d'Europe. Celle d'Alep est en petites masses plus ou moins poreuses, d'un gris roux, d'une cassure ferme; mais les fragments minces jouissent d'une faible transparence sur les bords. En mouillant la surface et en la frottant avec le doigt, il se forme une sorte d'émulsion d'un jaune verdâtre, qui a une odeur de lait aigre; cette qualité est rare. Celle dite de Smyrne est beaucoup plus dense et moins friable, et sa cassure est comme terreuse. La scammonée d'Europe est loin d'avoir les mêmes propriétés que la véritable, elle est en masses noirâtres, ne fait point émulsion avec l'eau, et n'a point l'odeur du lait aigri.

(5) Cette plante avait été comprise dans l'ancien tarif parmi les joncs odorants à dénommer avec le nard-indien.

(6) Les scies qui ont moins d'une ligne d'épaisseur sont soumises au plus fort droit. La longueur des lames à scies doit être prise d'une extrémité à l'autre sans égard aux tenons qui servent à les monter, toutefois ces tenons ne doivent point être d'une longueur disproportionnée. En cas de contestation on adresserait des échantillons à l'administration.

	DÉSIGNATION DES MARCHANDISES.	CLASSE du TARIF.	TITRE DE PERCEPTION. Entrée.	TITRE DE PERCEPTION. Sortie.	UNITÉS sur lesquelles portent les droits.	DROITS D'ENTRÉE par Navires Français.	DROITS D'ENTRÉE par Navires Étrangers et par terre	DROITS de SORTIE.
						F. C.	F. C.	F. C.
RR.	**sciures** de bois de teinture comme bois de teinture moulus.							
FR.	**sciures** d'acajou, comme ouvrages en bois non dénommés.							
RR.	**sciures** d'écaille. V. écailles de tortue, rognures.							
id.	**sciures** de bois de Fernambouc, comme le bois moulu.							
FF.	**sciures** de bois communs pour chauffage, comme le bois à brûler en bûches à l'entrée.							
id.	**scolopendre**. V. feuilles médicinales à dénommer.							
id.	**scories** ou cendres de plomb. V. plomb brut.							
FR.	**scorpions** séchés, mêmes droits que les cantharides.							
FF.	**scourjon**. V. escourgeon.							
	sculptures en tous genres. V. statues.							
FR.	**seaux** (1) en bois, avec ou sans cercles de fer. V. ouvrages en bois non dénommés.							
RR.	**seaux** (1) en tissu de chanvre imperméable. V. toile écrue.							
id.	**seaux** (1) en liège recouverts en bois et doublés en plomb, pour glacer les liquides. V. meubles.							
P.	**seaux** (1) en cuirs. V. peaux ouvrées.							
FF.	**sébestes**. V. fruits médicinaux à dénommer.							
id.	**sébiles** en bois. V. boissellerie.							
RR.	**sèches** (encre brute de). V. couleurs à dénommer.							
	sèches (encre de) en tablettes. V. encre à dessiner en tablettes.							
	sedlitz, (eau de). V. eaux minérales, autres que gazeuses. — Sel de). V. sulfate de magnésie.							
FF.	**seigle**. V. céréales.							
id.	**seigle-ergoté**. V. fruits médicinaux à dénommer.							
RR.	**sellerie** grossière, bâts non garnis de cuir	ouvr. en mat. diverses.	15 mar 1791	6 mai 1841	la pièce.	» 50	» 50	1/4 p. 0/0
P.	**sellerie** en cuir et autres	—	10 br. an 5.	—	100 k. B	prohib.	prohib.	» 25
id.	**selles**. V. sellerie en cuir.							
P.	**sels** marin de marais ou de saline	prod. chim.	15 mar 1791	28 avr. 1816	—	prohib.	prohib.	» 01
FR.	**sels** marin gemme ou fossile (2)	—	17 déc. 1814	17 mai 1826	100 k. BB	40 »	44 »	» 01
RR.	**sels** de sedlitz. V. sulfate de magnésie.							
id.	**sels** ammoniacaux (3) bruts en poudr. de quelq. natur. que ce soit	—	2 juil. 1836	6 mai 1841	1 k. NB	» 50	» 50	100 k. 25
id.	**sels** ammoniacaux (3) raffinés en pains	—	—	—	—	1 »	1 10	100 k. 25
id.	**sels** de duobus. V. sulfate de potasse.							
id.	**sels** d'epsom. V. sulfate de magnésie.							
id.	**sels** de glauber. V. sulfate de soude.							
id.	**sels** d'oseille. V. oxalate acide de potasse.							
id.	**sels** de saturne. V. acétate de plomb cristallisé.							
id.	**sels** de seignette. V. tartrates de soude et de potasse.							
FR.	**sels** de tartre. V. potasse.							
FF.	**sels** de soude. V. soudes de toutes sortes à alcalis.							
RR.	**sels** végétal. V. tartrates de potasse.							
id.	**sels** volatils. V. sels ammoniacaux. (4)							
P.	**sels** non dénommés. V. produits chimiques non dén. Prohibés.							
RR.	**sels** de prunelle cristal minéral. V. salpêtre, nitrate de potasse ou cristal minéral.							
id.	**sels** sel de lait, mêmes droits que le sucre terré blanc.							
id.	**sels** gemme ou fossile, dit sel de roche (petits meubles en). V. mercerie commune.							
P.	**sels** de kreutznach. V. médicaments composés non dénommés.							
FF.	**sels** ou fiel de verre, résidu des matières employées à la fabrication du verre. Comme les soudes.							
RR.	**sels** esprit de). V. acide muriat. dit aussi acide hydrochloriq.							
RR.	**semelles** de feutre ou de crin et poil feutrés	tissus.	27 juil. 1822	28 avr. 1816	100 k. NB	400 »	417 50	» 25
id.	**semelles** de liège. V. liège ouvré.							
id.	**semelles** de paille. V. tissus en feuille, d'écorce, de sparte, de paille, etc., au mètre carré.							
P.	**semelles** en cuir. V. peaux ouvrées.							
FR.	**semelles** en écorce de bouleau et d'autres bois blancs. V. ouvrages en bois non dénommés.							
FF.	**semen-contra**. V. barbotine.							
id.	**semen-dauci**, daucus. V. fruits médicinaux à dénommer.							
id.	**semenciue**. V. barbotine.							

(1) Si les seaux en tissu de chanvre imperméable accompagnent des pompes à incendie dans une proportion relative, ile doivent alors être considérés comme objets accessoires de ces pompes, et suivent leur régime.

(2) On l'appelle aussi sel de roche. Celui en poudre suit le régime du sel de marais, dont on ne peut le distinguer. Le droit de sortie n'est pas exigible pour le sel employé à la pêche et aux salaisons maritimes, non plus que pour celui destiné aux armemens et approvisionnements des colonies françaises, mais il se paie pour tout ce qui passe à l'étranger, ou même aux colonies françaises, par spéculation.

(3) Les cristaux de ces sels sont en pyramides très-alongées. Ceux qui viennent d'Egypte sont recouverts d'une couche noirâtre que n'ont pas ceux fabriqués en Europe. Ils sont moins blancs et moins purs. Ces sels s'emploient en teinture, et à décaper les métaux, et servent en médecine. La saveur en est fraîche, piquante, urineuse et sa pulvérisation est assez difficile.

(4) Les sels volatils de corne de cerf, de vipères et de bitumes fins, comme le succin et le jais, rentrent dans la classe des médicaments composés non dén.

DÉSIGNATION DES MARCHANDISES.	CLASSE du TARIF.	TITRE DE PERCEPTION.		UNITÉS sur lesquelles portent les droits.	DROITS D'ENTRÉE		DROITS de SORTIE.
		Entrée.	Sortie.		par Navires Français.	par Navires Etrangers et par terre	
					F. C.	F. C.	F. C.

DÉSIGNATION DES MARCHANDISES.	CLASSE du TARIF.	TITRE DE PERCEPTION.		UNITÉS sur lesquelles portent les droits.	DROITS D'ENTRÉE		DROITS de SORTIE.
		Entrée.	Sortie.		par Navires Français.	par Navires Étrangers et par terre	
					F. C.	F. C.	F. C.

DÉSIGNATION DES MARCHANDISES.	CLASSE du TARIF.	TITRE DE PERCEPTION. Entrée.	Sortie.	UNITÉS sur lesquelles portent les droits.	DROITS D'ENTRÉE par Navires Français.	par Navires Étrangers et par terre	DROITS de SORTIE.
					F. C.	F. C.	F. C.
RR. **semoirs**. V. machines et mécaniques à dénommer.							
id. **semoirs** entièrement composés de fer. V. instruments aratoir.							
FR. **semoule** V. pâte d'Italie.							
FF. grossière en gruau ou grosse farine, mêmes droits que les farines, selon l'espèce.							
F. **séné** en feuilles entières et grabeau du Sénégal français.....	esp. médic.	2 juil. 1836	27 juil. 1822	100 k. NB	20 »	—	» 25
FR. d'ailleurs, hors d'Europe.	—	—	—	—	50 »	100 »	» 25
RR. des entrepôts..........	—	—	—	—	75 »	100 »	» 25
séné (follicules), mêmes droits que celui en feuilles.							
FF. **sénéka** ou polygala de Virginie. V. racines médicin. à dénom.							
id. **sénévé**. V. moutarde.							
RR. **sépia**, encre de sèche. V. couleurs non dénommées.							
RR. **serans** (1) à peigner le chanvre. V. instrum. arat., autres.							
id. peignes à pointes d'acier. V. outils de pur acier. *(Ordonnance du 26 juin 1842.)*							
id. peignes à pointes de fer ou de cuivre.........	ouvr. en mat. diverses.	26 juin 1842	6 mai 1841	—	80 »	86 50	» 25
id. **séraphique** (résine dite). V. résineux exotiques à dénommer.							
P. **serge**. V. tissus de laine non dénommés.							
RR. **serge** cirée imprimee, en pièces ou petits tapis. V. tapis de laine à nœuds à chaîne de fil.							
id. **sergens** de menuisier. V. outils de pur fer.							
id. **serinettes**, instruments de musique (2).................	—	15 mar 1791	—	la pièce.	3 »	3 »	1/4 p. 0/0
RR. **seringues** en étain. V. poterie. — Seringues à injection. V. instruments de chirurgie.							
RR. **serins** oiseaux. V. objets de collection.							
id. **serpens**, instruments de musique.....................	—	—	—	—	3 »	3 »	1/4 p. 0/0
id. **serpens** morts ou vivants. V. objets de collection.							
FF. **serpentaire**. V. racines médicinales à dénommer. (3)							
id. **serpentine**. V. marbre vert-de-mer.							
RR. P. **serpes** et **serpettes**. V. instruments aratoires, autres, ou coutellerie, selon l'espèce.							
RR. **serpillières**. V. toile croisée grossière, treillis.							
P. **serrurerie**. V. fer ouvré.							
FF. **sésame** (graine de). V. graines.							
RR. (huile de). V. huile de graines grasses.							
FF. **séséli** (graine de). V. fruits médicinaux à denommer.							
RR. **sextans**. V. instruments de calcul et d'observation.							
id. **siamoises** (4) de pur fil. V. toile de lin imprimée.							
P. de coton ou melangées de fil et coton. V. tissus de coton prohibes.							
FF. **sicoude** ou seifesum (graine de). V. graines oléag. non dén. (5)							
RR. **sifflets** de bois, joujoux d'enfant. V. bimbeloterie.							
id. de bois, autres. V. mercerie commune.							
id. d'os. V. mercerie commune.							
P. d'ivoire. V. tabletterie non dénommée prohibée.							
FF. **silex** préparé pour fusils, pistolets ou briquets. V. pierres à feu.							
id. **silex** ou poudre de silex. V. cailloux à porcelaine et à faïence.							
id. **simarouba**. V. écorces médicinales à dénommer. (6)							
RR. **similor**. V. cuivre doré.							
FF. **simples** ou thé de la Guadeloupe (balais de savane). V. feuilles médicinales à dénommer.							
RR. **singes** vivants ou empaillés. V. objets de collection.							
FR. (peaux de). V. peaux de chien.							
RR. **sirops** sans exception des Colonies fr. V. sucre 1er type. de l'étranger. V. sucre terré. *Loi du 27 mars 1817.*							
P. **sirops** pharmaceutiques. V. médicaments comp. non dénomm.							

(1) Ce sont des peignes grossiers employés pour préparer les chanvres, les lins et autres végétaux filamenteux, de manière à les mettre en état d'être filés. (*Circulaire n°. 1921.*)

(2) Les horloges en bois auxquelles des serinettes sont adaptées, doivent et le droit imposé sur ces horloges et celui des serinettes.

(3) La dénomination de serpentaire embrasse: 1° la serpentaire (arum dracunculus), dont la racine bulbeuse est presque ronde; 2° l'aristoloche serpentaire, dont la racine est menue, fibreuse, brune, légère, l'odeur forte et aromatique, et la saveur amère et piquante; 3° l'aristoloche clématite qui a les mêmes caractères et propriétés.

(4) La siamoise est une étoffe rayée ou à carreaux de plusieurs couleurs.

(5) Ces graines proviennent d'un arbuste de la famille des chalefs.

(6) Cette écorce a la consistance et la flexibilité du cuir; la surface extérieure est d'un rouge cendré, dure, couverte de verrues et de rides transversales; la surface intérieure est pâle: elle est sans odeur, mais amère. Ses propriétés sont toniques, un peu astringentes, stomachiques et diurétiques.

	DÉSIGNATION DES MARCHANDISES.	CLASSE du TARIF.	TITRE DE PERCEPTION. Entrée.	TITRE DE PERCEPTION. Sortie.	UNITÉS sur lesquelles portent les droits.	DROITS D'ENTRÉE par Navires Français.	DROITS D'ENTRÉE par Navires Étrangers et par terre	DROITS de SORTIE.
						F. C.	F. C.	F. C.
P.	**sirops** acidulés au citron, à l'orange. V. médic. comp. non dén.							
RR.	**sirops** provenant du coulage des futailles du sucre, comme sucre du 1er type ou sucre brut autre que blanc.							
RR.	**sistres**, instruments de musique	ouvr en mat. diverses.	15 mar 1791	6 mai 1841	la pièce.	1 50	1 50	1¼ p. 0/0
FF.	**smalt**. V. cobalt vitrifié.							
id.	**snack**, corne de). V. cornes de cerf.							
P.	**socques**. V. peaux ouvrées non dénommées.							
RR.	**socs** de charrue. V. instruments aratoires. (1)							
FF.	**soda** V. plantes alcalines.							
id.	**soda** graine de la). V. graines de jardin ou de prairie.							
id.	**soda-water** (eau de soude). V. eaux minér. autres que gazeuses							
P.	**sodium**. V. produits chimiques non dénommés.							
FR.	**soies** de porc ou de sanglier. V. poils.							
FF.	**soies** en cocons	prod. et dép. d'animaux.	28 avr. 1816	—	100 k. BN	1 »	1 10	l.k. 2 »
id.	**soies** écrues (2) grèges y compris les douppions	—	2 juil. 1836	2 juill. 1836	1 k. BN	» 05	» 05	— 3 »
RR.	**soies** écrues (2) moulinées y compris les douppions	—	—	—	—	» 10	» 10	— 2 »
id.	**soies** teintes (3) encuit, pour tapisserie. en pelotons pesant au plus un demi kilogram., ou en petits écheveaux, ou en bobines dont le poids n'excède pas trois décagrammes	—	3 frim. an 5	—	1 k. NN	3 06	3 30	— 1 »
	soies teintes (3) à coudre, le poids de chaque écheveau ou de chaque bobine n'excédant pas trois décagrammes	—	—	—	—	3 06	3 30	— » 10
	soies teintes (3) Toutes autres	—	—	—	—	3 06	3 30	— 6 »
FF.	**soies** bourre de) (4) en masse écrue	—	28 avr. 1816	—	100 k. BN	1 »	1 10	— 2 »
RR.	**soies** bourre de) (4) en masse teinte	—	9 flor. an 7.	—	1 k. NN	» 82	» 90	— 2 »
id.	**soies** bourre de) (4) cardée en feuilles gommées, ouates	—	28 avr. 1816	—	100 k. NN	62 »	67 60	— 2 »
	soies bourre de) (4) cardée toutes autres	—	9 flor. an 7.	—	1 k. NN	» 82	» 90	— 2 »
	soies bourre de) (4) frisons peignés, sans distinction	—	—	—	—	» 82	» 90	— 1 »
	soies bourre de) (4) filée fleuret écrue	—	—	—	1 k. NB	» 82	» 90	— » 05
	soies bourre de) (4) filée fleuret teinte	—	—	—	—	3 06	3 30	— » 05
	soies (déch. de), com. bourre de soie non cardée, soit en masses.							
	soies végétales. V. végétaux filamenteux non dénommés.							
FF.	**soldanelle**, chou-marin. V. racines ou herbes médicin. à dén.							
id.	**solives** ou soliveaux. V. bois à construire sciés.							
id.	**son** de toute sorte de grains	pr. et déc. div.	28 avr. 1816	6 mai 1841	100 k. BB	» 50	» 50	» 25
RR.	**sondes** élastiques, mêmes droits que les instrum de chirurg.							
id.	**sondes** pour la marine. V. instruments de calcul.							
P.	**sondes** en fer. V. fer ouvré.							
id.	**sonnailles** et sonnettes en fonte. V. fer fonte moulée.							
RR.	**sonnailles** et sonnettes en tôle V. instruments aratoires, autres.							
P.	**sonnailles** et sonnettes en métal de cloche. V. cuivre ouvré non dén.							
RR.	**sorbet** (5)	denr. col.	—	28 avr. 1816	100 k. NB	74 »	80 20	» 25
FF.	**souchet** ou cyperus de toute sorte. V. racines méd. à dén. (6)							
id.	**souchet** (tubercules de), comestible. V. légumes secs ou verts, selon leur état.							
id.	**souci** des jardins. V. feuilles médicinales à dénommer.							
FR.	**souci** des jardins. V. fleurs médicinales à dénommer.							
FF.	**soudes**. V. alcalis. (7)							
RR.	**soufflets** de forge. V. machines et mécaniques à dénommer.							
id.	**soufflets** de main. V. mercerie commune.							
id.	**soufflets** d'orgues. V. machines et mécaniques à dénommer.							

(1) Les socs de charrue ébauchés au martinet doivent être traités comme fer rond, d'après la dimension des parties les plus amincies, attendu qu'ils n'ont pas plus de valeur que ce fer, et qu'avant de pouvoir être employés, le maréchal doit y ajouter l'acier nécessaire, et leur donner la dernière main-d'œuvre.

(2) Les soies grèges sont telles que le ver les a filées, elles ont seulement été tirées de dessus le cocon à l'eau chaude, et n'ont ainsi qu'un seul bout ou brin. Elles sont en écheveaux plus ou moins forts, et pliés suivant l'usage du pays. — On appelle douppions les soies grèges moulinées qui proviennent du travail de deux vers réunis pour ne former qu'un seul cocon; ce qui rend la qualité très inférieure. — Par moulinées s'entend des soies qui, de grèges et encore écrues, sont mises en organsins, trames, poils, grenadines, rondelettes, etc., par un ou plusieurs tors, à un ou plusieurs bouts réunis. — L'organsin réunit communément 2 ou 3 bouts par deux tors. — La trame a aussi 2 ou 3 bouts, mais n'a qu'un tors léger. — Le poil a un seul bout très-tordu. — La grenadine a 2 bouts très-tordus. — La soie perlée qui est la même chose en qualité inférieure et la rondelette ou rondelettine sont comme la grenadine.

(3) Les soies teintes sont crues ou cuites: elles sont cuites quand elles ont subi le décreusage qui est une opération qui ôte à la soie la gomme dont elle est imprégnée, et lui fait perdre quatre parties sur quinze du poids qu'elle avait étant grège.

(4) Déchet de soie qui ne peut s'employer qu'après avoir été cardé et remis en fil ou fleuret.
Quant aux pennes de soie, dont la longueur varie en raison de la complication du travail des étoffes et peut aller jusqu'à 1 mètre 40 cent., on doit les traiter comme soies écrues grèges, lors même qu'elles proviendraient de soies teintes. Il en est de même des brins ou bouts de soies de longueurs inégales.

(5) Pâte odorante composée de divers ingrédiens, tels que le citron, le musc, etc., que les turcs délaient dans leur boisson.

(6) Ces plantes sont graminées et croissent dans les marais et prés humides; leurs feuilles sont longues et étroites. La racine du souchet long, est assez longue, un peu ligneuse, rameuse et fibreuse ; son écorce est roussâtre, striée, entourée d'anneaux: son odeur est agréable et tire sur celle de la violette : sa saveur est un peu amère, balsamique, chaude et inhérente au gosier. — La racine du souchet rond est de la grosseur et de la forme d'un œuf de pigeon ; elles est garnie de fibres, son écorce présente les mêmes caractères que la première.

(7) La soude est une des principales matières premières des verreries, des fabriques de savon, des blanchisseries de toile et de la teinture.

DÉSIGNATION DES MARCHANDISES.	CLASSE du TARIF.	TITRE DE PERCEPTION.		UNITES sur lesquelles portent les droits.	DROITS D'ENTRÉE		DROITS de SORTIE.
		Entrée.	Sortie.		par Navires Français.	par Navires Etrangers et par terre	
					F. C.	F. C.	F. C.

DÉSIGNATION DES MARCHANDISES	CLASSE du TARIF.	TITRE DE PERCEPTION.		UNITÉS sur lesquelles portent les droits.	DROITS D'ENTRÉE		DROITS de SORTIE.
		Entrée.	Sortie.		par Navires Français.	par Navires Étrangers et par terre	
					F. C.	F. C.	F. C.

	DÉSIGNATION DES MARCHANDISES.	CLASSE du TARIF.	TITRE DE PERCEPTION.		UNITÉS sur lesquelles portent les droits.	DROITS D'ENTREE		DROITS de SORTIE.
			Entrée.	Sortie.		par Navires Français.	par Navires Etrangers et par terre	
						F. C.	F. C.	F. C.
P.	**soufre** doré. V. médicaments composés non dénommés.							
FR.	**soufre** végetal (poussi. de pin). M. droits que le lycopode. (1)							
FF.	**soufre** minerai (de) de 1re extraction. V. minerais.							
id.	**soufre** fondu en masse, non épuré.	pierres, terres et autr. fossil.	2 juil. 1836	6 mai 1841	100 k. BB	» 75	1 50	» 25
id.	**soufre** fondu en canons ou autrement épuré	—	—	—	—	5 »	5 50	» 25
id.	**soufre** sublimé en poudre ou fleur de soufre	—	—	—	—	13 »	14 30	» 25
id.	**soufre** d'antimoine. V. antimoine sulfuré.							
P.	**souliers**. V. peaux ouvrées, prohib Cette prohibition s'étend même sur les souliers de femme dont les empeignes sont en étof.							
FF.	**souricières** en bois. V. boissellerie.							
id.	**sous-carbonate** de soude. V. soudes.							
P.	**sparadrap**. V. médicaments composés non dénommés.							
FF.	**sparte** en tiges brutes	fruits, tiges et filam. à ouvr.	5 juill. 1836	28 avr. 1816	—	» 50	» 50	» 25
id.	**sparte** en tiges battues	—	—	—	—	1 »	1 10	» 25
RR.	**sparte** ouvré. V. chapeaux, nattes, tissus en feuilles, vannerie, ou cordages, selon l'espèce.							
FR.	**spath** (ouvrages en). V. pierres ouvrées.							
FF.	**spath** chatoyant. V. marbre, selon l'espèce.							
id.	**spath** chaux carbonatée. spath perlé. V. minérai de fer. adamantin. V. pierres gemmes à dénommer. gypseux V. albâtr. — Spath pesant. V. sulfate de baryte.							
id.	**spath** Autres non dénommés, bruts ou pulvérisés	pierr., terr. et autres fossiles	28 avr. 1816	6 mai 1841	—	1 »	1 10	» 25
RR.	**spatules**. V. outils, selon l'espèce.							
FF.	**spergule** (graines de). V. graines de prairie.							
FR.	**spermaceti**. V. blanc de baleine.							
RR.	**sphères** célestes ou terrestres. V. instrum. de calcul et d'observ.							
FF.	**spica seltica** ou nard celtique. V. racines médicinales à dén.							
FR.	**spicanard**. V. nard-indien.							
FF.	**spigélie** anthelmintique et du maryland. V. herb. méd. à dén. (2)							
id.	**spilanthe** salivaire. V. herbes médicinales à dénommer.							
PR.	**spiraux** pour montres, pendules, etc. V. fournitures d'horlog.							
FF.	**spode** (3) d'ivoire. V. noir d'ivoire. d'os et de corne. V. noir d'os et de cerf.							
FF.	**squilles** marines. V. bulbes ou oign., ce sont les scilles-marines							
id.	**squine** ou esquine. V. racines médicinales à dénommer.							
id.	**staphisaigre**, graines de). V. fruits médicinaux à dénomm.							
RR.	**statues** en carton-pierre. V. carton moulé.							
FR.	**statues** en bois. V. ouvrages en bois non dénommés. (4)							
P.	**statues** en bronze. V. cuivre ouvré non dénommé.							
FE.	**statues** en marbre. V. marbre sculpté. (5)							
FR.	**statues** en pierre ou plâtre. V. pierres ouvrées.							
RR.	**statues** antiques. V. objets de collection.							
FR.	**statues** en cire. V. cire ouvrée.							
id.	**stéarine**. V. acide stéarique.							
id.	**stéças** ou stœchas (fleurs de). V. fleurs médicinal. à dénommer.							
RR.	**stéças** ou stœchas huile de), comme celle de lavande. V. huiles volatiles ou essences, toutes autres.							
FR.	**stil** de grain, pâte jaune d'argile et de nerprun	couleurs.	—	—	—	25 »	27 50	» 25
id.	**stinc** marin. Mêmes droits que les vipères. (6)							
RR.	**stockfisch**. V. poissons de mer.							
P.	**stoffs**. V. tissus de laine non dénommés.							
FR.	**storax** (7) naturel, rouge ou calamite	sucs végét.	—	27 juil. 1822	100 k. NB	41 »	45 10	» 25
	storax préparé liquide (styrax)	—	—	—	100 k. BB	43 »	14 30	» 25
	storax préparé en pain	—	—	—	—	17 »	18 70	» 25

(1) Poussière fécondante de la fleur du pin connue sous le nom de soufre végétal. Voir d'ailleurs la note au mot poussière.

(2) Ses tiges sont droites, raides, hautes de 22 à 24 cent. à 4 angles, un peu rudes. On les emploie comme vermifuge.

(3) Charbon de matière animale devenu blanc par l'entière calcination et le dégagement de toute huile empyreumatique.

(4) Celles qu'on importe pour les musées royaux sont exemptes de tous droits; mais il faut que la destination soit justifiée.

(5) Les marbres antiques font partie des objets de collection hors de commerce.

(6) Petit animal qui a beaucoup de rapport au lézard ou au crocodile par la figure. On l'emploie en médecine contre le venin.

(7) Le storax naturel ou résine du styrax officinal est en larmes mêlées, les unes de consistance ferme, jaunâtres en dehors, blanchâtres en dedans, et presque transparentes, les autres un peu grosses, semblables à la manne. Le storax est parsemé de points brillants: son odeur est celle de toutes les résines benzoïques, mais particulièrement celle du baume de tolu.

Le storax liquide est le produit de la fusion du storax de mauvaise qualité, et auquel on a ajouté quelques substances qui le rendent glutineux et très-adhérent, sa couleur est roussâtre, il a l'apparence du miel commun; son odeur est celle du storax naturel.

Le storax en pains est un mélange de sciure de bois, de benjoin, de baume du Pérou et de storax naturel; et ce n'est même le plus souvent que de la sciure rouge de l'arbre résineux qui fournit le vrai storax; ces pains, qui sont d'un très-gros volume, ressemblent à des mottes à brûler.

	DÉSIGNATION DES MARCHANDISES.	CLASSE du TARIF.	TITRE DE PERCEPTION. Entrée.	Sortie.	UNITÉS sur lesquelles portent les droits.	DROITS D'ENTRÉE par Navires Français.	par Navires Étrangers et par terre	DROITS de SORTIE.
						F. C.	F. C.	F. C.
FF.	**stramoine** racines, herbes, feuilles ou fruits médicinaux à dénommer, selon l espèce.							
FR.	**stramoine** fleurs médicinales à dénommer.							
FF.	**stramoine** haché. V. fruits médicinaux à dénommer.							
id.	**strychnos**. V. racines ou écorces médicinales à dénommer.							
id.	**stuc** ciment à l'état brut. V. plâtre préparé. Le maximum des droits par tous les bureaux.							
FR.	**stuc** en tables. V. pierres ouvrées.							
id.	**stuc** chiques de). M. droits que celles en marbre. V. chiques.							
id.	**styrax**. V. storax liquide.							
P.	**sublimé** doux ou corrosif (muriate de mercure). V. médicam. composés non dénommés.							
id.	**substances** médicinales pulvérisées. (1)							
FR.	**succin** brut (bitumes solides)	pierr., terr. et autr. fossiles.	28 avr. 1816	28 avr. 1816	100 k. BB	37 »	40 70	» 25
RR.	**succin** taillé. V. mercerie fine.							
P.	**succin** huile de). V. produits chimiques non dénom. Prohibés.							
FF.	**succin** noir. V jais.							
P.	**succin** esprit de). V. médicam. composés non dénommés.							
RR.	**suc** de palmier dit jagre. Mêmes droits que le sucre brut autre que blanc.							
id.	**sucre** de lait. Mêmes droits que le sucre terré. (2)							
id.	**sucre** de pomme et d'orge. V. bonbons.							
F.	**sucre** des Colon. françaises, 1er type et nuances inférieures de Bourbon	denr. col.	2 juil. 1843	—	100 k. NB	38 50	—	» 25
	d'Amérique	—	—	—	—	45 »	—	» 25
	du 1er type excl. au 2e type incl. de Bourbon, année 1843	—	—	—	—	41 »	—	» 25
	d'Amérique — 1843	—	—	—	—	47 50	—	» 25
	de Bourbon — 1844	—	—	—	—	41 50	—	» 25
	d'Amérique — 1844	—	—	—	—	48 »	—	» 25
	de Bourbon — 1845	—	—	—	—	42 »	—	» 25
	d'Amérique — 1845	—	—	—	—	48 50	—	» 25
	de Bourbon — 1846	—	—	—	—	42 50	—	» 25
	d'Amérique — 1846	—	—	—	—	49 »	—	» 25
	de Bourbon — 1847	—	—	—	—	43 »	—	» 25
	d'Amérique — 1847	—	—	—	—	49 50	—	» 25
	au-dessus du 2e type de Bourbon — 1843	—	—	—	—	43 50	—	» 25
	d'Amérique — 1843	—	—	—	—	50 »	—	» 25
	de Bourbon — 1844	—	—	—	—	44 50	—	» 25
	d'Amérique — 1844	—	—	—	—	51 »	—	» 25
	de Bourbon — 1845	—	—	—	—	45 50	—	» 25
	d'Amérique — 1845	—	—	—	—	52 »	—	» 25
	de Bourbon — 1846	—	—	—	—	46 50	—	» 25
	d'Amérique — 1846	—	—	—	—	53 »	—	» 25
	de Bourbon — 1847	—	—	—	—	47 50	—	» 25
	d'Amérique — 1847	—	—	—	—	54 »	—	» 25
RR.	**sucre** étranger, brut autre que blanc de l Inde	—	3 juil. 1840	—	—	60 »	85 »	» 25
	d'ailleurs, hors d'Europe	—	—	—	—	65 »	85 »	» 25
	des entrepôts	—	—	—	—	75 »	85 »	» 25
	brut blanc ou terré, sans distinction de nuance ni du mode de fabricat. de l Inde	—	—	—	—	80 »	105 »	» 25
	d'aill. hors d'Eur.	—	—	—	—	85 »	105 »	» 25
	des entrepôts	—	—	—	—	95 »	105 »	» 25
	terré brun. dit moscowade. (3)							
P.	raffiné en pain. en poudre ou candi	comp. div.	28 avr. 1816	—	100 k. B	prohib.	prohib.	» 25
id.	acidule au citron, à l'orange, etc., com. sucre raffiné.							
FF.	**sucrion**, autre nom de l'orge. V. céréales.							
FR.	**sucs** de réglisse. V. jus de réglisse.							
RR.	**sucs** de cocotier, mêmes droits que le sucre brut autre que blanc, le suc de palmier compris.							
id.	**sucs** de guimauve. V. bonbons.							
id.	**sucs** d'hypocistis, d acacia et de papayer. V. sarcocolle.							
FF.	**sucs** tannins. V. extraits.							
RR.	**sucs** épicés, de viandes, de poissons et de végétaux. V. épices préparées non dénommées.							

(1) Les substances médicinales pulvérisées sont d'après l'usage, différentes décisions ministérielles et l'avis de l'école de pharmacie traitées à l'entrée comme médicaments composés non dénommés, à cause des facilités qu'elles offriraient à la fraude. Quant à la sortie, elles paient le droit des substances dont elles proviennent.

(2) Matière semblable à un sel compacte, grisâtre, cristallisé, retirée par évaporation du petit lait. On en fabrique principalement en Suisse et en Russie ; comme produit d'Europe il peut entrer par tous les bureaux et ports ouverts aux marchandises payant plus de 20 fr. par 100 kil.

(3) Comme cette qualité de sucre est admissible au drawbach, la douane, pour se prémunir contre l'abus qui en pourrait résulter en fesant admettre sous cette dénomination d'autres sucres, doit exiger qu'à toutes les déclarations de l'espèce on ajoute que les sucres déclarés bruns dits moscouades, sont destinés au raffinage pour jouir ultérieurement de la prime de sortie. Par ce moyen aucune difficulté sérieuse ne pourra s'élever sur l'application de la loi du 21 avril 1818, art. 7, et les employés pourront saisir immédiatement, si la déclaration est fausse. On ne devra recourir à cette mesure de rigueur qu'autant qu'on n'aura aucun doute sur le fait matériel de la contravention.

Les déclarations pour les sucres bruts français ou étrangers, destinés au raffinage, ne doivent comprendre aucune autre marchandise, attendu qu'il y a pour ces sucres des acquits de paiement spéciaux.

Les sucres coloniaux de nuances inférieures peuvent être reçus en entrepôt réel, pour obtenir la remise des droits sur les manquants mais il faut que ces sucres soient mis au réel au débarquement.

DÉSIGNATION DES MARCHANDISES.	CLASSE du TARIF.	TITRE DE PERCEPTION.		UNITÉS sur lesquelles portent les droits.	DROITS D'ENTRÉE		DROITS de SORTIE.
		Entrée.	Sortie.		par Navires Français.	par Navires Étrangers et par terre	
					F. C.	F. C.	F. C.

DÉSIGNATION DES MARCHANDISES.	CLASSE du TARIF.	TITRE DE PERCEPTION.		UNITÉS sur lesquelles portent les droits.	DROITS D'ENTRÉE		DROITS de SORTIE.
		Entrée.	Sortie.		par Navires Français.	par Navires Étrangers et par terre	
					F. C.	F. C.	F. C.

	DÉSIGNATION DES MARCHANDISES.	CLASSE du TARIF.	TITRE DE PERCEPTION. Entrée.	TITRE DE PERCEPTION. Sortie.	UNITÉS sur lesquelles portent les droits.	DROITS D'ENTREE par Navires Français.	DROITS D'ENTREE par Navires Etrangers et par terre	DROITS de SORTIE.
						F. C.	F. C.	F. C.
FF.	**suie** de résine. V. noir de fumée.							
id.	**suie** de cheminée, mêmes droits que les cendres de bois vives. V. alcalis. (1)							
FF.	**suif** animal. brut. V. graisses de bœuf, etc. — épuré. V. acide stéarique. — végétal provenant du croton porte-suif ou arbre à suif, comme suif brut. V. graisses.							
id.	**sulfates** (2) de chaux. V. plâtre.							
RR.	— d'alumine ou d'alumine et de potasse. V. alun.							
id.	— de potasse, sel de duobus	prod. chim.	26 juin 1842	7 juin 1820	100 k. BB	10 »	11 »	» 25
id.	— de soude, sel de glauber, des pays hors d'Europe	—	27 mar 1817	—	100 k. NB	15 »	21 »	» 25
	— de soude, sel de glauber, d'ailleurs	—	—	—	—	18 »	21 »	» 25
id.	— d'ammoniaque. V. sels ammoniacaux.							
id.	— de cuivre, coupe-rose bleue	—	28 avr. 1816	—	100 k. BB	31 »	34 10	» 25
id.	— de fer coupe-rose verte	—	2 juil. 1836	—	—	6 »	6 60	» 25
id.	— de magnésie, sel d'epsom	—	28 avr. 1816	—	100 k. NB	70 »	76 »	» 25
id.	— de zinc, coupe-rose blanche	—	—	—	100 k. BB	31 »	34 10	» 25
P.	— de quinine. V. produits chimiques non dénommés.							
id.	— de manganèse et de plomb. V. prod. chim. non dén.							
FF.	— de baryte, spath pesant	—	6 mai 1841	—	—	1 »	1 10	» 25
FR.	— double de fer et de cuivre, dit vitriol d'admonde ou de Salzbourg	—	23 juil. 1838	—	—	18 50	20 30	» 25
P.	— de strontiane artificiel. V. produits chimiques non dénommés. — Naturel. V. sulfate de baryte.							
FF.	**sulfures** (3) d'antimoine. V. antimoine sulfuré (4) ou minérai d'antimoine.							
id.	— d'arsénic jaune en masses, orpiment ou rouge réalgar	—	28 avr. 1816 6 mai 1841	28 avr. 1816	—	8 »	8 80	» 25
FR.	— de mercure, en pierres, naturel ou artificiel, cinabre	—	—	—	100 k. NB	150 »	160 »	» 25
	— de mercure, pulvérisé, vermillon	—	—	—	—	200 »	212 50	» 25
FF.	— de plomb, plomb sulfuré. V. alquifoux.							
id.	— de zinc (blende), com. minérai de zinc. V. zinc.							
id.	**sumac** (5) écorces, feuilles et brindille	teint. et tan.	2 juil. 1836	6 mai 1841	100 k. BB	1 »	1 10	» 25
FR.	— moulu	—	—	—	—	15 »	16 50	» 25
RR.	— résine de). V. résineux exotiques à dénommer.							
FR.	**sureau** fleurs de), fleurs médicinales à dénommer.							
FF.	— écorces, fruits. V. écorces ou fruits médicin. à dén.							
	surons ou sacs de peaux ayant servi d'emballage et en bon état de conservation. V. peaux brutes, selon l'espèce.							
	T.							
P.	**Tabac** en feuilles ou en côtes, pour la régie, des pays hors d'Europe.	denr. col.	7 juin 1820	17 mai 1826	—	exempt.	10 »	100 k. 25
	— — pour la régie, des entrepôts	—	—	—	—	5 »	10 »	— 25
	— — pour compte particulier	—	—	—	100 k. B	prohib.	prohib.	— 25
	— fabriqué ou seulement préparé	comp. div.	—	6 mai 1841	—	prohib.	prohib.	— 25
	— fabriqué (6), pour la régie, des pays hors d'Europe	—	26 juin 1842	—	100 k. BB	exempt.	15 »	— 25
	— — pour la régie, des entrepôts	—	—	—	—	7 »	15 »	— 25
	— — de santé ou d'habitude jusqu'à concurrence de 10 kil. seulement tabac, ordin.	—	7 juin 1820	—	1 k. N	10 »	10 »	— 25
	— — poudres de Séville et tabacs dits Kanaster, Porto-Rico et Varinas jusqu'à 10 kilogrammes seulement	—	—	—	—	15 »	15 »	— 25
	tabac rustique, dit herbe à la reine, comme tabac ordinaire.							
RR.	**tabatières** de carton, même avec charnières de métal commun. V. carton moulé.							
id.	— en bois, indigènes. V. mercerie commune.							
id.	— — de buis, non doublées, ni garnies. V. merc. comm.							
P.	— — de buis, doublées ou garnies. V. tabletterie non dén.							
RR.	— — indigènes, dites d'Écosse, vernissées et revêtues de dessins. V. mercerie fine.							
id.	— — de figuier verniss. V. merc. fine. Autres. V. merc. com.							
P.	— — Autres en bois exotiques. V. tabletterie non dénom.							
id.	— d'écaille, d'ivoire, de nacre ou de corne. V. tabletter. non dén.							

(1) La suie brute se distingue facilement des divers noirs; elle donne une solution de couleur foncée, susceptible de teindre en une nuance fauve. On en obtient un produit employé en peinture sous le nom de bistre. La suie sert encore à la cémentation des fers et comme engrais.

(2) Les sulfates s'obtiennent par la combinaison de l'acide sulfurique avec les terres, les alcalis et les oxides métalliques.

(3) Les sulfures sont une combinaison du soufre avec une base métallique, saline ou terreuse.

(4) Autrefois connu sous le nom d'antimoine cru. Il est de deux espèces : la première, qui est le minerai d'antimoine, est accompagnée de matières terreuses ou pierreuses ; elle est en aiguilles d'un gris bleuâtre, très-cassantes, susceptibles de tâcher le papier en noir. — La seconde espèce qu'on apporte plus fréquemment, est celle qui a été séparée, par le grillage, de sa gangue. Ce sulfure est en masses de diverses formes ; il est formé dans son intérieur d'aiguilles très-longues d'un gris bleuâtre; sa poudre salit fortement les doigts; il entre en fusion quand on l'approche d'une bougie.

(5) Il y a un assez grand nombre de sumac et de qualités différentes. Les meilleurs ne contiennent que des rhus coriaria. Celui de Sicile est le plus estimé. — Les feuilles de sumac brisées par suite de la compression de l'emballage ne doivent que le droit des feuilles entières et non celui du sumac moulu, s'il est reconnu et constaté que ces feuilles n'ont été aucunement moulues.

(6) Les voyageurs arrivant des pays hors d'Europe peuvent importer un demi kilogr. de tabac fabriqué en payant les droits ci-dessus.

	DÉSIGNATION DES MARCHANDISES.	CLASSE du TARIF.	TITRE DE PERCEPTION.		UNITÉS sur lesquelles portent les droits.	DROITS D'ENTRÉE		DROITS de SORTIE.
			Entrée.	Sortie.		par Navires Français.	par Navires Etrangers et par terre	
						F. C.	F. C.	F. C.
P.	**tabatières** en coquilles non montées sur or ou arg. V. tabletter. non dén.							
FR.	**tabatières** d'agates. V agates ouvrées.							
RR.	**tabatières** en coquilles montées en or ou en argent. V. bijouterie.							
id.	**tabatières** de laiton peintes, à deux couvercles et à miroir. V. mercerie commune. — Toute autre. V. cuivre ouvré.							
id.	**tabatières** d'étain V. étain ouvré, poterie.							
P.	**tabatières** dorées, argentées ou d'or faux. V. cuivre doré ou argenté ouvré.							
RR.	**tabatières** d'or, d'argent ou de vermeil. V, bijouterie. — Celles en platine comprises, V. bijouterie d'or.							
P.	**tabatières** de cuir. V. peaux ouvrées.							
RR.	**tabatières** de spa. V. mercerie fine, en bois blancs peints ou recouverts en paille.							
id.	**tabatières** en plomb, même peintes et vernies. V. mercerie commune.							
id.	**tabatières** en spa, en bois indigènes blancs, sans ornements ni peintures. V. mercerie commune.							
id.	**tableaux** pour la peint. V. obj. de collect. cadr. non compris. / pour les cadres ou bordures. V. meubles.							
id.	**tables** à thé, tables à ouvrage en bois blanc verni, avec peintures en or ou or mêlé de diverses couleurs. V. meubles.							
id.	**tables** de liège. V. liège ouvré.							
P.	**tabletterie** non dénommée (1)	ouv. en mat. diverses.	10 br. an 5.	6 mai 1841	100 k. B	prohib.	prohib.	» 25
id.	**tablettes** (2) de bouillon. V. médicaments comp. non dén.							
id.	**tablettes** (2) d'hockiac. V. médicaments comp. non dénom.							
RR.	**tablettes** (2) à écrire. V. mercerie commune.							
id.	**tablettes** (2) de bleu de Prusse impur. V. bleu de Prusse.							
id.	**tacamahaca** (résine de). V. résineux exotiques à dénomm.							
PR.	**taffetas**, même gommé et taffetas d'Angleterre. V. tissus de soie, étoffes unies.							
RR.	**tafia** V. boissons distillées, eau-de-vie de mélasse, etc. (3)							
id.	**taille-crayons**, comme les limes fines de moins de 17 centimètres de longueur.							
id.	**tailles** de visnague, herbes aux gencives. On en fait des cure-dents. V. mercerie commune.							
FF.	**talc** de toute sorte (4) brut en masse	pierr., terr. et autr. fossiles.	26 juin 1842	—	100 k. BB	» 50	» 50	» 25
RR.	**talc** de toute sorte (4) pulvérisé. V. couleurs à dénommer.							
FR.	**tamarins** (5) gousses entières ou la pulpe seulement	esp. médic.	28 avr. 1816	27 juil. 1822	—	40 »	44 »	» 25
	tamarins (5) confits au sucre	—	—	28 avr. 1816	100 k. NB	62 »	67 60	» 25
id.	**tamaris** bois. V. bois odorants à dénommer.							
FF.	**tamaris** (écorce de). V. écorces médicinales à dénommer.							
RR.	**tambours** et tambourins pour enfant. V. bimbeloterie.							
	tambours et tambourins Autres	ouvr. en mat. diverses.	15 mar 1791	6 mai 1841	la pièce.	1 50	1 50	1/4 p. 0/0
id.	**tamis** de crin. V. mercerie commune. / de toile métallique. V. toiles métalliques.							
P.	**tamise**. V. tissus de laine non dénommés.							
RR.	**tam-tam**. V. chapeaux chinois. (6)							
FF.	**tan**. V. écorces à tan moulues.							
id.	**tanaisie** V. racines, herbes ou fruits médicinaux à dénomm.							
FR.	**tanaisie** fleurs. V. fleurs médicinales à dénommer.							
FF.	**tannins**. V. extraits d'autres végétaux, etc.							
FR.	**tapioca**, espèce de semoule grillée extrait de la racine du manioc. V. pâte d'Italie.							
	tapis. V. les tissus dont ils sont formés.							
RR.	**tapis** de laine grossiers servant de couvertures pour les chevaux et les accompagnant. V. couvertures.							
	tapisserie en laine ou soie, comme tapis, selon l'espèce.							
P.	**tapisserie** en cuir. V. peaux ouvrées non dénommées.							
RR.	**tapisserie** en papier peint. V. papier peint, etc.							
FF.	**tapsie** noire ou blanche. V. racines médicinales à dénommer.							

(1) Petits ouvrages en écaille, ivoire, nacre, corne, os, et bois fins, comme trictracs sans pied, damiers, dames, échecs, jeux de domino et d'échec, tabatières, peignes, fiches, jetons, étoiles à dévider, cure-dents, cure-oreilles, passe-lacets, montures d'évantail, étuis, dés à coudre et à jouer, etc., etc. Cet article comprend, en général, tous les petits meubles de mains, faits au tour ou plaqués, sauf quelques exceptions telles que les peignes d'ivoire et d'écaille et quelques articles de mercerie.

(2) Tablettes de bouillon. Un kilogr. de ces tablettes représente 25 kilogr. de viande fraîche.

(3) Si le tafia est importé en bouteilles on perçoit le droit sur le verre indépendamment de celui du liquide.

(4) Minéral de structure lamelleuse. Les variétés de talc sont onctueuses au toucher, frottées sur une étoffe, elles y laissent des traces blanchâtres. Le talc écailleux, nommé craie de Briançon, réduit en poudre, sert à dégraisser les soies et à diminuer le frottement des machines.

(5) Fruits acides du tamarinier, gros arbre des deux Indes, d'Afrique et d'Arabie : ce sont des gousses noires ou rouges qui renferment des semences dures et une pulpe qui sert particulièrement en médecine. — Les gousses et la pulpe ont été pressées en masses, et sont présentées en espèces de gâteaux mollasses, un peu gras, ronds et aplatis.

(6) Voir la note à chapeaux-chinois pour leur admission en franchise.

DÉSIGNATION DES MARCHANDISES.	CLASSE du TARIF.	TITRE DE PERCEPTION.		UNITÉS sur lesquelles portent les droits.	DROITS D'ENTRÉE		DROITS de SORTIE.
		Entrée.	Sortie.		par Navires Français.	par Navires Étrangers et par terre	
					F. C.	F. C.	F. C.

DÉSIGNATION DES MARCHANDISES.	CLASSE du TARIF.	TITRE DE PERCEPTION.		UNITÉS sur lesquelles portent les droits.	DROITS D'ENTREE		DROITS de SORTIE.
		Entrée.	Sortie.		par Navires Français.	par Navires Étrangers et par terre	
					F. C.	F. C.	F. C.

	DÉSIGNATION DES MARCHANDISES.	CLASSE du TARIF.	TITRE DE PERCEPTION. Entrée.	TITRE DE PERCEPTION. Sortie.	UNITÉS sur lesquelles portent les droits.	DROITS D'ENTREE par Navires Français.	DROITS D'ENTREE par Navires Etrangers et par terre	DROITS de SORTIE.
						F. C.	F. C.	F. C.
RR.	**tarières** (mèches à) de 24 centimètres de longueur et au-dessous. V. outils de pur acier. Autres. V. outils de fer rechargé d'acier.							
FF.	**tartrates** acide de potasse très-impur, lie de vin liquide	prod. chim.	28 avr. 1816	6 mai 1841	100 k. BB	1 »	1 10	» 25
id.	très-impur, lie de vin desséché	—	—	—	—	1 »	1 10	» 25
id.	impur, tartre brut (1) des pays hors d'Europe.	—	—	—	100 k. NB	15 »	21 »	» 25
id.	impur, tartre brut (1) des entrepôts	—	—	—	—	18 »	21 »	» 25
FR.	pur, cristaux de tartre	—	2 juill. 1836	—	100 k. BB	25 »	27 50	» 25
id.	pur, crème de tartre	—	28 avr. 1816	—	—	30 »	33 »	» 25
RR.	de potasse, sel végétal	—	—	—	100 k. NB	70 »	76 »	» 25
id.	de soude et de potasse, sel de seignette	—	—	—	—	70 »	76 »	» 25
P.	**tartrate** de potasse et d'antimoine, émétique. V. médicaments composés non dénommés.							
FF.	**tartre** brut. V. tartrate acide de potasse impur.							
FR.	cristallisé, crème de tart. V. tartrates, acide de pot. pur.							
id.	sel de). V. alcalis-potasses.							
RR.	vitriolé (sel de duobus. V. sulfates de potasse.							
P.	émétique. V. tartrate de potasse et d'antimoine, médicaments composés non dénommés.							
FR.	cristaux de). V. tartrates. acide de potasse pur.							
id.	cristaux de) de 1re cristallisation. V. tartrates, acide de potasse pur, crème de tartre.							
P.	stibié. V. médicaments compos. non dénom.							
RR.	**tasses** en coques de calebasse ornées de peinture et en figuier vernissées. V. mercerie fine.							
id.	**taupières**. V. instruments aratoires, autres.							
FF.	**taureaux** et taurillons	anim. viv.	27 juil. 1822	27 juil. 1822	par tête.	15 »	16 »	3 »
P.	**teintures** pharmaceutiques. V. médicam. comp. non dénom.							
RR.	**télescopes**. V. instruments de calcul et d'obervation.							
FF.	**tembé**. V. herbes médicinales à dénommer.							
RR.	**templus**, instruments de tisserands. V. machines et mécaniques à dénommer. (2)							
id.	**tenailles**. V. outils de fer rechargé d'acier. A pinces non tranchantes pour forger les métaux. V. outils de pur fer.							
id.	**tenailles** de fer pour forger les métaux. V. outils de pur fer. (3)							
id.	**tender** (voitures dites). V. machines et mécaniques.							
FF.	**térébenthine**. V. résines indigènes épurées ou distillées, selon l'espèce.							
RR.	**terpodiums**, instrument de musique, comme forte-piano.							
	terra-mérita. V. curcuma.							
	terre cuite (ouvrages en). V. poterie de terre, selon l'espèce.							
FF.	**terreaux**. V. engrais.							
RR.	**terres** alumineuses. V. alun. (4)							
FF.	argileuses ou glaises communes. V. matér. à dén. (5)							
id.	argileuses ou glaises. Autres que communes. V. pierres et terres servant aux arts à dénommer.							
id.	de cassel, comme terre de Cologne. — Celles préparées, liquides, en pains, etc. V. couleurs à dénom.							
id.	de pipe	pierr., terr. et autres fossiles	28 avr. 1816	6 mai 1841	100 k. BB	» 10	» 10	» 25
id.	de porcelaine (derle)	—	—	—	—	» 10	» 10	» 25
id.	de Lemnos	—	—	28 avr. 1816	—	9 »	9 90	» 25
id.	servant aux arts et métiers à dénommer (6)	—	—	—	—	2 »	2 20	» 25
id.	de marne. V. marne.							
id.	de Cologne. V. noir minéral naturel.							
id.	de monnaie. V. regrets d'orfèvre.							
	mérite ou terra-mérita. V. curcuma.							
id.	de marais pour engrais. V. marne.							
id.	sablonneuses pour engrais. V. marne.							
FR.	du Japon. V. cachou en masse.							
FF.	d'Ombre. V. noir minéral naturel, terre de Cologne.							

(1) La loi du 7 juin permet l'entrée du tarte brut destiné aux raffineries et à la réexportation en crème de tartre, en payant savoir : par navires français, 50 cent. et par navires étranger et par terres 2 fr. par 100 kil. B. A cet effet on ouvre un registe spécial de compte ouvert, dans lequel se trouve consignée la soumission de payer l'intégralité du droit d'entrée de la potasse, dans le cas où la réexportation de la crème de tartre n'aurait pas lieu en temps utile. Le tartre brut fournit, selon son degré de pur, de 50 à 60 p. % de crème de tartre. Ainsi jusqu'à ordre contraire, on pourra regarder comme suffisante la compensation de 100 kil. de tartre pour la sortie de 55 kil. de crème.

(2) Ces instruments servent pour tendre les tissus sur les métiers : ils sont en bois, garnis à chaque extrémité d'une griffe en fer, et au milieu, d'une espèce de crémaillère en même métal, pour les alonger ou les raccourcir à volonté.

(3) Ces tenailles sont beaucoup plus longues que les autres, et leurs pinces ne sont pas tranchantes. Elles sont de pur fer.

(4) Il n'est ici question que de celles qui contiennent 80 à 90 p. % d'alun, qu'on peut en extraire par les procédés les plus simples; elles viennent d'Espagne du pays de Liège, etc.

(5) Celles embarquées comme lest doivent payer les droits de sortie.

(6) Avant de recourir à cette dénomination générique, on doit s'assurer que l'espèce présentée. et dont on est jamais dispensé de donner le nom propre, n'a pas une tarification spéciale.

	DÉSIGNATION DES MARCHANDISES.	CLASSE du TARIF.	TITRE DE PERCEPTION. Entrée.	TITRE DE PERCEPTION. Sortie.	UNITÉS sur lesquelles portent les droits.	DROITS D'ENTRÉE par Navires Français.	DROITS D'ENTRÉE par Navires Etrangers et par terre	DROITS de SORTIE.
						F. C.	F. C.	F. C.
RR.	terres foliée de tartre. V. acétates de potasse.							
FF.	terres cimolée. V. bol d'Arménie.							
id.	terres à foulon. V. pierres et terres serv. aux arts et mét. à dén.							
id.	terres moulard id. id. id.							
id.	terres de patna id. id. id.							
	terres brune d'Italie. V. cachou brut en masse.							
FF.	terres glaise commune. Celle embarquée comme lest doit être soumise au droit de sortie.							
FR.	terres cuite, ouvrages en). V. pierres ouvrées, autres.							
FF.	terres gassoul. V. pierres et terres servant aux arts et métiers à dénommer.							
id.	terres terre adamique. V. ocres.							
id.	**terres** de Perse ou rouge d'Inde. V. ocres.							
id.	terres jaune, terre de Sienne. V. ocres.							
id.	terres verte et terre de Vérone. V. ocres.							
id.	terres sigilée. V. terre de lemos.							
id.	terres végétale. V. marne.							
id.	terres cuivreuse ou crasse de cuivre. V. pierres et terres servant aux arts à dénommer. (1)							
RR.	terres de tefle. V. savons parfumés.							
id.	terres oriana. V. rocou.							
FF.	terres magnésienne. V. pierres et terres serv. aux arts à dén.							
id.	terres rubrique. V. sanguine brute ou sciée.							
id.	terres refractaire. V. terres serv. aux arts et métiers à dénom.							
id.	**têtes** de pavot avec ou sans graine. V. graines oléagin. à dénom.							
RR.	**têtes** de poupées. V. bimbeloterie.							
FF.	**tets** et blocaille. V. fer-fonte brute.							
RR.	**thé** de l'Inde	denr. colon	17 mai 1826	28 avr. 1816	1 k. NB	1 50	6 »	100 k. 25
RR.	**thé** d'ailleurs	—	—	—	—	5 »	6 »	— 25
	thé des ports de la Baltique et de la Mer-Noire, venu par caravane et par terre	—	6 mai 1841	—	—	2 50	6 »	— 25
FF.	**thé** ou simples de la Guadeloupe, balais de savane, feuilles médicinales à dénommer.							
id.	**thé** du Paraguay (maté). V. feuilles médicinales à dénommer.							
RR.	**théières** en métal (de composition dit métal anglais, poterie d'étain. V. mercerie fine. (*Circulaire n.* 1669.)							
	théières autres. V. les matières ouv. dont elles sont formées.							
P.	**thériaque**. V. médicaments composés non dénommés.							
RR.	**thermomètres**. V. instruments de calcul et d'observation.							
id.	**thibaude**. V. tissus de poil, couvertures ou tapis.							
id.	**thon**. V. poissons de mer.							
FF.	**thym** herbes médicinales à dénommer.							
FR.	**thym** fleurs médicinales à dénommer.							
RR.	**thym** huile de). V. huiles volatiles ou essences, toutes autres.							
FF.	**thymélée**. V. garou en racine. (2)							
P.	**tiges** de bottes. V. peaux préparées.							
FF.	**tiges** d'oranger. V. feuilles d'oranger.							
id.	**tiges** herbacées. V. herbes selon l'espèce.							
id.	**tiges** de millet à faire des balais	bois comm.	24 sept 1840	6 mai 1841	100 k. BB	» 10	» 10	» 25
id.	**tiges** d'alpiste à faire des balais. Comme les tiges de millet.							
id.	**tiges** de palmier. V. rotins de petit calibre, entiers.							
FF.	**tilleul** écorce de) pour cordages	fruits, tiges et filam. à ouvr.	28 avr. 1816	—	—	» 10	» 10	» 25
FR.	**tilleul** fleurs de). V. fleurs médicinales à dénommer.							
RR.	**timbales**, instruments de musique (3)	ouvr. en mat. diverses.	15 mar 1791	—	la pièce.	1 50	1 50	1/4 p. 0/0
id.	**tinckal** (borax brut de l'Inde). V. borax.							
id.	**tire-balles**. V. armes à feu selon l'espèce.							
id.	**tire-bondes**. V. outils de pur fer.							
FF.	**tires-bottes** en bois. V. boissellerie.							
RR.	**tires-bottes** en fer. V. mercerie commune.							
P.	**tire-bouchons** plaqués ou doublés. V. plaqués. — Vernis, dorés ou argentés. V. métaux ouvrés dont ils sont formés.							
RR.	**tire-bouchons**, autres. V. mercerie commune.							
id.	**tire-bourres**. V. mercerie commune.							
id.	**tire-boutons**. V. mercerie commune.							
id.	**tire-lignes**, à la grosse. V. mercerie commune.							
id.	**tire-fausset** (pinces dites). V. outils de pur fer.							

(1) C'est un oxide terreux et humide provenant du décapage des ustensiles de cuisine avant de les étamer de nouveau. Cet oxide, nommé dans le commerce crasse ou écaille de cuivre, terre cuivreuse, qui ressemble un peu à la terre d'ombre, et qui vaut environ le quart du vieux cuivre, contient aussi de l'étain, une faible portion de zinc et de fer, et sert à la fabrication du sulfate de cuivre.

(2) On se sert extérieurement de l'écorce comme vésicatoire : elle est importée en bâtons roulés, de la grosseur du doigt

(3) Voir la note à chapeaux-chinois pour leur admission en franchise.

DÉSIGNATION DES MARCHANDISES.	CLASSE du TARIF.	TITRE DE PERCEPTION. Entrée.	Sortie.	UNITÉS sur lesquelles portent les droits.	DROITS D'ENTRÉE par Navires Français.	par Navires Étrangers et par terre	DROITS de SORTIE.
					F. C.	F. C.	F. C.

DÉSIGNATION DES MARCHANDISES.	CLASSE du TARIF.	TITRE DE PERCEPTION. Entrée.	TITRE DE PERCEPTION. Sortie.	UNITÉS sur lesquelles portent les droits.	DROITS D'ENTRÉE par Navires Français.	DROITS D'ENTRÉE par Navires Étrangers et par terre	DROITS de SORTIE.
					F. C.	F. C.	F. C.

DÉSIGNATION DES MARCHANDISES.	CLASSE du TARIF.	TITRE DE PERCEPTION. Entrée.	TITRE DE PERCEPTION. Sortie.	UNITÉS sur lesquelles portent les droits.	DROITS D'ENTRÉE par Navires Français.	DROITS D'ENTRÉE par Navires Étrangers et par terre	DROITS de SORTIE.
					F. C.	F. C.	F. C.
RR. tissus de chanvre et de lin, Toile (1) (A) — unie — présentant dans la mesure de 5 millimèt. — écrue av. ou sans apprêt — moins de 8 fils....	tissus.	26 juin 1842	17 mai 1826	100 k. NB	60 »		
8 fils	—	—	—	—	80 »		
9 fils incl. à 12 excl.	—	—	—	—	126 »		
12 fils	—	—	—	—	144 »		
13 inclus à 16 excl.	—	—	—	—	201 »		
16 fils....	—	—	—	—	267 »		
17 fils......	—	—	—	—	287 »		
18 et 19 fils	—	—	—	—	297 »		
20 fils	—	—	—	—	342 »		
au-dessus de 20 fils	—	—	—	—	467 »		
blanche, mi-blanche et imprimée — moins de 8 fils....	—	—	—	—	90 »		
8 fils	—	—	—	—	116 »		
9 inclus à 12 excl.	—	—	—	—	191 »		
12 fils	—	—	—	—	219 »		
13 inclus à 16 excl.	—	—	—	—	306 »		
16 fils...........	—	—	—	—	417 »		
17 fils	—	—	—	—	457 »		
18 et 19 fils	—	—	—	—	477 »		
20 fils..........	—	—	—	—	567 »		
au-dessus de 20 fils	—	—	—	—	817 »		
teinte .... — moins de 8 fils....	—	—	—	—	90 »		
8 fils	—	—	—	—	116 »		
9 inclus à 12 exclus	—	—	—	—	146 »		
12 fils	—	—	—	—	167 »		
13 inclus à 16 excl.	—	—	—	—	216 »		
16 fils	—	—	—	—	289 »		
17 fils	—	—	—	—	317 »		
18 et 19 fils......	—	—	—	—	329 »		
20 fils	—	—	—	—	380 »		
au-dessus de 20 fils	—	—	—	—	537 »		
à matelas, sans distinction de fils.........	—	—	—	—	212 »		» 25
cirée. — de moins de 8 fils.......... ..	—	21 avr. 1818	—	—	70 »		
de 8 inclus à 13 exclus...........	—	—	—	—	120 »		
de 13 inclus à 20 exclus	—	—	—	—	170 »		
de 20 fils et au-dessus	—	—	—	—	220 »		
peinte sur enduit pour tapisserie...	—	28 avr. 1816	—	—	184 »	195 70	
croisée — coutil — pour tenture ou literie	—	26 juin 1842	—	—	212 »		
pour vêtements — ecrus.......	—	—	—	—	322 »		
Autres.......	—	—	—	—	364 »		
grossière, dite treillis — écrue	—	—	—	—	60 »		
Autre	—	—	—	—	90 »		
RR. tissus de chanvre et de lin (B) — Linge de table dont la chaîne présente plus ou moins découverts dans l'espace de 5 millim. — ouvragé — écru — 16 fils ou moins.	—	—	—	—	267 »		
17 fils	—	—	—	—	207 »		
18 et 19 fils....	—	—	—	—	297 »		
20 fils	—	—	—	—	342 »		
plus de 20 fils..	—	—	—	—	467 »		
blanc — 16 fils ou moins.	—	—	—	—	417 »		
17 fils	—	—	—	—	457 »		
18 et 19 fils....	—	—	—	—	477 »		
20 fils	—	—	—	—	567 »		
plus de 20 fils.	—	—	—	—	817 »		
damassé — écru — 16 fils ou moins.	—	—	—	—	320 40		
17 fils	—	—	—	—	344 40		
18 et 19 fils....	—	—	—	—	356 40		
20 fils	—	—	—	—	410 40		
plus de 20 fils..	—	—	—	—	560 40		
blanc — 16 fils ou moins.	—	—	—	—	500 40		
17 fils	—	—	—	—	548 40		
18 et 19 fils....	—	—	—	—	572 40		
20 fils	—	—	—	—	680 40		
plus de 20 fils..	—	—	—	—	980 40		

(A) Pour les toiles de Belgique, voir le traité avec cette puissance après le tarif.

(B) Pour le linge de table de la Belgique, voir après le tarif le traité avec cette puissance.

(1) C'est au moyen d'un instrument appelé compte-fil que l'on détermine la classe à laquelle appartiennent les toiles. Dans l'application du droit sur les toiles tout fil qui apparaîtra plus ou moins découvert dans l'espace de 5 millim. sera compté comme fil entier. (*Loi du 6 mai 1841.*)

La toile peinte et la siamoise, qui est une toile rayée par le tissage, suivent le régime de la toile imprimée.

Les toiles cirées et vernies des deux côtés, dont le droit ne peut être déterminé à l'aide du compte-fil, étant les plus fines, paieront le droit le plus élevé. Les toiles de coton et percales, quoique vernies, n'en sont pas moins prohibées à l'entrée. — Les toiles cirées, avec marbrures ou dessins doivent être traitées comme la toile peinte sur enduit pour tapisserie.

Les toiles lavées et amidonnées doivent être traitées comme mi-blanche.

Les toiles à fils de couleur acquitteront en sus du droit qui les affecte, selon qu'elles sont écrues, blanches, mi-blanches ou imprimées, la surtaxe qui constitue la différence entre le droit afférent aux toiles écrues et celui afférent aux toiles teintes, et cela suivant les classes déterminées par le tarif. (*Circulaire du 11 juin 1842 n° 1919.*)

Les toiles dites jaunâtres colorées au moyen d'un oxide de fer, doivent suivre le régime des toiles teintes. La nuance bien connue de ces toiles permet facilement de les distinguer des véritables toiles écrues.

Ne seront admis comme écrus que les toiles et le linge qui n'ont reçu aucun degré de blanchiment soit avant soit après le tissage, et qui conservent la couleur prononcée de l'écru, seront passibles de la surtaxe applicable aux toiles teintes, les toiles écrues blanches, mi-blanches ou imprimées ayant dans la chaîne ou la trame un ou plusieurs fils de couleur. Pourtant toutes les fois que le droit sur les toiles teintes sera inférieur à celui des toiles blanches ou imprimées de la même classe, on appliquera le tarif relatif à ces dernières sans s'arrêter à l'existence des fils de couleur dans la toile. (*Circulaire du 28 septembre 1841, n. 1878.*)

Les deux fils de chaîne égaux à un fil de trame, ne doivent être comptés que pour un.

	DÉSIGNATION DES MARCHANDISES.	CLASSE du TARIF.	TITRE DE PERCEPTION. Entrée.	TITRE DE PERCEPTION. Sortie.	UNITÉS sur lesquelles portent les droits.	DROITS D'ENTRÉE par Navires Français.	DROITS D'ENTRÉE par Navires Étrangers et par terre	DROITS de SORTIE.
						F. C.	F. C.	F. C.
RR.	**tissus** de chanvre et de lin — batiste et linon (1)	tissus.	28 avr. 1816	17 mai 1826	1 k. NB	25 »	27 50	100 k. 25
	— bonneterie (2)	—	—	—	100 k. NB	200 »	212 50	— 25
	— passementerie et rubans de fils (3) — écrus, bis ou herbés	—	2 juill. 1836	—	—	80 »	86 50	— 25
	— passementerie et rubans de fils (3) — blancs ou écrus, mélang. de blanc	—	—	—	—	120 »	128 50	— 25
	— passementerie et rubans de fils (3) — teints en tout ou en partie	—	—	—	—	150 »	160 »	— 25
	— rubans à jour	—	28 avr. 1816	—	—	500 »	517 50	— 25
	— mouchoirs, mêmes droits que les toiles selon l'esp.							
	— tulle	—	10 mar 1809	—	100 k. B	prohib.	prohib.	— 25
	— dentelles	—	7 juin 1820	28 avr. 1816	la valeur	5 p. °/°	5 p. °/°	1/4 p. 0/0
	— tissus épais pour tapis de pied, teints, de moins de 8 fils aux 5 millimètres	—	26 juin 1842	17 mai 1826	100 k. NB	75 »	75 »	» 25
RR.	**tissus** de laine en pièces — couvertures	—	17 mai 1826	6 mai 1841	—	200 »	212 50	» 25
	— tapis de pied — simples — à chaîne de fil de lin ou de chanvre dont l'envers présente un canevas — moquettes velout. dont le canevas présente, dans l'espace d'un décim. au moins, 40 carreaux en hauteur et 50 en long. par les seuls bureaux de Lille et de Dunkerque.	—	5 juill. 1836	—	—	250 »	265 »	» 25
	— tapis de pied — simples — à chaîne de fil de lin ou de chanvre dont l'envers présente un canevas — Autres moquettes	—	—	—	—	300 »	317 50	» 25
	— tapis de pied — simples — Autres tapis simples, soit de pure laine, soit mêlés de fil, mais sans canevas à l'envers	—	—	—	—	500 »	517 50	» 25
	— tapis de pied — à nœuds (4) — à chaîne, autre que de fil de lin ou de chanvre	—	—	—	—	500 »	517 50	» 25
	— tapis de pied — à nœuds (4) — à chaîne de fil de lin ou de chanvre	—	—	—	—	300 »	317 50	» 25
	— tapis vieux portant des traces de service	—	let. 2 sep. 1836	—	la valeur	15 p. °/°	15 p. °/°	» 25
	— burail et crêpon de Zurich (5)	—	17 mai 1826	—	—	200 »	212 50	» 25
	— toile à blutoir sans couture	—	7 juin 1820	—	—	200 »	212 50	» 25
	— non dénommés (6)	—	28 avr. 1816	—	100 k. B	prohib.	prohib.	» 25
P.	**tissus** de laine — bonneterie (7)	—	10 br. an 5	—	—	prohib.	prohib.	» 25
RR.	— passementerie et rubannerie (8) — de pure laine — blanche	—	5 juil 1836	—	100 k. NB	190 »	202 »	» 25
id.	— passementerie et rubannerie (8) — de pure laine — teinte	—	27 juil 1822	—	—	220 »	233 50	» 25
id.	— passementerie et rubannerie (8) — mélangée de fil, laine et poil	—	—	—	—	220 »	233 50	» 25
PR.	**tissus** de poil — schalls de cachemire fabriqués aux fuseaux dans les pays hors d'Europe, longs de toute dimension et carrés de 180 centimètres et au-dessus	—	6 mai 1841	—	la pièce.	100 »	100 »	1/4 p. 0/0
id.	— carrés de moindre dimension (9)	—	—	—	—	50 »	50 »	1/4 p. 0/0
RR.	— autres châles de cachemire	—	7 juin 1820	—	100 k. B	prohib.	prohib.	» 25
PR.	— couvertures ou tapis	—	28 avr. 1816	28 avr. 1816	100 k. NB	50 »	55 »	» 25
id.	— écharpes de cachemire fabriquées aux fuseaux dans les pays hors d'Europe	—	Circ. n. 1809	6 mai 1841	la pièce.	50 »	50 »	1/4 p. 0/0
RR.	— écharpes de cachemire fabriquées aux fuseaux dans les pays hors d'Europe, qui par leurs dimensions excèdent la surface des châles carrés de 180 cent. (*Lettre du* 11 *mai* 1842)	—	—	—	—	100 »	100 »	1/4 p. 0/0
id.	— bonneterie — de castor	—	28 avr. 1816	28 avr. 1816	100 k. NB	400 »	417 50	» 25
P.	— bonneterie — d'autres poils	—	—	—	—	200 »	212 50	» 25
	— tous autres sans exception	—	10 br. an 5.	—	100 k. B	prohib.	prohib.	» 25
RR.	**tissus** de crin — toiles à tamis (rapatelle)	—	28 avr. 1816	6 mai 1841	100 k. NB	41 »	45 10	» 25
id.	— passementerie	—	—	—	—	150 »	160 »	» 25
id.	— chapeaux	—	—	—	la pièce.	» 25	» 25	1/4 p. 0/0
P.	— tous autres sans exception	—	10 br. an 5.	—	100 k. B	prohib.	prohib.	» 25

(1) Ces droits sont applicables aux batistes et linons unis, brochés, à dessins continus ou encadrés, pour mouchoirs.—Les linons se distinguent des autres tissus, en ce que chaque fil de la trame est lié par deux fils de chaîne qui tournent autour de lui et qui la retiennent de manière à former un carreau régulier. Lorsque le linon est fin, ce travail ne se remarque qu'à la loupe.

(2) Cette dénomination comprend tous les vêtements tricotés, soit à la main, soit au métier.

(3) La passementerie comprend les franges, galons, ganses, cordons, cordonnets, tresses, sangles, lacets, torsades, jarretières, aiguillettes, boutons. Les rubans de fil suivent le régime de la passementerie, excepté ceux à jour.

(4) A nœuds veut dire que chaque brin de lainage qui forme le dessin, est fixé à la chaîne par un nœud. Ces sortes de tapis sont fabriqués à haute ou basse lice, d'un seul morceau, comme ceux d'Aubusson et du Levant.

(5) Etoffe de laine fine, noire, légère, non croisée, et dont la chaîne est d'un fil plus tors que celui de la trame; ce qui produit la crêpure. Ce genre d'étoffe est employé pour les soutanes et les robes de palais. L'admission du burail et crêpon de Zurich, est restreinte au seul bureau de Saint-Louis. (*Loi du 27 mars 1817.*)

(6) Tels que les bouracans, calmandes, calmoucs, camelots, casimirs, draps, duroys, espagnolettes, étamines, flanelles, molletons, pannes, prunelles, ratines, serges, tamises, toile à tamis, tricots, turquoises, velours d'Utrecht, mouchoirs, schalls.

(7) Ce qui comprend les bourses et tous les vêtements tricotés, soit à la main, soit au métier, mais non les tricots qui se coupent à la pièce. Ceux-ci rentrent dans la classe des étoffes.

(8) Voir la note à passementerie de fil.

(9) Les bordures, qu'elles fassent corps avec le châle ou bien qu'elles y soient seulement adaptées, doivent compter dans la longueur, mais il en est pas de même de l'effilé qui n'ayant pas subi l'opération du tissage doit rester en dehors de la perception lorsque la moyenne des longueurs des quatre côtés d'un châle carré n'atteindra pas 180 cent., il y aura lieu de ne percevoir que le droit de 50 fr. lors même que l'un des côtés serait reconnu excéder cette dimension.

DÉSIGNATION DES MARCHANDISES.	CLASSE du TARIF.	TITRE DE PERCEPTION.		UNITES sur lesquelles portent les droits.	DROITS D'ENTRÉE		DROITS de SORTIE.
		Entrée.	Sortie.		par Navires Français.	par Navires Etrangers et par terre	
					F. C.	F. C.	F. C.

DÉSIGNATION DES MARCHANDISES.	CLASSE du TARIF.	TITRE DE PERCEPTION.		UNITÉS sur lesquelles portent les droits.	DROITS D'ENTRÉE		DROITS de SORTIE.
		Entrée.	Sortie.		par Navires Français.	par Navires Étrangers et par terre	
					F. C.	F. C.	F. C.

DÉSIGNATION DES MARCHANDISES.	CLASSE du TARIF.	TITRE DE PERCEPTION. Entrée.	TITRE DE PERCEPTION. Sortie.	UNITÉS sur lesquelles portent les droits.	DROITS D'ENTRÉE par Navires Français.	DROITS D'ENTRÉE par Navires Étrangers et par terre	DROITS de SORTIE.
					F. C.	F. C.	F. C.
P. R. **tissus** de soie (1) — étoffes (2) — pures — unies	tissus.	28 avr. 1816	6 mai 1841	1 k. NN	16 »	17 60	100 k. 25
— — — pures — façonnées	—	—	—	—	19 »	20 90	— 25
— — — pures — brochées — de soie	—	—	—	—	19 »	20 90	— 25
— — — pures — brochées — d'or ou d'argent — fin	—	—	—	—	31 »	34 10	— 25
— — — pures — brochées — d'or ou d'argent — faux	—	15 mar 1791	—	100 k. N	prohib.	prohib.	— 25
— — — tissus de soie pure, dits foulards, sans distinction d'origine (3) — en écru — de l'Inde	—	2 juill. 1836	—	1 k. NN	6 »	8 »	— 25
— — — — en écru — d'ailleurs	—	—	—	—	7 »	8 »	— 25
— — — — imprim. — de l'Inde	—	—	—	—	12 »	15 »	— 25
— — — — imprim. — d'ailleurs	—	—	—	—	14 »	15 »	— 25
— — — foulards façon. dits damassés. V. foulards impr.							
— — — mêlées de fils — sans autre mélange	—	28 avr. 1816	—	—	13 »	14 30	— 25
— — — mêlées de fils — d'or ou d'argent — fin	—	—	—	—	17 »	18 70	— 25
— — — mêlées de fils — d'or ou d'argent — faux	—	15 mar 1791	—	100 k. N	prohib.	prohib.	— 25
— — couvertures	—	—	—	100 k. NN	204 »	216 70	— 25
— — tapis même mêlés de fils	—	—	—	—	306 »	323 50	— 25
— — gaze (4) — de soie pure	—	28 avr. 1816	—	1 k. NN	31 »	34 10	— 25
— — gaze (4) — mêlée de fil	—	—	—	—	17 »	18 70	— 25
— — gaze (4) — mêlée d'or ou d'argent — fin	—	—	—	—	62 »	67 60	— 25
— — gaze (4) — mêlée d'or ou d'argent — faux	—	15 mar 1791	—	100 k. N	prohib.	prohib.	— 25
— — crêpe	—	27 mar 1817	—	1 k. NN	34 »	37 40	— 25
— — tulle (4)	—	10 mar 1809	—	100 k. N	prohibé.	prohibé.	— 25
— — dentelles — de soie dites blondes	—	17 déc. 1814	28 avr. 1816	la valeur.	15 p. °l₀	15 p. °l₀	1/4 p. °l₀
— — dentelles — d'or fin	—	28 avr. 1816	6 mai 1841	1 k. NN	200 »	212 50	100 k. 25
— — dentelles — d'argent fin	—	—	—	—	100 »	107 50	— 25
— — dentelles — d'or ou d'argent faux	—	—	—	—	25 »	27 50	— 25
— — bonneterie (5)	—	—	—	100 k. NN	1200 »	1217 50	— 25
— — passementerie — d'or ou d'argent — fin	—	—	—	1 k. NN	30 »	33 »	— 25
— — passementerie — d'or ou d'argent — faux	—	—	—	—	3 »	3 30	— 25
— — passementerie — de soie — pure	—	—	—	—	16 »	17 60	— 25
— — passementerie — de soie — mêlée — d'or ou d'argent — fin	—	—	—	—	25 »	27 50	— 25
— — passementerie — de soie — mêlée — d'or ou d'argent — faux	—	—	—	—	8 »	8 80	— 25
— — passementerie — de soie — mêlée — d'autres matières	—	—	—	—	8 »	8 80	— 25
— — rubans même de velours	—	—	—	100 k. NN	800 »	817 50	— 25
P. **tissus** de bourre de soie façon cachemire	—	7 juin 1820	—	100 k. N	prohibés	prohibés	— 25
P.R. **tissus** de fleuret — étoffes (6) — pures	—	28 avr. 1816	—	1 k. NN	7 »	7 70	— 25
— — étoffes (6) — mêlées d'or ou d'argent — fin	—	—	—	—	10 »	11 »	— 25
— — étoffes (6) — mêlées d'or ou d'argent — faux	—	15 mar 1791	—	100 k. N	prohib.	prohib.	— 25
— — couvertures	—	—	—	100 k. NN	204 »	216 70	— 25
— — tapis, même ceux mêlés de fil	—	—	—	—	306 »	323 50	— 25
— — bonneterie	—	21 avr. 1818	—	1 k. NN	6 »	6 60	— 25
— — passementerie et rubans	—	28 avr. 1816	—	100 k. NN	800 »	817 50	— 25
P. **tissus** de coton (7) — sauf les seules exceptions ci-après	—	—	—	100 k. B	prohib.	prohib.	» 25
RR. — dentelles fabriquées au fuseau et à la main	—	2 juil. 1836	28 avr. 1816	valeur.	5 p. °l₀.	5 p. 0/0	1/4 p. 0/0
id. — application sur tulle d'ouvrages en dentelles de fil	—	5 juil. 1836	—	—	5 p. °l₀.	5 p. 1/0	1/4 p. 0/0
P. — nankin apporté en droiture (8) — de l'Inde	—	7 juin 1820	6 mai 1841	1 k. NB	5 »	prohib.	100 k. 25
— nankin apporté en droiture (8) — d'ailleurs	—	—	—	100 k. B	prohib.	prohib.	— 25
id. **tissus** d'écorce, pur ou mélangé	—	—	—	—	prohib.	prohib.	» 25

(1) Les tissus de soie purs ou mélangés provenant de l'Inde et tous ceux dont l'origine d'Europe n'est pas certaine sont prohibés à l'entrée. (*Loi du 7 juin 1820.*) Les tissus dits foulards en sont exceptés quoiqu'en pièce.

(2) Par *étoffes*, on entend des tissus pleins et maniables, comme draps de soie, velours, taffetas, croisés, levantines, reps, satin, damas, gros de Tours, gros de Naples ; ce qui les distingue, d'une part, des tapis et couvertures, et de l'autre, des tissus à jour ou gommés, comme le gaze, le crêpe, le tulle et le marly. Elles sont, comme l'indique le tableau des tissus de soie, unies, façonnées ou brochées. Parmi les *étoffes unies*, on range : 1° Le taffetas, qui se fabrique comme la toile ; 2° le croisé, qui se fabrique comme le casimir ; 3° Le satin, comme le satin turc ; 4° Le carrelé ou cannelé, comme le piquet de coton. Les *étoffes façonnées* se distinguent en ce qu'elles présentent des fonds d'étoffes unis dans lesquels un sujet est représenté par la seule combinaison des fils de la chaine et de la trame, ou seulement de la trame, ensorte que la trame et la chaine font toujours corps d'étoffe sans flotter à l'envers. Quant aux *étoffes brochées*, les fonds en sont unis ou façonnés, et font également corps d'étoffes ; mais la surface en est chargée d'un dessin quelconque, qui est exécuté avec une matière étrangère, c'est à dire, avec des troisièmes fils qui ne sont ni de la chaine ni de la trame, et dont les bouts sont flottans à l'envers de l'étoffe. On pourrait dire que le broché est un travail appliqué sur un corps d'étoffe, comme la broderie, dont il est l'imitation. Le taffetas d'Angleterre, et les taffetas et autres étoffes cirés ou gommés, sont traités comme les étoffes unies, ainsi que les schalls et mouchoirs.

(3) Les foulards teints seront traités comme ceux imprimés auxquels ils sont assimilés, (*Circulaire n° 1550.*)
Les tissus de soie dits tussore que les Indiens fabriquent avec une soie produite par des vers sauvages, doivent être traités comme foulards écrus et admis comme tels sans distinction d'origine.

(4) Veiller à ce qu'on n'introduise point de tulle sous la dénomination de gaze. Le tulle est une imitation du fond de dentelle, faite à fil continu sur une mécanique de l'espèce de celle qui sert à faire les bas, et la gaze est un tissu simple, fait comme la toile au métier de tisserand, avec une chaine et une trame.

(5) Ce qui comprend les bourses et tous les vêtements tricotés, soit à la main, soit au métier, mais non les tricots qui se coupent à la pièce. — Ceux-ci rentrent dans la classe des tissus proprement dits.

(6) Les châles et mouchoirs de fleuret suivent le régime des étoffes pures.

(7) Non seulement les tissus de coton pur sont prohibés, mais encore ceux d'autres matières dans lesquels il entre une partie quelconque de coton, sauf les tapis de Turquie. — Pour s'assurer que tel tissu est de coton et non de lin, on lui fait, s'il est nécessaire, subir le débouilli du savon pour en ôter l'apprêt ; ensuite on dégage quelques fils, on les détors entre les doigts, on les défile, et c'est à la longueur des filaments primitifs qu'on reconnaît leur nature. Si ces filaments ont plus de 40 millim. de longueur, on est assuré qu'ils ne sont pas de coton.

(8) On n'entend par nankin des Indes que celui qui est en écru, et dont la couleur est jaunâtre. Les tissus bleus ou blancs que l'on présenterait comme nankin des Indes, suivent le régime des autres tissus de coton, attendu qu'on ne pourrait en connaitre l'origine. — Le nankin provenant de saisie, doit être réexporté.

Les toiles de l'Inde dites guinées, autres que celles importées directement par navires français, paieront à la sortie des entrepôts de France, pour le Sénégal 5 fr. par pièce et seront exemptes de ce droit pour la même destination quand elles auront été importées en France des îles Maurice et Bourbon, par navires français. (*Loi du 17 mai 1826.*)

	DÉSIGNATION DES MARCHANDISES.	CLASSE du TARIF.	TITRE DE PERCEPTION. Entrée.	TITRE DE PERCEPTION. Sortie.	UNITÉS sur lesquelles portent les droits.	DROITS D'ENTRÉE par Navires Français.	DROITS D'ENTRÉE par Navires Étrangers et par terre	DROITS de SORTIE.
						F. C.	F. C.	F. C.
RR.	**tissus** en feuilles, de paille, d'écorce, de sparte, etc. (1)....	ouvr en mat diverses.	7 juin 1820	6 mai 1841	mèt. car.	» 45	» 45	1[4 p. 0[0
id.	**tissus** de fibres de palmier et d'écorce dits pagnes ou rabanes. V. pagnes.							
id.	**tissus** de jones et de paille (persiennes). V. meubles.							
	tissus de feutre — chapeaux en). chapeaux.							
	tissus de feutre — schakos en). V. schakos.							
id.	**tissus** de feutre — à doublage (2)	tissus.	27 juil. 1822	28 avril 1816 et 6 mai 1841	100 k. NB	100 »	107 50	» 25
	tissus de feutre — autres ouvrages, feutres à filtrer	—	—	—	—	400 »	417 50	» 25
	tissus de feutre — semelles en). V. semelles, y compris les galettes lanières de) comme ouvrages autres. Le feutre peint et vernis pour tapis de table, visières, y sont assim.							
P.	**tissus** de verre filé. V. verres de toute autre sorte.							
id.	**tissus** de matières mélangées. Prohibés à l'entrée, à l'exception de ceux uniquement composes de fil mêle de soie, de laine ou d'écorce. A la sortie, les tissus mélanges sont traités comme tissus purs de la principale matière dont ils sont formés.							
RR.	**toile** d'embal., serpillières. V. toile croisée, treillis.							
id.	**toile** de lin ou de chanv. — à voile. V. toile ecrue ou blanche selon l esp., ou tissus de coton.							
id.	**toile** de lin ou de chanv. — préparée pour peindre. V. toile écrue.							
id.	**toile** de lin ou de chanv. — autre. V. tissus de lin ou de chanvre.							
id.	**toile** d'ortie. V. toile de lin ou de chanvre selon l'espèce.							
id.	**toile** à blutoir sans couture. V. tissus de laine.							
P.	**toile** de coton. V. tissus de coton prohibés.							
RR.	**toile** de crin. V. tissus de crin.							
id.	**toile** métalliq. de fer, d'acier, de cuivre ou de laiton. V. outils.							
P.	**toile** métall. de fer peintes, vernies ou ouv. V. met. ouv. s. l'esp.							
P.R.	**toile** à tamis — de soie mêmes droits que la gaze. V. tissus de soie							
P.	**toile** à tamis — de laine. V. tissus de laine non denom. Prohibés.							
RR.	**toile** à tamis — de crin. V. tissus de crin, rapatelle.							
FR.	**tôle** en fer. V. fer platiné ou laminé ou tôle ouvrée, selon l'esp.							
id.	**tôle** en acier. V. acier fondu ou naturel.							
P.	**tôle** vernie. V. fer ou acier ouvré.							
FF.	**tomates**. V. pommes-d'amour.							
RR.	**tombac**. V. cuivre doré.							
id.	**tombereaux**. V. voitures à échelles, ou wagons de terrassement, selon l'espèce.							
	topazes. V. pierres gemmes à dénommer.							
FF.	**torches** résineuses. V. resines indigènes, brai gras.							
id.	**tormentille**. V. racines médicinales à dénommer.							
	torsades. V. passementerie aux tissus suivant l'espèce.							
RR.	**torsades** pour chapeaux — en bois. V. tresses de bois blanc ouvragées à nattes de 7 millim. ou moins, etc.							
	torsades pour chapeaux — en paille. V. nattes ou tresses de paille fine.							
	torsades pour chapeaux — mélang. de soie. V. passem. de soie mêl. d'aut. mat							
FF.	**tortues** vivantes	anim. viv.	27 mar 1817	28 avr. 1816	la valeur	2 p. °[.	2 p. °[.	1[4 p. °[.
id.	**tortues** tuées. V. viandes de gibier et de volaille.							
P.	**touches** de piano. V. tabletterie non dénommée.							
FR.	**toukan** (gorge de). V. gorges de canard.							
FF.	**touloucouna**, noix de). V. arachis.							
	tourbes non carbonisées ou crues........................	pr. et déc. div.	28 avr. 1816	6 mai 1841	100 k. BB	» 10	» 10	» 01
	tourbes carbonisées	—	6 mai 1841	—	mèt. cub.	» 05	» 05	» 01
	tourmalines. V. pierres gemmes à dénommer.							
RR.	**tourne**-à-gauche (servant à redresser ou à élargir les dents des scies). V. outils de pur fer.							
P.	**tourne-broches**. V. fer ouvré.							
FF.	**tournesol** en drapeaux. V. maurelle. (3)							
RR.	**tournesol** en pâte et tous autres. V. orseille préparée.							
FF.	**tournesol** graines de). V. graines oléagineuses à dénommer.							
id.	**tournesol** feuilles de) dit maurelle. V. feuil. tinct. à dén. (4)							

(1) *Tissus en feuilles.* — Les tissus en bois, jonc, paille, papier imperméable, écorce, etc., se distinguent facilement des paillassons, en ce qu'au lieu d'être un assemblage de nattes engrenées ou cousues, elles sont formées, comme la toile d'une trame : elles servent, soit pour surtout de table, soit pour tenture, soit à faire des chapeaux de femme, soit à remplacer le marly de fil dans les ouvrages des modistes. Il en est fabriqué maintenant dont la chaine est en soie. Quand elle n'est que pour soutenir les brins de paille, elle ne change pas le régime : mais quand il s'agit de tissus de soie dans lesquels on a engagé des parties de paille comme ornements, on doit recourir au tarif des tissus, et appliquer le droit des étoffes mêlées de fil.

(2) Feutre grossier, saturé de goudron, et qui remplace avec avantage le papier qu'on applique entre le bois des navires et les feuilles de métal servant au doublage On y assimile également le feutre imprégné d'asphalte, pour couverture de bâtiments.

(3) Loques ou chiffons imprégnés de couleur bleue.

(4) C'est une herbe qu'on cultive en France (le croton tinctorium) ou le tourne sol dit maurelle. Elle sert à teindre en bleu petit teint, soit dans nos départements méridionaux, soit dans le Levant.

DÉSIGNATION DES MARCHANDISES.	CLASSE du TARIF.	TITRE DE PERCEPTION.		UNITÉS sur lesquelles portent les droits.	DROITS D'ENTRÉE		DROITS de SORTIE.
		Entrée.	Sortie.		par Navires Français.	par Navires Étrangers et par terre	
					F. C.	F. C.	F. C.

DÉSIGNATION DES MARCHANDISES.	CLASSE du TARIF.	TITRE DE PERCEPTION.		UNITÉS sur lesquelles portent les droits.	DROITS D'ENTRÉE		DROITS de SORTIE.
		Entrée.	Sortie.		par Navires Français.	par Navires Étrangers et par terre	
					F. C.	F. C.	F. C.

DÉSIGNATION DES MARCHANDISES.	CLASSE du TARIF.	TITRE DE PERCEPTION. Entrée.	TITRE DE PERCEPTION. Sortie.	UNITÉS sur lesquelles portent les droits.	DROITS D'ENTRÉE par Navires Français.	DROITS D'ENTRÉE par Navires Étrangers et par terre	DROITS de SORTIE.
					F. C.	F. C.	F. C.
RR. **tourne-vis**. V. outils de pur acier.							
P. **tourillons** de scie. V. fer ouvré.							
RR. **tours** d'horloger (1). V. outils de pur acier.							
tours à guillocher et de tourneur. V. mach. et mécan. à dén.							
tours d'horloger avec bâtis en bois, mandrins, roues d'engrenage. V. machines et mécaniques à dénommer.							
FF. **tourteaux** de graines oléagineuses	pr. et déc. div.	28 avr. 1816	17 mai 1826	100 k. BB	» 50	» 50	» 25
tourteaux d'amande et de pignon. V. pâtes d'amande.							
id. **toutenague**. V. zinc. (2)							
RR. **traineaux** pour marchandises. V. voitures à échelles. Garnis ou peints, pour voyageurs. V. voitures suspendues.							
id. **traits** d'argent. V. argent tiré.							
traits d'argent doré et d'or. V. or tiré.							
traits de cuivre argenté. V. cuivre argenté tiré.							
traits de cuivre doré et de cuivre propre à la broderie. V. cuivre doré tiré.							
FR. **tranche-papiers** en baleine. V. fanons de baleine apprêtés.							
RR. **tranche-papiers** en os et en bois communs. V. mercerie com.							
id. **tranche-papiers** en bois fins. V. mercerie fine.							
P. **tranche-papiers** en ivoire et en nacre. V. tablettérie non dén.							
id. **tranche-papiers** en métal. V. métaux ouvrés selon l'espèce.							
RR. **tranchets**. V. outils de pur acier.							
id. **transfigurateurs**. V. kaléidoscopes. Mercerie fine ou commune selon l'espèce.							
FF. **trèfle** herbes fraîches ou sèches. V. fourrages.							
trèfle (graine de). V. graines de prairie.							
RR. **treillis** simple ou croisé. V. toile croisée à tissus de chanvre.							
tresses de fil, de laine, poil, soie, fleuret ou coton. V. passementerie à tissus, suivant l'espèce..							
RR. **tresses** de jonc, de paille, d'écorce, etc. V. nattes.							
id. **tresses** de chanvre de Manille. V. tresses ou nattes de spar.							
id. **triangles**. V. instruments de musique. (3)	ouv. en mat. diverses.	15 mar 1791	6 mai 1841	la pièce.	» 75	75 »	1/4 p. 0/0
tricots vêtements tricotés à la main ou au métier. V. bonneterie à tissus, selon l'espèce.							
P. **tricots** en pièces. V. tissus de laine non dénommé.							
id. **tricots** de Berlin. V. tissus de coton.							
P. **trictracs** sans pied. V. tablettérie non dénommée.							
RR. **trictracs** avec pied. V. meubles.							
id. **tripes** de morue. V. poissons de mer.							
FF. **tripoli**. V. alana.							
P. **trochisques** d'agaric. V. médicaments composés non dénom							
id. **tromblons**, armes défendues.							
RR. **tromboles**, sorte de glacières portatives. V. machines et mécaniques à dénommer.							
id. **trombones**, trompes et trompettes, instrum. de musiq. (4)	—	—	—	—	3 »	3 »	1/4 p. 0/0
id. **truelles**. V. outils de pur fer ou autres, selon l'espèce.							
FR. **truffes** fraîches ou marinées	pr. et déc. div.	28 avr. 1816	28 avr. 1816	100 k. NB	74 »	80 20	» 25
truffes sèches	—	—	—	—	41 »	45 10	» 25
FF. **tubercules** du souchet ou abilésie, comestible, com. légumes secs ou verts.							
RR. **tubes** en vitrification. V. vitrifications en masses.							
FR. **tubes** en bois destinés à faire des tuyaux de pipe. V. ouvrages en bois non dénommés.							
tubes voyez aussi au mot tuyaux ci-après.							
tubes en caoutchouc. V. caoutchouc ouvré.							
tubes en fer ou fer-blanc. V. ces métaux ouvrés.							
FF. **tuf**. V. matériaux à dénommer. (5)							
FF. **tuiles** plates	pierr., terr. et autr. fossiles.	17 mai 1826	—	1000 enn.	4 »	4 »	» 25
tuiles bombées (6)	—	—	—	—	10 »	10 »	» 25
tuiles faîtières	—	—	—	—	25 »	25 »	» 25

(1) Lorsque les tours d'horloger sont composés de bâtis en bois et de divers accessoires, tels que mandrins, poulies, traverses servant d'appui aux outils tranchants, roues d'engrenage, etc., ils rentrent alors dans la classe des machines et mécaniques à dénommer.

(2) Nom que porte le zinc qui nous vient des Indes, principalement de la Chine : il est d'une couleur blanche qui approche plus ou moins de celle de l'argent.

(3) Voir la note à chapeau-chinois pour leur admission en franchise.

(4) Même observation que pour la note précédente.

(5) Cette substance est un produit de volcans éteints. On l'emploie à faire un ciment qui acquiert de la dureté dans l'eau.

(6) On assimile les tuyaux en terre cuite aux tuiles bombées ; mais comme chaque corps de tuyau, s'il était partagé en longueur, donnerait deux tuiles bombées, on appliquera les droits du tarif sur 500 tuyaux comme pour 1000 tuiles.

DÉSIGNATION DES MARCHANDISES.	CLASSE du TARIF.	TITRES DE PERCEPTION. Entrée.	Sortie.	UNITÉS sur lesquelles portent les droits.	DROITS D'ENTRÉE par Navires Français.	par Navires Étrangers et par terre	DROITS de SORTIE.
					F. C.	F. C.	F. C.
RR. **tulipier**, bois de). V. bois d'ébénisterie à dénommer.							
tuile. V. tissus de lin, de soie ou de coton, selon l'espèce.							
FF. **turbith** (1) racines de). V. racines médicinales à dénommer.							
RR. **turbith** (1) résine de). V. résineux exotiques à dénommer.							
P. **turbith** (1) minéral. V. médicam. comp. non dénommés.							
turmeric. V. curcuma.							
turquin. V. marbre, bleu turquin.							
turquoises. V. pierres gemmes à dénommer. (2)							
P. **turquoises**. V. tissus de laine non dénommés.							
FR. **tussilage**. V. fleurs médicinales à dénommer.							
PR. **tussore** ou fussore, tissus de soie de l'Inde de vers-à-soie sauvages. V. foulards écrus.							
FF. **tuthie** ou cadmie. V. cadmie, oxide de zinc gris cendré.							
P. **tuyaux** de fonte. V. fer fonte moulée. De fer, cuivre ou plomb. V. ces métaux ouvrés.							
RR. **tuyaux** de pompe à incendie en tissus de chanvre imperméable. V. toile écrue. (3)							
id. **tuyaux** de pipe en bois, corne, os, cuir ou rose. V. merc. com.							
FF. **tuyaux** en terre cuite (4)	pierres, terres et autr. fossil	17 mai 1826	28 avr. 1816	1000 enn.	20 »	20 »	» 50
P. **tuyaux** en ivoire. V. tabletterie non dénommée.							
RR. **tuyaux** de pipe en ambre faux. V. mercerie fine.							
P. **tuyaux** de pompe à incendie en cuir. V. peaux ouvrées.							
id. **tuyaux** à transvaser les liquides en peau. V. peaux ouvrées.							
id. **tuyaux** en peau. V. peaux ouvrées non dénommées.							
RR. **tympanons**, instruments de musique (5)	ouvr. en mat. diverses.	15 mar 1791	6 mai 1841	la pièce.	1 50	1 50	1/4 p. %
U.							
FF. **Usnée**. V. lichens médicinaux. (6)							
RR. **ustensiles** de ménage, peuvent être admis comme meubles, avec autorisation des chefs locaux. V. la note aux effets à usage.							
V.							
FF. **Vaches**	anim. viv.	17 mai 1826	17 mai 1826	par tête.	25 »	25 »	» 50
FB. **vadrouilles**. V. agrès et apparaux (balais en lisières ou en laine servant à nettoyer les navires)							
RR. **vagons** de terrassement pour les travaux des chem. de fer. V. mach. et mécan. à dénom. *(Ord. du 2 déc. 1843)*.							
RR. **vagons** tous autres, comme voitures à ressort, etc.							
FF. **valériane**. V. racines médicinales à dénommer.							
RR. **valets** de menuisier. V. outils de pur fer.							
P. **valises** en cuir. V. peaux ouvrées non dénommées.							
FF. **vallonées**. V. avelanèdes.							
FB. **vanille** (7), des pays situés à l'ouest du Cap-Horn en droiture....	denr. colon	2 juil. 1836	28 avr. 1816	1 k. NB	2 50	5 50	100 k. 25
RR. **vanille** (7), d'ailleurs	—	27 mar 1847	—	—	5 »	5 50	— 25
FF. **vanillier**, feuille de). V. feuilles médicinales à dénommer.							
RR. **vannerie** à dénom. en quelque végétal que ce soit (8) brut .	ouvr. en mat. diverses.	—	—	100 k. BB	15 »	16 50	» 25
vannerie ... pelé .	—	—	—	—	25 »	27 50	» 25
vannerie ... coupé.	—	—	—	—	35 »	38 50	» 25
FR. **vaguettes** ou demi-semelles de Lisbonne. V. parchemin achev.							
FF. **varechs** V. plantes alcalines.							
FF. **varechs** cendres de). V. soudes.							
RR. **vases** en sel gemme. V. mercerie comm. En verre et en cristal.							
P. V. verres de toute autre sorte.							

(1) Il n'est ici question, comme l'indiquent les mots racine et résine, que de la plante convolvulus turpethum, qui vient de l'Orient, dont la racine est brune, oblongue, résineuse, et dont l'odeur, la saveur et les propriétés sont analogues au jalap. — Quant à l'oxide précipité de mercure, qui, à cause du rapport de sa couleur avec celle de la plante, se nomme turbith minéral, il est repris à médicaments composés.

(2) La turquoise orientale est de couleur bleu céleste et se polit très-bien. La turquoise occidentale est moins dure et tire plus sur le vert que sur le bleu.

(3) Lorsque ces tuyaux accompagnent des pompes à incendie dans une proportion relative, ils doivent alors être considérés comme objets accessoires de ces pompes, et suivre leur régime.

(4) Voyez la note à tuiles bombées.

(5) Voyez la note à chapeau-chinois pour leur admission en franchise.

(6) C'est une espèce de lichen ou mousse à longs filaments, d'un vert jaunâtre, qui participe des propriétés et de l'odeur de chacun des arbres sur lesquels elle naît.

(7) Fruit de la grosseur d'une plume de cygne, droit, cylindrique, un peu comprimé, d'un brun rougeâtre de 23 à 26 centim. de longueur, ridé transversalement, luisant, flexible, odeur suave rappelant celle du baume du Pérou.

(8) La vannerie se compose d'ouvrages tressés en tiges de bois, jonc, paille, palme, roseaux, sparte et autres plantes et écorces flexibles, et comprend nommément les paniers, corbeilles, mannes, claies, alpagates, barcelonnettes, paillassons, les ruches vides, etc., etc.

DÉSIGNATION DES MARCHANDISES.	CLASSE du TARIF.	TITRE DE PERCEPTION. Entrée.	Sortie.	UNITES sur lesquelles portent les droits.	DROITS D'ENTRÉE par Navires Français.	par Navires Etrangers et par terre	DROITS de SORTIE.
					F. C.	F. C.	F. C.

DÉSIGNATION DES MARCHANDISES.	CLASSE du TARIF.	TITRE DE PERCEPTION.		UNITÉS sur lesquelles portent les droits.	DROITS D'ENTRÉE		DROITS de SORTIE.
		Entrée.	Sortie.		par Navires Français.	par Navires Étrangers et par terre	
					F. C.	F. C.	F. C.

	DÉSIGNATION DES MARCHANDISES.	CLASSE du TARIF.	TITRE DE PERCEPTION. Entrée.	TITRE DE PERCEPTION. Sortie.	UNITÉS sur lesquelles portent les droits.	DROITS D'ENTRÉE par Navires Français.	DROITS D'ENTRÉE par Navires Étrangers et par terre	DROITS de SORTIE.
						F. C.	F. C.	F. C.
RR.	**vases** étrusques antiques. V. objets de collection. — Modernes, mais en petit nombre. V. porcelaine fine.							
	vases en argent, en or et en vermeil. V. orfévrerie. — En d'autres métaux. V. ces métaux ouvrés selon l'espèce.							
FF.	**vases** à rafraîchir l'eau. V. poterie de terre grossière.							
	vases en marbre et en albâtre. V. marbres ou albâtre sculptés en pierre. V. pierres ouvrées.							
id.	**vaude**. V. gaude. (1)							
id.	**veaux**	anim. viv.	27 juil. 1822	27 juil. 1822	par tête.	3 »	3 »	» 50
FR.	**védasses**. V. potasses à alcalis.							
FF.	**végétaux filamenteux** tiges ou filasses de bananier, fibres d'aloès chanvre de Manille (abaca), phormium tenax et autres non spécialement dénommés. ...	pierres, terres et autr. fossil.						
	bruts ou simplement dépouillés de leur parenchyme — des colon. franç.	—	24 sep. 1840	27 juil. 1822	100 k. BB	» 10	—	» 25
	— d'ailleurs	—	—	—	—	» 40	» 40	» 25
	blanchis ou préparés pour pâte à papier — des colonies françaises ..	—	—	—	—	1 »	—	» 25
	— d'ailleurs	—	—	—	—	2 »	2 20	» 25
RR.	**veilleuses** dans des boîtes en bois blanc, comme mercerie commune contenu et contenant. (*Lettre du 28 novembre 1836.*)							
FF.	**velanèdes**. V. avelanèdes.							
	vélin. V. parchemin. — Le vélin enduit de craie, dit peau-d'âne. V. vélin achevé à parchemin.							
P.	**velours** de laine. V. tissus de laine non dénommés.							
P.R.	**velours** de soie. V. tissus de soie, étoffes unies.							
P.	**velours** de coton ou mélangé de cot. V. tissus de cot. non dén.							
FF.	**veltes**. V. cordages de Sparte en fils ou tresses battues.							
RR.	**vendanges**. V. raisins écrasés.							
id.	**ventilateurs**. V. machines et mécaniques à dén. V. la note des instruments aratoires.							
FR.	**ventres** de fouine, lièvre blanc de marte, etc. V pellet., peaux.							
RR.	**verdet**. V. acétate de cuivre cristallisé.							
	verdet gris. V. acetate de cuivre non cristallisé.							
RR.	**vergeoise** (résidu de raffineries de sucre). Comme sucre brut autre que blanc ou 1er type,							
id.	**vergettes** (brosserie). V. mercerie commune.							
FF.	**vergues**. V. mâts, matereaux selon l'espèce.							
RR.	**verjus**. V. boissons fermentées, cidre, poiré, etc.							
id.	**vermeil**, vernis rouge (2)	couleurs.	28 avr. 1816	6 mai 1841	100 k. NB	41 »	45 10	» 25
id.	**vermeil**, argenterie dorée. V. orfévrerie.							
FR.	**vermicelle**. V. pâte d'Italie.							
id.	**vermillon**. V. sulfure de mercure pulvérisé. (3)							
RR.	**vernis** de toute sorte (4)	—	—	2 juill. 1836	—	82 »	88 60	» 25
FF.	**véronique** V. feuilles médicinales à dénommer.							
P.	**verres** tissus en fil de). V. verrerie de toute autre sorte.							
id.	**verres** d'antimoine (oxide sulfuré vitreux). V. médicam. comp.							
FF.	**verres** de moscovie. V. talc.							
id.	**verres** cassé. V. groisil, ainsi que pour la crasse de verre.							
RR.	**verres** à peintures fines et vieux vitraux. V. objets de collect.							
id.	**verres** à peintures grossières. V. mercerie commune.							
FF.	**verres** à lunettes ou à cadran — bruts (5)	vitrificat.	27 mar 1817	28 avr. 1816	100 k. BB	10 »	11 »	» 25
FR.	**verres** à lunettes ou à cadran — taillés et polis	—	28 avr. 1816	6 mai 1841	100 k. NB	200 »	212 50	» 25
P.	**verres** de toute autre sorte	—	10 br. an 5	28 avr. 1816	100 k. B	prohib.	prohib.	» 25
FF.	**verres** fiel, sel ou écume de). V. soude.							
RR.	**verres** maillons en, pour métiers à tisser. V. mercerie fine.							

(1) Tige ou paille jaune d'environ un mètre de haut, garnies de feuilles lisses oblongues et étroites, assez semblables à celles du saule. On l'importe en bottes empaquetées, afin de la garantir de l'humidité, qui lui est très-nuisible. On l'emploie en teinture.

(2) On ne confondra pas cette couleur avec le vermillon. C'est un vernis composé de résine gutte, de résine laque et de sang-dragon dissous dans l'alcool, dont les doreurs se servent.

(3) Il y a aussi un autre produit qu'on appelle vermillon qui ne doit pas être confondu avec le sulfure de mercure. Celui-ci est un produit chimique tandis que l'autre n'est qu'un insecte qui naît sur le chêne vert, et connu sous le nom de kermès. Voyez le mot kermès.

(4) Liquides propres à enduire la surface des corps pour la rendre lisse et luisante, et la défendre des impressions de l'air. Ce sont en général des résines, comme la sandaraque, le mastic, la résine animée, sang-dragon, copal, etc., dissoute dans l'alcool, l'essence de térébenthine ou des huiles fixes, et auxquelles on a ajouté quelques teintures ou du camphre. On doit veiller avec soin qu'on n'importe pas, comme vernis, des baumes qui en diffèrent essentiellement, et qui, outre qu'ils sont grevés de fort droits, ne peuvent entrer que par les ports d'entrepôt.

(5) Les verres à lunette bruts sont de petits morceaux carrés d'environ 40 à 41 millim. sur chaque face, destinés à être taillés et polis pour lunettes, médaillons, etc. — Les verres à cadran bruts sont des globes de différentes dimensions que l'on coupe par morceaux pour en faire des verres de montre ou d'horloge. Ces globes étant très fragiles, ils sont enveloppés de papier et de foin, et emballés dans de fortes caisses d'environ 2 mètres de longueur sur 1 mèt. 30 centim. de largeur. Ces verres nous viennent d'Italie.

	DÉSIGNATION DES MARCHANDISES.	CLASSE du TARIF.	TITRE DE PERCEPTION. Entrée.	TITRE DE PERCEPTION. Sortie.	UNITÉS sur lesquelles portent les droits.	DROITS D'ENTRÉE par Navires Français.	DROITS D'ENTRÉE par Navires Étrangers et par terre	DROITS de SORTIE.
						F. C.	F. C.	F. C.
FF.	**verrine** d'Allemagne. V. talc en masse.							
P.	**verroux** en fer ou en cuivre. V. fer ou cuivre ouvré selon l'esp.							
FR.	**vert** de montagne. V. carbonate de cuivre.							
id.	**vert** de Schwinfurt ou de Vienne. V. cendres vertes.							
RR.	**vert** minéral, de Brunswick, de perroquet et de vessie. V. couleurs à dénommer.							
id.	**vert** vert métis. V. couleurs à dénommer.							
id.	**vert** vert de chrôme. V. couleurs à dénommer.							
id.	**vert** vert de gris. V. acétate de cuivre brut.							
	vert vert de mer et vert de Gênes. V. marbre selon l'espèce.							
FF.	**vesce**, graine de). Mêmes droits que les fourrages, foin, etc.							
FR.	**vésicules** vides ou pleines de musc. V. musc.							
FF.	**vessies** de cerf et autres	subst. pr. à la méd. et parfu.	28 avr. 1816	28 avr. 1816	100 k. BB	13 »	14 30	» 25
FR.	**vessies** natatoires de poisson simplement desséchées	pêches.	23 juil. 1838	—	—	30 »	33 »	» 25
	vêtements neufs. V. effets à usage.							
FF.	**vetiver** (racine de schénante). V. racines médicin. à dénom.							
id.	**viandes** (1) fraîches de boucherie	prod. et dép. d'animaux.	17 mai 1826	6 mai 1841	—	18 »	19 80	100 k. 25
	viandes (1) fraîches de gibier et de volaille	—	28 avr. 1816	—	—	» 50	» 50	— 25
	viandes (1) salées de porc, lard compris	—	17 mai 1826	28 avr. 1816	—	33 »	36 30	— 25
	viandes (1) salées autres	—	—	—	—	30 »	33 »	— 25
FR.	**viandes** (1) extrait de viande en pains	—	21 avr. 1818	—	1 k. NB	1 »	1 10	— 25
FF.	**victorine** ou victoriale. V. racines médicinales à dénommer.							
RR.	**vielles** (2) simples, instrument de musique	ouvr. en mat. diverses.	15 mar 1791	6 mai 1841	la pièce.	5 »	5 »	1/4 p. 0/0
	vielles (2) orgnanisées id. id.	—	—	—	—	18 »	18 »	1/4 p. 0/0
FR.	**vif-argent**. V. mercure natif.							
id.	**vigogne**, peaux de). V. peaux de mouton selon l'espèce. —							
RR.	Laine, dite poil de). V. laine.							
RR.	**vilebrequin** mèches de 24 cent. de long. et au-dessous. V. outils de pur acier.							
id.	**vilebrequin** mèches de autres. V. outils de fer rech. d'ac.							
FR.	**vilebrequin** manches de en bois. V. ouv. en bois non dén.							
RR.	**vilebrequin** manches de en bois et fer. V. outils de pur fer							
RR.	**vinaigres** de vin et de bois. V. boissons fermentées.							
	vinaigres parfumés	comp. div.	27 mar 1817	—	100 k. NB	100 »	107 50	» 25
id.	**vins** V. boissons (3)							
	vins de groseille, comme vin de liqueur.							
P.	**vins** mélang. de substanc. médic. V. médicam. comp. non dén.							
RR.	**violes** et violons, instruments de musique. (4)	ouvr. en mat. diverses.	15 mar 1791	—	la pièce.	3 »	3 »	1/4 p. 0/0
FR.	**violettes**. V. fleurs médicinales à dénommer,							
FF.	**viorne** ou hardeau, feuilles et baies de). V. feuilles ou fruits médicinaux à dénommer.							
FR.	**vipères** vivantes ou sèches	subst. pr. à la méd. et parfu.	—	—	100 en n.	10 »	10 »	1/4 p. 0/0
P.	**vipères** en poudre, prohib. Com. subst. médicin. pulvérisées.							
P. ou RR.	**viroles**. V. fer ouvré ou cuivre ouvré simplement tourné.							
FR.	**vis** en bois. V. ouvrages en bois non dénommés.							
P.	**vis** en fer ou acier. V. fer ou acier ouvré selon l'espèce.							
id.	**vis** en cuivre. V. cuivre ouvré.							
id.	**visières** en cuir. V. peaux ouvrées non dénom. En feutre. V. tissus de feutre. autres.							
FF.	**visnague**, tailles de). V. mercerie commune.							
RR.	**vitraux** vieux. V. objets de collection.							
FR.	**vitrifications** (5) en masses, en tubes à tailler	vitrificat.	2 juill. 1836	—	1 k. NB	3 »	3 30	100 k. 25
	vitrifications (5) taillées en pierres à bijoux	—	—	—	—	6 »	6 60	— 25
RR.	**vitrifications** (5) montées en or ou en argent. V. bijouterie. Montées sur métaux com. C. cel. en masse en grains percés. V. grains de verre.							

(1) Les viandes salées comprennent les viandes fumées, comme jambons, etc., les viandes assaisonnées, comme cervelas et saucissons, et les viandes marinées ou confites soit au vinaigre, au saindoux ou autrement, soit à l'huile et les cuites. Les viandes conservées par la méthode Appert, et par tout autre procédé paient les mêmes droits que les viandes salées, selon l'espèce.

(2) Voir la note à chapeaux-chinois pour leur admission en franchise.

(3) Les vins avec lesquels on a combiné des médicaments, tels qu'absinthe, aulnée, émétique, gentiane, ipecacuanha, opium, quinquina, etc., font partie des médicaments composés non dénommés.

(4) Les violons pour joujoux d'enfants rentrent dans la classe de la bimbeloterie.
Voir aussi la note à chapeaux chinois pour l'admission en franchise des violes et violons.

(5) On entend par masses des espèces de cônes transparens qui se forment dans le creuset où la matière est fondue. — Les tubes à tailler sont transparents ou opaques, percés comme les tuyaux de pipes de terre, et plus ou moins gros.
Les vitrifications taillées en pierres à bijoux sont celles qui, imitant les brillants à tables et les roses à facette, sont transparentes, destinées à être enchassées pour bagues, boucles d'oreilles, colliers, épingles, peignes etc., et se vendent à la grosse, nues ou montées sur métaux communs.
Quant aux vitrifications en pierres à bijoux simplement coulées dans des moules à facettes, mais non polies, elles sont assimilées aux rassades, à cause de leur état brut et des aspérités qui les couvrent, et qui exigent une main-d'œuvre assez considérable avant qu'on puisse les employer en bijouterie.

DÉSIGNATION DES MARCHANDISES.	CLASSE du TARIF.	TITRE DE PERCEPTION.		UNITÉS sur lesquelles portent les droits.	DROITS D'ENTRÉE		DROITS de SORTIE.
		Entrée.	Sortie.		par Navires Français.	par Navires Étrangers et par terre	
					F. C.	F. C.	F. C.

DÉSIGNATION DES MARCHANDISES.	CLASSE du TARIF.	TITRE DE PERCEPTION.		UNITÉS sur lesquelles portent les droits.	DROITS D'ENTRÉE		DROITS de SORTIE.
		Entrée.	Sortie.		par Navires Français.	par Navires Étrangers et par terre	
					F. C.	F. C.	F. C.

DÉSIGNATION DES MARCHANDISES.	CLASSE du TARIF.	TITRE DE PERCEPTION. Entrée.	TITRE DE PERCEPTION. Sortie.	UNITÉS sur lesquelles portent les droits.	DROITS D'ENTREE par Navires Français.	DROITS D'ENTREE par Navires Etrangers et par terre	DROITS de SORTIE.
					F. C.	F. C.	F. C.
FF. **vitriols** rouge ou rubifié, dit colcothar. V. oxides de fer.							
RR. **vitriols** blanc (coupe rose blanche). V. sulfate de zinc.							
id. **vitriols** bleu, coupe rose bleue. V. sulfate de cuivre.							
id. **vitriols** vert, coupe rose verte. V. sulfate de fer.							
FR. **vitriols** d'admonde et de salzbourg. V. sulfate double de fer et de cuivre.							
RR. **voiles** de navire, mêmes droits que le tissu dont elles sont formées. (*Ordon. du 2 décembre* 1843.)							
RR. **voiles** de moulin à vent, comme la toile dont elles sont form.							
P. **voitures** neuves ou vieilles (1) à ressort, garnies ou peintes............	ouv. en mat. diverses.	10 brum. 5	28 avr. 1816	la valeur.	prohib.	prohib.	1/4 p. 0/0
FR. **voitures** à échelle, chariots..................	—	15 mar 1791	—	—	15 p. %	15 p. %	1/4 p. 0/0
id. **voitures** tombereaux, etc..................	—	—	—	—	15 p. %	15 p. %	1/4 p. 0/0
FF. **volailles** vivantes..................................	anim. viv.	27 mar 1817	—	—	2 p. 1/0	2 p. 0/0	1/4 p. 0/0
FF. **volailles** tuées..................................	prod. et dép. d'animaux.	28 avr. 1816	6 mai 1841	100 k. BB	» 50	» 50	» 25
RR. **volans**. V. mercerie commune.							
FF. **vouëde** ou wouède. V. pastel.							
RR. **vrilles** de 24 centimètres de longueur et au-dessous. V. outils de pur acier.							
RR. **vrilles** au-dessus de cette dimension. V. outils de fer rechargé d'acier.							
FF. **vulnéraires**. simples indigènes cueillis pendant la floraison. V. herbes médicinales à dénommer.							
W.							
FF. **Waires** ou wairettes. V. la note relative aux perches.							
ways. V. joncs et roseaux de la Guyane française.							
id. **winter**, écorce de). V. écorces médicinales à dénommer.							
P. **wiski**, espèce d'eau-de-vie que les montagnards écossais tirent de l'orge. Prohibé.							
X.							
FR. **Xylo**-balsamun. V. bois odorants à dénommer.							
Y.							
RR. **Yatagans** en assortiment pour le commerce. V. armes de luxe.							
RR. **Yatagans** autres. V. objets de collection.							
FF. **yèbles**. V, écorces médicinales à dénommer.							
FR. **yeux** d'écrevisse (2)..................................	subst. pr à la méd. et parf.	28 avr. 1816	28 avr. 1816	100 k. BB	17 »	18 70	» 25
RR. **yeux** en verre émaillés. V. vitrificat. taillées en pierres à bijoux.							
id. **yambo**, gomme de) gedda. V. gommes pures exotiques.							
Z.							
FF. **zaphre**, cobalt. V. cobalt grillé, safre.							
id. **zedoaire**. V. racines médicinales à dénommer.							
id. **zinc** pierres calaminaires (minérai)..................	métaux.	—	6 mai 1841	100 k. BB	» 10	» 10	» 25
id. **zinc** calamine grillée, pulvérisée ou non..................	—	28 avril 1816 2 déc. 1843	—	—	» 10	2 »	» 25
id. **zinc** coulé de première fusion, en masses brutes (saumons, barres ou plaques..................	—	2 juill 1836 et 6 mai 1841	—	—	» 10	1 50	» 25
id. **zinc** laminé..................................	—	28 avr. 1816	—	100 k. NB	50 »	55 »	» 25
P. **zinc** ouvré..................................	—	10 br. an 5.	—	100 k. B	prohib.	prohib.	» 25
FF. **zinc** limailles..................................	—	28 avr. 1816	—	100 k. BB	» 10	» 10	» 25
zircons. V. pierres gemmes à dénommer. (3)							
FF. **zostère** marine mêmes droits que le foin et la paille. V. fourrages. (4)							
FF. **zostère** marine racine de). V. racines médicinales à dénom.							

(1) Cet article comprend toutes les voitures neuves ou vieilles, montées ou non montées, propres au transport des personnes, comme berlines, coupés, calèches, cabriolets, landaws, diligences, chaises de poste, carriks à pompe, bogueys, chars suisses, etc. La prohibition n'atteint pas celles qui servent actuellement aux voyageurs arrivant en France ; mais cette exception est subordonnée à la consignation du tiers de la valeur réelle des voitures, sans addition du décime par franc. Si la réexportation s'effectue dans un délai de trois ans, il y a lieu au remboursement des trois quarts de la somme déposée. Mais il faut qu'il soit réclamé dans les deux années qui suivent la réexportation des voitures. La loi ne fait d'exception à cette règle qu'en faveur des voyageurs français qui ramènent les voitures qui leur ont servi. Cependant les rapports de voisinage en exigent d'autres sur les frontières de terre. Quand les étrangers des pays limitrophes ne séjournent que quelques jours en France, ou qu'ils ne font qu'emprunter le territoire pour une courte distance, on se borne à assurer le renvoi à l'étranger par un acquit-à-caution qui, s'il n'était rapporté avec le certificat de décharge, entraînerait le paiement du tiers de la valeur des voitures. Le droit de sortie n'est pas applicable aux voitures des voyageurs. On désigne ici toutes les espèces de voitures propres au transport des marchandises ou à l'industrie rurale et qui n'ont aucun enjolivement de luxe. Celles qui sont en train de servir à l'agriculture ou au roulage, et qu'on ne peut supposer être importées comme marchandises, sont affranchies de tous droits, tant à l'entrée qu'à la sortie. Celui qu'on applique ici, est celui des meubles et des ouvrages en bois.

(2) Petites concrétions calcaires d'un blanc rosé qui se trouvent aux deux côtés de l'estomac des écrevisses : servent en pharmacie à faire des poudres absorbantes.

(3) Pierre précieuse de couleur orange-brunâtre.

(4) Les prohibitions qui pourraient intervenir à l'égard du foin et de la paille, ne devront pas atteindre la zostère marine qui n'est employée que pour l'emballage des marchandises fragiles et pour rembourrer les paillasses

TARIF DES CÉRÉALES.

Pour l'application des droits d'entrée et de sortie sur les céréales, les départements sont divisés en quatre classes, conformément au tableau ci-après :
(Loi du 4 juillet 1821.)

CLASSES.	SECTIONS	DÉPARTEMENTS.	MARCHÉS RÉGULATEURS.
1re	Unique.	Pyrénées-Orientales, Aude, Hérault, Gard, Bouches-du-Rhône, Var et Corse	Toulouse, Gray, Lyon, Marseille.
2e	1re	Gironde, Landes, Basses-Pyrénées, Hautes-Pyrénées, Ariège et Haute-Garonne	Marans, Bordeaux et Toulouse.
	2e	Jura, Doubs, Ain, Isère, Basses-Alpes, Hautes-Alpes	Gray, Saint-Laurent près Mâcon, Le-Grand-Lemps.
3e	1re	Haut-Rhin, Bas-Rhin	Mulhausen, Strasbourg.
	2e	Nord, Pas-de-Calais, Somme, Seine-Inférieure, Eure, Calvados	Bergues, Arras, Roye, Soissons, Paris, Rouen.
	3e	Loire-Inférieure, Vendée, Charente-Inférieure	Saumur, Nantes, Marans.
4e	1re	Moselle, Meuse, Ardennes, Aisne	Metz, Verdun, Charleville, Soissons.
	2e	Manche, Ille-et-Vilaine, Côtes-du-Nord, Finistère, Morbihan	Saint-Lô, Paimpol, Quimper, Hennebon, Nantes.
		(Loi du 4 juillet 1821, ordonnance du 2 juin 1831.)	

Les prix qui déterminent la quotité des droits à percevoir sont fixés, pour chaque classe, par le Ministre du commerce, d'après le prix moyen du froment sur les marchés désignés. Le tableau de ces prix est publié au bulletin des lois, le 1er de chaque mois ; il sert de régulateur pour l'application des droits pendant le mois de sa publication.

Aux termes de l'ordonnance du 17 janvier 1830, les grains et farines ne peuvent être importés et exportés que par certains bureaux.

TARIF DES GRAINS ET FARINES.

LE PRIX DE L'HECTOLITRE DE FROMENT étant dans les classes				FROMENT, ÉPEAUTRE ET MÉTEIL. DROITS						SEIGLE. DROITS						MAÏS. DROITS					
				d'Entrée				de Sortie sur les		d'Entrée				de Sortie sur les		d'Entrée				de Sortie sur les	
				sur les grains importés par navires		sur les farines importées par navires				sur les grains importés par navires		sur les farines importées par navires				sur les grains importés par navires		sur les farines importées par navires			
première.	deuxième.	troisième.	quatrième.	français et par terre.	étranger	français et par terre.	étranger.	grains.	farines.	français et par terre.	étranger.	français et par terre.	étranger.	grains.	farines.	français et par terre.	étranger.	français et par terre.	étranger.	grains.	farines.
				l'hectol.	l'hectol.	100 kil.	100 kil.	l'hectol.	100 kil.	l'hectol.	l'hectol.	100 kil.	100 kil.	l'hectol.	100 kil.	l'hectol.	l'hectol.	100 kil.	100 kil.	l'hectol.	100 kil.
au-dessus de 28 f.	au-dessus de 26 f.	au-dessus de 24 f.	au-dessus de 22 f.	— 25	— 25	— 50	— 50	A.	A.	— 15	— 15	— 32 1/2	— 32 1/2	B.	B.	— 13 3/4	— 13 3/4	— 30	— 30	C.	C.
28 à 27 f 01 c	26 à 25 f 01 c	24 à 23 f 01 c	22 à 21 f 01 c	— 25	1 50	— 50	2 16	6 —	12 —	— 15	1 40	— 32 1/2	1 98 1/2	3 60	7 80	— 13 3/4	1 38 3/4	— 20	1 96	3 30	7 20
27 26 01	25 24 01	23 22 01	21 20 01	— 25	1 50	— 50	2 16	4 —	8 —	— 15	1 40	— 32 1/2	1 98 1/2	2 40	5 20	— 13 3/4	1 38 3/4	— 30	1 96	2 20	4 80
26 25 01	24 23 01	22 21 01	20 19 01	1 25	2 50	3 50	5 16	2 —	4 —	— 75	2 —	2 27 1/2	3 93 1/2	1 20	2 60	— 68 3/4	1 93 3/4	2 10	3 76	1 10	2 40
25 24 01	23 22 01	21 20 01	19 18 01	2 25	3 50	6 50	8 16	— 25	— 50	1 35	2 60	4 22 1/2	5 88 1/2	— 15	— 32 1/2	1 23 3/4	2 48 3/4	3 90	5 56	— 13 3/4	— 30
24 23 01	22 21 01	20 19 01	18 17 01	3 25	4 50	9 50	11 16	— 25	— 50	1 95	3 20	6 17 1/2	7 83 1/2	— 15	— 32 1/2	1 78 3/4	3 03 3/4	5 70	7 36	— 13 3/4	— 30
23 22 01	21 20 01	19 18 01	17 16 01	4 75	6 —	14 —	15 66	— 25	— 50	2 85	4 10	9 10	19 76	— 15	— 32 1/2	2 61 1/4	3 86 1/4	8 40	10 06	— 13 3/4	— 30
au-dessous de 22 f. 01	au-dessous de 20 f. 01	au-dessous de 18 f. 01	au-dessous de 16 f. 01	Les droits ci-dessus seront augmentés de 1 f. 50 c. par chaque franc de baisse.		Les droits ci-dessus seront augmentés de 4 f. 50 c. par chaque franc de baisse.		— 25	— 50	Les droits ci-dessus seront augmentés de 90 cent. par chaque franc de baisse.		Les droits ci-dessus seront augmentés de 2 f. 92 c. 1/2 par chaque franc de baisse.		— 15	— 32 1/2	Les droits ci-dessus seront augmentés de 82 c. 1/2 par chaque franc de baisse.		Les droits ci-dessus seront augmentés de 2 f. 70 c. par chaque franc de baisse.		— 13 3/4	— 30
				ORGE.						SARRASIN.						AVOINE.					
				l'hectol.	l'hectol.	100 kil.	100 kil.	l'hectol.	l'hectol.	l'hectol.	l'hectol.	100 kil.	100 kil.	l'hectol.	100 kil.	l'hectol.	l'hectol.	100 kil.	100 kil.	l'hectol.	100 kil.
au-dessus de 28 f.	au-dessus de 26 f.	au-dessus de 24 f	au-dessus de 22 f.	— 12 1/2	— 12 1/2	— 30	— 30	D.	D.	— 10	— 10	— 25	— 25	E.	E.	— 08 3/4	— 03 1/4	— 27 1/2	— 27 1/2	F.	F.
28 à 27 f 01 c	26 à 25 f 01 c	24 à 23 f 01 c	22 à 21 f 01 c	— 12 1/2	1 37 1/2	— 30	1 96	3 —	7 20	— 10	1 35	— 25	1 91	2 40	6 —	— 08 3/4	1 33 3/4	— 27 1/2	1 93 1/2	2 10	6 60
27 26 01	25 24 01	23 22 01	21 20 01	— 12 1/2	1 37 1/2	— 30	1 96	2 —	4 80	— 10	1 35	— 25	1 91	1 60	4 —	— 08 3/4	1 33 3/4	— 27 1/2	1 93 1/2	1 40	4 40
26 25 01	24 23 01	22 21 01	20 19 01	— 62 1/2	1 87 1/2	2 40	3 76	1 —	2 40	— 50	1 75	1 73	3 41	— 80	2 —	— 43 3/4	1 68 3/4	1 92 1/2	3 58 1/2	— 70	2 20
25 24 01	23 22 01	21 20 01	19 18 01	1 12 1/2	2 37 1/2	3 90	5 35	— 12 1/2	— 30	— 90	2 15	3 25	4 91	— 10	— 25	— 78 3/4	2 03 3/4	3 57 1/2	5 23 1/2	— 08 3/4	— 27 1/2
24 23 01	22 21 01	20 19 01	18 17 01	1 62 1/2	2 87 1/2	5 70	7 36	— 12 1/2	— 30	1 30	2 55	4 75	6 41	— 10	— 25	1 13 3/4	2 38 3/4	5 22 1/2	6 88 1/2	— 08 3/4	— 27 1/2
23 22 01	21 20 01	19 18 01	17 16 01	2 37 1/2	2 62 1/2	8 40	10 16	— 12 1/2	— 30	1 90	3 15	7 —	8 66	— 10	— 25	1 66 1/4	2 91 1/4	7 70	9 36	— 08 3/4	— 27 1/2
au-dessous de 23 f. 01	au-dessous de 20 f. 01	au-dessous de 18 f. 01	au-dessous de 16 f. 01	Les droits ci-dessus seront augmentés de 75 cent. par chaque franc de baisse.		Les droits ci-dessus seront augmentés de 2 f. 70 c. par chaque franc de baisse.		— 12 1/2	— 30	Les droits ci-dessus seront augmentés de 60 cent. par chaque franc de baisse.		Les droits ci-dessus seront augmentés de 2 f. 25 c. 1/2 par chaque franc de baisse.		— 10	— 25	Les droits ci-dessus seront augmentés de 52 c. 1/2 par chaque franc de baisse.		Les droits ci-dessus seront augmentés de 2 f. 47 c. par chaque franc de baisse.		— 08 3/4	— 27 1/2

A. Le droit de sortie sera augmenté de 2 f. sur les grains et de 4 f. sur les farines, par chaque franc de hausse.
B. Le droit de sortie sera augmenté de 1 f. 20 c. sur les grains et de 2 f. 60 c. sur les farines, par chaque franc de hausse.
C. Le droit de sortie sera augmenté de 1 f. sur les grains et de 2 f. 40 c. sur les farines, par chaque franc de hausse.
D. Le droit de sortie sera augmenté de 1 f. sur les grains et de 2 f. 40 c. sur les farines, par chaque franc de hausse.
E. Le droit de sortie sera augmenté de 80 c. sur les grains et de 2 f. sur les farines, par chaque franc de hausse.
F. Le droit de sortie sera augmenté de 70 c. sur les grains et de 2 f. 20 c. sur les farines, par chaque franc de hausse.

DÉPART^t.	A L'ENTRÉE ET A LA SORTIE.	A L'ENTRÉE seulement.	A LA SORTIE seulement.
Nord.	Gravelines. Dunkerque. Zuydcoote. La Brouckstracte. Oost-Cappel. Steenvoorde, p Labéele Lacdorne. Armentières. Pont-Rouge. Commines. Werwick. Halluin. Riscontout. Wattrelos. Leers. Baisieux. Mouchin. Maulde. Condé, par Bonsecours. Blanc-Misseron. Bellignies. Hergies. Malplaquet. Bettignies. Vieux-Rengt. Jeumont. Coursolre. Solre-le-Château. Trélon. Anor. Marchipont. Gognies-Chaussée. Sébourg. Crespin. Valenciennes (station du chemin de fer).	Mortagne.	Hondschoote. Houtkerque. Labéele. Boeschèpe. Sceau. Nieppe. Pont-de-Warneton. Lille, par Bousbeck. Pont-de-Nieppe.
Aisne.	Hirson. Saint-Michel.		La Capelle, par Mondrepuis. Wattignies.
Ardennes.	Signy-le-Petit. Regnowez. Rocroy. Gué-d'Hossus. Fumay. Givet. Gespunsart. Saint-Menges. Givonne. Messincourt. Le Tremblay.		Vireux-St-Martin. Haut-Butté. Les Rivières. Gernelle. Bossèval. Pailly. Margut, par Sapogne.
Meuse.	Velosne.		
Moselle.	La Malmaison. Mont-Saint-Martin. Evranges. Apach. Sierck, par la Moselle. Waldwiese. Bouzonville. Les Trois-Maisons. Creutzwald. Forbach. Grosbliederstroff. Frauenberg. Wolmunster. Haspelschiedt. Sturzelbronn. Tellancour. Audun-le-Tiche. Long-la-Ville.	Walschbronn.	Thonne-la-Long.
Bas-Rhin.	Lembach. Wissembourg. Lauterbourg. Münchausen. Seltz. Beinhem. Port-Louis. Drusenheim. Gambsheim. La Wantzenau. Le Pont-du-Rhin. Rhinau. Markolsheim.		

DÉPART^t.	A L'ENTRÉE ET A LA SORTIE.	A L'ENTRÉE seulement.	A LA SORTIE seulement.
Haut-Rhin.	Artzheim. L'Ile-de-Paille. Chalampé. Saint--Louis. Hegenheim. Niederhagenthal. Saint-Blaise. Wolschwiller. Winckel. Courtavon. Pfetterhausen. Rechézy. Courcelles. Delle. Croix. Huningue.		
Doubs.	Villars-sous-Blamont. Morteau, par les Sarrasins. Le Villers. Pontarlier, p. les Fourgs Les Verrières-de-Joux Jougne. Abbevillers.		Montbéliard, par Herimoncourt. Les Sarrasins. Les Fourgs.
Jura.	Les Rousses. Mijoux.		
Ain.	Bellegarde. Seyssel. Culles. Virignin. Cordon.		Forens.
Isère.	Aoste. Pont-de-Beauvoisin. Entre-deux-Guiers. St Pierre-d'Entremont Chapareillan. Pontcharra. Pont-de-Bens. Vaujany.		
Hautes-Alpes.	Le Lauzet. Mont-Genèvre. La Monta.		
Basses-Alpes.	Saint-Paul. Larche. Fours. Colmars. Sausses. Saint-Pierre.		Maurin,
Var.	Sallagriffon. Broc. St-Laurent-du-Var. Antibes. Cannes. Saint-Raphaël. Saint-Tropez. Salins-d'Hyères. Toulon. Bandol.		
Bouches-du-Rhône.	La Ciotat. Cassis. Marseille. Port de Bouc. Martigues. Arles.		Carry.
Gard.	Aigues-mortes.		
Hérault.	Cette. Agde.		
Aude.	La Nouvelle.		Narbonne.
Pyrénées-Orientales.	Saint-Laurent-de-la-Salanque. Collioure. Port-Vendres. Perthus. Saillagousse. Bourg-Madame. Carols.		Bagnols. Laroque. Céret. Arles. Prats-de-Mollo.

Départ.	À l'entrée et à la sortie.	À l'entrée seulement.	À la sortie seulement.
Ariège.	Ax, par Hospitalet.	Salau.	Argelès, par Cauterets et Arrens (Hautes-Pyrénées.)
	Tarascon, p. Hospitalet	Ustou.	
	Siguer.	Aulus.	
	Auzat.	L'Hospitalet.	
	Saint-Girons, par Conflens.	Sentein.	
	Orles.		
Haute-Garonne.	Saint-Béat, par Fos.	Fos.	
	Bagnères.		
Hautes-Pyrénées.	Arrau, par Vielle.	Vielle. Génos.	
	Argelès, par Gèdre.	Aragnouet. Gèdre. Arrens.	
Basses-Pyrénées.	Bedous, par Urdos	Gabas.	
	Saint-Jean-Pied-de-Port, par Arnéguy.	Lescun. Larrau.	
	Ainhoa.	Lécumberry.	
	Behobie.		
	Saint-Jean-de-Luz.		
	Bayonne.		
	Sarre.		
	Les Aldudes.		
	Olhette.		
Gironde.	La Teste-de-Busch.		
	Pauillac.		
	Bordeaux.		
	Libourne.		
	Blaye.		
Charente-Inférieure.	Royan.		
	Mortagne.		
	La Tremblade.		
	Marennes.		
	Charente.		
	Rochefort.		
	St-Martin (Ile de Ré.)		
	Marans.		
	La Rochelle.		
Vendée.	Luçon.		
	Saint-Michel.		
	Moricq, par l'Aiguillon		
	Les Sables.		
	Saint-Gilles.		
	Croix-de-vie.		
	La Barre-de-Mont.		
	Beauvoir.		
	Bouin.		
	Noirmoutiers.		
Loire-Inférieure.	Bourgneuf.		
	Pornic.		
	Saint-Nazaire.		
	Paimbœuf.		
	Nantes et les lieux de chargement situés au-dessous jusqu'à Paimbœuf.		
	Le Pouliguen.		
	Le Croisic.		
	Mesquer.		
Ille-et-Vilaine.	Redon.		
	Saint-Servan.		
	Saint-Malo.		
Morbihan.	La Roche-Bernard.		
	Pénerf.		
	Sarzeau.		
	Vannes.		
	Auray.		
	Hennebon.		
	Lorient.		
Finistère.	Quimperlé.		
	Pontaven.		
	Pont-l'Abbé.		
	Quimper.		
	Audierne.		
	Camaret.		
	Port-Launay.		
	Landernau.		
	Brest. — Abrevrach.		
	Roscoff. — Morlaix.		
	Paimpoul.		

Départ.	À l'entrée et à la sortie.	À l'entrée seulement.	À la sortie seulement.
Côtes-du-Nord.	Toulanhéry.		
	Lannion.		
	Perros.		
	Tréguier.		
	Lézardrieux.		
	Pontrieux.		
	Paimpol.		
	Portrieux.		
	Le Légué.		
	Dahouet.		
	Port-à-la-Duc.		
	Dinan.		
	Binic.		
	Guildo.		
Manche.	Granville.		
	Regneville.		
	St-Germain-sur-Ay.		
	Port-Bail.		
	Carteret.		
	Diélette.		
	Anneville.		
	Cherbourg.		
	Barfleur.		
	Carentan.		
	Agon.		
Calvados.	Isigny.		Quillebœuf (Eure.)
	Caen, par Ouistreham.		
	Honfleur.		
Seine-Inférieure.	Rouen.		
	Le Havre.		
	Caudebec.		
	Fécamp.		
	Harfleur.		
	St-Valéry-en-Caux.		
	Dieppe.		
	Tréport.		
Somme.	Abbeville.		
	St-Valery-sur-Somme.		Le Crotoy.
Pas-de-Calais.	Etaples.		
	Boulogne.		
	Calais.		
Corse.	Macinaggio.	Centuri.	Venzolasca. Propriano.
	Bastia.		
	Cervione.		
	Bonifacio.		
	Ajaccio.		
	Calvi.		
	Ile-Rousse.		
	St-Florent.		

Ordonnances des 17 janvier et 23 août 1330, 5 avril 1831, 27 janvier 10 et 24 mars 1832, 18 août 1833, 19 mars 1835, 28 octobre 1836, 27 décembre 1837, 24 mai 1839, 24 février, 21. 24 juin et 18 juillet 1840, 11 février, 12 avril, 14 mai et 31 juillet 1842, 22 février et 18 mai 1843, 3 septembre 1843, 17 mars et 9 juin 1844.

Une ordonnance du Roi, en date du 16 décembre, ci-dessous citée, apporte, dans l'intérêt de nos rélations du commerce avec l'Algérie, diverses modifications au Tarif des Douanes de la Métropole.

D'après l'Article 1er, les marchandises qui y sont dénommées jouiront, à leur importation dans le Royaume, de notables diminutions de droits lorsqu'elles arriveront par navires français, des ports d'Alger, Mers-el-Kebir, Tenez, Oran, Philippeville et Bône, et qu'il sera dûment justifié, par les expéditions des Douanes de l'Algérie dont elles devront être accompagnées, qu'il ne s'agit pas de marchandises étrangères sortant des entrepôts existants dans le pays. Le transport devra en être effectué directement, c'est-à-dire sans que le navire importateur ait fait escale à l'étranger, sauf le cas de force majeure authentiquement établi. D'un autre côté, le bénéfice des modérations de droits ne sera accordé que lorsque l'importation des produits appelés à en profiter s'opérera par l'un des ports ouverts à l'entrée des marchandises taxées à plus de 20 francs par 100 kil. C'est aux directeurs qu'il sera réservé, conformément à la circulaire du 24 avril 1840, n° 1808, de statuer sur l'application de ces modérations de droit. C'est également par leur entremise que les acquits-à-caution qui auront accompagné les transports de l'Algérie dans la métropole devront être renvoyés à M. le Directeur des Finances à Alger.

En dehors des cas spécifiés par l'ordonnance, comme à l'égard des marchandises autres que celles qu'elle dénomme, les droits du Tarif général continueront d'être appliqués.

Tout transport entre la France et l'Algérie ne pouvant avoir lieu par navires étrangers, sauf le cas d'urgence et de nécessité absolue pour un service public, il a paru inutile de rappeler les taxes établies par le Tarif général pour les importations par navires étrangers; mais elles devraient être appliquées, si le cas, tout exceptionnel se présentait.

Aux termes de l'Art. 2, les marchandises nationales, expédiées d'un port de France en Algérie, jouiront de l'exemption des droits de sortie lorsque l'exportation s'en effectuera à destination des ports d'Alger, Mers-el Kebir, Oran, Venez, Philippeville et Bône, sous les formalités prescrites par les réglements pour les expéditions aux Colonies françaises. A cet effet, on appliquera aux marchandises, expédiées en franchise pour l'Algérie, les règles relatives au cabotage, c'est-à-dire qu'on délivrera, soit un acquit-à-caution, soit un passavant, selon qu'elles sont marquées d'un A ou d'un P au tableau qu'on trouvera ci-après et qui sert à indiquer le mode d'expédition par cabotage. Quant au plombage, il ne sera exigé que pour les ouvrages en cuir, la tabletterie, les verres et cristaux, les tissus de toute espèce, les armes de luxe et les ouvrages en métaux, à l'exception des clous, des chaînes à bœufs et des objets d'art, tels que bronze, dorures, etc.; ainsi que le prescrivent les Circulaires du 22 août 1818, n° 420, et du 18 novembre 1833, n° 1411, note 2, page 6.

Relativement aux marchandises dont l'exportation est prohibée, et à celles qui sont nommément désignées par l'article 2 de ladite ordonnance, on continuera d'appliquer les règles générales du Tarif de sortie.

(*Circulaire du 22 décembre 1843, n° 2002*).

Ordonnance du 16 décembre 1843,

RELATIVE AUX IMPORTATIONS DE L'ALGÉRIE EN FRANCE ET AUX EXPORTATIONS DE FRANCE EN ALGÉRIE.

ARTICLE PREMIER.

Les marchandises importées de l'Algérie par navires français seront admises aux conditions indiquées ci-après, lorsqu'elles arriveront directement des ports d'Alger, Mers-el-Kébir, Tenez, Oran, Philippeville et Bône, et qu'il sera dûment justifié, par les expéditions de Douane dont elles seront accompagnées, qu'il ne s'agit pas de marchandises étrangères sortant des entrepôts.

DÉSIGNATION DES MARCHANDISES.	UNITES sur lesquelles portent les droits.	DROITS. F.	C.
Cire non ouvrée, jaune et brune	100 k. B.	3	»
Corail brut de pêche étrangère	—	10	»
Cornes de cerf	—	2	50
Coton en laine	100 k. N.	5	»
Dents d'éléphant — défenses — entières ou en morceaux de plus d'un kil	—	25	»
Dents d'éléphant — défenses — en morc. d'un kil. ou moins	—	50	»
Dents d'éléphant — mâchelières	100 k. B.	3	12
Espèces médicinales — racines — de réglisse	—	7	50
Espèces médicinales — racines — non spécialem. tarifées	—	10	»
Espèces médicinales — écorces — de citr., d'oran. et de leurs v.	—	8	50
Espèces médicinales — écorces — non spécialem. tarifées	100 k. N.	24	»
Espèces médicinales — feuilles — d'oranger (tiges comprises)	100 k. B.	»	50
Espèces médicinales — feuilles — de lierre (branches comp.)	—	»	50
Espèces médicinales — feuilles — de bétel et de girofle	100 k. N.	20	50
Espèces médicinales — feuilles — de séné entières ou en grab.	—	25	»
Espèces médicinales — feuilles — non spécialem. tarifées	100 k. B.	15	»
Espèces médicinales — fleurs — barbotine ou semencine	100 k. N.	30	»
Espèces médicinales — fleurs — de lavande et d'or. même sal.	100 k. B.	2	50
Espèces médicinales — fleurs — non spécialem. tarifées	—	20	»
Fruits oléagineux — amandes — cassées	—	10	»
Fruits oléagineux — amandes — en coques	—	4	»
Fruits oléagineux — noix, noisettes et faînes	—	4	»
Fruits oléagineux — olives fraîches	—	2	50
Fruits oléagineux — arachides et noix de touloucouna	—	1	»
Fruits de table — frais — citrons, oranges et leurs variétés	—	5	»
Fruits de table — frais — noix de coco	—	4	»
Fruits de table — frais — carrobe ou carouge	—	2	50
Fruits de table — frais — autres — exotiques	—	4	»
Fruits de table — frais — autres — indigènes	—	2	»
Fruits de table — secs ou tapés — pistaches — en coq. même ccl. vertes	100 k. N.	24	»
Fruits de table — secs ou tapés — pistaches — cassées	—	72	»
Fruits de table — secs ou tapés — autres	100 k. B.	8	»
Graisses de bœuf et de mouton (suif brut)	—	5	»
Huile d'olive	—	12	50
Kermès en grains	—	»	50

DÉSIGNATION DES MARCHANDISES.	UNITES sur lesquelles portent les droits.	DROITS. F.	C.
Laines en masse	la valeur	10 p. %	
Lichens tinctoriaux	100 k. B.	»	50
Liège brut	—	3	»
Minérais — de cobalt	—	2	50
Minérais — de cuivre	—	»	05
Minérais — de plomb	—	1	75
Minérais — de zinc	—	»	05
Minérais — non spécialement tarifés	—	»	50
Peaux brutes — fraîches — grandes	—	»	50
Peaux brutes — fraîches — petites — de bélier, brebis et mouton, revêtues de leur laine	la valeur	5 p. %	
Peaux brutes — fraîches — petites — d'agneau — revêtues de leur laine pesant pl. d'un k	—	5 p. %	
Peaux brutes — fraîches — petites — d'agneau — revêtues de leur laine pesant un kil ou moins	100 k. B.	»	50
Peaux brutes — fraîches — petites — d'agneau — dépouil. de leur laine	—	»	50
Peaux brutes — fraîches — petites — de chevreau	—	»	50
Peaux brutes — fraîches — petites — autres	—	»	50
Peaux brutes — sèches — grandes	—	1	»
Peaux brutes — sèches — petites — de bélier, brebis et mouton, revêtues de leur laine	la valeur	6 2/3 p. %	
Peaux brutes — sèches — petites — d'agneau — revêtues de leur laine pesant pl. d'un k	—	6 2/3 p. %	
Peaux brutes — sèches — petites — d'agneau — revêtues de leur laine pesant un kil. ou moins	100 k. B.	»	50
Peaux brutes — sèches — petites — d'agneau — dépouil. de leur laine	—	»	50
Peaux brutes — sèches — petites — de chevreau	—	»	50
Peaux brutes — sèches — petites — autres	—	»	50
Plumes de parure brutes — blanches	100 k. N.	200	»
Plumes de parure brutes — noires	—	100	»
Plumes de parure brutes — autres	—	50	»
Soie — en cocons	100 k. B	»	50
Soie — grège, écrue	1 k. N.	»	02
Soie — (bourre de), en masse, écrue	100 k. B.	»	50
Terres savonneuses	—	1	»
Végétaux filamenteux non spécial. tarifés — bruts	—	»	40
Végétaux filamenteux non spécial. tarifés — blanchis ou préparés pour pâte à papier	—	1	»

ARTICLE DEUXIÈME.

EXPORTATIONS DE FRANCE EN ALGÉRIE.

Les marchandises et denrées expédiées de France à destination des ports d'Alger, Mers-el-Kébir, Tenez, Oran, Philippeville et Bône, sous les formalités prescrites pour les expéditions aux colonies françaises, seront affranchies de tous droits de sortie ; toutefois, cette exemption ne s'appliquera pas aux objets ci-après :

Bois de fusil et bois de noyer propres à les faire ;
Cornes et os de bétail ;
Fil de mulquinerie ;
Grains et farines ;
Peaux brutes, y compris celles de lièvre et de lapin ;
Poils propres à la filature ou à la chapellerie ;
Soies et bourre de soie.

Les marchandises dont l'exportation est prohibée ne pourront être expédiées pour l'Algérie.

Ordonnance du 16 décembre 1843,

RELATIVE AU RÉGIME DES DOUANES DANS L'ALGÉRIE.

TITRE PREMIER.

Navigation.

ARTICLE PREMIER. — Les transports entre la France et l'Algérie ne pourront s'effectuer que par navires français, sauf le cas d'urgence et de nécessité absolue pour un service public.

ART. 2. — Le cabotage d'un port à un autre de l'Algérie pourra s'effectuer par navires français, par *sandales* algériennes, et, jusqu'à ce qu'il en soit autrement ordonné, par bâtiments étrangers.

ART. 3. — Les navires étrangers, chargés ou sur lest, paieront, à leur *entrée* dans les ports de l'Algérie, un droit de 4 francs par tonneau de jauge.

Ce droit sera pareillement perçu à l'égard des navires étrangers, dans le cas où ils seront admis, par application de l'article précédent, à faire le cabotage d'un port à un autre de cette possession.

ART. 4. — Seront affranchis de tous droits de navigation :

1° Les navires français et les sandales algériennes ;

2° Les bateaux et embarcations étrangers exclusivement affectés à la pêche du corail ou du poisson, ainsi qu'aux transports comme allèges dans l'intérieur des ports de l'Algérie ;

3° Les navires étrangers entrant en relâche forcée ou librement dans ces ports, et qui n'y feront aucune opération de commerce.

ART. 5. — Les embarcations étrangères employées en Algérie à la pêche du corail ou du poisson, ou aux transports comme allèges dans l'intérieur des ports, et les embarcations françaises attachées auxdits ports, porteront un numéro d'ordre, ainsi que l'indication du nom des propriétaires et du port d'attache, sous peine de 500 francs d'amende. Ces indications seront reproduites par un passe-port ou congé dont chacune de ces embarcations devra être accompagnée, sous peine d'une amende de 100 francs.

Ces passe-ports ou congés seront valables pour un an.

Leur prix est fixé ainsi qu'il suit :

Congés des bateaux français de tout tonnage		F. 1.
Passe-ports des bateaux étrangers	de moins de 10 tonneaux	5.
	de 10 tonneaux à 30 tonn.	15.
	de plus de 30 tonneaux	30.

ART. 6. — Les navires étrangers seront tenus, à la sortie des ports de l'Algérie, de se pourvoir d'un passe-port. Le prix de ce passe-port, ainsi que celui des permis qui seront délivrés pour l'embarquement et le débarquement des marchandises, est fixé à 50 centimes.

Il ne sera pas exigé de droit d'expédition, d'acquit, ni de certificat.

TITRE II.

Importations.

ART. 7. — Les produits du sol et de l'industrie du royaume, à l'exception des sucres, et les produits étrangers nationalisés en France par le paiement des droits, seront admis en Algérie en franchise des droits d'entrée, sur la présentation de l'expédition de douane délivrée à leur sortie de France et constatant leur origine.

ART. 8. — Seront pareillement admises en franchise, venant de l'étranger ou des ports de France, les marchandises étrangères énumérées ci-après : les Grains et Farines, Légumes frais ; Bois à brûler, Charbon de bois et de terre ; Bois de construction et de menuiserie ; Marbre brut et scié en tranches sans autre main-d'œuvre, Pierres à bâtir, Chaux, Plâtre, Pouzzolane, Briques, Tuiles, Ardoises, Carreaux en terre cuite ou en faïence, Verres à vitres, Fonte, Fers et Aciers fondus ou forgés, Fer-blanc, Plomb, Cuivre, Zinc, Etains à l'état brut ou simplement étirés ou laminés ; Chevaux et Bestiaux, Plants d'arbres, Graine pour semences.

ART. 9. — Les produits étrangers, à l'exception de ceux mentionnés en l'article 12 ci-après, les produits des colonies françaises et le sucre provenant des fabriques du royaume, acquitteront à l'importation, par navires français, les droits portés au tarif suivant :

§ 1er.

				par kil.
Tissus de coton purs ou mélangés d'autres matières que de soie ou de laine	Unis ou croisés, dits calicots, percales, jaconas, coutils, printanières, etc., présentant, plus ou moins découverts, dans l'espace de 5 millimètres.	moins de 15 fils en chaîne.	écrus	»f 85
			blancs	» 95
			teints ou impri.	1 70
		15 fils et moins de 20 fils.	écrus	1 30
			blancs	1 40
			teints ou impri.	2 50
		20 fils et moins de 25 fils.	écrus	2 90
			blancs	3 »
			teints ou impri.	5 «
		25 fils et au-dessus.	écrus	8 »
			blancs	8 35
			teints ou impri.	12 10
	Mouchoirs		écrus	3 15
			blancs	3 35
			teints ou impri.	4 50
	Mousselines, gazes, organdis, etc présentant plus ou moins découverts, dans l'espace de 5 mill. — unis ou brochés	moins de 12 fils.	écrus	2 »
			blancs	2 15
			teints ou impri.	3 55
		12 fils et pas plus de 15 fils.	écrus	11 65
			blancs	12 25
			teints ou impri.	17 »
		16 fils et au-dessus.	écrus	32 95
			blancs	33 75
			teints ou impri.	45 40
	Mousselines, gazes, organdis, etc. — brodés		le double du droit ci-dessus, suiv. l'espèce.	
	Tulles et dentelles		Mêmes droits que les tissus brodés de 16 fils et au-dessus.	
	Couv., bonnet., ruban. et passement.		mêmes droits que les tissus de 12 fils et de moins de 15 fils.	
Tissus de coton mélangés de soie, présentant, plus ou moins découverts, dans l'espace de 5 millim.			moins de 16 fils.	8f 40
			16 fils et plus	18 60

Tissus de laine — Purs ou mélangés d'autres matières que de soie, valant par mètre,	foulés et drapés (Draps),	moins de 10 francs	6 90
		10 francs et moins de 20 francs	9 15
		20 francs et moins de 30 francs	11 70
		30 francs et au-dessus	16 90
	foulés légèrement, foulés ou non foul. (Casimir, mérinos, mousselines nouveautés etc.	moins de 10 francs	6 60
		10 francs et moins de 20 francs	6 90
		20 francs et moins de 30 francs	7 90
		30 francs et au-dessus	10 80
Tissus de laine — Mélangés de soie			25 85
Tissus de laine — Couvertures	ordinaires		2 40
	à raies de couleur		4 20
Tissus de laine — Bonneterie	Orientale	mêmes droits que les tissus drapés valant par mètre plus de 10 fr. et moins de 20 fr.	
	autre	mêmes droits que les tissus de moins de 10 fr.	
Tissus de laine — Châles	autres que de cachemire	mêmes droits que les tissus non foulés sel. l'esp.	
	de cachemire	les droits du tarif général de France.	
Tissus de laine — passementerie et rubanerie		les droits du tarif général de France.	
Tissus de laine — tapis		les droits du tarif général de France.	

Poterie de grès fin..	en blanc	platerie..	27f	50c	par 100 kilogrammes.
		creux....	55	»	
	imprimés	platerie..	50	»	
		creux....	77	50	
	peinte et décorée	....	137	50	
Sel marin	....		3	60	

§ 2.

Sucres non raffinés provenant	des col. franç. et des fabr. de la métrop.,	10 f. par 100 k.	
	de l'étranger, extraits des entrepôts de France.	les trois quarts des droits du tarif général de France, selon l'esp. et la provenance.	
	directement de l'étranger .	les droits du tarif général de France, selon l'esp. et la provenance.	
Sucres raffinés en France	....	20 f. »» c.	par 100 kil.
Cafés	venant des entrepôts de France	12 »»	idem.
	venant d'ailleurs	15 »»	idem.
Foin, paille et fourrages	....	»» 50	idem.

Toutes autres marchandises	admissibles en France, autres que celles reprises à l'art. 12, ci-après.	venant des entrepôts de France	1/4	des droits du tarif général de France.
		venant d'ailleurs ..	1/3	
	prohibées en France.	venant des entrepôts de France	20	p. 0/0 de la val.
		venant d'ailleurs ..	25	

A l'égard des produits étrangers dont les similaires, importés d'Algérie, jouiront en France d'une modération de tarif, les droits en vigueur seront augmentés de la même quotité dont lesdits similaires auront été dégrevés en France.

Art. 10 — A l'égard des marchandises importées par navires étrangers, le droit fixé *au poids* sera augmenté, savoir :

1° Jusques et y compris 50 centimes par kilogramme, du dixième de ce même droit ;

2° Au-dessus de 50 centimes, du vingtième de cette seconde portion du droit.

Art. 11. — L'embarquement et le départ de productions coloniales françaises et des marchandises étrangères prises dans les ports de France devront être justifiés par les manifestes de sortie, certifiés par la douane, et indiquant les marques et numéros des colis, ainsi que le poids, l'espèce et l'origine des objets.

Art. 12. — Sont et demeurent prohibés en Algérie les sucres raffinés à l'étranger, et, quelles qu'en soient la provenance et l'origine, les armes, munitions et projectiles de guerre, les contrefaçons en matière de librairie, de typographie, de gravures et de musique gravée.

TITRE III.

Exportations.

Art. 13. — Les marchandises expédiées à destination d'un port français, sous les formalités prescrites, en France, pour le cabotage, seront affranchies des droits de sortie.

Art. 14. — A l'exception des grains et farines, dont l'exportation demeure affranchie de tous droits, les marchandises expédiées pour l'étranger payeront, savoir :

Celles qui ne sont pas prohibées à la sortie de France, les droits établis par le tarif général ;

Celles dont la sortie est prohibée en France, 15 pour 0/0 de la valeur.

TITRE IV.

Restrictions d'entrée.

Art. 15. — Les marchandises imposées en Algérie à la valeur, ou à un droit de plus de 15 francs par 100 kilogrammes, ne pourront être importées que par les ports d'Alger, Mers-el-Kébir, Oran, Tenez, Philippeville et Bône.

Art. 16. — Sauf l'exception relatée à l'article 21 ci-dessous, toute importation par terre est prohibée, sous peine,

1° De la confiscation des objets saisis et des moyens de transport ;

2° D'une amende de 1,000 à 3,000 francs et d'un emprisonnement d'un à six mois.

TITRE V.

Cabotage.

Art. 17. — Les marchandises provenant de l'Algérie, celles qui, en vertu des articles 7 et 8 de la présente ordonnance, y auront été admises en franchise, et celles qui, passibles des droits, les auront acquittés, pourront être transportées, en franchise de tout droit d'entrée et de sortie, d'un port à un autre de l'Algérie, moyennant les formalités prescrites en France pour le cabotage.

TITRE VI.

Entrepôts.

Art. 18. — Il pourra être établi, pour les marchandises étrangères et les productions des colonies françaises, un entrepôt réel dans chacune des villes d'Alger, Mers-el-Kébir, Oran, Tenez, Philippeville et Bône, à la charge par ces villes de se conformer à l'article 25 de la loi du 8 floréal an XI.

Art. 19. — Jusqu'à ce que ces entrepôts soient régulièrement constitués, les marchandises pourront être admises en entrepôt fictif, sous les formalités prescrites par l'article 15 de la loi du 8 floréal an XI, et sous la condition de renoncer à la faculté de réexportation.

La durée de cet entrepôt est fixée à une année ; toutefois, sur la demande motivée de l'entrepositaire, elle pourra être prolongée de six mois.

Art. 20. — Les marchandises extraites des entrepôts de l'Algérie seront exemptes de tous droits de réexportation.

TITRE VII.

Dispositions générales.

Art. 21. — Des arrêtés du gouverneur général de l'Algérie, délibérés en conseil d'administration, et approuvés par notre ministre secrétaire d'Etat au département de la guerre, pourront :

1° Régler les formalités et les mesures de surveillance nécessaires pour assurer l'effet de la prohibition prononcée par l'article 16 ;

2° Déterminer ceux des produits des Etats limitrophes de l'Algérie qui pourront être importés par terre, sous le paiement des droits fixés par l'article 9, et régler les conditions et formalités relatives à ces importations ;

3° Désigner, parmi les ports de l'Algérie où il n'existe pas d'établissements de douane, ceux dont les provenances seront admises en franchise dans les autres ports de cette possession, en ce qui concerne les objets ci-après :

Grains, légumes verts, lait, beurre, œufs, volailles, gibier, bois à brûler, charbon de bois, bois de construction, matériaux à bâtir et savon noir.

Toutes les autres marchandises, venant de ces ports ou y allant, seront traitées comme venant de l'étranger ou y allant.

Art. 22. — Les droits de douane et de navigation, perçus en vertu de la présente ordonnance, seront affranchis du décime additionnel.

Art. 23. — Les lois, décrets, ordonnances et règlements qui régissent les douanes de France seront applicables, en Algérie, en tout ce qui n'est pas contraire aux dispositions de la présente ordonnance.

Art. 24. — La présente ordonnance recevra son exécution aussitôt après sa promulgation officielle en Algérie ; elle sera imprimée en français et en arabe, et affichée dans les bureux de douane de cette possession.

Art. 25. — Toutes les dispositions contraires à la présente ordonnance sont et demeurent abrogées.

Art. 26. — Nos ministres secrétaires d'Etat aux départements de la guerre, de l'agriculture et du commerce, et des finances, sont chargés, chacun en ce qui le concerne, de l'exécution de la présente ordonnance, qui sera insérée au Bulletin des Lois et au Recueil officiel des actes de l'Algérie.

Signé LOUIS-PHILIPPE.

Dans le cas d'exception prévu par l'article premier, il est bien entendu qu'il ne peut être appliqué, dans aucun cas, aux transports qui auront lieu pour le compte du commerce.

Aux termes de l'article 7, les produits du sol et de l'industrie du royaume, (à l'exception des sucres), et les produits étrangers nationalisés en France par le paiement des droits, seront admis en Algérie en franchise des droits d'entrée, sur la présentation de l'expédition de douane délivrée à leur sortie de France et constatant leur origine.

D'après l'article 11, l'embarquement et le départ des productions coloniales françaises et des marchandises étrangères prises dans les ports de France devront être justifiés par des manifestes de sortie certifiés par la douane. Indépendamment des marques et numéros des colis, ces manifestes devront indiquer, pour chaque espèce de marchandise, la provenance, le poids brut, le mode d'importation en France, et le pavillon sous lequel elle aura été effectuée, ces indications étant indispensables pour l'application des droits d'entrée en Algérie, les agents des douanes de la métropole auront soin de ne viser le manifeste qu'après s'être assurés qu'elles y sont exactement mentionnées.

Les expéditions que les douanes de l'Algérie auront délivrées seront, après avoir été régularisées au port de débarquement, transmises par les receveurs principaux au directeur de l'arrondissement, qui les fera parvenir, sous bandes, à M. le Directeur des finances à Alger.

Si, à leur arrivée de l'Algérie, au lieu d'être déclarées pour la consommation, les marchandises étaient mises en entrepôt, et, en définitive, réexportées à l'étranger, la douane de la métropole ne délivrerait le permis de réexportation qu'après avoir exigé le paiement des droits perceptibles en Algérie, à l'égard des marchandises exportées de cette possession pour l'étranger. *(Circulaire du 22 décembre 1843, n. 2001.)*

Ordonnance du 13 août 1842

QUI PRESCRIT LA PUBLICATION D'UNE CONVENTION DE COMMERCE CONCLUE LE 16 JUILLET 1842.

ARTICLE PREMIER. — Les droits d'entrée en France sur les fils et tissus de lin ou de chanvre importés de Belgique par les bureaux situés d'Armentières à la Malmaison, près Longwy inclusivement, seront rétablis tels qu'ils existaient avant l'ordonnance du 26 juin 1842, et les droits d'entrée en Belgique sur les fils et tissus de lin ou de chanvre importés de France par la frontière limitrophe des deux pays seront maintenus tels qu'ils existent actuellement, sans que ces différents droits puissent être augmentés, de part ni d'autre, avant l'expiration du présent traité.

Si, au contraire, les droits d'entrée en France sur les fils et tissus de lin ou de chanvre provenant de Belgique venaient à être réduits, une réduction semblable serait immédiatement introduite dans le tarif belge sur les mêmes articles de provenance française, de façon que les droits fussent uniformes des deux côtés à la frontière limitrophe.

Dans le cas où les droits d'entrée en France sur les fils et tissus de lin ou de chanvre importés par les frontières autres que celles limitrophes viendraient à être réduits de plus d'un sixième au-dessous de ceux fixés par l'ordonnance du 26 juin 1842, le gouvernement de sa Majesté le Roi des français s'engage à abaisser aussitôt, et dans la proportion de cet excédant de réduction ; les droits d'entrée sur les fils et tissus importés par la frontière limitrophe, de telle façon qu'il y ait toujours au moins la proportion de 3 à 5 entre les droits existant à cette dernière frontière et ceux existant aux autres frontières françaises.

ART. 2. — Le gouvernement de sa majesté le Roi des Belges s'engage à réduire le droit de douane sur l'importation des vins de France, tant par terre que par mer, à 50 centimes par hectolitre pour les vins en cercle, et à 2 fr. par hectol. pour les vins en bouteilles, à réduire de 25 p. °[o] le droit d'accise maintenant existant sur les vins de France, de 20 p. °[o] le droit actuel d'entrée sur les tissus de soie venant de France.

ART. 4. — Il y aura réciprocité de transit pour les ardoises des deux pays. Ce transit sera régi, de part et d'autre, par le tarif actuellement en vigueur en France.

Le gouvernement belge s'engage à ouvrir au transit des ardoises françaises le bureau de Menin.

ART. 6. — Chacune des deux parties contractantes convient de prohiber, sur son territoire, le transit de fils et tissus de lin ou de chanvre de provenance tierce et à destination du territoire de l'autre partie.

ART. 8. — La présente convention sera en vigueur pendant 4 années à dater de sa ratification, et, si elle n'est pas dénoncée 6 mois avant son expiration, elle durera une année de plus, et pourra ainsi se prolonger d'année en année, à défaut de dénonciation faite dans le terme ci-dessus indiqué.

En exécution de l'article 6 ci-dessus cité, les bureaux de la frontière situés de Dunkerque à Longwy inclusivement, par lequel le transit des fils et tissus de lin ou de chanvre de provenance tierce se trouve prohibé, sont ceux d'Armentières, de Lille, par Halluin ou Baisieux, de Valenciennes, de Givet, de Sedan, par Saint-Menges ou Givonne, et de Longwy.

Il est entendu que dans la zone privilégiée, dont il est question dans l'article premier de l'ordonnance, l'admission des fils et tissus de lin ou de chanvre demeure soumise, comme ailleurs, aux restrictions d'entrée et aux autres conditions générales résultant des lois et règlements en vigueur. C'est à l'égard de la quotité des droits seulement que la convention stipule un traitement de faveur ; elle laisse subsister sous tout autre rapport les règles communes. (*Circulaire du 19 août 1842 n. 1929.*)

D'après les dispositions de l'article 6, les employés devront se refuser à délivrer des acquits-à-caution pour les fils et tissus de lin ou de chanvre qu'on demanderait à diriger en transit sur les bureaux de la frontière de terre désignés plus haut. (*Circulaire du 14 août 1842, n. 1928.*)

Tarif pour les Fils et Toiles de Belgique.

Linge de table dont la chaine présente pl. ou moins découverts dans l'espace de 5 millimètres.	ouvragé	écru	moins de 16 fils	5 juil. 1836	100 k. N	160	»	25 cent.
			16 fils........	6 mai 1841	—	150	»	
			17 fils	—	—	170	»	
			18 et 19 fils...	—	—	180	»	
			20 fils	—	—	225	»	
			plus de 20 fils..	—	—	350	»	
		blanc	moins de 16 fils	5 juill. 1836	—	317	50	
			16 fils	6 mai 1841	—	300	»	
			17 fils	—	—	340	»	
			18 et 19 fils...	—	—	360	»	
			20 fils.......	—	—	450	»	
			plus de 20 fils..	—	—	700	»	
	damassé	écru	moins de 16 fils	5 juill. 1836	—	160	»	
			16 fils	6 mai 1841	—	180	»	
			17 fils........	—	—	204	»	
			18 et 19 fils...	—	—	216	»	
			20 fils........	—	—	270	»	
			plus de 20 fils..	—	—	420	»	
		blanc	moins de 16 fils	5 juil. 1836	—	317	50	
			16 fils........	6 mai 1841	—	360	»	
			17 fils	—	—	408	»	
			18 et 19 fils ..	—	—	432	»	
			20 fils........	—	—	540	»	
			plus de 20 fils..	—	—	840	»	

Fils de lin et de chanvre, sans distinction de ceux d'étoupes, fournissant au kilog.	simples	écrus	6000 mèt. ou m.	6 mai 1841	6 mai 1841.	100 k. BD	47	60	25 cent.
			plus de 6000 mèt. pas pl. de 12000	—		—	26	40	
			pl. de 12000 mèt. pas pl. de 24000	—		—	44	»	
			pl. de 24000 mèt.	—		100 k. NB	76	»	
		blanchis à quelque degré que ce soit	6000 mèt. ou m.	—		100 k. BB	28	60	
			plus de 6000 mèt. pas pl. de 12000	—		—	39	60	
			pl. de 12000 mèt. pas pl. de 24000	—		100 k. NB	61	30	
			pl. de 24000 mèt.	—		—	102	20	
		teints	6000 mèt. ou m.	—		100 k. BB	39	60	
			plus de 6000 mèt. pas pl. de 12000	—		100 k. NB	50	60	
			pl. de 12000 mèt. pas pl. de 24000	—		—	71	80	
			pl. de 24000 mèt.	—		—	112	70	
	retors	écrus	6000 mèt. ou m.	—		100 k. BB	24	20	
			plus de 6000 mèt. pas pl. de 12000	—		—	39	60	
			pl. de 12000 mèt. pas pl. de 24000	—		100 k. NB	69	70	
			pl. de 24000 mèt.	—		—	120	10	
		blanchis à quelque degré que ce soit	6000 mèt. ou m.	—		100 k. DB	41	80	
			plus de 6000 mèt. pas pl. de 12000	—		100 k. NB	57	10	
			pl. de 12000 mèt. pas pl. de 24000	—		—	90	70	
			pl. de 24000 mèt.	—		—	149	50	
		teints	6000 mèt. ou m.	—		—	52	80	
			plus de 6000 mèt. pas pl. de 12000	—		—	67	60	
			pl. de 12000 mèt. pas pl. de 24000	—		—	101	20	
			pl. de 24000 mèt.	—		—	160	»	
toile de lin et de chanvre unie, sans distinction du mode de transport, présentant, dans la mesure de cinq millimètres		écrue avec ou s. apprêt	de moins de 8 fils....	5 juill. 1836	6 mai 1841	100 k. NB	30	»	25 cent. les 100 kilogram.
			de 8 fils..............	—		—	36	»	
			de 9 fils incl. à 12 excl.	—		—	65	»	
			de 12 fils.	—		—	75	»	
			de 13 fils incl. à 16 excl.	—		—	105	»	
			de 16 fils	—		—	150	»	
			de 17 fils	—		—	170	»	
			de 18 et 19 fils	—		—	180	»	
			de 20 fils	—		—	225	»	
			au-dessus de 20 fils ...	—		—	359	»	
		blanche ou mi-blanc.	de moins de 8 fils....	—		—	60	»	
			de 8 fils.............	—		—	72	»	
			de 9 fils incl. à 12 excl.	—		—	130	»	
			de 12 fils	—		—	150	»	
			de 13 fils incl. à 16 excl.	—		—	210	»	
			de 16 fils	—		—	300	»	
			de 17 fils	—		—	340	»	
			de 18 et 19 fils	—		—	360	»	
			de 20 fils	—		—	450	»	
			au-dessus de 20 fils ..	—		—	700	»	
		teinte	de moins de 8 fils ...	—		—	60	»	
			de 8 fils	—		—	72	»	
			de 9 fils incl. à 12 excl	—		—	85	»	
			de 12 fils	—		—	98	»	
			de 13 fils incl. à 16 excl.	—		—	120	»	
			de 16 fils..........	—		—	171	40	
			de 17 fils	—		—	200	»	
			de 18 et 19 fils	—		—	211	75	
			de 20 fils	—		—	262	50	
			au-dessus de 20 fils ..	—		—	420	»	
		imprimée	dé moins de 8 fils....	—		—	60	»	
			de 8 fils	—		—	72	»	
			de 9 fils incl. à 12 excl.	—		—	130	»	
			de 12 fils..........	—		—	150	»	
			de 13 fils incl. à 16 incl.	—		—	210	»	
			de 16 fils	—		—	300	»	
			de 17 fils............	—		—	340	»	
			de 18 et 19 fils	—		—	350	»	
			de 20 fils.........	—		—	450	»	
			au-dessus de 20 fils..	—		—	700	»	
			à matelas sans distin. de fils	17 mai 1826		—	139	»	
		cirée	de moins de 8 fils.. ..	21 avr. 1818		—	70	»	
			de 8 fils incl. à 13 excl.	—		—	120	»	
			de 13 fils incl. à 20 excl.	—		—	170	»	
			de 20 fils et au-dessus	—		—	220	»	
			peinte sur enduit p. tapiss.	28 avr. 1816		—	195	70	
toile croisée	coutils	pour vêtemen	écrue.	6 mai 1841		—	265	»	
			autre.	—		—	317	50	
			pour tentur. ou literie	—		—	149	50	
			grossière, dite treillis....	—		—	39	»	

RÉGIME SPÉCIAL A L'ILE DE CORSE.

Les dispositions du tarif général des douanes de France sont applicables en Corse, sauf les modifications suivantes :

Tarif d'Entrée.

DÉNOMINATION des MARCHANDISES.	UNITÉS de perception	TITRE de perception.	DROITS par navires français	DROITS par navires étrang.
Béliers, brebis et moutons de toute sorte	par tête	17 mai 1826	2 francs	
Agneaux	—	—	50 c.	
Bœufs et taureaux	—	21 avr. 1818	1	
Vaches, génisses et bouvillons	—	—	30	
Veaux	—	—	15	
Boucs et chèvres	—	17 mai 1826	25	
Chevreaux	—	—	15	
Porcs pesant plus de 15 kilogr.	—	2 juill. 1836	3	
Porcs p. 15 k ou moins (coch. de lait.)	—	—	50	
Viande de porc salée	100 k. B.	21 avr. 1818	10	11
Fromages de Sardaigne	—	—	5	5 50
Fromages autres	—	—	10	11
Poissons de pêche étrangère	—	—	15	16 50
Poissons marinés	100 k. N.	—	50	55
Semoule de pâte	100 k. B.	25 juil. 1837	10	11
Semoule de gruau (grosse farine	—	23 juil. 1838	com farines. l'esp	
Pâte d'Italie	—	21 avr. 1818	10	11
Tabac en feuilles	100 k. N.	—	60	65 50
Tabac fabriqués	—	—	100	107 50
Sucre et autres denrées Coloniales de consommation	—	—	moitié des droits portés au tarif général pour tous les articles comp. sous cette dénom.	
Minerai de fer	100 k. B.	—	05	05
Tissus de fleuret, sans exception	1 k. N.	—	1	1 10
Tissus de lin ou de chanvre	—	—	moitié des droits portés au tarif général pour tous les articles comp. sous cette dénom.	

L'application des droits ci-dessus est subordonnée, en ce qui concerne les viandes de porc salées, le tabac, le sucre et toutes les autres denrées coloniales de consommation et les tissus de lin ou de chanvre, à la condition qu'ils seront importés par les ports de Bonifacio, Ajaccio, l'Ile-Rousse, Bastia, Calvi, Macinaggio, Porto-Vecchio et Propriano. (*Lois des* 21 *avril* 1818, *art.* 5, *et* 7 *juin* 1820, *art.* 12 ; *ordonnances des* 7 *juillet* 1839, *art.* 6, *et* 11 *janvier* 1842.)

Pour toutes les marchandises taxées au poids, autres que celles qui figurent au présent tableau, on réduit à moitié la portion du droit qui excède 5 fr. par 100 kilog. (*Loi du* 21 *avril* 1818, *art.* 6.)

La surtaxe de navigation est proportionnellement réduite pour les droits ainsi modifiés. (*Même loi, art.* 7.)

Dans l'application des règles ci-dessus, on ramène les centimes à des nombres décimaux, soit en abandonnant ceux qui n'excèdent pas 5, soit en forçant les autres. (*Même loi, art.* 8.)

Par exception à ces dispositions, les huiles d'olive, les légumes secs et leurs farines acquittent les droits du tarif général. (*L. du* 17 *mai* 1826, *art.* 3.)

Les marchandises dénommées dans l'article 22 de la loi du 28 avril 1816, ne peuvent être importées en Corse que sur des bâtiments de 20 tonneaux et au-dessus et par les seuls bureaux de Bonifacio, Ajaccio, l'Ile-Rousse, Bastia, Calvi, Macinaggio, Porto-Vecchio et Propriano. (*Loi du* 7 *juin* 1820, *art.* 12, *et ordonnances du* 7 *juillet* 1839 *et* 11 *janvier* 1842.)

L'importation des laines est restreinte aussi à ces mêmes bureaux, par application de la restriction d'entrée prononcée par l'article 1er de la loi du 17 mai 1826. (*Décision du* 16 *septembre* 1826.)

Enfin, les grains, farines et légumes secs, ne peuvent être importés en Corse que par les bureaux ci-dessus désignés et par celui de Cervione. (*Ordonnance du* 17 *janvier* 1830.)

Des ordonnances du Roi pourront restreindre l'entrée et la sortie de certaines marchandises aux seuls ports de la Corse qu'elles désigneront. (*Loi du* 26 *juin* 1835, *art.* 2.)

Les dispositons du tarif général des douanes de France sont applicables en Corse, sauf les modifications suivantes :

Tarif de Sortie.

DÉNOMINATION des Marchandises.	UNITÉS de perception.	TITRES de perception.	DROITS de sortie.
Châtaignes	100 k. B.	21 avr. 1818	» 25
Bois à brûler en bûches	le stère	—	» 10
Bois à brûler en fagots	100 en nom.	—	» 40
Bois à construire. brut	le stère	—	» 50
Bois à construire. scie de plus de 8 centimètres d'épaiss.	—	—	» 25
Bois à construire. scie de 8 centimètres et au-dessous	100 mètres de long.	2 juill. 1836	» 15
Ecorce (seconde) de chêne-liège brute ou non moulue		26 juin 1842	prohibée
Feuilles de myrte	100 k. B.	21 avr. 1818	» 50
Semoule de pâte de gruau	—	27 juil. 1822	» 25

Les grains, farines et légumes secs ne peuvent être exportés de Corse que par les bureaux de Macinaggio, Bastia, Cervione, Bonifacio, Ajaccio, Calvi, l'Ile-Rousse, Saint-Florent, Venzolasca et Propriano. (*Ordonnances des* 17 *janvier et* 23 *août* 1830.)

Relations de l'île de Corse avec le continent français.

Les marchandises et denrées expédiées du continent français pour l'Ile de Corse ne sont soumises à aucun droit de sortie ni d'entrée. (*Loi du* 8 *floréal an* 11, *art.* 65.)

Mais, lorsque l'exportation à l'étranger en est prohibée, elles ne peuvent être expédiées du continent pour cette île que sur des permissions particulières du gouvernement. (*Même loi, art.* 67.)

Les produits des fabriques de France pourront arriver en Corse en exemption de tous droits, sauf à payer ensuite les droits de sortie du tarif général, s'ils passent définitivement à l'étranger. (*Loi du* 21 *avril* 1818, *art.* 11.)

Pourront être expédiés en franchise et par acquit-à-caution, des ports de la Corse sur les ports de Toulon, Marseille, Cannes, Cette, Agde, Bayonne, Bordeaux, Nantes, St-Malo, Le Havre, Honfleur, Rouen, Dunkerque et Antibes, les produits de l'île qui jouissent actuellement de cette franchise en vertu du premier paragraphe de l'article 10 de la loi du 21 avril 1818 et de l'article 3 de la loi du 17 mai 1826.

Aucun de ces produits ne pourra être expédié que sur la présentation et le dépôt de certificats d'origine délivrés par les magistrats des lieux de récolte.

Pour les huiles et pour les céréales, ces certificats ne seront valables que revêtus du visa du préfet accordé d'après l'avis du directeur des douanes. (*Loi du* 6 *mai* 1841, *art.* 6, *et ordonnance du* 9 *juin* 1844, *art.* 2.)

Nomenclature des produits dont parle l'article précédent.

Bœufs, moutons, chevaux, crins, laines en masse, peaux brutes, poils, viandes fraîches de boucherie, cire jaune non ouvrée, engrais, miel, oreillons, sang de bétail, soie en cocons, suif brut, tortues, anguilles et dorades salées de l'étang de Chiurlino, huile extraite des poissons marinés en Corse (sur une autorisation spéciale du directeur à Bastia, qui doit être relatée dans les acquits-à-caution), mousse marine, sangsues, cornes brutes, os et onglons de bétail, alpiste, avoine, chataignes et leur farine, froment, haricots, lupins, maïs, millet, orge, pois-chiches, pommes de terre, seigle, amandes en coques ou cassées, cédrats salés à l'eau de mer, citrons frais, figues, noix communes, olives, oranges fraîches, raisins, graines de garance (*Lettre du* 11 *juin* 1841); graines de lin, graines de pin, huile d'olive, herbe, fleurs et graines de lavande, bois à brûler, bois à construire, bois merrains de chêne et de châtaignier, charbon de bois, échalas, liège rapé et brut revêtu de sa croûte gercée, osier en bottes, perches, calebasses vides, chanvre en tige ou teillé, écorce de tilleul pour cordages, lin en tige ou teillé, joncs de marais en tiges entières (*Let. du* 14 *novemb.* 1836); écorce de chêne-liège, écorce de pin, garance en racine, lichens tinctoriaux, mortina, agaric brut, bulbes et oignons, chardons cardières, drilles, fourrages, légumes verts, plants d'arbre, grignon (marc d'olive sec) (*Lettre de l'administration du* 14 *novembre* 1836); granit, marbre brut, eaux minérales, vin, vinaigre de vin, plus les feuilles sèches, triturées, recueillies en Corse avec certificats des magistrats des lieux de récolte, attestant l'origine de ces feuilles (*Loi du* 2 *juillet* 1836). (*Lettre de l'administration du* 28 *mai* 1836.)

Pourront également être expédiées en franchise et par acquit-à-caution, des ports de la Corse sur les ports désignés en l'article 6 de la loi du 6 mai 1841, les marchandises ci-après : brai sec, chanvre et lin taillés et peignés, eaux-de-vie de baies d'arbousier, fers étirés en barres de toutes dimensions, lorsque l'origine en sera constatée au vu des échantillons, par les commissaires experts du gouvernement; fontes en masse du poids détermine pour celles qui proviennent de l'étranger (15 kil. et au-dessus), goudron, groisil, poisson de mer salé dans les ateliers situés à la résidence des receveurs des douanes, potasses, soies grèges, soudes naturelles, tartre brut, marbres sciés.

Lesdites marchandises n'obtiendront la franchise que sous les conditions suivantes :

1° Tout fabricant ou chef d'atelier fera, au bureau des douanes le plus voisin, la déclaration préalable de la situation de son établissement, de l'espèce et de la quantité présumée des marchandises qui seront produites annuellement, ainsi que de la nature et de l'origine des matières premières employées à leur fabrication;

2° Les ateliers ainsi déclarés seront soumis aux visites, exercices et recensement des employés des douanes qui pourront y procéder sans le concours des autorités locales.

3° L'administration des douanes pourra soumettre aux formalités du compte ouvert ceux desdits établissements pour lesquels, à raison de leur nature et de leur situation, cette formalité sera jugée nécessaire.

4° Les marchandises désignées dans le présent article ne seront expédiées que sur la présentation et le dépôt des certificats d'origine délivrés conformément à ce qui est reglé, pour les huiles et les céréales, par le 3° paragraphe de l'article 6 de la présente loi. *(Loi du 6 mai 1841, n. 7.)*

Toutes les autres marchandises ou denrées envoyées de Corse en France acquitteront, à leur entrée, les droits du tarif général, comme venant de l'étranger. *(Loi du 21 avril 1818, art. 10.)*

Police de circulation.

Les dispositions de l'article 22 de la loi du 17 mai 1826 s'appliqueront à tous les objets qui, d'après le tarif général des douanes, sont prohibés à l'entrée, et de plus aux céreales de toute espèce et aux marchandises ci-après :

Acier, cordages de chanvre, fers en barres, fers-blancs, fromages, huiles d'olive, laines, marbres ouvrés et sciés, liqueurs, rhum et eaux-de-vie de toute espèce, pâtes d'Italie, poisson salé, potasses, savon, toiles, viandes salées, brai sec goudron, chanvre et lin teillés et peignés, fonte, groisil, soude naturelle, tartre brut. *(Loi du 6 mai 1841, art. 5.*

Sel.

La taxe du sel continuera à être perçue en Corse à raison de 7 centimes et demi par kilogramme. *(Loi du 21 avril 1818 art. 12.)*

TRAITÉ DE COMMERCE ET DE NAVIGATION

Conclu le 25 Juillet 1840 entre la France et les Pays-Bas.

(Loi du 25 juin 1841, ordonnance du 26 même mois sur son exécution, et ordonnance du 30 juin qui en prescrit la publication.)

Il y aura pleine et entière liberté de commerce et de navigation entre les habitants des deux Royaumes; ils ne seront pas soumis à des droits, taxes ou impôts, autres ni plus élevés que ceux perçus sur les nationaux; et les privilèges, etc., dont jouiraient les citoyens de l'un des deux états, seront communs à ceux de l'autre. *(Traité du 25 juillet 1840, article 1er.)*

Les navires français et les navires néerlandais, ne seront passibles, dans les ports de l'un ou l'autre Royaume, de plus forts droits de tonnage, de pilotage, de quarantaine, de ports, de phares et autres charges qui pèsent sur la coque du navire, sous quelque dénomination que ce soit, que ceux qui pèsent sur les nationaux eux-mêmes, soit à l'entrée soit à la sortie. Cependant, jusqu'à ce que le gouvernement néerlandais exempte ses propres navires de tout droit de tonnage, comme la France le fait pour les siens, les navires néerlandais venant directement des ports des Pays-Bas, ne paieront, dans les ports du Royaume de France, d'autres ni de plus forts droits de tonnage que ceux que les navires français auront à payer dans les Pays-Bas.

Il est convenu : 1° que les exceptions à la franchise de pavillons, qui atteindraient en France les navires français venant d'ailleurs que des Pays-Bas, seront communes au navires néerlandais faisant les mêmes voyages, et cette disposition sera réciproquement applicable dans les Pays-Bas, aux navires français;

2° Que le cabotage maritime demeure reservé au pavillon national dans les états respectifs. *(Même traité, art. 2.)*

L'exemption des droits de tonnage et d'expédition, qui a lieu dans certains cas, profitera aux navires de l'un et de l'autre état.

Ne seront pas considérés, en cas de relâche forcée, comme opération de commerce, le débarquement et le rechargement des marchandises pour réparation de navire; le transbordement sur une autre navire, en cas d'innavigabilité du premier; les dépenses nécessaires au ravitaillement des équipages et la vente des marchandises avariées, lorsque l'administration des douanes en aura donné l'autorisation. *(Même traité, art. 3.)*

Les marchandises de toute nature dont l'importation, l'exportation et le transit sont ou seront légalement permis dans les états respectifs en Europe, ne paieront, tant à l'importation directe entre les ports desdits états, qu'à l'exportation des mêmes ports ou au transit, d'autres ni de plus forts droits quelconques de douane, de navigation et de péage, que si elles étaient importées ou exportées sous pavillon national, et elles jouiront sous tous ces rapports des mêmes primes, diminution, exemption, restitution de droits ou autres faveurs quelconques. *(Même traité, art. 5.)*

Il ne sera perçu aucun droit autre que ceux de magasinage et de balance sur les marchandises importées dans les entrepôts de l'un des deux Royaumes par les navires de l'autre, en attendant leur réexportation ou leur mise en consommation. *(Même traité, art. 6.)*

Les hautes parties contractantes s'engagent réciproquement à faire participer les sujets et les produits quelconques de l'autre état aux primes, remboursement de droits et autres avantages analogues qui pourraient être accordés à certains objets de commerce, sans distinction de pavillon, de provenance ni de destination. *(Traité du 25 juillet 1840, art. 7.)*

Toutes les stipulations qui précèdent s'appliqueront également à la navigation et au commerce, tant sur ceux des fleuves qui, dénommés dans l'acte du congrès de Vienne, du 9 juin 1815, sont, dans leur cours navigable, communs aux deux états, que sur les eaux intermédiaires desdits fleuves dans le Royaume des Pays-Bas. *(Même traité, art. 8.)*

Seront admis sans équivalents et de plein droit, les sujets, navires et produits de toute de nature de l'autre état, dans les Colonies respectives, sur le pied de toute autre nation européenne la plus favorisée.

En conséquence de ce principe, les vins mousseux de France, en bouteilles, seront assimilés, à l'entrée dans les Colonies néerlandaises des Indes-Orientales, aux autres vins en bouteille. En outre, les droits actuellement y existant sur les autres vins de France, soit en cercles, soit en bouteilles, seront réduits de moitié, tant à l'importation sous pavillon français qu'à l'importation par bâtiments néerlandais. *(Même traité, art. 9.)*

Sa Majesté le Roi des Pays-Bas consent :

1° A affranchir de tout droit de douane, à l'entrée dans ses Etats d'Europe, les vins, eaux-de-vie et esprits de France, en cercles;

Et à réduire de trois cinquièmes pour les vins en bouteilles, les droits d'entrée, celui sur le verre compris, lorsque lesdits vins, eaux-de-vie et esprits, tant en cercles qu'en bouteilles, seront importés par mer sous l'un ou l'antre des deux pavillons; et par terre, et par les fleuves et rivières spécifiés en l'article 8, sous pavillon quelconque;

2° A abaisser, en faveur des produits français ci-dessous dénommés, à leur importation par toutes les voies précitées et sous tout pavillon, les droits d'entrée actuellement établis par le tarif général, savoir :

De 4 à 2 florins, par livre néerlandaise sur les étoffes, tissus et rubans de soie;

De 10 à 5 p. 0/0 de la valeur sur la bonneterie, la dentelle et les tulles,

De 6 à 3 p. 0/0 de la valeur sur la coutellerie et la mercerie;

De 10 à 6 p. 0/0 de la valeur sur les papiers de tenture;

D'un quart du chiffre actuel sur les savons de toute nature; le tout suivant les spécifications du tarif néerlandais;

3° A admettre à l'entrée, par lesdites voies, la porcelaine blanche et autre que dorée, aux mêmes drois que la faïence;

Et la verrerie au droit perçu à l'importation par le Rhin, et, en tous cas, au droit le plus modéré qui serait fixé pour un point d'importation quelconque;

4° A faire jouir, les bateaux français ainsi que leurs chargements, sur les fleuves et voies navigables indiqués à l'art. 8, de toute exemption, réduction et faveur quelconque de droits de douane, de navigation, de droits fixes, etc., qui sont actuellement accordés, soit aux bateaux et chargements néerlandais, soit à ceux de tout autre état riverain.

En retour, Sa Majesté le Roi des Français consent :

1° A réduire d'un tiers les droits sur les fromages de pâte dure et la céruse de fabrication néerlandaise, et directement importés par mer, sous l'un des deux pavillons;

2° A admettre pour la consommation intérieure du Royaume, au taux établi pour les provenances des entrepôts d'Europe sous pavillon français, les marchandises spécifiées à l'art. 22 de la loi du 28 avril 1816, importées sous pavillon de l'un des deux pays par la navigation du Rhin et de la Moselle, et par les bureaux de Strasbourg et de Sierck.

On déterminera d'un commun accord, les mesures de contrôle et les formalités des certificats d'origine propres à constater la nationalité des produits énoncés dans le présent article, hors celle des vins et eaux-de-vie directement expédiés de France, pour lesquels les manifestes ou lettres de chargement tiendront lieu de certificats d'origine. *(Traité du 25 juillet 1840, art. 19, et loi du 25 juin 1841.)*

Toutes les opérations relatives au sauvetage des navires naufragés, échoués ou délaissés, seront dirigées par les consuls respectifs dans les deux pays.

Les marchandises sauvées ne seront tenues à aucun droit, ni frais de douane qu'au moment de leur admission à la consommation intérieure. *(Même traité, art. 13.)*

Ledit traité aura force et vigueur pendant trois années, à dater de sa promulgation.

Si, à l'expiration des trois années, le présent traité n'est pas dénoncé six mois à l'avance, il continuera à être obligatoire d'année en année, jusqu'à ce que l'une des parties contractantes ait annoncé à l'autre, mais un an à l'avance, son intention d'en faire cesser les effets. *(Même traité, art. 15 et dernier.)*

Provisoirement, et jusqu'à ce que les navires français soient affranchis de tout droit de tonnage dans les ports des Pays-Bas, le droit de tonnage payable en France par les navires néerlandais venant directement desdits ports avec chargement, ou de tout port quelconque sans chargement, sera, par an, à l'entrée, d'un franc cinq centimes par tonneau, plus le décime et de pareille somme à la sortie.

Néanmoins les navires néerlandais venant sans chargement des ports de la Grande-Bretagne paieront, comme les navires français, un franc par tonneau, à chaque voyage. *(Ordonnance du 26 juin 1841, art. 1, dispositions de l'article 2 du traité du 25 juillet 1840.)*

Les marchandises de toute nature dont l'entrée est permise en France, et qui arriveront par mer dans les ports français sur navires néerlandais, seront admises en exemption de la surtaxe établie à l'importation sous pavillon étranger, par la loi du 28 avril 1816 et autres lois de douanes subséquentes, lorsque ladite importation aura lieu en droiture des ports des Pays-Bas en Europe, et sera justifiée par les manifestes, connaissements et expéditions régulières de la douane néerlandaise.

Les fromages de pâte dure et la céruse de fabrication néerlandaise, importés en France dans les mêmes cas et sous les mêmes conditions, devront, pour être admis aux réductions de droits réglées par la loi du 25 juin 1841, être accompagnées, indépendamment des pièces ci-dessus mentionnées, d'un certificat d'origine détaillé, délivré par les expéditeurs et dûment légalisé par notre agent consulaire au port de départ. *(Ordonnance du 26 juin 1841, art. 2.)*

Les denrées spécifiées en l'article 22 de la loi du 28 avril 1816, qui seront expédiées des Pays-Bas par le Rhin et la Moselle sur bâtiments français ou néerlandais, devront, pour être admises aux bureaux de Strasbourg et de Sierck, sous le paiement du droit réglé par la loi du 25 juin 1841, article 1, être accompagnées des pièces indiquées au paragraphe premier de l'article 2 ci-dessus, et en outre d'un certificat de l'agent consulaire français, au lieu de départ, constatant la nationalité du bâtiment sur lequel lesdites denrées auront été chargées. *(Même ordonnance, art. 3.)*

L'exemption de la surtaxe de navigation, dont parle l'article 5 du traité, et reproduite dans l'article 2 de l'ordonnance du 26 juin 1841, ne peut être entendue et appliquée qu'en ce sens que les tiers pavillons sont exclus du bénéfice de la disposition. *(Circulaire du 11 juillet 1841, n. 1858.)*

Les denrées tropicales dont parle l'article 3 de l'ordonnance du 26 juin 1841, et qui ont une tarification spéciale pour les provenances d'Europe sont : le sucre, le café, le cacao, l'indigo et les produits qui y sont assimilés, le girofle, la cochenille, le rocou, le coton, le bois de teinture en bûches, le bois d'ébénisterie, les gommes pures exotiques, les résineux exotiques à dénommer, le caoutchouc brut, le cachou en masse, le kermès en poudre, le quercitron, les écailles de tortue.

Celles qui n'ont pour toute autre provenance qu'une seule tarification sous la rubrique d'*ailleurs*, sont le thé, le poivre, le piment, la cannelle, le cassia lignea, le macis, la muscade, la résine dite gomme copal, la laque naturelle, les dents d'éléphant et la nacre de perle. Le droit applicable à ces marchandises sera donc celui désigné sous la rubrique d'*ailleurs*.

Les denrées qui n'ont qu'un droit unique sont : l'orseille violette, les bois de teinture moulus, la scammonée, le jalap, le labdanum, le camphre brut et raffiné, l'opium, l'aloès, le kermès en grains et les baumes. *(Note de la circulaire ci-dessus citée.)*

Le droit de tonnage, tel qu'il est établi par l'art. 1er de l'ordonnance du 26 juin 1841, sera valable pour un an à partir du 1 janvier au 31 décembre. Ainsi le navire qui aura payé 2 f. 10 c. dans un premier voyage, n'aura plus à le payer pour les autres voyages effectués pendant la même année, jusqu'au 31 décembre. Il suffira que le capitaine justifie de ce payement par une quittance qui devra être signée par le receveur et par l'inspecteur ou le sous-inspecteur sédentaire du bureau. Dans les ports où il n'existera pas de chefs de ce grade, le receveur signera la quittance conjointement avec un autre employé.

Le droit de tonnage de 1 f. 05 c. devra être acquitté également à la sortie, alors même que le navire partirait chargé pour un port autre que ceux appartenant au Royaume des Pays-Bas, le droit de 2 f 10 c., bien que perçu pour le double fait de l'entrée et de la sortie, devant être considéré comme indivisible, en ce sens qu'il ne peut jamais y avoir lieu de n'en percevoir qu'une partie, à moins que le navire, après avoir acquitté le droit d'entrée, ne soit délaissé, abandonné ou dépecé dans le port.

Il est entendu que le paiement intégral de cette double taxe, ne saurait, dans aucun cas, affranchir le navire du droit de tonnage de 3 f. 75 c. qui affecte les pavillons étrangers en général, s'il venait chargé d'un port qui n'appartiendrait pas aux Pays-Bas. *(Circulaire du 11 juillet 1841, n° 1859.)*

A l'avenir, le sauvetage des navires néerlandais sera abandonné sans réserve, en ce qui concerne la marine, aux agents consulaires des Pays-Bas, lorsque ceux-ci se présenteront pour y pourvoir. *(Circulaire du 3 décembre 1841, n° 1887.)*

TRAITÉ DE COMMERCE ET DE NAVIGATION

Conclu le 26 janvier 1826 entre la France et l'Angleterre.

(Ordonnances de 8 février 1826, 2 juin et 8 juillet 1834.)

Les navires britanniques en France, et les navires français dans le Royaume-Uni, ne seront pas assujettis dans les ports de l'un et de l'autre Etat, soit à l'entrée, soit à la sortie, à des droits de tonnage, de ports, de phares, de pilotage, de quarantaine ou autres droits semblables ou analogues, quelle que soit leur nature ou leur dénomination, plus élevés que ceux auxquels sont ou seront assujettis les nationaux eux-mêmes *(Convention du 26 janvier 1826, art 1, et ordonn. du 8 février suivant, art. 1.)*

Les navires français et anglais venant avec ou sans chargement des ports de la domination britannique en Europe, paieront un droit de tonnage de 1 fr. 10 c décime compris. *(Ordonnance du 2 juin 1834, art 3)*

Les produits d'Europe pris dans les ports d'Angleterre ou de ses possessions en Europe, importés par navires anglais, sont affranchis de la surtaxe de navigation, c'est-à-dire, paient les mêmes droits que par navires français, à la condition, relativement aux marchandises d'Europe dont la production est commune à l'Asie, à l'Afrique et à l'Amérique, de justifier de leur origine européenne.

Sont prohibés pour la consommation :

1° Les produits d'Europe importés par navires anglais, de tout autre port d'Europe que des ports d'Angleterre ou de ses possessions en Europe;

2° Les produits d'Asie, d'Afrique et d'Amérique importés d'Angleterre ou de ses possessions en Europe par les navires de tous pavillons;

3° Les produits d'Asie, d'Afrique et d'Amérique, importés par navires anglais, soit des ports d'Europe, soit des ports étrangers à l'Europe.

En conséquence tous ces produits ne seront admis en France que pour l'entrepôt et ne pourront en sortir que pour la réexportation. *(Convention du 26 janvier 1826, art. 2, et ordonnance du 8 février, art. 2 et 3)*

Les bateaux pêcheurs seront affranchis de tous droits de navigation, dans l'un ou l'autre pays, lorsqu'étant forcés par le mauvais temps de chercher un refuge, ils n'y auront effectué aucun chargement ni déchargement. *(Ordonnance du 8 février 1826, art. 4.)*

Cesseront d'être assujettis à la restriction établie ci-dessus à l'égard des produits d'Asie, d'Afrique et d'Amérique, les soies grèges, foulards écrus et imprimés, le rhum, rack et tafia, et les châles de cachemire. *(Ordonnances des 8 juillet 1834 et 25 août 1836.)*

Les petites parties de denrées coloniales qui sont apportées comme provision de ménage dans les bagages des voyageurs peuvent être admises sous le paiement des droits d'entrée, comme si le traité était suspendu à leur égard *(Circulaire manuscrite du 4 septembre 1832.)*

Les marchandises désignées dans les ordonnances des 8 juillet 1834 et 25 août 1836 sont admissibles, dans tous les cas, pour la consommation; elles peuvent aussi, sous les conditions du transit, être dirigées sur les entrepôts intérieurs, d'où elles se trouvaient exclues *(Circulaire du 15 juillet 1834, n. 1451.)*

Objets réputés produits d'Europe et comme tels dispensés de justification d'origine ; il suffit qu'ils aient été apportés d'un port anglais.

Acides sulfurique, arsénieux, citrique, tartrique, oxalique, borique, benzoïque ; acier de toute sorte, aiguilles à coudre, ancres en fer, bière, briques, câbles en fer, chromate de potasse, cotons filés n° 143 et au-dessus, émeril en pierre, fers étirés de toute sorte, feutres pour machines à fabriquer le papier, fils de chanvre et de lin, fontes en fer, fromages, houille, litharge, machines et mécaniques, meules à moudre et à aiguiser; noirs à souliers, animal, d'imprimeur, de fumée, minéral naturel; outils de toute sorte, plomb brut, soude, sulfate de magnésie, terre de pipe, terre de porcelaine ou de faïence, toiles de lin ou de chanvre unies et croisées, zinc, soies grèges, foulards écrus et imprimés, rhum, rack, tafia, châles de cachemire, poisson salé, graisse de poisson, fanons de baleine bruts et vin d'Espagne, lorsque son origine européenne sera reconnue à la visite. *(Cir-*

culaires du 24 juin 1826, n. 992, ordonnances du 8 juillet 1834 et du 25 août 1836, lettres de l'administration des 20 mai 1837, 21 décembre 1839 et 27 août 1841.)

Pour toutes les autres marchandises venant d'Angleterre, et dont la production n'appartient pas exclusivement à l'Europe, les certificats d'origine sont obligatoires, quel que soit le pavillon du navire importateur. (*Décision administrative du 30 juillet 1841.*)

Les vivres et provisions de bord embarqués à bord des navires anglais allant dans les ports d'Angleterre, en Europe, doivent, comme ceux que prennent les bâtiments français, jouir de l'Exemption des droits de sortie. (*Décision administrative des 27 décembre 1837 et 2 août 1838.*)

Les droits seraient dûs si le navire se rendait dans un port étranger aux possessions anglaises d'Europe. (*Décision administrative du 27 mai 1841.*)

Chaque fois qu'il sera importé par des navires anglais des marchandises de la nature de celles dont la production appartient tant à l'Europe qu'à d'autres parties du globe, la douane en empêchera la mise en consommation, en permettant seulement qu'elles soient reçues en entrepôt pour la réexportation.

Les consignataires ne peuvent réclamer contre cette mesure qu'en justifiant de l'origine européenne de leurs marchandises. (*Circulaire du 4 juillet 1826, n. 994.*)

Les produits d'Asie, d'Afrique et d'Amérique, quoique prohibés à la consommation, peuvent, en cas d'avarie dûment justifiée, être vendus publiquement pour la consommation, en se conformant aux articles 51 et suivants de la loi du 21 avril 1818.

Les déficits reconnus sur ces sortes de marchandises doivent être constatés comme ceux relatifs aux objets tarifés. (*Lettre du Directeur général du 8 février 1827.*)

L'île de Malte doit être traitée comme possession de l'Angleterre en Europe; mais celles de Madère, les Açores et les Canaries, comme appartenant à l'Afrique. (*Lettre du Directeur-général du 20 septembre 1826 rappelée par celle de l'inspecteur sédentaire du 22 dito.*)

Les marchandises admissibles dans les cas ordinaires à l'entrepôt fictif doivent jouir de cette faveur lors même qu'elles sont prohibées à la consommation, comme importées par navires anglais. (*Lettre de l'administration du 23 janvier 1837.*)

Les produits de l'Asie, de l'Afrique et de l'Amérique ne peuvent être dirigés en transit sur les dépôts; celui de Besançon par exemple. (*Lettre du Directeur-Général du 8 février 1827.*)

Les navires français pourront importer dans toutes les colonies de la Grande-Bretagne, excepté celles possédées par la Compagnie des Indes, toutes marchandises et produits de France, et les navires anglais, dans nos colonies, jouiront de cette même facilité sans être assujettis à des droits plus élevés que ceux auxquels sont taxés dans lesdites colonies les navires appartenant à l'une ou à l'autre nation. Il en sera de même pour l'exportation des marchandises prises dans ces mêmes colonies. (*Articles 1 et 2 additionnels au traité du 26 janvier 1826.*)

Les marchandises dont la consommation est interdite et que les entrepositaires refusent de réexporter, bien que les délais d'entrepôt soient expirés, doivent être mises d'office à la consommation, en vertu de l'article 14 de la loi du 17 mai 1826, nonobstant cette prohibition relative.

Lorsqu'elle est absolue, les soumissions ne sont pas moins apurées d'après le vœu de l'article 20 de la loi du 9 février 1832.

A cet effet, la douane notifie à l'entrepositaire qu'il ait à réexporter la marchandise, et, s'il ne satisfait pas à cette obligation dans le mois de la sommation faite à son domicile ou à celui du Maire, s'il est absent, les marchandises sont vendues et le produit de la vente, déduction faite des frais de toute nature, est versé à la caisse des consignations, conformément à l'article 14 de la loi du 17 mai 1826. (*Lettre de l'administration du 11 juin 1840.*)

Dispositions pour le commerce de l'île Maurice.

Les navires français pourront importer de France, dans l'île Maurice, tous les produits naturels ou industriels du royaume, à l'exception des ouvrages en laine, en coton, en fer et en acier, sur le même pied et aux mêmes conditions que les bâtiments anglais.

Ils pourront également exporter de ladite île, pour tous les ports de France, tous les produits naturels ou industriels de l'île et ses dépendances, ou tout au re article qui y aura été légalement importé. (*Circulaire du 15 mai 1820, n. 564.*)

TRAITÉ DE COMMERCE ET DE NAVIGATION

Conclu le 24 juin 1822 entre La France et les Etats-Unis d'Amérique.

(Ordonnance du 3 septembre 1822.)

Les navires américains paieront à titre de droit de tonnage un droit unique de 5 francs par tonneau de jauge, d'après le registre américain du bâtiment, sans décime additionnel; pour toutes les autres taxes et redevances relatives à la navigation, tels que droit de phare, de pilotage, de port et tous autres, ils seront assimilés aux navires français. (*Ordonnance du 3 septembre 1822, art. 5.*)

Aucun des deux gouvernements n'ayant usé de la réserve insérée dans l'article 7 de la convention du 24 juin 1822; les droits à percevoir sur les produits naturels et manufacturés des Etats-Unis apportés en France par des navires de cette puissance, seront les mêmes que ceux des marchandises semblables importées des pays hors d'Europe, autres que de l'Inde, par navires Français.

Ces produits sont principalement les viandes salées, les peaux brutes sèches, la cire jaune non ouvrée, le suif brut et les graisses de bétail, les farines, le riz, quelques espèces de fruits exotiques, le sucre, le tabac, la salsepareille, les bois de Campêche et de Gayac, le coton, le quercitron, le houblon, les potasse et perlasse et l'indigo. (*Circulaire du 25 septembre 1827, n. 1062.*).

Le blanc de baleine raffiné et bougies de blanc de baleine. (*Lettre du 10 novembre 1832.*)

Le cuivre et le plomb. (*Lettre de l'administration du 7 avril 1838.*)

Pour jouir du bénéfice du traité les expéditions doivent être faites directement et les pièces justificatives de l'origine doivent accompagner la cargaison et être présentées à l'arrivée des marchandises. (*Lettre de l'administration du 19 août 1829.*)

Lorsque les certificats d'origine ne sont point présentés simultanément, les consignataires doivent manifester dans leurs déclarations l'intention de les produire subséquemment, afin que la douane puisse être ainsi mise tout d'abord à portée de vérifier et reconnaître si ces mêmes marchandises sont un produit du pays dont elles sont annoncées provenir. (*Lettre de l'administration du 29 août 1827.*)

On justifie de la provenance directe par un manifeste spécial du collecteur des douanes américaines, revêtu de la légalisation du consul de France, qui certifie que les marchandises proviennent réellement du sol ou des fabriques des Etats-Unis. (*Circulaire du 12 novembre 1823, n. 830.*)

Les navires américains qui, allant de l'étranger à l'étranger, sont conduits en France par des circonstances de force majeure, y jouissent, à titre de réciprocité, de l'exemption du droit de tonnage, si la relâche ne donne lieu à aucune opération de commerce. (*Décision ministérielle du 29 avril 1840 et 10 mars 1842, circulaire du 28 avril 1842, n. 1909.*)

Le droit de permis pour les provisions de bord n'est pas dû pour les navires américains; mais quant aux provisions et vivres de bord, ces navires restent sous la loi commune, et dès lors ils sont assujettis au paiement des droits de sortie. (*Lettre de l'administration du 27 décembre 1837.*)

Un navire américain, qui aurait fait escale dans un port étranger appartenant à la Grande-Bretagne, perdra par ce seul fait le bénéfice du traité; cependant sa cargaison pourra être admise à la consommation, s'il est prouvé que ce navire n'a pris aucune marchandise dans ce dernier port. (*Lettre du Directeur-général du 31 juillet 1826.*)

TRAITÉ DE COMMERCE AVEC L'ESPAGNE.

Les relations commerciales entre les deux pays seront établies sur le pied sur lequel elles se trouvaient en 1792. (*Traité du 20 juillet 1814, 2e art. additionnel.*)

Le pavillon espagnol jouira en France des mêmes droits et prérogatives que le pavillon français. (*Pacte de famille du 15 août 1761, art. 24.*)

Ce privilège ne doit s'étendre qu'aux droits de tonnage, d'expédition, de permis et autres taxes de navigation, mais non aux marchandises qui restent sous l'empire de la loi commune. (*Circulaire du 17 mars 1817.*)

Les navires espagnols peuvent faire le cabotage d'un port à un autre du Royaume, c'est-à-dire transporter non-seulement toutes les marchandises françaises ou celles étrangères nationalisées par l'acquittement des droits d'entrée, mais encore les marchandises et denrées expédiées par suite d'entrepôt. (*Circulaires des 20 septembre 1817 et 10 janvier 1827.*)

Tous navires espagnols arrivant dans un port de France seront tenus de donner leur déclaration dans les 24 heures de leur arrivée; à commencer du jour du débarquement, le capitaine aura huit jours, en excluant ceux des fêtes, pour réformer sa déclaration ou redresser les omissions et erreurs qui auraient pu la rendre défectueuse; après ce terme, les employés des douanes auront la faculté de faire la visite une seule fois et pas davantage. (*Convention du 2 janvier 1768, art. 1.*)

Cette faveur n'est accordée qu'aux navires de plus de 100 tonneaux; mais ceux au-dessous pourront être visités après la remise du manifeste, sans qu'on soit obligé d'attendre les 8 jours, soit que la décharge ait commencé ou non, ou qu'elle soit entièrement achevée. Si par le manifeste, il conste que la cargaison de ces bâtiments consiste, en tout ou partie, en marchandises prohibées ou de contre-bande, on pourra exiger que le capitaine les fasse descendre à terre, pour lui être rendues au moment de son départ, sans exiger aucun droit de dépôt, ni lui occasionner les moindres faux frais. Les visites se feront, d'accord avec le Consul, à moins qu'on ne prouve qu'il a manqué d'y assister par sa faute, après avoir été dûment averti. (*Convention du 2 janvier* 1768, *art.* 5.)

Il est défendu aux employés des douanes de rompre ni de visiter les chargements et les ballots qui auront été déclarés être destinés pour un autre port ou pour un autre pays. (*Convention du 2 janvier* 1768, *art.* 9.)

Les capitaines seront obligés de comprendre dans la déclaration du chargement le tabac nécessaire à leur consommation et à celle de l'équipage ; si la quantité en parait trop forte, on pourra exiger que le surplus soit mis en dépôt, pour leur être rendu à leur départ, sans frais. (*Convention du 24 décembre* 1786, *art.* 9.)

Les effets et hardes à leur usage ne sont point sujets à confiscation, lors même que des marchandises de contrebande y seraient trouvées dedans. (*Même convention, art.* 11.)

Toute contrebande en sel, tabac, et généralement en marchandises prohibées, sans aucune exception, sera sujette à confiscation, si elle n'a pas été déclarée dans le terme prescrit. Le bâtiment et le surplus de la cargaison ne seront ni saisis ni arrêtés, et le capitaine, les officiers et l'équipage ne seront ni punis ni molestés en aucune manière, mais le tout remis à la disposition du consul ou vice-consul. (*Même convention, art.* 2.)

Toute tentative de contrebande faite près les côtes et embouchures des rivières, dans les câles, anses et baies, autres que les ports destinés et appropriés au commerce, le bâtiment sera visité par les employés de douane, et s'ils y trouvent de la contrebande elle sera saisie et confisquée, et le capitaine, l'équipage, le reste de la cargaison et le bâtiment seront jugés selon les lois de chaque pays, comme les nationaux qui auraient été surpris dans le même cas. (*Convention du 24 décembre* 1786, *art.* 6.)

Les consuls, vice-consuls, députés, etc., devront accompagner les capitaines dans tout ce qu'ils auront à faire pour le manifeste de leurs marchandises, comme aussi les employés de la douane, lorsqu'ils devront aller à bord des bâtimens pour y pratiquer la visite. (*Convention du 2 janvier* 1768, *art.* 6.)

Les consuls et vice-consuls pourront accompagner les capitaines à la douane pour leur servir d'agents et d'interprètes. (*Convention du 13 mars* 1769, *art.* 4.)

Les Espagnols conservent la faculté d'agir par eux-mêmes en douane, s'ils parlent français, ou de se faire assister, selon qu'ils le jugent convenable, soit par leur consul, soit par un courtier commissionné pour l'interprétation de la langue espagnole. (*Lettre de l'administration du 7 février* 1844.)

En cas d'échouement dans les plages et ports des côtes de France, on laissera au consul ou vice-consul le soin de pratiquer tout ce qu'il jugera convenable pour sauver le bâtiment, son chargement et appartenance. Les marchandises sauvées devront être déposées à la douane, avec inventaire, afin que plus tard elles soient embarquées sans payer aucune espèce de droits d'entrée et de sortie. (*Convention des 2 janvier* 1768, *art.* 14, *et* 13 *mars* 1769, *art.* 7.)

Dans le cas où il arriverait des naufrages, les employés de la douane seront obligés de donner avis du parage où le naufrage sera arrivé, au consul ou vice-consul espagnol de l'arrondissement. (*Convention du 24 décembre* 1786, *art.* 13.)

Les pêches sur les côtes de France et d'Espagne seront également communes aux deux nations. (*Même convention, art.* 3.)

Les consuls ne peuvent se faire remplacer par d'autres personnes que leurs chanceliers dans les fonctions d'interprètes. (*Circulaire du* 15 *mars* 1819, *n.* 476, *et circulaire manuscrite du* 23 *octobre* 1826.)

Dans le cas de contrebande déterminé par l'article 2 de la convention du 24 décembre 1786, au lieu de retenir le navire et la cargaison pour sûreté de l'amende, on peut se borner à garder des marchandises jusqu'à concurrence du montant de cette amende, si elle n'est pas payée immédiatement, ou s'il n'est pas fourni bonne et suffisante caution. (*Décision administrative du* 19 *septembre* 1839.)

Police des frontières.

Lorsque des sujets espagnols passeront d'Espagne en France, ils ne seront pas inquiétés pour les armes défendues et autres effets prohibés qu'on trouverait sur leurs personnes, dont on se contentera d'empêcher l'introduction en leur laissant la liberté de les renvoyer. (*Convention du* 24 *décembre* 1786, *art.* 14.)

Tous les sujets espagnols qui auront fait la contrebande en France, de quelque espèce qu'elle soit, dans l'espace de quatre lieues de distance de la frontière, seront rendus, pour la première fois, avec les preuves du délit, pour être jugés selon les lois espagnoles, et ceux desdits contrebandiers qui auraient commis des vols, des homicides ou des actes de violence ou de résistance contre la justice, les rondes ou troupes, et ceux qui, après avoir été rendus une première fois, retomberont de nouveau dans les mêmes délits, seront exceptés de la disposition du présent article. (*Même convention, art.* 16.)

On entend par preuve du délit le procès-verbal qui établit la contravention, et non la marchandise saisie, laquelle demeure confisquée. (*Arrêt de cassation du* 22 *février* 1842, *circulaire n.* 1913.)

TRAITÉ

Conclu le 19 janvier 1836 avec le Grand-Duché de Mecklenbourg-Schwérin.

(Ordonnance du 19 septembre 1836 qui en prescrit la publication.)

Les produits du sol et des manufactures du Mecklenbourg, importés directement en France par navires mecklenbourgeois, y seront exempts de la surtaxe établie sur les marchandises importées par navires étrangers.

Il sera justifié de l'origine de ces produits par des certificats délivrés pour chaque marchandise par le consul français du port d'embarquement, ou par le magistrat du lieu ; dans ce dernier cas, le certificat devra être visé par l'agent consulaire de France.

La nature et la quantité de ces produits seront spécifiées dans un tableau annexé à la présente convention. (*Convention du* 19 *juillet* 1836, *art.* 2.)

Nomenclature.

1° Les céréales, en quantité indéterminée ;

2° Les bois de construction, en quantité indéterminée ;

3° Les graines oléagineuses et leurs huiles ; les légumes secs, en quantité annuelle et collective de 4000 tonnes de mer ;

4° Les chanvres, lins et laines, en quantité annuelle et collective de 3000 tonnes de mer ;

5° Les beurres, fromages, viandes salées et autres comestibles, en quantité annuelle et collective de 1000 tonnes de mer.

Aux moyens de certificats d'origine délivrés par les consuls de France, ces produits, sans exception de ceux dont l'importation est limitée, sont admis définitivement au bénéfice du traité, en vertu de l'autorisation des directeurs. (*Circulaire du* 3 *décembre* 1836, *n.* 1582.)

Les exportations seront affranchies de toute surtaxe ; les expéditeurs jouiront de tous les avantages, primes, remboursements et autres qui sont accordés aux exportations faites sous pavillon national. (*Convention du* 19 *juillet* 1836, *art.* 3.)

Les navires mecklenbourgeois venant en droiture des ports du Mecklenbourg ou sur lest d'un port quelconque, seront traités comme navires français, quant à la perception des droits de navigation, et affranchis des droits différentiels établis sur les navires étrangers, à quelque titre que ce soit. (*Même convention, art.* 1.)

Les capitaines doivent être munis d'un registre ou d'autres documents contenant les renseignements propres à établir la nationalité des navires mecklenbourgeois. (*Circulaire du* 30 *septembre* 1836, *n.* 1567.)

Les navires chargés qui auront relâché dans un ou plusieurs ports intermédiaires conserveront le bénéfice du traité, lorsque leur relâche n'aura donné lieu à aucune opération de commerce, ce qui sera constaté par un certificat du consul ou de l'agent consulaire de la puissance pour le port de laquelle seront destinés lesdits navires, et, en l'absence d'un consul ou d'un agent consulaire, par un acte émané de l'autorité locale. (*Convention du* 19 *juillet* 1836, *art.* 5.)

Jouiront également des bénéfices de la convention les navires en relâche forcée, à condition qu'ils se borneront à débarquer, s'il y a lieu, leurs marchandises pour réparer les avaries, et à les rembarquer sans faire aucune opération de commerce, et qu'ils ne séjourneront dans le port de relâche que le temps nécessaire pour se mettre en état de reprendre la mer. (*Même convention, art.* 6.)

Les consuls et agents consulaires mecklenbourgeois jouiront en France des franchises, immunités et privilèges qui y seront déterminés par les lois, les règlements et usages. (*Même convention, art.* 9.)

On ne doit entendre ici que les immunités communes à tous les agents consulaires, c'est-à-dire, l'exemption des charges personnelles, celle du service de la garde nationale. (*Décision du département des affaires étrangères du* 17 *février* 1840.)

En cas de naufrage ou échouement d'un navire, toutes les opérations relatives au sauvetage seront dirigées par le consul ou l'agent consulaire de la nation à laquelle appartiendra le navire. (*Même convention, art.* 10.)

L'affranchissement des droits de navigation comprend ceux de tonnage, et le droit de permis ne sera acquitté que sur le même pied que les nationaux.

L'admission ne sera que provisoire pour les marchandises dont les quantités se trouvent limitées ; la différence des droits, avec ceux qui affectent les objets importés par navires étrangers, devra être garantie par des soumissions valablement cautionnées, ou à défaut, par la consignation du montant des surtaxes. (*Circulaire du* 30 *septembre* 1836, *n.* 1567.)

TRAITÉ DE COMMERCE ET DE NAVIGATION

Conclu le 28 janvier 1826 entre la France et le Brésil.

(Ordonnance du 4 octobre 1826 sur son exécution.)

Les navires brésiliens ne paieront les droits de pilotage, de bassin et de quarantaine qu'au taux fixé pour les navires français; quant au tonnage, il avait été fixé à 3 75 par la circulaire du 19 octobre 1826, mais une décision du ministre des affaires étrangères a fait connaître, le 20 mai 1840, que les Brésiliens devaient en être affranchis. (*Ordonnance du 4 octobre* 1826, *art.* 1.)

Les sujets des deux nations pourront gérer leurs affaires par eux, par leurs agents ou commis, comme bon leur semblera, sans l'entremise de courtiers. (*Traité du* 8 *janvier* 1826, *art.* 11.)

Tous les produits du sol et de l'industrie du Brésil, importés directement, ne seront soumis qu'aux mêmes droits qui affecteraient ces mêmes produits importés par navires français. (*Même traité, art.* 16, *et ordonnance du* 4 *octobre* 1826, *art.* 2.)

Pour jouir de cette immunité, les marchandises devront être accompagnées de certificats d'origine signés par les officiers compétents des douanes dans le port d'embarquement, et certifiés par les consuls, pour être présentés à la douane du port d'entrée. Dans les ports où il n'y aurait ni douanes, ni consuls, l'origine des marchandises sera légalisée et certifiée par les autorités locales. (*Traité du* 8 *janvier* 1826, *art.* 19.)

Les consuls jouiront, dans l'un et l'autre pays, des mêmes privilèges qui sont ou seraient accordés aux consuls de la nation la plus favorisée. (*Même traité, art.* 4.)

Cette clause, du traitement de la nation la plus favorisée, ne leur donne pas le droit de remplir les fonctions de courtier auprès des capitaines de leur nation. (*Circulaire du* 27 *février* 1840, *n.* 1798.)

Mais ils peuvent assister en douane les capitaines brésiliens, leur servir d'interprètes et intervenir comme partie principale dans le cas de naufrage et d'échouement; ils doivent intervenir en personne et ne peuvent être suppléés par aucun employé de leur chancellerie, excepté par leur chancelier ou par un vice-consul.

Dans le cas de contrebande et autres crimes dont les lois des pays respectifs font mention, les recherches, visites, examens et investigations ne pourront avoir lieu qu'avec l'assistance du magistrat compétent et en présence du consul de la nation à qui appartiendra la partie prévenue. (*Traité du* 8 *janvier* 1826, *art.* 6.)

TRAITÉ

Conclu le 9 mars 1839 avec la république du Mexique.

(Ordonnance du 14 août 1839.)

Les agents diplomatiques et consulaires, les citoyens de toutes classes, les navires et marchandises de chacun des deux pays, jouiront dans l'autre, des franchises, privilèges et immunités quelconques qui sont ou qui seront accordés, par les traités ou par l'usage, à la nation étrangère la plus favorisée; et ce gratuitement, si la concession est gratuite, ou avec les mêmes compensations, si elle est conditionnelle. (*Traité du* 9 *mars* 1839, *art.*3.)

En conséquence, les navires mexicains jouiront de l'exemption du droit de tonnage et réduction, aux taux fixés pour les français, des autres taxes de navigation, telles que droits de permis, d'acquit, de pilotage et de courtage;

De l'affranchissement des surtaxes de navigation pour les produits du sol et de l'industrie du Mexique, importés directement en France par ses propres navires;

De la faculté, pour les capitaines et négociants, d'agir par eux-mêmes et de présenter en douane leurs manifestes, déclarations, etc., dans les limites imposées aux français;

Enfin, pour les agents consulaires, autorisation de surveiller la police intérieure des navires et de diriger les opérations relatives au sauvetage des bâtiments naufragés ou échoués; mais ils ne sauraient assister les capitaines de leur nation en qualité de courtiers, cette faculté étant exclusivement réservée aux consuls espagnols et boliviens.

Il faut, pour qu'un navire soit considéré et traité comme mexicain, qu'il appartienne, de bonne foi, à des citoyens de cet Etat; que le capitaine et les trois quarts de l'équipage au moins soient originaires du Mexique ou légalement naturalisés dans ce pays, et qu'il soit muni d'un registre, passeport ou papier de sûreté constatant les faits propres à établir ces justifications. (*Circulaires des* 30 *septembre* 1839, *n.* 1777, *et* 29 *février* 1840, *n.* 1798.)

Les produits du sol et de l'industrie du mexique devront être accompagnés, pour jouir du bénéfice du traité, de certificats d'origine délivrés et signés par les agents des douanes dans le port d'embarquement. Ces certificats recevront un numéro suivi, et seront annexés, sous le cachet de la douane, au manifeste qui devra être visé par le consul mexicain. (*Circulaire du* 27 *juin* 1827, *n.* 1059.)

Ces dernières dispositions se trouvent rappelées par la circulaire ci-dessus citée du 30 septembre 1839, n. 1777.

TRAITÉ

Conclu le 8 avril 1836 avec la république orientale de l'Uruguay.

(Ordonnance du 15 avril 1840.)

Les agents diplomatiques et consulaires, les orientaux de toutes classes, les navires et les marchandises de l'état oriental de l'Uruguay, jouiront, dans les états et possessions de S. M. le Roi des Français, de tous les droits, privilèges, franchises et immunités concédés ou à concéder en faveur de toute autre nation. Ces concessions seront gratuites dans les deux pays, si la concession est gratuite, et il sera accordé les mêmes compensations, si la concession est conditionnelle. (*Convention du* 8 *avril* 1836, *art.* 1.)

Seront considérés comme navires français ou orientaux, ceux qui, de bonne foi, seront la propriété des citoyens respectifs, pourvu que cette propriété résulte des titres authentiques délivrés par les autorités de l'un et de l'autre pays, et quelle que soit la construction. (*Même convention, art.* 2.)

Il y a lieu d'étendre aux agents, aux citoyens, aux navires et aux marchandises de l'état oriental de l'Uruguay les immunités accordées, sous la condition de réciprocité, à d'autres états de l'Amérique, et principalement au Mexique. (*Circulaire du* 3 *juin* 1840, *n.* 1813.)

Les marchandises importées de l'état oriental de l'Uruguay doivent être accompagnées de certificats d'origine authentiques. (*Même circ. n.* 1813.)

En conséquence, les navires orientaux jouiront de l'exemption du droit de tonnage et réduction, aux taux fixés pour les français, des autres taxes de navigation, telles que droit de permis, d'acquit, de pilotage et de courtage;

Les produits du sol et de l'industrie, importés directement en France par les navires orientaux, seront affranchis des surtaxes de navigation;

Les capitaines et négociants pourront agir par eux-mêmes et présenter en douane leurs manifestes, déclarations, etc., dans les limites imposées aux français;

Les agents consulaires seront autorisés à surveiller la police intérieure des navires, à diriger les opérations relatives au sauvetage des bâtiments naufragés ou échoués, mais ils ne pourront assister les capitaines de leur nation en qualité de courtiers, cette faculté étant exclusivement réservée aux consuls espagnols, ainsi que l'explique la circulaire du 27 février 1840, n. 1798.

TRAITÉ

Conclu le 9 décembre 1834 avec la république de Bolivie.

(Ordonnance du 26 juillet 1837 qui en prescrit la publication.)

Les citoyens respectifs seront entièrement libres de faire leurs affaires eux-mêmes, notamment de présenter en douane leurs propres déclarations, ou de se faire suppléer par qui bon leur semblera, sans avoir comme étrangers, à payer aucun surcroît de salaire ou de rétribution. *(Convention du 9 décembre 1834, art. 2.)*

Le commerce bolivien sera traité, sous le rapport des droits de douanes, tant à l'importation qu'à l'exportation, comme celui de la nation étrangère la plus favorisée. *(Même convention, art. 8.)*

Les produits du sol et de l'industrie de l'un des deux pays, paieront dans les ports de l'autre, les mêmes droits d'importion, qu'ils soient chargés sur navires français ou boliviens. De même, les produits exportés acquitteront les mêmes droits et jouiront des mêmes franchises, allocations et restitutions de droits qui sont ou pourraient être réservés aux exportations faites sur bâtiments nationaux. *(Même convention, art. 9.)*

Il est convenu que le quina, la cascarille, le cacao, le cuivre et l'étain, provenant de la Bolivie ne paieront, pendant la durée du présent traité, à leur entrée dans les ports de France, que les droits actuellement existants. Ces produits devront être transportés en droiture des ports de la Bolivie ou du port péruvien d'Arica en France; et devront être accompagnés de certificats d'origine délivrés par la douane de la ville de la Paz ou du port d'embarquement.

Ces certificats seront numérotés et joints au manifeste avec le sceau de la douane qui devra être visé et certifié par le Consul ou l'agent consulaire de France. *(Même convention, art. 11.)*

Les navires boliviens ne seront assujettis qu'aux mêmes droits de tonnage, de phares, de port, de pilotage, de quarantaine ou autres affectant le corps du bâtiment, tant à l'entrée qu'à la sortie, que ceux auxquels sont ou seront assujettis les navires nationaux. *(Même convention, art. 10.)*

Dans tous les cas, si, pendant la durée du présent traité, l'une des 2 parties contractantes jugeait convenable d'imposer, sur le commerce ou la navigation, d'autres ou de plus forts droits que ceux actuellement existants, cette mesure ne sera applicable aux produits et aux navires de l'autre partie qu'un an au moins après que le commerce en aura été légalement informé. *(Même convention, art. 12.)*

En cas de relâche dans les ports ou sur les côtes de l'un ou de l'autre état, les navires respectifs ne seront assujettis à aucun droit de navigation, sauf ceux de pilotage et autres de même nature, pourvu que ces navires n'effectuent aucun chargement ni déchargement de marchandises, si, à raison de relâche forcée, ils étaient obligés de déposer à terre les marchandises composant leurs chargements, ou de les transborder sur d'autres navires pour éviter qu'elles ne dépérissent, il ne serait exigé d'autres droits que ceux relatifs au loyer des magasins et chantiers publics qui seraient nécessaires pour déposer les marchandises et pour réparer les avaries du bâtiment. *(Même convent, art. 13.)*

Tout navire bolivien, pour jouir du privilège de sa nationalité, devra être muni d'un passe port, congé ou registre qui, certifié par l'autorité compétente pour le délivrer, constatera d'abord le nom, la profession et la résidence du propriétaire, en exprimant qu'il est unique, ou des propriétaires, en indiquant dans quelle proportion chacun d'eux possède, puis ensuite le nom, la dimension, la capacité et enfin toutes les particularités du navire qui peuvent le faire reconnaître aussi bien qu'établir sa nationalité. *(Même convention, art. 14.)*

Les Consuls respectifs et leurs chanceliers jouiront, dans les deux pays, des privilèges, exemptions et immunités qui pourront être accordés dans leur résidence aux agents du même rang de la nation la plus favorisée. *(Convention du 9 décembre 1834, art. 22.)*

Les Consuls respectifs seront exclusivement chargés de la police interne des navires de commerce de leur nation. *(Même convent, art. 25.)*

Toutes les opérations relatives au sauvetage des navires boliviens naufragés ou échoués sur les côtes de France, seront dirigées par les Consuls de la Bolivie. *(Même convention, art. 28.)*

Il est formellement convenu entre les parties contractantes que les agents diplomatiques et consulaires les citoyens de toutes classes, les navires et les marchandises de l'un des deux Etats, jouiront de plein droit, dans l'autre, des franchises, privilèges et immunités quelconques consenties ou à consentir en faveur de la nation la plus favorisée, et ce, gratuitement, si la concession est gratuite, ou avec la même compensation, si la concession est conditionnelle. *(Même convention, art. 30.)*

La durée de ce traité est de 9 années et pourra se prolonger tant qu'une déclaration officielle n'aura pas été faite pour en faire cesser l'effet. *(Même convention, art. 32.)*

Conformément aux dispositions des articles 25 et 28 ci-dessus, les Consuls boliviens pourront assister les capitaines, leur servir d'interprètes, de traducteurs, remplir en un mot les fonctions de courtiers, à l'instar des Consuls espagnols, spécialement favorisés par l'art. 6 de la convention du 2 janvier 1768, et diriger les opérations relatives au sauvetage des navires de leur nation. Les préposés des douanes ont pourtant le droit de se rendre à bord, et d'y procéder sans l'assistance du Consul aux visites et recherches autorisées par les lois générales, même à l'égard des bâtiments français. *(Circulaire du 29 août 1837, n. 1647.)*

Aux termes de la circulaire du 27 février 1840 n° 1798 et d'une décision du département des affaires étrangères y relatée, les Consuls boliviens ne peuvent être admis à remplir les fonctions de courtier, cette faculté étant exclusivement réservée aux Consuls espagnols.

TRAITÉ

Conclu le 9 février 1842 avec le Danemark.

(Ordonnance du 5 avril 1842.)

Les Français, en Danemark et dans les duchés, et les Danois, en France, continueront à jouir, pour leurs personnes et leurs propriétés, de tous les droits et privilèges stipulés, en faveur des sujets respectifs, dans le traité conclu le 23 août 1742 entre la France et le Danemark, autant que ces droits et privilèges seront compatibles avec la législation actuelle des deux états. *(Convention du 9 février 1842, art. 1.)*

Les navires français dans les ports de Danemark et des duchés, et les navires danois dans les ports de France, n'acquitteront, soit à l'entrée, soit à la sortie, d'autres ni de plus forts droits de tonnage et de navigation que ceux dont les navires danois sont passibles dans les ports de Danemark; les uns et les autres seront d'ailleurs assimilés aux navires nationaux, dans les ports respectifs, pour les droits de pilotage, de jaugeage, de courtage, de quarantaine ou autres de même nature, et ce, quel que soit le lieu de leur départ ou celui de leur destination, conformément à l'esprit du traité de 1742.

Les exceptions au traitement national qui atteindraient en France les navires français venant d'ailleurs que du Danemark, ou allant ailleurs qu'en Danemark, seront communes aux navires danois faisant les mêmes voyages, et cette disposition sera réciproquement applicable, en Danemark, aux navires français. *(Même convention, art. 2.)*

La navigation et le commerce français continueront à être traités dans le Sund, les Belts et le canal de Holstein, comme ceux des nations les plus favorisées, et conserveront tous les avantages qui leur ont été reconnus par le traité de 1742. *(Même convention, art. 3.)*

Quant aux droits de douane et de navigation, il ne sera accordé aucune faveur, privilège ou immunité à un autre état, qu'il ne soit aussi, et à l'instant, étendu à leurs sujets respectifs, gratuitement si la concession est gratuite, et en donnant la même compensation ou l'équivalent si la concession a été conditionnelle. *(Même convention, art. 4.)*

Les consuls respectifs et leurs chanceliers jouiront dans les deux pays des privilèges généralement attribués à leur charge; ils jouiront, en outre, de tous les autres privilèges, exemptions et immunités qui pourront être accordés dans leur résidence aux agents du même rang de la nation la plus favorisée. *(Même convention, art. 5.)*

Pourtant, les consuls danois ne peuvent, dans aucun cas, remplir l'office de courtiers conducteurs de navires. *(Circulaire du 22 avril 1842, n. 1908.)*

En cas d'échouement d'un navire, le consul de la nation en sera immédiatement informé, à l'effet de faciliter au capitaine les moyens de remettre à flot le navire, sous la surveillance et avec l'aide de l'autorité locale.

S'il y a bris et naufrage, ou abandon du navire, l'autorité concertera avec le consul les mesures à prendre pour la garantie de tous les intérêts dans le sauvetage du navire et de la cargaison, jusqu'à ce que les propriétaires ou leurs fondés de pouvoirs se présentent.

Les marchandises sauvées ne seront passibles d'aucun droit de douane, à moins qu'elles ne soient admises à la consommation intérieure. Pour les droits et frais de sauvetage et de conservation du navire et de la cargaison, le bâtiment échoué sera traité comme le serait un bâtiment national en pareil cas. *(Même convention, art. 7.)*

Les dispositions de la présente convention ne s'étendront pas aux colonies françaises d'outre-mer, ni aux colonies danoises d'outre-mer, y compris les îles de Feroë, l'Islande et le Groenland; il est toutefois arrêté que les navires de commerce français ou danois y seront respectivement admis aux mêmes conditions et traités de la même manière que les navires de commerce de la nation la plus favorisée le sont actuellement ou le seront à l'avenir, et, en outre, que les stipulations contenues dans le dernier paragraphe de l'article 7, sur les échouements et naufrages, seront exécutoires dans les possessions d'outre-mer des deux couronnes. *(Convention du 9 février 1842, art. 8.)*

En attendant qu'on ait déterminé la quotité du droit de tonnage, les navires danois demeureront assujettis, dans nos ports, aux taxes de navigation applicables aux pavillons étrangers en général, sauf en ce qui concerne les droits de pilotage, de courtage, de quarantaine et autres droits de même nature dont la perception a lieu sans le concours de la douane, et pour lesquels ils doivent être assimilés aux navires français. *(Circulaire du 22 avril 1842, n. 1908.)*

TRAITÉ
Conclu le 25 septembre 1839 avec la république du Texas.
(Ordonnance du 24 juin 1840.)

Les Français et les Texiens jouiront, en leurs personnes et propriétés, dans toute l'étendue des territoires respectifs, des mêmes droits, priviléges, faveurs, exemptions qui sont ou seraient accordés à la nation la plus favorisée. (*Traité du 25 septembre 1839, art.* 2.)

Les deux parties contractantes adoptent, dans leurs relations mutuelles, le principe que le pavillon couvre la marchandise. (*Même traité, art.* 4.)

Les navires de l'un des deux états entrant dans un des ports de l'autre en relâche forcée, seront exempts de tous droits, tant pour le navire que pour le chargement, s'ils n'y font aucune opération de commerce, pourvu que la nécessité de la relâche soit légalement constatée, et qu'ils ne séjournent pas dans le port plus longtemps que ne l'exige le motif qui les y aura forcément amenés. (*Même traité, art.* 7.)

Les navires des deux états ne seront assujettis, tant à l'entrée qu'à la sortie des ports respectifs, à d'autres ni à de plus forts droits de tonnage, de phare, de port, de pilotage, de quarantaine ou autres affectant le corps du bâtiment, que ceux auxquels sont ou seront assujettis les navires nationaux. (*Même traité, art.* 14.)

Les navires texiens doivent donc, quels que soient les lieux de départ ou de destination, être affranchis des droits de tonnage, d'expédition et d'acquit, et ne payer qu'aux taux fixés pour les navires français les autres taxes de navigation, telles que les droits de permis et de certificat. (*Circulaire du 20 juillet 1840, n.* 1820.)

Les consuls, vice-consuls et agents consulaires respectifs, ainsi que leurs chanceliers, jouiront, dans les deux pays, des priviléges généralement attribués à leurs charges et de toutes autres exemptions et immunités qui pourront être accordées aux agents du même rang de la nation la plus favorisée. (*Même traité, art.* 9.)

C'est-à-dire, qu'ils pourront surveiller la police intérieure des navires et diriger les opérations relatives au sauvetage des bâtiments naufragés ou échoués.

Les autorités locales ne pourront y intervenir qu'autant que les désordres survenus seraient de nature à troubler la tranquillité publique, soit à terre, soit à bord d'autres bâtiments. (*Même traité, art.* 12.)

Les produits du sol et de l'industrie de l'un des deux pays, importés directement dans les ports de l'autre, et dont l'origine sera dûment constatée, y paieront les mêmes droits, qu'ils soient chargés sur navires français ou texiens.

De même les produits exportés acquitteront les mêmes droits et jouiront des mêmes franchises, allocations et restitutions de droits qui sont ou pourraient être réservés aux exportations faites sur bâtiments nationaux. (*Même traité, art.* 15.)

La première immunité demeure subordonnée à la double condition que le transport s'effectuera directement et que l'origine des marchandises sera constatée par des certificats authentiques. (*Circulaire du 20 juillet 1840, n.* 1820.)

Les cotons du Texas, sans distinction de qualité, importés directement par bâtiments français ou texiens, paieront un droit unique de 20 fr. par 100 kilog.

Toute réduction de droits qui pourrait être faite par la suite en faveur des cotons des Etats-Unis, serait étendue, aux mêmes conditions, à ceux du Texas. (*Traité du 25 septembre 1839, art.* 16.)

Les droits actuellement prélevés au Texas sur les tissus et autres articles de soie, ou dont la soie forme la matière principale, provenant des fabriques françaises et importés directement au Texas par navires français ou texiens, seront réduits de moitié.

Dans le cas d'une réduction plus avantageuse concédée à une autre nation, la France ne pourrait, en aucun cas, être tenue d'acquitter des droits plus élevés que ceux payés par la nation la plus favorisée.

Les droits actuellement établis au Texas sur les vins et eaux-de-vie de France, également importés directement par navires français ou Texiens, seront réduits, les premiers de deux cinquièmes, les seconds d'un cinquième.

En cas de diminution sur les vins et eaux-de-vie provenant des autres pays, une réduction correspondante sera faite sur les vins et eaux-de-vie de France, aux mêmes conditions. (*Même traité, art.* 17.

Les habitants des colonies françaises, leurs propriétés et navires jouiront au Texas, et réciproquement les citoyens du Texas, leurs propriétés et navires jouiront, dans les colonies françaises, des avantages qui sont ou seront accordés à la nation la plus favorisée. (*Même traité, art.* 18.)

Seront considérés comme navires texiens ceux qui seront, de bonne foi, la propriété réelle et exclusive de citoyens texiens résidant dans le pays depuis deux ans au moins, et dont le capitaine et les deux tiers de l'équipage seront également, de bonne foi, citoyens du Texas. (*Même traité, 1er article additionnel.*)

Si le gouvernement texien croyait devoir, par la suite, diminuer les droits actuellement existants sur les soieries, il laisserait subsister, entre les tissus et marchandises de soie venant de pays situés au-delà du cap de Bonne-Espérance et les produits similaires provenant d'autres pays, une différence de 10 pour %, au profit des derniers. (*Même traité, 2e article additionnel.*)

TRAITÉ DE COMMERCE ET DE NAVIGATION
Conclu le 25 mars 1843 avec la république de Vénézuela.
(Ordonnance du 29 juin 1844 qui en prescrit la publication.)

Il existait déjà une convention provisoire du 11 mars 1833 et mise en vigueur par une ordonnance du 5 juin 1834 qui fut transmise par la circulaire n. 1405

Les stipulations de ce traité sont à quelque chose près conçues dans les mêmes termes que celles qui font l'objet du traité conclu avec la république du Texas qu'on pourra consulter au besoin.

La majeure partie des dispositions du susdit traité n'exigeant pas, dans leur application, l'intervention du service des douanes, il a paru inutile de les reproduire ici; on s'est borné à ne faire connaître que les articles du traité qui peuvent intéresser le commerce et la navigation.

Le commerce français, dans la république de Vénézuela, et le commerce vénézuélien en France seront traités, sous le rapport des droits de douane, tant à l'importation qu'à l'exportation, comme celui de la nation étrangère la plus favorisée.

Dans aucun cas, les droits d'importation imposés en France sur les produits du sol ou de l'industrie de Vénézuela, et dans le Vénézuela sur les produits du sol ou de l'industrie de la France, ne pourront être autres ou plus élevés que ceux auxquels sont ou seront soumis les mêmes produits de la nation la plus favorisée. Le même principe sera observé pour l'exportation.

Aucune prohibition ou restriction d'importation ou d'exportation n'aura lieu dans le commerce réciproque des deux pays qu'elle ne soit également étendue à toutes les autres nations, et les formalités qui pourraient être requises pour justifier de l'origine et de la provenance des marchandises respectivement importées dans l'un des deux états seront également communes à toutes les autres nations. (*Traité du 25 mars 1843, art.* 8.)

Tous les produits du sol et de l'industrie de l'un des deux pays dont l'importation n'est point expressément prohibée paieront, dans les ports de l'autre, les mêmes droits d'importation, qu'ils soient chargés sur navires français ou vénézuéliens. De même, les produits exportés acquitteront les mêmes droits et jouiront des mêmes franchises, allocations et restitutions de droits qui sont ou pourraient être réservées aux exportations faites sur bâtiments nationaux. (*Même traité, art.* 9.)

Les navires français arrivant dans les ports de Vénézuela ou en sortant, et les navires vénézuéliens, à leur entrée ou à leur sortie des ports de France, ne seront assujettis ni à d'autres ni à de plus forts droits de tonnage, de phares, de port, de pilotage, de quarantaine ou d'autres affectant le corps du bâtiment, que ceux auxquels sont ou seront assujettis les navires nationaux. (*Même traité, art.* 10.)

Les bâtiments français au Vénézuela, et les bâtiments vénézuéliens en France, pourront décharger une partie de leur cargaison dans le port de prime abord, et se rendre ensuite, avec le reste de cette cargaison, dans d'autres ports du même état, soit pour y achever de débarquer leur chargement d'arrivée, soit pour y compléter leur chargement de retour, en ne payant, dans chaque port, d'autres ou de plus forts droits que ceux que paient les bâtiments nationaux dans des circonstances semblables. (*Même traité, art.* 11.)

Lorsque, par suite de relâche forcée ou d'avarie constatée, les navires de l'une des deux puissances entreront dans les ports de l'autre ou toucheront sur les côtes, ils ne seront assujettis à aucun droit de navigation, sous quelque dénomination que ces droits soient respectivement établis, sauf les droits de pilotage et autres représentant le salaire de services rendus par les industries privées, pourvu que ces navires n'effectuent aucun chargement ou déchargement de marchandises; il leur sera permis de déposer à terre les marchandises composant leur chargement, pour éviter qu'elles ne dépérissent, et il ne sera exigé d'eux d'autres droits que ceux relatifs aux loyers des magasins et chantiers publics qui seraient nécessaires pour déposer les marchandises et pour réparer les avaries du bâtiment. (*Même traité, art.* 12.)

Le présent traité sera en vigueur pendant dix ans, et si, un an avant l'expiration de ce terme, ni l'une ni l'autre des deux parties n'annonce, par une déclaration officielle, son intention d'en faire cesser l'effet, ledit traité restera encore obligatoire pendant une année pour les deux parties, et ainsi de suite jusqu'à l'expiration des douze mois qui suivront la déclaration officielle en question, à quelque époque qu'elle ait lieu. (*Même traité, art.* 30)

Les autres dispositions du traité, concernant les avaries, la nationalité des navires, les naufrages, l'intervention des agents consulaires, etc., etc., étant les mêmes que celles relatées dans le traité de la république du Texas, on y recourra le cas échéant

Les vivres et provisions de bord, embarqués dans nos ports sur les navires vénézuéliens, pour leur avitaillement, jouiront de l'exemption de tous droits de sortie.

Le cabotage demeure exclusivement réservé, dans les deux pays, aux navires nationaux. (*Circulaire du 12 août 1844, n.* 2032.)

TRAITÉ
Conclu les 14 novembre 1832 et 18 avril 1840 avec la république de la Nouvelle-Grenade.
(Ordonnances des 5 juin 1834 et 3 septembre 1841.)

Les agents diplomatiques et consulaires, les citoyens de toutes classes, les navires et les marchandises des deux états, jouiront de plein droit, dans les deux pays, des franchises, priviléges et immunités quelconques consentis ou à consentir en faveur de la nation la plus favorisée, et ce gratuitement, si la concession est gratuite, ou avec la même compensation, si la concession est conditionnelle. (*Convention du* 14 *novembre* 1832 *et* 18 *avril* 1840, *art.* 1.)

Les produits naturels et manufacturés seront donc exempts des surtaxes de navigation qui affectent les pavillons étrangers, lorsqu'ils arriveront directement sur des navires grenadins, et qu'ils seront accompagnés de certificats d'origine délivrés par les agents des douanes grenadines, et annexés à un manifeste revêtu de la légalisation du consul français au port d'embarquement. Quant aux navires, il y aura exemption absolue des droits de tonnage, et n'acquitteront ceux de permis que sur le même pied que les nationaux. Seront considérés comme grenadins les navires qui appartiendront, de bonne foi, à des grenadins, et dont le capitaine et les trois quarts de l'équipage au moins seront originaires de la Nouvelle-Grenade. Ils devront être munis d'un registre constatant les renseignements propres à établir ces faits. (*Circulaires des* 18 *décembre* 1834, *n.* 1465, *et* 4 *novembre* 1841, *n.* 1885.)

Les agents consulaires surveilleront la police intérieure des navires et dirigeront les opérations relatives au sauvetage des bâtiments naufragés ou échoués; mais ils ne pourront assister les capitaines de leur nation en qualité de courtiers. (*Circulaire du* 30 *septembre* 1839, *n.* 1777.)

Convention de navigation avec l'Autriche.

Tout navire autrichien entrant en relâche forcée dans un port du Royaume y sera, à charge de réciprocité, exempté de tous droits de port ou de navigation perçus ou à percevoir au profit de l'Etat, si les causes qui ont nécessité la relâche sont réelles et évidentes, pourvu qu'il ne se livre à aucune opération de commerce en chargeant ou déchargeant des marchandises; bien entendu toutefois que les déchargements et les chargements motivés par l'obligation de réparer le navire, son avitaillement et le transbordement de la cargaison, en cas de nécessité, ne seront point considérés comme opérations de commerce donnant ouverture au paiement des droits et pourvu que le navire ne prolonge pas son séjour dans le port au-delà du temps nécessaire, d'après les causes qui auront donné lieu à la relâche. (*Circulaire du* 21 *juin* 1841, *n.* 1856.)

Convention de navigation avec la Russie.

Mêmes dispositions que celles ci-dessus relatives à l'Autriche. (*Circulaire du* 28 *avril* 1842, *n.* 1909.)

Convention de navigation avec les ports anséatiques de Lubeck, Brême et Hambourg.

Mêmes dispositions que celles ci-dessus relatives à l'Autriche. (*Circulaire du* 24 *février* 1843, *n.* 1960.)

Convention de navigation du 12 juin 1838 avec les Etats Sardes.

Mêmes dispositions que celles ci-dessus relatives à l'Autriche. (*Circulaire du* 4 *juillet* 1838, *n.* 1694.)

(Il a été présenté aux chambres un nouveau traité de commerce et de navigation avec cette puissance; mais il n'a pu être discuté avant la clôture de la session.)

PRIMES DE SORTIE.

Règles Générales.

Les primes ne seront acquises qu'aux produits dont l'exportation aura été constatée régulièrement, et dans la forme déterminée par les règlements. *(Ordonnance du 26 juillet* 1826, *art.* 2.)

En cas de changement dans la quotité des primes, la date de l'exportation définitive peut seule déterminer l'application de la prime; sans égard à la date de la déclaration de sortie ou d'embarquement. *(Décision administratire du* 16 *septembre* 1810.)

Les marchandises que l'on présentera à la sortie avec les conditions nécessaires pour obtenir une prime, seront affranchies de tous droits de sortie. *(Tarif général de* 1822, *page* 38.)

Il y a exception en ce qui concerne les viandes et beurres salés et le sel ammoniac; à leur égard, la prime n'entraîne pas l'exemption du droit de sortie, qui doit être toujours exigé. *(Circulaire du* 12 *janvier* 1826, *n°* 965.)

Certificats de Fabrique.

L'origine française de ces produits sera constatée par des certificats de fabrique indiquant l'espèce et la qualité des produits, et de plus les marques et numéros des pièces, s'il s'agit de tissus.

Quand la douane ne se croira pas suffisamment assurée de l'authenticité des certificats, elle pourra exiger qu'ils soient visés par le sous-préfet de l'arrondissement du lieu de fabrication. *(Ordonnance du* 23 *septembre* 1818, *art.* 3.)

Les commissionnaires qui font travailler les ouvriers des villages voisins des villes de fabrique peuvent fournir des certificats d'origine pour les tissus auxquels ils apposent leurs marques particulières. *(Circulaire du* 14 *février* 1822, *n°* 708.)

Les tissus présentés à la douane dépourvus des marques prescrites peuvent être exportés pourvu qu'ils soient accompagnés d'un certificat attestant leur origine. *(Circulaire du* 25 *mars* 1829, *n°* 1150.)

Toutefois, lorsqu'ils sont expédiés pour les Colonies françaises, les tissus doivent être revêtus de ces marques. *(Circulaire du* 15 *septembre* 1830, *n°* 1227.)

Lorsqu'on ne voudra exporter qu'une partie des marchandises décrites en un certificat de fabrique, les receveurs des douanes délivreront des extraits de ce certificat, en ayant soin de mentionner sur l'original les quantités pour lesquelles il cessera d'être valable. *(Ordonnance du* 23 *septembre* 1818, *art.* 4.)

La prime sera payée à l'exportateur. *(Loi du* 17 *mai* 1826, *art.* 7.)

Ainsi, la prime, quelle que soit son espèce, est due à celui qui effectue l'exportation, et celui-là est exportateur qui présente la marchandise en douane, déclare la sortie sous bénéfice de la prime, fournit les justifications d'origine nécessaires; quand même il n'en est pas l'auteur, et rapporte définivement la preuve du passage effectif de la marchandise à l'étranger. *(Circulaire du* 18 *mars* 1828, *n°* 1091.)

Les marchandises devant jouir de la prime seront déclarées et présentées au bureau des douanes, afin d'y être vérifiées et expédiées. *(Ordonnance du* 23 *septembre* 1818, *art.* 2.)

Les déclarations indiquent, l'espèce et la quantité des produits exportés; elles précisent en outre la quotité de la prime demandée. *(Circulaire du* 28 *avril* 1833, *n°* 1380.)

Le certificat d'origine doit être produit à l'appui de la déclaration, et s'il ne donne pas d'une manière complète et correcte toutes les indications voulues, on doit refuser l'expédition. *(Circulaire du* 29 *juin* 1825, *n°* 920.)

Pour les sucres raffinés, les déclarations ne seront reçues que jusqu'à concurrence des quantités de sucre-matière, dont l'acquittement des droits a été justifié. *(Circulaire du* 28 *avril* 1833, *n°* 1380.)

Pour les vérifications à faire, d'après l'art. 2 de la présente ordonnance, on devra extraire les marchandises de leur emballage, s'assurer qu'elles sont de l'espèce de celles pour lesquelles la prime est accordée, et que tous les caractères en sont identiques avec les preuves d'origine. *(Ordonnance du* 23 *septembre* 1818, *art.* 5.)

Le remballage des marchandises qui auront subi la visite aura lieu en présence des personnes déléguées par les chefs des douanes, et les colis seront plombés. *(Même ordonnance, art.* 6.)

Lorsque les marchandises ont été vérifiées et reconnues conformes, elles sont remballées avec soin, et plombées de manière à ce qu'aucune substitution ne soit à craindre entre le lieu de la vérification et celui par lequel la sortie se consomme. Si, lorsqu'il s'agit de sucre, les tonneaux n'offrent pas de solidité ou sont fabriqués de telle sorte que, malgré le plomb, les fonds ou les douves puissent être dérangés, on est en droit de refuser le plombage, et la visite est entièrement recommencée à l'extrême frontière. *(Circulaire du* 19 *novembre* 1825, *n°* 952.)

Passavants et Bureaux de sortie.

Il sera délivré par les douanes un passavant pour accompagner la marchandise jusqu'à l'un des points de sortie désignés, laquelle expédition devra relater avec exactitude l'espèce des marchandises, le nombre de pièces ou de paquets renfermés dans chaque colis, la dimension et le poids de ceux-ci, tant au net qu'au brut. *(Ordonnance du* 23 *septembre* 1818, *art.* 7, *circulaire du* 22 *mars* 1821, *n.* 646.)

Indépendamment du passavant destiné à justifier l'exportation des objets, un autre passavant est délivré, à titre de certificat d'origine, pour les marchandises dirigées sur nos colonies. *(Circulaire du* 15 *septembre* 1830, *n.* 1227.)

Le passavant de prime donne toutes les indications d'espèce, de quantité, nombre, poids, mesure et valeur qui sont nécessaires pour l'allocation de la prime. *(Circulaire du* 12 *septembre* 1822, *n.* 751.)

Le poids net qui sert de base à la liquidation doit y être rapporté correctement en toutes lettres et en chiffres. *(Circulaire du* 29 *juin* 1825, *n.* 920.)

Il indique le pays étranger pour lequel l'exportation a lieu. *(Même circulaire.)*

Il désigne le bureau de douane où l'exportateur veut être payé de la prime. *(Même circulaire.)*

Le passavant doit accorder un délai suffisant pour effectuer la sortie des marchandises. *(Circulaire du* 30 *mai* 1831, *n.* 1266.)

On ne réunit jamais dans un même passavant des produits de diverse nature, tels que des tissus de pur coton et des étoffes de laine. Un passavant distinct doit être délivré pour chaque objet donnant ouverture à une prime différente. *(Circulaire du* 22 *mars* 1821, *n.* 646.)

Les marchandises exportées sous le bénéfice d'une prime, embarquées sur un navire qui doit faire escale dans un autre port de France avant de se rendre à l'étranger, doivent être expédiées du port de première expédition sous les conditions générales du cobotage; toutes les formalités relatives au régime des primes sont accomplies au port secondaire. *(Décision administratire des* 15 *juin* 1837 *et* 2 *février* 1838.)

Les viandes salées sont exceptées de cette règle.

Le premier bureau frontière qui sera rencontré en venant de l'intérieur se bornera à reconnaître extérieurement l'identité des ballots désignés dans les expéditions de douanes et à viser lesdites expéditions.

Il ne procèdera à la visite par déballage qu'à l'égard des marchandises qui, dépourvues d'expéditions de douanes ainsi que de plombs, n'auront encore été l'objet d'aucune vérification avant le départ. *(Ordonnance du* 23 *septembre* 1818, *art.* 10.)

Dans ce dernier cas, le premier bureau de seconde ligne délivre un passavant de prime sous les conditions générales, ou un simple passavant de circulation, selon qu'il est ou non compris dans les nomenclatures suivant ses attributions.

Les bureaux de douanes par lesquels l'exportation définitive aura lieu, ne procèderont, à moins d'indices particuliers dont ils n'auront pas à rendre compte, qu'à une vérification purement extérieure des colis expédiés et plombés par les douanes mêmes, laquelle vérification aura pour objet de reconnaître l'état des colis et des plombs, l'identité des marques, du poids et des dimensions en tous sens des ballots. *(Ordonnances des* 23 *septembre* 1818, *art.* 9, *et* 28 *août* 1820, *art.* 5.)

Les employés pourront ajouter à la formule du certificat imprimé que la vérification a été faite en détail ou sommairement, mais ils répondent de l'identité des objets qui ont franchi la frontière avec les objets décrits par les expéditions, identité qu'ils sont censés avoir acquise par l'inspection ou la reconnaissance des colis. *(Circulaire du* 12 *décembre* 1827, *n.* 1077.)

Les expéditions dirigées sur Strasbourg sont assujetties aux règles ci-après :

Les marchandises doivent entrer en ville par la Porte-Blanche, et l'expédition y être visée ;

Les préposés accompagnent les marchandises jusqu'au bureau de la douane, où l'on procède à la vérification, suivant qu'il est prescrit par l'article 9 ci-dessus ;

Elles sont sans délai escortées jusqu'au Pont-du-Rhin, et passent définitivement à l'étranger. *(Ordonnance du* 23 *septembre* 1818, *art.* 13.)

Après les vérifications voulues, les marchandises seront conduites à l'extrême frontière par les préposés, qui certifieront au dos de l'expédition le passage réel à l'étranger. *(Même ordonnance, art.* 12.)

Ce certificat, délivré par le service actif témoin du passage réel à l'étranger, doit être revêtu de deux signatures. *(Circulaire du* 25 *septembre* 1820, *n.* 603.)

Dans les ports de mer, le vu embarquer ne suffit pas; le certificat de départ du bâtiment, donné par les préposés de brigades et visé par les chefs du service, est indispensable. *(Circulaire du* 22 *mars* 1821, *n.* 646.)

Allocation de la Prime.

L'expédition de sortie, le certificat de fabrique et celui constatant l'exportation définitive, seront visés par le directeur des douanes de la localité, et par lui transmis au directeur de l'administration, qui, après examen, ordonnera le paiement de la prime sur telle caisse des douanes qu'il conviendra aux exportateurs de désigner dans leur déclaration. *(Ordonnance du* 23 *septembre* 1818, *art.* 14.)

Le conseil d'administration délibérera sur les demandes et allocations de primes. *(Ordonnance du* 30 *janvier* 1822, *art.* 5.)

Les difficultés qui peuvent s'élever sur la qualification des diverses marchandises de prime sont soumises aux experts du gouvernement. *(Circul. du* 28 *juillet* 1822, *n.* 740.)

Les ordonnances de liquidation seront approuvées par le directeur de l'administration. *(Circulaire du* 23 *novembre* 1821, *n.* 692.)

L'ordonnance de paiement est un acte administratif dispensé du timbre, et c'est au bas de cet acte que se met le pour acquit des parties prenantes. *(Circulaire du 22 mars* 1821, *n.* 646.*)*

L'Administration donnera avis de ces liquidations à l'exportateur.

L'exportateur remet cet avis au receveur chargé de le payer, et celui-ci le joint à l'ordonnance acquittée. (*Circul. du* 25 *septembre* 1820, *n.* 603.)

Pénalités.

Les fraudes et fausses déclarations par lesquelles on chercherait à s'attribuer une prime de sortie, hors les cas où elle est due d'après la loi, seront punies de la confiscation des marchandises présentées et d'une amende égale à ladite prime. (*Loi du* 21 *avril* 1818, *art.* 17.)

Dans le cas de fausse déclaration tendant à obtenir une prime qui n'est pas due, par exemple quand on déclare des tissus de coton et que les employés reconnaissent des tissus de lin ou d'autres matières qui n'emportent aucune prime, on dresse immédiatement procès-verbal de saisie et l'on réclame devant le juge de paix la confiscation et l'amende prononcées par la loi du 21 avril 1818. *(Circulaire du* 5 *février* 1827, *n.* 1032.)

Lorsque, par suite de procès-verbaux ou d'autres actes conservatoires dressés par les agents des douanes, la fausseté des déclarations faites pour obtenir une prime quelconque aura été reconnue, soit quant à la valeur, soit quant à l'espèce ou au poids des marchandises, le déclarant sera passible d'une amende égale au triple de la somme que sa fausse déclaration aurait pu lui faire allouer en sus de ce qui lui était réellement dû, et néanmoins la prime légale sera liquidée pour ce qui aura été exporté. *(Loi du* 5 *juillet* 1836, *art.* 1, *section* 2.)

Si les employés se croient en état de décider avec certitude qu'il y a fausse déclaration, ils constatent de suite la contravention et dressent procès-verbal. S'il n'y a que doute, ils dressent seulement un acte conservatoire par lequel ils constatent le prélèvement d'échantillons destinés à être soumis à l'examen des commissaires-experts du gouvernement, et se réservant d'exercer, s'il y a lieu, les poursuites de droit. On fait souscrire cet acte au déclarant. (*Circulaire du* 5 *février* 1827, *n.* 1032.)

En matière de fausse déclaration pour l'obtention d'une prime à l'exportation, les tribunaux ne peuvent rechercher quelle a pu être l'intention des déclarants, ni les affranchir de la pénalité légale, sur le motif qu'il n'y aurait pas eu de leur part intention de surprendre la vigilance de l'administration. (*Arrêt de cassation du* 13 *janvier* 1841 *et circulaire n.* 1844.)

Les amendes en matières de contravention relative aux primes sont passibles du décime. *(Circulaire du* 20 *septembre* 1827, *n.* 1061.

En matière de primes, toute déclaration tendant à obtenir plus que la prime réellement due entrainera l'application de l'article 1, section 2, de la loi du 5 juillet 1536 et loi du 6 mai 1841, article 10.)

En matière de primes, comme en toute autre matière, les préposés des douanes ne doivent se borner à rédiger un acte conservatoire pour constater une contravention présumée qu'autant qu'il y a concours spontané de toutes les parties. Lorsqu'un prévenu refuse de concourir à la rédaction de cet acte on doit dresser un procès-verbal régulier. (*Décision administrative du* 22 *octobre* 1841.*)*

Sucres raffinés.

Les droits payés à l'importation des sucres bruts autres que blancs, soit premier type à nuances inférieures, seront restitués à l'exportation des sucres raffinés et du sucre candi dans les proportions suivantes, lorsqu'on justifiera, par des quittances n'ayant pas plus de 4 mois de date, que lesdits droits ont été acquittés pour des sucres importés en droiture, par navires français, des pays hors d'Europe.

ESPÈCES DE SUCRES		QUANTITÉ exportée.	MONTANT de LA PRIME.
DÉSIGNÉES par les quittances.	EXPORTÉES.		
Sucre brut autre que blanc.....	Sucre mélis, ou quatre cassons, entièrement épuré ou blanchi, et sucre candi sec et transparent........	70 kil.	Le droit payé, décime compris pour 100 kilog. de sucre, selon la provenance.
	Sucre lumps et sucre tapé, de nuance blanche...............	73 kil.	

(Lois des 26 *avril* 1833, *art.* 2, *et* 3 *juillet* 1840, *art.* 3.)

Le sucre mélis ou 4 cassons est en pains au-dessous de 7 kilogr.; il est plus concret et mieux cristallisé que le sucre fabriqué en gros pains ou lumps. (*Circulaire du* 28 *avril* 1833, *n.* 1380.)

Lumps est un sucre raffiné qui n'a pas le même degré de pur que le mélis; il est ordinairement en pains au-dessus de 7 kil.; mais on en fabrique aussi dans de petites formes. C'est donc à distinguer le plus ou le moins de pureté des sucres que les employés doivent particulièrement s'attacher.

On appelle sucres tapés des sucres raffinés réduits en poudre, et qui, après avoir été légèrement humectés, sont tassés dans des moules de petite dimension jusqu'à ce qu'ils aient repris assez de consistance pour former des pains dont on augmente la solidité en les faisant passer à l'étuve.

Les sucres lumps et tapés ne jouissent de la prime qu'autant qu'ils sont de nuance blanche; on doit la refuser à tout sucre qui, n'étant pas suffisamment purgé de sirop, conserverait une teinte jaunâtre et présenterait des taches à la surface des pains. *(Circulaire du* 28 *avril* 1833.*)*

La restitution du droit du sucre terré brun, dit moscouade, s'opèrera à raison du même rendement. (*Loi du* 2 *juillet* 1836, *art.* 3.)

Les sucres raffinés exportés pour les colonies françaises jouiront desdites primes aussi bien que ceux expédiés pour l'étranger. *(Loi du* 17 *mai* 1826, *art.* 9.)

Les sucres devront être présentés en pains entiers. *(Loi du* 27 *mars* 1817, *art.* 4.)

Le restitution du droit se calculera sur le poids net effectif des sucres exportés : il ne sera alloué aucune tare. (*Loi du* 18 *juillet* 1837, *art.* 4, *circulaire n.* 1643.)

On doit préciser sur les expéditions de sortie le poids net, en chiffres et en toutes lettres; mais en continuant de mentionner aussi, afin de faciliter les contre-visites, le poids total des pains avec leurs enveloppes. *(Circulaire du* 31 *juillet* 1837, *n.* 1643.*)*

On procèdera avec la plus grande attention à la vérification du poids effectif, soit en exigeant la mise à nu de la totalité des pains, soit en constatant le poids des enveloppes par une série d'épreuves faites sur un certain nombre de pains désignés à cet effet, chaque fois, par le chef du service de la localité. *(Circulaire du* 28 *avril* 1833, *n.* 1380 *)*

TABLEAU, arrêté par le Ministre des finances, des sommes à rembourser, à titre de primes, à la sortie des sucres raffinés, d'après les droits d'entrée et les rendements fixés par la loi du 3 *juillet* 1840 *et* 2 *juillet* 1843.

SUCRE DÉSIGNÉ PAR LES QUITTANCES.				DROIT d'Entrée décime compris.	PRIME par 100 kilogrammes de mélis ou 4 cassons et candis, rendement de 70 p. 0/0.	PRIME par 100 kilogrammes de lumps et tapés rendement de 73 p. 0/0.
Sucre	français	du 1er type	de Bourbon.....	42 35	60 50	58 01
			d'Amérique.....	49 50	70 70	67 80
		terré brun dit moscouade (1)	de Bourbon.....	—	—	—
			d'Amérique.....	—	—	—
	étranger	brut autre que blanc	de l'Inde......	66 »	94 29	90 41
			d'ailleurs, hors d'Europe...	71 50	102 14	97 95
		terré brun dit moscouade	de l'Inde......	88 »	125 71	120 55
			d'ailleurs, hors d'Europe..	93 50	133 57	128 08

(Circulaire du 5 *juillet* 1840, *n.* 1818.

Tout individu qui déclarera, pour l'exportation, des sucres raffinés, sous réserve de la prime de sortie, sera tenu de déposer en douane, à l'appui de sa déclaration, les acquits des droits payés sur la matière brute employée à leur fabrication. En échange de ces acquits, il sera remis aux déclarants un récépissé, qui leur servira de titre quand le montant des acquits n'étant pas épuisé par la première exportation, ils voudront en appliquer le solde à d'autres. *(Circulaire du* 28 *avril* 1833. *n.* 1380.*)*

Les receveurs s'assurent, que ces acquits, quelle que soit leur date, pourvu qu'elle ne remonte pas à plus de 4 mois, sont réguliers, et que le sucre matière qui s'y rapporte représente proportionnellement les quantités de sucres raffinés déclarés. *(Circulaire du* 28 *avril, et décision administrative du* 16 *août* 1833.*)*

Toute quittance de droit qui n'indique pas que le sucre terré pour lequel elle a été délivrée est du sucre brun dit moscouade, ne peut être admise comme pièce justificative du paiement des droits sur la matière brute. *(Circulaire du* 24 *juillet* 1834, *n.* 1452.*)*

Les quittances déposées sont envoyées sans retard à l'administration par l'intermédiaire des directeurs, avec un bordereau indiquant l'imputation qui en a été faite aux produits exportés, et relatant le numéro et la date de l'expédition de sortie délivrée. *(Circulaire du* 28 *avril* 1833.*)*

Dans le cas où une seconde exportation n'absorbe pas la quantité de sucre matière formant l'objet de l'acquit déposé, le récépissé représenté est retiré et annulé, et il en est délivré un autre qui, rappelant la totalité des importations faites, présente le nouveau solde disponible. *(Même circulaire.)*

Les certificats d'origine délivrés par les fabricants passeront, avant d'être admis en douane, à l'examen d'un jury spécial

(1) Les droits du sucre terré brun, dit moscouade, provenant de nos colonies, étant variables chaque année, jusqu'en 1847 inclus, d'après la loi du 2 juillet 1843, on n'a pu le faire figurer dans le tableau ci-dessus. Ce sucre, d'après la nouvelle désignation, se trouve classé dans ceux au-dessus du 2e type; ce sera donc le droit de cette dernière espèce qui servira de base à la restitution ou remboursement.

nommé en chaque lieu d'exportation par le ministre du commerce, sur la proposition des chambres de commerce. *(Loi du 27 mars 1817, art. 5.)*

Les certificats des jurys institués pour le contrôle des exportations avec primes, attesteront l'existence et l'activité des fabriques dont les marchandises sont déclarées sortir, et que les exportations actuelles, unies aux précédentes, n'excèdent pas les moyens qu'elles ont de produire. *(Loi du 27 juillet 1822, art. 8.)*

Le simple visa des certificats de fabrique, auquel certains jurys se bornent, ne saurait remplir le vœu de la loi, car ce qu'on demande d'eux, c'est qu'ils reconnaissent de fait que le sucre réunit les conditions donnant droit à la prime, et qu'il provient des fabriques désignées. *(Circulaire du 27 janvier 1823, n. 784.)*

Les vérifications auxquelles les jurys doivent procéder, conformément à l'article 8 de la loi du 27 juillet 1822, devront se faire, partout où il existe des bureaux de douanes, concurremment et simultanément avec celles dont les employés de l'administration sont chargés, et dans le même local. *(Ordonnance du 15 janvier 1823, art. 3.)*

Les directeurs se concertent à cet effet avec MM. les jurés. *(Circulaire du 27 janvier 1823, n. 784.)*

Fils et tissus de pur coton.

La prime de sortie sur les cotons filés, écrus, blancs ou teints, ainsi que sur les tissus de pur coton écrus, blancs, teints ou imprimés, est de 25 francs par 100 kilog. *(Loi du 28 juin 1832, art. 8.)*

Les chemises, pantalons, robes et autres vêtements analogues, en tissus de pur coton et dans la confection desquels il n'entre aucune autre espèce de matière, ont également droit à la prime. *(Décision ministérielle du 28 juin 1827; circulaire du 16 juillet suivant, n. 1053.)*

Le canevas gommé, dit treillis, bougran, tulle apprêté, en est exclu. *(Circulaire du 14 octobre 1829, n. 1184.)*

Les employés s'assurent que les fils et tissus présentés sont bien de pur coton, c'est-à-dire qu'ils ne sont point mélangés d'autre matière, et qu'ils n'ont point été fabriqués avec des déchets. *(Circulaire du 16 décembre 1833, n. 1414.)*

A défaut de bureau de douanes au lieu d'enlèvement, les fils et tissus de pur coton seront déclarés au conseil des prud'hommes, afin d'y être vérifiés et expédiés. *(Ordonnance du 23 septembre 1818, art. 2.)*

Lorsqu'on ne voudra exporter qu'une partie des tissus décrits en un certificat de fabrique, les maires ou les prud'hommes délivreront des extraits de ce certificat, en ayant soin de mentionner sur l'original les quantités pour lesquelles il cessera d'être valable. *(Même ordonnance, art. 4.)*

Le remballage des marchandises qui auront subi la visite aura lieu en présence des personnes déléguées par le conseil des prud'hommes et les colis seront scellés du cachet des prud'hommes. *(Même ordonnance, art. 6.)*

Il sera délivré par les prud'hommes une expédition pour accompagner la marchandise jusqu'au point de sortie désigné. *(Même ordonnance, art. 7.)*

A l'égard des colis présentés sous le cachet des prud'hommes, les bureaux de sortie, après en avoir constaté le poids, se borneront, si le poids est exact, à en exiger l'ouverture, pour s'assurer qu'ils contiennent en effet des fils ou tissus; mais cette vérification se fera sommairement et n'entraînera ni déballage, ni dénombrement, ni le dépliage des pièces ou paquets. *(Même ordonnance, art. 9.)* La visite peut être complète, le cas échéant.

Le premier bureau frontière qui sera rencontré en venant de l'intérieur, se bornera à reconnaître extérieurement l'identité des ballots désignés dans les expéditions des prud'hommes, et à viser lesdites expéditions. *(Même ordonnance, art. 10.)*

Fils et tissus de laine.

Il sera payé, à l'exportation des fils et tissus de laine les sommes ci-après :

Fils de laine pure et sans mélange de déchets ou d'autres basses matières, provenant d'une laine lavée à chaud, et valant, au kil. avant l'acquittement des droits	moins de 2 f.	exclus de la prime.	
	de 2 à 4 f. inclus..	75 f.	les 100 k.
	plus de 4	6 f. id...125 f.	les 100 k.
	plus de 6 à	8 f id...175 f.	les 100 k.
	plus de 8 à	10 f. id...225 f.	les 100 k.
	plus de 10 f.	.........275 f.	les 100 k.

Si les fils sont mêlés avec de la bourre de soie, mélange connu dans le commerce sous le nom de Tibet, la prime sera réduite de 33 p. 0/0.

Si les fils de laine pure ou mélangée ne sont pas dégraissés ou sont encore imprégnés d'huile, la prime sera réduite de 20 p. 0/0.

Tissus de pure laine, sans mélange de déchets ou d'autres basses matières. (1)

foulés et drapés	draps, casimirs ou tissu similaire, catis ou tirés à poil		9 p. % de la valeur en fabrique et au comptant.	
	bonneterie orientale (2)		9 p. % de la valeur en fabrique et au comptant.	
	couvertures (3)	valant 7 f. ou moins le kil.	F. 67	les 100 kil.
		de 7 f. excl. à 10 f. incl.	100	les 100 kil.
		au-dessus de 10 f.	140	les 100 kil.
non foulés ou légèrement foulés, sans être drapés, croisés ou lisses		valant moins de 15 f. le k.	85	les 100 kil.
		de 15 à 25 f. exclus	140	les 100 kil.
		de 25 à 35 f. exclus	195	les 100 kil.
		de 35 à 45 f. exclus	250	les 100 kil.
		de 45 et au-dessus	300	les 100 kil.
passementerie			100	les 100 kil.
bonneterie ordinaire			100	les 100 kil.
tapis			100	les 100 kil.

Sont exclus de toute prime :

1° les couvertures et les tapis valant moins de......3 } le kil.

2° les draps, casimirs, et tous autres tissus dénommés ci-dessus, d'une valeur au-dessous de.....4 50 } le kil.

Tissus où la laine entre pour plus de moitié et qui sont mélangés (4)

Ces tissus jouiront, suivant leur valeur par kilogramme et d'après la nature des mélanges, des mêmes primes que celles allouées aux tissus de pure laine, sous les conditions ci-après :

de coton ou de fil	chaîne coton ou fil, trame laine pure	foulés et drapés	draperie et tissus similaires, déduct. de	25 p. %
			couvertures, déd. de	10 p. %
		non foulés ou légèrement foulés sans être drapés, croisés ou lisses		35 p. %
	chaîne coton ou fil, trame mélangée			50 p. %
	tapis			15 p. %
	bonneterie			15 p. %
	passementerie			15 p. %
de soie	chaîne soie pure, trame laine pure	croisés		12 p. %
		lisses		18 p. %
		satinés, lisses ou croisés		25 p. %
	chaîne soie pure, trame laine et bourre de soie (Tibet), croisés ou lisses			40 p. %
	chaîne bour. de soie, tram. lain. pure, crois. ou liss.			25 p. %
	chaîne laine et bourre de soie (Tibet), trame laine et bourre de soie (Tibet), croisés ou lisses			33 p. %
	chaîne bourre de soie, trame laine et bourre de soie (Tibet), exclus de la prime.			
de poil de chèvre ou de chameau, 50 p. %				

Tissus de laine et de coton où la laine n'entre pas pour plus de moitié, 25 fr. par 100 kilog.

Châles, comme les tissus dont ils sont formés, avec addition de 30 p. 0/0, s'ils sont brochés en pure laine (5).

(1) Pour reconnaître le mélange de la laine avec des matières végétales, on prend un gramme de l'étoffe, on le fait bouillir durant trois quarts d'heure, à la température de 100 degrés, dans une quantité suffisante d'hydrate de sodium, ou dissolution de soude à 8 degrés de l'aréomètre, ou à 1058 de densité; ensuite on lave et on fait sécher ce qui reste de l'échantillon : on le pèse, et son poids donne la quantité de fil ou de coton qui entrait dans le gramme d'étoffe soumis à l'épreuve; tout ce qui a été dissous était de la laine. L'emploi de ce moyen de reconnaissance a lieu à l'administration; toutefois les vérificateurs qui ont quelque connaissance en chimie peuvent immédiatement en faire l'épreuve. *(Circulaire du 2 mai 1827, n. 1045.)*

(2) Dans la valeur de la bonneterie ne doit pas être comprise celle des houppes de soie attachées à la sommité des bonnets. *(Circulaire du 14 décembre 1835, n. 1517.)*

(3) La valeur déclarée ne doit pas comprendre, pour les couvertures de couleur, le prix de la teinture. *(Même circulaire.)*

(4) Les employés n'ont pas à rechercher quelle est la mesure de cette proportion; il suffit qu'ils s'assurent si la laine entre dans le mélange pour plus de moitié, et si c'est la chaîne ou la trame qui est de pure laine ou mélangée de telle ou telle substance. *(Circ. du 14 décemb. 1835, n. 1517.)*

(5) Il y a lieu d'accorder la prime additionelle de 30 p. 0/0 non seulement lorsque le brochage couvre tout le fond du tissu, mais encore lorsqu'il constitue, savoir :

Pour les châles longs ou boiteux, c'est-à-dire demi-longs, ce que l'on nomme un bas de palmes;

Et pour les châles carrés, de 5/8 et 3/4, une bordure de 5 centimètres au moins;

De 7/8 et 4/4, une bordure de 7 centimètres et demi;

De 9/8, 7/4, 4/3 et 6/4, une bordure de 6 centimètres.

Si, au lieu de bordure ou de palmes, le brochage ne forme que des coins, le complément de la prime n'est pas dû.

La présence, dans le brochage, de substances autres que la laine, et notamment du coton qu'on emploie souvent pour les parties blanches du dessin, s'oppose également, quelque faible qu'en soit la quantité, à l'allocation de la prime additionnelle. Les châles brochés qui présentent des mélanges de l'espèce reçoivent la prime des tissus analogues de pure laine, pour la quantité effective de cette substance qu'ils contiennent et que les exportateurs sont tenus de préciser.

Dans aucun cas, il ne peut y avoir ouverture à la prime additionnelle pour les châles brochés en pure laine, s'ils n'ont été soumis au découpage, c'est-à-dire, si on n'a coupé et enlevé du côté de l'envers des tissus les fils surabondants du broché. *(Décision ministérielle du 14 juillet 1836, circulaire du 2 août suivant, n. 1558.)*

Vêtements confectionnés et présentés en assortiments de 25 kil. au moins, et séparés par espèces de tissus, comme les tissus dont ils sont formés défalcation faite des matières accessoires et des doublures qui ne sont pas entièrement de pure laine.
(*Loi du 2 juillet* 1836, *section* 3e.)

Les tissus mélangés contenant plus de moitié laine, qui ne rentrent pas, quant à la composition distincte de la chaîne et de la trame, dans une des classes déterminées par la présente loi, jouiront des primes des tissus similaires de pure laine, sous la déduction du poids des substances autres que la laine, employées à leur fabrication. (*Loi du 2 juillet* 1836, *art.* 1.)

La nature et le poids de ces substances doivent être indiqués dans la déclaration. S'il s'agit de tissus dont la prime se règle d'après la valeur, on détermine dans quelle proportion les substances ajoutées à la laine entrent dans le poids total, et la valeur est réduite dans la même proportion. La déclaration et l'expédition doivent donner ces indications. (*Circulaire du* 18 *avril* 1837, *n.* 1620.)

Si les tissus de laine pure ou mélangée sont brochés en soie par une trame additionnelle, il sera déduit 5 pour 0[0 sur la prime.

S'ils sont brodés, on déduira le poids réel de la soie. (*Loi du* 2 *juillet* 1836, *art.* 1.)

L'évaluation du poids de la soie peut se faire à l'amiable; mais, en cas de contestation entre les exportateurs et les employés, on prélève, pour l'expertise, des échantillons qui sont ensuite rendus aux parties intéressées. (*Circulaire du* 14 *décembre* 1835.)

Ne sera pas comprise dans les valeurs qui servent de base à toutes les liquidations de prime, l'augmentation de prix qui peut résulter des dessins, ornements ou impressions appliqués sur le fond des tissus. (*Loi du* 2 *juillet* 1836, *art.* 1.)

Les déclarations de sortie présenteront séparément le contenu de chaque ballot et contiendront l'indication exacte du poids net des tissus, du nombre des pièces renfermées dans chaque ballot, ainsi que de la dimension et du poids brut de ceux-ci. (*Ordonnance du* 28 *août* 1820.)

Les déclarations présentées en douane à l'effet d'obtenir la prime, devront être accompagnées des échantillons nécessaires à la reconnaissance de l'espèce de laine dont sont formés les les tissus. (*Ordonnance du* 31 *octobre* 1821, *art.* 9.)

Pour les fils, la déclaration indique, indépendamment de la quantité et de la qualité, le prix de la laine dont ils proviennent, et fait connaître s'ils sont ou non dégraissés. (*Circulaire du* 14 *décembre* 1835, *n.* 1517.)

Dans les déclarations, comme dans les expéditions et les liquidations, on doit séparer les tissus dont la prime est à la la valeur de ceux dont la prime est au poids. (*Circulaire du* 12 *février* 1828, *n.* 1085.)

Il importe beaucoup que ces produits soient toujours désignés, dans les certificats d'origine, dans les déclarations et sur les expéditions de sortie, sous les dénominations textuelles consignées dans la loi. Leur prix, soit au mètre, soit au poids, pour les tissus dont la prime est à la valeur; mais toujours au kilogramme pour les tissus dont la prime est réglée sur le poids, doit également être indiqué. On refuse les déclarations qui ne contiennent pas ces indications. (*Circulaire du* 14 *décembre* 1835, *n.* 1517.)

C'est le prix de la marchandise vendue au comptant et en fabrique qu'il faut déclarer. (*Circulaire du* 27 *juillet* 1827, *n.* 1055.)

Les échantillons de tissus ont de 6 à 7 centimètres carrés au moins, et sont fixés sur des cartes indicatives des numéros et des marques des colis, des numéros et la largeur des pièces, ainsi que de la nature et du prix des tissus. (*Circulaires des* 24 *janvier* 1821 *et* 14 *décembre* 1835.)

Des cartes d'échantillons doivent également être remises pour les fils de laine.

Savons.

Les négociants qui présenteront des savons à l'exportation à l'étranger, et qui justifieront avoir payé des droits sur des huiles importées dans l'année, seront remboursés dans la proportion des quantités d'huiles qui entrent dans la fabrication des savons exportés. (*Loi du* 8 *floréal an* 11, *art.* 30, *et loi du* 21 *avril* 1818, *art.* 15.)

Cette disposition s'appliquera à tous les savons exportés de France, lorsqu'on justifiera par la quittance des droits d'entrée que l'huile et la soude employées à leur fabrication provenaient de l'étranger. (*Loi du* 17 *mai* 1826, *art.* 11.)

Lorsqu'une quittance ne se trouve pas totalement épuisée par la première exportation, on délivre au négociant un récépissé conforme au modèle prescrit pour les sucres, en y faisant les changements exigés par la différence des matières. (*Circulaire du* 21 *novembre* 1825, *n°* 953.)

Le terme d'un an, fixé pour le délai d'admission des quittances, n'est de rigueur, pour les savons d'huile d'olive, qu'autant que ces quittances ne sont pas au nom des fabricants; mais lorsqu'elles ont été levées par eux, ou lorsqu'elles établissent que c'est pour leur compte que les droits ont été acquittés, elles restent valables pendant deux ans, par application de l'article 25 du titre 13 de la loi du 22 août 1791. Cette règle doit être également observée pour les savons d'huile de palme ou de coco. (*Circulaire du* 31 *mars*, 1840, *n°* 1804.)

La prime consistera dans le remboursement des droits d'entrée appliqués aux matières dans la proportion de 58 kilogrammes d'huile et de 35 kilogrammes de soude ou natron par 100 kilogrammes de savon. (*Loi du* 21 *avril* 1818, *art.* 15.)

La prime se liquide en raison du poids net des savons exportés; mais comme, à l'entrée, l'huile, la soude et le natron acquittent au brut, on augmente de 13 7[11 pour 0[0 les 58 kilog., ou 35 kilog. de matières sur lesquelles la prime est allouée, lorsque les quittances produites prouvent que ces matières ont été importées en futailles, c'est-à-dire qu'on alloue, pour chaque quintal de savon exporté 65 kilog. 90 décagrammes d'huile, et 39 kilog. 77 décagrammes de soude ou natron. (*Circulaire du* 21 *novembre* 1825, *n°* 953.)

On augmente de 3 kilog. seulement les 58 kilog. d'huile, lorsqu'elles ont été importées dans des outres, et de 1 kilog. les 35 kilog. de soude ou natron venus en couffes ou nattes, ou qui, étant à nu, ont été pesés dans des récipiens. (*Déc. adm. du* 8 *mars* 1826.)

On n'admet à la prime que les savons de pâte ferme, blancs, rouges ou marbrés, à l'exclusion des savons mous et liquides, où il n'entre aucune matière exotique. (*Circulaire du* 19 *juillet* 1825, *n°* 929.)

Les passavants doivent indiquer en toutes lettres, le poids brut et poids net réel, et que les matières ont été importées en futailles, en couffes, nattes ou à nu. On y porte le numéro, la date de chaque quittance, ainsi que les quantités de matières et le montant des droits qu'elles énoncent. (*Circulaire du* 21 *novembre* 1825.)

Savons d'huile de palme ou de coco.

La restitution des droits d'entrée accordée par les lois des 8 floréal an 11, 21 avril 1818 et 17 mai 1826, à l'exportation des savons, s'effectuera de la manière suivante, en ce qui concerne les savons d'huile de palme ou de coco fabriqués en France avec des matières que l'on justifiera, par des quittances de douanes, avoir été importées de l'étranger. (*Ordonnance du* 1er *février*, 1840, *art.* 1er.)

Pour 100 kilog. de savons exportés, il sera tenu compte de 50 kilog. d'huile de palme ou de coco, et de 35 kilog. de soude ou natron. (*Ordonnances du* 1er *février* 1840, *et du* 21 *mai* 1841, *art.* 1er.)

Pour compenser la tare qui a supporté les droits d'entrée, il sera tenu compte de 13 p. 0[0 aux huiles et alcalis employés à la fabrication des savons d'huile de palme ou de coco, lorsqu'on justifiera que ces matières ont été importées en futailles. (*Ordonnance du* 1er *février* 1840, *art.* 2.)

L'exportation aux conditions réglées par les articles 1er et 2, ne pourra avoir lieu que par les ports de Marseille, Bordeaux, Nantes, le Havre, Dunkerque et Calais. (*Ordonnances du* 1er *février* 1840, *art.* 4, *et du* 22 *février* 1843.)

Les savons d'huile de palme et de coco sont généralement jaunes ou d'un brun jaunâtre; ils ont la consistance des savons ordinaires, leur odeur est plus ou moins résineuse et se rapproche souvent de celle de la poudre d'Iris. (*Circulaire du* 31 *mars* 1840, *n.* 1804.)

On doit suivre de tous points, pour la délivrance des passavants de primes et pour les comptes d'exportation à ouvrir aux déclarants sur la production des quittances, les prescriptions de la circulaire du 21 novembre 1825. (*Circulaire du* 31 *mars* 1840.)

Soufre.

L'exportation à l'étranger du soufre épuré ou sublimé donnera lieu au remboursement intégral du droit d'entrée sur le soufre brut, dans la proportion de 100 kilog. de matière pour 75 kilog. de soufre. (*Ordonnances des* 26 *septembre* 1822, *art.* 1, *et* 9 *octobre* 1825, *art.* 1.)

Ce remboursement sera soumis aux mode et conditions prescrits pour la prime des savons. (*Mêmes ordonnances.*)

Les soufres fabriqués sont dispensés du plombage, ou y supplée par une marque speciale qui est appliquée sur les colis en douane et sans frais. (*Décision ministérielle du 12 juillet 1826.*)

Acides nitrique et sulfurique.

Il sera accordé à la sortie des acides sulfurique et nitrique une prime d'exportation équivalente à l'augmentation que produit, sur les prix de fabrication de ces acides, le droit d'entrée dont le salpêtre étranger est frappé. (*Loi du 10 mars 1819, article 9.*)

Le remboursement du droit perçu à l'entrée sur les nitrates s'opérera à l'exportation des acides qui en sont extraits, aux taux suivants :

Pour l'acide sulfurique, 00 f. 50 c. par 100 kil. net d'acides.
Pour l'acide nitrique, 14 id.

Auront seuls droit à ce remboursement les acides dont la concentration sera amenée :

Celle de l'acide sulfurique, au moins à 64° de l'aréomètre de Baumé.

Celle de l'acide nitrique, au moins à 34° de l'aréomètre de Baumé.

Pour procéder à cette vérification, on doit porter l'acide soumis à l'épreuve à une température de 15° centigrades environ, ainsi qu'il est d'usage de le faire pour connaître le titre de l'acide sulfurique employé dans les fabriques de soude à la décomposition du sel. (*Circulaire du 10 décembre 1836, n. 1585.*)

Les employés des douanes préviennent les capitaines de navires de la nature des liquides qu'on doit charger à leur bord, afin qu'ils prennent les précautions convenables pour obvier aux accidens. (*Circulaire du 25 juin 1821, n. 660.*)

Les acides devront être expédiés directement des fabriques françaises, accompagnés des certificats d'origine réguliers, sur un des bureaux autorisés à recevoir les déclarations des marchandises jouissant de primes d'exportation. (*Loi du 6 mai 1841, art. 4.*)

Pour les acides nitrique et sulfurique, l'exportateur n'a pas à justifier du paiement du droit d'entrée des matières servant à leur fabrication. (*Circulaire du 9 juin 1820, n. 577.*)

Ces acides, qu'on nommait improprement l'un eau-forte, et l'autre huile de vitriol, sont liquides, de saveur aigre plus ou moins piquante, et corrosifs à un certain degré de concentration. Ils ont la propriété de rougir les couleurs bleues végétales, en sorte qu'on reconnait leur nature en y trempant du papier bleu, qui rougit aussitôt. Ces acides désorganisent d'ailleurs sur-le-champ les matières animales et végétales.

Ces caractères sont communs aux deux acides : l'acide sulfurique est inodore et de consistance oléagineuse. L'acide nitrique est au contraire odorant et plus limpide; il a pour caractère particulier de tâcher la peau en jaune. (*Circulaire du 12 février 1820, art. 547.*)

Viandes salées.

Le droit du sel employé à la salaison des viandes de bœuf et de porc exportées par mer sera remboursé d'après un taux moyen que le gouvernement déterminera pour chaque espèce de salaison. (*Loi du 7 juin 1820, art. 9.*)

Les viandes salées, ayant droit, dans le cas d'exportation au remboursement du droit du sel, selon l'art 9 de la loi du 7 juin 1820, sont rangées en deux classes pour la quotité du droit à restituer. (*Ordonnance du 22 juin 1820, art. 1.*)

La restitution du droit aura lieu pour chaque classe dans les proportions suivantes, savoir :

Sur les salaisons de première classe,				
Pour 100 kil. net	de bœuf ou porc,	le droit de	40 kil.	de sel;
id.	de jambon,	id.	30	id.
id.	de lard en planches,	id.	32	id.
Sur les salaisons de la deuxième classe,				
Pour 100 kil. net	de bœuf ou porc,	id.	30	id.
id.	de jambon,	id.	25	id.
id.	de lard en planches,	id.	27	id.

(*Ordonnance du 22 juin 1820, art. 2.*)

Il importe d'exiger, pour toutes les exportations de viande de porc, que leur espèce soit déclarée selon les termes de l'art. 2 ci-dessus, et de rappeler toujours très-exactement chaque espèce sur le permis d'embarquement, de même que sur les certificats de visite et de liquidation de prime. D'après cette règle, la déclaration de lard salé ne doit jamais être admise, puisque cette appellation ne se trouve pas dans l'ordonnance. Le lard en planches doit être désigné sous cette dénomination, qui lui est spécialement propre, et toute salaison de porc qui n'est pas du lard en planches, doit être déclarée porc salé. (*Circulaire du 22 novembre 1820, n. 619.*)

Auront droit aux restitutions de la 1re classe les exportations faites aux destinations suivantes :

Les pays étrangers transatlantiques,
Les colonies et comptoirs français,
La pêche de la baleine,
La pêche de la morue.

Ne jouiront que des restitutions de la 2me classe les exportations effectuées, aux destinations ci-après :

Les pays étrangers d'Europe,
Les possessions françaises du nord de l'Afrique,
Le Levant, l'Egypte et les Etats barbaresques sur la Méditerranée. (*Ordonnance du 28 juillet 1840, art. 2.*)

Les viandes embarquées comme provisions de bord et pour la nourriture des équipages, donnent droit à la prime. (*Ordonnance du 22 juin 1820, art. 1.*)

Toutefois les salaisons consommées dans le port ou en rivière avant l'exportation ou le passage en haute mer du navire, en sont exclues. (*Décision administrative du 3 juin 1829.*)

Les viandes de bœuf et de porc salées, exportées par les frontières de terre des Pyrénées, jouiront de la restitution de la seconde classe. (*Ordonnance du 28 juillet 1840, art. 3.*)

Pour établir le poids net des salaisons, il sera fait déduction du poids des futailles dans lesquelles elles seront contenues, en prenant le poids effectif des futailles vides de mêmes formes et capacité.

Chaque restitution de droit sera autorisée par l'administration des douanes, mais seulement sur la production de pièces justificatives de la bonne confection des salaisons embarquées, de leur exportation effective et du lieu de leur destination. (*Ordonnance du 22 juin 1820, art. 3.*)

Les signes distinctifs d'une bonne salaison sont : pour le bœuf, une chair ferme, d'un rouge vif dans les parties maigres, une graisse compacte, d'un beau blanc, colorée légèrement, et par intervalle d'une teinte rosée. L'odeur est agréable, semblable à celle du jambon. Le lard est d'une couleur rose vermeille; il résiste sous le doigt, et a une odeur pareille à celle du bœuf, mais un peu plus forte.

On doit faire une incision dans les viandes, pour bien apprécier leurs qualités, d'après les indications ci-dessus.

En général, les salaisons expédiées pour les colonies ou toute autre destination éloignée, sont en saumure; celle-ci, pour assurer la conservation des viandes, doit marquer à l'aréomètre, ou pèse-sel, de 25 à 27 degrés.

Les viandes de la 2me classe, que l'on embarque pour les pays d'Europe ou pour la pêche, doivent présenter les mêmes caractères extérieurs que les précédentes, qui sont rangées dans la 1re classe; mais le degré de la saumure peut être inférieur. Ce degré est facile à déterminer, d'après la quantité de sel sur laquelle le droit doit être restitué. Ainsi, par exemple, si la saumure d'un quintal de bœuf ou de porc de la 1re classe, sur lequel on rembourse le droit de 40 kilog. de sel, doit marquer de 25 à 27 degrés, il est clair que celle de 100 kilog. de même viande, rangée dans la 2me classe et jouissant de la restitution de l'impôt sur 30 kilog. de sel seulement, ne devra porter que de 19 à 20 degrés. Ce calcul proportionnel, fort simple, se fait pour chacune des autres espèces de salaisons.

On voit que des viandes salées sont de mauvaise qualité ou n'ont pas reçu assez de sel, quand elles présentent une chair flasque, de couleur terne, et que la graisse en est jaune, portant une odeur de rance. La restitution du droit du sel ne peut être accordée, dans aucun cas, pour des viandes de mauvaise qualité ou dont la préparation est imparfaite. (*Circulaire du 5 juillet 1820, n. 584.*)

Pièces à produire.

1° Permis d'embarquer délivré pour les viandes salées, et au dos duquel doit être porté le certificat des vérificateurs énonçant la bonne confection des viandes, le nombre et l'espèce des colis et leur poids net et brut;

2° Certificat donné par le chef du service actif, constatant que le bâtiment à bord duquel ont été embarquées les viandes a pris la mer;

3° Copie, par extrait, certifiée tant par l'employé chargé de la tenue du registre des déclarations que par le receveur de la douane au bureau de départ, du manifeste général de sortie;

4° Feuille de liquidation provisoire de la prime faite par les employés du bureau de départ.

Lorsque le navire doit faire échelle dans un autre port de France avant de se rendre à sa destination ultérieure, les pièces à produire sont :

De la part du directeur dans l'arrondissement duquel se trouve le port de première expédition :

1° Le permis d'embarquement dont il vient d'être parlé ;

2° Le certificat du chef du service actif constatant la mise en mer du navire pour la destination intermédiaire et de la part du directeur qui se trouve avoir sous sa surveillance le port de départ définitif;

1° Un certificat délivré par les employés de ce port, attestant l'existence à bord, l'identité et le poids net et brut des viandes au moment du départ;

2° Un autre certificat des chefs du service actif, constatant la sortie du navire pour se rendre immédiatement à sa destination définitive ;

3° Un extrait du manifeste de sortie, comme il est dit ci-dessus ;

4° La liquidation provisoire de la prime.

Les pièces ci-dessus indiquées sont certifiées par les sous-inspecteurs sédentaires ou autres chefs des bureaux d'expédition et visées par les directeurs. (*Circulaires des 5 juillet 1820, n. 584, 26 janvier 1824, n. 850, et 7 décembre 1825, n. 957.*)

Les viandes que l'on aurait salées dans les lieux situés dans l'enceinte des marais salans ou enclavés dans leur circonscription, ne jouiront, à la sortie, du remboursement du droit du sel que sur la représentation préalablement faite :

1° Des acquits de paiement du droit du sel employé auxdites fabrications ;

2° D'un certificat du saleur qui aura préparé les viandes, ledit certificat légalisé par le maire de la commune où seront placés les ateliers de salaison. (*Ordonnance du 22 juin 1820, art. 4.*)

Toute quantité de viande salée en France, ayant joui de la restitution du droit, aux termes des articles précédents, et qui serait réimportée sous un prétexte quelconque, ne pourra être mise en consommation dans le royaume qu'en supportant les droits d'entrée du tarif comme viande salée importée de l'étranger. (*Même ordonnance, art. 5.*)

Beurres salés.

Le droit prélevé sur le sel employé dans la préparation des beurres sera restitué à l'exportation de ce produit, et dans les proportions qui seront déterminées par des ordonnances du roi. (*Ordonnance du 13 juillet 1825, art. 9, et loi du 17 mai 1826, art. 8.*)

Les exportations de beurres salés donnent lieu, à titre prime de sortie, aux restitutions suivantes :

1° Du droit perçu sur 8 kilog. de sel pour 100 kilog. nets de beurre salé exporté à destination :

Des pays étrangers d'Europe;

Des possessions françaises du nord de l'Afrique ;

Du levant, de l'Egypte et des états barbaresques sur la Méditerranée ;

2° Du droit perçu sur 12 kilog. de sel pour 100 kilog. nets de beurre salé exporté à destination :

Des pays étrangers transatlantiques ;

Des colonies et comptoirs français ;

De la pêche de la baleine ;

De la pêche de la morue.

(*Ordonnances des 23 novembre 1825, art. 1er, et 28 juillet 1840.*)

Les mesures d'exécution pour la délivrance des primes à l'exportation des beurres salés sont les mêmes que celles relatives aux primes des viandes salées. (*Circulaire du 7 décembre 1825, n. 957.*)

Si des beurres salés, ayant joui de la restitution de la taxe sur le sel, étaient réimportés, ils ne pourraient être admis dans le royaume qu'en supportant le droit d'entrée du tarif comme beurre salé étranger. (*Même circulaire.*)

Sel ammoniac.

Le droit prélevé sur le sel employé dans la préparation du sel ammoniac sera restitué à l'exportation de ce produit, et dans les proportions déterminées par les ordonnances du roi. (*Ordonnance du 13 juillet 1825, art. 9, et loi du 17 mai 1826, art. 8.*)

Les exportations de sel ammoniac régulièrement constatées donneront lieu à la restitution du droit perçu sur le sel employé à la fabrication de ce produit, dans la proportion de 160 kilog. de sel marin pour 100 kilog. de sel ammoniac. (*Ordonnance du 23 novembre 1825, art. 1er.*)

Ce sel se livre au commerce en pains d'une forme aplatie et concave ; il est presque sans odeur, et pour s'assurer de sa nature, il suffit d'en prendre un morceau, de le mettre dans un mortier avec une quantité égale de chaux vive ou de carbonate, soit de soude, soit de potasse, et de broyer ensemble les deux substances. Si la première est réellement du sel ammoniac, il s'exhale du mortier une odeur fétide extrêmement forte et pénétrante, produite par l'évaporation de l'ammoniaque ou alcali volatil. S'il arrive qu'il y ait à ce sujet contestation entre les employés et le déclarant, il est prélevé des échantillons qui sont adressés à l'administration pour être soumis aux experts du gouvernement. (*Circulaire du 15 décembre 1825, n. 958.*)

Pour les exportations par mer, on est tenu de produire, sauf les modifications indiquées par la différence des marchandises, les mêmes justifications que pour les viandes salées. (*Même circulaire.*)

Si l'exportation a lieu par terre, les directeurs joignent aux demandes en restitution de la taxe du sel :

1° Un certificat des receveurs et visiteurs au bureau de deuxième ligne, attestant la reconnaissance qu'ils ont faite du sel ammoniac, le nombre et l'espèce des colis, ainsi que le poids brut et net de chaque colis;

2° Le passavant délivré à ce même bureau pour accompagner le sel ammoniac jusqu'au bureau de sortie;

3° Le certificat des vérificateurs qui, à cette douane de sortie, ont procédé, à vue du passavant et du premier certificat, à la reconnaissance du contenu des colis ;

4° Un autre certificat donné par les employés du service actif, attestant qu'ils ont escorté les colis jusqu'à l'extrême frontière et qu'ils les ont vus passer sur le territoire étranger;

5° Une liquidation provisoire de la prime.

Ce trois dernières pièces sont certifiées par le sous-inspecteur sédentaire de la douane de sortie ; toutes sont visées par les directeurs. (*Circulaire du 15 décembre 1825, n. 958.*)

Le mode à suivre pour établir le poids net du sel ammoniac est le même que celui employé pour les viandes salées. (*Même circulaire.*)

La restitution du droit perçu sur le sel ne sera accordée que pour les exportations faites par les ports de Marseille, Bayonne, Bordeaux, Nantes, Le Havre, Rouen, Dunkerque, ou par les bureaux de Lille, Valenciennes, Forbach, Strasbourg, St-Louis et Pont-de-Beau-Voisin. (*Ordonnance du 23 novembre 1825, art. 2.*)

Le sel ammoniac destiné à l'exportation et pour lequel on réclamera le bénéfice de l'article premier de la présente ordonnance, devra être accompagné d'un certificat d'origine délivré par le fabricant, visé par le maire qui en attestera le contenu, et légalisé par le sous-préfet. (*Même ordonnance, art. 3.*)

Les fraudes et fausses déclarations par lesquelles on chercherait à s'attribuer la restitution des droits, hors les cas où elle est due, donneront lieu à l'application de l'article 17 de la loi du 21 avril 1818, ainsi que de l'article premier de la loi du 5 juillet 1836 qui a modifié la loi du 21 avril 1818. (*Même ordonnance, art. 4.*)

Meubles en acajou.

Il sera accordé pour la sortie des meubles neufs en acajou massif, à titre de remboursement de droit d'entrée, une prime de 8 f 75 par 100 k. Cette prime s'étendra aux feuilles de placage. (*Ordonnance du 26 juin 1842, art. 1er.*)

Les lois des 7 juin 1820, art. 7, et 2 juillet 1836 avaient fixé cette prime à 17 f. 50 c.; l'ordonnance de ci-dessus l'a réduite à moitié.

Les meubles d'acajou doivent être présentés avec des certificats d'origine dûment légalisés, et portant déclaration de l'ouvrier qu'ils sont d'acajou massif et non de bois indigène plaqué, à l'exception des tiroirs et autres compartiments intérieurs qu'il est d'usage de ne pas faire en acajou. On établit le poids net des meubles pris en masse, sans autre défalcation que celle des marbres ou autres accessoires qui n'y sont pas adhérents; on considère comme adhérents, les serrures, poignées et autres moulures en métal appliquées aux meubles. (*Circulaire du 9 juin 1820, n. 577.*)

L'exportation des meubles est assujettie aux formalités générales relatives aux autres produits. (*Même circulaire.*)

Plomb, cuivre, laiton et peaux.

Les droits perçus à l'importation du plomb brut, du cuivre brut et des peaux brutes, seront restitués à l'exportation du plomb battu, laminé ou autrement ouvré en nature, du cuivre et laiton battu, laminé ou autrement ouvré en nature, et des peaux apprêtées, et ce, dans les proportions et avec les formalités déterminées par ordonnance du Roi, et à la charge par les réclamants, de justifier du paiement desdits droits. (*Loi du 17 mai 1826, art. 8.*)

Les primes instituées par l'article 8 de la loi du 17 mai 1826 seront payées dans les proportions suivantes, savoir :

Pour 100 kilog. de plomb battu, laminé ou autrement ouvré en nature, le montant des droits d'entrée supportés par 102 kilog. de plomb brut ;

Pour 100 kilog. de cuivre battu, laminé ou autrement ouvré en nature, le montant des droits d'entrée supportés par 100 kilog. de cuivre brut ;

Pour 100 kilog. de laiton battu, laminé ou autrement ouvré en nature, le montant des droits d'entrée supportés par 90 kilog. du cuivre brut ;

Pour 100 kil. de cuir et peaux tannés et corroyés, le montant des droits d'entrée supportés par 100 kilog de peaux brutes.

Pour 100 kilog. de peaux teintes et vernies, le montant des droits d'entrée payés par 110 kilog. de peaux brutes ;

Pour 100 kilog. de peaux megies, chamoisées ou maroquinées, le montant des droits d'entrée payés par 200 kilog. de peaux brutes. (*Ordonnance du 26 juillet 1826, art. 1er.*)

Les préposés qui expédient les marchandises d'un bureau intérieur, ou ceux qui en constatent la contre-vérification à l'extrême frontière, établissent, soit par le passavant, soit par le certificat de sortie effective, l'espèce et le poids net des objets, et se font représenter les quittances des droits pour des matières d'un poids qui réponde aux produits fabriqués. (*Circulaire du 1er août 1826, n. 998.*)

Il ne sera admis comme justification du paiement des droits à rembourser, que des quittances délivrées pour importation par navires français, à moins que l'exportateur ne prouve l'identité de la marchandise exportée avec celle importée par navire étranger, pour laquelle la quittance serait représentée. (*Ordonnance du 26 juillet 1826, art. 2.*)

Conformément à l'article 25 du titre 13 de la loi du 22 aout 1791, on ne pourra admettre, pour motiver les restitutions de droits ci-dessus déterminées, des quittances ayant plus de deux années de date. (*Même ordonnance, art. 3.*)

On n'admet que les quittances d'importations faites dans les deux dernières années par navires français. Ceux qui veulent profiter de l'exception prévue par l'article 2 ci-dessus, adressent à l'administration, comme premier élément de justification, la quittance du droit d'entrée délivrée au nom même du fabricant exportateur, ou un extrait authentique des livres du consignataire qui a acquitté pour le compte de ce même fabricant. (*Circulaire du 1er août 1826, n. 998.*)

Chapeaux de paille.

Le droit payé à l'importation des chapeaux de paille, d'écorce et de sparterie, sera remboursé intégralement lorsque ces mêmes chapeaux, ayant été apprêtés en France, seront réexportés, et que les apprêteurs produiront des quittances délivrées en leur nom et n'ayant pas plus de six mois de date. (*Loi du* 17 *mai* 1826, *art.* 10.)

La prime de sortie ne sera plus payée que pour les chapeaux passibles du droit de 1 f. 25 c. (*Loi du* 5 *juillet* 1836.)

On doit se refuser, par conséquent, à admettre au bénéfice de la restitution des droits perçus à l'entrée, les chapeaux de paille, d'écorce ou de sparterie apprêtés, autres que ceux à tresses engrenées, qui ont acquitté le droit indiqué ci-dessus. (*Circulaire du* 16 *juillet* 1836, *n.* 1551.)

Machines à vapeur.

Les machines à vapeur de fabrication étrangère, quelle qu'en soit la force, employées sur les navires français destinés à la navigation internationale maritime, seront exemptes de tous droits.

Les machines à vapeur de fabrication française, quelle qu'en soit la force, employées sur des navires destinés à la navigation internationale maritime, donneront droit à une prime de 33 p. 0/0 de la valeur en entrepôt des mêmes machines de construction étrangère ; cette valeur sera déterminée par le comité consultatif des arts et manufactures.

Dans le cas où lesdites machines, soit étrangères, soit françaises, seraient, par une cause quelconque, affectées ultérieurement à une destination autre que la navigation internationale maritime, celles de construction étrangère seront assujetties au paiement du droit exigible d'après le tarif actuellement en vigueur, et celles de construction française au remboursement de la prime. (*Loi du* 6 *mai* 1841, *art.* 1*er*.)

Ces machines ne sont admises à la prime de sortie ou à l'immunité des droits d'entrée, qu'autant qu'elles sont complètes, et le commerce est tenu, pour faciliter les vérifications, de fournir, à l'appui de ces déclarations, des dessins sur échelle et des notices descriptives.

L'immunité des droits, comme la prime, ne peut être accordée qu'en vertu des ordres émanés de l'administration elle-même, et, dans l'un et l'autre cas, le propriétaire du navire à bord duquel les machines sont placées doit souscrire une soumission cautionnée portant obligation, soit d'acquitter les droits, soit de restituer la prime, suivant le cas, si, par une cause quelconque, ces machines étaient affectées ultérieurement à toute autre destination que la navigation maritime internationale. Copie certifiée de cette soumission doit être annexée, sous le cachet de la douane, à l'acte de francisation du navire, et annotation conforme doit en être faite sur le congé à l'article du mobilier du bâtiment. (*Circulaire du* 8 *mai* 1841, *n.* 1850, *et décision administrative du* 15 *juillet suivant.*)

L'installation, à bord d'un navire, d'une machine pour laquelle on réclame le bénéfice de la prime, doit être précédée d'une déclaration faite à la douane du port d'embarquement et énonçant d'une manière précise :

1° L'atelier de construction, en France, où la machine a été confectionnée;

2° Que cette machine est entièrement neuve ;

3° La puissance de la machine, exprimée en nombre de forces de cheval ;

4° Le nom du navire sur lequel l'appareil doit être installé;

5° La destination que doit recevoir ce bâtiment ;

Le déclarant devra souscrire, en outre, l'engagement de justifier, après installation de l'appareil, que la force de la machine est au moins égale à celle déclarée.

Cette déclaration sera appuyée des trois pièces ci-après :

Un certificat d'origine, délivré par le constructeur et dûment visé, constatant que l'appareil est neuf et que toutes les pièces en ont été fabriquées en France. Il devra indiquer pareillement la force en chevaux de l'appareil ;

Un dessin sur échelle certifié exact par le constructeur ;

Un état descriptif de toutes les pièces de la machine, indiquant leur nombre, leur espèce, la nature des métaux dont elles se composent, et enfin leur poids.

Après la production de ces diverses pièces, il sera procédé à la vérification. Le service y apportera le plus grand soin et contrôlera l'exactitude de la déclaration dans toutes ses parties. Le résultat de cette vérification sera consigné dans un certificat destiné à être joint au dossier de la demande en allocation de prime. Les employés y exprimeront leur avis motivé pour l'adoption ou le rejet de la demande, selon qu'il y aura lieu.

Toutes les pièces dont se composera ce dossier devront être adressées à l'administration avec une formule du modèle série E, n. 52, etc.

Le payement de la prime pourra avoir lieu à celle des recettes principales des douanes que les parties intéressées auront désignée. (*Circulaire du* 18 *décembre* 1843, *n.* 1999.)

Fontes.

Les droits perçus à l'entrée sur les fontes employées à la fabrication des machines à feu seront remboursés aux conditions et dans les proportions déterminées par ordonnance du Roi, sur les machines d'une force de cent chevaux au moins, placées à bord des navires destinés à la navigation maritime. (*Loi du* 5 *juillet* 1836, *art.* 5, *paragraphe dernier.*)

La restitution du droit d'entrée sur les fontes brutes étrangères employées à la fabrication des machines à feu de cent chevaux ou plus, dont l'installation à bord des navires destinés à la navigation maritime aura été dûment constatée par les agents des douanes, s'effectuera à raison de 500 kilog. de fonte par cheval de force, y compris le déchet de fabrication, et de 6 fr. 40 c. par chaque 100 kilog. (*Ordonnance du* 30 *mai* 1839, *art.* 1*er*.)

Seront seules admises à jouir du bénéfice de ces dispositions les machines à feu neuves, dont la construction en France et la force seront dûment justifiées. Dans le cas où les diverses machines seraient retirées des navires pour être affectées à un autre emploi, les propriétaires seront tenus de rembourser le montant des sommes reçues par eux en vertu de la présente ordonnance. (*Même ordonnance, art.* 2.)

Les dispositions précédentes seront applicables aux machines dont l'installation à bord des bâtiments affectés à la navigation maritime aura été régulièrement constatée par les douanes depuis la mise à exécution de la loi du 5 juillet 1836. (*Même ordonnance, art.* 3.)

L'installation, à bord d'un navire, d'une machine pour laquelle on réclame le bénéfice de la prime, doit être précédée d'une déclaration faite à la douane du port d'embarquement et énonçant d'une manière précise :

1°, 2°, 3°, 4°, 5°, etc. Voir toutes ces énonciations ci-dessus à la suite des machines à vapeur; elles sont de tous points applicables aux fontes dont il s'agit ici. *Circulaire du* 18 *décembre* 1843, *n.* 1999.)

Nomenclature Générale

Des Bureaux exclusivement chargés des opérations relatives aux primes de sortie pour toutes les marchandises, à l'exception des sucres.

PREMIÈRE SECTION.

Ports et bureaux qui peuvent recevoir les premières déclarations de sortie sous réserve de prime, procéder à la vérification des titres produits, à la reconnaissance des marchandises, au plombage et à la délivrance des passavants au dos desquels la sortie effective devra être constatée à l'extrême frontière.

C'est à l'exclusion de tous autres que ces bureaux doivent délivrer les expéditions de sortie pour les marchandises de primes, même pour les fils et tissus de coton qui auraient été présentés d'abord à un conseil de prud'hommes. Les bureaux de deuxième ligne non désignés ci-après doivent se borner à délivrer un passavant de circulation qui dirige la marchandise sur l'une des douanes désignées en cette première section de la nomenclature. (*Circulaire du* 22 *janvier* 1830, *n.* 1199.)

Lorsque les marchandises expédiées de l'intérieur sont dirigées sur un point de la frontière où il y a doubles bureaux, le passavant énonce que la sortie s'effectuera en passant par l'un et l'autre de ces bureaux. (*Circulaire du* 17 *juin* 1830, *n.* 1215.)

Ports de mer.

Abbeville, Bayonne, Bordeaux, Boulogne, Brest, Caen, Calais, Cette, Cherbourg, Dieppe, Dunkerque, Fécamp, Granville, Honfleur, La Rochelle, Le Havre, Le Légué, Lorient, Marseille, Morlaix, Nantes, Port-Vendre, Rochefort, Rouen, Saint-Brieuc, Saint-Malo, Saint-Valéry-sur-Somme, Toulon, Vannes.

Bureaux de terre.

Arles, Armentières, Bailleul, Bedous, Belfort, Bellegarde, Briançon, Chapareillan, Colmar, Delle, Entre-deux-Guiers, Forbach, Frauenberg, Givet, Grosbliderstroff, Jougne, Lauterbourg, Les Pargots, Les Rousses, Lille, Longwy, Lyon, Metz, Montgenèvre, Montpellier, Mulhausen, Orléans, Oloron, Paris, Perpignan, Pont-de-Beauvoisin, Roubaix, Saint-Jean-Pied-de-Port, Saint-Laurent-du-Var, Saint-Louis, Saint-Blaise, Sedan, Sierck, Strasbourg, Thionville, Toulouse, Tourcoing, Valenciennes, Verrières-de-Joux, Wissembourg, plus Barcelonnette pour les draps seulement, Cannes et Antibes pour les savons seulement, Vielle et Argelès pour les tissus de coton seulement.

Bureaux

Qui peuvent seuls constater le passage définitif à l'étranger des marchandises de primes.

Ports de mer.

Bayonne, Boulogne, Brest, Caen, Cette, Cherbourg, Calais, Dieppe, Dunkerque, Fécamp, Granville, Honfleur, Le Havre, Le Légué, Lorient, La Rochelle, Marseille, Morlaix, Painbœuf pour ce qui est expédié de Nantes, Port-Vendres, Pouillac pour ce qui est expédié de Bordeaux, Quillebœuf pour ce qui est expédié de Rouen, Rochefort, Saint-Valery-sur-Somme, Saint-Malo, Saint-Brieuc, Toulon, Vannes.

Bureaux de terre.

Ainhoa pour ce qui est expédié de Bayonne, Arnéguy pour ce qui est expédié de Saint-Jean-Pied-de-Port, Baizieux pour ce qui est expédié de Lille, Blancmisseron pour ce qui est expédié de Valenciennes, Bellegarde, Bourgmadame pour ce qui est expédié de Perpignan, Béhobie pour ce qui est expédié de Bayonne, Chapareillan, Delle, Entre-deux-Guiers, Forbach, Frauenberg, Grosbliederstroff, Gabas pour les tissus de coton seulement pour ce qui est expédié par l'un des bureaux de la direction de Bayonne, autorisés à cet effet, Halluin pour ce qui est expédié de Lille, Huningue, Jougne, Lauterbourg, La Chapelle pour ce qui est expédié de Sédan, La Vantzenau pour ce qui a été vérifié à Strasbourg, l'Ile-de-Paille pour ce qui est expédié de Colmar, Les Rousses, Le Perthus pour ce qui est expédié de Perpignan, Longwy, Mont-Genèvre pour ce qui est expédié de Briançon, Pont-de-Beauvoisin, Pont-Rouge pour ce qui est expédié d'Armentières, Pont-du-Rhin pour ce qui est exdédié de Strasbourg, Evrange pour ce qui est expédié de Thionville, Sierck, Les-Trois-Maisons, Saint-Blaise, Coursolre, pour les tissus de laine seulement, Givet, Givonne pour ce qui est expédié de Sédan, Larche pour les draps seulement pour ce qui est expédié de Barcelonnette et visé aux bureaux de Janssiers et de Meyronnes, Cannes et Antibes pour les savons seulement, Osséja pour les tissus de coton seulement pour ce qui est expédié de Perpignan, Bagnères-de-Luchon, Aragnouet et Gavarnie pour les tissus de coton seulement, Lescun pour ce qui est expédié de Bedous, Larrau et Les Aldudes pour les tissus de coton seulement expédiés par l'un des bureaux de la direction de Bayonne, autorisés à cet effet, Olhette, Saint-Jean-de-Luz par Socoa.

Stations du chemin de fer de la frontière belge : Turcoing, Roubaix, Saint-Saulve.

Saint-Louis, Saint-Laurent-du-Var, Urdos pour ce qui est expédié d'Oloron, Verrières-de-Joux, Wissembourg, Riscontout pour ce qui est expédié de Turcoing, Condé par Bonsecours pour les tissus de laine seulement, non compris la bonneterie pour ce qui est expédié de Valenciennes, Rouen, Paris ou Sédan. Mêmes conditions pour le bureau de Bavay, par Bellignies.

Bureaux

Exclusivement chargés des opérations relatives aux primes de sortie pour les sucres.

PREMIÈRE SECTION

Bureaux pouvant recevoir les déclarations de sortie sous réserve de prime, procéder à la vérification des titres produits, à la reconnaissance des sucres, etc., etc.

Ports de mer.

Bordeaux, Boulogne, Brest, Caen, Cette, Dieppe, Dunkerque, Honfleur, La Rochelle, Le Havre, Marseille, Morlaix, Nantes, Rouen, Toulon.

Bureaux de terre.

Besançon, Lille, Lyon, Mulhausen, Orléans, Paris, Strasbourg, Valenciennes.

DEUXIÈME SECTION.

Bureaux qui peuvent seuls constater le passage définitif à l'étranger des sucres avec prime.

Ports de mer.

Boulogne, Brest, Caen, Calais, Cette, Dieppe, Dunkerque, Honfleur, La Rochelle, Le Havre, Marseille, Morlaix, Paimbœuf pour ce qui est expédié de Nantes, Pauillac pour ce qui est expédié de Bordeaux, Port-Vendres, Quillebœuf pour ce qui est expédié de Rouen, Toulon, Saint-Malo.

Bureaux de terre.

Ainhoa, Béhobie, Bellegarde, Blancmisseron pour ce qui est expédié de Valenciennes, Chapareillan, Delle, Entre-deux-Guiers, Forbach, Jougne, La Wantzenau pour ce qui est expédié de Strasbourg, Les Rousses, Longwy, Pont-du-Rhin pour ce qui est expédié de Strasbourg, Pont-de-Beauvoisin, Sierck, Saint-Jean-Pied-de-Port par Arnégny, Saint-Louis, Saint-Blaise, Urdos, Verrières-de-Joux, Villers, Les-Trois-Maisons, Valenciennes par le chemin de fer, Grosbliederstroff, Frauenberg, Les Pargots, Arnéguy.

Pêche de la Morue.

Les primes accordées pour l'encouragement de la pêche de la morue seront fixées comme suit, du 1 mars 1842 au 31 décembre 1850, savoir :

Primes d'Armement.

1° 50 francs par homme d'équipage, pour la pêche avec sécherie, soit à la cote de Terre-Neuve, soit à Saint-Pierre et Miquelon, soit sur le Grand-Banc de Terre-Neuve ;

2° 50 fr. par homme d'équipage, pour la pêche sans sécherie, dans les mers d'Islande.

3° 30 fr. par homme d'équipage, pour la pêche sans sécherie, sur le Grand Banc de Terre-Neuve.

4° 15 francs par homme d'équipage, pour la pêche au Dogger-Bank.

Primes sur les produits de la pêche.

1° 22 fr. par quintal (100 kil.) pour l'importation aux Colonies françaises, tant en Amérique qu'au delà du cap de Bonne-Espérance, des morues sèches de pêche française expédiées directement des côtes de Terre-Neuve et de Saint-Pierre et Miquelon, ou extraites des entrepôts de France ;

2° 16 francs pour l'importation, aux mêmes Colonies, des morues sèches de pêche française, lorsque ces morues sont exportées des ports de France sans y avoir été entreposées.

Les morues sèches de pêche française introduites dans nos possessions sur les côtes du Sénégal, jouiront des mêmes primes. *(Circulaire du 26 mars 1842, n, 1906.)*

3° 14 fr. pour les morues sèches de pêche française expédiées des lieux de pêche, soit des Ports de France, et importées, soit dans les états étrangers de la mer des Antilles ou de l'Amérique, sur les côtes de l'Océan Atlantique, par les ports où il existe un consul français, soit en Espagne et en Portugal, dans les états étrangers sur les côtes de la Méditerranée et dans l'Algérie ;

4° 12 fr pour les morues sèches de pêche française expédiées, soit directement des lieux de pêche, soit des ports de France, et importées dans les ports d'Italie ;

5° 10 fr. pour l'importation en Espagne, par terre, de morues sèches de pêche française.

Rogues de Morue.

6° 20 fr. (par 100 kilog.) de rogues de morue que les navires pêcheurs rapportent en France du produit de leur pêche. *(Loi du 25 juin 1841, art. 1er.)*

Les dispositions de la présente loi, et celles des lois des 22 avril 1832 et 9 juin 1836, auxquelles il n'est pas dérogé, cesseront d'avoir leur effet le 1er janvier 1851. *(Même loi, art. 3.)*

Le minimum d'équipage déterminé par l'art. 1er. de l'ordonnance du 26 avril 1833, pour les navires expédiés à la pêche de la morue, sur les côtes de Terre-Neuve, sera fixé comme suit, à partir du 1er mars 1842, savoir :

20 hommes au moins pour les navires en-dessous de 100 tonneaux.

30 hommes au moins pour les navires de 100 à 158 tonneaux exclusivement.

50 hommes au moins pour les navires de 158 tonneaux et au-dessus. *(Ordonnance du 25 février 1842, art. 1er, en vertu de l'art. 2 de la loi du 25 juin 1841).*

Les navires expédiés pour la pêche avec sécherie à Saint-Pierre et Miquelon seront assimilés, quant au nombre d'hommes à embarquer, aux armemens pour les côtes de Terre-Neuve. *(Ordonnance du 25 février 1842, art. 2.)*

Le minimum d'équipage imposé par l'art. 4. de la loi du 9 juillet 1836, aux armemens pour la pêche sur le Grand-Banc avec sècherie, soit à Saint-Pierre et Miquelon, soit sur la côte de Terre-Neuve, sera fixé à l'avenir à 30 hommes pour les navires jaugeant moins de 158 tonneaux, et 50 hommes pour navires de 158 tonneaux et au-dessus. *(Même ordonnance, article 3.)*

Les navires expédiés au Grand-Banc pour la pêche de la morue, salaison à bord, ne pourront, dans aucun cas, porter les produits de leur pêche, en partie ou en totalité, soit à Saint Pierre et Miquelon, soit sur les côtes de Terre-Neuve, sous peine pour les armateurs de payer le double de la prime reçue ou indûment demandée, sans préjudice des condamnations pour cause de contravention aux lois sur les douanes. *(Ordonnance du 27 février, 1842, art. 4.)*

La déclaration d'armement des navires expédiés au Grand-Banc pour la pêche de la morue, salaison à bord, devra, conformément au modèle n° 1 annexé à la présente ordonnance, contenir, indépendamment des indications prescrites par l'art. 3 de l'ordonnance du 26 avril 1833, l'engagement de rapporter en France la totalité des produits de la pêche. *(Même ordonnance, art. 5.)*

Ces deux derniers articles 4 et 5, ne seront exécutoires qu'en janvier 1847. *(Circulaire du 26 janvier 1843, n, 1956 et décision ministérielle.)*

Au retour des navires pêcheurs dans les ports de France, l'interrogatoire de l'équipage, prescrit par l'art. 4 de notre ordonnance, du 26 avril 1833, sera fait par l'administration des douanes de concert avec l'administration de la marine.

Le modèle n° 3 joint à l'ordonnance précitée (26 avril 1833), sera remplacé par le modèle n° 2 annexé à la présente ordonnance. *(Ordonnance du 25 février 1842, art. 6.)*

La faculté d'entrepôt des morues sèches de pêche française, accordée par l'article 2 de la loi du 9 juillet 1836 et réglée par l'ordonnance du 2 septembre de la même année, s'exercera, à l'avenir, sous les conditions de l'entrepôt fictif des douanes. *(Même ordonnance, art. 7.)*

Si l'exportation aux colonies des morues entreposées n'a pas lieu directement du port d'entrepôt, la morue ne pourra être dirigée sur le port de départ qu'après avoir été emboucautée, et sous la garantie du plombage et d'un passavant.

Dans ce cas, la douane du port d'Escale constatera, à la suite du certificat de chargement délivré au port d'entrepôt, l'identité des colis représentés, la date de leur départ pour la colonie, et, s'il y a eu transbordement, le nom du navire exportateur et celui du capitaine.

Le séjour à terre des boucauts de morue non vérifiés à fond

ne pourra avoir lieu au port d'Escale que sous la double clé de la douane et du commerce, dans un magasin fourni par ce dernier et agréé par elle. (*Même ordonnance, art.* 8.)

L'expédition de morues par mutation d'entrepôt pourra avoir lieu par mer, sous la garantie d'un passavant contenant les indications nécessaires pour la rédaction des soumissions d'entrepôt au port de destination. (*Même ordonnance, article* 9)

A partir du 1er mars 1842, les duplicata des déclarations de retour, certificats de chargements, expéditions de morue et importations de rogues mentionnés aux articles 4, 7, 12, et 13 de notre ordonnance du 26 avril 1833, et à l'article 5 de celle du 2 septembre 1836, seront remplacés par des états présentant les diverses indications contenues dans ces pièces et conformes aux modèles 3, 4, 5, 6 et 7, annexés à la présente ordonnance.

Ces états seront transmis par l'administration des douanes au ministre de l'agriculture et du commerce, dans les dix premiers jours de chaque mois, et comprendront les déclarations et certificats reçus ou délivrés pendant le cours du mois précédent. (*Ordonnance du* 25 *février* 1842, *article* 10).

Liquidation des primes.

Toutes les dispositions des réglemens antérieurs non reprises dans la présente instruction restent en vigueur, mais en observant que tout ce qui concerne l'interprétation des lois et ordonnances sur les primes, en matière de pêche, rentre exclusivement dans les attributions du ministère de l'agriculture et du commerce, par les soins duquel ces primes sont liquidées. Ainsi, lorsque des armateurs soulèvent des questions de l'espèce, c'est à ce département, et non à l'administration des douanes, qu'ils doivent s'adresser. (*Circulaire du* 26 *mars* 1842, *n°* 1996).

Pêche de la Baleine.

Les primes accordées par les lois des 22 avril 1832 et 9 juillet 1836, pour l'encouragement de la pêche de la baleine, seront fixées comme suit, à partir du 1er mars 1842, au 31 décembre 1850, savoir :

Primes au départ.

40 francs par tonneau de jauge, au départ, pour les armements entièrement composés de français, etc.

29 francs pour les armements composés en partie d'étrangers, dans les limites déterminées par l'art. 4 de la loi du 22 avril 1832.

Ces limites sont :

« Qu'on aura droit à la prime qu'à concurrence du maximum » de 500 tonneaux, à l'exclusion des embarcations auxiliaires » ou accessoires de l'armement; de plus, et si l'équipage est » mixte, qu'autant qu'il sera composé en étrangers au plus du » tiers des officiers, harponneurs et patrons, sans que le nombre puisse excéder 2 pour la pêche du sud et 5 pour la pêche » du nord. »

Primes au retour.

27 francs par tonneau de jauge au retour, pour les armements tout français, et 14 fr. 50 c. pour les armements mixtes, dans les conditions déterminées par l'article 2 de la loi du 22 avril 1832, lorsque le navire aura pêché soit au-delà du cap Horn, soit à l'est du cap de Bonne-Espérance, dans les latitudes fixées par ledit article 2, et par l'article 3 de la même loi.

Les conditions des articles 2 et 3 précités sont : que la pêche doit être faite, soit « dans l'océan pacifique, en doublant le cap » Horn ou en franchissant le détroit de Magellan, soit au sud du » cap Horn à 62 degrés de latitude, au moins, ou bien s'ils justifient d'une navigation de 16 mois, au moins, soit à l'est du » cap de Bonne-Espérance, à 45 degrés, au moins de longitude du méridien de Paris, et de 48 à 50 degrés de latitude » méridionale. » (*Loi du* 25 *juin* 1841, *article* 1).

Les primes sont exclusivement réservées aux transports des produits effectués par bâtiments français et aux seuls produits de pêche française. (*Loi du* 22 *avril* 1832, *article* 9.)

Il sera procédé au jaugeage des bâtiments expédiés pour la pêche de la baleine conformément au mode déterminé par la loi du 12 nivôse an 2, et par l'ordonnance du 18 novembre 1837, et en prenant les mesures de dedans en dedans.

Le certificat, modèle n° 2, joint à l'ordonnance du 26 avril 1833 sera, en conséquence, remplacé par le certificat, modèle n° 2, annexé à l'ordonnance du 10 août 1841, relative à la pêche du cachalot. (*Ordonnance du* 12 *mars* 1842, *article* 1er.)

Les dispositions des articles 4 et 11 de l'ordonnance du 10 août 1841 seront applicables aux armements expédiés pour la pêche de la baleine. (*Ordonnance du* 12 *mars* 1842, *article* 2.)

L'ordonnance du 20 février 1839 est abrogée et les dispositions de celle du 26 avril 1833, non contraires à la présente sont maintenues. (*Ordonnance du* 12 *mars* 1842, *article* 3.)

Indépendamment de la visite prescrite par l'article 225 du code de commerce, il sera procédé à la reconnaissance de l'état des avitaillements, embarcations, intruments et ustensiles de pêche nécessaires à l'expédition.

Un procès-verbal (modèle n° 3 de ladite ordonnance du 10 août 1841) constatera que l'armement présente sous ce rapport, les garanties suffisantes, eu égard à la force et à la destination du bâtiment, à la durée du voyage et au nombre des hommes embarqués.

La reconnaissance ci-dessus prescrite sera faite par une commission composée du commissaire de la marine, d'un employé de l'administration des douanes et d'un membre de la chambre de commerce. (*Ordonnance du* 10 *août* 1841, *article* 4.)

La liquidation des primes déterminées par l'article 1er de la loi du 25 juin 1841 sera faite sur la remise, en due forme, des pièces ci-dessous énoncées, savoir :

Pirmes au départ.

1° Déclaration d'armement. (*Modèle n°* 1.)
2° Certificat de jaugeage. (*Modèle n°* 2.)
3° Certificat d'avitaillement et d'équipement pour la pêche. (*Modèle n°* 3.)
4° Acte de cautionnement. (*Modèle n°* 4.)
5° Rôle d'équipage. (*Modèle n°* 5.)

Primes au retour.

1° Déclaration de retour. (*Modèle n°* 6.)
2° Certificat de vérification de chargement. (*Modèle n°* 7) (*Ordonnance du* 10 *août* 1841, *article* 11.)

Les modèles indiqués ci-dessus seront donc ceux qui se trouvent joints à ladite ordonnance du 10 août 1841.

L'article 2 de l'ordonnance du 12 mars 1842, dont il est parlé plus haut, en appliquant aux armements pour la pêche de la baleine les dispositions des articles 4 et 11 de ceux du 10 août 1841, n'impose aux armateurs qu'une seule obligation nouvelle : c'est la production d'un certificat d'avitaillement et d'équipement, semblable à celui qui est déjà exigé dans le cas d'armement pour la pêche du cachalot. (*Circulaire du* 25 *mars* 1842, *n°* 1905.)

Pêche du cachalot.

Tout armateur qui voudra expédier un navire à la pêche spéciale du cachalot, dans l'Océan Pacifique, sera tenu, pour avoir droit à la prime, d'en faire la déclaration préalable devant le commissaire de la marine du port d'armement.

Cette déclaration indiquera :
Le nom et le tonnage du navire;
Les noms de l'armateur et du capitaine;
Le nombre des marins composant l'équipage, avec la distinction des français et des étrangers;
La destination du bâtiment.

Cette déclaration contiendra, en outre :

1° L'engagement de faire suivre à l'armement sa destination, de faire tenir par le capitaine un journal de sa navigation, de ne rapporter que des produits de la pêche du navire, et d'effectuer son retour dans un port de France.

2° La soumission de payer le double de la prime reçue ou demandée, dans le cas de violation ou de non-exécution des conditions énoncées dans la présente ordonnance et dans la soumission de l'armateur.

La date effective du départ du navire, certifiée par le commissaire de la marine, sera énoncée au bas de cette déclaration, dont il sera délivré une expédition à l'armateur qu'après le départ du bâtiment.

L'armateur devra, en outre, s'il en est requis, fournir une caution suffisante, qui sera reçue par le président du tribunal de commerce de l'arrondissement, et dont il sera donné main levée, au retour du navire, par le ministre de l'agriculture et du commerce, sur la production, en due forme, des pièces constatant que les conditions de la prime ont été accomplies. (*Ordonnance du* 10 *août* 1841, *article* 1er)

Il sera procédé, à la requête de l'armateur, au jaugeage du navire, par un officier de la marine et un officier de la douane, simultanément ou séparément, de la manière déterminée par la loi du 12 nivôse an 11 et l'ordonnance royale du 18 novembre 1837, en prenant toutes les mesures de dedans en dedans. *(Ordonnance du 10 août 1841, art. 2).*

Le rôle d'équipage des navires destinés à la pêche du cachalot indiquera, indépendamment des renseignements ci-dessus énoncés, relatifs à l'armement, au tonnage et à la destination du bâtiment, les noms, prénoms, âge, lieu de naissance, grades et fonctions des individus embarqués. *(Même ordon., art. 3.)*

En outre, et indépendamment de la visite prescrite par l'article 225 du code du commerce, il sera procédé à la reconnaissance de l'état des avitaillemens, embarcations, instrumens et ustensiles de pêche nécessaires à l'expédition.

Un procès-verbal constatera que l'armement présente, sous ce rapport, les garanties suffisantes, eu égard à la force et à la destination du bâtiment, à la durée du voyage et au nombre des hommes embarqués.

La reconnaissance ci-dessus prescrite sera faite par une commission spéciale composée du commissaire de la marine, d'un employé des douanes et d'un membre de la chambre de commerce. *(Ordonnance du 10 août 1841, art. 4.)*

Tout capitaine de navire cachalotier sera tenu de mentionner successivement, sur le journal exigé par l'art. 1er ci-dessus, la prise de chaque cachalot et la quantité d'huile et de matière de tête qu'il aura fournie. *(Même ordonnance, art. 5.)*

En cas de relâche dans un port où se trouve un fonctionnaire public français, ou dans le cas de rencontre d'un bâtiment de l'état, tout capitaine de navire cachalotier sera tenu de déclarer au fonctionnaire ou au commandant français les principaux faits de sa navigation, et d'en prendre acte sur son journal de bord. *(Même ordonnance, art. 6.)*

Au retour de la pêche, tout capitaine de navire cachalotier devra se présenter devant le commissaire de la marine du port de retour, pour y déclarer le nom et le tonnage du navire, le port d'armement, le nom de l'armateur, la date de son départ de France, les lieux où il a effectué sa pêche, la durée et les circonstances de sa navigation, la date de son retour, et la nature ainsi que le poids net des produits de sa pêche, en distinguant les produits de baleine et les produits de cachalot.

Le commissaire de marine, après avoir interrogé et entendu collectivement ou séparément les hommes de l'équipage, pour s'assurer, par leurs déclarations comparées au journal de bord et au rapport fait par le capitaine, si la destination de l'armement a été accomplie, mentionnera au bas de la déclaration du capitaine le résultat de cet examen.

Une expédition de cette pièce sera délivrée au capitaine, pour être adressée par ses soins ou par ceux de l'armateur au ministre de l'agriculture et du commerce, dans le délai de trois mois au plus tard après le retour du navire. Une seconde expédition de cette déclaration sera adressée par le commissaire de la marine au ministre de la marine et des colonies, pour être transmise au ministre de l'agriculture et du commerce. *(Même ordonnance, art. 7.)*

Indépendamment de cette déclaration, le capitaine se pourvoira devant l'administration des douanes pour la reconnaissance et la vérification immédiates de l'espèce et du poids des produits de sa pêche, tant en baleine qu'en cachalot. Les résultats de cette opération seront consignés dans un procès-verbal dont il sera transmis directement une expédition authentique au ministre de l'agriculture et du commerce.

Dans le cas où un navire expédié à la pêche du cachalot effectuerait son retour avant le délai de 30 mois, prescrit par l'art. 2 de la loi du 25 juin 1841, le procès-verbal ci-dessus énoncé constatera si le navire, à défaut d'une navigation de plus de 16 mois, rapporte en produits de sa pêche la moitié au moins de son chargement nécessaire pour avoir droit à la prime de retour déterminée par l'art. 1er de la loi précitée. *(Même ordonnance, art. 8.)*

Dans le cas où une circonstance quelconque de force majeure empêcherait un navire d'accomplir la destination ou d'effectuer son retour en France, l'armateur sera tenu d'en justifier dans le délai de cinq ans, à dater du départ du navire. *(Même ordonnance, art. 9.)*

L'administration de la marine et celle des douanes, dans les ports d'armement, tiendront un registre des déclarations et certificats concernant la pêche du cachalot qu'elles auront été appelées à recevoir ou à délivrer. *(Même ordonnance, art. 10.)*

Liquidation de primes.

La liquidation des primes déterminées par les articles 1 et 2 de la loi du 25 juin 1841 sera faite sur la remise, en due forme, des pièces ci-dessous énoncées, savoir :

Primes au départ.

1° Déclaration d'armemennt *(Modèle n. 1.)*
2° Certificat de jaugeage *(Modèle n. 2.)*
3° Certificat d'avitaillement et d'équipement pour la pêche. *(Modèle n. 3.)*
4° Acte de cautionnement. *(Modèle n. 4.)*
5° Rôle d'équipage. *(Modèle n. 5.)*

Primes au retour.

1° Déclaration de retour. *(Modèle n. 6.)*
2° Certificat de vérification de chargement. *(Modèle n. 7.)* *(Même ordonnance, art. 11.)*

Les pièces à fournir pour la liquidation des primes devront être écrites sur papier timbré, régulières dans leur libellé, sans rature, surcharge, ni altération, à peine de n'être point admises : les signatures devront en outre être légalisées par les soins de l'armateur. *(Même ordonnance, art. 12.)*

Le ministre de l'agriculture et du commerce fera connaître au ministre des finances les noms des armateurs qui n'auraient pas produit, dans les délais ci-dessus déterminés, les justifications prescrites par les articles 8, 9 et 10 de la présente ordonnance, pour être procédé contre eux ainsi qu'il appartiendra en exécution des articles 8 et 9 de la loi du 22 avril 1832. *(Même ordonnance, art. 13.)*

Les armateurs qui n'auraient pas formé leur demande et produit les justifications nécessaires pour la liquidation des primes auxquelles ils auraient droit, dans le délai de 5 années à partir de l'exercice auxquelles elles appartiennent; encourront la prescription et l'extinction définitive, au profit de l'état, prononcées par la loi des finances du 29 janvier 1831. *(Même ordonnance, art. 14.)*

Les primes accordées ci-dessus demeurent ainsi fixées du 1er mars 1842 au 31 décembre 1850. *(Loi du 25 juin, 1841, article premier.)*

Tous les actes à produire pour obtenir la liquidation desdites primes se trouvent transcrits à la suite de l'ordonnance du 10 août 1841, où l'on a donné un modèle de chaque pièce à produire, les armateurs pourront en prendre connaissance soit à la douane soit au bureau de la marine.

Montant des primes.

Primes d'Armement.

1° 50 francs par homme d'équipage, pour la pêche avec sécherie, soit à la côte de Terre-Neuve, soit à Saint-Pierre et Miquelon, soit sur le Grand-Banc de Terre-Neuve;

2° 50 francs par homme d'équipage pour la pêche sans sécherie, dans les mers d'Islande.

3° 30 francs par homme d'équipage, pour la pêche sans sécherie, sur le Grand-Banc de Terre-Neuve;

4° 15 francs par homme d'équipage, pour la pêche au Dogger-Bank.

Primes sur les produits de la pêche.

1° 22 francs par quintal (100 kil.) pour l'importation aux colonies françaises, tant en Amérique qu'au delà du cap de Bonne-Espérance, et aussi sur les côtes du Sénégal possessions françaises, des morues sèches de pêche française expédiées directement des côtes de Terre-Neuve et de St-Pierre et Miquelon, ou extraites des entrepôts de France;

2° 16 francs par quintal pour l'importation, aux mêmes Colonies, des morues sèches de pêche française, lorsque ces morues seront exportées des ports de France sans y avoir été entreposées;

3° 14 francs par quintal pour les morues sèches de pêche française expédiées, soit directement des lieux de pêche, soit des ports de France, et importées, soit dans les états étrangers de la mer des Antilles ou de l'Amérique, sur les côtes de l'Océan Atlantique, par les ports où il existe un consul français, soit en Espagne et en Portugal, dans les états étrangers sur les côtes de la Méditerranée et dans l'Algérie.

4° 12 francs par quintal pour les morues sèches de pêche française expédiées, soit directement des lieux de pêche, soit des ports de France, et importées dans les ports d'Italie;

5° 10 francs par quintal pour l'importation en Espagne par terre, de morues sèches de pêche française.

6° 20 francs par quintal de rogues de morue que les navires pêcheurs rapportent en France du produit de leur pêche.

Quoiqu'il n'ait été question ici que de morues, ces dispositions sont les mêmes pour les produits de la pêche du Cachalot en vertu de l'art. 11 de l'ordonnance ci-dessus citée du 10 août 1841. (*Loi du* 25 *juin* 1841, *art.* 1.)

Les navires expédiés pour la pêche avec sécherie, soit sur les côtes de Terre-Neuve, soit à Saint-Pierre et Miquelon, soit au Grand-Banc de Terre-Neuve, devront avoir un minimum d'équipage qui sera déterminé par une ordonnance royale. (*Loi du* 25 *juin* 1841, *art.* 2.)

Cette ordonnance a été rendue le 25 février 1842 par suite de laquelle le minimum d'équipage a été déterminé comme suit :

Pour les navires expédiés à la pêche sur les côtes de Terre-Neuve.

20 hommes au moins pour les navires en dessous de 100 tonneaux.

30 hommes au moins pour les navires de 100 à 158 tonneaux exclusivement.

Et 50 hommes au moins pour les navires de 158 tonneaux et au-dessus. (*Ordonnance du* 25 *février* 1841, *art.* 1.)

Les navires expédiés pour la pêche avec sécherie à St-Pierre et Miquelon seront assimilés, quant au nombre d'hommes à embarquer, aux armemens pour les côtes de Terre-Neuve. (*Même ordonnance, art.* 2.)

Le minimum d'équipage imposé par l'article 4 de la loi du 9 juillet 1836, aux armemens pour la pêche sur le Grand-Banc avec sécherie, soit à Saint-Pierre et Miquelon, soit sur la côte de Terre-Neuve, sera fixé à l'avenir à 30 hommes pour les navires de moins de 158 tonneaux, et 50 hommes pour ceux de 158 tonneaux et au-dessus. (*Ordonnance du* 25 *février* 1842, *art.* 3.)

TRANSIT.

La loi du 9 février 1832 a donné une telle extension au transit, qu'on peut considérer comme établi en principe qu'il est accordé pour toutes les marchandises. Il n'y a, en effet, que deux exceptions à cet égard; l'une absolue, concernant un petit nombre d'objets exclus de tout transit qui font l'objet du tableau n° 1 joint à la loi susdite et qu'on trouvera ci-après; l'autre qui défend de faire transiter de terre à mer, les productions coloniales dénommées en l'article 22 de la loi du 28 avril 1816.

Toutes les marchandises admises au transit, sauf cette dernière exception, peuvent être dirigées soit de mer à terre, soit réversiblement de terre à mer, ou de frontière de terre à frontière de terre. (*Circulaire du* 13 *février* 1832, *n°* 1304.)

Le droit de transit qui avait été établi par l'article 15, de la loi du 9 février 1832, a été supprimé par ordonnance du 10 décembre 1842, circulaire du 16 décembre, n° 1948.

Bureau de Cordon.

En vertu d'une décision du Ministre des finances du 21 août 1839, le bureau de Cordon est ouvert au transit des marchandises ci-après :

Soies en cocons, soies écrues, grèges et moulinées, y compris les douppions, bourre de soie en masse, écrue, teinte et cardée, minerai de cuivre, cuivre pur de première fusion, laminé et battu, cuivre allié de zinc de première fusion, laminé et battu, plomb, zinc, à l'exception du zinc ouvré, étain brut, battu ou laminé, minerai de fer, fonte de fer en masse, (gueuses), sans exception de celles qui sont prohibées, fer étiré en barres, fer platiné ou laminé, fer de tréfilerie, fer carburé (acier) naturel et cémenté ou fondu. Sucres bruts et terrés, café, cacao, indigo, poivre et piment, girofle, cannelle. Bois de teinture et d'ébénistérie. Coton en laine, gomme, résine, peaux brutes, laine en masse. Cornes de bétail. Fruits de table et fruits oléagineux. Huile d'olive. Chanvre et lin.

Le transit de ces marchandises a lieu sous les conditions et formalités générales, seulement les marchandises entrant ou sortant par cordon ne peuvent emprunter que la voie du Rhône, et leur transport sur la partie du fleuve qui se trouve comprise dans le rayon des douanes, doit s'effectuer par bateaux à vapeur. (*Circulaire manuscrite du* 10 *octobre* 1839.)

Nomenclature

Des ports et des bureaux de la frontière de terre ouverts au transit, pour les marchandises prohibées.

Ports de mer.

Bayonne, Bordeaux, Boulogne, Calais, Cette, Dunkerque, Le Havre, Marseille, Nantes, Saint-Malo, Saint-Servan, Saint-Valerie-sur-Somme.

Bureaux de terre.

Blancmisseron, Sierck, Forbach, Lauterboug, Wissembourg, Strasbourg, Saint-Louis, Verrières de joux, Les Rousses, Bellegarde, Pont de Beauvoisin, Longwy, Les Pargots, Huningue, Frauenberg, Grosbliderstroff, Jougne, Saint-Blaise, Lille par le chemin de fer et autres points. Roubaix et Turcoing, ouverts provisoirement par le chemin de fer, Valenciennes, par le chemin de fer et autres points, Les Trois-maisons, Perpignan par le Perthus seulement pour l'entrée, et par le Perthus Bourg-Madame et Port-Vendre pour la sortie, Béhobie. Ces deux derniers bureaux Perpignan et Béhobie, ne sont autorisés à constater la réexportation des marchandises prohibées, admises au transit qu'autant qu'elles ont été importées par terre.

Pour les marchandises non prohibées.

Lille par Halluin et Baisieux, Armentières, Valenciennes, Givet, Sédan, Evrange, Delle, Entre-deux-Guiers, Chapareillan, Saint-Laurent du Var, Toulon, Arles pour l'entrée seulement, Agde, Port-Vendres Bedous, par Urdos et Lescun, Saint-Jean-pied-de-port, par Arnéguy, Ainhoa, Larochelle, Lorient, Morlais, Le Légué, Granville, Cherboug, Caen, Honfleur, Rouen, Dieppe, Abbeville.

Ports et bureaux ouverts au transit de la librairie.

Pour les livres en langue française imprimés à l'étranger, dessins, gravures, lithographies et estampes, avec ou sans texte.

Lille par Halluin et Baisieux, Valenciennes par Blancmisseron, Strasbourg, Les Rousses, Pont-de-Beauvoisin, Marseille, Bayonne, Le Havre et Bastia.

Pour les livres en langues mortes ou étrangères, outre les bureaux désignés ci-dessus, ceux de Dunkerque, Forbach, Sierck, Wissembourg, Saint-Louis, Verrières-de-Joux, Bellegarde, Chapareillan, Perpignan par le Perthus, Béhobie, Bordeaux, Nantes, Caen, Rouen, Boulogne, Calais et Ajaccio. (*Ordonnance du* 13 *décembre* 1842, *art.* 2 *et* 3.)

Les Trois-Maisons, Saint-Malo et Lille, par le chemin de fer. (*Ordonnance du* 13 *mars* 1844, *Circulaire n.* 2012.)

Désignation des marchandises exclues du transit.

Animaux vivants, viandes, poissons, tabac préparé et fabriqué, Drilles. Les viandes sèches mises en colis peuvent transiter.

Matériaux non emballés notamment : Engrais, marne et charrée, plâtre, ardoises, briques, tuiles, minerais de toute sorte, limaille.

Graisses, sauf le suif et autres graisses à l'état concret, huiles sauf.

1° Les huiles d'olive;

2° Les huiles de palme concrètes;

3° Les huiles de colza, de navette, d'œillette, de pavot et de lin.

Fluides et liquides de toute sorte notamment : Boissons, mélasses, sirops, sorbets, confitures, miel, sauf celui à l'état concret, beurre, médicaments, produits chimiques, couleurs, teintures, vernis, bitumes.

Il y a exception pour les fluides et liquides qui peuvent transiter en bouteilles, cruchons et estagnons, à l'exclusion des produits chimiques et médicaments.

Les boissons en futailles peuvent également transiter en renonçant à la réexportation et en payant les manquants ou déficits éprouvés dans le trajet et en les accompagnant d'échantillons plombés.

Fonte, fer étiré, sauf celui qui est soumis à l'estampillage et autres précautions, sucre raffiné et confiseries, voitures, armes de guerre, balles de calibre et poudre à tirer, sauf les autorisations spéciales accordées par le gouvernement, sel marin, de saline ou sel gemme, contrefaçons en librairie.

Nota : Les viandes et les poissons peuvent être expédiés en transit par la douane de Marseille. (*Dispositions de l'ordonnance du* 18 *septembre* 1817.)

Le transit des chevaux peut avoir lieu exceptionnellement et à titre d'essai avec la formalité du plombage au moyen d'une corde passée verticalement derrière les jambes de devant nouée sur le garot, et dont les extrémités sont ramenées devant le col, où un second nœud sera arrêté par le plomb. (*Circulaire lithographiée du* 30 *décembre* 1842.)

Les fontes sont aussi dans certains cas, admissibles au transit, à charge de plombage ou d'estampillage, selon que ces fontes sont prohibées ou admises à l'importation. Ces dernières, qui sont expédiées sur des entrepôts intérieurs, sont affranchies du plombage et de l'estampillage lorsqu'on a renoncé à la faculté de la réexportation. (*Décision administrative du* 19 *décembre* 1840.)

Marchandises de transit qui doivent être accompagnées d'échantillons

Toutes les marchandises atteintes d'avaries, laines, grains et farines, sucres bruts ou terrés, cacao, café d'une qualité très-inférieure ou mélangé de grains noirs, vanille, cochenille, tabac en feuilles, huiles d'olive; baumes concrets, à l'exception du storax; fils de coton, de laine et autres prohibés; tulles de lin, de coton ou de soie; tissus de laine ou mélangé de laine en pièces, tissus de soie, de bourre de soie et de fleuret en pièces; tissus de coton ou mélangés de coton en pièces.

Les rubans et les dentelles de toute sorte sont affranchis du prélèvement d'échantillons, ainsi que les châles, mouchoirs, etc. (*Circulaires n.* 1304, 1538 *et* 1630.)

Liquides et fluides en bouteilles, cruchons ou estagnons autres que les produits chimiques et médicaments; huile de colza, de navette, d'œillette de pavot, de lin et de coco; indigo, thé, poivre, piment, girofle, cannelle; muscades, macis, orseille, safran, écorces médicinales, ipécacuanha, rhubarbe. salsepareille, jalap, feuilles et follicules de séné; sucs vegetaux à lexception de la manne, jus de réglisse et la glu; bouchons de liège, soufres bruts en vrac, goudrons liquides; acides phosphorique, tartrique oxalique, benzoïque à l'état concret; sels ammoniacaux; oxydes de plomb, excepté la litharge; acétates de potasse, de soude et de plomb; alun brûlé ou calciné, arséniate de potasse, blancs de plomb et d'argent, borax mi-raffiné et raffiné, carbonate de magnésie oxalate acide de potasse, sulfate de magnésie, tartrates de potasse et de soude et de potasse, alun autre que brûlé ou calciné, borax brut céruse et sulfates de soude et de potasse, chromates de plomb et de potasse, sulfure de mercure naturel en pierres ou artificiel et pulvérisé, résineux exotiques.

Le prélèvement d'échantillon ne dispense pas de la formalité du double plombage les marchandises qui y sont soumises. L'une de ces formalités ne dispense pas de l'autre. *(Lettre de l'administration du* 27 *avril* 1836.*)*

Productions coloniales

Qui ne peuvent transiter de terre à mer et dont il est parlé au premier paragraphe du transit et que désigne l'art. 22 *de la loi du* 28 *avril* 1816.

Sucres bruts et terrés, café, cacao, indigo, thé, poivre et piment, girofle, cannelle et cassia lignea, muscades et macis cochenille et orseille, rocou, bois exotiques de teinture et d'ébénisterie, cotons en laine, gommes et résines autres que d'Europe, ivoire, caret et nacre de perle, nankin des indes.

Marchandises de transit soumises au double plombage.

Acide stéarique ouvré, autres, voir produits chimiques; acier en tôle. filé ou ouvré; agates ouvrées, agrès et apparaux de navires, aiguilles à coudre; albâtre sculpté, moulé ou poli; argent battu, tiré, laminé ou filé; argentan laminé, étiré ou ouvre; armes de commerce, bijouterie, bimbeloterie, bougies de blanc de baleine ou de cachalot, boutons caractères d'imprimerie, cartes à jouer et cartes géographiques. carton, chapeaux de paille, d'écorce. etc., et de fibres de palmier; cheveux ouvrés, chicorée moulue, chocolat, cire blanche ouvrée, cire à cacheter, corail taillé non monté, cordages, coutellerie, cuivre pur ou allié, battu, laminé, filé ou ouvré; cuivre pur, doré ou argenté, battu, laminé, filé ou ouvré; effets à usage, étain et bismuth battu, laminé ou ouvré.

Etiquettes gravées, imprimées ou coloriées; fer blanc, tôle et fer de tréfilerie, fer ouvré de toute sorte; feutres, chapeaux et schakos, à doublage et autres ouvrages; fils de coton, de laine et autres prohibés; fils, autres de toute sorte, fluides et liquides en bouteilles, cruchons ou estagnons; gravures et lithographies, hameçons, horlogerie, huiles d'olive, de colza, de coco, de navette, d'œillette, de pavot et de lin en bouteilles, cruchons ou estagnons, et autres huiles, à l'exception de l'huile de palme concrète; instruments aratoi.es, d'optique, de calcul, d'observation, de précision, de chirurgie, de chimie et de musique, iris de florence ouvré, librairie autre que contrefaçons, liége ouvré, machines et mécaniques, marbres et écossines sculptés, moulés, polis et autrement ouvrés, chiques comprises; médicaments composés, à l'état concret; mercerie fine et commune, meubles, modes et fleurs artificielles, monnaies, musique gravée, nattes et tresses de bois blanc, de paille, etc., objets de collection or battu, tiré, laminé ou filé sur soie, orfévrerie, outils, ouvrages en bois, en caoutchouc, en peau sellerie de toute sorte, oxides, voir produits chimiques; papier, parapluies; peaux préparées. pelleteries ouvrées, pierres ouvrées en chiques.

Plaqués, plomb battu, laminé et ouvré, balles de calibre non comprises; plumes métalliques, porcelaine, poterie de grès fin ou de terre de pipe; produits chimiques à l'état concret, savoir : acides citrique, cristallisé et stéarique en masse. benzoïque, oxalique, phosphorique et tartrique; oxides de plomb moins la litharge, acétates de potasse. de soude et de plomb; alun brûlé ou calciné, sels ammoniacaux; arséniate de potasse, blancs de plomb et d'argent. borax mi-raffiné et raffiné, carbonate de magnésie, oxalate acide de potasse, sulfate de magnésie, tartrates de potasse et de soude et de potasse; acétate de cuivre cristallisé, crème de tartre, hydrochlorates de potasse et sulfates de cuivre et de zinc; chromates de plomb et de potasse, sulfure de mercure artificiel et pulvérisé. produits chimiques non dénommés, iode. savons de parfumerie et autres, tabletterie, tissus de coton pur ou mélangé de crin et tissus d'écorce. de laine pure ou mélangée de lin ou de chanvre, de poil, de soie et de bourre de soie; toiles métalliques, vannerie, verres-grands miroirs et verres à lunette ou à cadran taillés et polis, petits miroirs, verres à lunettes ou à cadran bruts; verrerie de toute autre sorte et vitrifications; zinc laminé et zinc ouvré.

Le commerce a la faculté de réunir en fardeaux deux sacs ou ballots de marchandises expédiés en transit. Réunis par uue corde, les deux sacs ou ballots pourront ne faire l'objet que d'une seule pesée, et, au lieu d'être plombés séparément, ils ne seront revêtus que d'un seul plomb; le fardeau qu'ils formeront sera dès lors considéré comme unité. Ainsi un fardeau de marchandises que la loi soumet au double plombage ne recevra jamais que deux plombs, au lieu de trois qu'on apposait généralement. *(Circulaire du 26 juillet 1836, n. 1555.)*

Toutes les marchandises qui ne sont pas dénommées ci-dessus ne seront soumises qu'à un simple plombage. Il n'y a dispense absolue, d'après l'article 7 de la loi du 17 décembre 1814, que pour les cuirs et les peaux, plomb en saumons, les bois d'acajou et ceux de teinture en bûches. Semblable dispense est accordée pour toutes marchandises non susceptibles d'être emballées.

Tableau

Indiquant le mode d'expédition des marchandises de cabotage, avec désignation de celles qui sont soumises au plombage, applicable tant pour le cas de réexportation que pour les mutations d'entrepôt par mer.

Le signe AP indique qu'il faut délivrer un acquit-à-caution et plomber la marchandise; A, qu'il faut délivrer un acquit-à-caution sans plomb; PP, qu'on doit délivrer un passavant et plomber; P, qu'il ne faut délivrer qu'un simple passavant.

Quant aux marchandises réexportées, la garantie du plomb n'est exigible que dans les ports de Rouen, Nantes, Bordeaux, Bayonne et Marseille. *(Circulaire du 22 juillet 1836, n. 1553.)*

Acide stéarique ouvré	PP.
— Autres	P.
Agaric de chêne	id.
— de mélèze	PP.
Agates brutes	P.
— ouvrées	PP.
Agrès et apparaux de navires, voiles, ancres et cables en fer	P.
— — Autres	A.
Aiguilles à coudre	PP.
Albâtre brut	P.
— sculpté, moulé ou poli	AP.
Alcalis, potasses	PP.
— Autres	P.
Alpiste	id.
Ambre gris	PP.
Amidon	id.
Amomes ou cardamomes	PP.
Amurca	P.
Antale	id.
Antimoine métallique	PP.
— Autre	P.
Argent brut en masses, lingots, etc. et minerai d')	id.
— battu, tiré, laminé ou filé	PP.
Armes de guerre	AP.
— de commerce	PP.
Arsenic (minerai d')	P.
— métal	PP.
Avelanèdes	P.
Baumes, Stirax liquide	id.
— Tous autres	PP.
Beurre	P.
Bestiaux	A.
Bêtes de somme, chevaux mulets et ânes	id.
Bézoards	PP.
Bijouterie	id.
Bimbeloterie	id.
Bismuth brut, battu et laminé	P.
— ouvré	PP.
Bitumes	P.
Blanc de baleine ou de cachalot de toute sorte	PP.
Bleu de Prusse	id.
Bois à brûler	A.
— à construire de pin et de sapin bruts, simplement équarris à la hache ou sciés	P.
— — Tous autres	A.
— d'ébénisterie	P.
— en éclisses	A.
— feuillard	id.
— odorants, sassafras	P.
— — Autres	PP.
— de teinture en bûches	P.
— — moulus	PP.
Boissons distillées, eaux-de-vie	P.
— — liqueurs	A.
— fermentées, vins ordinaires et de liqueur, vinaigres de vin et de bois, et jus d'orange	P.
— — Autres	A.
Bonbons	PP.
Bougies de blanc de baleine ou de cachalot	id.
Boutons	id.
Boyaux frais ou salés	P.
Brôme	PP.
Brou de noix	P.
Bruyères à vergettes	id.
Bulbes ou oignons	id.
Cacao	PP.
Cachou en masse	id.
Café	id.
Calebasses vides	P.

Cannelle . . . PP.
Cantharides . . . id.
Caractères d'imprimerie vieux et hors d'usage P.
— — Autres . . . PP.
Carmin . . . id.
Cartes à jouer . . . AP.
Cartes géographiques . . . PP.
Carthame (fleurs de) . . . P.
Carton en feuilles . . . AP.
— moulé, coupé et assemblé . . . PP.
Cassia-lignea . . . id.
Castoréum . . . id.
Cendres bleues ou vertes . . . id.
Cendres et regrets d'orfèvre . . . P.
Céréales, froment, épeautre, méteil, seigle, maïs, orge, sarrasin, avoine et leurs farines A.
Champignons, morilles et mousserons frais, secs ou marinés . . . P.
Chandelles . . . PP.
Chapeaux de paille, d'écorce, de sparte et de fibres de palmier . . . A.
Charbon de bois et de chenevottes . . . id.
Chardons cardières . . . id.
Cheveux bruts . . . P.
— ouvrés . . . PP.
Chicorée moulue (faux café) . . . id.
Chiens de chasse et de forte race . . . A.
Chocolat et cacao simplement broyé . . . PP.
Cigares et autres tabacs fabriqués . . . id.
Cire non ouvrée . . . P.
— Autre, y compris la cire à cacheter . PP.
Civette . . . id
Cloportes desséchés . . . id.
Cobalt grillé (safre) et minerai de) . . . P.
— Autre . . . PP.
Cochenille . . . id.
Colle de poisson et colle-forte . . . id.
Confitures . . . P.
Coques de coco . . . id.
Coquillages nacrés, nacre de perle . . . PP.
— — haliotides . . . P.
Corail brut ou taillé . . . PP.
Cordages et filets . . . P.
Cornes de bétail brutes . . . A.
— — préparées ou en feuillets . AP.
Cornes de cerf et de snack . . . P.
Couleurs non dénommées . . . PP.
Coutellerie . . . id.
Crayons simples en pierre . . . P.
— composés . . . PP.
Crins . . . P.
Cristal de roche . . . PP.
Cuivre doré ou argenté et cuivre ouvré ou autrement préparé qu'il n'est dit au tarif des droits . . . PP.
— Autre . . . P.
Curcuma . . . PP.
Dégras de peaux . . . P.
Dents d'éléphant, défenses . . . PP.
— — machelières . . . P.
Dents de loup . . . id.
Drilles et chiffons . . . AP.
Eaux minérales . . . P.
Ecailles d'ablette . . . id.
— de tortue . . . PP.
Echalas . . . A.
Ecorces médicinales . . . PP.
— de pin moulues ou non moulues, de grenade, d'aune et de bourdaine . P.
— à tan . . . A.
Ecossines sculptées, moulées, polies ou autrement ouvrées . . . PP.
— ouvrées en pièces pour la bâtisse et non polies et carreaux de pavage taillés . . . A.
— Autres . . . P.
Effets à usage . . . PP.
— — accompagnant les voyageurs P.
Embarcations . . . A.
Encre à dessiner, en tablettes . . . PP.
— liquide . . . P.
Engrais . . . id.
Epices préparées . . . PP.
Eponges . . . id.
Etain ouvré . . . id.
— Tout autre . . . P.
Etiquettes imprimées, gravées ou coloriées PP.
Extraits de bois de teinture . . . id.
— de viandes, en pains . . . id.
Fanons de baleine bruts et apprêtés . . id.
Fer (minerai de) . . . A.

Fer, ouvrages en fer ou acier . . . PP.
— — non susceptibles d'être emballés . . . P.
— de toute autre sorte . . . id.
Feuilles médicinales d'oranger et de lierre, tiges et branches comprises . . . P.
— — Autres . . . PP.
— propres à la tannerie et aux teintures non dénommées . . . P.
Feutres, chapeaux . . . AP.
— Autres . . . PP.
Filaments, coton en laine et en feuilles cardées . . . id.
— Tous autres . . . P.
Fils de lin ou de chanvre de mulquinerie AP.
— — — Autres . . PP.
— de poils de chien, de vache et d'autres plocs . . . P.
— de coton, de laine, de poil de chèvre et de tous autres poils non dénom. PP.
Fleurs médicinales de lavande et d'oranger P.
— — Autres . . . PP.
— artificielles . . . AP.
Fourrages . . . P.
Fromages . . . id.
Fruits à distiller, anis vert . . . PP.
— — baies de genièvre et de myrtille . . . P.
— médicinaux, graine de moutarde . id.
— — Tous autres . . . PP.
— oléagineux, amandes cassées . . id.
— — Autres . . . P.
— de table, pistaches en coques ou cassées . . . PP.
— — Tous autres, frais, secs ou confits . . . P.
Garance . . . A.
Garou (racine de) . . . P.
Gaude . . . id.
Genestrole et genêt des teinturiers . . id.
Gibier vivant . . . A.
Gingembre . . . PP.
Girofle . . . id.
Gommes pures d'Europe . . . P.
— exotiques . . . PP.
Gousses tinctoriales . . . P.
Graines à ensemencer et oléagineuses . . id.
Grains durs à tailler . . . id.
— perlés et mondés . . . id.
Graisses de toute sorte, y compris celles de poisson . . . id.
Graphite ou plombagine . . . id.
Gravures et lithographies . . . PP.
Grignon . . . P.
Gruaux et fécules . . . id.
Hameçons . . . PP.
Herbes médicinales, gui de chêne et absinthe . . . P.
— — Autres . . . PP.
Homards . . . P.
Horlogerie (carillons à musique et fournitures d') . . . PP.
— Autres . . . AP.
Houille . . . P.
Houblon . . . PP.
Huiles d'olive, de palme, de coco, de touloucouna, de graines grasses, de faîne et de noix . . . P.
— Toutes autres . . . PP.
Huîtres . . . P.
Indigo . . . PP.
Indique, inde-plate et boules de bleu . id.
Instruments aratoires . . . id.
— de chimie et de chirurgie . AP.
— d'optique, de calcul et d'observation . . . id.
— de musique, fifres, flageolets, galoubets, flûtes, poches, triangles, sistres, mandolines, psaltérions, luths, tambours, tambourins, tymbales tympanons, cymbales et harpes . . . A.
— — Tous autres . . AP.
Iode . . . PP.
Iris de Florence ouvré . . . id.
Jais . . . P.

Jarosse graine de vesce . . . P.
Joncs et roseaux exotiques et d'Europe . id.
Kermès en grains . . . id.
— en poudre . . . PP.
Laines, bourre lanice et tontice . . . P.
— Autres . . . PP.
Lait . . . P.
Laque en teinture ou en trochisques . . PP.
Légumes secs et leurs farines . . . P.
— verts, salés ou confits . . . id.
Libidivi . . . id.
Lichens de toute espèce . . . id.
Liège ouvré . . . PP.
— Autre . . . P.
Livres en langues mortes ou étrangères, sauf les almanachs . . . P.
— Tous autres . . . PP.
Lycopode . . . id.
Machines et mécaniques . . . AP.
— non susceptibles d'être emballées . . . A.
Macis . . . PP.
Manganèse . . . P.
Marbres sculptés, moulés, polis ou autrement ouvrés . . . PP.
— Autres, y compris les chiques . P.
Marc de raisins et de roses . . . id.
Marne . . . id.
Marrons, châtaignes et leurs farines . . id.
Matériaux, Ardoises, briques, tuiles et carreaux de terre . . . A.
— Autres . . . P.
Maurelle . . . PP.
Médicaments composés . . . id.
Mélasse . . . P.
Mercerie . . . PP.
Mercure natif ou vif-argent . . . id.
Merrains . . . A.
Meubles neufs . . . AP.
— ayant servi . . . A.
Meules . . . id.
Miel . . . P.
Millet . . . id.
Minerais non dénommés . . . id.
Modes (ouvrages de) . . . AP.
Moelle de cerf . . . P.
Monnaies d'or et d'argent . . . A.
— Autres . . . P.
Mottes à brûler . . . A.
Moules et autres coquillages pleins . . P.
Munitions de guerre . . . A.
Musc . . . PP.
Muscades . . . id.
Musique gravée . . . id.
Myrobolans secs . . . P.
Nattes ou tresses de bois blanc et nattes fines de paille, d'écorce et de sparte . . . PP.
— Autres . . . P.
Nerfs de bœufs et d'autres animaux . . id.
Nerprun (baies de) . . . id.
Nikel pur ou allié d'autres métaux (argentan), ouvré . . . PP.
— pur ou allié d'autres métaux (argentan). Autre . . . P.
Noir à souliers et d'ivoire . . . PP.
— Tout autre . . . P.
Noix de galle . . . id.
Objets de collection hors de commerce . A.
Œufs de volaille et de gibier . . . id.
— de vers-à-soie . . . P.
Or battu en feuilles, tiré, laminé ou filé sur soie . . . AP.
— brut, en masses, lingots, etc. . . . PP.
— (minerai d') . . . P.
Oreillons, rognures et dollures de peaux blanches . . . id.
— Autres . . . AP.
Orcanette . . . P.
Orfèvrerie . . . PP.
Os et sabots de bétail . . . A.
Os de cœur de cerf . . . PP.
— de sèche . . . P.
Osier en bottes . . . id.
Outils . . . PP.
Outremer . . . id.
Ouvrages en bois, boîtes de bois blanc, moules de boutons, sabots non garnis de fourrure et boissellerie . . . P.
— Autres . . . A.

Ouvrages en peau ou en cuir, sellerie grossière (bats non garnis de cuir)	A.
— — — outres vides	AP.
— — — Autres	PP.
— en caoutchouc	id.
Oxides de plomb, sauf la litharge	id.
— Autres	P.
Pain d'épice	id.
Pain et biscuit de mer	A.
Papier	PP.
Parapluies et parasols en soie	AP.
— — en toile cirée ou autre	A.
Parfumerie	PP.
Pastel (feuilles et tiges de)	P.
— (pâte de)	PP.
Pâtes d'Italie	id.
Peaux brutes de chien de mer, fraîches	P.
— — sèches	PP.
— Toutes autres, y compris celles de phoque	A.
Peaux préparées d'agneau et de chevreau en poil	id.
— — parchemin et velin bruts	P.
— — cuir de veau odorant, dit de Russie, propre à la reliure	AP.
— — Autres	PP.
Pelleteries, peaux de phoque éjarrées, de renard teintes, de renard noir ou argenté, croisé ou bleu; gorges de canard, de fouine, de marte, de renard et de pingouin; queues de carcajou, de fouine, de loup, de marte, de renard et de pekan; morceaux cousus taxés à 5 francs la pièce et pelleteries ouvrées	AP.
— Toutes autres	A.
Perches	A.
Perles fines	P.
Pieds d'elan	A.
Pierres et terres servant aux arts et métiers	P.
Pierres gemmes	AP.
— ouvrées, chiques	P.
— — Autres	AP.
Piment	PP.
Plantes alcalines	P.
Plants d'arbres	id.
Plaqués	PP.
Plomb ouvré	id.
— Autre	P.
Plumes à lit et à écrire et plumes métalliques	PP.
Poils de porc et de sanglier, en bottes de longueurs assorties	id.
— de lapin, de lièvre, de blaireau en masse et de castor, duvet de cachemire brut, poil de chevron, poils propres à la filature et à la chapellerie non dénommés	A.
— de blaireau, en bottes de longueurs assorties, et duvet de cachemire peigné	AP.
Poils. Tous autres, y compris le bissus de pinnes marines et le poil de Messine	P.
Poissons	id.
Poivre	PP.
Pommes de terre	P.
Pommes et poires écrasées	id.
Poterie de terre grossière et de grès comm.	id.
— Autre	PP.
Praiss	P.
Présure	id.
Produits chimiques non dénommés	PP.
Prussiate de potasse cristallisé	id.
Quercitron	P.
Racines de chicorée	id.
— médicinales, réglisse	id.
— — Autres	PP.
— à vergettes	P.
Râpures de cornes de cerf	id.
— d'ivoire	PP.
Résidu de noir animal	P.
Résines indigènes	id.
Resineux exotiques, résines copal et dammar et laque naturelle	id.
— — Autres	PP.
Riz	P.
Rocou en teinture	PP.
— (graine de)	P.
Rogues de morue et de maquereau	id.
Ruches à miel renfermant des essaims vivants	A.
Safran	PP.
Sagou	id.
Salep	id.
Sang de bétail	P.
— de bouc desséché	PP.
Sangsues	A.
Sarrette	P.
Savons	PP.
Sels de marais, de saline et sel gemme	A.
— tartrate acide de potasse très impur; acétates de cuivre brut humide et de fer liquide; carbonate de baryte natif; sulfates de potasse, de baryte et de fer	P.
— Tous autres	PP.
Semoules en gruau	A.
— en pâte	PP.
Sirops	P.
Soies en cocons, écrues et bourre en masse écrue	A.
— Autres	AP.
Sorbet	PP.
Soufre	P.
Stil de grain	PP.
Succin	P.
Sucre raffiné et autres	PP.
Sucs tanins	P.
Sucs vegetaux d'espèces particulières, glu	id.
— — — Aut.	PP.
Sulfures d'arsenic	P.
— de mercure	PP.
Somac et fustet	P.
Tabac	PP.
Tabletterie	id.
Thé	id.
Tiges de millet	P.
Tissus de bourré de soie et tissus de laine	PP.
— de coton, dentelles fabriquées à la main et aux fuseaux, applications sur tulle d'ouvrages en dentelle de fil	A.
— — Tous autres	PP.
— de crin, chapeaux	A.
— — Tous autres	PP.
— d'écorce purs ou mélangés dits pagnes ou rabanes de 8 fils ou moins	AP.
— — — Tous autres	PP.
— de lin ou de chanvre, dentelles	A.
— — — Autres	PP.
— de poil, châles de cachemire	AP.
— — Autres	PP.
— de soie, dentelles dites blondes	AP.
— — Autres	PP.
Toiles métalliques	id.
Tortues	A.
Tourbes	P.
Tourteaux de graines oléagineuses	id.
Truffes	id.
Vanille	PP.
Vannerie (tissus de)	AP.
— Autre, en quelque végétal que ce soit brut	P.
— — en quelque végétal que ce soit, pelé ou coupé	PP.
Verres et cristaux, grands miroirs	AP.
— — groisil et verres à lunettes ou à cadran, bruts	P.
— — Autres	PP.
Vert de montagne	id.
Vessies natatoires de poisson, simplement desséchées	id.
— de cerf et autres	P.
Viandes	id.
Vipères	A.
Voitures	id.
Volailles vivantes	id.
Yeux d'écrevisse	PP.
Zinc ouvré	id.
— Tout autre	P.

Marchandises expédiées pour nos colonies, y compris celles pour l'Algérie qui suivent le même régime, quant au plombage. Le prix des plombs est fixé à 50 centimes.

Le plombage pour toutes ces destinations ne sera exigé que pour les ouvrages en cuir, la tabletterie, les verres et cristaux, les tissus de toute espèce, les armes de luxe, et les ouvrages en métaux, à l'exception des clous, des chaînes à bœufs et des objets d'art, tels que bronze, dorures, etc. (*Circulaires des* 22 *août* 1818, *n.* 420, *et* 18 *novembre* 1833, *n.* 1411, *note* 2 *page* 6.)

Tarif relatif au prix des Plombs.

Le prix des plombs appliqués dans les douanes en vertu des lois et ordonnances est fixé comme suit :

1° A la réexportation directe, par mer, des marchandises reçues en entrepôt, c. 25

2° Pour le second plombage des marchandises admises au transit, 25

3° Pour les marchandises de prime ou de transit qui, après avoir été vérifiées dans un port ou bureau de sortie qui ne touche pas immédiatement à l'étranger, doivent être remises sous le sceau des douanes pour en assurer le passage définitif, soit en haute mer, soit sur le territoire étranger, 25

4° Pour les marchandises expédiées sur les entrepôts créés en vertu de la loi du 27 février 1832, ou qui seront extraites de ces entrepôts, soit pour être réexportées, soit pour être dirigées sur d'autres entrepôts du royaume, 25

5° Pour les céréales expédiées en transit, 25

6° Pour les marchandises expédiées par cabotage, 50

7° Pour les marchandises expédiées par mutation d'entrepôt par mer, 50

8° Pour les marchandises expédiées directement avec primes, 50

9° Pour les morues sèches de pêche française expédiées avec primes supérieures des ports où elles ont été entreposées à destination des colonies, 25

10° Pour les sels expédiés par terre, ou par la voie fluviale, dans les cas emportant immunité de la taxe de consommation, 25

11° Pour les sels mélangés (chlorures de sodium impurs) obtenus dans les fabriques de produits chimiques et expédiés par mer ou par terre à destination, soit des entrepôts, soit des usines ou établissements autorisés à en faire emploi en franchise des droits ci; 25

Estampilles apposées sur les cotons étrangers pour leur admission en entrepôt fictif en vertu de l'ordonnance du 9 janvier 1818, 10

Pour timbres et cachets apposés aux marchandises dont on se réserve le droit de retour. (*Circulaire du* 15 *juin* 1823, *n°* 811.) 05

Pour les vignettes et timbres apposés sur les cotons filés admissibles aux droits d'entrée en vertu de l'ordonnance du 2 juin 1834. (*Circulaire du* 28 *août* 1834, *n°* 1456. 10

Pour estampilles apposées sur les foulards écrus admis temporairement et destinés à l'impression en France et pour retourner à l'étranger en vertu de l'ordonnance du 13 mai 1837, (*Circulaire du* 27 *mai* 1837, *n°* 1624, 10

Pour estampilles à apposer sur les tôles, cornières et autres pièces en fer destinées à être employées à la construction des bateaux en fer et des chaudières pour les machines à vapeur, à charge de réexportation dans le délai de six mois, en vertu de l'ordonnance du 28 mai 1843, (*Circulaire du 10 juin 1843, n° 1971.*) 05

Quel que soit le nombre des estampilles apposées sur les feuilles ou tôles il ne peut être perçu au-delà de deux estampilles par feuille.

Lorsque, dans les bureaux qui ne sont pas pourvus d'instruments et de flans à plomber, on appose sur les colis, en remplacement du plomb, un ou plusieurs cachets à la cire, il ne peut être exigé, pour remboursement du prix de ces cachets, plus de 25 centimes par colis.

Défense est faite aux agents des douanes, sous peine de destitution, de recevoir d'autres ni plus fortes rétributions que celles autorisées. Le plombage dit à réquisition leur est formellement interdit. Toute apposition de plomb que la loi n'autorise pas, est une exaction. (*Lettre de la Régie du 30 décembre 1791, circulaires des 14 juillet 1817, n° 299, 2 janvier 1818, n° 357, 23 août 1818, n° 421 et 15 juillet 1834, n° 1450.*)

Le prix des plombs et estampilles comprend la fourniture de la matière première, celle des cordes et ficelles, les frais de main d'œuvre et d'application des plombs.

Toutefois, dans la douane de Paris, les frais de cordage et d'emballage sont à la charge des expéditeurs, conformément aux dispositions de l'ordonnance du 28 mars 1830. (*Loi du 2 juillet 1836, article 21.*)

Les marchandises assujetties au plombage ne peuvent pas être expédiées en vrac; elles doivent être emballées ou mises en futailles pour être plombées. (*Circulaire du 20 vendémiaire an 11.*)

Défenses sont faites aux agents des douanes d'employer d'autres instruments ni flans que ceux fournis par l'administration, et de démonter lesdits instruments pour s'en servir d'une autre manière que celle prescrite; le tout à peine de destitution, et autres peines plus graves, si le cas y échéait. (*Ordonnance du 8 janvier 1817, article 3.*)

Colonies françaises.

On n'entend par colonies françaises, que les seules colonies à culture, c'est-à-dire celles dont les principaux produits sont admis à jouir dans la métropole de modérations de droits.

Sont colonies à culture, au-delà du cap de Bonne-Espérance, l'île Bourbon; en-deçà de ce cap, la guyane française, ce qui comprend l'île de Cayenne; et dans les antilles la Martinique et la Guadeloupe avec ses dépendances, savoir: Marie-Galante, la Désirade, les saintes et la partie française de l'île Saint-Martin.

Tout autre établissement colonial est considéré comme une simple possession française hors d'Europe, et soumis, à ce titre, à un régime très-différent du régime réservé aux seules colonies proprement dites.

Les marchandises des colonies françaises, autres que celles à l'égard desquelles il existe un traitement de faveur, sont soumises, à leur entrée en France, en vertu de la loi du 17 mai 1826, aux mêmes conditions que les marchandises de même espèce importées de l'Inde ou des autres pays hors d'Europe, par navires français, selon la situation géographique des dites colonies.

Tout transport entre les colonies françaises et la métropole, ne peut avoir lieu que sous pavillon national, et par navires de 40 tonneaux au moins. Il doit s'effectuer en droiture pour jouir du privilége colonial. (*Loi du 21 semptembre 1793, articles 3 et 4.*)

Le commerce avec les colonies françaises et l'importation des marchandises en provenant ne peuvent avoir lieu que par les seuls ports qui ont des entrepôts.

Les denrées et marchandises provenant du sol et des fabriques du Royaume, ainsi que les marchandises étrangères nationalisées par le paiement des droits d'entrée, peuvent être expédiées pour les colonies françaises en exemption de tous droits, sans distinction de celles qui sont prohibées à la sortie, à l'exception toutefois des matières à fabriquer, telles que les drilles (*décision administrative du 2 septembre 1825.*)

Les sels expédiés en France pour nos colonies jouissent de la même immunité. Lettre de l'administration du 10 octobre 1840.

Autres possessions françaises hors d'Europe.

Les autres possessions françaises hors d'Europe auxquelles il est accordé certains avantages sous le rapport des droits, sont: l'Algérie, le Sénégal et ses dépendances, les établissements français dans l'Inde; les îles Saint-Pierre et Miquelon; les îles Marquises et les îles de la Société (Taïti.)

Tout commerce entre la France et ses possessions ne peut avoir lieu que par navires français.

Les établissements que possède la France sur la côte occidentale d'afrique, ce qui comprend le Sénégal et ses dépendances, sont: sur le fleuve du Sénégal, l'île Saint-Louis et les îles voisines, les postes militaires de Richard-tol et de Dagana, et le fort de Bakel; sur la côte, l'île de Gorée; dans la Gambie, le comptoir d'Albréda; dans la Cazamance, le comptoir de Séghiou; enfin plus au sud, sur le continent, les comptoirs d'Assinie, de Gabon et de Grand-Bassam.

Les établissements français dans l'Inde sont Pondichéry et Karikal sur la côte de Coromandel, Yanaon et la loge de Mazulipatam sur la côte d'Orixa Mahé et la loge de Calicut sur la côte de Malabar; Chandernagor et les loges de Cassimbazar, Jouglia, Dacca, Ballassore et Patna dans le Bengale; enfin la factorerie de Surate dans le Goudjérate.

Les produits de tous ces établissements ne jouissent d'aucune faveur particulière, ils sont traités comme les produits provenant des autres pays de l'Inde, à l'exception pourtant des huiles de palme, de coco et de touloucouna importées en droiture

Le régime applicable à nos colonies et à nos établissements n'étant pas le même et chacun ayant un régime particulier on va les traiter séparément.

Martinique et Guadeloupe.

Les diverses denrées et marchandises étrangères qui sont admissibles dans ces colonies ne pourront être importées que par les seuls ports de St.-Pierre, le Fort royal et la Trinité pour la Martinique; et la Basse-Terre, la Pointe-à-Pitre, le port du Moule et le port Louis de la grande terre et le port du Grand-Bourg, pour la Guadeloupe (*Ordonnances des 5 février 1826, 20 septembre 1828 et 28 juin 1842*).

Les fers et aciers étrangers en barres, en tôle et filés pourront être expédiés pour ces deux colonies en payant dans le port d'expédition, le 5me des droits auxquels lesdits fers et aciers sont assujettis à leur entrée en France. Ce qui sera mentionné sur les acquits-à-cautions. Le commerce conservera ainsi la faculté de réexporter, des entrepôts coloniaux les fers et aciers dont la vente aux colonies, n'aura pu avoir lieu. (*Ordonnances des 29 mars 1827 et 31 décembre 1829, et décision administrative du 21 septembre 1842.*)

Dans les expéditions, on indiquera séparément les marchandises nationales ou nationalisées, de celles sortant des entrepôts, attendu que les droits à leur appliquer dans les colonies ne sont pas les mêmes. (*Circulaire du 19 septembre 1826, n. 1007.*)

Les produits du sol ne sont admis au privilége colonial, qu'autant que le navire aura effectué directement sont retour en France, conformément à l'art. 15 de la loi du 27 juillet 1822. (*Circulaire du 29 septembre 1826, n. 1007.*)

Par décision ministérielle du 7 avril 1840, rapportée dans la circulaire n. 1807, ce transport direct ne sera point censé avoir été interrompu par l'effet d'une simple relâche, lorsqu'il sera authentiquement justifié, par un certificat du consul de France dans le port d'Escale, et, à défaut d'agent consulaire dans ce port, par une attestation des douanes locales, qu'il n'y a été opéré aucun débarquement ou embarquement de marchandises.

Les sucres bruts peuvent être reçus en entrepôt réel, afin d'obtenir la remise des droits sur les manquants, ce qu'on ne peut accorder lorsqu'il sont au fictif. Pour jouir de cette faculté, il faut que les sucres de nos colonies soient mis au réel au débarquement, ceux qui auront été mis au fictif ne pourront être rétablis en entrepôt réel. (*Lettre du directeur général, du 6 septembre 1827.*)

Les marchandises d'entrepôt expédiées pour nos colonies doivent toujours le droit de réexportation qui est de 51 cent. par 100 kil. brut ou 15 cent. par 100 fr. de valeur. (*Lettre de l'administration du 4 décembre 1827.*)

Les denrées coloniales provenant des dites îles, à destination de la France seront affranchies de droits de douane à la sortie de la Martinique et de la Guadeloupe, (*Ordonnance du 25 juillet 1837, art. 3. et ordonnance du 18 juin 1842, art. 4.*)

Les marchandises chargées sous voile ne peuvent jouir du privilége colonial qu'aux conditions ci-après:

1° Qu'elles seront reconnues provenir du crû des colonies françaises, sur la représentation de certificats authentiques attestant qu'elles proviennent réellement des dites colonies;

2° Que le consignataire justifiera par le rapport du capitaine que le bâtiment n'a ni relâché, ni chargé dans un port étranger et qu'il a fait route directement, sauf l'exception relatée plus haut, et dont parle la circulaire n. 1807.

Les restant de provisions appartenant à l'équipage, ou à des passagers sont admis au privilége colonial. La représentation de certificats n'est pas nécessaire à leur égard. (*Arrêté du 6 thermidor an 3 et circulaire du 21 même mois et circulaire manuscrite de l'administration du 2 décembre 1839.*)

Les Directeurs peuvent appliquer, sans prendre l'attache de l'administration, le privilége colonial dans tous les cas (*Circulaire du 24 avril 1840, n. 1808.*)

Les expéditions qui ont lieu pour nos colonies, doivent être faites suivant les règles actuellement en vigueur et sous les formalités générales des mutations d'entrepôt.

La date de la durée d'entrepôt, ne comptera qu'à partir du jour de la mise en entrepôt au port d'arrivée, qu'elle que soit la date de l'entrée primitive dans les entrepôts métropolitains, et vice versa. (*Ordonnance du 31 août 1838, loi du 12 juillet 1837 et circulaires du 19 août 1839, n. 1763, et 19 décembre 1839, n. 1787.*)

La création des entrepôts réels à la Martinique et à la Guadeloupe offre, sans nul doute, de grands avantages au commerce, mais ce serait se méprendre sur la nature de ces entrepôts, que de croire qu'on peut y diriger toute espèce de marchandises non prohibées en France, avec faculté de les livrer à la consommation à la sortie d'entrepôt. Les ordonnances du 8 décembre 1839 et 18 juin 1842, sauf quelques articles, ne contiennent aucune disposition contraire au régime antérieur de ces colonies; les huiles par exemple, qui ne pouvaient recevoir cette destination, peuvent être expédiées directement pour la Martinique et la Guadeloupe, mais c'est seulement en continuation d'entrepôt, à charge de réexportation. Il en est de même pour toute autre marchandise non admissible dans ces colonies.

Pourtant les marchandises étrangères dont l'admission directe pour la consommation demeure interdite à la Martinique et à la Guadeloupe, pourront, lorsqu'elles auront été expédiées sur les entrepôts de la métropole sur les entrepôts coloniaux, acquitter dans les dites îles, pour être admises à la consommation, les droits d'entrée du tarif général, elles paieront en outre les droits spéciaux indiqués dans l'article 2 de la présente ordonnance.

A cet effet, les acquits-à-caution de mutation d'entrepôt contiendront éventuellement la liquidation de ces droits, sauf rectification dans le cas où lesdits droits viendraient à être modifiés avant la déclaration de mise en consommation dans la colonie. Ces dispositions ne seront, dans aucun cas, applicables aux grains. (*Ordonnance du* 18 *juin* 1842, *art.* 6.)

Les marchandises prohibées pourront être reçues dans les entrepôts de la Martinique et de la Guadeloupe sous les conditions prescrites par la loi du 12 juillet 1837, pour les marchandises non prohibées. (*Même ordonnance, art.* 7.)

Marchandises étrangères dont l'importation est autorisée dans les îles de la Martinique et de la Guadeloupe, en payant les droits ci-après :

Animaux vivants.	Chevaux	30		par tête.
	Mulets	45		
	Bœufs	25		
	Vaches, taureaux, taurillons, bouvillons, génisses et ânes	12	50	
	Veaux, porcs, mout. et chèvr.	4		
	tous autres	1		
Bois	Feuillard	10		les 1000 en nom.
	Merrains	6		
	Essences	»	75	
	Planches et autres	1	25	les 100 mèt. de l.
Brai, goudron et autres résineux		»	75	par 100 kil.
Charbon de terre		»	10	
Fourrages verts et secs		»	50	
Graines potagères et Fruits de table.		6		
Bœuf salé		10		
Riz		4		
Farine de froment		18	50	
Morues et autres poissons salés		7		
Sel		5		
Tabac	en feuilles	20		
	préparé	30		
Mouchoirs de l'Inde en coton teint, en fil	sans apprêt, dits Madras, paldacam	8		la pièce de 8 mouchoirs.
	glacés ou cylindrés à chaud, dits mendapolam et mazulipatam	4		
Toiles à voiles écrues, communes, de lin et de chanvre, dont la chaine présente moins de 8 fils, dans l'espace de 5 millimètres		30		les 100 kil.
Légumes secs		3	50	l'hectolitre.
Maïs	en grains	2		
	en farine	5		
Cuirs verts en poils non tannés		»	35	la pièce.
Charrues		25		
Chapeaux de paille à tresses engren., dits panama.		5		
Voitures				15 p.°/o de la val.
Moulins à égrener le coton				
Pompes en bois non garnies				
Chaudières en fonte et en potin				
Houes et pelles		4		la douzaine.
Serpes et coutelas		3		
Rames et avirons		»	05	par mèt. de long.
Vins de Madère et de Ténériffe		60		l'hectolitre.

Les marchandises ci-dessus désignées, lorsqu'elles viendront d'Europe ou des pays non européens situés sur la Méditerranée, ne seront admissibles à la consommation qu'autant qu'elles seront importées directement des lieux de production ou des entrepôts par navires français; dans ce cas, elles jouiront d'une réduction de droits d'un cinquième.

Marchandises étrangères dont l'admission est autorisée dans les îles de la Martinique et de la Guadeloupe par tous pavillons, en payant cinq centimes par cent kilogr.

Baumes et sucs médicinaux, bois d'ébénisterie, odorants, cire non ouvrée, cochenille, coque de coco, cuivre brut, curcuma, dents d'éléphant, écaille de tortue, étain brut, fanons de baleine, gingembre, gomme, graines d'amome, grains durs à tailler, indigo, joncs et roseaux, kermes, légumes verts, laque naturelle, muscade, nacre, or et argent, os et corne de bétail, peaux sèches et brutes, plomb brut, poivre, potasse, quercitron, quinquina, racines, écorces, herbes, feuilles et fleurs médicales, substances animales propres à la médecine et à la parfumerie, sumac, vanille. (*Ordonnance du* 18 *juin* 1842, *art.* 1er.)

Nota : L'ancienne nomenclature jointe à l'ordonnance du 5 février 1826, avait ajouté à ces diverses marchandises, les bois de teinture, la casse, le girofle, les graisses, sauf celles de poissons, les pelleteries non ouvrées et le rocou.

L'ordonnance du 8 décembre 1839, comprenait encore la casse et le rocou.

A-t-on voulu supprimer toutes ces marchandises, ou bien ont-elles été omises dans l'ordonnance du 18 juin 1842, c'est ce qui n'a jamais été expliqué.

Marchandises importées de France.

Les produits naturels ou manufacturés importés de France, dont les similaires étrangers sont admissibles dans les colonies de la Martinique et de la Guadeloupe, paieront cinq centimes par 100 kilogrammes, ou par tête, s'il s'agit d'animaux vivants.

Pour toutes les autres marchandises importées de France, les droits d'entrée resteront fixés, jusqu'à nouvel ordre, à 3 p 0/0 de la valeur. (*Ordonnance du 18 juin 1842, article* 2.)

Marchandises importées des établissements français sur la côte occidentale d'Afrique.

Les droits d'entrée seront réduits de la manière suivante, pour les objets ci-après désignés, lorsqu'ils seront importés, en droiture, par navires français, des établissements français sur la côte occidentale d'afrique et accompagnés de certificats d'origine authentiques délivrés par les autorités locales :

Bœufs 50 centimes par tête.
Anes idem.
Chèvres idem.
Moutons idem.
Riz cinq centimes par 100 kilogrammes.

(*Même ordonnance article* 3.)

La liquidation des droits qui doit être éventuellement faite sur les acquits-à-caution pour les marchandises extraites des entrepôts devenant sans objet pour toutes celles qui se trouvent comprises dans les deux premières nomenclatures de l'article premier de l'ordonnance ci-dessus; on s'abstiendra de faire cette liquidation, toutes les fois qu'on se sera assuré que la marchandise présentée est au nombre de celles-ci. (*Dispositions de la circulaire du 4 juillet* 1842, *n°* 1922.)

Les employés de la métropole auront la faculté d'user du droit de préemption à l'égard des marchandises tarifées à la valeur et qu'on déclarera à destination des entrepôts coloniaux, faculté sans laquelle on n'aurait aucun moyen de prévenir ou de réprimer les déclarations frustratoires, la liquidation faite au départ de France étant définitive et ne pouvant être modifiée par les douanes coloniales, sauf le seul cas de changement dans la quotité des droits.

Relativement aux machines et mécaniques et autres objets dont les droits sont calculés d'après la valeur déterminée par le comité consultatif des arts et manufactures, à la rigueur, on pourrait exiger que leur expédition fut toujours précédée de la décision de ce comité, mais, pour ne pas retarder les opérations de commerce, on pourra, lorsqu'il en fera la demande, permettre l'embarquement des objets dont il s'agit avant que le comité consultatif ait été mis en mesure de statuer. Dans ce cas, l'acquit-à-caution indiquera que la liquidation, établie d'après la valeur déclarée, n'est que provisoire, et que, si l'on veut introduire les marchandises aux Antilles, il y aura lieu, avant de percevoir les droits ainsi provisoirement liquidés, d'exiger une soumission cautionnée de payer tel supplément de taxe qui pourrait résulter de la décision du comité des arts et manufactures.

Les dessins et autres pièces exigées par les règlements pour les cas d'importation directe seront adressés à l'administration, par le directeur, afin qu'ils soient communiqués au comité consultatif, (*Circulaire du 4 juillet* 1842, *n.* 1922.)

Tarif de navigation.

Les droits de navigation à payer par les bâtiments français et étrangers, dans les ports de la Martinique et de la Guadeloupe et dépendances, seront perçus conformément au tarif ci-après :

DÉSIGNATION DES DROITS.	DROITS A PERCEVOIR par tonn.	bâtim.	acte.
Droits de tonnage — bâtiment ven. de France ou des possess. franç.	»	»	
Droits de tonnage — bâtim. franç. et étrangers venant de l'étranger — de long cours et de grand cabotage — avec chargem. pour la consom. ou l'ent.	2 90	»	»
— avec deux tiers de chargem. en bois	1 60	»	»
— sur lest	» 20	»	»
— de petit cabotage — chargés	1 15	»	»
— sur lest	» 20	»	»
Droits d'expédition — bâtiments ven. de France ou des possess. franç.	»	»	»
Droits d'expédition — bâtim. franç. et étrangers venant de l'étranger — de 100 tx. et au-dessous	»	25	»
— de plus de 100 à 150 inclusiv.	»	30	»
— de plus de 50 à 200 inclusiv.	»	40	»
— de plus de 200 tonneaux	»	50	»
Droit de congé de bâtiments français et droit de passe-port des bâtiments étrangers	»	»	6
Permis de charger et de décharger. — Bâtiments au mouillage de tout pavillon	»	5	»
Droits sanitaires, bâtiments de toute provenance — de 100 tx. et au-dessous	»	6	»
— de plus de 100 à 150 inclusiv.	»	9	»
— de plus de 150 à 200 inclusiv.	»	12	»
— de plus de 200 tonneaux	»	15	»
Droits de francisation — bâtiments de construct. française — de 30 tonneaux et au-dessous	»	30	»
— de plus de 30 à 60 inclusivem.	»	40	»
— de plus 60 tonneaux	»	50	»
— bâtiments de constr. étrang. dans le cas où la francisat. est autor. par la loi — au-dessous de 100 tonneaux	» 09	»	»
— de 100 tx et de moins de 200	»	18	»
— de 200 et de 300 inclusivement.	»	24	»
— pour chaque 100 tonneaux au-dessus de 300 tonneaux	»	6	»

Entrepôts réels constitués.

Saint-Pierre, à la Martinique ;
La Pointe-à-Pitre, à la Guadeloupe ;
Basse-Terre, à la Guadeloupe.

(*Circulaires des* 19 *août* 1839, *n.* 1763, *et* 14 *novembre* 1839, *n.* 1785.)

Guyane française.

Cette colonie étant ouverte pour ses approvisionnements et son commerce aux navires étrangers on pourra y expédier, en franchise de tous droits, les marchandises étrangères, non prohibées à l'entrée, que l'on extraira des entrepôts de la métropole. (*Décision min. du* 2 *février* 1818 *et circulaire du* 7 *du même mois.*)

Les fers et aciers, extraits d'entrepôt pour la Guyane, jouissent également de l'exemption absolue des droits d'entrée. (*Décision min. du* 30 *avril* 1827, *circulaire du* 5 *mai suivant*, *n°* 1046.)

Indépendamment des marchandises non prohibées, on pourra réexporter pour la Guyane française :

Les tabacs, sans exception de ceux qui sont fabriqués. (*Circulaire du* 11 *mai* 1818, *et décision du* 7 *novembre suivant.*)

Et les chaudières en cuivre ; moyennant le paiement préalable d'un droit de 12 fr. par 100 kil. (*Loi du* 8 *floréal an* 11, *art.* 27.)

Les marchandises de toute nature réexportées pour la Guyane, seront passibles du droit de réexportation. (*Circulaire manuscrite du* 4 *décembre* 1827.)

La destination de ces marchandises sera assurée par acquit-à-caution. (*Loi du* 17 *juillet* 1791, *article* 15.)

Les bois destinés aux travaux des arsenaux de l'état, importés directement de Cayenne par bâtiments français, et accompagnés d'un certificat d'origine constatant qu'ils proviennent du sol de la Guyane française, seront assimilés, pour les droits d'entrée, aux bois communs à construire. (*Décision min. du* 30 *juin* 1824 *et circulaire du* 25 *novembre suivant*, *n°* 889.)

Le bénéfice de cette décision n'est accordé qu'aux parties de bois qui sont exclusivement destinées, d'après les attestations des agents supérieurs de la marine, à des travaux de construction proprement dits, c'est-à-dire autres que ceux qui rentrent dans la classe des travaux d'ébénisterie. (*Décision min. du* 11 *mai* 1827.)

Les cargaisons revenant de la Guyane ne seront admises au privilége colonial que sur la présentation de certificats d'origine délivrés par les autorités de la colonie conformément à ce qui est réglé par l'article 2 de la loi du 6 juillet 1791. (*Circulaire du* 7 *octobre* 1817, *et ordonnance du* 22 *même mois*, *art.* 1*er*.)

Les priviléges dont jouissent les armateurs pour la Martinique et la Guadeloupe seront les mêmes pour les expéditions à destination de la Guyane française (*Circulaire du* 29 *octobre* 1817, *n.* 335.)

Des marchandises extraites des entrepôts peuvent recevoir la double destination de Cayenne et du Sénégal en se conformant aux réglements applicables à chacune de ces îles et en les accompagnant d'un acquit-à-caution distinct et parfaitement libellé. (*Lettre de l'administration du* 3 *mai* 1828.)

Les droits imposés à la sortie de Cayenne étant d'un demi p. 0/0 on devra, lorsque ces droits n'auront pas été perçus à cette colonie, les faire acquitter en France indépendamment de ceux d'entrée. (*Lettre du Directeur-général du* 24 *octobre* 1825.)

Bourbon.

Toutes les marchandises françaises dont la sortie n'est pas défendue, peuvent être expédiées dans cette colonie en exemption de tous droits.

Toutes les marchandises étrangères tirées des entrepôts peuvent recevoir cette destination sans payer d'autres droits que celui de réexportation, et sous les formalités particulières à ce genre d'opération. (*Loi du* 21 *avril* 1818, *art.* 19, *et circulaire n.* 384.)

Toutes les dispositions de l'ordonnance du 31 août 1838, relative aux entrepôts des colonies des Antilles, seront appliquées à l'entrepôt de St.-Denis de Bourbon ; seulement les tissus étrangers de laine, de soie ou de poil n'en pourront être réexportés qu'à la destination de la métropole. (*Ordonnance du* 18 *décembre* 1839, *circulaire n.* 1789.)

Ainsi cet entrepôt pourra recevoir, outre les marchandises françaises de toute nature, les marchandises étrangères qui ne sont pas prohibées à l'entrée en France. Ces dernières, lorsqu'elles seront extraites des entrepôts de la métropole, devront être expédiées sous les formalités générales des mutations d'entrepôt, il en sera de même pour les tabacs en feuilles ou fabriqués, qui, quoique prohibés dans la métropole, peuvent être dirigés de nos entrepôts sur celui de Bourbon, en vertu de la circulaire du 11 mai 1818, et d'une décision administrative du 7 novembre suivant. (*Circulaire du* 30 *décembre* 1839, *n.* 1789.)

La date de la durée de cet entrepôt ne comptera qu'à partir du jour de la mise en entrepôt au port d'arrivée, quelle que soit la date de l'entrée primitive dans les entrepôts métropolitains, et vice-versa. (*Circulaire du* 19 *août* 1839, *n.* 1763, *et dernier paragraphe de celle du* 30 *décembre suivant*, *n.* 1789.)

Les chaudières en cuivre extraites de nos entrepôts peuvent être expédiées pour l'île Bourbon, moyennant le paiement préalable d'un droit de 12 fr. par 100 kil. (*Loi du* 8 *floréal an* 11, *art.* 27.)

Elles seront expédiées sous les formalités générales des mutations d'entrepôt. Il en sera de même pour les pièces de machines étrangères dont l'envoi à la colonie a lieu en vertu d'autorisations spéciales de l'administration. Seulement on aura soin d'indiquer, dans les acquits-à-caution, que les chaudières ont acquitté le droit de 12 fr. par 100 kil. et que les parties de machines sont expédiées d'après une autorisation administrative dont on rappellera la date. (*Décision administrative du* 16 *septembre* 1842.)

Les fers et aciers étrangers non ouvrés reçus en entrepôt réel, peuvent être expédiés pour Bourbon en payant dans le port d'expédition le cinquième des droits de consommation en France, ce dont l'acquit-à-caution fera mention.

Ces fers et aciers sont le fer étiré, laminé, non étamé ou de tréfilerie, et l'acier forgé, fondu, laminé ou filé. (*Ordonnance du* 29 *mars* 1827 *et circulaire du* 5 *mai suivant*, *n.* 1046 *et ordonnance du* 31 *décembre* 1829, *circulaire n.* 1200.)

Les denrées du crû de l'île Bourbon sont les seules admises au privilége colonial. Elles doivent, indépendamment des conditions générales auxquelles cette faveur est attachée, être accompagnées de certificats des agents supérieurs de l'administration à Bourbon, attestant cette origine, suivant l'article 17 de la loi du 6 juillet 1791

Les denrées coloniales dépourvues de certificats et les productions d l'île de la nature de celles qui ne jouissent point du privilége colonial, seront traitées comme provenant des établissements français de l'Inde, si elles sont comprises dans le manifeste de chargement visé des autorités de l'île.

Celles qui ne seraient ni accompagnées de certificats d'origine, ni comprises dans le manifeste visé à Bourbon, ne pourraient être considérée que comme étrangères. (*Circulaire du* 23 *avril* 1818, *n.* 384.)

Sainte-Marie de Madagascar.

Le gouvernement pourra, par décisions spéciales, admettre les produits du crû de Sainte-Marie de Madagascar au traitement dont jouissent ceux de l'île Bourbon, lorsque leur origine sera régulièrement constatée. (*Avis du conseil supérieur du commerce du* 11 *juin* 1831.)

Les dispositions relatives aux expéditions qui ont lieu de la métropole pour les établissements français dans l'Inde, sont applicables, sous les mêmes conditions aux expéditions qui sont faites à destination de Sainte-Marie de Madagascar. (*Page* 51 *du tarif de* 1844, *observations préliminaires.*)

Sénégal et ses dépendances.

Les établissements que possède la France sur la côte occidentale d'Afrique sont : sur le fleuve du Sénégal : 1° l'île Saint-Louis et les îles voisines, les postes militaires de Richard-tol et de Dagana, le port Bakel, 2° sur la côte ; l'île de Gorée,

3° dans la Gambie : le comptoir d'Albreda ; 4° dans la Cazamance : le comptoir de Séghiou ; 5° plus au sud sur le continent, les comptoirs d'Assinie et de Gabon.

Seront exemptes des droits de sortie les marchandises françaises non prohibées expédiées pour le Sénégal, mais leur destination sera assurée conformément à la loi du 17 juillet 1791. *(Décision ministérielle du 24 octobre 1833 ; circulaire du 18 novembre suivant n. 1411.)*

Indépendamment des marchandises françaises dont la décision précitée permet l'exportation, en franchise, le commerce aura la faculté d'extraire de nos entrepôts réels, sous le seul paiement du droit de réexportation, les objets ci-après désignés savoir :

Couteaux de traite, flacons de verre, rassades et autres verroteries, grosse quincaillerie, telle que fléaux de balance, limes communes, étrilles, étaux grossiers et enclumes ; tabac du Brésil à fumer, toiles dites guinées, des bajulapaux, néganepaux, et autres toiles à carreaux des Indes, lorsque ces toiles ont été apportées directement en France par navire français ; cauris, fer de Suède, pipes de Hollande, platilles de Breslaw, vases de cuisine venant de Saxe, Barbuts, moques de faïence bariolées, poterie d'étain, rhum, tafia des colonies françaises ou de l'étranger, feveroles de Hollande, neptunes, bassins, chaudrons, baquettes, manilles, trompettes, cuivre rouge, clous de cuivre, verges rondes et barres plates, plomb de deux points, gros carton brun de 43 à 49 centimètres sur 119 à 130 centimètres, bonnets de laine, grelots, clochettes en métal, baïettes, tabacs en feuilles, tabacs fabriqués en cigares, petits miroirs d'Allemagne, ambre ou succin, fusils et sabres de traite, fusils de chasse, autres que de luxe ; denrées coloniales provenant du crû des antilles françaises, de Cayenne et de Bourbon, fers et aciers non ouvrés, poudres à tirer de toute espèce.

Lorsqu'on expédiera des toiles guinées pour le Sénégal les acquits-à-caution devront indiquer la provenance et le mode d'importation en France de chaque partie de toiles qu'ils comprennent, et certifier, pour celles importées sous pavillon étranger ou par navire français ne venant pas de l'Inde en droiture, que le droit de 5 fr. par pièce a été perçu et enregistré sous tel numéro de recette. *(Circ. du 3 mars 1830, n. 1203.)*

Les toiles guinées, autres que celles qui arrivent directement de l'Inde par navires français, sont passibles d'un droit de 5 fr. par pièce, lors de leur réexportation des entrepôts de France pour le Sénégal. *(Loi du 17 mai 1826, art. 6.)*

Les acquits-à-caution délivrés à cette destination donneront les indications comme il vient d'être dit plus haut.

Les fusils de traite et les fusils de chasse, du calibre de guerre, ne peuvent pas être réexportés pour le Sénégal. Il y a exception pourtant pour ceux dont la valeur, dans les fabriques étrangeres, n'excede pas onze francs. *(Lettre de l'administration du 3 août 1838.)*

Les armes de luxe fabriquées hors de France, ne sont susceptibles d'être envoyées au Sénégal qu'après l'acquittement des droits d'entrée. *(Circulaire du 28 octobre 1820, n° 611.)*

L'expédition des manchettes communes est permise au même titre que celle des sabres de traite.

Les fers et aciers non ouvrés peuvent aussi être importés directement de l'étranger au Sénégal par navires français, et en exemption de tous droits.

Les poudres à tirer ne peuvent être chargées que dans les ports où il existe un entrepôt des marchandises prohibées. Elles peuvent être importées directement de l'étranger par navires français, et en exemption de tous droits.

Les taxes modérées établies en faveur de certains produits de la côte occidentale d'Afrique, profitent également à ceux de ces produits qui arrivent du Sénégal dans les mêmes conditions.

Les dispositions du tarif relatives au Sénégal sont applicables, sous les mêmes conditions, à ses dépendances, c'est-à-dire aux autres établissements que nous possédons, sur la côte occidentale d'Afrique et qui se trouvent désignés au commencement de ce chapitre.

Par une conséquence des articles 24 de la loi du 8 floréal an 11, et 21 de celle du 28 avril 1816, les expéditions pour le Sénégal ne peuvent avoir lieu que dans les ports d'entrepôt réel ; et, sans égard à leur origine, les marchandises dont elles se composent, doivent être soumises aux formalités prescrites par la loi du 17 juillet 1791.

Ainsi, pour tous les cas non prévus par cette loi, l'expédition des marchandises françaises et étrangères destinées pour le Sénégal reste soumise d'après l'art. 35 de cette même loi aux réglements généraux de douane.

Aux termes de l'article 15 la destination de ces marchandises doit être toujours assurée par un acquit-à-caution qui est délivré au capitaine et qui comprend tous les objets embarqués par nombre et espèce de colis, marques et numéros, quantité, espèces ou qualités et valeur des marchandises. *(Circulaire du 18 novembre 1833, n. 1411.)*

Les marchandises de prime étant affranchies de tout droit de sortie, leur expédition pour le Sénégal a lieu par simple passavant. *(Circulaire du 9 mars 1827, n. 1037.)*

Les tissus de laine et de coton embarqués à cette destination, doivent être revêtus des marques de fabrique prescrites par l'art. 59 de la loi du 28 avril 1816. *(Circulaire du 28 septembre 1830, n. 1227.)*

Pour faciliter notre commerce sur les côtes occidentales d'Afrique, les douanes de la métropole comprendront désormais sur les acquits-à-caution, la totalité des marchandises françaises embarquées à destination des dites côtes, comme si elles avaient le Sénégal pour destination unique. Les capitaines auront la faculté de débarquer, au bas de la côte les objets qu'ils pourront y vendre, la douane coloniale régularisera les expéditions pour les quantités de marchandises qui lui auront été représentées, puis au retour de ces expéditions, le bureau de départ percevra les droits de sortie pour les marchandises qui auront été vendues à l'étranger.

Il en sera de même à l'égard des marchandises d'entrepôt admissibles au Sénégal. Les marchandises quelle que soit leur destination effective, seront comprises dans les acquits-à-caution de réexportation et les douanes coloniales régulariseront ces expéditions pour les objets debarqués dans nos établissements, en ayant soin de faire connaître que les autres marchandises ont été vendues ou transportées sur les divers points de la côte étrangère. Dans les ports de la métropole, on devra s'assurer que les marchandises accompagnées d'acquits-à-caution de réexportation prennent effectivement la mer.

Quant aux marchandises étrangères non admissibles dans nos comptoirs des côtes occidentales d'Afrique, elles continueront d'être assujetties aux formalités générales des réexportations d'entrepôt proprement dites. *(Lettre de l'administration du 24 septembre 1842.)*

Dispositions particulières à l'île de Gorée.

Les productions naturelles étrangères à l'Europe, seront reçues en entrepôt dans l'île de Gorée, et pourront y être apportées par les navires de tous pavillons. *(Décision royale du 7 janvier 1822, circulaire du 26, n. 704.)*

Sont exclus de l'entrepôt de Gorée, les objets fabriqués et les productions naturelles autres que celles désignées ci-dessus, à l'exception de ce qui provient de France et arrive par bâtiments français directement, ou par l'intermédiaire de St.-Louis du Sénégal. *(Même décision et même circulaire.)*

Sont également exclus de cet entrepôt, les rhums et autres liqueurs spiritueuses, à moins qu'ils ne proviennent des colonies françaises, et qu'ils ne soient importés par bâtiments français, soit directement de ces colonies, soit des ports de France. *(Décision royale du 17 août, 1825, et circulaire du 24 septembre suivant, n. 944.)*

Cette exclusion n'atteint pas les rhums et tafias étrangers, que l'article 24 de la loi du 8 floréal an 11, permet de tirer des entrepôts de France pour le Sénégal et l'île de Gorée. *(Circulaire du 18 novembre 1833, n. 1411.)*

Tous les réglements relatifs aux chargements qui s'effectuent dans nos ports pour le Sénégal, sont applicables à l'île de Gorée.

Ainsi, on peut expédier pour Gorée, aux mêmes conditions que pour le Sénégal, toutes les marchandises soit françaises, soit étrangères qu'il est permis de conduire à ce comptoir. *(Circulaire du 18 novembre 1833, n. 1411.)*

La gomme, la cire brune, le bois de caïl-cédrat, le morfil et les peaux brutes apportées des côtes d'Afrique à Gorée, ne pourront être réexportés que pour les ports de France, sous la garantie d'un acquit-à-caution. *(Décision royale du 7 janvier 1822, art. 4.)*

Pourtant la gomme, le bois de caïl-cédrat et les peaux brutes, pourront être exportés directement pour l'étranger et par navires de tous pavillons. *(Circ. du 18 nov. 1833, n. 1411, page 10.)*

Les bâtiments français peuvent importer directement de l'étranger à Gorée, les fers et aciers non ouvrés et les poudres à tirer de toute espèce en exemption de droits. *(Ordonnance du 26 août 1833.)*

En conséquence ces mêmes objets pourront être tirés de nos entrepôts, moyennant le paiement du simple droit de réexportation. *(Circulaire du 5 septembre 1833, n. 1397.)*

Comptoirs d'Assinie et Gabon.

Une décision du ministre des finances en date du 26 décembre 1843, a étendu à ces deux derniers comptoirs de la côte occidentale d'Afrique, en ce qui concerne leurs rapports avec la métropole, les avantages accordés à notre commerce à Saint-Louis du Sénégal et dans les autres établissements français sur la côte occidentale d'Afrique.

En conséquence, les productions nationales autres que les matières premières dont la sortie est prohibée ou assujettie à des droits élevés, lorsqu'elles seront expédiées des ports de France à destination d'Assinie et Gabon, selon le mode prescrit par la circulaire du 18 novembre 1833, n. 1411, jouiront de l'immunité des taxes de sortie. Ces deux nouveaux comptoirs ayant été placés provisoirement sous le régime de la franchise, les navires expédiés à cette destination auront, de plus, par cela même, la faculté de prendre dans nos entrepôts des marchandises étrangères de toute espèce, et dont la réexportation ne sera soumise qu'aux formalités prescrites par les lois générales pour ces sortes d'opérations.

Quant aux marchandises qui seront importées en droiture d'Assinie et Gabon dans les ports de la métropole, on leur appliquera les dispositions du tarif général relatives aux provenances des établissements français sur la côte occidentale d'Afrique.

Les transports entre la métropole et les établissements dont il s'agit ne peuvent avoir lieu que sous pavillon national. (*Circulaire du 29 janvier 1844, n. 2007.*)

Les mêmes dispositions seront de tous points applicables au nouveau comptoir, qui a été établi à Grand-Bassam, côte occidentale d'Afrique, par décision ministérielle du 12 juin 1844, transmise par circulaire du 21 dito, n. 2026.

Etablissements français dans l'Inde.

Les établissements français dans l'Inde sont: Pondichéry et Karikal sur les côtes de Coromandel, ce qui comprend les districts de Pondichéry, de Villenour et de Bahour et les Maganones; sur les côtes d'Orixa: Yanaon, son territoire et les Aldées, ou villages qui en dépendent, la loge de Mazulipatam; sur la côte de Malabar: Mahé et son territoire, et la loge de Calicut; au Bengale: Chandernagor et son territoire, les cinq loges de Cassimbazar, Jouglia, Dacca, Ballasore et Patna; dans le Goudjérate: la Factorerie de Surate.

La France possède en outre le droit d'établir des factoreries à Mascate et à Moka. (*Notices sur les colonies imprimées en 1839 par l'administration de la marine.*)

Les marchandises françaises dont la sortie n'est pas défendue, seront expédiées en franchise de droits, à destination des établissements français dans l'Inde.

Les ministres de la guerre et de la marine, pourront en outre autoriser la sortie franche des vivres et munitions nécessaires au commerce de l'Inde, nonobstant, les prohibitions existantes. (*Loi du 21 avril 1818, art. 18 et 19.*)

On exige aussi l'autorisation du ministre du commerce pour les farineux alimentaires prohibés à la sortie. (*Circulaire du 23 avril 1818, n. 384.*)

Dans tous les cas, l'immunité n'est accordée qu'à la condition de justifier des objets à leur destination, conformément à la loi du 6 juillet 1791, c'est-à-dire, qui seront expédiés par acquit-à-caution, sous les peines édictées par l'article 20 de la loi du 17 juillet 1791.

Les acquits-à-caution par lesquels on assurera la destination des marchandises et denrées expédiées en franchise pour l'Inde, devront être déchargés et rapportés dans le délai de 18 mois. (*Loi du 21 avril 1818, art. 24.*)

Les marchandises étrangères prohibées ou autres, tirées de l'entrepôt réel ou fictif, pourront également être expédiées, en exemption de tous droits, pour lesdits établissements de l'Inde.

Ces marchandises seront passibles des droits de réexportation. (*Loi du 21 avril 1828, article 19. et circulaire du 23 avril 1818, n. 384.*)

Des îles St.-Pierre et Miquelon.

Les bâtiments français expédiés pour ces îles pourront recevoir à bord, en exemption de tous droits, les marchandises et denrées prises dans le royaume, à l'exception de celles prohibées à la sortie.

Les marchandises étrangères non prohibées à l'entrée, pourront également être expédiées des entrepôts de la métropole à destination des îles Saint-Pierre et Miquelon, en payant le droit de réexportation.

La destination de ces marchandises sera assurée par des acquits-à-caution.

Le tabac étranger, quoique prohibé à l'entrée, peut être réexporté pour les dites îles. (*Arrêté local du 6 juillet 1825, et décision administ. du 10 avril 1828.*)

Les bâtiments de pêche qui prennent dans les entrepôts des marchandises étrangères à destination de St-Pierre et Miquelon peuvent charger en outre des marchandises de cabotage, non similaires des premières, pour un port du royaume où ils doivent faire escale avant leur départ définitif pour la pêche, dans ce cas, la douane du port secondaire certifie sur les acquits-à-cautions de réexportation le départ effectif des marchandises tirées des entrepôts. (*Circulaire manuscrite du 30 décembre 1830.*)

Iles Marquises. Possession française dans l'océan pacifique.

Les denrées et marchandises expédiées de la métropole à destination des îles Marquises sont exemptes des droits de sortie. D'après l'article 15 de la loi du 17 juillet 1791, la destination de ces marchandises devra être garantie par des acquits-à-caution, qui seront régularisés par les autorités locales. Toutefois l'immunité dont il s'agit n'est point applicable aux objets prohibés ou fortement imposés à la sortie et qui sont dénommés ci-après, savoir :

Les peaux brutes, y comprises celles de lapin et de lièvre; les poils de toute espèce; les cocons, les soies et les bourres de soie; les os et les sabots de bétail; les cornes de bétail brutes et celles préparées autrement qu'en feuilles; les bois à construire autres que de pin, de sapin et d'orme; les mâts, matereaux, espars, pigouilles, manches de gaffe, de fouine et de pinceau; les bois de fusil, le fil de mulquinerie, les meules à moudre. (*Décision du ministre des finances du 19 juillet 1843, et circulaire du 1er août suivant, n. 1983.*)

Iles de la Société (Taïti).

D'après une décision du ministre des finances du 25 février 1844, la même immunité accordée aux marchandises expédiées de la métropole à destination des îles Marquises sera étendue à celles que l'on expédiera aux îles de la Société qui sont placées sous le protectorat de la France.

Ces expéditions seront soumises aux conditions et restrictions indiquées par la circulaire n° 1983 ci-dessus citée. Les îles Marquises ainsi que celles de la Société, jouissant d'une franchise absolue en matière de douanes, les navires expédiés pour l'une ou l'autre destination pourront prendre dans nos entrepôts des marchandises étrangères de toute espèce, moyennant l'accomplissement des formalités applicables aux réexportations. (*Circulaire du 1er avril 1844, n. 2014.*)

Réfaction des droits pour cause d'avaries.

Les marchandises avariées par suite d'événements de mer, qui ne conservent plus la valeur fixée par le prix courant des mêmes marchandises, jouissent aux termes de l'article 51 de la loi du 21 avril 1818, d'une réduction de droits proportionnelle à leur dépréciation, lorsque cette dépréciation est constatée par une vente publique.

Les marchandises avariées par toute autre cause, ainsi que celles qui, en raison de leur qualité inférieure, ne sont pas réputées de qualité marchande, ne peuvent jouir de la réfaction des droits.

Il en est de même pour les objets qui ne sont pas susceptibles de perdre notablement de leur valeur par le contact de l'eau de mer, comme les métaux bruts, les matériaux

Sont considérées comme provenant d'événements de mer les seules avaries qui sont la suite d'échouements, voies d'eau, naufrages ou autres accidents analogues survenus pendant la dernière navigation du bâtiment, c'est-à-dire, comme l'explique l'article 397 du code de commercé, depuis le chargement et le départ des marchandises jusqu'à leur déchargement dans le port d'arrivée.

La réfaction des droits n'est accordée qu'autant que l'événement de mer se trouve constaté par un rapport fait et affirmé en douane par le capitaine du navire, dans les 24 heures de son arrivée; lequel sera affirmé par les gens de l'équipage après avoir subi l'interrogatoire. Il y aura examen du livre de bord, et de l'état du navire.

Les demandes en réfaction de droits doivent être faites par écrit dans les 3 jours de la visite et avant l'enlèvement des marchandises qui devront être désignées par marques et numéros en distinguant les colis pour lesquels on désire profiter du bénéfice de la loi.

On pourra les déclarer pour l'entrepôt réel, seulement pour le délai d'un mois qui suit le débarquement, dans le cas qu'on voulut ou les réexporter ou demander la vente aux enchères suivant que les propriétaires y trouveraient convenance.

En cas de doute ou de contestation sur les marchandises pour savoir si elles sont saines ou avariées ou si l'avarie provient de toute autre cause que par événement de mer, il y aura recours aux commissaires-experts institués par l'article 19 de la loi du 27 juillet 1822, lesquels ont seuls le droit de prononcer.

On constatera avec soin, contradictoirement avec le propriétaire, l'importance de l'avarie, l'origine, la qualité et l'espece de la marchandise, afin d'établir, d'après le prix courant de la même marchandise à l'état sain, la valeur qui doit servir de base à la réfaction des droits. *(Consulter au besoin la circulaire n. 1190.)*

La vente a lieu par courtiers de commerce ou autres officiers publics, et sous la surveillance du receveur des douanes, sans le concours duquel il ne peut être fait aucune opération, ni passé aucun acte. *(Loi du 21 avril 1818, art. 52.)*

L'administration des douanes pourra dans les 24 heures déclarer qu'elle prend l'adjudication à son compte; en payant 5 p 0[0] au dernier enchérisseur. *(Même loi art. 53.)*

Le receveur intervient dans tous les actes préparatoires de la vente, il en assure la publicité; il agrée les officiers qui doivent y procéder; il détermine le temps et l'endroit où les criées doivent se faire, et il s'entend d'avance avec l'inspecteur ou le directeur, pour user, s'il y a lieu, du droit de préemption. Il se fait, en outre, représenter le cahier des charges pour s'assurer que les conditions de la vente sont, en tous points, les mêmes que celles des ventes libres du commerce, et conformes d'ailleurs à l'usage des lieux. *(Circulaire n. 1190.)*

Les marchandises avariées sont toujours vendues à l'acquitté, les droits restant ainsi à la charge du vendeur. Cette condition doit être clairement énoncée au cahier des charges. On doit y stipuler, en outre, qu'immédiatement après la vente les droits seront payés ou garantis, et que les marchandises seront ensuite enlevés sans retard.

Sur la demande du commerce les marchandises avariées pourront être admises ou réintégrées en entrepôt, sous la condition alors que dans le cas, où elles ne seraient pas réexportées, elles ne seraient plus admises au bénéfice de la réfaction des droits.

Aucune denrée alimentaire ou substance médicinale avariée ne peut être vendue ni livrée pour la consommation que sur la production d'une attestation du magistrat chargé en chef de la police locale, portant que l'avarie de la marchandise n'est pas de nature à nuire à la santé publique. *(Loi du 21 avril 1818, art. 57.)*

Les marchandises avariées qu'il ne conviendrait pas aux consignataires de faire vendre aux conditions ci-dessus peuvent être réexportées, lors même qu'elles auraient été déclarées pour la consommation, nonobstant les dispositions de loi à ce contraires. *(Loi du 21 avril 1818, art. 54.)*

Les déclarants conservent la faculté de séparer dans une partie de marchandises qu'une même déclaration comprend, des colis qu'ils veulent réexporter, vendre à l'enchère, ou soumettre au triage, des colis qui sont en état de supporter l'application pure et simple du tarif.

Si dans un même colis l'on peut séparer les parties de marchandises avariées de celles restées intactes, la douane, dans le cas où le négociant ne consentirait pas à la vente publique, en permet le triage, pour n'assujettir que ces dernières au droit intégral; le reste est détruit en présence des préposés, qui en dressent procès-verbal. *(Loi du 21 avril 1818, art. 55.)*

Les procès-verbaux de vente ou de destruction ne sont assujettis qu'au droit fixe d'un franc pour leur enregistrement, *(Même loi, art. 56)*

La faculté qu'a l'administration de prendre pour son compte l'adjudication peut s'exercer sur la totalité ou sur une partie seulement des lots vendus. *(Arrêté du ministre des finances du 25 juin 1827.)*

L'avarie non déclarée en temps utile, n'étant plus susceptible de donner droit à l'application directe de la loi du 21 avril 1818, est traitée comme toutes les détériorations qui surviennent pendant le séjour en entrepôt, pour l'admission exceptionnelle desquelles l'administration se réserve de statuer d'après la nature et la réalité des faits.

Quand l'avarie contestée n'est plus que partielle, c'est-à-dire qu'il reste dans la marchandise des parties entièrement saines, la douane prélève un échantillon et le soumet à la chambre syndicale des courtiers pour qu'elle indique, d'après le cours, la valeur de cette marchandise.

La difficulté se trouve ainsi levée de droit, attendu qu'il est dans les attributions de cette chambre de constater les prix courans, sauf recours à la chambre de commerce.

Le droit à percevoir sur les marchandises avariées, quand il survient une mutation de tarif, est toujours celui qui est en vigueur au moment où la vente s'effectue. C'est la conséquence de l'obligation où l'on est de vendre la marchandise à l'acquitté et de prendre pour base de la réfaction des droits la valeur établie par les feuilles de prix courant dont la date est la plus rapprochée du jour de la vente. *(Lettre de l'administration du 7 septembre 1839, au directeur de Nantes,)*

Marchandises de retour.

Les marchandises françaises restées invendues à l'étranger et dont l'origine nationale pourra être reconnue, soit par des marques de fabrique, soit par des caractéres inhérents à cette origine, seront réadmises en vertu d'autorisations spéciales de l'administration. *(Décision ministérielle du 27 août 1818.)*

Or, les négociants qui envoient à l'étranger des marchandises, dont la vente n'est pas certaine, doivent les faire vérifier par les douanes qui délivrent les acquits de sortie, afin d'en assurer la reconnaissance au retour; ils doivent en outre, laisser en douane des échantillons des objets qui, venant de l'étranger, sont prohibés à l'entrée, et le duplicata de leur facture.

Pour servir de titre à la réimportation, les acquits de paiement émanés des douanes de l'intérieur doivent être revêtus d'un certificat constatant le passage réel à l'étranger.

Aucune demande de retour ne peut être accueillie après le délai des deux années qui suivent la date de l'exportation des marchandises.

Le droit de retour et de 51 centimes par 100 kilogrammes, ou de 15 centimes pour 100 francs de la valeur au choix du redevable. Lorsqu'il s'agira de marchandises de la nature de celles auxquelles il est accordé une prime de sortie, il y aura lieu d'exiger le remboursement d'une somme égale à la prime allouée, laquelle est légalement présumée avoir été touchée.

Les fruits de la terre et autres produits naturels, ainsi que les produits d'usine et de laboratoire qui sont ou peuvent être identiques partout, sont exclus du benéfice du retour.

Les vins et autres boissons et généralement les liquides de toute sorte, étant susceptibles de mélanges et de contrefaçons, en sont également exclus. Il y a exception seulement pour les vins de Bordeaux, qu'on peut réadmettre dans les deux années de leur envoi à l'étranger, lorsque l'origine en est reconnue et constatée par le jury spécial institué à Bordeaux.

Les produits etrangers exportés de France, après avoir été nationalisés par le paiement des droits d'entrée, ne sont réadmis, dans aucun cas, comme marchandises de retour.

Sont admis aux droits de retour les soieries et autres tissus des fabriques françaises lorsqu'on les aura fait estampiller à la douane de sortie et qu'on y aura déposé des échantillons des dites marchandises accompagnés d'un inventaire descriptif. La réimportation peut alors s'en effectuer par le même bureau sans l'autorisation préalable de l'administration, lorsqu'elles sont représentées dans le délai d'un an et à la condition de restituer la prime de sortie pour les tissus qui en jouissent.

Sont réadmis librement, sous les mêmes conditions, les échantillons de marchandises françaises que transportent à l'étranger les commis voyageurs.

Les futailles ayant servi à exporter des vins et des eaux-de-vie de France jouissent aussi de la libre réintroduction, lorsque leur réimportation s'en effectue dans le délai d'un an, et que la réserve du retour aura été consignée sur les acquits de sortie.

Les sacs vides dont on a fait usage pour exporter des grains, du sel, etc. sont également réadmis en franchise, lorsqu'il y a été apposé à la sortie et aux frais des exportateurs, une marque ou estampille propre à en faire reconnaitre l'identité, et qu'ils ont été réimportés par le bureau qui en a constaté l'exportation et dans le délai indiqué sur les acquits de sortie, lesquels doivent être représentés.

Même facilité pour les linons et batistes et dentelles de point d'argentan et d'alençon, à charge d'en faire constater l'origine dans les lieux de fabrication;

Pour les estagnons qui ont servi à l'exportation des essences pourvu qu'on présente l'acquit de sortie contenant la désignation du poids et la grandeur des estagnons et relatant la réserve de retour;

Pour les bouteilles de verre ou de grès ayant servi à l'exportation des acides minéraux, lorsque la sortie est dûment établie. *(Lettre du directeur-général du 22 février 1821.)*

Pour les marchandises expédiées à Pampelune à l'époque de la foire, en justifiant de leur exportation et de la réserve de réimportation par le bureau de sortie, dans la huitaine de la clôture de chaque foire. *(Décision du 27 prairial an 4.)*

Pour celles rapportées des foires de la Suisse, en faisant constater au bureau de sortie le poids, le nombre et la mesure des pièces non susceptibles de marques, en leur faisant apposer le cachet de la douane, et en opérant le retour par le même bureau dans un délai calculé suivant la durée de la foire et la distance des lieux.

Pour les glaces que la manufacture de Paris fait revenir de l'étranger, pour y être renvoyées après réparation, *(Décision du 8 pluviose an 9.)*

Pour les marchandises françaises invendues dans nos colonies tout autant que l'expédition est justifiée par les acquits-à-caution levés au départ, le renvoi attesté par les employés de la colonie, et l'identité parfaitement reconnue à la vérification. *(Loi du 29 mars 1791, art. 8 et lettre de l'administration du 17 septembre 1840.)*

Les tissus de coton, de laine et les autres objets similaires de ceux qui sont prohibés en France à l'entrée et qui auront fait partie d'un chargement pris à destination de nos colonies ou de nos comptoirs, ne seront réadmis qu'après que leur origine aura été constatée sur des échantillons adressés, aux frais du commerce, à l'administration, pour être soumis à l'examen des commissaires experts du gouvernement. Celles de ces marchandises qui auraient joui d'une prime de sortie ne seront réadmises par décision spéciale qu'après le remboursement de cette prime. *(Circulaire n. 364.)*

On réadmet encore en franchise les morues de pêche française qui ont été exportées avec réserve de retour à destination de l'Algérie, de l'Espagne et du Portugal. *(Circulaire de l'administration du 23 juin 1843.)*

Transbordement, facilité accordée au commerce.

Les transbordements des marchandises étrangères destinées à être réexportées immédiatement sous tous pavillons ou à être expédiées pour un autre port du royaume, sur navire français, pourront désormais être autorisés dans tous les ports d'entrepôt; cette faculté s'appliquera, s'il s'agit de réexportations immédiates, aux marchandises admissibles dans les entrepôts réels ou fictifs du port où le transbordement s'effectuera; et, s'il s'agit d'expéditions sur un second port de France, aux marchandises admissibles à la fois au port de prime abord et à celui de destination.

Ces transbordements seront autorisés sur la demande du consignataire ou du capitaine, lequel sera tenu de remettre à cet effet une déclaration en détail. Cependant, lorsqu'il justifiera, soit par sa correspondance, soit par les papiers de bord, de l'impossibilité de satisfaire complètement à cette obligation autrement que par la reconnaissance préalable des marchandises, l'inspecteur ou le sous-inspecteur sédentaire pourra, s'il juge qu'il n'en peut résulter aucun abus, admettre exceptionnellement comme suffisante une déclaration indiquant seulement, mais avec exactitude, le nombre, l'espèce, les marques et les numéros des colis, ainsi que la nature de leur contenu.

Le permis qui se détachera de ce registre, contiendra l'autorisation de faire transborder les colis désignés. Le transbordement aura lieu autant que possible, soit directement de bord à bord, soit au moyen d'allèges, et dans l'un ou l'autre cas, les marchandises seront reconnues sur le pont du navire à bord duquel elles seront embarquées pour la réexportation ou pour un autre port du royaume. Cette reconnaissance s'effectuera sur le quai, partout où la disposition des lieux exigera la mise à terre des colis; en tout état de choses, il conviendra que ces vérifications ne soient pas prolongées sans nécessité. Les employés devront donc, à moins de motifs particuliers, se borner à reconnaître l'identité des colis, et à constater la nature des marchandises en faisant ouvrir ou sonder un petit nombre, le dixième par exemple, des caisses, balles ou ballots; ils pourront même ne pas exiger l'ouverture des boîtes en fer-blanc soudées qui renferment des étoffes de prix. L'essentiel est de se prémunir contre toute soustraction ou substitution frauduleuse, et d'acquérir la certitude que l'on réexpédie effectivement tous les colis déclarés et soumis à la visite.

Bien que le transbordement suppose la double opération du débarquement et de l'embarquement, on ne percevra néanmoins qu'un seul droit de prime, puisqu'il n'y aura qu'un seul acte délivré.

On s'abstiendra, en cas de renvoi immédiat à l'étranger, de percevoir le droit de réexportation qui, aux termes de la loi du 7 décembre 1815, n'est exigible qu'à l'égard des marchandises réellement extraites d'entrepôt; il y aura ainsi pour le commerce affranchissement de formalités et de frais.

Il est du reste entendu que les marchandises demeurant soumises aux questions générales des réexportations, il y aura lieu de ne permettre les transbordements que sur des navires du tonnage requis en pareil cas, et d'exiger le plombage des colis dans tous les ports où cette formalité est prescrite par les règlements.

Lorsqu'il s'agira de marchandises destinées pour un autre port de France, le permis qui, dans ce cas, tiendra lieu d'acquit-à-caution, devra les accompagner jusqu'à ce port, où le consignataire sera tenu de produire, dans les trois jours, sa déclaration en détail, conformément à la loi. Il sera dès-lors nécessaire que ces permis mentionnent si les justifications de provenance et de transport direct ont été produites et admises au port de prime abord, et qu'ils contiennent à cet égard tous les renseignements consignés habituellement sur les acquits-à-caution de mutation d'entrepôts, qu'ils remplaceront après avoir été régularisés suivant les résultats de la visite à l'arrivée, ils seront renvoyés au bureau d'où ils émaneront, par l'intermédiaire de l'administration. Enfin, les marchandises, dans ce même cas de réexpédition sur un autre port de France, devront être plombées comme si elles étaient extraites d'entrepôt. *(Circulaire du 20 avril 1841, n, 1846.)*

A l'égard des transbordements et dans le cas exceptionnel prévu par la circulaire ci-dessus, l'intention de l'administration n'est pas que les indications d'*espèce*, de *qualité*, de *poids* ou de *valeur* soient exigées. Elle a pensé que le déclarant pourrait les fournir officieusement et à titre de simples renseignements sans être exposé aux conséquences d'une déclaration inexacte.

Au surplus, si les indications officieuses données par le déclarant permettaient de supposer que l'on cherche à tromper la douane, le chef de la visite, au lieu d'user de la faculté que lui laisse la circulaire n° 1846 ci-dessus citée, exigerait au contraire une déclaration complète et détaillée.

Mais, hors ce cas, on ne doit priver le commerce d'aucune des facilités que cette circulaire a pour objet de lui laisser. *(Lettre de l'administration du 8 mai 1841, au directeur à Rouen, et copie à celui de Marseille en date du 19 même mois.)*

Lorsque la réexportation a lieu immédiatement par le même navire qui a importé les marchandises, dans ce cas, on doit s'abstenir de les soumettre au plombage.

Marchandises omises au Tarif.

Toute marchandise omise au tarif d'entrée ne pourra être importée que par un bureau principal de douanes, où le droit de l'article le plus analogue lui sera appliqué. *(Loi du 28 avril 1816, art. 16.)*

Toute assimilation faite d'office ne peut faire règle que lorsqu'elle a été sanctionnée par l'administration.

C'est aux receveurs et dans les grands ports, aux inspecteurs sédentaires qu'il appartient d'assigner provisoirement le régime à appliquer aux marchandises omises au tarif, sauf à eux à prendre l'avis des employés et des chefs de la visite. Ils informent sur-le-champ les directeur de ces assimilations et joignent à leurs rapports des échantillons des objets assimilés. Les directeurs de leur coté en donnent connaissance à l'administration en y joignant leur avis.

Si on ne sait à quel objet tarifé l'on doit assimiler un nouveau produit, il en est référé de suite à l'administration pour qu'elle puisse se prononcer sans le moindre retard.

Contestations sur l'application du Tarif.

Les commissaires experts institués par la loi du 27 juillet 1822, sont seuls compétents pour prononcer sur les doutes et les difficultés qui peuvent s'élever quant à l'espèce, à la qualité ou à l'origine des marchandises, soit pour l'application des droits ou des prohibitions, des privilèges coloniaux et des primes. Les tribunaux eux-mêmes ne peuvent intervenir dans cette appréciation.

Les décisions des commissaires experts ont force de chose jugée dans ces sortes d'affaires; elles sont obligatoires autant pour l'administration que pour le commerce.

Lorsqu'il s'agira d'objets tarifés destinés pour la consommation, on pourra en faire la remise sous le paiement des droits conformément à la déclaration, avec engagement cautionné d'acquitter tel supplément de taxe que les experts viendraient à prononcer.

Si la vérification faisait reconnaître que la marchandise a été faussement déclarée, la saisie devrait en être immédiatement constatée par procès-verbal, sans requérir l'expertise légale, les tribunaux alors sont saisis de l'affaire.

S'il n'y avait que doute de la part des employés sur l'inexactitude de la déclaration, on se bornerait alors, pour éviter des frais, à constater la retenue de la marchandise par un acte conservatoire, en provoquant alors sans retard l'expertise légale.

Qu'il y ait saisie ou retenue, les receveurs doivent sur-le-champ offrir la main-levée de la marchandise sous caution, lorsqu'il ne s'agit point d'objets prohibés.

Pour toute expertise de l'espèce ci-dessus, deux échantillons pareils de la marchandise en contestation, sont adressés à l'administration; l'un, sous le double cachet de la douane et du déclarant, à soumettre aux commissaires experts; l'autre, non cacheté, pour l'administration qui peut, s'il y a lieu, lever d'office les difficultés. *(Circulaire n° 1910.)*

Des Emballages.

Les caisses, futailles, vases et tous autres objets servant à l'emballage des marchandises, ne sont point soumis à des droits indépendants de ceux qui affectent les marchandises elles mêmes, qu'elles soient taxées au brut, au net, à la valeur, au nombre ou à la mesure.

Toutefois, lorsque ces emballages ont évidemment une valeur marchande et qu'ils peuvent être employés à tout autre usage que celui auquel ils ont été momentanément affectés et qu'ils renferment des objets tarifés autrement qu'au brut, ou que ceux qui, imposés au brut, sont soumis à des droits inférieurs à ceux qu'acquitteraient lesdits emballages s'ils étaient importés séparément, alors on doit appliquer à ces derniers le régime qui leur est propre.

Sont dans ce cas : 1° les cruchons de poterie, les outres en cuir et les bouteilles de verre contenant des liquides ou fluides taxés au poids net ou à la Mesure; 2° les estagnons en cuivre ou outres dans lesquels on importe des huiles ou des essences et qui alors, sont admis exceptionnellement au droit de 10 p 0/0 de la valeur; 3° les boîtes dans lesquelles sont renfermés les carillons à musique; 4° les caisses de fer blanc, contenant des feuilles de ce métal ou tout autre objet, et qu'on admet, par exception, au même droit que le fer blanc; 5° les sacs employés pour le transport de certaines marchandises, lorsqu'ils sont en toile neuve ou en toile de qualité supérieure, aux toiles affectées d'ordinaire à cet usage; 6° les cercles en fer qu'on emploie quelquefois pour la ligature des colis et les peaux dont on se sert comme enveloppe; mais la taxe n'est exigible qu'autant que les cercles en fer et les peaux sont en bon état de conservation dans le cas contraire les uns et les autres sont traités comme emballages ordinaires.

Les doubles futailles et les doubles emballages de toute sorte ne doivent pas être compris dans le poids des marchandises tarifées tant au brut qu'au net, à moins que ces dernieres ne soient du nombre de celles qui jouissent de tares particulières en raison du nombre des emballages, ce qu'on a pu voir au tableau des tares; mais ces déductions n'ont lieu que lorsque chacun des emballages est complet et que celui intérieur peut suffire pour le transport de la marchandise. S'il en était autrement, la marchandise serait réputée en simple emballage.

Des déclarations de valeur.

La valeur à déclarer en douane est celle qu'ont les marchandises dans le lieu et au moment où elles sont présentées pour être soumises à la visite. Cette valeur comprend ainsi, outre le prix d'achat à l'étranger, les frais postérieurs à l'achat, tels que les droits de sortie acquittés aux douanes étrangères, le transport ou le fret, l'assurance, etc., en un mot, tout ce qui contribue à former sur le marché le prix marchand de l'objet, sauf les droits d'entrée. Il en est de même pour les marchandises destinées pour l'entrepôt ou le transit; pour les unes et les autres, c'est toujours la valeur actuelle qui doit être déclarée.

Les employés doivent chercher, par tous les moyens possibles, à s'assurer de l'exactitude des valeurs déclarées. Ils sont autorisés à se faire représenter les factures originales, lettres de voiture ou connaissements et tous autres documents. Mais comme ils ne peuvent réclamer ces pièces qu'à titre de renseignements, ils doivent les accepter telles qu'elles sont et sans exiger que le déclarant les fasse traduire ou qu'il en convertisse les énonciations en mesures, poids ou monnaies de France.

Les employés ont la faculté de préempter pour leur compte, et à leurs risques et périls, les marchandises qui leur paraissent mésestimées, en payant au déclarant, dans les quinze jours qui suivent la notification du procès-verbal de retenue, la valeur déclarée et le dixième en sus.

Ils peuvent aussi sous les mêmes conditions, préempter les laines pour compte du trésor. (*Loi du 4 floréal an 4, article 1er.*)

C'est dans le jour même où la vérification des objets a eu lieu, que la préemption doit être déclarée, il y a exception pour les laines, à l'égard desquelles il est accordé un délai de 3 jours à partir du moment où la vérification est terminée. (*Circulaire du* 16 *juillet* 1836, *n.* 1550.)

Les laines déclarées en transit peuvent être aussi préemptées par les employés. (*Circulaire du* 25 *octobre* 1836, *n.* 1574, *et arrêt de cass. du* 30 *août suivant.*)

Ce droit peut également être exercé par les employés sur les laines déclarées pour l'entrepôt. (*Décision min. du* 16 *août* 1828.)

Les marchandises qui ne sont pas taxées à plus d'un quart pour cent de la valeur ne doivent pas être préemptées; mais au besoin on peut élever d'office cette valeur, avec consentement du déclarant, s'il y a opposition ou refus de sa part, on use alors rigoureusement du droit de préemption.

Du transport direct.

Les modérations de droits stipulées par le tarif en faveur de certaines marchandises provenant soit des colonies françaises ou de l'Inde, soit de tout autre pays hors d'Europe, sont subordonnées, en principe général, à la condition de l'importation en droiture. Toute marchandise importée par un navire qui, dans le cours de sa traversée, a fait escale à l'étranger autrement que par force majeure, doit donc être considérée comme ayant été chargée au port d'escale même et être traitée en conséquence.

Toutefois, sauf en ce qui concerne les navires venant de nos colonies ou des contrées situées au-delà des îles de la Sonde, lesquels resteront soumis à la règle aujourd'hui en vigueur, il sera permis dorénavant aux navires français revenant des pays hors d'Europe de débarquer, dans les ports d'Europe où ils feront escale, une partie de leur cargaison, sans perdre pour le surplus, alors qu'il sera resté à bord, le bénéfice de l'importation directe, sous la condition: 1° que les capitaines seront porteurs d'un état général de chargement dûment visé par l'agent consulaire de France au port du départ, et indiquant l'espèce et la destination de chaque partie de marchandises; 2° qu'ils produiront de même des certificats de nos agents consulaires dans les ports d'escale, constatant qu'il n'a été embarqué dans ces ports, sur les dits navires, aucune marchandise. Les capitaines seront tenus, en outre, de justifier, ainsi qu'il est d'usage, des circonstances de leur navigation, tant par l'exhibition des livres et papiers de bord que par leur rapport de mer, dûment contrôlé par l'interrogatoire des gens de l'équipage.

Toute cargaison qui ne sera pas accompagnée de pièces régulières ne pourra profiter du bénéfice de la présente décision, et demeurera soumise à la règle générale. Il sera référé à l'administration de tous les cas douteux. (*Décision ministérielle du* 23 *février* 1843 *et circulaire du* 6 *mars suivant*, *n.* 1962.)

Surtaxe.

Les marchandises importées autrement que par navire français, à l'égard desquelles il n'est fait aucune distinction d'origine, seront assujetties à un droit supplémentaire d'après le tarif ci-après :

Le droit principal fixé au poids sera augmenté, savoir :

1° Jusques et y compris 50 fr., du dixième de ce même droit ;

2° De 50 fr. jusques et y compris 300 fr. du vingtième de cette seconde portion du droit

Nulle augmentation n'affectera le surplus.

La taxe établie par le présent article sera réduite au tarif des douanes, de manière à ce que les centimes de chaque droit soient toujours en nombres décimaux. (*Loi du* 28 *avril* 1816, *art.* 7.)

En principe, les marchandises importées autrement que par navire français acquittent toujours le maximum des droits établis. (*Décision administrative du* 25 *juin* 1841.)

Les marchandises importées par navires étrangers ne peuvent être exemptées des surtaxes de navigation sous le prétexte qu'à défaut de bâtiments français au port de départ, on a dû employer, pour leur transport, un navire étranger. Toutefois, lorsqu'un navire français est arrêté dans le cours de sa navigation par un événement de mer tel que naufrage ou échouement, les marchandises provenant du sauvetage de la cargaison sont admises, sans distinction de pavillon, à jouir du privilège réservé à la navigation nationale, s'il est dûment constaté par un certificat du consul de France que c'est à défaut de navires français qu'on s'est servi, pour leur transport, d'un navire étranger; et si d'ailleurs l'éloignement des lieux ne permet pas d'y faire arriver promptement un bâtiment français. (*Décision administrative du* 31 *janvier* 1839.)

Pour la plupart des marchandises exotiques, les droits varient selon qu'elles arrivent de l'Inde, d'ailleurs hors d'Europe ou d'Europe.

Les mots de l'Inde, dont on se sert pour l'application de certains droits, signifient des pays situés à l'Est du cap de Bonne-Espérance, et à l'Ouest du cap Horn. (*Loi du* 28 *avril* 1816, *art.* 3, *en note.*)

En général, ces distinctions s'appliquent uniquement à la provenance et non à l'origine des marchandises, on n'a pas à rechercher si tel objet est réellement une production du pays d'où il arrive. Cependant les marchandises d'Amérique et des pays situés au delà du cap de Bonne-Espérance qui ne peuvent se trouver dans les ports de la mer Noire et de la Méditerranée, ou dans les îles de Malte, de Madère, des Canaries et des Açores, que parce qu'elles y ont été apportées par une navigation que le tarif tend à rendre directe pour la France, ne sauraient être admises que comme celles qui proviennent des entrepôts d'Europe. (*Tarif de* 1822, *page* 44.)

Le riz, les arachides et touloucouna, le millet, l'huile de palme, de coco et de touloucouna, le bois de santal rouge et les dents d'éléphant, jouissent d'une modération de droits lorsqu'ils sont importés en droiture de la côte occidentale d'Afrique par navire français, et qu'il est d'ailleurs dûment justifié ou reconnu qu'ils sont des produits du pays même. (*Loi du* 6 *mai* 1841, *art.* 1*er*, *et circulaire du* 8 *du même mois*, *n.* 1850.)

L'application du droit de fr. 2 50 par kilogr. aux thés importés par navires français des ports de la Baltique et de la mer Noire, est subordonnée à la condition qu'il sera dument justifié qu'il s'agit de thés de caravane qui y sont arrivés par terre. (*Circulaire du* 8 *mai* 1841, *n.* 1850.)

Les pièces de cette justification se trouvent détaillées dans la dite circulaire.

Tous les pays d'Europe doivent, sous le rapport des provenances, être considérés comme entrepôts.

Les produits du Levant, expédiés en droiture des pays d'extraction sur France, doivent être traités comme venant des pays hors d'Europe.

Cette disposition qui a été confirmée, en ce qui concerne le port de Marseille, par l'art. 5 de l'ordonnance du 10 septembre 1817, est applicable notamment aux cires jaunes, au cuivre en masses brutes, aux graisses de poissons, aux noix de galle, aux grandes peaux brutes et sèches et aux potasses arrivant des ports de la mer Noire.

Sont exemptes de la surtaxe de navigation les marchandises qui, d'après les traités de commerce et de navigation avec des puissances étrangères, sont dans le cas d'être traitées, lorsqu'elles sont importées sous le pavillon des dites puissances, de la même manière qu'elles le seraient si elles étaient importées sous pavillon français.

Des produits des pays situés au delà des îles de la Sonde.

Aux termes de la loi du 2 juillet 1836, et 6 mai 1841, art 1er, les produits naturels, le sucre excepté, qui sont importés en droiture, par navires français, des pays situés au delà des passages des îles de la Sonde, soit au nord du 3e degré de latitude septentrionale, soit à l'est du 106e degré de longitude est, obtiennent une remise du cinquième des droits d'entrée, tels qu'ils sont établis pour les provenances les plus favorisées autres que les colonies françaises.

Ce privilége ne sera donc accordé qu'aux seuls produits naturels ou originaires, et non aux produits d'autres provenances non privilégiées qui seraient expédiées de ces mêmes lieux. *(Arrêt de cassation du 10 mai 1841.)*

L'administration se réserve de statuer au vu de toutes les pièces produites par les intéressés, sur le cas d'application de la disposition ci-dessus; seulement les directeurs pourront autoriser provisoirement, et sous caution, l'admission des marchandises au droit modéré, quand ils se seront assurés, par l'examen des livres et papiers de bord des navires, que ces marchandises proviennent réellement des pays désignés, et que l'importation en a été effectuée en droiture. (*Circulaire du* 31 *décembre* 1834, *n°.* 1472, et 13 *septembre* 1838, *n°.* 1708.)

Les navires qui, à leur retour des îles de la Sonde, relâchent à l'île Bourbon, même pour y prendre un complément de cargaison, conservent le bénéfice de l'importation directe, pourvu que des pièces authentiques émanées de la douane de cette île fassent une mention distincte des marchandises composant la cargaison primitive et de celles chargées dans la colonie. *(Circulaire du* 31 *décembre* 1834, *n.* 1472.)

Les produits naturels, le sucre excepté, importés de l'île de Bornéo, continueront à jouir du bénéfice accordé par la loi du 2 juillet 1836, de la réduction du cinquième des droits. (*Lettre de l'administration au directeur à Nantes, du 2 mai* 1839.)

Réexportation.

La formalité de l'acquit-à-caution ne sera plus exigée pour les marchandises qui seront réexportées par mer des entrepôts réels ou fictifs; mais pour y suppléer, les propriétaires ou consignataires se soumettront, par leur déclaration de sortie d'entrepôt, à rapporter, sur le permis qui leur sera délivré, les certificats des préposés des douanes qui auront été présents à l'embarquement des marchandises et de ceux qui en auront constaté le départ pour l'étranger; le tout sous peine d'être contraints au paiement de la valeur de ces marchandises et de l'amende encourue pour leur introduction frauduleuse. *(Loi du* 21 *avril* 1818, *art.* 61.)

Cette valeur doit être celle de la marchandise en France, c'est-à-dire, le prix qu'on aurait retiré, sur le marché intérieur, le négociant qui serait parvenu à l'introduire en fraude. *(Circulaire du* 8 *février* 1831, *n.* 1246.)

Si la fraude est découverte lors de l'embarquement des marchandises ou pendant que le navire est encore dans le port, il y a lieu d'après l'article 35 de la loi du 21 avril 1818, de réclamer, outre la valeur des marchandises, une amende de 100 ou de 500 fr., selon qu'il s'agit d'objets tarifés ou prohibés à l'entrée. *(Art.* 15, *titre* 2, *et art.* 1*er, titre* 5, *de la loi du* 22 *août* 1791.)

L'embarquement des marchandises déclarées en réexportation ou mutation d'entrepôt ne pourra être commencé qu'après que tous les objets compris en un permis d'embarquement auront été réunis sur le quai et comptés par les préposés des douanes chargés de constater la mise à bord. *(Loi du* 27 *juillet* 1822, *art.* 13.)

Restriction concernant le tonnage des navires.

Pourront être réexportées d'entrepôt par des navires de 40 tonneaux ou plus : 1° les marchandises prohibées à l'entrée; 2° les marchandises dont la prohibition a été levée par la loi du 2 juillet 1836, ou qui cesseraient d'être prohibées à l'avenir; 3° les marchandises désignées par l'article 22 de la loi du 28 avril 1816; 4° les marchandises dont le droit excède 10 p. 0[0 de la valeur. (*Loi du* 5 *juillet* 1836, *art.* 7.)

Dans la Méditerranée, les marchandises comprises dans l'article 22 de la loi du 28 avril 1816, ainsi que celles dont le droit excède 10 p. 0[0 de la valeur, peuvent être réexportées par des navires de 30 tonneaux; on peut même se servir de navires de 20 tonneaux pour les marchandises non prohibées réexportées à destination des côtes d'Espagne dans la méditerranée. (*Circulaire du* 14 *avril* 1838, *n.* 1079.)

A Marseille, la réexportation des marchandises prohibées est permise sur des bâtiments de 30 tonneaux pour les côtes d'Espagne et d'Italie. *(Même circulaire.)*

A Nantes, le Directeur est autorisé à permettre l'emploi de navires espagnols de 30 tonneaux pour les marchandises de toute nature réexportées à destination de Bilbao (Espagne). *Même circulaire.)*

A Saint-Malo, le Directeur peut également permettre que les réexportations s'effectuent par des navires de 26 tonneaux. (*Décision administrative du* 6 *novembre* 1841.)

Le ministre des finances a décidé, le 14 août 1841, que le tonnage de rigueur serait réduit de deux cinquièmes en faveur des bateaux à vapeur. Dans les différents cas que prévoient la loi de 1836 et la circulaire n° 1679, il suffira que la contenance de ces bateaux soit de 24, 18 ou 12 tonneaux, au lieu de 40, 30 ou 20 tonneaux exigés pour les navires à voiles. (*Circulaire du* 16 *août* 1841, *n.* 1866.)

Les marchandises autres que celles désignées ci-dessus peuvent être réexportées par des bâtiments de tout tonnage.

Les marchandises expédiées en réexportation ou par mutation d'entrepôt par mer, ne seront assujetties à la formalité du plombage que dans les cas ci-après :

1° Si elles sont prohibées à l'entrée;

2° Pour les marchandises tarifées au poids, si elles sont passibles d'un droit qui, avec le décime s'élève à plus de 20 fr. par 100 kilogr., et pour les autres, si le droit répond à plus du dixième de la valeur. *(Loi du* 2 *juillet* 1836, *art.* 20.)

Consulter d'ailleurs le tableau où se trouvent indiquées toutes les marchandises qui sont assujetties à cette formalité.

Les marchandises réexportées d'entrepôt ne sont soumises au plombage que dans les ports de Rouen, Nantes, Bordeaux, Bayonne et Marseille. *(Circulaire des* 11 *août* 1817, *n.* 310, *et* 14 *juin* 1822, *n.* 731.)

Droit de réexportation.

Les denrées coloniales et marchandises étrangères que l'on extrait des entrepôts réels et fictifs, pour en effectuer la réexportation par mer, sont soumises à un droit spécial qui est de 51 centim. par 100 kil. brut ou de 15 centimes par 100 fr. de valeur, au choix du redevable. (*Art.* 2 *de la loi du* 24 *nivôse an* 5, *et circulaire du* 16 *juin* 1816, *n.* 468.)

Les marchandises déposées temporairement sous le hangar de la douane et qui sont réexportées directement de ce dépôt, ne sont point passibles du droit de réexportation. Aux termes de loi du 7 décembre 1815, ce droit ne serait exigible, indépendamment du droit de magasinage, qu'autant que les marchandises seraient extraites du dépôt pour être mises en entrepôt réel ou fictif sous les conditions générales de la loi et qu'elles seraient ensuite réexportées de cet établissement. *(Lettre de l'administration du* 26 *mars* 1842.)

Droits de magasinage.

A défaut de déclarations en détail, les marchandises seront retenues et déposées dans le magasin de la douane pendant deux mois, et les propriétaires tenus de payer 1 p. 0[0 pour droit de magasinage en sus des droits; s'il n'y a pas de réclamation et de déclaration après ce délai, les marchandises seront vendues au profit de l'Etat, à la charge de réexporter à l'étranger celles dont l'entrée est prohibée. *(Loi du* 4 *germinal an* 2, *titre* 2, *art.* 9.)

Ces marchandises seront inscrites, dans la huitaine du jour de leur dépôt, sur un registre à ce destiné, avec mention des marques, numéros et adresses qu'ils présenteront, et chaque article du registre sera signé par le receveur et le sous-inspecteur sédentaire, ou, à défaut, par un vérificateur ou autre employé. *(Loi du* 22 *août* 1791, *titre* 9, *art.* 1*er, et décision administrative du* 22 *juin* 1841.)

Si les marchandises ne sont pas déclarées en détail dans les trois jours qui suivent l'arrivée du navire dans le port, le capitaine est sommé de les faire conduire au bureau, sous peine de voir la douane procéder d'office, et aux frais de qui de droit, au débarquement et au dépôt. (*Décision administrative du* 10 *avril* 1829.)

Le droit de magasinage ne doit être exigé qu'à partir du neuvième jour de la transcription du dépôt sur le registre. (*Décision administrative des* 25 *ventôse et* 30 *messidor an* 12, *et* 22 *juin* 1841.)

Ce droit n'est point passible du décime additionnel. (*Circulaire du* 9 *prairial an* 13.)

Il y a exception du droit de magasinage de 1 p. 0[0 dans les cas ci-après :

1° Pour les objets mobiliers appartenant à des étrangers qui viennent s'établir en France ou qui doivent y faire un séjour temporaire;

2° Pour les marchandises françaises renvoyées de l'étranger à défaut de vente, et pour lesquelles l'autorisation de réadmission n'est pas encore parvenue au bureau d'entrée; dans les douanes de l'intérieur, et particulièrement à celle de Paris, cette disposition s'applique également aux marchandises admises au libre retour;

3° Pour les effets, ainsi que pour les objets hors de commerce, appartenant à des voyageurs.

Dans ces divers cas, l'on se borne à percevoir un droit de garde de 1 centime 1[4 par jour et par 50 kilog., ou pour chaque colis au-dessous de ce poids, sans que ce droit puisse jamais excéder 1 p. 0[0 de la valeur des objets. *(Décision administ. des* 28 *juillet et* 15 *novembre* 1841.)

Le délai d'après lequel il doit être disposé de la marchandise, ainsi qu'il est dit à l'article 9 de la loi du 4 germinal an 2, court du jour de l'inscription du dépôt sur le registre. (*Circulaire du* 6 *septembre* 1827, *n.* 1059, *page* 330 *en note.*)

Le dépôt ne peut avoir de date certaine et légale que par sa transcription sur le registre, dont la tenue est prescrite. La douane a huit jours pour effectuer cet enregistrement; mais rien ne l'oblige à le différer jusqu'à l'expiration de la huitaine; l'intérêt du service exige, au contraire, qu'il ait lieu immédiatement. *(Décision administrative, du* 11 *mai* 1841.)

Afin de prévenir les substitutions abusives que le dépôt peut favoriser, la douane peut procéder à l'ouverture des colis contradictoirement avec le conducteur, capitaine ou voiturier, détenteur légal de la marchandise; mais s'il refuse d'assister à cette vérification sommaire, la douane doit s'abstenir d'y procéder seule. Lorsque le contenu des colis aura été reconnu, il sera énoncé au registre. Dans le cas où la douane se trouverait dans l'impossibilité de constater la nature du dépôt, les colis seront pesés et plombés, et mention en sera faite sur le registre.

Le plombage ayant lieu principalement dans l'intérêt du propriétaire des marchandises, il est juste de lui en faire payer le prix, fixé à 50 c. par la loi du 2 juillet 1836. *(Décision administrative des 28 février 1839 et 22 juin 1841.)*

Les propriétaires des marchandises laissées dans les bureaux, à défaut des déclarations suffisantes, qui se présenteront pour les retirer, seront tenus de justifier de leur propriété et de faire leur déclaration en détail, si elle n'a pas été fournie par les capitaines ou conducteurs des marchandises. *(Loi du 22 août 1791, titre 2, art. 11.)*

A défaut de réclamation et de déclaration en détail, la vente aura lieu à l'expiration des deux mois. *(Circulaire du 6 sept. 1827, n. 1059.)*

Ce terme est de rigueur; si le propriétaire le laisse expirer il ne peut plus revendiquer les marchandises; il est dépouillé du droit de propriété, lequel passe à l'Etat. C'est pour le compte de ce dernier qu'elles sont vendues, et il en dispose sans être tenu de remplir les formalités, ni d'observer les délais voulus, pour les dépôts d'une autre nature, par le titre 9 de la loi du 22 août 1791. *(Même circulaire.)*

Le droit de magasinage n'est exigible que lorsque les marchandises sont réclamées par le dépositaire. Il n'y a pas lieu de le percevoir à l'égard des objets devenus la propriété de l'Etat et vendus à son profit. *(Décision administrative du 22 septembre 1842.)*

Les marchandises réexportées directement du dépôt ne sont point passibles du droit de réexportation. *(Décision admin. du 26 mars 1842.)*

Lorsque, par suite de la durée du dépôt, le droit de garde excède 1 p. 0[0 de la valeur des marchandises, on se borne à percevoir le droit de magasinage de 1 p. 0[0 établi par la loi du 4 germinal an 2. *(Décision administrative du 8 août 1842.)*

Lorsque, après avoir été déposées dans un premier bureau, des marchandises sont, en vertu de l'article 27 de la loi du 28 avril 1816, dirigées sur un second bureau où elles restent également déposées, le délai du dépôt dans ce dernier bureau ne court que du jour de leur transcription sur le registre des dépôts de ce même bureau. *(Décision administrative du 4 juillet 1843.)*

Toutes les fois que le dépôt se compose de plusieurs colis, le droit de garde est de 1 cent. 1[4 par 50 kil., quelque soit le nombre des colis et le poids de chacun d'eux; mais lorsqu'il se forme d'un seul colis, et que ce colis pèse moins de 50 kil., le droit est de 1 cent. 1[4, sans égard au poids du colis. *(Décision administrative du 6 janvier 1843.)*

Lorsque l'état d'un bâtiment entré par détresse exige la mise à terre de son chargement, et que les magasins sont fournis par la douane, le le droit de magasinage n'est que d'un demi pour cent de la valeur pour toute la durée du dépôt; les marchandises dont la douane permet la vente, comme étant de nature périssable, ou celles qu'il est nécessaire de vendre pour payer les frais de radoub sont affranchies de ce droit. *(Art. 5, titre 2, de la loi du 4 germinal, an 2.)*

Lorsque des acquéreurs de marchandises de prise ou de saisie ne se mettent pas en devoir d'en prendre livraison et de les réexporter dans le délai de trois mois, il y a lieu de percevoir le droit de magasinage d'un pour cent.

Les agents diplomatiques devant recevoir en exemption de tout droit les effets à usage qui leur viennent de leur propre pays dans la première année de leur mission, cette immunité s'étendra aussi aux droits de magasinage. *(Lettre du directeur-général du 27 juin 1818.)*

Marchandises en quarantaine.

Les marchandises qui se trouvent en quarantaine avant la promulgation d'une loi sont admises aux anciens droits. *(Lettre du directeur-général du 13 avril 1822.)*

Cette décision est fondée sur ce que la mesure sanitaire qui retient les bâtiments en quarantaine est l'effet d'une force majeure tout-à-fait indépendante de la volonté du commerce qui, sans elle, aurait pu importer ses marchandises avant la promulgation de la loi. Les anciens droits ne seront au surplus appliqués que sur la production d'un certificat de l'administration de la santé, constatant le jour de l'entrée en quarantaine et sous les conditions que les marchandises seront livrées de suite à la consommation.

Changements au tarif.

Dans tous les cas de modifications ou de changements au tarif, soit à l'entrée, soit à la sortie, c'est la date de l'inscription régulière des déclarations en détail faites en douane, qui détermine l'application des nouvelles dispositions aux marchandises déjà arrivées dans le port et qui peuvent, par conséquent, sauf le cas d'empêchement légal, être immédiatement présentées et soumises à la visite.

Ainsi, les marchandises dont la déclaration de mise en consommation a été déposée et enregistrée en douane avant le moment où une nouvelle disposition du tarif est devenue applicable, sont passibles des dispositions de l'ancien tarif, lors même qu'elles ne seraient déchargées ni vérifiés que postérieurement à l'époque où ce dernier tarif aurait cessé d'être en vigueur.

De même, une marchandise dont la déclaration n'a été faite qu'après l'époque légale de la mise à exécution d'un nouveau tarif ne peut être admise au bénéfice du tarif antérieur, quelle que soit d'ailleurs l'époque de l'arrivée de la marchandise dans la localité.

Les marchandises retirées d'entrepôt pour la consommation étant placées, pour l'application du tarif, dans la même condition que celles qui arrivent immédiatement de l'étranger; la taxe qui les frappe est toujours celle qui est en vigueur au moment où elles sont déclarées pour l'acquittement des droits, quel que soit le tarif qui existait à l'époque de leur entrée en entrepôt.

Lorsqu'à l'expiration d'entrepôt l'on perçoit les droits d'office sur des marchandises, la taxe doit être liquidée d'après le tarif applicable au moment où le délai légal d'entrepôt s'est trouvé périmé.

Si le dernier jour valable pour appliquer un tarif est un jour férié, les buraux doivent rester ouverts, pour recevoir et enregistrer les déclarations relatives à l'application de ce tarif, pendant toute la durée des heures fixées par la loi, quels que soient les usages adoptés dans la société pour les heures de la tenue habituelle des bureaux. *(Circulaire n. 1755.)*

Port de Marseille et ses priviléges.

La position avantageuse du port de Marseille et l'utilité, que l'industrie nationale peut en retirer, ont de tout temps fixé l'attention et la sollicitude du gouvernement.

D'un côté, pour faciliter l'exploitation du commerce du Levant, et de l'autre, voulant appeler les navigateurs de toute nation dans ce premier des marchés de la Méditerranée, Louis IV, par un édit, rendu en 1669, le déclara port Franc.

Cette franchise fut supprimée en 1793; puis rétablie en 1814 sous la restauration, par une loi du 16 décembre, et une ordonnance du 20 février 1815 en avait réglé le régime.

Mais la ville de Marseille ne tarda pas à reconnaître que ce système, qui avait fait toute sa prospérité avant 1793, 1re époque de son établissement, ne pouvait plus s'allier aux nouveaux intérêts qu'elle s'était créés sous l'empire, par suite de ses relations commerciales avec l'intérieur, elle fut donc obligée d'en solliciter de nouveau la suppression, pour y substituer un mode d'entrepôts, combinés de telle manière que le commerce maritime jouisse de la faveur et de toutes les facilités dont il a besoin, en laissant néanmoins au commerce intérieur la liberté indéfinie, sans laquelle Marseille ne peut prospérer.

Tel a été le but de l'ordonnance du 10 septembre 1817, qui a remis en vigueur, par son article premier, les lois et les réglements généraux relatifs au service des douanes, sauf les exceptions et modifications énumérées ci-après:

Les navires étrangers seront exemptés de tous droits de navigation.

Les navires français n'y seront assujettis qu'aux droits fixés pour la délivrance des actes de francisation et congés *(Ordonnance du 10 septembre 1827, art. 2.)*

Toutes les marchandises et denrées imposées, à l'entrée du royaume, a un droit principal au-dessous de 15 fr. par 100 kil. augmenté uniquement de la surtaxe établie par l'art. 7 de la loi du 28 avril 1816, et du décime additionnel, seront exemptées à Marseille, du premier de ces deux droits, lorsqu'elles seront notoirement de la nature de celles qui proviennent du Levant, de la Barbarie et des autres pays situés sur la Méditerranée *(Ordon. du 10 sept. 1817, art. 3.)*

Pour rendre l'application de cet article plus facile à comprendre l'on a placé ici un exemple qui servira pour tous les cas analogues.

On suppose donc qu'une marchandise de la classe et de la provenance de celles ci-dessus, soit imposée à l'entrée à un droit principal de 8 00

Que ce droit augmenté de la surtaxe qui frappe le pavillon étranger fut de 8 80

Dans cette hypothèse la surtaxe étant bien celle qui est établie par l'art. 7 de la loi du 28 avril 1816, il y a lieu de n'appliquer à cette marchandise que le droit du pavillon français 8 fr. pour les deux importations.

Mais si par cas contraire, le droit principal de cette marchandise comme étant importée sous pavillon français, était de. 8 00

Et que celui imposé au pavillon étranger, fut de. 9 00

Il est évident qu'ici la surtaxe surpassant le taux tel qu'il est déterminé par le susdit art. 7 de la loi du 28 avril, il n'y aurait pas lieu de lui appliquer le privilége dont parle l'article 3. de l'ordonnance du 10 septembre, en d'autres termes, la marchandise importée par navire étranger, resterait soumise à la surtaxe et acquitterait les droits d'entrée sur le pied de 9 fr. et non de 8 fr. comme au premier exemple. Ainsi, il est bien entendu que pour jouir de l'exemption, il faut que la différence qui existe entre le droit étranger et le droit français forme juste le dixième en sus de ce dernier.

D'ailleurs, pour éviter toute espèce de fausse application de ce principe l'on trouvera ci-après la nomenclature de toutes les marchandises qui peuvent être exemptes de la surtaxe.

Comme cette faveur n'a été concédée qu'à Marseille seulement, en compensation du retrait de la franchise dont elle jouissait, ce serait donner une fausse interprétation à cet article si, lorsque des marchandises de la nature de celles dont il s'agit, sont expédiées de ce port en continuation d'entrepôt sur d'autres points, pour y être mise en consommation, l'on prétendait profiter du bénéfice de cette disposition, dans ce cas la surtaxe doit être exigée, quand la marchandise a été primitivement importée par navire étranger. Ainsi décidé par le conseil d'administration. (*Lettre du directeur de l'adm. du* 23 *août* 1338.)

Toutes les marchandises étrangères importées à Marseille, admissibles à l'entrepôt fictif, pourront y être conservées pendant un delai de deux ans, lequel sera prolongé, s'il y a lieu, par des permissions spéciales de l'administration. (*Ordon. du* 10 *septembre* 1817, *art.* 4.)

La durée de cet entrepôt n'est partout ailleurs qu'à Marseille, que d'un an.

Mais quel que soit l'entrepôt dont les marchandises auront été tirées à Marseille, elles seront rétablies en entrepôt sous le mode qui leur est propre au bureau de destination, tel est le vœu de l'avant-dernier paragraphe de la circulaire du 23 septembre 1817, n. 327. (*Lettre du directeur de l'administration du* 4 *octobre* 2832.)

L'entrepôt sera fictif,

1° Pour les marchandises de toute nature, non prohibées à l'entrée, qui arriveront par navires français, sauf les exceptions ci-après.

2° Pour les mêmes marchandises importées par navires étrangers, lorsqu'elles seront taxées au poids à un droit principal au dessous de 15 fr. par 100 kil., ou que le droit dû à la valeur, au nombre ou à la mesure, sera dans une proportion au dessous de 10 p. 0|0 de la vateur;

3° Pour les objets dénommés dans l'état n°. 1, annexé à la présente ordonnance.

Seront néanmoins exclus de l'entrepôt fictif, par exception à ces dispositions.

Les objets compris sous les dénominations de liquides, denrées coloniales et objets fabriqués, dans l'état n°. 2, joint à la présente;

Les poissons secs, salés, fumés ou marinés, provenant de pêche étrangère en temps de paix maritime.

Et toutes les autres espèces de marchandises qui, au moment de leur arrivée, se trouveront imposées à des droits variables à la fois, suivant le lieu du chargement et le mode de transport.

Seront toutefois admises en entrepôt fictif, sans égard à cette 3me exception, les marchandises qui ne devront que le plus faible des droits gradués applicables à leur espèce.

Dans ladite graduation, ne comptera pas pour un dégré, le droit particulier propre aux denrées provenant des colonies françaises; et les échelles du Levant et la Barbarie n'étant point censées des ports d'entrepôt pour les marchandises de ces pays, celles qui en arriveront, seront assimilées aux marchandises venant des pays hors d'Europe. (*Ordonnance du* 10 *septembre* 1817, *art.* 5.)

Une décision minis. du 22 septembre 1837 autorise l'admission en entrepôt fictif des morues rapportées sèches de Terre-Neuve ou de St Pierre et Miquelon, et modifie les dispositions de l'ordonnance du 2 septembre 1836. (*Lettre du directeur de l'admin. du* 2 *octobre* 1837.)

Les marchandises étrangères, susceptibles d'être reçues en entrepôt fictif à Marseille; y seront admises sous les conditions réglées à l'art. 15 de la loi du 8 floréal an 11, pour les denrées coloniales françaises qui jouissent de cette faveur.

Il sera permis toutefois aux négociants de Marseille qui auront souscrit des soumissions d'entrepôt fictif, de disposer des marchandises étrangères ou des denrées coloniales françaises par transfert et cession d'entrepôt, sans en faire la déclaration préalable à la douane, pourvu que cette déclaration ne soit pas retardée au delà du dernier jour du mois dans lequel aura été fait le transfert.

En ce cas, les soumissionnaires qui auront cédé les objets en entrepôt fictif, seront tenus de les représenter, soit dans les magasins désignés pour l'entrepôt, soit dans ceux du cessionnaire, après le délai nécessaire pour le déplacement, et ils en demeureront responsables sous les peines de droit, jusqu'à ce que ce dernier ait fourni une soumission nouvelle, dûment garantie et acceptée, en remplacement de la soumission maintenue provisoirement. (*Ordon. du* 10 *septembre* 1817, *art.* 7.)

De la faculté qu'ont les négociants de Marseille, de disposer des marchandises par transfert et cession d'entrepôt, sans en faire la déclaration préalable, ainsi qu'il est dit ci-dessus, il ne faut pas conclure qu'on a un mois entier pour régulariser ces sortes d'opérations, et ce serait se méprendre sur l'esprit de cet article de l'ordonnance qui veut au contraire que ces transferts, quelle qu'en soit la date, soient présentés en douane avant la fin du mois dans lequel ils ont été passés, sans que, dans aucun cas, on puisse retarder leur présentation au delà de ce dernier jour.

Les négociants et autres qui déclareront des marchandises pour l'entrepôt, seront tenus de déclarer à la douane, avant la mise en entrepôt, les magasins où ils renfermeront leurs marchandises, et de faire leur soumission de les représenter en même qualité et quantité toutes les fois qu'ils en seront requis, avec défense de les changer de magasin sans déclaration préalable et permis spécial de la douane, à peine de payer immédiatement les droits en cas de mutation non autorisée, et du double droit dans le cas de soustraction absolue, indépendamment d'une amande qui pourra s'élever au double de la valeur de la marchandise soustraite. (*Loi du* 8 *floréal an* 11, *art.* 15.)

Les marchandises admises à l'entrepôt fictif ne peuvent y être mises qu'à leur arrivée de l'étranger. (*Lettre du directeur du* 24 *janvier* 1827.)

Il ne peut être reçu en entrepôt fictif, ni par suite en être réexporté que des marchandises parfaitement conservées et franches de toute avarie. Celles effectivement avariées doivent être mises de suite en consommation, si elles ne passent à l'entrepôt réel, où il est permis de les bonifier. (*Circulaire du* 28 *juillet* 1822, *n°*, 740, *page* 184, *et article* 12 *de la loi du* 27 *juillet* 1822.)

Les marchandises mises en entrepôt fictif ne jouissent d'aucune remise de droit, quelle que soit la cause du déficit, (*Lettre du directeur général du* 26 *octobre* 1827.)

Les marchandises admissibles dans les cas ordinaires à l'entrepôt fictif doivent jouir de cette faveur lors même qu'elles sont probibées à la consommation comme importées par navires anglais. (*Lettre de l'administration du* 23 *janvier* 1837.)

Les marchandises d'entrepôt fictif ne peuvent être expédiées en continuation d'entrepôt que sur les villes ou ports qui jouissent aussi de l'entrepôt réel. (*Conséquence des dispositions de l'art.* 12 *de la loi du* 27 *juillet* 1822 *et lettre de l'administration du* 19 *octobre* 1839.)

Les marchandises placées au fictif sont sous la seule clé du commerce et peuvent être entreposées dans tous les quartiers de la ville pourvu que ces magasins soient situés dans l'enceinte de l'octroi. (*Lettre du directeur de Marseille du* 6 *juillet* 1839.)

Les marchandises soumises à Marseille au régime de l'entrepôt fictif pourront être déclarées pour l'entrepôt réel; mais pour jouir de cette faculté, il faut que la déclaration en ait été faite au moment de leur arrivée, mais une fois que ces marchandises auront été soumissionnées au réel, elles ne pourront plus, dans aucun cas, repasser sous le régime d'entrepôt fictif. (*Lettre de l'administration du* 19 *octobre* 1841.)

L'ordonnance du 10 septembre 1817 est obligatoire pour les citoyens et pour les tribunaux. La responsabilité des entrepositaires et de leurs cautions, qu'elle établit, est légale. (*Arrêt de cassation du* 9 *mars* 1835, *circulaire du* 4 *mai suivant.*)

L'ordonnance du 29 avril 1831 ne doit apporter aucune restriction aux concessions accordées à Marseille par l'ordonnance du 10 septembre 1817, ainsi le suif, les poissons et les viandes salés, peuvent continuer à jouir du transit, et les réexportations demeurer affranchies de la formalité de l'acquit-a-caution. (*Lettres de l'administration du* 15 *juillet* 1831 *et* 28 *décembre* 1832.)

Une ordonnance du 9 janvier 1818 et une lettre du directeur général du 8 juillet 1825, admettent un certain nombre de marchandises à l'entrepôt fictif; mais comme le régime d'entrepôt a été indiqué dans le tarif en marge et en regard de chaque marchandise, il a paru inutile d'en donner ici la nomenclature, ce qui ne serait qu'une répétion et un surcroit d'écriture.

Même observation pour les marchandises qui sont assujetties à l'entrepôt réel et à l'entrepôt du prohibé.

La durée de ces deux entrepôts est de trois ans en vertu de l'art. 14 de la loi du 17 mai 1826, ainsi que l'explique la lettre du directeur général du 23 mai 1826, pour ce qui concerne l'entrepôt réel et le dernier paragraphe de l'art. 20 de la loi du 9 février 1832 pour celui du prohibé.

Les magasins que le commerce de Marseille doit fournir et entretenir à ses frais pour l'entrepôt réel des marchandises étrangères non prohibées pourront être séparés les uns des autres, sous la condition qu'il n'en sera point établi hors des quartiers de Marseille désignés par l'arrêté du 9 vendemiaire an 11.

Ces magasins seront proposés directement par les négociants au directeur des douanes à Marseille, qui est autorisé à les accepter lorsqu'ils offriront les sûretés nécessaires pour le service de l'entrepôt.

Chaque magasin, indépendamment des dispositions qui seront requises pour la suppression des fausses issues et la solidité des clôtures à l'intérieur et aux fenêtres, sera fermé par une principale porte à deux serrures; l'une pour les propriétaires des marchandises entreposées, et l'autre pour la douane.

Aucune opération n'y sera permise qu'en présence des préposés de la douane, porteurs de sa clé pour ouvrir et refermer le magasin, et désignés par écrit sur un permis. (*Ordon. du* 10 *septembre* 1817, *art.* 9.)

En exécution de l'article qui précède, il est intervenu le 16 juillet 1818, une ordonnance qui fixe les limites de l'entrepôt réel, pour les marchandises non prohibées à l'entrée, dans toute la partie de la ville bornée au nord par le quai de Rive-Neuve, à l'occident par les rues du Chantier et de la Croix, à l'Orient par la rue Breteuil, et au midi par la montagne et le boulevard Bonaparte.

Les huit magasins portant les n°s 6, 8, 10, 12, 14, 16, 18 et 20, situés sur le cours Bonaparte, entre la rue Breteuil et celle du Petit Saint-Geniez, sont ajoutés à ceux désignés ci-dessus, avec la condition expresse qu'aucune prolongation d'entrepôt ne sera accordée pour les marchandises qui y seront déposées. (*Lettre du directeur général du* 10 *septembre* 1822 *et décision ministérielle du* 22 *octobre* 1834.)

L'enceinte de l'entrepôt des huiles sera augmentée de toute la rue Sainte et des magasins qui se trouvent compris depuis l'ancien Chantier de construction jusqu'à la Terre des Prud'hommes. (*Décision du directeur général transmise par lettre du directeur du* 30 *novembre* 1820.)

Les droits d'entrée ne sont point exigés pour déficit provenant du déchet naturel et du coulage des liquides admis en entrepôt réel, et qui auront été conservés sans violation des conditions particulières à cet entrepôt. (*Ordonnance du* 10 *septembre* 1817, *art.* 11, *et lettre du directeur général du* 7 *septembre* 1825.)

D'après cet article pour que la douane puisse prétendre au recouvrement des droits sur les déficits des liquides, il faut qu'il soit démontré qu'on s'est introduit sans permis et hors la présence des préposés, dans le magasin de l'entrepôt, et conséquemment qu'il y ait eu bris de serrures ou effractions de portes. (*Lettre de l'administration du* 25 *janvier* 1834.)

Toute marchandise reçue en entrepôt réel et dont on aura livré une partie quelconque à la consommation, sans avoir été préalablement reconnue par les employés (ce qui est purement facultatif), perdra le bénéfice du déchet naturel accordé à l'apuration des soumissions. (*Lettre du directeur général du* 7 *septembre* 1823.)

Déficits après divisions. — Entrepôt réel.

Ceux qui ne dépasseront pas l'un p. 0|0, pourront être alloués sur l'autorisation des sous-inspecteurs qui porteront à cet effet sur les carnets des vérificateurs un visa motivé. Si au contraire le taux de 1 p. 0/0 était dépassé, ou si ce taux n'étant pas atteint, le service estimait qu'il convient de refuser l'allocation, il en serait référé à M. l'Inspecteur sédentaire; enfin, si ce chef jugeait que le déficit ne peut être alloué, ce qui doit toujours avoir lieu, lorsqu'il dépasse 1 p. 0/0, on en référerait à M. le Directeur, sans l'avis duquel la liquidation ne devra jamais être établie. (*Lettre de M. le Directeur du 13 novembre 1838.*)

Transfert. Responsabilité des vendeurs.

Le transfert est un acte trop connu du commerce pour ajouter ici quelques nouvelles explications, mais il est un point sur lequel on ne saurait trop s'arrêter, et qui mérite de fixer l'attention des intéressés. L'on suppose qu'un négociant ayant des marchandises en entrepôt fictif, les vende par un transfert immédiat de consommation, que le cessionnaire ou l'acheteur, auquel on a tenu compte du montant des droits, néglige, soit par ignorance, soit par calcul, de donner suite à ce transfert, en ne le portant point à la caisse, la soumission se trouvera toujours chargée de la marchandise; que dans cet intervalle, la douane vienne à procéder à une visite d'entrepôt, le soumissionnaire sera dans l'impossibilité de la représenter; il donnera, sans doute, pour raison qu'il en a passé transfert, mais rien ne le constatant légalement l'employé doit rédiger procès-verbal de soustraction qui entraîne d'une part, le paiement immédiat des droits, et de l'autre, une amende qui peut s'élever au double de la valeur de la marchandise soustraite, plus les frais. Le soumissionnaire aura bien son recours contre l'acheteur; mais en attendant l'affaire se poursuit en son nom, c'est lui qui commence par payer et qui est obligé de faire toutes les démarches qu'occasionnent de pareilles circonstances et qui ne sont rien moins qu'agréables.

Il importe donc au cédant, sous divers rapports, de tenir la main à ce que la soumission soit au plutôt déchargée; en forçant le cessionnaire à se libérer envers la douane d'une somme dont il a déjà profité.

Marchandises faiblement avariées.

Lorsqu'une marchandise ne se trouve pas assez avariée, pour en provoquer la vente aux enchères publiques, il sera toujours avantageux de ne pas négliger de faire constater cette avarie, si faible qu'elle puisse être, sur le certificat de visite, parce que lors des apurations des comptes, c'est un des motifs qui peuvent faire remettre le tout ou partie des déficits s'il en existe sur les soumissions. Ceci n'est applicable, bien entendu qu'aux marchandises d'entrepôt réel.

Entrepôt colonial.

Par le mot colonial l'on n'entend que les produits et les denrées des colonies françaises et non des colonies étrangères. Cet entrepôt suivant le même régime que l'entrepôt fictif il est inutile d'en reproduire les dispositions puisqu'on les a fait connaître plus haut on s'y reportera donc au besoin, on observera seulement que les rhums et tafia, les liqueurs et autres liquides sont placés en entrepôt réel et en suivent le régime, quant aux denrées provenant des établissements français situés sur la côte occidentale d'Afrique jouissant d'une modération de droits, elles sont assimilées pour le régime d'entrepôt à celles qui proviennent du Sénégal français.

Entrepôt fictif spécial.

Dans la vue de favoriser et de faciliter les opérations commerciales, l'administration a provoqué en 1834, du ministre des finances, la création d'un 3ᵉ entrepôt désigné sous le nom de fictif spécial qui se trouve placé dans la section de l'entrepôt réel. En voici les dispositions :

Les marchandises non prohibées pour lesquelles on renoncera à la faculté de la réexportation et du transit, pourront être mises en entrepôt fictif, lorsque les droits du trésor seront garantis par des cautions notoirement solvables et acceptées par le receveur de la douane. (*Décision ministérielle du 22 octobre 1834 et lettre de l'administration du 28 même mois.*)

Toutes les soumissions relatives aux marchandises qu'on demandera à entreposer au fictif, seront reçues à l'entrepôt réel et inscrites sur un registre spécial qui sera ouvert à cet effet.

Cette facilité ne peut s'étendre aux marchandises tarifées à la valeur; les laines par exemple; ainsi ces dernières resteront soumises au régime de l'entrepôt réel (*Lettre de l'inspecteur sédentaire du 27 novembre 1834.*)

Il n'est accordé pour les marchandises placées en entrepôt spécial, aucune prolongation d'entrepôt, et toute allocation, pour les manquants, provenant du déchet naturel, ou de toute autre cause, ne peut leur être allouée, ainsi que cela se pratique pour les marchandises placées au fictif proprement dit. Ce n'est qu'à ces conditions que la faveur dont il s'agit a été concédée.

Ces marchandises ne peuvent point également s'expédier sur un autre port en continuation d'entrepôt, à moins d'une autorisation supérieure; on suit à leur égard, la même règle que pour les marchandises déclarées à la consommation auxquelles il n'est plus permis de donner une autre destination.

La durée d'entrepôt du fictif spécial n'est que de deux ans. D'après ce principe, une marchandise qui aurait séjourné pendant un an à l'entrepôt réel, et qu'on ferait passer au fictif spécial, n'aurait plus qu'un an d'entrepôt; de même qu'elle devrait en être repoussée, si elle avait séjourné deux ans au réel. Ce sera donc aux employés chargés de ce service de veiller à l'exécution de cette mesure.

Règles à suivre.

Pour jouir de la faculté de faire passer des marchandises de l'entrepôt réel au fictif, ainsi qu'il est dit ci-dessus, le soumissionnaire devra présenter d'abord une déclaration de sortie d'entrepôt au réel pour servir de décharge à sa soumission, en exprimant que la marchandise qui en fait l'objet est destinée à passer à l'entrepôt fictif spécial, rue   domaine   n. etc.

Après la délivrance du permis il le présentera à l'employé qui passera une nouvelle soumission au fictif et auquel il devra fournir un bulletin de caisse signé du receveur principal ou de son délégué. Ce permis sera porté ensuite à la visite pour la constatation de la sortie du réel.

Le commerce peut également faire sa déclaration pour le fictif spécial à l'arrivée des marchandises sans qu'il soit nécessaire de les faire toucher à l'entrepôt réel. Dans ce cas la soumission se passera directement au fictif spécial.

Si les marchandises dont on demande la translation d'un entrepôt à l'autre passaient en d'autres mains par l'effet d'une cession ou vente, alors le vendeur passerait un transfert ordinaire, pour la décharge de sa soumission au réel; ensuite le nouveau propriétaire, après avoir passé et signé sa soumission au fictif spécial, pour toute la quantité exprimée dans ce transfert, fournirait une mutation au réel, au moyen de laquelle il disposerait de la marchandise qui se trouverait ainsi sous le régime de l'entrepôt spécial.

Racines de réglisse destinées à être converties en suc.

Les racines de réglisse qui, à leur arrivée à Marseille, ou à la sortie de l'entrepôt, seront déclarées pour la fabrication de cette ville du jus de réglisse destiné à être exporté à l'étranger, n'acquitteront que les droits ci-après :

Par navires français,	0 fr. 25 c.	par 100 kilog.
Par navires étrangers,	2 fr. 00 c.	idem,

(*Ordonnance royale du 15 avril 1820, art, 1er.*)

Les quantités de racines pour lesquelles un an après la déclaration on n'aurait pas justifié d'une exportation en jus, dans la proportion d'un septième, seront soumises au paiement de la différence entre les droits perçus et ceux établis au tarif général.

Cette ordonnance fut rendue à cette époque sur la demande qu'en fit M. François-Augustin Porry à la fin de l'année 1819, en exposant que pendant le temps que Marseille jouissait de la franchise, il avait établi une fabrique de suc de réglisse, qui prospérait déjà lors de l'abolition de cette franchise, mais que depuis il fut contraint de cesser ses travaux, ne pouvant supporter le droit imposé à l'entrée des racines.

D'après ces considérations, et vu que l'objet dont il s'agissait rentrait dans le système des concessions faites spécialement à la ville de marseille, en remplacement de sa franchise, M. le directeur général adressa au ministre des finances le projet d'ordonnance qui, sur le rapport de son excellence, fut approuvé par S. M.

Pour assurer l'exécution des dispositions de la dite ordonnance, voici les mesures qui ont été prises:

1° Il ne sera reçu de déclaration pour l'admission aux droits modérés de racines de réglisse destinées à être converties en suc, que des seuls fabricants de jus de réglisse à Marseille, qui devront certifier de leur qualité, par un certificat des autorités;

2° On exigera d'eux une soumission dûment cautionnée, d'exporter en jus, dans la proportion d'un septième, et dans le délai d'un an, les racines de réglisse admises au droit modéré ou d'acquitter sur les parties non envoyées à l'étranger, la différence entre les droits perçus et ceux du tarif général;

3° Il sera tenu un compte ouvert pour chaque fabriquant.

(Lettres du directeur-général du 24 avril 1820 et du directeur de Marseille du 2 mai suivant.)

Nomenclature

Des marchandises qui sont exemptes à Marseille de la surtaxe de navigation, lorsqu'elles proviennent du levant de la Barbarie et des ports situés sur la méditerranée. (Art. 3 de l'ordonnance du 10 septembre 1817.)

A

Ablette (écailles d'); absinthe (herbe); acétate de fer liquide; acier sauvage, dit fonte de styrie; œs-ustum, (oxide de cuivre); aétites ou pierres d'aigle; agaric amadouvier brut; agaric amadouvier préparé; agaric minéral, (craie); ail; aimant; airelles (baies d') indigènes et exotiques; ajonc (graine d'); alana ou tripoli; albâtre brut ou en poudre; alcarazas, vases en grès commun; alisari (garance en racines sèches); allegmotte; allumettes; aloès (filasses d'), etc. feuilles vertes d'); alpiste; alquifoux (minerai de plomb); alun (résidu d') coupe rose verte, sulfate de fer; aluyne-absinthe, (herbe); amadou, amadouvier préparé; amandes en coques, amandes fraîches couvertes de leurs membranes; amiante; amurca ou marc d'olives; ancres au-dessus de 250 kil. venant de l'île d'Elbe et Savone seulement; anguilles, (peaux brutes fraîches d'); anil-feuilles et tiges d'); anil (graines d'), antale, coquillage; antimoine (minerai); antimoine sulfuré; apocin, (duvet d'); arcanson, résine indigène; argiles autres que les communes; arsenic blanc, acide arsénieux; arsenic jaune en masses, orpiment; asperges, plants, griffes et graines; asphalte, bitume solide pur; lavande (fleurs de); aulne (écorces d'); aurone autre nom de l'absinthe; avelanèdes; avelines, espèce de noisettes; avena perlé ou mondé; azeroles, fruits frais indigènes.

B

Baies de genièvre et d'épine-vinette; balisier, (graine de non percée; barbues et barbançons en grès commun; barras, résine indigène; galipot; baudruches; bergamottes, fruits frais; betteraves sèches; beurre de lait, frais fondu ou salé; bigarades; billes de pierre ou chiques; bitumes de judée et autres; blanc d'Espagne; bois de buis en billes et racines; boissellerie, bol d'arménie; bourdaine (écorcéde); bourres de poil; bourres de soie en masse écrues; bouteilles de grès commun; bouts de queues de bœufs ou de vaches garnis de leur poil; boyaux frais ou salés; brai sec; branches de lierre; briques à polir les couteaux; brou de noix communes; brun rouge (oxide fer); bruyères à vergettes; bulbes.

C

Cables de sparte de tous calibres et d'autres végétaux; caïeux de fleurs; caisses de bois commun non ferrées; calamine blanche-pompholix; calcanthum ou colcothar, oxide de fer; calebasses vides; canneberge (baies de); carabé bitume solide; caractères d'imprimerie hors d'usage; carbonate de baryte natif; carbonate de soude; carbure de fer graphite; carrobe ou carouge, fruits et graines; carreaux de marbre non polis; castine; cauris: cédrats, fruits frais; cendres de bois vives; cendres du levant, de Sicile et de Roquette; cendres de varechs; cérises fraîches; cerneaux, fruits frais; cérisier (gomme de); chadecs, fruits frais; chanvre teillé et étoupes; charbon de goudron, et de houille pulvérisée; chardons cardières; chardons, (graine de); châtaignes et marrons; chayaver; cheveux non ouvrés; chevilles en bois; chicorée (racine de) sèche; chinois; chiques de pierre; choucroute; cimolée; cinabre, (minerai brut de); cire (résidu de); citrons frais, (et pepins de); coffres de bois communs non ferrés; coings, fruis frais; colchiques; colcothar, oxide de fer; colophane; concombres, fruits frais; coques d'amandes vides; coquillages pleins autres que les huîtres; cordages de sparte et d'autres végétaux; coris ou cauris coquillage; cornes de cerf, de snack, de rennes, de daim, élan, axis et autres; cornes de cerf, (rapures de); cornes brulées de cerf et autres; cornes calcinées ou spode; cornichons frais; craie; crayons simples en pierre; creusets de grès commun; cribles en bois; crins bruts et préparés; cruches de grès commun et de poterie grossière.

D

Débris de marbre; déchets de cornes de cerf et de daim; déchets de poils de porc et de sanglier; dents humaines; dents de loup; dents de sanglier; dollures de peau; duvet d'autruche.

E

Eaux bourbeuses, dites enfers; eaux minérales gazeuses; écailles d'ablette; écarlate (graine d'); échelles en bois; écorces d'aune, de bourdaine et de grenade; écorces de paraguatan; écorces de pin moulues; écorces de sumac et fustet non moulues; écrevisses de mer, homards; écuelles en bois blanc; écume de mer brute; émeri de toute sorte; épine-vinette, (baies et feuilles d'); épis en paille naturels pour chapeaux; escajolles, alpiste; escargots; esparcette (sémence d'); essaye non moulue; éthiops martial, oxide de fer; étoupes de chanvre et de lin; extraits d'avelanèdes et de noix de galle.

F

Faines; farines de légumes secs; farines de manioc; farines de marrons et châtaignes; fécules de manioc et de pommes de terre; fenugrec (semence de); fer fonte brute en gueuses de 15 kilog. au moins; ferret d'espagne (hématite); feuilles d'anil et de pastel; feuilles de lierre et d'oranger; feuilles de citronier; feuilles d'épine-vinette; de houx; de myrte, de noyer et de tournesol; feuilles de fustet, de pudis, de redoul et de sumac; feuilles de gui de chêne; feuilles entières de henné; feuilles tinctoriales non dénommées; féveroles sèches; fèves communes sèches; fiel de bœuf clarifié; fiel de verre; fils de poils de vache et d'autres plocs; fils de poils de chien; filtres en grès commun; fléaux de balance en bois; fléaux à battre le blé; fleurs de citronier, de lavande et d'oranger; fleurs de soufre; fleurs de zinc, oxide de zinc blanc; flin; fonds de cribles en bois; formes de boutons en bois; fourches en bois non garnies de pointes en fer; fraises; framboises; fromages blancs de pâte molle; froment perlé; fruits frais indigènes; fuseaux en bois; fustet (écorces, feuilles et brindilles de); futailles vides au-dessous de 10 litres.

G

Galène; galipot; galons de Hongrie, du Piémont, etc.; galoches en bois non ferrées; garance racines non moulues; garance graines de; garou (racine de); gateaux sans sucre; gaude; genestrolle ou genêt des teinturiers; genévrier (baies de); glands de chêne non moulus; gombo capsules coupées et desséchées; gombo (fruits du) confits au sel; gommes pures d'Europe; graines d'abrus, de balisier et de panacoco non percées; graines d'ajonc et d'alpiste; graines d'anil et de bouleau; graines de carrobe; graines de chardons cardières; graines de chirimoya-corrossolier; graine de coton; graines d'écarlate et d'esparcette; graines de fenugrec et de foin; graines de fleurs et forestales; graines de gremil mondées; graines d'indigo; graines de jardin et joncs de marais; graines légumineuses sèches; graines de lupin et de luzerne; graine de millet et de moutarde; graines de myroxylon; graines d'orobe; graines de pastel; graines de pin autres que pignons doux; graines de prairie, ray-grass et de trèfle; graines de sainfoin et de spergule, graines de sapan et de sapin; graines de soude et de tabac; graine de vers-à-soie, (œufs); grains perlés et mondés; granit non ouvré; graphite; gravelle; grenade, fruits frais; grès commun, ustensiles; grignon sec; groison; groseilles fraîches; gruaux de grains, de toute sorte; guède feuilles et tiges; gui de chêne; gypse cristallisé brut; gypsophile racine.

H

Haricots secs, salés ou confits autrement qu'au vinaigre; hématite; herbes jaunes ou à jaunir; homards; houx feuilles de.

I

Igname (racine d'); imbratta; iris pieds d' pour plantations.

J

Jais ou jayet brut; jaspe non ouvré; jaune de montagne; jones d'Europe des jardins en tiges entières et en tubes, sans nœuds.

K

Kamine mâle, bitume fluide; katran rouge, racine de; kermès animal en grains.

L

Lait; lapis antalis; lauréole; lavande fleurs de; légumes secs; salés et confits autrement qu'au vinaigre; lentilles; lichens tinctoriaux; lie de vin liquide ou desséchée; liège en planches rapé ou non, et taillé en petits cubes; lierre feuilles et branches; limettes et limons; lin en tiges rouies, teillé et étoupes; litharges, oxide de plomb demi-vitreux; livres en langues mortes ou étrangères; lupins.

M

Machefer; malachite en masse; malicorium; malles en bois non garnies; malthe, bitume fluide; manches de pinceaux autres qu'à goudron; manganèse; manioc, farine ou fécule; marbre en blocs de toute sorte; marbre blanc autre que statuaire scié; marbre non dénommé scié ou en blocs; marbre pulvérisé; marc d'olive et de roses; marcottes d'œillet; marmites de terre grossière et de grès commun; marrons et leurs farines; mastic résineux; matières animales propres à la fabrication de la colle; mèches soufrées; melons; mézéréon; millet ou miel; minerais nondé nommés; moelle de cerf; molybdène; monnaies de billon ayant cours légal en France; mortina; moules (coquillages pleins) moules de batteur d'or (baudruches); moules de boutons en bois; moussache, (fécule de manioc; moutarde graine de; myrthe, baies et feuilles de; myrtille, (baies de) indigène.

N

Naphte, bitume fluide; natrons marquant au moins 30 dégrés; nattes grossières; nèfles; nerfs de bœuf et d'autres animaux; nœuds ou loupes d'arbres; noir de fumée; noir minéral naturel; noir d'os; noir d'imprimeur en taille douce; noir de tan; noir de teinturier et de corroyeur non concentré; noisettes et noix communes; noyaux; noyer feuilles de.

O

Ocres; œufs de vers-à-soie; oignons de scille, de fleurs et tous autres sauf les oignons communs; oranger, feuilles, tiges et fleurs d'oranges fraîches; orangettes brutes; oreillons; orge perlé où mondé; orobe; orseille naturelle; os de sèche; oxydes d'arsenic; oxyde de cuivre; oxyde d'étain; oxyde de fer; oxyde de plomb demi-vitreux, (litharge); oxyde de zinc blanc, (pompholix).

P

Paille nettoyée et coupée; pain d'épice; panacoco, (graines de) non percées; paraguatan écorce de; parchemin brut,(et rognures de); parelle naturelle; pastel feuilles et tiges et graines de; pâte de térébenthine; pâte terreuse, à polir la poterie d'étain; patisseries autres que celles traitées comme bonbons; peaux brutes grandes et fraîches; peaux brutes, petites fraîches et sèches; peaux; (rognures et raclures de); pêches, fruits frais; pelles en bois, pepins de citron et d'orange; périgord ou périgueux (pierre de); pétrole; pieds de bétail propres seulement à faire la colle, pieds d'iris, pour plantations; pierres d'aigle; pierres à aiguiser; pierre d'éponge; pierres-à-feu taillées; pierres à filtrer brutes, pierres de lard ou savonneuses; pierres lithographiques brutes ou unies; pierres à moulage; pierre noire; pierre ponce; pierres à rats, carbonate de baryte; pierres servant aux arts et métiers non dénommées; pierre de touche; pin (pommes de) autres que pignons doux; pissasphalte, bitume fluide; planches de liège; plantes alcalines, graines de; plants de fleurs on autres d'Europe; plants ou boutures de garance; plaques en terre cuite, pour les émailleurs; platine minerai de; plocs, poils pour la chapellerie; plombagine; poils d'angora; poils de chameau, d'autruche et de phoque; poils de blaireau en masse; poils de bouc; poils de castor, de chèvre et de chevreau; poils de chevron, de lièvre et de lapin; poils de castorin, de chien et de loutre; poils filés de vache et d'autres plocs; poils filés de chien; poils de porc et de sanglier en masse; poils de rats musqués; poils de vache et autres plocs; poires sèches, ayant leurs pellicules et pepins; poires entières fraîches; pois de bedeau, (graines d'abrus); pois communs secs; poix végétale; pommes écrasées; pommes sèches ayant leurs pellicules et pepins; pommes fraîches; pommes-d'amour sèches; pompholyx; poncires; porphyre autre qu'ouvré; porte-manteaux en bois, potée d'étain, (oxyde d'étain; poterie de terre grossière; poterie de grès commun, ustensiles; poudre de charbon, de goudron de houille; poudre de senteur de chypre; poussière de foin; praiss (sauce de tabac; presle (tiges de); prunes fraîches; pyrolignite de fer, liquide.

Q

Quillai ou quillaja, (écorce de).

R

Racines de buis; racines de chayaver; racine de chicorée sèche non torréfiée; racines à vergettes; râclures ou rognures de peau; raifort qu'on a fait sécher; raisins frais; râpures de cornes de cerf; ras non moulu; râteaux en bois; razons peaux de mouton fraîchement tondues; redoul, redon ou rendon non moulu; renoncules bulbes de; résidu de fabrication d'alun; résidu de fabrication des acides nitrique et sulfurique qui sont traités comme sulfate de potasse; résidu d'alquifoux; résidu d'ammoniaque; résidu de cire ou de crasse de cire, résidu de pastel; résine d'huile; rognure de brossiers; ronas non moulus; roses salées; roseaux communs en tiges entières; rouges d'Angleterre; rouges d'Inde et de montagne.

S

Sable commun coloré pour bureau; sable plombiféré, minerai de plomb; safran de mars, (oxyde de fer); sainfoin, graine de; salicornia graine de; salsola graine de; sang de bétail autre que de bouc; sanguine brute et sciée; sapon gousse et graine de; sapin graine de; saponaire d'Orient ou d'Egypte, (gypsophile); sarrette; sauce de tabac, (praiss); savonnier, péricarpe desséché du fruit du; scilles, gros oignons rougeâtres; sébiles en bois; sels de verre ou fiel de verre; serpentin, (porphyre vert) non ouvré; serpentine, (vert de mer) en blocs; silex préparé pour fusils, etc.; soda graine de; soies en cocons et bourre en masse écrue; soudes et sels de soude de 20 dégrés au moins; soufre fondu en canons ou autrement épuré; soufre sublimé en poudre; sparte en tiges battues; spaths gypseux et autres; spergule graine de; spode d'os et de corne; squilles marines (scilles); styrax liquide; succin noir, (jais) brut; suie de cheminée et de résine; sulfates de potasse, de baryte et de fer; sulfate de strontiane naturel; sulfure d'antimoine natif; sulfure d'arsenic jaune en masses; sulfure de plomb natif; sumac-écorces, feuilles et brindilles de.

T

Tartrate, acide de potasse très-impur; tartre vitriolé, sulfate de potasse, térébenthine compacte (pâte de); terre cuite, ouvrages de terre grossière; terre adamique; terre argileuse et glaises autres que les communes; terre cimolée ou de cimolis; terre de cologne ou de cassel brute; terre à foulon; terre jaune et de lemnos; terre moulard, terre d'ombre et de patna; terre de perse et terre rubrique; terre savoneuse et terre de sienne; terre sigillée ou bolaire; terre verte ou de véronne; terre servant aux arts à dénommer; thymélée; tiges d'oranger; tirebottes en bois; tournesol feuilles de; trèfle graine de; tresses ou nattes grossières; tripoli; tubercules sèches de souchet comestible; turquin marbre, non ouvré.

V

Vallonées; vases en terre grossière et en grès commun; vaude; vélin brut et rognures; veltes, cordages de sparte; verdet gris ou vert de gris; verre, fiel, sel ou écume de; verres à lunette ou à cadran bruts; vert de gênes, marbre non ouvré; vert de mer marbre en blocs; vessies de cerf et autres excepté celles de poissons; vitriol rouge oxydé de fer; vitriol vert sulfate de fer; vouède ou wouède.

Tableau

Des villes qui jouissent des entrepôts de douanes constitués d'après la loi.

Abbeville. Réel. Pour les marchandises non prohibées.
— Fictif.
Agde. Réel. Marchandises non prohibées.
— Fictif.
Ajaccio. Fictif. Pour les houilles seulement.
Arles. Réel. Marchandises non prohibées.
— Fictif.
Les marchandises de cet entrepôt ne peuvent être réexportées par mer.
Bastia. Fictif. Pour les houilles seulement.
Bayonne. Réel. Marchandises prohibées ou non.
— Fictif.
Bordeaux. Réel. Marchandises prohibées ou non.
— Fictif.
Boulogne. Réel. Marchandises prohibées ou non.
— Fictif.
Brest. Fictif.
Caen. Réel. Marchandises non prohibées.
— Fictif.
Calais. Réel. Marchandises prohibées ou non.
— Fictif.
Cette. Réel. Marchandises prohibées ou non.
— Fictif.
Cherbourg. Réel. Marchandises non prohibées.
— Fictif.
Dieppe. Réel. Marchandises non prohibées et tabacs.
— Fictif.
Dunkerque. Réel. Marchandises prohibées ou non.
— Fictif.
Fécamp. Fictif.
Granville. Réel. Marchandises non prohibées.
—
Honfleur. Réel. Marchandises non prohibées.
— Fictif.
La Rochelle. Réel. Marchandises prohibées ou non.
— Fictif.
Le Havre. Réel. Marchandises prohibées ou non.
— Fictif.
Le Légué. Réel. Marchandises non prohibées.
— Fictif.
La Seyne. Fictif. Pour les houilles seulement.
Lorient. Réel. Marchandises non prohibées.
— Fictif.
Marseille. Réel. Marchandises prohibées ou non.
— Fictif.
Morlaix. Réel. Marchandises non prohibées et tabac.
— Fictif.
Nantes. Réel. Marchandises prohibées ou non.
— Fictif.
Port-Vendres. Réel. Marchandises non prohibées.
— Fictif.
Rochefort. Fictif.
Rouen. Réel. Marchandises non prohibées.
— Fictif.
St.-Malo. Marchandises prohibées ou non.
— Fictif.
St.-Martin. (Ile de Ré.) Réel. Marchandises non prohibées, sauf celles dénommées en l'article 22 de la loi du 28 avril 1816.
Cet entrepôt n'est que de 6 mois.
St.-Servan. Réel. Marchandises prohibées ou non.
— Fictif.
St-Valery-sur-Somme. Réel. Marchandises prohibées ou non.
— Fictif.
Toulon. Réel. Marchandises non prohibées.
— Fictif.
Vannes. Fictif.

Entrepôts intérieurs et frontières de terre.

Metz, Strasbourg, Mulhouse, Paris, Lyon. } Réel. Marchandises prohibées et non prohibées.

Orléans, Toulouse. } Réel. Marchandises non prohibées.

Restrictions d'entrée.

Bureaux frontières ouverts à l'importation des marchandises taxées à plus de 20 francs par 100 kilog. ou nommément désignées par l'article 8 de la loi du 27 mars 1817.

Dunkerque et Dunkerque par Zuydcoote, Armentières, par Lys, Turcoing (station du chemin de fer). Lille par Halluin ou Baisieux et par le chemin de fer, pour le commerce par terre, et par Bousbecque pour les transports par eau. Roubaix (station du chemin de fer, et par le canal,) Condé Blancmisseron, Valenciennes, Maubeuge, Rocroi, Givet, Charleville, Sédan par Saint-Menges ou par Givonne, Longwy, Evrange, Thionville par Evrange ou par Sierck. Sierck, Bouzonville, Trois-Maisons, Forbach, Grosbliederstroff, Frauenberg, Wissembourg, Lauterbourg, Strasbourg, L'Ile-de-paille, Huningue, St.-Louis, Delle, les Pargots, Verrières-de-Joux, Jougne, les Rousses, Bellegarde, Seyssel, S.-Blaise, Pont-de-Beauvoisin, entre-deux-guiers; Chapareillan, Mont-Genèvre, Larche, St-Laurent du-var, Antibes, Cannes, St-Raphaël, Toulon, Marseille, Port-de Bouc, Arles, Aigues-Mortes, Cette, Agde, La Nouvelle, Port-vendres Perpignan, par Perthus, Bourg-Madame, Bedous, par Urdos et Lescun, St-Jean-Pied-de-Port, Ainhoa Béhobie, St-Jean-de-Luz, Bayonne, Bordeaux, Charente, Rochefort, La Rochelle, St-Martin (Ile de ré), marans, Les Sables, Nantes, Vannes, Lorient, Quimper, Brest, Roscoff, Morlaix, Le Légue, St-Servan, St-Malo, Granville, Cherbourg, Caen, honfleur Rouen, le Havre, Fécamp, Dieppe, St-Valery-sur-Somme, Abbeville, Boulogne, Calais.

NOTA. Nonobstant cette restriction il peut être importé par tous les bureaux jusqu'à concurrence de 25 kil. de toile de lin ou de chanvre, de 5 kilog. de toute sorte de rubans ou d'ouvrages de passementerie, et de 50 kilog. de fer et d'outils de pur fer ou de fer rechargé d'acier, d'instruments aratoires, de scies et de limes et rapes.

Ports d'entrepôt

Ouverts à l'importation des marchandises dénommées dans l'article 22 de la loi du 28 avril 1816, et des denrées coloniales admissibles à une modération de droits

Toulon, Marseille, Arles, Cette, Agde, Port-Vendres, Bayonne, Bordeaux, Rochefort, La Rochelle, Nantes, Vannes, Lorient, Brest, Morlaix, Le Légué, Saint-Servan, St.-Malo, Granville, Cherbourg, Caen, Honfleur, Rouen, Le Havre, Fécamp, Dieppe, St.-Valery-sur Somme; Abbeville, Boulogne, Calais, Dunkerque.

Ports et bureaux ouverts à l'importation des laines.

1° Abbeville, Agde, Arles, Bayonne, Bordeaux, Boulogne, Caen, Calais, cette, cherbourg, Dieppe, Dunkerque, Granville, le Havre, Honfleur, le Légué, Lorient, Marseille, Morlaix, Nantes, Port-Vendres, La Rochelle, Rouen, St-Malo, St-Servan, St-Valery-sur-somme, Toulon;

2° Les bureaux principaux de première ligne des frontières de terre, qui sont: Ainhoa, Armentières, Baisieux, Bellegarde, Blancmisseron, Bourg-Madame, Chapareillan, Delle, Entre-deux-guiers, Entrevaux, Forbach, Givet, Halluin, les Pargots, Pont-de-Beauvoisin, Pont-Charra, Rocroi, les Rousses, St-Blaise, St-Louis, St-Laurent du-Var, Sierck, Trois-Maisons, Vielle, Wissembourg;

3° Les bureaux de Bedous par Urdos, Condé par Bonsecours, Dunkerque par Zuydcoote, Frauenberg, Grosbliederstroff, la Nouvelle, Lauterbourg, Lille par Bousbecque et aux stations de fer à la frontière de Belgique, Halluin ou Baisieux et par le chemin de fer, Maubeuge par Bettignies, Villers-sir-Nicole, Jeumont ou Coursolre, Le Perthus, Roubaix par le chemin de fer, Sedan par Saint-Menges, ou par Givonne, Strasbourg par la Wantzenau ou par le pont du Rhin, Turcoing par Risconfout et par le chemin de fer, Valenciennes par Blancmisseron et aux stations du chemin de fer à la frontière de Belgique, par Marchipont et par le chemin de fer. *(Ordonnances des 26 juillet 1826, 3 mars 1833, 7 juillet 1839, 8 mai et 29 novembre 1842 et 9 juin 1844.*

Bureaux exclusivement ouverts à l'importation des fers traités au charbon de bois et au marteau.

Marseille, Cette, Bayonne, Béhobie, Ainhoa, Bordeaux, La Rochelle, Saint-Martin (ile de Ré), Redon, Nantes, Paimbœuf, Lorient, Brest, Morlaix, le Légué, Saint-Malo, Granville, Cherbourg, Caen, Honfleur, Rouen, le Havre, Fécamp, Dieppe, Saint-Valery-sur-somme, Boulogne, Calais, Dunkerque, Thonne-la-long, Evrange et Longwy par la Malmaison et Tellancourt ou par Mont-Saint-Martin, Abbeville.
(Lois des 27 juillet 1822, 17 mai 1826 et 2 juillet 1836, ordonnances des 29 juin 1833, 10 octobre et 28 décembre 1835, 25 juillet 1838 et 9 juin 1844.)

Droits de Navigation

Non compris les puissances avec lesquelles il existe des traités particuliers.

Droit de francisation.	Bâtiments au-dessous de 100 tonneaux, par tonn.	9 cent.
	Bâtiments de 100 tonneaux à 200 exclusivement, par bâtiment	18 fr.
	Bâtiments de 200 tonneaux à 300 inclusivement, par bâtiment	24 fr.
	Pour chaque 100 tonneaux au-dessus de 300	6 fr.

Droit de congé
- Navires français faisant la pêche sur les côtes de France......
  - de 50 tonn. et au-dessus, par acte.................. 6 fr.
  - au-dessous de 50 tonneaux, par acte.... . ... 3 fr.
- Autres navires français.
  - au-dessous de 30 tonn.
    - pontés, par acte. 3 fr.
    - non pontés. id 1 fr.
  - de 30 tonneaux et au-dessus, par acte............. ... 6 fr.

Droit de passe-port. — Navires étrangers, par acte...... ... 1 fr.

Droit de tonnage.
- Navires français
  - venant des possessions anglaises en Europe, par tonneau. 1 fr.
  - Dans tout autre cas.. .. ... Exempts.
- Navires étrangers.. .... par tonneau. 3 fr. 75

Droit d'expédition.
- Navires français
  - de 150 tonneaux et au-dessous, par bâtiment.... ...... 2 fr.
  - de plus de 150 tonn. à 300 inclusivement, par bâtiment 6 fr.
  - de plus de 300 tonn. id. 15 fr.
- Navires étrangers
  - de 200 tonneaux et au-dessous ... .. par bâtiment 18 fr.
  - de plus de 200 tonn. id. 36 fr.

Droits d'acquit, de permis et de certificat.
- Navires français, par acte........ 50 cent.
- Navires étrangers id. .... 1 fr.

Droit de Navigation

Concernant les navires des puissances avec lesquelles il existe des traités ou conventions de commerce et navigation.

Droits de tonnage
- Navires anglais
  - expédiés des possessions britaniques en Europe......
    - à dest. de France, par tx. 1 fr.
    - pour tout autre pays en cas de relâche forcée, exempt
  - venant sur lest d'ailleurs que des possessions anglaises en Europe .... exempts.
  - bateaux pêcheurs en relâche forcée .... exempts.
  - dans tout autre cas, par tonneau ...... 3 f. 75 c.
- Navires néerlandais
  - venant avec charg.
    - d'un port des Pays-Bas, par tonneau.. 1 fr. 5 c.
    - d'un port quelconque, lorsqu'ils partent sans avoir fait aucune opération de commerce................. exempts
  - venant avec charg. ou sur lest d'un port de France où les droits de navigation ont déjà été perçus exempts
  - venant sur lest (1)
    - des possessions britanniques en Europe, par tonneau . 1 fr.
    - d'ailleurs
      - lorsqu'ils partent chargés, par tx. 1 f. 5 c.
      - lorsqu'ils partent sur lest....... exempts.
  - dans tout autre cas, par tonneau .... 3 f. 75 c.
- Navires mecklenbourgeois (Mecklenbourg-Schwerin)
  - venant de Mecklenbourg exempt.
  - d'ailleurs venant
    - sur lest .... exempt.
    - avec chargem. sauf le cas de relâche forc. par tonneau. 3 f.75 :
- Navires danois
  - arrivant de tous ports quelconques, sans décime, par tonneau .... 2 f. 10 c.
  - en relâche forcée partant avec le même chargement.............. .... 06 cen. par ton. sans décime.
  - entrant dans un port pour y prendre des avis mais sans y faire aucune opération comm. 06 cen. par ton. sans décime.
- nav. échoués reprenant la mer, avec ou sans chargem. navires entrés pour cause d'avarie et aux bateaux à vapeur affectés au service de la poste, des voyageurs, et des bagages, et ne faisant aucune opération de commerce .... 06 cen. par ton. sans décime.

(1) Le droit d'un franc cinq centimes perçu sur les navires néerlandais venant chargés des pays autres que des possessions britanniques en Europe, n'est exigible qu'une fois chaque année pour le même navire : il se perçoit à la première entrée et à la première sortie.

Droits de tonnage
- Navires des États-Unis d'Amérique (1), par tonneau... 5 fr
- Navires espagnols, brésiliens, grenadins, venezueliens, boliviens, de l'Uruguay, mexicains et texiens..... exempts.

Droits d'expédition (2) — assimilés aux navires français.
- Nav. anglais venant avec charg. des poss. angl. en Europe, et sur lest d'un port quelconque..
- Nav. néerlandais venant avec chargem. des ports des Pays-Bas, et sur lest d'un port quelconque.
- Nav. mecklembourgeois venant avec charg. des ports du Meckl. et sur lest d'un port quelconq.
- Navires espagnols, des États-Unis d'Amérique, brésiliens, grenadins, venezueliens, boliviens, de l'Uruguay, mexicains et texiens....... .

Droits d'acquit, de permis et de certificat (3) — par acte, assimilés aux navires franaçais
- Navires anglais venant des possessions anglaises en Europe ou y allant........
- Navires néerlandais venant des ports des Pays-Bas ou y allant ....
- Navires mecklembourgeois venant des ports du Mecklembourg ou y allant . ...
- Navires espagnols, des États-Unis d'Amérique, brésiliens, grenadins, venezueliens, boliviens, de l'Uruguay, mexicains et texiens ....

Villes

Où il existe de bureaux de garantie pour le poinçonnage et le contrôle des ouvrages d'or et d'argent importés de l'étranger.

Agen, Alby, Alençon, Amiens, Angers, Angoulême, Arras, Aurillac, Auxerre, Avignon, Bar-le-Duc, Bayonne, Beauvais, Besançon, Blois, Bordeaux, Bourges, Brest, Caen, Cahors, Carcassonne, Châlons, Charleville, Chartres, Châtellerault, chaumont, Clermont, Colmar, Digne, Dijon, Dunkerque, Epinal, Evreux, Fontenay, Gap, Grasse, Grenoble, Gueret, le Havre, Laon, Laval, Lille, Limoges, Lons-le-Saulnier, Lyon, Mâcon, le Mans, Marseille, Melun, Mende, Metz, Montbéliard, Mont-de-Marsan, Montpellier, Moulins, Nancy, Nantes, Nimes, Niort, Orléans, Paris, Pau, Périgueux, Perpignan, Poitiers, le Puy, Reims, Rennes, Rhodez, la Rochelle, Rouen, St-Brieuc, Saintes, Saint-Etienne, Saint-Lô, St-Malo, St-Omer, Strasbourg, Tarbes, Toulon, Toulouse, Tours, Trévoux, Troyes, Tulle, Valence, valenciennes, Valognes, Vannes, Verdun et versailles. (*Circulaire n.* 1832.)

Bureaux de sortie.

Agde, Ainhoa, Byonne, Béhobie, Bellegarde, Blancmisseron, Bordeaux, le Boulou, Briançon, Calais, Cette, Chapareillan, Charleville, Cherbourg, Dunkerque, Forbach, Givet, Givonne le Havre, Jougne, Lorient, Lille, Marseille, Montbéliard, Nantes, les Pargots, Perpignan, Pont-de-Beauvoisin, Port-Vendres, la Rochelle, Rouen, les Rousses, Saint-Laurent-du-Var, Saint-Malo, St-Valery-sur-somme, Strasbourg, Toulon, Trois-Maisons, les Verrières de Joux, Wissembourg et le bureau de la station du chemin de fer de Valenciennes.

(1) Le droit de tonnage perçu sur les navires américains n'est point passible du décime.

(2) Les navires anglais, néerlandais et mecklembourgeois qui ne seraient point dans les conditions ci-dessus devraient acquitter les droits comme navires étrangers 18 fr. ou 36 fr.

(3) Dans tout autre cas, les navires anglais, néerlandais et mecklembourgeois doivent acquitter les droits d'acquit; de permis et de certificat comme les autres navires étrangers à l'égard desquels il n'existe aucune convention. Ce droit est de un franc par acte.

ORDONNANCE DU 3 SEPTEMBRE 1844.

Les modifications qu'elle apporte au tarif sont celles dont il a été parlé au bas de la page 3, dans la note de l'éditeur. On les donne ci-après :

DÉSIGNATION DES MARCHANDISES.	UNITÉS sur lesquelles portent les droits.	DROITS D'ENTRÉE par Navires Français.	DROITS D'ENTRÉE par Navires Étrangers et par terre	DROITS de SORTIE.
		F. C.	F. C.	F. C.
Bois d'ébénisterie — en billes ou sciés à plus de 3 décimètres d'épaisseur — de la Guyane française et du Sénégal, sans distinction d'espèce	100 k. BB	» 50	» 50	
Bois d'ébénisterie — en billes ou sciés à plus de 3 décimètres d'épaisseur — gaïac et angica, des pays hors d'Europe	—	1 »	7 »	
Bois d'ébénisterie — en billes ou sciés à plus de 3 décimètres d'épaisseur — cèdre, des pays hors d'Europe	—	1 25	8 »	
Bois d'ébénisterie — en billes ou sciés à plus de 3 décimètres d'épaisseur — caïlcédra et cédrel odorant. Mêmes droits que le bois de cèdre				
Bois d'ébénisterie — sciés à 3 décimètres d'épaiss. ou moins — de la Guyane française et du Sénégal, sans disctinction d'espèce	—	» 50	» 50	» 25
Bois d'ébénisterie — sciés à 3 décimètres d'épaiss. ou moins — de toute autre provenance. Le triple des droits des mêm. bois en billes				
Bois d'ébénisterie — sciés à 3 décimètres d'épaiss. ou moins — des lieux de product., avec justific. d'orig. Mêm. dr. que ceux en billes				
Castine. Même droit que le minerai de fer	—	» 01	» 01	
Crins bruts	—	1 »	2 70	
Cylindres, planches et coins gravés. La valeur à déterminer par le comité consultatif des arts et manufactures	valeur.	15 p. %	15 p. %	1/4 p. %
Essence de houille, soit huile de goudron ou naphte	100 k. BB	13 »	14 30	
Fils de phormium tenax, de bananier sauvage, dit abaca, et de jute, sans distinct. du degré de finesse — écrus	100 k. NB	60 »	65 50	
Fils de phormium tenax, de bananier sauvage, dit abaca, et de jute, sans distinct. du degré de finesse — blanchis	—	80 »	86 50	» 25
Fils de phormium tenax, de bananier sauvage, dit abaca, et de jute, sans distinct. du degré de finesse — teints	—	80 »	86 50	
Huano ou guano	100 k. BB	» 10	2 »	
Huile de touloucouna et d'illipé, dite ellipé. Mêmes droits que les huiles de palme et de coco.				
Instruments d'optique, de calcul, d'observation et de précision. La valeur à déterminer par le comité consultatif des arts et manufactures	valeur.	30 p. %	30 p. %	1/4 p. %
Machines et mécaniques — à vapeur — fixes	100 k. NB	30 »	33 »	
Machines et mécaniques — à vapeur — pour la navigation	—	45 »	49 50	
Machines et mécaniques — à vapeur — locomotives, sans tenders	—	65 »	70 70	
Machines et mécaniques — autres qu'à vapeur — pour la filature — de lin et du chanvre	—	65 »	70 70	
Machines et mécaniques — autres qu'à vapeur — pour la filature — Autres	—	45 »	49 50	
Machines et mécaniques — autres qu'à vapeur — pour le tissage — de lin et du chanvre	—	20 »	22 »	
Machines et mécaniques — autres qu'à vapeur — pour le tissage — Autres	—	20 »	22 »	
Machines et mécaniques — autres qu'à vapeur — cardes non garn. — pour le lin et le chanvre	—	40 »	44 »	
Machines et mécaniques — autres qu'à vapeur — cardes non garn. — Autres	—	30 »	33 »	
Machines et mécaniques — autres qu'à vapeur — métiers à tulle, système Jacquart	—	80 »	86 50	
Machines et mécaniques — autres qu'à vapeur — à fabriquer le papier continu	—	40 »	44 »	
Machines et mécaniques — autres qu'à vapeur — à imprimer — sur caractères	—	40 »	44 »	
Machines et mécaniques — autres qu'à vapeur — à imprimer — sur étoffes	—	40 »	44 »	
Machines et mécaniques — autres qu'à vapeur — pour l'agriculture	—	25 »	27 50	
Machines et mécaniques — autres qu'à vapeur — wagons de terrassement avec caisse en bois et roues en fonte; tenders, chaudières, gazomètres, appareils à distiller, à évaporer, à cuire les sirops et pour le chauffage à la vapeur, grands calorifères — en fer	—	45 »	49 50	
Machines et mécaniques — autres qu'à vapeur — wagons de terrassement …, grands calorifères — en cuivre	—	60 »	65 50	
Machines et mécaniques — autres qu'à vapeur — à dénommer, pesant — 100 kilogrammes ou moins	—	80 »	86 50	
Machines et mécaniques — autres qu'à vapeur — à dénommer, pesant — de 100 kil. exclusiv. à 200 inclusiv.	—	60 »	65 50	
Machines et mécaniques — autres qu'à vapeur — à dénommer, pesant — de 200 — 1000 —	—	50 »	55 »	
Machines et mécaniques — autres qu'à vapeur — à dénommer, pesant — d. 1000 — 2500 —	—	40 »	44 »	
Machines et mécaniques — autres qu'à vapeur — à dénommer, pesant — d. 2500 — 5000 —	—	30 »	33 »	
Machines et mécaniques — autres qu'à vapeur — à dénommer, pesant — plus de 5000 kilogrammes	—	20 »	22 »	
Machines et mécaniques — pièces détachées — plaques et rubans de cardes, de toute espèce	—	200 »	212 50	
Machines et mécaniques — pièces détachées — peignes de tissage	—	200 »	212 50	
Machines et mécaniques — pièces détachées — navettes de toute sorte	—	200 »	212 50	
Machines et mécaniques — pièces détachées — en fonte, pesant — 25 kilogrammes ou moins	—	100 »	107 50	» 25
Machines et mécaniques — pièces détachées — en fonte, pesant — de 25 kil. exclusiv. à 50 inclusiv.	—	80 »	86 50	
Machines et mécaniques — pièces détachées — en fonte, pesant — de 50 — 100 —	—	70 »	76 »	
Machines et mécaniques — pièces détachées — en fonte, pesant — de 100 — 200 —	—	60 »	65 50	
Machines et mécaniques — pièces détachées — en fonte, pesant — de 200 — 1000 —	—	50 »	55 »	
Machines et mécaniques — pièces détachées — en fonte, pesant — de 1000 — 2500 —	—	40 »	44 »	
Machines et mécaniques — pièces détachées — en fonte, pesant — de 2500 — 5000 —	—	30 »	33 »	
Machines et mécaniques — pièces détachées — en fonte, pesant — plus de 5000 kilogrammes	—	20 »	22 »	
Machines et mécaniques — pièces détachées — en fer, pesant — 5 kilogrammes ou moins	—	120 »	128 50	
Machines et mécaniques — pièces détachées — en fer, pesant — de 5 kil. exclusiv. à 25 inclusiv.	—	110 »	118 »	
Machines et mécaniques — pièces détachées — en fer, pesant — de 25 — 50 —	—	100 »	107 50	
Machines et mécaniques — pièces détachées — en fer, pesant — plus de 50 kilogrammes	—	80 »	86 50	
Machines et mécaniques — pièces détachées — en cuivre ou en acier	—	200 »	212 50	
Tissus (toiles et autres tisssus) de phormium tenax, de bananier sauvage, dit abaca, et de jute — écrus — de moins de 8 fils	—	77 »	83 30	
Tissus … — écrus — de 8 fils	—	90 »	97 »	
Tissus … — écrus — de 9 fils inclusiv. à 12 exclusiv.	—	129 »	137 90	
Tissus … — écrus — de 12 fils et au-dessus	—	droits des tissus de lin ou de chanvre.		
Tissus … — blancs, mi-blancs ou imprimés — de moins de 8 fils	—	107 »	114 80	
Tissus … — blancs, mi-blancs ou imprimés — de 8 fils	—	126 »	134 80	
Tissus … — blancs, mi-blancs ou imprimés — de 9 fils inclusiv. à 12 exclusiv.	—	194 »	206 20	
Tissus … — blancs, mi-blancs ou imprimés — de 12 fils et au-dessus	—	droits des tissus de lin ou de chanvre.		
Tissus … — teints — de moins de 8 fils	—	107 »	114 80	
Tissus … — teints — de 8 fils	—	126 »	134 80	
Tissus … — teints — de 9 fils inclusiv. à 12 exclusiv.	—	149 »	158 90	
Tissus … — teints — de 12 fils et au-dessus	—	droits des tissus de lin ou de chanvre.		
Capsules de poudre fulminante	100 k. B	—	—	
Résidu de noir animal, engrais	—	—	—	2 »

INSTRUCTIONS DIVERSES.

Le port de Boulogne est ajouté à ceux que désigne l'article 1er de la loi du 2 juillet 1836, pour l'importation, avec réduction de droits, de la nacre bâtarde et des haliotides (coquillages nacrés). *(Ordonnance du 3 septembre 1844, art. 2.)*

Le bureau de Courcelles (Haut-Rhin) est ouvert à l'importation du plâtre préparé, soit moulu, soit calciné, sous le paiement du droit de 10 cent. par 100 kil. *(Même ordonnance et même art.)*

Le bureau de garantie de Marseille est ajouté à ceux qu'a désignés la loi du 2 juillet 1836, pour l'essai et la marque des montres de fabrique étrangère, sous les conditions déterminées par la loi. *(Même ordonnance, art. 3.)*

Les machines et mécaniques complètes ou en pièces détachées ne pourront être importées que par les bureaux de Dunkerque, Lille, Valenciennes, Forbach, Strasbourg, St-Louis, Bellegarde, Toulon, Marseille, Cette, Bordeaux, Nantes, Brest, Rouen, Le Havre, Boulogne et Calais. *(Ordon. du 4 sept. 1844, art. 1er.)*

Les déclarations indiqueront la nature et l'espèce des machines ou parties de machines, leur provenance, leur destination, leur poids et leur valeur.

Il sera produit, à l'appui de ces déclarations: 1° un inventaire explicatif des objets auxquels elles se rapportent, lequel inventaire spécifiera le nombre, la destination et le poids, par nature de métal, des pièces importées; 2° un plan sur échelle, représentant, par des nuances distinctes, les différents métaux dont seront composées les machines ou parties de machines.

Chaque importateur sera tenu de souscrire une soumission cautionnée de payer tel supplément de droits qui pourra résulter du contrôle exercé par le comité consultatif des arts et manufactures. *(Même ordonnance, art. 2.)*

Toutes les pièces dont la réunion ne formera pas une machine complète seront considérées comme parties de machines; d'où il suit: 1° que toute machine importée incomplète devra être soumise aux droits afférents aux pièces détachées; 2° que les parties détachées formées de métaux différents suivent le régime de la partie la plus fortement taxée, c'est-à-dire, par exemple, que des pièces détachées en fer et en acier soient soumises aux droits imposés sur les pièces en acier. *(Circulaire du 6 septembre 1844, n. 2035.)*

Les matrices et moules de toute sorte qui étaient rangés dans les machines et mécaniques à dénommer, lesquelles payaient alors 15 p. 0|0 de la valeur, suivront le régime des cylindres, planches et coins gravés, attendu que les machines sont maintenant taxées au poids. *(Même circulaire.)*

Toiles de l'Inde dites Guinées.

A partir du 1er octobre 1844, les toiles de l'Inde dites guinées ne pourront être extraites des entrepôts français, à destination de St-Louis (Sénégal), que lorsqu'elles pèseront, par pièce, au moins 2 kil. 30 déc., et mesurant au moins 16 mèt. 50 cent. de longueur sur 1 m. de largeur. *(Ord. du 18 mai 1843, art. 1er.)*

Les dispositions de l'ordonnance du 18 mai 1843 s'appliqueront exclusivement au commerce de traite de la gomme sur les rives du Sénégal. *(Ordonnance du 1er septembre 1843.)*

Chaque pièce de guinée expédiée des établissements français dans l'Inde, et destinée à ce commerce, sera revêtue, dans lesdits établissements, d'une marque ou estampille qui indiquera le poids et les dimensions du tissu.

La marque ou estampille sera reconnue, et une contre-vérification sera faite par les employés du service des douanes, en France, à l'arrivée des guinées dans les entrepôts. *(Même ordonnance, art. 2.)*

Il est interdit de confondre dans les mêmes balles des guinées estampillées avec des guinées qui ne le seraient pas.

Ces dernières pourront être expédiées pour l'entrepôt de St-Louis (Sénégal), mais seulement en balles ou colis distincts ou séparés. *(Même ordonn., art. 4.)*

Dans le cas où, au nombre des pièces de guinées revêtues de l'estampille dans nos établissements de l'Inde, il s'en trouverait dont le poids ou les dimensions fussent inférieurs au minimum déterminé, la douane n'en permettrait l'expédition au Sénégal qu'autant que le commerce consentirait à ce qu'elle apposât, à côté de l'estampille coloniale, une contre-marque à la rouille destinée à faire connaître que lesdites guinées ne peuvent être employées pour la traite de la gomme sur les rives du Sénégal. Le prix de ces cachets sera de 5 centimes par pièce de guinée. *(Circulaire du 19 septembre 1844, n. 2037.)*

MARCHANDISES dont les droits avaient été laissés en blanc comme faisant partie de la loi projetée et qui n'ont pas été comprises dans la dernière ordonnance du 3 septembre 1844 et pour lesquelles on a laissé provisoirement subsister les anciens droits.

DÉSIGNATION DES MARCHANDISES.	UNITÉS sur lesquelles portent les droits.	DROITS D'ENTRÉE par Navires Français.	DROITS D'ENTRÉE par Navires Etrangers et par terre	DROITS de SORTIE.
		F. C.	F. C.	F. C.
Acide arsénieux	100 k. BB	8 »	8 80	
Acier, fer carburé, naturel et de cémentation, en barres ou tôle	100 k. NB	60 »	65 50	
Acier, fer carburé, naturel et de cémentation, filé	—	70 »	76 »	
Acier, fer carburé, fondu, en barres	—	120 »	128 50	
Acier, fer carburé, fondu, en tôle ou filé	—	140 »	149 50	
Aiguilles à coudre de plus de 4 centimètres à 5 inclus. et de plus de 5. Comme mercerie fine.				
Calamine grillée	100 k. BB	» 10	2 »	
Confitures sèches ou liquides, des colonies françaises. Comme sucre du premier type.				
Confitures sèches ou liquides, d'ailleurs. Comme sucre terré, selon la provenance.				» 25
Graines de lin, par mer	—	1 »	1 50	
Graines de lin, par terre, du crû des pays limitrophes	—	» »	1 50	
Graines de lin, par terre, d'ailleurs	—	» »	2 »	
Graines de sésame et autres non dénommées, par mer	—	2 50	3 »	
Graines de sésame et autres non dénommées, par terre, du crû des pays limitrophes	—	» »	3 »	
Graines de sésame et autres non dénommées, par terre, d'ailleurs	—	» »	3 50	
Grains de verre percés, pour chapelets ou colliers	1 k. NB	1 »	1 10	
Grains de verre percés, pour broderies ou tricots	—	2 »	2 20	
Montres à boîtes d'argent et de tout métal autre que l'or, mouvements ordinaires à roues de rencontre	la pièce.	1 10	1 10	
Montres à boîtes d'argent et de tout métal autre que l'or, mouvem. à la lépine, répétitions et autres genres	—	1 80	1 80	
Montres à boîtes d'or, mouvements ordinaires à roues de rencontre	—	3 10	3 10	1/4 p. %
Montres à boîtes d'or, — simples à la lépine, répétitions ordinaires	—	4 40	4 40	
Montres à boîtes d'or, répétitions à la lépine et autres genres	—	6 »	6 »	
Peaux fraîches grandes	100 k. BB	1 »	1 10	16 »
Saindoux, graisse de porc	—	10 »	13 »	» 25

Tableau simplifié, applicable aux fûts de Bordeaux, Armagnac, la Rochelle, Cette et Montpellier, de 50 à 650 litres

	2	3	4	5	6	7	8	9	10	11	12	13	14	15	16	17	18	19	20	21	22	23	24	25	26	27	28	29	30	31	32	33	34	35	36	37	38	39	40	41	42	43	44	45
0 50	0 4	1	2	3	4 7	6	7 6	8	9 8	11	12	13	15	17	19	21	23	25																										
0 75	0 4	1	2	3 8	5	7	8	10	12	14	16	18	21	24	26	29	31	33	35	37																								
1 00	0 4	1	2	4	5	7 5	9	11	13	15	17	20	22	25	27	30	33	35	38	41	44	47	50																					
1 10	0 5	1 2	2 5	4 3	6	8	10	12	14	16	18	21	23	26	28	31	34	37	40	43	46	49	52	55																				
1 50	0 5	1 2	2 6	4 5	6	8 5	11	14	16	19	21	24	27	31	34	37	41	45	49	52	55	59	63	67	71	75																		
1 75	0 5	1 3	2 7	4 6	7	9	11	14	17	20	23	27	31	35	38	42	46	50	54	57	60	64	68	72	77	82	87																	
2 00	0 5	1 3	2 7	4 6	7	9	12	15	18	21	24	28	32	36	41	45	48	52	56	61	65	69	74	79	83	88	93	98	103															
2 25	0 5	1 3	2 7	4 6	7	9	12	15	18	22	25	28	32	36	41	46	49	53	58	62	66	71	76	81	85	90	94	99	104	114														
2 50	0 5	1 4	2 8	4 7	7 5	9	12	15	18	22	25	29	33	37	42	46	50	55	59	63	68	72	77	81	86	91	96	101	106	111	116	121	126											
2 75	0 5	1 4	2 8	4 7	7 5	9	12	15	18	22	26	30	34	37	42	46	50	55	60	65	69	74	79	84	89	95	100	104	109	115	120	125	131	137										
3 00	0 6	1 4	2 8	4 8	7 8	10	13	16	20	24	27	31	35	40	45	50	54	59	64	69	73	78	84	90	96	101	106	111	117	123	129	134	140	146	152									
3 25	0 6	1 5	2 8	4 8	8	10	13	17	20	25	29	33	37	42	47	52	58	62	67	73	79	83	89	94	102	108	112	118	125	131	136	142	149	156	162									
3 50	0 6	1 5	3	5	8	11	14	18	22	26	30	35	40	45	50	55	60	66	72	77	83	89	95	101	107	114	120	126	132	129	145	151	158	165	174	177								
3 75	0 6	1 6	3	5	8	11	15	18	23	27	32	36	42	47	52	58	63	69	75	80	87	93	100	106	113	119	126	132	139	145	153	159	166	173	180	187								
4 00	0 6	1 6	3 2	5 5	8	11	15	19	24	28	33	38	43	49	54	60	66	72	78	85	91	98	105	111	118	125	132	139	146	153	160	167	174	181	189	196	202							
4 50	0 6	1 7	3 6	6	9	12	16	21	25	30	36	41	47	53	59	65	72	78	85	92	99	106	113	120	128	135	143	150	158	166	173	181	189	197	205	213	221	228						
5 00	0 6	1 7	3 4	5 7	8	11	15	20	25	30	35	40	45	51	57	63	69	75	82	89	96	103	110	117	124	131	138	145	152	159	166	174	182	190	197	205	213	221	229	237	353	(Montpellier)		
5 00	0 7	1 8	3 6	6 2	9 5	13	17	22	27	32	37	43	49	55	61	67	73	80	87	94	101	108	115	123	130	137	144	152	160	168	176	184	192	200	208	216	224	232	241	250				
5 50	0 7	1 8	3 4	6 2	9 5	13	17	21	25	31	36	42	48	54	60	66	72	79	86	93	100	107	115	123	130	138	146	154	162	170	178	186	194	203	211	219	227	236	245	256	267	278	(Montp.)	
5 50	0 7	2	3 8	6 5	10	14	18	23	28	34	40	46	52	69	66	72	78	85	92	99	107	115	123	131	139	147	155	163	172	180	188	196	204	213	221	230	239	648	257	266	275			
6 00	0 8	2	4	7	10	15	19	24	29	35	41	47	53	60	67	75	82	89	95	102	110	118	126	134	142	150	158	166	174	182	191	200	209	218	227	236	245	253	263	272	281	290	300	
6 50	0 8	2	4	7 5	11	15	20	25	31	37	43	50	57	64	71	78	85	92	100	108	116	124	132	141	150	159	168	177	187	196	205	215	225	235	244	253	263	273	283	293	303	213	323	333

TABLEAU des corrections à faire subir au degré apparent indiqué par l'alcoomètre pour obtenir le degré réel des liquides spiritueux à la température de 15 degrés centigrades.

DIFFÉRENCES EN MOINS — À AJOUTER aux degrés indiqués par l'alcoomètre pour obtenir les degrés réels.

DEGRÉS centésim. indiqués par l'alcoomèt.	0	1	2	3	4	5	6	7	8	9	10	11	12—13	14—15
31 à 34	7	6	6	5	5	4	4	3	3	2	2	2	1	0
35	6	6	6	5	5	4	4	3	3	2	2	2	1	0
36 à 39	6	6	6	5	5	4	4	3	3	3	2	2	1	0
40 à 44	6	6	5	5	5	4	4	3	3	3	2	2	1	0
45 à 46	6	6	5	5	5	4	4	3	3	2	2	2	1	0
47 à 53	6	6	5	5	4	4	4	3	3	2	2	2	1	0
54 à 56	6	6	5	5	4	4	3	3	3	2	2	2	1	0
57 à 69	6	5	5	5	4	4	3	3	3	2	2	2	1	0
70 à 71	6	5	5	4	4	4	3	3	3	2	2	2	1	0
72 à 78	6	5	5	4	4	4	3	3	3	2	2	1	1	0
79 à 83	5	5	5	4	4	4	3	3	3	2	2	1	1	0
84	5	5	5	4	4	4	3	3	2	2	2	1	1	0
85	5	5	5	5	4	3	3	3	2	2	2	1	1	0
86 à 90	5	5	4	4	4	3	3	3	2	2	2	1	1	0

Degrés du thermomètre centigrade.

DIFFÉRENCES EN PLUS — À DÉDUIRE des degrés indiqués par l'alcoomètre pour obtenir les degrés réels.

DEGRÉS centésim. indiqués par l'alcoomèt.	16	17—18	19	20	21	22	23	24	25	26	27	28	29	30
34—32	0	1	2	2	3	3	3	4	4	5	5	5	6	6
33—34	1	1	2	2	3	3	3	4	4	5	5	6	6	6
35—36	1	1	2	2	3	3	3	4	4	5	5	6	6	6
37 à 40	1	1	2	2	3	3	4	4	4	5	5	6	6	6
41 à 43	0	1	2	2	3	3	3	4	4	5	5	6	6	6
44 à 46	0	1	2	2	3	3	3	4	4	5	5	5	6	6
47 à 59	0	1	2	2	2	3	3	4	4	5	5	5	6	6
60 à 70	0	1	2	2	2	3	3	4	4	4	4	5	6	6
71 à 72	0	1	2	2	2	3	3	4	4	4	5	5	5	6
73 à 82	0	1	2	2	2	3	3	3	4	4	5	5	5	6
83 à 85	0	1	1	2	2	3	3	3	4	4	5	5	5	6
86—87	0	1	1	2	2	3	3	3	4	4	4	5	5	6
88—89	0	1	1	2	2	3	3	3	4	4	4	5	5	5
90	0	1	1	2	2	2	3	3	4	4	4	5	5	5

Degrés du thermomètre centigrade.

TABLEAU des Poids spécifiques de certaines substances, la densité de l'eau étant 1.

Acier	7,767 à 7,833	Bois, Tilleul	0,604
— trempé	7,752 à 7,816	Cire blanche	0,954 à 0,960
Acide sulfurique	1,844	Cuivre pur	7,788 à 9,000
— nitreux	1,550	Diamant	3,531
— nitrique	1,217	Etain fondu	6,861
Agate, silex	2,615	Fer en barre	7,788
Albâtre	1,874	Fer (fonte de)	7,207
Alun	1,720	Granite	2,673
Argent pur fondu	10,474	Houille	1,329
Bismuth	9,822	Ivoire	1,947
Bois, Acajou		Marbre	2,638 à 2,837
— Buis	0,982	— terme moyen donné par la Douane	2,700
— Cèdre	0,561	Mercure	13.598
— Chêne frais	0,930	Or forgé	19,361
— Chêne sec	1,670	— fondu	19,258
— Ebène	1,331	Plomb fondu	11,352
— Frêne	0,745	Platine laminé	22,669
— Hêtre	0,852	Salpêtre	1,900
— Oranger	0,705	Sel de cuisine	1,920
— Orme	0.800	Soufre natif	3.033
— Peuplier	0,529	Sucre	1,610
— Pommier	0,733	Suif, Lard, Beurre	0,943
— Prunier	0,785	Zinc fondu	6,864
— Sapin	0,657		

Usage des Poids spécifiques.

Le poids spécifique d'un corps est le poids en grammes d'un centimètre cube de cette substance. Pour avoir le poids spécifique de ce corps, il suffit de multiplier ce nombre par le volume du corps rapporté à la même unité.

Ainsi, la densité du fer est 7,788, si l'on a un barreau carré de 4 centimètres de côté, ou 16 centimètres carrés de base, et de 2 m. 50 ou 250 centimètres de longueur, le volume de ce barreau est 16 fois 250 ou 4000 cent. cubes. Multipliant 4000 par 7,788, on trouve que ce barreau pèse 31,152 gram. ou 31 k. environ.

En général, pour obtenir le poids d'un corps sans recourir à la pesée, il faut multiplier son volume obtenu par les règles géométriques, par son poids spécifique et séparer les trois derniers chiffres à droite, le résultat est le poids du corps en kilog.

Bloc de marbre — Longueur .... 215 centimètres
— Largeur .... 170 —
— Hauteur .... 143 —
} Produit 5,226 centimètres.

5,226 c. cubes multipliés par 2,700 donnent 14,110.200 gram. Le bloc de marbre pèse donc 14,110 k. env.

ERRATA.

Page

5 Colonne des tares, lisez taux de la tare, au lieu de la prime.

8 Acides, citrate de chaux, droits d'entrée, navires français » 08 au lieu de « 03.

8 Agaric de mélèse blanc, en marge régime d'entrepôt mettez en regard FR.

10 Aloès (suc d') colonne des unités mettez 100 kilog.

11 Note 14, dernière ligne d'un agréable, lisez d'un goût agréable.

13 Note 2, 20 p. 0/0 de la valeur connue et de 2 f. 40 c. lisez ou 2 f. 40

14 Ardoises pour toitures, à la quatrième dimension, lisez 19 inclus. ou moins soit par terre, soit par mer. Après de toute dimension, ajoutez : au-dessus de 19 centimètres.

Id. Note 4, après le mot le plus voisin, ajoutez : ou tout autre au choix du propriétaire des objets. *(Ordonnance du 28 juillet 1840.)*

15 Arseniate de potasse, colonne des unités mettez 100 kilog. N B.

16 Note 5 1re ligne, placée sur un frond lisez sur un fond.

19 Bétel (feuilles de) au droit français, mettez 41 » au lieu de « 41 c.

Id. Betteraves sèches, chicorée ou racines, lisez en racines.

23 Bois odorants de Sassafras en face des pays hors d'Europe, régime d'entrepôt, mettez FR. d'ailleurs RR.

Id. A dénommer, même correction, à bois façonné pour baguettes de fusil. FR.

24 Boîtes pour violons, régime d'entrepôt lisez RR au lieu de FR.

28 Cabestans en fer, etc., régime d'entrepôt, lisez RR au lieu de P.

29 Caisses de bois commun non fermées, lisez non ferrées.

30 Note 4, 2me ligne impénétrante lisez pénétrante.

34 Cendres, en regard de soudes de toute sorte, supprimez en marge FR, reportez ces lettres à cendres gravelées et perlées.

37 Chiens de forte race, dr. d'entr., mettez dans les 2 colon. « 50 c.

38 Note 1re, 2e ligne, poudre de lennant lisez tennant.

39 Cire, en regard de crasse de, supprimez idem et laissez en blanc, à myrica purifiée et blanchie, mettez FR.

Cire de galé et autre, mettez en marge FR au lieu de FF.

43 Cordes métalliques blanches, en marge supprimez RR, et reportez-les à cordes métalliques jaunes.

44 Note 4 à la 7e ligne, frappée au centre d'un timbre sec, substituez frappée d'une empreinte imprimée représentant le coq gaulois.

Id. Couleurs communes, en tablettes et en boîtes, V. couleurs à dénommer au lieu de bimbeloterie.

46 Creusets, en marge mettez FF au lieu de FR.

46 Cruches de grès commun, même correction.

48 Cylindres non gravés pour mécaniques, en marge mettez P au lieu de RR.

— Cylindres pour chauffer les bains, en marge mettez RR.

50 Dibidivi en gousses des pays hors d'Europe ; en marge mettez FR. des entrepôts mettez RR.

50 Eaux d'arquebusade etc., régime d'entrepôt RR. — Bourbeuses dites en fer FF — de champignons salés RR — de pullna FF — de sedlitz FF — de seltz FF — le reste RR.

51 Eaux de poix ou de raze, en marge mettez RR au lieu de FR.

53 Ecume de verre, en marge mettez FF au lieu de P.

53 Note 2, 2e ligne, après la valeur connue, plus par kilog. lisez ou par kilog.

55 Esprit de poix de raze, en marge mettez RR au lieu de FR.

56 Extrait de viande en pains, en marge mettez FR au lieu de FF.

59 Fifres, droit d'entrée, 2e colonne lisez « 63 c. au lieu de 63. »

63 Note 1re 2e ligne, comme futailles être cerclées, supprimez être.

64 Gelatine d'os, en marge mettez FR au lieu de FF.

Page.

65 Girofle, giroflier feuilles de, mettez en marge FR.

65 Glaces petits miroirs colonne des unités mettez 100 kilog NB.

67 Graines d'abrus, etc. percées, mettez en marge RR.

67 Graines d'ache, mettez en marge FF.

67 Graines d'amome, mettez en marge FR.

67 Graines d'aneth, mettez en marge FF.

67 Graines de myroxilon, mettez FF au lieu de FR.

67 Graines de paradis, mettez FR.

67 Graines de persil, etc., mettez FF.

68 Gravelle, lie de lin, lisez lie de vin desséchée.

73 Ichtyocolle, en marge mettez FR au lieu de FF.

74 Ipécacuanha des pays hors d'Europpe mettez en marge FR.

75 Joncs rotins de l'Inde, en marge mettez FR d'ailleurs RR.

75 Joncs d'Europe des jardins, en tiges entières FF.

77 Lait animal, colonne des unités après 100 kilog. mettez BB.

79 Fin des notes ne pourront être prêtés, lisez présentés

80 Lunettes ou bésicles en boîte, à la 12ne, lisez en boîtes et à la 12ne.

83 Matrices en métal, etc. V. Cylindres, planches et coins gravés, au lieu de machines et mécaniques.

84 Mèches d'étoupe dites lunement, en marge mettez RR au lieu de FF.

87 Moules à plâtre et autres en métal etc. V. Cylindres, planches et coins gravés au lieu de machines et mécaniques

93 La note 7 devient la note 8 et la note 8 devient la note 7.

94 Pagnes de 8 fils ou moins, droit d'ent. nav. français mettez « 45 c.

94 Paillettes, en marge mettez RR au lieu de FF.

95 Papier écrit, en marge régime d'entrepôt supprimez idem.

115 Sassafras (racines et bois de) supp. en marge, id. et laissez en blanc.

118 Soie grège écrue, colonne des unités BN mettez NN.

125 Linge de table ouvragé de 17 fils, d. d'ent. lisez 287 « au lieu de 207.

143 1er mot de la 4e ligne, taillés, lisez teillés.

174 Article port, de Marseille et ses privilèges, 2e paragraphe, lisez Louis XIV au lieu de IV.

72 1re ligne d'illipé, etc. V. huiles de palme et de coco, au lieu de fixes pures autres.

85 Métiers à tulle, pièces d'intérieur, V. machines et mécaniques pièces détachées, au lieu de mach. et mécan. à dénommer.

37 Charrues, V. mach et mécan. pour l'agriculture, sans distinction de celles en fer ou de celles partie en bois.

69 Hache-navets et hache-paille, V. mach. et mécan. pour l'agriculture sans distinction de leur composition.

117 Semoirs, V mach. et mécan. pour l'agriculture sans distinction, au lieu de à dénommer.

56 Extirpateurs, V. mach. et mécan. pour l'agriculture sans distinction, au lieu de à dénommer.

70 Herses, V. mach. et mécan. pour l'agriculture sans distinction au lieu de à dénommer

131 Ventilateurs, V mach. et mécan. pour l'agriculture sans distinction au lieu de à dénommer.

27 Broches à tricoter, à rouet et à mécaniques et à faire les peignes à tisser, V. mach et mécan., pièces détachées suivant l'espèce.

62 Fuseaux d'acier pour mécan., V. mach. et mécan pièces détachées.

49 Dents de cardes en fer, V. mach. et mécan. pièces détachées.

104 Pointes en fer ou en acier pour cardes ou peignes, V. mach. et mécan. pièces détachées, selon l'espèce.

81 Maillons en fer et en cuivre pour métiers, V. mach. et méc., pièces détachées selon l'espèce.

TABLE.

FIN.

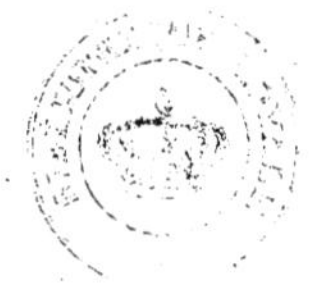

Imprimé en France
FROC021652200120
23227FR00020B/250/P

9 782329 358963